2025年度版

地方上級専門試験 過去問500

JN017283

【試験ガイド】
①試験概要 …………………………………… ❹
②出題分析 …………………………………… ❼

【令和5年度試験出題例】

【地方上級〈専門試験〉過去問&解説No.1〜No.500】
政治学 ………………………………………… 2
行政学 ………………………………………… 38
社会政策 ……………………………………… 64
社会学 ………………………………………… 83
国際関係 ……………………………………… 98
憲法 …………………………………………… 119
行政法 ………………………………………… 172
民法 …………………………………………… 228
刑法 …………………………………………… 279
労働法 ………………………………………… 299
経済原論 ……………………………………… 316
財政学 ………………………………………… 435
経済政策 ……………………………………… 479
経済史 ………………………………………… 484
経済事情 ……………………………………… 487
統計学 ………………………………………… 489
経営学 ………………………………………… 491

◆本書は、平成10年度から令和5年度の過去問を収録しています。

◆各科目の問題数は、令和5年度試験の出題比率に基づいて配分しています。したがって、主要科目ほど掲載数が多くなっています。

◆法改正、制度変更などがあった分野の問題、またはデータが古くなった事情問題では、問題文や解説文に加筆修正を施したうえで、〈改題〉表示をしている場合があります。

◆本書に掲載した過去問は、受験者から寄せられた情報をもとに実務教育出版が独自に復元したものです。したがって、必ずしも実際の試験問題と同一であるとは限りません。

資格試験研究会編
実務教育出版

地方上級
試験ガイド

① 試験概要

毎年，激戦が繰り広げられる地方上級試験。令和5年度の情報をもとに，試験の仕組みを紹介していこう。自治体ごとに大きく異なる点もあるので，十分に注意してほしい。

■地方上級試験とは

都道府県あるいは政令指定都市と特別区（東京23区）の上級係員，研究員として，事務，技術，研究などの仕事に携わる職員を採用するための試験を地方上級試験と呼んでいる。試験は，募集から採用まですべて各自治体ごとに行われている。

地方自治体の職員採用試験は各職種とも採用枠が少ないため全般的に競争率が高く，難関となっている。そのため，合格するには，試験の傾向を把握して，効率のよい学習をする必要がある。

■受験申込み

志望する自治体の人事委員会から申込用紙と受験案内を郵送で取り寄せる，直接取りに行くほか，ホームページから入手できる自治体も多い。申込用紙に必要事項を記入して各自治体の人事委員会に郵送するか，インターネットによって申し込む（原則としてインターネット申込みのみという自治体も多い）。

■試験の概要

地方上級の第1次試験は，一部の自治体を除いて同一日に実施されているが，申込受付期間などは各自治体によって若干異なっている。令和5年度のおおよその日程は次のとおりだった。

①申込受付／4月上旬〜6月上旬
②第1次試験／6月18日（6月中〜下旬の日曜日に一斉に実施。名古屋市は4月23日，東京都，特別区は4月30日，北海道，大阪府は5月14日，愛知県は5月21日に実施）
③第2次試験／7月中旬〜8月中旬
④最終合格発表／8月上旬〜9月上旬

■受験資格

採用の年の4月1日現在，22歳以上29歳までとする自治体が多い。また，22歳未満でも大学卒業者（卒業見込者を含む）は受験可能な自治体が増えている。政令指定都市では大学卒業者（卒業見込者を含む）に限るとするところもある。

■試験区分

自治体によって，実施される試験区分の名称，分け方は多少異なるが，おおむね次のような区分の募集が行われている。

行政（または事務。法律，経済など細かく区分される場合もある），学校事務，警察事務，機械，電気，土木，建築，農業，農業土木，農芸化学，林業，畜産，水産，造園，獣医師，薬剤師など。

これらの区分のうち，どれか1つを選んで受験することになる。年によって募集のある区分は異なるが，行政などの事務職は，都道府県や主要都市ではほぼ毎年採用がある。

■第1次試験の概要

第1次試験では，教養試験（択一式）もしくはそれと同等の試験が北海道，大阪府，和歌山県，大阪市，堺市を除く全自治体で，専門試験（択一式）がほとんどの自治体で実施される。そのほかに，教養試験（記述式），専門試験（記述式），論文試験，面接試験を行う自治体もある（試験内容については❼ページ以下を参照）。なお，近年は，教養試験に代えてSPI3などを課す試験区分が増えている。

試験の内容は，自治体によって異なるが，おおよそ次のとおりである。

●教養試験（択一式）

各自治体とも，全試験区分共通の問題が出される。政治・経済，社会，日本史，世界史，地理，思想，文学・芸術，数学，物理，化学，生物，地学といった知識分野問題のほか，文章理解，判断推理，数的推理，資料解釈など公務員試験独特の知能分野問題が出題される。

●専門試験（択一式）

試験区分ごとに問題が異なり，各職種の専門に関する問題が出される。行政などの事務職では，

政治学，行政学，社会政策，国際関係，憲法，行政法，民法，刑法，労働法，経済原論，財政学，経済政策，経済史，経済学史，経済事情，経営学などが出題される。

●専門試験（記述式）

　東京都のみが実施している。政治学，行政学，憲法，行政法，民法，経済学，財政学などの10科目のうちからテーマが与えられ，3題を選択する。

●論文試験

　行政や社会的な事象などに関する課題が与えられる。自分なりの意見をわかりやすく文章にまとめる力があるかどうかが試される。

■出題型の分析

　地方上級試験の教養・専門の択一式試験については，いくつかの自治体ごとに同一の問題が出さ

令和5年度　地方上級試験実施結果（一般行政系）

自治体名	試験職種・区分	受験者数	最終合格者数	競争率	自治体名	試験職種・区分	受験者数	最終合格者数	競争率
北海道	一般行政A（第1回）	641	266	2.4	香川県	一般行政事務A	222	65	3.4
青森県	行政	227	90	2.5	愛媛県	行政事務	204	55	3.7
岩手県	一般行政A	139	52	2.7	高知県	行政	157	46	3.0
宮城県	行政	330	63	5.2	福岡県	行政	474	45	10.5
秋田県	行政A	133	55	2.4	佐賀県	行政	150	20	7.5
山形県	行政	188	49	3.8	長崎県	行政A	151	55	2.7
福島県	行政事務	354	172	2.1	熊本県	行政	307	91	3.4
茨城県	事務（知事部局等A）	381	128	3.0	大分県	行政	218	32	6.8
栃木県	行政	225	64	3.5	宮崎県	一般行政	156	67	2.3
群馬県	行政事務A	334	86	3.9	鹿児島県	行政	306	61	5.0
埼玉県	一般行政	1,034	339	3.1	沖縄県	行政	709	108	6.6
千葉県	一般行政A	635	175	3.6	札幌市	一般事務（行政コース）	807	188	4.3
東京都	行政（一般方式）	1,525	626	2.4	仙台市	事務	505	79	6.4
神奈川県	行政	616	195	3.2	さいたま市	行政事務A	645	182	3.5
山梨県	行政	251	77	3.3	千葉市	事務（行政A）	420	112	3.8
長野県	行政A	178	59	3.0	特別区	事務	7,668	3013	2.5
新潟県	一般行政	213	80	2.7	横浜市	事務	1,451	180	8.1
岐阜県	行政Ⅰ	226	71	3.2	川崎市	行政事務	784	193	4.1
静岡県	行政Ⅰ	285	94	3.0	相模原市	行政	445	58	7.7
愛知県	行政Ⅰ	1,225	207	5.9	新潟市	一般行政A	178	47	3.8
三重県	一般行政分野（行政Ⅰ）	253	71	3.6		一般行政B	38	9	4.2
富山県	総合行政	195	79	2.5	静岡市	事務A	385	89	4.3
石川県	行政	168	73	2.3		事務B	24	6	4.0
福井県	行政	148	58	2.6	浜松市	事務（行政A）	136	49	2.8
滋賀県	行政（専門試験型）	237	75	3.2	名古屋市	事務（行政）	1,473	146	10.1
京都府	行政A	316	141	2.2		事務（行政 教養型）	899	98	9.2
大阪府	行政（大学卒程度）	1,032	169	6.1	京都市	一般事務職（行政（一般方式））	296	86	3.4
兵庫県	一般事務職	458	110	4.2	大阪市	事務行政（22-25）	1,129	260	4.3
奈良県	総合職（行政）	222	118	1.9	堺市	事務	893	99	9.0
和歌山県	一般行政職（通常枠）	223	70	3.2	神戸市	総合事務	226	45	5.0
鳥取県	事務（一般コース）	83	31	2.7	岡山市	事務一般枠A	179	62	2.9
島根県	行政A	57	28	2.0	広島市	行政事務（法律・経済・行政）	362	110	3.3
岡山県	行政	288	82	3.5	北九州市	一般事務員（行政Ⅰ（専門Ⅰ－））	159	42	3.8
広島県	行政（一般事務A）	362	117	3.1	福岡市	行政事務（行政（一般））	511	65	7.9
山口県	行政	148	45	3.3	熊本市	事務職	277	63	4.4
徳島県	行政事務	299	79	3.8					

（注）一般行政系のうち，代表的な区分のみを掲載している。受験者数＝一次試験受験者数，合格者数＝最終合格者数。競争率＝最終倍率。

れていることがわかっている。小社では，出題内容が同じ自治体をまとめて，①全国型，②関東型，③中部・北陸型の3つに大別している。

全国型は，最も該当する自治体数が多い。そのうえ，関東型，中部・北陸型，後述の法律・経済専門タイプの出題を調べてみても，全国型と共通の問題はかなり多く，文字どおり地方上級試験のベースになっているといえる。

また，一般行政系職種に法律，経済の試験区分を設け，特にその専門科目にウエートを置いた専門試験を課している自治体を④法律・経済専門タイプに分類している。①〜④のいずれにも該当しない場合は⑤その他の出題タイプとし，まったく独自の試験構成，科目，内容をとっている自治体の試験は⑥独自の出題タイプと総称している。

自治体ごとの詳細は❼ページの表を参照のこと。出題型の詳しい分析は，小社発行の『受験ジャーナル』を参照してほしい。

■第2次試験の概要

第2次試験では，個別面接がすべての自治体で，その他，自治体によって，集団面接，集団討論，論文試験，身体検査，体力測定などが実施される。

●個別面接

3〜5人ほどの面接官によって，15〜30分行われるのが一般的である。志望動機，学校生活，ゼミ，卒論，友達，受験した自治体に関する知識などについて質問される。この中で志望動機は必ずといってよいほど質問される事項なので，明確に答えられるようにしておきたい。曖昧な応答については，かなり突っ込んだ質問もされるので，あらかじめ質問項目を想定して，答えを考えておいたほうがよい。

●集団面接

同時に数人の受験者に質問をする形式の面接。個人的な事柄に関してだけでなく，行政や社会的に問題となっている事柄に対する意見も求められる。他の受験者と一緒なので，いかに自分らしさをアピールするかがポイントである。

●集団討論

半数程度の自治体が実施している。行政の問題点や社会的に問題になっている事柄について課題が与えられ，それについて，受験生数人で議論する。課題を解決することより，それについて討論していく過程が重視されるので，積極的に発言しているか，問題を解決するための建設的な意見を述べているか，みんなの意見をまとめようとしているかなどが，評価の対象となる。なお，近年はグループワークを実施する自治体も増えている。

●適性検査

クレペリン検査やYG検査を行う自治体が多い。ほとんどの自治体で実施されており，面接試験の補助的要素として活用される。

■最終合格から採用まで

第1次試験の合格者に対して第2次試験が行われ，第2次試験に通ると最終合格となる（第3次試験まで行う自治体もある）。

試験の合否の決定の基準は自治体によって異なるが，多くの自治体では，教養試験と専門試験に基準点を設けており，どちらかがその基準点に満たない場合は，不合格となる。基準ラインは，満点の4割くらいと推測されている。また，第1次試験で論文試験が行われる自治体でも，その評価は，第2次試験の時に反映される場合が多い。

第2次試験でどの程度不合格となるかは，自治体によってさまざまである。第1次試験合格者の過半数が最終合格になるところもあれば，2分の1〜3分の1の人数に絞り込むところもある。

最終合格から採用内定までの仕組みは，自治体によって異なっている。最終合格者全員に内定通知が送られる自治体もあれば，最終合格発表後，採用面接が行われ，その自治体に来るかどうかの意思確認が行われたり，また，人事委員会の採用担当者のほかに各部局の担当者との面接が行われるところもある。

② 出題分析

5年度 地方上級一般行政系 択一式試験の概要

＊一般行政系のうち，各自治体で代表的な試験区分についてまとめた。
（細字部分は令和4年度以前の情報）
＊出題タイプ－全＝全国型　関＝関東型　中・北＝中部・北陸型　法・専＝法律専門タイプ　経・専＝経済専門タイプ

自治体	試験区分	専門選択分野等	教養 出題タイプ	教養 時間(分)	教養 出題数	専門 出題タイプ	専門 時間(分)	専門 出題数
北海道	一般行政A		職務基礎力試験 (110分、60問)			なし		
青森県	行政		全	120	40	全	120	40
岩手県	一般行政A		全	120	50問中40問	全	120	50問中40問
宮城県	行政		全	150	50	全	120	40
秋田県	行政A		全	120	40	全	120	40
山形県	行政		全	150	50	全	120	40
福島県	行政事務		全	120	40	その他	60	20
茨城県	事務(知事部局等A)		関	120	50問中40問	関	120	50問中40問
栃木県	行政		関	120	50問中40問	関	120	50問中40問
群馬県	行政事務A		関	120	50問中40問	関	120	50問中40問
埼玉県	一般行政		関	120	50問中40問	関	120	50問中40問
千葉県	一般行政A		関	120	50問中40問	関	120	50問中40問
東京都	Ⅰ類B行政(一般方式)		独自	130	40	記述式		
神奈川県	行政		関	120	50問中40問	その他	120	80問中40問
山梨県	行政		関	120	50問中40問	関	120	50問中40問
長野県	行政A		関	120	50問中40問	関	120	50問中40問
新潟県	一般行政		関	120	50問中40問	関	120	50問中40問
岐阜県	行政Ⅰ		全	150	50	全	120	40
静岡県	行政Ⅰ		関	120	50問中40問	関	120	55問中40問
愛知県	行政Ⅰ		その他	120	40	その他	120	40
三重県	一般行政分野(行政)		中・北	150	50	中・北	120	50問中40問
富山県	総合行政		中・北	150	50	中・北	120	50問中40問
石川県	行政		中・北	150	50	中・北	120	50問中40問
福井県	行政		中・北	150	50	中・北	120	60問中40問
滋賀県	行政(専門試験型)		全	120	47問中40問	全	120	50問中40問
京都府	行政A	総合政策	その他	120	40	全	90	40
		法律	その他	120	40	法・専	90	40
		経済	その他	120	40	経・専	90	40
大阪府	行政		SPI3 (70分)			なし		
兵庫県	一般事務職		全	150	55問中45問	全	120	80問中40問
奈良県	総合職(行政)		全	105	50問中35問	全	90	55問中30問
和歌山県	一般行政職(通常枠)	法律	SCOA(60分、120問)			法・専	120	40
		経済	SCOA(60分、120問)			経・専	120	40
		総合A・B	SCOA(60分、120問)			その他	120	60問中40問
鳥取県	事務(一般コース)		全	150	50	全	120	40
島根県	行政A		全	150	50	全	120	40
岡山県	行政		全	150	50	全	120	40
広島県	行政(一般事務A)	行政	全	150	55問中40問	全	120	40
		法律	全	150	55問中45問	法・専	120	40
		経済	全	150	55問中45問	経・専	120	40

自治体	試験区分	専門選択分野等	教養 出題タイプ	教養 時間(分)	教養 出題数	専門 出題タイプ	専門 時間(分)	専門 出題数
山口県	行政		全	150	50	全	120	40
徳島県	行政事務		全	150	50	その他	135	95問中45問
香川県	一般行政事務A		全	150	50	全	120	40
愛媛県	行政事務		全	150	50	全	120	40
高知県	行政		全	150	50	全	120	40
福岡県	行政		全	150	50	全	120	40
佐賀県	行政		全	150	50	全	120	40
長崎県	行政A		全	150	50	全	120	40
熊本県	行政		全	150	50問中40問	その他	120	80問中40問
大分県	行政		全	150	50	全	120	40
宮崎県	一般行政		全	150	50	全	120	40
鹿児島県	行政(40問必須解答型)		全	150	50	全	120	40
沖縄県	行政		全	150	50	全	120	40
札幌市	一般事務(行政コース)		筆記試験 (120分、65問中40問)					
仙台市	事務		全	120	45問中40問	全	120	56問中40問
さいたま市	行政事務A		全	120	50問中40問	全	120	50問中40問
千葉市	事務(行政A)		全	150	55問中40問	全	120	50問中40問
特別区	事務		独自	120	48問中40問	独自	90	55問中40問
横浜市	事務		その他	150	50	なし		
川崎市	行政事務		総合筆記試験 (180分、60問)					
相模原市	行政		その他	90	30	なし		
新潟市	一般行政A		全	120	40	全	120	40
	一般行政B		全	120	40	なし		
静岡市	事務A		全	150	55	なし		
	事務B		なし			全	150	55
浜松市	事務(行政A)		筆記試験(30問)			筆記試験(40問)		
名古屋市	事務	行政(教養型)	その他	120	40	なし		
		行政	その他	120	40	その他	120	40
京都市	一般事務職(行政)		その他	90	30	全	90	40問中30問
大阪市	事務行政(22-25)	行政	SPI3 (70分)			なし		
		法律	SPI3 (70分)			法・専	90	30問中25問
堺市	事務		SPI3 (70分)			なし		
神戸市	総合事務		その他	150	45問中40問	その他	80	25問選択
岡山市	事務一般枠A		その他	120	40	全	120	40
広島市	行政事務	法律	全	150	55問中45問	法・専	120	40
		経済	全	150	55問中45問	経・専	120	40
		行政	全	150	55問中45問	全	120	40
北九州市	一般事務員(行政Ⅰ(専門択一))		全	150	50	全	120	40
福岡市	行政事務(行政〈一般〉)		全	150	50	全	120	40
熊本市	事務職		全	150	50	全	120	40

自治体	試験区分等	政治学	行政学	社会政策	社会学	国際関係	憲法	行政法	民法	刑法	労働法	経済原論	財政学	経済史	経済政策	経済事情	経営学	統計学	その他
青森県	行政	○	○	○		○	○	○	○	○	○	☆	○						
岩手県	一般行政A	○	○	○		○	○	○	○	○	○	☆	○						
宮城県	行政	○	○	○		○	○	○	○	○	○	☆	○				○		
秋田県	行政A	○	○	○		○	○	○	○	○	○	☆	○						
山形県	行政	○	○	○		○	○	○	○	○	○	☆	○				○		
福島県	行政事務						○	○				☆	○						
茨城県	事務(知事部局等A)	○	○	○		○	○	○	○	○	○	○	○				○		
栃木県	行政	○	○	○		○	○	○	○	○	○	○※	○	○	○		○		※経済学, 経済原論
群馬県	行政事務A	○	○	○		○	○	○	○	○	○	○※	○	○	○		○		※経済学, 経済原論
埼玉県	一般行政	○	○	○		○	○	○	○	○	○	○	○				○		
千葉県	一般行政A	○	○	○		○	○	○	○	○	○	☆	○				○		
神奈川県	行政	○	○	○	○	○	○	○	○	○	○	○	○	○	○	○	○	○	心理学, 教育学, 数学・物理, 情報・通信工学
山梨県	行政	○	○	○		○	○	○	○	○	○	○	○						
長野県	行政A[一般方式]	○	○	○		○	○	○	○	○	○	○	○						経済学説史
新潟県	一般行政	○	○	○		○	○	○	○	○	○	○	○						
岐阜県	行政Ⅰ	○	○	○		○	○	○	○	○	○	☆	○						
静岡県	行政Ⅰ	○	○	○		○	○	○	○	○	○	○	○						教育学, 心理学, 社会福祉
愛知県	行政Ⅰ	○	○	○		○	○	○	○	○	○	☆	○						
三重県	一般行政分野(行政Ⅰ)	○	○	○		○	○	○	○	○	○	○	○		○	○			
富山県	総合行政	○	○	○		○	○	○	○	○	○	○	○				○		
石川県	行政	○	○	○		○	○	○	○	○	○	○	○						
福井県	行政	○	○	○		○	○	○	○	○	○	○	○		○	○			心理学, 教育学
滋賀県	行政(専門試験型)	○	○	○		○	○	○	○	○	○	☆	○				○	○	心理学概論, 教育学
京都府 行政A	総合政策	○	○	○		○	○					☆	○						
京都府 行政A	法律						○	○	○	○	○	☆							
京都府 行政A	経済						○		○			○	○	○	○	○		○	
兵庫県	一般事務職	○	○			○	○	○	○	○	○	○	○				○	○	社会福祉, 教育学, デジタル関係
奈良県	総合職(行政)	○	○			○	○	○	○	○	○	☆	○				○	○	教育学, 一般心理学, 数学・物理
和歌山県 一般行政職(通常枠)	法律						○	○	○	○	○	☆							
和歌山県 一般行政職(通常枠)	経済						○		○			○	○	○	○	○		○	
和歌山県 一般行政職(通常枠)	総合A	○	○	○	○	○	○					☆							教育学, 社会福祉概論, 心理学概論
和歌山県 一般行政職(通常枠)	総合B	○	○				○					☆							数学・物理・化学
鳥取県	事務(一般コース)	○	○	○		○	○	○	○	○	○	☆	○						
島根県	行政A	○	○	○		○	○	○	○	○	○	☆	○						
岡山県	行政	○	○	○		○	○	○	○	○	○	☆	○						
広島県 行政(一般事務A)	行政	○	○	○		○	○	○	○	○	○	☆	○						
広島県 行政(一般事務A)	法律						○	○	○	○	○	☆							
広島県 行政(一般事務A)	経済						○		○			○	○	○	○	○		○	

自治体	試験区分等	政治学	行政学	社会政策	社会学	国際関係	憲法	行政法	民法	刑法	労働法	経済原論	財政学	経済史	経済政策	経済事情	経営学	統計学	その他
山口県	行政	○	○	○		○	○	○	○	○	○	☆	○						
徳島県	行政事務	○	○	○		○	○	○	○	○	○	☆	○				○		左記は必須問題のみ。このほか,社会科学,自然科学分野から選択し解答
香川県	一般行政事務A	○	○	○		○	○	○	○	○	○	☆	○				○		
愛媛県	行政事務	○	○	○		○	○	○	○	○	○	☆	○				○		
高知県	行政	○	○	○		○	○	○	○	○	○	☆	○				○		
福岡県	行政	○	○	○		○	○	○	○	○	○	☆	○				○		
佐賀県	行政	○	○	○		○	○	○	○	○	○	☆	○				○		教育学
長崎県	行政A	○	○	○		○	○	○	○	○	○	☆	○				○		
熊本県	行政	○	○	○		○	○	○	○	○	○	○※	○	○	○	○	○	○	※経済学,経済原論
大分県	行政	○	○	○		○	○	○	○	○	○	☆	○				○		
宮崎県	一般行政	○	○	○		○	○	○	○	○	○	☆	○				○		
鹿児島県	行政(40問必須解答型)	○	○	○		○	○	○	○	○	○	☆	○				○		
沖縄県	行政	○	○	○		○	○	○	○	○	○	☆	○				○		
札幌市	一般事務(行政コース)	○	○	○		○	○	○				☆	○				○		社会事情
仙台市	事務	○	○	○		○	○	○	○	○	○	☆	○			○	○		社会事情,心理学,社会福祉,教育学
さいたま市	行政事務A	○	○	○		○	○	○	○	○	○	☆	○				○		教育学,社会福祉概論
千葉市	事務(行政A)	○	○	○		○	○	○	○	○	○	☆	○				○		教育学,社会福祉概論
特別区	事務	○	○	○		○	○	○	○	○	○	☆	○				○		
新潟市	一般行政A	○	○	○		○	○	○	○	○	○	☆	○				○		
静岡市	事務B	○	○	○		○	○	○	○	○	○	☆	○				○		
浜松市	事務(行政A)	○	○	○		○	○	○	○	○	○	☆	○				○		教育学
名古屋市	事務(行政)	○	○	○		○	○	○	○	○	○	☆	○				○		
京都市	一般事務職(行政(一)両方式)	○	○	○		○	○	○	○		○	☆	○				○		
大阪市	事務行政(法律一式)	○	○				○	○	○	○									社会事情
神戸市	総合事務	○	○				○	○	○		○	○	○	○	○	○	○		会計学,マーケティング論,英語,国際関係論,国際経済学,国際経営論,教育学,数学,物理
岡山市	事務一般枠A	○	○	○		○	○	○	○	○	○	☆	○				○		
広島市	行政事務 法律			○			○	○	○	○	○								
	行政事務 経済			○		○						○	○		○		○	○	
	行政事務 行政			○			○	○	○	○	○	○	○						
北九州市	一般事務員(行政最専門系)	○	○	○		○	○	○	○	○	○	☆	○				○		
福岡市	行政事務(行政一般)	○	○	○		○	○	○	○	○	○	☆	○				○		
熊本市	事務職	○	○	○		○	○	○	○	○	○	☆	○				○		教育学

＊この表は，5年度の府県・政令指定都市・特別区の受験案内から作成したものである。

＊経済原論の欄の☆印は，受験案内では「経済学」と表記されている場合であり，経済原論のほか経済史，経済政策，経済事情等も出題されている可能性がある。

＊横浜市は，ほかの自治体では専門試験で出題される問題が教養試験として出題されている。

＊川崎市は，「総合筆記試験」の知識系科目として，法律（憲法，民法，行政法），政治学，経済学，財政学が出題される。

関東型と共通…関, 中部・北陸型と共通…中, 市役所A日程と共通…Ⓐ

No.	科 目	出題内容	
1	政治学	政党（名望家政党，右派と左派，大衆政党，党議拘束，複数政党制）	関中Ⓐ
2		西洋政治思想（ミル，バーク，カント，トクヴィル，ホッブズ）	関中Ⓐ
3	行政学	地方行政に対する民主的統制（オンブズマン，直接請求の署名の収集等）	関中Ⓐ
4		委員会（公安委員会，国地方係争処理委員会，百条委員会等）	関中Ⓐ
5	憲 法	法の下の平等（尊属殺人，非嫡出子の相続，再婚禁止期間，一票の格差等）	関中Ⓐ
6		社会権（生存権，環境権，教育を受ける権利，労働基本権等）	関中
7		内閣と内閣総理大臣（国務大臣の任命，無任所大臣，連帯責任等）	関中Ⓐ
8		違憲審査権（抽象的違憲審査，国会議員の立法不作為，衆議院の解散等）	関中Ⓐ
9	行 政 法	行政立法（法規命令，授権の性質等）	関中Ⓐ
10		行政罰（罰金，法人への刑罰，過料，非訟事件手続法，併科）	関中Ⓐ
11		国家賠償法（公務員への求償権，損害賠償の責任，外国人への適用等）	関中Ⓐ
12		行政事件訴訟法における取消訴訟	中Ⓐ
13		地方自治法	関
14	民 法	未成年者の行為能力（贈与契約，営業の許可，不動産の売却等）	関中Ⓐ
15		抵当権（無効の場合，将来発生する債権，複数の不動産への設定等）	関中Ⓐ
16		動産の売買契約（特定物の引渡し等）	関中
17		契約の成立（申込みの誘引，承諾の期間，申込みの変更，保証契約等）	関 Ⓐ
18	刑 法	犯罪の故意の成否（事例）	関中
19		侮辱罪（法人への侮辱，名誉感情，名誉毀損行為，教唆犯と幇助犯等）	関中
20	労 働 法	就業規則（就業規則の届出，労働組合の同意，労働契約等）	関中
21		労働組合（政治活動，事務所の供与，届出，資格審査，法人格）	関
22	経済原論	需要曲線と供給曲線（超過需要と超過供給，価格弾力性，売上等）	関中Ⓐ
23		期待効用（転職を検討する2人の所得と期待効用）（空欄補充）	Ⓐ
24		ゲーム理論（ナッシュ均衡の計算）（空欄補充）	中Ⓐ
25		利潤最大化（完全競争市場での生産量，利潤等の計算）（空欄補充）	関 Ⓐ
26		供給関数と社会的余剰（市場供給関数等の計算）（空欄補充）	関
27		国内総生産（3つの企業の付加価値と国内総生産の計算）（空欄補充）	関
28		日本の消費者物価指数（計算方法，生鮮食品を除く指数等）	関 Ⓐ
29		IS-LMモデル（均衡財政下での財政政策の効果）（計算）	関中Ⓐ
30		インフレーション（ディマンドプル・インフレ，実質賃金の減少等）	関中
31	経 営 学	イノベーション（S字カーブ，ドミナント・デザイン等）	関
32		経営組織（ライン部門とスタッフ部門，スパン・オブ・コントロール等）	
33	財 政 学	租税（分類，直間比率，人税と物税，表面税率と実効税率，平均税率）	関中Ⓐ
34		国債（普通国債残高，利払費，借換債，償還，各国の国債格付け）	関中Ⓐ
35		地方財政（地方税の割合，標準税率，地方交付税，国庫支出金等）	関中Ⓐ
36	社 会 政 策	少子化の現状と少子化対策（合計特殊出生率，改正育児・介護休業法等）	関中Ⓐ
37		最低賃金（地域別最低賃金，対象となる賃金，派遣労働者等）	関中Ⓐ
38		公的介護保険（介護給付費，利用者負担割合，介護報酬，介護保険料等）	関 Ⓐ
39	国 際 関 係	アジア太平洋地域における国際協調（ASEAN, APEC, TPP, IPEF, AUKUS）	関中Ⓐ
40		国際秩序（集団安全保障体制，アナーキー構造，安全保障理事会等）	関 Ⓐ

※この出題内訳表は，受験者からの情報をもとに作成したものです。したがって，No.や出題内容が実際とは異なっている場合があります。

全国型と共通…全，中部・北陸型と共通…中，市役所A日程と共通…Ⓐ

No.	科 目	出題内容	
1	政治学	政党（名望家政党，右派と左派，大衆政党，党議拘束，複数政党制）	全中Ⓐ
2		西洋政治思想（ミル，バーク，カント，トクヴィル，ホッブズ）	全中Ⓐ
3	行政学	地方行政に対する民主的統制（オンブズマン，直接請求の署名の収集等）	全中Ⓐ
4		委員会（公安委員会，国地方係争処理委員会，百条委員会等）	全中Ⓐ
5	憲 法	法の下の平等（尊属殺人，非嫡出子の相続，再婚禁止期間，一票の格差等）	全中Ⓐ
6		社会権（生存権，環境権，教育を受ける権利，労働基本権等）	全中
7		内閣と内閣総理大臣（国務大臣の任命，無任所大臣，連帯責任等）	全中Ⓐ
8		違憲審査権（抽象的違憲審査，国会議員の立法不作為，衆議院の解散等）	全中Ⓐ
9	行政法	行政立法（法規命令，授権の性質等）	全中Ⓐ
10		行政罰（罰金，法人への刑罰，過料，非訟事件手続法，併科）	全中Ⓐ
11		国家賠償法（公務員への求償権，損害賠償の責任，外国人への適用等）	全中Ⓐ
12		地方自治法	全
13		行政機関の権限の委任，代理，専決（指揮監督権，法律の根拠等）	中
14	民 法	未成年者の行為能力（贈与契約，営業の許可，不動産の売却等）	全中Ⓐ
15		抵当権（無効の場合，将来発生する債権，複数の不動産への設定等）	全中Ⓐ
16		動産の売買契約（特定物の引渡し等）	全中
17		契約の成立（申込みの誘引，承諾の期間，申込みの変更，保証契約等）	全 Ⓐ
18		代理（代理人，複数代理人等）	中
19		相続（事例）	中Ⓐ
20	刑 法	犯罪の故意の成否（事例）	全中
21		侮辱罪（法人への侮辱，名誉感情，名誉毀損行為，教唆犯と幇助犯等）	全中
22	労働法	就業規則（就業規則の届出，労働組合の同意，労働契約等）	全中
23		労働組合（政治活動，事務所の供与，届出，資格審査，法人格）	全
24	経済原論	需要曲線と供給曲線（超過需要と超過供給，価格弾力性，売上等）	全中Ⓐ
25		利潤最大化（完全競争市場での生産量，利潤等の計算）（空欄補充）	全 Ⓐ
26		供給関数と社会的余剰（市場供給関数等の計算）（空欄補充）	全
27		国内総生産（3つの企業の付加価値と国内総生産の計算）（空欄補充）	全
28		IS-LMモデル（均衡財政下での財政政策の効果）（計算）	全中Ⓐ
29		インフレーション（ディマンドプル・インフレ，実質賃金の減少等）	全中
30		市場供給関数（均衡価格の計算）	
31		日本の消費者物価指数（計算方法，生鮮食品を除く指数等）	全 Ⓐ
32		情報の非対称性（スクリーニング，シグナリング，モラルハザード等）	
33		国内総生産（利子率等の計算）	
34		独占企業（差別価格の計算）	中Ⓐ
35		自然失業率仮説（自然失業率，インフレ率の計算等）	
36	経済政策	日本の競争政策（独占禁止法で禁じられている行為，カルテル等）	中
37		金融政策（テイラールール，YCC，タイムラグ，日銀の独立性等）	中
38	経済史	経済学史（J.S.ミル，W.W.ロストウ，F.リスト，J.A.シュンペーター）	
39	財政学	租税（分類，直間比率，人税と物税，表面税率と実効税率，平均税率）	全中Ⓐ
40		国債（普通国債残高，利払費，借換債，償還，各国の国債格付け）	全中Ⓐ
41		地方財政（地方税の割合，標準税率，地方交付税，国庫支出金等）	全中Ⓐ
42		公共投資	
43	経営学	イノベーション（S字カーブ，ドミナント・デザイン等）	全
44		モチベーション理論	
45	社会政策	少子化の現状と少子化対策（合計特殊出生率，改正育児・介護休業法等）	全中Ⓐ
46		最低賃金（地域別最低賃金，対象となる賃金，派遣労働者等）	全中Ⓐ
47		公的介護保険（介護給付費，利用者負担割合，介護報酬，介護保険料等）	全 Ⓐ
48	国際関係	アジア太平洋地域における国際協調（ASEAN，APEC，TPP，IPEF，AUKUS）	全中Ⓐ
49		国際秩序（集団安全保障体制，アナーキー構造，安全保障理事会等）	全 Ⓐ
50		国際社会の人権・人道	Ⓐ

※この出題内訳表は，受験者からの情報をもとに作成したものです。したがって，No.や出題内容が実際とは異なっている場合があります。

全国型と共通…全, 関東型と共通…関, 市役所A日程と共通…Ⓐ

No.	科目	出題内容	
1	憲法	法の下の平等（尊属殺人，非嫡出子の相続，再婚禁止期間，一票の格差等）	全関Ⓐ
2		社会権（生存権，環境権，教育を受ける権利，労働基本権等）	全関
3		内閣と内閣総理大臣（国務大臣の任命，無任所大臣，連帯責任等）	全関Ⓐ
4		違憲審査権（抽象的違憲審査，国会議員の立法不作為，衆議院の解散等）	全関Ⓐ
5		憲法の法源（憲法附属法，法律との関係，憲法判例の変更，前文等）	Ⓐ
6	行政法	行政立法（法規命令，授権の性質等）	全関Ⓐ
7		行政罰（罰金，法人への刑罰，過料，非訟事件手続法，併科）	全関Ⓐ
8		国家賠償法（公務員への求償権，損害賠償の責任，外国人への適用等）	全関Ⓐ
9		行政機関の権限の委任，代理，専決（指揮監督権，法律の根拠等）	関
10		行政行為の瑕疵（明白な瑕疵，瑕疵の治癒，違法性の承継等）	
11		行政手続法（処分基準の公表，処分までの期間，公聴会の開催等）	
12		行政不服審査法（再審査請求の定義，不服審査の条件等）	
13		行政事件訴訟法における取消訴訟	全 Ⓐ
14	民法	未成年者の行為能力（贈与契約，営業の許可，不動産の売却等）	全関Ⓐ
15		抵当権（無効の場合，将来発生する債権，複数の不動産への設定等）	全関Ⓐ
16		動産の売買契約（特定物の引渡し等）	全関
17		代理（代理人，複数代理人等）	関
18		占有改定	
19		連帯債務（事例）	
20		相続（事例）	関Ⓐ
21	刑法	犯罪の故意の成否（事例）	全関
22		侮辱罪（法人への侮辱，名誉感情，名誉毀損行為，教唆犯と幇助犯等）	全関
23	労働法	就業規則（就業規則の届出，労働組合の同意，労働契約等）	全関
24		雇用の男女平等（福利厚生，妊娠を理由にした異動等）	
25	経済原論	需要曲線と供給曲線（超過需要と超過供給，価格弾力性，売上等）	全関Ⓐ
26		労働供給曲線（賃金率上昇による労働供給量への影響）（空欄補充）	
27		ゲーム理論（ナッシュ均衡の計算）（空欄補充）	全 Ⓐ
28		IS-LMモデル（均衡財政下での財政政策の効果）（計算）	全関Ⓐ
29		インフレーション（ディマンドプル・インフレ，実質賃金の減少等）	全関
30		独占企業（差別価格の計算）	関Ⓐ
31		自然失業率仮説（自然失業率，インフレ率の計算等）	関
32		為替レート（円高要因，円高・円安の影響等）	Ⓐ
33	経済政策	日本の競争政策（独占禁止法で禁じられている行為，カルテル等）	関
34		金融政策（テイラールール，YCC，タイムラグ，日銀の独立性等）	関
35	財政学	租税（分類，直間比率，人税と物税，表面税率と実効税率，平均税率）	全関Ⓐ
36		国債（普通国債残高，利払費，借換債，償還，各国の国債格付け）	全関Ⓐ
37		地方財政（地方税の割合，標準税率，地方交付税，国庫支出金等）	全関Ⓐ
38	経済事情	近年の日本の経済動向（消費者物価指数，個人消費，基礎的財政収支等）	
39		近年の賃金と労働（実質賃金，世帯主の賃金，男女の賃金格差等）	
40		不明	
41	政治学	政党（名望家政党，右派と左派，大衆政党，党議拘束，複数政党制）	全関Ⓐ
42		西洋政治思想（ミル，バーク，カント，トクヴィル，ホッブズ）	全関Ⓐ
43	行政学	地方行政に対する民主的統制（オンブズマン，直接請求の署名の収集等）	全関Ⓐ
44		委員会（公安委員会，国地方係争処理委員会，百条委員会等）	全関Ⓐ
45	社会政策	少子化の現状と少子化対策（合計特殊出生率，改正育児・介護休業法等）	全関Ⓐ
46		最低賃金（地域別最低賃金，対象となる賃金，派遣労働者等）	全関Ⓐ
47	社会学	デュルケム（宗教，社会実在論，社会的連帯，アノミー等）	
48		世界システム論（ウォーラーステイン，従属理論，不等価交換）	
49	国際関係	アジア太平洋地域における国際協調（ASEAN，APEC，TPP，IPEF，AUKUS）	全関Ⓐ
50		北方領土（国籍，日ソ共同宣言，観光，北方墓参等）	

※この出題内訳表は，受験者からの情報をもとに作成したものです。したがって，No.や出題内容が実際とは異なっている場合があります。

関東型と共通…関, 中部・北陸型と共通…中, 市役所A日程と共通…Ⓐ

No.	科目	出題内容			
1	政治学	民主政治と議会（ダール，ミル，シュンペーター，トクヴィル等）	関	中	Ⓐ
2		マイノリティに対する施策（障害者差別解消法，ヘイトスピーチ解消法等）	関	中	Ⓐ
3	行政学	日本の地方自治の歴史（大日本帝国憲法下の府県知事，市町村合併等）	関	中	Ⓐ
4		行政のデジタル化（政府CIO，マイナンバー，住基ネット等）	関	中	Ⓐ
5	憲法	幸福追求権（肖像権，プライバシー権，指紋押なつ拒否事件等）	関	中	Ⓐ
6		表現の自由（判例）			Ⓐ
7		条約と法令	関	中	Ⓐ
8		政党制（憲法上の規定，議院内閣制等）	関	中	Ⓐ
9	行政法	行政上の義務履行確保（行政代執行法，命令・規則・条例，即時強制等）	関	中	Ⓐ
10		行政手続法（行政指導）	関	中	Ⓐ
11		行政不服審査法（再調査の請求，審査請求等）	関	中	Ⓐ
12		国家賠償法1条（司法警察員による被疑者の留置，宅建業者の不正行為等）	関	中	Ⓐ
13		普通地方公共団体の議会（議員定数，予算の提出，利害関係者の議事等）	関	中	Ⓐ
14	民法	代理（無権代理行為等）	関		
15		占有権（占有回収の訴え，占有物，天然果実，損害賠償，有益費）	関	中	Ⓐ
16		譲渡制限特約付き債権（無効，履行の拒否，金銭の供託等）	関	中	Ⓐ
17		条件付法律行為	関	中	
18	刑法	放火罪	関	中	
19		刑法6条（旧法の適用，刑の変更，継続犯等）	関	中	
20	労働法	賃金（チップ，未成年者の賃金，出来高払制，地域別最低賃金等）	関	中	
21		正当な争議行為（山猫スト，備品の破壊の場合等）	関	中	
22	経済原論	価格規制と数量規制の効果（空欄補充）	関	中	Ⓐ
23		期待効用（くじ引きの期待関数）（空欄補充）	関		Ⓐ
24		完全競争市場の企業の短期の費用	関	中	Ⓐ
25		独占企業が利潤最大化したときの需要の価格弾力性（計算）	関		Ⓐ
26		課税の効果（従量税）	関		
27		GDP（国内総生産）	関	中	Ⓐ
28		消費と貯蓄（IS曲線）	関		Ⓐ
29		ベバリッジ曲線（空欄補充）	関		Ⓐ
30		コブ゠ダグラス型生産関数（計算）	関	中	Ⓐ
31	経営学	マーケティングの4つのP			
32		エージェンシー理論（エージェントとプリンシパル，モラルハザード等）			
33	財政学	租税原則（累進税，水平的公平，簡素の原則等）	関	中	Ⓐ
34		日本の国債（建設国債の原則，発行額の推移，償還期間等）	関	中	Ⓐ
35		地方財政（地方税　地方交付税　国庫支出金）	関		Ⓐ
36	社会政策	日本の公的医療保険（診療報酬，自己負担割合，高額療養費制度等）	関	中	Ⓐ
37		日本の障害者雇用（知的障害者の雇用，就労移行支援事業所等）	関	中	Ⓐ
38		日本の男女格差（ジェンダーギャップ指数，第5次男女共同参画基本計画等）			Ⓐ
39	国際関係	国際法と国際組織（国連憲章の改正，国連事務総長，国際刑事裁判所等）			Ⓐ
40		日本の安全保障（日米安全保障条約，日米安全保障協議委員会等）	関	中	Ⓐ

※この出題内訳表は，受験者からの情報をもとに作成したものです。したがって，No.や出題内容が実際とは異なっている場合があります。

全国型と共通…全，中部・北陸型と共通…中，市役所A日程と共通…Ⓐ

No.	科　目	出題内容	
1	政治学	民主政治と議会（ダール，ミル，シュンペーター，トクヴィル等）	全中Ⓐ
2		マイノリティに対する施策（障害者差別解消法，ヘイトスピーチ解消法等）	全中Ⓐ
3	行政学	日本の地方自治の歴史（大日本帝国憲法下の府県知事，市町村合併等）	全中Ⓐ
4		行政のデジタル化（政府CIO，マイナンバー，住基ネット等）	全中Ⓐ
5	憲　法	司法権の独立	中
6		幸福追求権（肖像権，プライバシー権，指紋押なつ拒否事件等）	全中Ⓐ
7		条約と法令	全中Ⓐ
8		政党制（憲法上の規定，議院内閣制等）	全中Ⓐ
9	行 政 法	行政上の義務履行確保（行政代執行法，命令・規則・条例，即時強制等）	全中Ⓐ
10		行政手続法（行政指導）	全中Ⓐ
11		行政不服審査法（再調査の請求，審査請求等）	全中Ⓐ
12		国家賠償法1条（司法警察員による被疑者の留置，宅建業者の不正行為等）	全中Ⓐ
13		普通地方公共団体の議会（議員定数，予算の提出，利害関係者の議事等）	全中Ⓐ
14	民　法	代理（無権代理行為等）	全
15		占有権（占有回収の訴え，占有物，天然果実，損害賠償，有益費）	全中Ⓐ
16		譲渡制限特約付き債権（無効，履行の拒否，金銭の供託等）	全中Ⓐ
17		条件付法律行為	全中
18		権利能力（胎児，相続，失踪の宣告，法人等）	
19		認知による父子関係の成立	中Ⓐ
20	刑　法	放火罪	全中
21		刑法6条（旧法の適用，刑の変更，継続犯等）	全中
22	労 働 法	賃金（チップ，未成年者の賃金，出来高払制，地域別最低賃金等）	全中
23		正当な争議行為（山猫スト，備品の破壊の場合等）	全中
24	経済原論	価格規制と数量規制の効果（空欄補充）	全中Ⓐ
25		期待効用（くじ引きの期待効用）（空欄補充）	全　Ⓐ
26		完全競争企業の短期の費用	全中Ⓐ
27		独占企業が利潤最大化したときの需要の価格弾力性（計算）	全　Ⓐ
28		課税の効果（従量税）	全
29		無差別曲線	中
30		GDP（国内総生産）	全中Ⓐ
31		消費と貯蓄（IS曲線）	全　Ⓐ
32		完全雇用国民所得の計算	中Ⓐ
33		ベバリッジ曲線（空欄補充）	全　Ⓐ
34		コブ＝ダグラス型生産関数（計算）	全中Ⓐ
35		インフレーション	中
36	経済政策	公共投資の費用便益分析	中
37		外部不経済（環境汚染対策等）	中
38		不明	
39	経 済 史	明治時代から第一次世界大戦頃の日本経済	
40	財 政 学	租税原則（累進税，水平的公平，簡素の原則等）	全中Ⓐ
41		地方財政（地方税　地方交付税　国庫支出金）	全　Ⓐ
42		日本の国債（建設国債の原則，発行額の推移，償還期間等）	全中Ⓐ
43	経 営 学	不明	
44		不明	
45	社会政策	日本の公的医療保険（診療報酬，自己負担割合，高額療養費制度等）	全中Ⓐ
46		不明	
47		日本の障害者雇用（知的障害者の雇用，就労移行支援事業所等）	全中Ⓐ
48	国際関係	日本の安全保障（日米安全保障条約，日米安全保障協議委員会等）	全中Ⓐ
49		国際関係理論（カー，ウォーラーステイン，構成主義等）	
50		パレスチナ問題（PLO，ヨルダン川西岸地区等）（空欄補充）	中

※この出題内訳表は，受験者からの情報をもとに作成したものです。したがって，No.や出題内容が実際とは異なっている場合があります。

地方上級 中部・北陸型

全国型と共通…全，関東型と共通…関，市役所A日程と共通…Ⓐ

No.	科　目	出題内容	
1	憲　法	司法権の独立	関
2		幸福追求権（肖像権，プライバシー権，指紋押なつ拒否事件等）	全関Ⓐ
3		条約と法令	全関Ⓐ
4		政党制（憲法上の規定，議院内閣制等）	全関Ⓐ
5		条例制定権	Ⓐ
6	行　政　法	行政上の義務履行確保（行政代執行法，命令・規則・条例，即時強制等）	全関Ⓐ
7		行政手続法（行政指導）	全関Ⓐ
8		行政不服審査法（再調査の請求，審査請求等）	全関Ⓐ
9		国家賠償法1条（司法警察員による被疑者の留置，宅建業者の不正行為等）	全関Ⓐ
10		普通地方公共団体の議会（議員定数，予算の提出，利害関係者の議事等）	全関Ⓐ
11		行政行為（水利権，食品衛生法等）	
12		行政不服審査法（審理員，審理手続等）	
13		行政事件訴訟法における取消訴訟の原告適格	Ⓐ
14	民　法	占有権（占有回収の訴え，占有物，天然果実，損害賠償，有益費）	全関Ⓐ
15		譲渡制限特約付き債権（無効，履行の拒否，金銭の供託等）	全関Ⓐ
16		条件付法律行為	全関
17		不動産の登記（登記の対象，登記の申請，仮登記と本登記等）	
18		法定地上権（事例）	
19		売買契約（カーナビ付き中古車の売買の事例）	
20		認知による父子関係の成立	関Ⓐ
21	刑　法	放火罪	全関
22		刑法6条（旧法の適用，刑の変更，継続犯等）	全関
23	労　働　法	賃金（チップ，未成年者の賃金，出来高払制，地域別最低賃金等）	全関
24		正当な争議行為（山猫スト，備品の破壊の場合等）	全関
25	経済原論	価格規制と数量規制の効果（空欄補充）	全関Ⓐ
26		完全競争企業の短期の費用	全関Ⓐ
27		GDP（国内総生産）	全関Ⓐ
28		完全雇用国民所得の計算	関Ⓐ
29		コブ＝ダグラス型生産関数（計算）	全関Ⓐ
30		無差別曲線	関
31		インフレーション	関
32		実質為替レート（空欄補充）	
33	経済政策	公共投資の費用便益分析	関
34		外部不経済（環境汚染対策等）	関
35	財　政　学	租税原則（累進税，水平的公平，簡素の原則等）	全関Ⓐ
36		日本の国債（建設国債の原則，発行額の推移，償還期間等）	全関Ⓐ
37		日本の消費税（消費税の内訳，輸入品への課税等）	
38	経済事情	近年の日本経済（個人消費，債務残高，輸入依存度等）	
39		日本の通商関係（CPTPP，RCEP，サービス収支等）	
40		近年の中国経済（実質経済成長率，一人っ子政策，不動産への投資等）	
41	政　治　学	民主政治と議会（ダール，ミル，シュンペーター，トクヴィル等）	全関Ⓐ
42		マイノリティに対する施策（障害者差別解消法，ヘイトスピーチ解消法等）	全関Ⓐ
43	行　政　学	日本の地方自治の歴史（大日本帝国憲法下の府県知事，市町村合併等）	全関Ⓐ
44		行政のデジタル化（政府CIO，マイナンバー，住基ネット等）	全関Ⓐ
45	社会政策	日本の公的医療保険（診療報酬，自己負担割合，高額療養費制度等）	全関Ⓐ
46		日本の障害者雇用（知的障害者の雇用，就労移行支援事業所等）	全関Ⓐ
47	社　会　学	アノミー（デュルケム，自殺論，マートン）（空欄補充）	
48		フェミニズム（ボーヴォワール，フリーダン，ウルストンクラフト）	
49	国際関係	日本の安全保障（日米安全保障条約，日米安全保障協議委員会等）	全関Ⓐ
50		パレスチナ問題（PLO，ヨルダン川西岸地区等）（空欄補充）	関

※この出題内訳表は，受験者からの情報をもとに作成したものです。したがって，No.や出題内容が実際とは異なっている場合があります。

関東型と共通…関, 中部・北陸型と共通…甲

No.	科目	出題内容	
1	政治学	日本の女性議員の割合（世界各国との比較，地方議会での割合等）	関甲
2		サルトーリの政党制論（ヘゲモニー政党制，二大政党制，穏健な多党制等）	関甲
3	行政学	意思決定や政策決定（サイモン，リンドブロム，リスキーシフト等）	関甲
4		国と地方公共団体の関係（政令指定都市，国地方係争処理委員会等）	関甲
5	憲法	基本的人権（外国人の人権享有主体性，私人間効力，女性の再婚禁止期間等）	
6		信教の自由（剣道実技拒否，靖国合祀等）	関甲
7		内閣総理大臣と国務大臣の任免権（衆議院の優越，大臣の罷免等）	関甲
8		司法権と違憲審査権（判決の違憲審査，衆議院の解散の有効無効等）	関甲
9	行政法	行政行為の附款（条件，期限，負担，無効等）	関甲
10		国家賠償法（損害賠償責任，公権力の行使に当たる公務員，外形主義等）	関甲
11		住民監査請求と住民訴訟（要件，係属中の請求，監査請求の対象等）	関甲
12		行政契約（随意契約等）	関
13		取消しと撤回（受益的行政処分の取消し，上級行政庁による撤回等）	
14	民法	成年後見制度（後見開始の請求，後見登記，後見人の資格，同意権等）	関甲
15		意思表示（効力の発生，通知の到達，表意者の死亡，公示等）	関
16		留置権（果実収取権，善管注意義務違反，必要費の償還，消滅等）	関甲
17		袋地の通行権（通行権の設定，分筆によって生じた袋地等）	関甲
18	刑法	犯罪の成立する事例（故意，未遂，殺人罪，詐欺罪等）	甲
19		財産犯の財物性（ラブレター，毛髪，収入印紙，機密資料のコピー等）	関
20	労働法	労働関係の終了	関
21		労働組合（労働組合法上の労働組合，管理職，統制権等）	関甲
22	経済原論	需要の価格弾力性と供給の価格弾力性	関
23		最適労働供給（労働時間の大小関係の比較）（計算）	関甲
24		期待効用（従業員に努力させるボーナスの額）（計算）	関
25		企業の生産曲線と費用曲線	関甲
26		外部不経済（汚染物質の排出に対する課税）（空欄補充）	関甲
27		比較優位（4人の薪集めと魚釣り）	関
28		ISバランス論（計算）（空欄補充）	関甲
29		マンデル＝フレミング・モデル（資本移動完全，財政・金融政策の影響）	関甲
30		2国の為替レートと1人当たり消費額（計算）（空欄補充）	関甲
31	経営学	国際経営（ホフステッド等）	
32		経営戦略（チャンドラー等）	
33	財政学	地方交付税制度	関甲
34		最適課税の理論（ラムゼイ等）	関甲
35		公共財の最適供給量（限界便益曲線，限界費用曲線，ナッシュ均衡等）	関
36	社会政策	日本の高齢者福祉と公的介護保険	関
37		日本における外国人労働者の受入れ（国籍，技能実習生，特定技能等）	関甲
38		日本の生活保護制度（無差別平等の原理，保護の補足性の原理等）	関甲
39	国際関係	開発と環境問題に対する国際社会の取組み（IPCC，リオ＋20，パリ協定等）	関甲
40		多文化主義	関

この出題内訳表は，受験者からの情報をもとに作成したものです。したがって，No.や出題内容が実際とは異なっている場合があります。

全国型と共通…全, 中部・北陸型と共通…中

No	科　目	出　題　内　容	
1	政 治 学	日本の女性議員の割合（世界各国との比較，地方議会での割合等）	全中
2		サルトーリの政党制論（ヘゲモニー政党制，二大政党制，穏健な多党制等）	全中
3	行 政 学	意思決定や政策決定（サイモン，リンドブロム，リスキーシフト等）	全中
4		国と地方公共団体の関係（政令指定都市，国地方係争処理委員会等）	全中
5	憲　法	憲法の基本原理（法の支配，憲法の基本価値，軟性憲法等）	中
6		信教の自由（剣道実技拒否，靖国合祀等）	中
7		内閣総理大臣と国務大臣の任免権（衆議院の優越，大臣の罷免等）	全中
8		司法権と違憲審査権（判決の違憲審査，衆議院の解散の有効無効等）	全中
9	行 政 法	行政行為の附款（条件，期限，負担，無効等）	全中
10		情報公開法（電磁的記録，外国人の請求，部分開示，開示請求の拒否等）	中
11		国家賠償法（損害賠償責任，公権力の行使に当たる公務員，外形主義等）	全中
12		住民監査請求と住民訴訟（要件，係属中の請求，監査請求の対象等）	全中
13		行政契約（随意契約等）	全中
14	民　法	成年後見制度（後見開始の請求，後見登記，後見人の資格，同意権等）	全中
15		意思表示（効力の発生，通知の到達，表意者の死亡，公示等）	全
16		留置権（果実収取権，善管注意義務違反，必要費の償還，消滅等）	全中
17		袋地の通行権（通行権の設定，分筆によって生じた袋地等）	全中
18		保証契約（個人，法人，根保証等）	中
19		氏の変更（婚姻後の氏，夫婦死別後の氏，養子と氏等）	中
20	刑　法	名誉毀損罪が成立する事例	中
21		財産犯の財物性（ラブレター，毛髪，収入印紙，機密資料のコピー等）	全
22	労 働 法	労働関係の終了	全
23		労働組合（労働組合法上の労働組合，管理職，統制権等）	全中
24	経済原論	需要の価格弾力性と供給の価格弾力性	全
25		最適労働供給（労働時間の大小関係の比較）（計算）	全中
26		期待効用（従業員に努力させるボーナスの額）（計算）	全
27		企業の生産曲線と費用曲線	全中
28		外部不経済（汚染物質の排出に対する課税）（空欄補充）	全中
29		比較優位（4人の薪集めと魚釣り）	全
30		投資（投資の二重性，資本ストック等）	
31		ISバランス論（計算）（空欄補充）	全中
32		マンデル＝フレミング・モデル（資本移動完全，財政・金融政策の影響）	全中
33		2国の為替レートと1人当たり消費額（計算）（空欄補充）	全中
34		GDPと経済成長	
35		消費者物価指数（CPI）	
36	経済政策	医療サービス（逆選択，モラルハザード等）	中
37		プルーデンス政策	中
38		アメリカの経済政策（ケネディ，ニクソン，レーガン，ブッシュ等）	中
39	経 済 史	2010年代後半の日本の財政状況（OECD諸国，プライマリー・バランス等）	
40	財 政 学	地方交付税制度	全中
41		公共財の最適供給量（限界便益曲線，限界費用曲線，ナッシュ均衡等）	全
42		最適課税の理論（ラムゼイ等）	全中
43	経 営 学	企業経営の多角化（範囲の経済，相乗効果，SPA，アウトレットモール等）	
44		経営学におけるイノベーション（シュンペーター）	
45	社会政策	日本における外国人労働者の受入れ（国籍，技能実習生，特定技能等）	全中
46		日本の高齢者福祉と公的介護保険	全
47		日本の生活保護制度（無差別平等の原理，保護の補足性の原理等）	全中
48	国際関係	開発と環境問題に対する国際社会の取組み（IPCC，リオ＋20，パリ協定等）	全中
49		多文化主義	全
50		PKO	

この出題内訳表は，受験者からの情報をもとに作成したものです。したがって，No.や出題内容が実際とは異なっている場合があります。

全国型と共通…全, 関東型と共通…関

No.	科 目	出 題 内 容	
1	憲　法	憲法の基本原理（法の支配，憲法の基本価値，軟性憲法等）	関
2		信教の自由（剣道実技拒否，靖国合祀等）	全関
3		内閣総理大臣と国務大臣の任免権（衆議院の優越，大臣の罷免等）	全関
4		司法権と違憲審査権（判決の違憲審査，衆議院の解散の有効無効等）	全関
5		営業の自由（薬事法事件，酒類販売の免許制，小売市場事件等）	全関
6	行 政 法	行政行為の附款（条件，期限，負担，無効等）	全関
7		情報公開法（電磁的記録，外国人の請求，部分開示，開示請求の拒否等）	関
8		国家賠償法（損害賠償責任，公権力の行使に当たる公務員，外形主義等）	全関
9		住民監査請求と住民訴訟（要件，係属中の請求，監査請求の対象等）	全関
10		行政契約（随意契約等）	全関
11		行政による不利益処分	
12		行政事件訴訟法	
13		普通地方公共団体の長	
14	民　法	成年後見制度（後見開始の請求，後見登記，後見人の資格，同意権等）	全関
15		留置権（果実取得権，善管注意義務違反，必要費の償還，消滅等）	全関
16		袋地の通行権（通行権の設定，分筆によって生じた袋地等）	全関
17		保証契約（個人，法人，根保証等）	関
18		不動産の賃貸借契約における敷金	
19		共同不法行為責任を負う場合	
20		氏の変更（婚姻後の氏，夫婦死別後の氏，養子と氏等）	関
21	刑　法	犯罪の成立する事例（故意，未遂，殺人罪，詐欺罪等）	全
22		名誉毀損罪が成立する事例	関
23	労 働 法	労働組合（労働組合法上の労働組合，管理職，統制権等）	全関
24		障害者雇用促進法に関する障害者の雇用	
25	経済原論	最適労働供給（労働時間の大小関係の比較）（計算）	全関
26		企業の生産曲線と費用曲線	全関
27		外部不経済（汚染物質の排出に対する課税）（空欄補充）	全関
28		ISバランス論（計算）（空欄補充）	全関
29		マンデル＝フレミング・モデル（資本移動完全，財政・金融政策の影響）	全関
30		２国の為替レートと１人当たり消費額（計算）（空欄補充）	全
31		独占者の利潤最大化（スポーツジムの会費）（計算）	
32		IS-LM分析（名目貨幣供給量の増大量）（計算）	
33	経済政策	医療サービス（逆選択，モラルハザード等）	関
34		プルーデンス政策	関
35		アメリカの経済政策（ケネディ，ニクソン，レーガン，ブッシュ等）	関
36	財 政 学	地方交付税制度	全関
37		最適課税の理論（ラムゼイ等）	全関
38	経済事情	2020年の日本の雇用状況	
39		2020年のアメリカの経済状況	
40		SDGsとMDGsの目標と指標	
41	政 治 学	日本の女性議員の割合（世界各国との比較，地方議会での割合等）	全関
42		サルトーリの政党制論（ヘゲモニー政党制，二大政党制，穏健な多党制等）	全関
43	行 政 学	意思決定や政策決定（サイモン，リンドブロム，リスキーシフト等）	全関
44		国と地方公共団体の関係（政令指定都市，国地方係争処理委員会等）	全関
45	社会政策	日本における外国人労働者の受入れ（国籍，技能実習生，特定技能等）	全関
46		日本の生活保護制度（無差別平等の原理，保護の補足性の原理等）	全関
47	社 会 学	ブルーマー，シュッツ，ゴフマンの学説	
48		現代社会に対する批判的な学説（フーコー，ベック，ウォーラーステイン等）	
49	国際関係	開発と環境問題に対する国際社会の取組み（IPCC，リオ＋20，パリ協定等）	全関
50		核問題（原爆の開発，水素爆弾，キューバ危機，インドの核実験等）	

この出題内訳表は，受験者からの情報をもとに作成したものです。したがって，No.や出題内容が実際とは異なっている場合があります。

令和5年度試験 出題例

政党に関する次の記述のうち，妥当なものはどれか。

1 18世紀から19世紀にかけて登場した，労働者や女性の地位向上などといった，国民的課題の解決を志向する人々が結集した政党のことを，名望家政党という。

2 20世紀には，主に労働者の支持を集める右派政党と，主に貴族や資本家の支持を集める左派政党の対立が生じた。イギリスの労働党と保守党の対立が，その例といえる。

3 政党は規模が拡大するにつれて寡頭制的な組織になるが，20世紀に登場した大衆政党とは，寡頭制を拒絶して，党員どうしが対等な立場で連帯する政党である。

4 政党内で議員間に意見の対立があっても，議会での採決に際し，議員は所属政党の幹部から同じ投票行動をとるように指示されることがある。これを党議拘束という。

5 3つ以上の政党が議会に議席を有する複数政党制では，連立政権となることが不可避であるために，有権者は政権政党の組合せを意識して投票することになる。

解説

1. 名望家政党とは，財産と教養を持つ名望家の緩いつながりによる政党のことである。制限選挙の時代に登場した。労働者や女性の地位向上のために結成されたわけではない。なお，名望家政党と後述の大衆政党は，ウェーバーによる分類である。

2. 主に労働者の支持を集めるのは左派政党であり，主に貴族や資本家の支持を集めるのが右派政党である。左派は社会主義者など，大々的な社会変革を志向する勢力をいい，右派は保守主義者や経済的自由主義者など，現状の体制の維持を志向する勢力をいう。

3. 大衆政党とは，多くの党員を組織化し，国民の支持を集めるために日々活動を行っている政党のことである。普通選挙の実現により，登場した。また，ミヘルスはたとえ民主主義を標榜する政党であっても，大規模化すれば不可避的に権力が少数の幹部に集中するとした。これを「寡頭制の鉄則」という。

4. 妥当である。法案などの採決に当たり，政党は党の方針に従った投票をすることを所属議員に要求する。これを党議拘束という。党議拘束に反した議員は，通常は所属政党によって処分を受ける。

5. 3つ以上の政党が議会に議席を有する複数政党制であるからといって，必ずしも連立政権になるとは限らない。複数政党制の中には，1つの巨大政党のみが政権政党で，ほかの政党は野党となる一党優位政党制もある。

正答　**4**

西洋政治思想に関する次の記述のうち，妥当なものはどれか。

1 J. S. ミルは，個人の自由の制約は他者への危害を抑止する場合に限定されるべきであるとした一方，他者に危害を及ぼすことがないとしても，個人に自己の自由を放棄する自由は認められないとした。

2 バークは，イギリスの伝統的な国制を擁護する立場から，アメリカ独立運動やフランス革命を厳しく批判した。ただし，イギリスによるフランス革命への軍事介入には，主権の侵害になるとして反対した。

3 カントは，人民は偏狭な愛国心を抱きやすい一方，君主制の国どうしでは王族が姻族関係になるなどして親善を深めやすいことから，平和を維持するためには，共和制よりも君主制のほうが望ましいとした。

4 トクヴィルは，アメリカ社会の観察から，デモクラシーと自由の両立は現実的に不可能であるとした。また，デモクラシーは，個人を平等に扱うがゆえに多数者の意見が力を持つことができず，社会に無秩序をもたらすと警告した。

5 ホッブズは，自然状態においても各人が他者の財貨を奪うことなく自立することは可能であるとしたが，それでも他者の財貨を奪う者が現れるおそれがあるため，自然法を執行する政治権力が必要であるとした。

解説

1. 妥当である。ミルは，『自由論』で自由を論じたが，他者危害の原則を唱える一方，自己の自由を放棄する自由は認めなかった。

2. バークは「保守主義の祖」と呼ばれている政治思想家で，『フランス革命の省察』でフランス革命を徹底的に批判したが，アメリカ独立運動については独立派を支持した。また，フランス革命を鎮圧するために，イギリスはフランスに軍隊を派遣すべきとした。

3. カントは，『永久平和のために』において，共和制を永久平和の実現には最適な政治制度とした（ただし，立憲君主制を否定しているわけではない）。カントの議論は，民主的な国家どうしは戦争を起こさないという，民主的平和論の先駆けとして知られている。

4. トクヴィルは，『アメリカのデモクラシー』を著し，デモクラシーと自由は対立するとしつつも，アメリカの観察からこれらが両立する可能性もあるとした。また，デモクラシーには「多数者の専制」が生じる欠点があるとした。

5. ホッブズではなく，ロックに関する記述。ホッブズは，『リヴァイアサン』を著し，自然状態では「万人の万人に対する闘争」に陥るので，社会契約を結んで国家を創設するとした。これに対し，ロックは『統治二論』を著し，人々は自然状態でもある程度は平和的に共存することは可能ではあるものの，自然権をよりよく保全するために，社会契約を結んで政府を樹立するとした。

正答 **1**

わが国の地方行政に対する民主的統制に関する次の記述のうち，妥当なものはどれか。

1 地方公共団体のオンブズマンは，公的機関として条例によって設置されるが，中立的な機関であることから，いったん設置されると廃止されにくく，実際に廃止された例もない。

2 地方公共団体のオンブズマンは，当該地方公共団体の長や監査委員などの執行機関に対して，是正のために必要な事務の執行を法的に義務づける権能を持っている。

3 行政機関を対象とした情報公開制度については，国が先行的に導入を進めており，その後に地方公共団体においても導入する動きが広まった。

4 条例の制定・改廃や議会解散などの直接請求に必要である署名の収集方法には定めがあり，郵便や回覧による収集や，署名収集者による署名の代筆は認められていない。

5 パブリック・コメントについては，行政手続法の改正により手続などが統一化され，現在では地方公共団体が独自の条例に基づいて実施することが認められなくなっている。

解説

1. 公的なオンブズマンでも，必ずしも条例に基づいて設置されているわけではなく，要綱などに基づいて設置される例もある。また，苦情の申立件数が少なかったなどの理由で，地方公共団体がオンブズマンを廃止した例は，複数ある。

2. オンブズマンに，事務の執行を執行機関に義務づける権能はない。たとえば，全国初のオンブズマン条例である，川崎市市民オンブズマン条例でも，是正などの措置を講ずるよう勧告することができる旨を定めているのみである。

3. 行政機関情報公開法は1999年に制定されたが，1982年に山形県金山町が全国初の情報公開条例を制定するなど，情報公開制度は地方公共団体が先んじて導入を進めていた。

4. 妥当である。署名の収集は，直接請求の代表者などの署名収集者が直接行わなければならない。また，代筆は有権者に心身の故障があるなどの場合に限って認められているが，署名収集者による代筆は認められていない。

5. 行政手続法は国の行政機関を対象とした法律であり，地方公共団体が行うパブリック・コメントには適用されない。もっとも，地方公共団体については法の趣旨に則って行政運営の公正の確保と透明性の向上を図るため必要な措置を講ずるよう努めなければならないとされており，地方公共団体が条例に基づいてパブリック・コメントを実施することは，可能である。なお，パブリック・コメントとは，施策などに関し，実施前に一般市民から意見や情報を募ることをいう。

正答 **4**

わが国の行政などを担う委員会に関する次の記述のうち，妥当なものはどれか。なお，ここでいう地方公共団体とは，普通地方公共団体のことをさす。

1 国の行政組織については，省および庁の長は国務大臣が務めなければならないが，合議制の機関である行政委員会の委員長に国務大臣を充てることは認められていない。

2 行政委員会とは講学上の概念であり，名称に「委員会」が付されていない行政委員会もある。こうした行政委員会の例の一つに，経済財政諮問会議がある。

3 地方公共団体の執行機関には長のほか，委員会や委員もあるが，教育委員会や公安委員会は，すべての都道府県と市町村に設置されることになっている。

4 国地方係争処理委員会は，地方公共団体の事務への国の関与のうち，是正の要求，許可の拒否，その他の処分，その他の公権力の行使に当たるものにつき，審査を行う。

5 百条委員会は地方公共団体に設置される執行機関であり，地方公共団体の事務に関する調査や，選挙人やその他関係者の出頭，証言，記録の提出を請求することができる。

解説

1. 省の長は国務大臣でなければならないが，庁の長は国務大臣ではない。デジタル庁と復興庁の長は内閣総理大臣であり，それ以外の庁の長（長官）は官僚や民間人が務めている。また，行政委員会の一つである国家公安委員会の委員長は，国務大臣が務めることになっている。ちなみに，内閣総理大臣および国務大臣が長を務める1府12省庁の「庁」とは，警察庁を管理する国家公安委員会をさす。

2. 経済財政諮問会議は，内閣府に設置されている「重要政策に関する会議」の一つであり，行政委員会ではない。なお，人事院は名称に「委員会」が付されていないが，行政委員会の一つである。

3. 公安委員会は警察を管理する行政委員会であるが，市町村警察は存在しない。ゆえに，市町村に公安委員会は置かれていない。

4. 妥当である。国地方係争処理委員会は総務省に設置される第三者機関。国の関与に対し不服のある地方公共団体の申し出により審査を行い，国の関与に違法性などがあれば，国の行政庁に必要な措置を行う旨の勧告や調停などを行う。

5. 百条委員会は執行機関ではない。百条委員会とは，地方自治法100条に基づいて地方議会が設置する特別委員会であり，国ならば国会各院が持つ国政調査権に該当する調査権を行使するために設置される。

正答 **4**

わが国の少子化の現状および少子化対策に関する次のア〜エの記述のうち，妥当なものの組合せはどれか。

ア　合計特殊出生率は，2005年に過去最低の1.33に落ち込んだ後，2015年には1.57まで回復したものの，その後は再び低下傾向にあり，2021年には1.45となった。また，出生数は2021年に初めて100万人を下回った。

イ　2021年における各都道府県の出生数を比較すると，最も出生数が多いのは東京都だったが，各都道府県の合計特殊出生率を比較すると，最高だったのは沖縄県であり，東京都は最低だった。

ウ　25歳から44歳までの女性の就業率の上昇に伴い，保育所等の利用申込者数は増加傾向にある。保育の受け皿の整備が進められてきたが，2017年以降，保育所等待機児童数は増加傾向にあり，2022年4月時点の保育所等待機児童数が，調査開始以来，過去最多を更新した。

エ　近年，育児・介護休業法が改正され，事業主に対する育児休業を取得しやすい雇用環境の整備などの義務づけや，有期雇用労働者の育児・介護休業の取得要件の緩和がなされたほか，育児休業を2回に分割して取得することも可能となった。

1 ア，イ　　**2** ア，ウ　　**3** ア，エ　　**4** イ，ウ　　**5** イ，エ

解説

ア：合計特殊出生率は，2005年に統計開始以来，過去最低の1.26に落ち込んだ後，2015年には1.45まで回復したものの，その後は再び低下傾向にあり，2021年には1.30となった。それに，出生数が統計開始以来，初めて100万人を下回ったのは2016年であり，その後も減少は続き，2021年には約81万人にまで減少した。ちなみに，2022年の合計特殊出生率は過去最低に並ぶ1.26，出生数は約77万人だった。

イ：妥当である。東京都は人口が最も多いだけに，出生数も最も多い。その反面，東京都の合計特殊出生率は全国で最も低く，2021年には1.08となっている。近年，全国で合計特殊出生率が最も高いのは沖縄県であり，2021年には1.80を記録した。

ウ：保育所などの利用者数が増加する一方，保育の受け皿づくりも進められた。その結果，保育所等待機児童数は2017年をピークに減少傾向にあり，2022年4月時点の保育所等待機児童数は2,944人で，調査開始以来，過去最少を更新した。

エ：妥当である。2021年の育児・介護休業法の改正による。これらのほか，妊娠・出産の申出をした労働者に対する個別の周知・意向確認の措置の義務づけ，産後パパ育休（出生時育児休業）の導入，常時雇用労働者数が1,000人超の事業主に対する育児休業の取得状況の公表の義務づけも，この法改正によって実現している。

以上より，妥当なものはイとエであるので，正答は**5**である。

正答　**5**

わが国の最低賃金に関する次のア〜オの記述のうち，妥当なものの組合せはどれか。

ア　最低賃金は，自営業者や企業との業務委託契約によってフリーランスの立場で働く個人を含めた，すべての働く人々に適用される。

イ　地域別最低賃金は市町村別に設定されており，同一の都道府県内でも，都道府県庁所在地の最低賃金とそれ以外の市町村の最低賃金とでは，前者のほうが高いのが一般的である。

ウ　特定最低賃金は，特定の産業について設定されている最低賃金であり，地域別最低賃金を下回る水準の金額を特定最低賃金として設定することができる。

エ　最低賃金の対象となる賃金は毎月支払われる基本的な賃金であり，賞与，結婚手当などの臨時に支払われた賃金，通勤手当，時間外勤務手当などは最低賃金の対象から除外される。

オ　派遣労働者には，派遣元の事業場の所在地に関係なく，派遣先の事業場の所在地の最低賃金が適用される。

1　ア，ウ
2　ア，オ
3　イ，ウ
4　イ，エ
5　エ，オ

解説

ア：最低賃金法の適用を受けるのは，雇用されて働く労働者。自営業者や個人事業主，フリーランスと呼ばれる立場で働く人々は，取引先に雇用されているわけではないので，最低賃金法の適用を受けない。

イ：地域別最低賃金は都道府県別に設定されている。ゆえに，市町村とは無関係に，同じ金額の最低賃金が都道府県内の事業場で働くすべての労働者とその使用者に適用される。

ウ：特定最低賃金は，地域別最低賃金よりも最低賃金を高くする必要がある産業について設定される。この特定最低賃金も都道府県別に設定されており，都道府県によって特定最低賃金が定められる産業は異なる。

エ：妥当である。最低賃金の対象は，基本給と諸手当のうち，精皆勤手当，通勤手当，家族手当を除いたものである。月給制の場合，最低賃金の対象となる賃金を毎月の所定労働時間で割った数値が，最低賃金を上回らなければならない。

オ：妥当である。ちなみに，派遣労働者でなくても，本社所在地とは異なる都道府県に所在する支社や工場などで働く労働者はいる。この場合，原則的には実際に働いている事業場が所在する都道府県の最低賃金が適用されるが，小規模で独立性のない事業所の場合は，いずれか高いほうが適用される。

以上より，妥当なものはエとオであるので，正答は**5**である。

正答　**5**

わが国の公的介護保険に関する次の記述のうち，妥当なものはどれか。

1　2021年度の当初予算における介護給付費は12.3兆円であるが，介護保険の財源構成は，保険料が70％で公費が30％となっており，保険料収入のうち約90％は，40歳以上65歳未満の医療保険加入者である第2号被保険者が負担している。

2　介護保険の利用者負担割合は，原則として1割であり，第1号被保険者で一定以上の所得のある人は2割または3割である。ただし，施設サービスを利用する場合の食費や居住費は，原則として利用者が全額を負担する。

3　介護報酬とは，事業者が利用者に介護サービスを提供した場合に，その対価として事業者に支払われる費用である。介護報酬はサービスの種類や要介護度，事業所の所在地とは無関係に，1単位当たりの金額が一律に設定されている。

4　介護サービスは施設サービス，地域密着型サービス，在宅サービスに分類されるが，2021年3月の時点で利用者数が最も多かったのは施設サービスであり，最も利用者数が少なかったのは在宅サービスであった。

5　介護保険制度が創設されて以降，第1号被保険者が支払う月々の介護保険料（全国加重平均）は上昇傾向にあったが，2010年代以降は低下傾向にあり，2021-2023年度には約2,000円となっている。

解説

1. 介護保険の財源構成は，保険料と公費で50％ずつとなっている。また，保険料収入に占める第2号被保険者の負担割合は54％（全体の27％），第1号被保険者（65歳以上の人）の負担割合は46％（全体23％）であり，大差ない。

2. 妥当である。利用者の食費，居住費，日常生活費などは，介護保険の適用対象外である。ちなみに，高額介護サービス費と呼ばれる，利用者負担の合計が負担限度額を超えた場合に超過分が払い戻される制度もあるが，この負担限度額も所得によって異なる。

3. 介護報酬は，介護サービスの種類ごとに，サービス内容または要介護度，事業所・施設の所在地などに応じた平均的な費用を勘案して決定することとされている。また，介護報酬は，原則としてサービスごとに定められた単位数×10円であるが，これに加算がなされることがある。

4. 在宅サービスの利用者が399万人で最も多く，施設サービスの利用者は96万人だった。また，地域密着型サービスとは，可能な限り住み慣れた自宅・地域で生活を継続できるように提供されるサービスであるが，その利用者は88万人だった。

5. 第1号被保険者が支払う保険料（全国加重平均）は上昇が続いており，2021-2023年度には月額6,014円となっている。ちなみに，第2号被保険者の保険料も上昇が続いており，2022年度には月額6,829円（見込額）となっている。

正答　2

デュルケムに関する次の記述のうち，妥当なものはどれか。

1 社会学は社会化の形式を固有の研究対象とする特殊科学になるべきであるとして，社会学を総合的な学問とする考え方を批判した。

2 宗教は大衆に幻想の幸福を与える反面，大衆から社会を変革する意欲を奪う役割も果たしているとして，宗教を「大衆のアヘン」と表現した。

3 社会は個人間の模倣によって成立していると論じて，社会を単なる個人の総和とは別物であるとする社会実在論を批判した。

4 社会的連帯は，類似した人々どうしによる機械的連帯から，分業の発展により，相互にないものを補い合う有機的連帯に発展するとした。

5 アノミーとは強力な社会規範によって個人の欲求が過度に抑圧されている状態であるとして，このような状態では自殺者が増加するとした。

解説

1. ジンメルに関する記述である。「社会学の父」コントらの社会学は，諸分野の学問を統合することを志向する学問だった。ジンメルはこうした総合社会学を批判し，社会化（個人が相互作用によって社会を形成すること）の形式を研究対象とする形式社会学を提唱した。これに対し，デュルケムはコントらとは一線を画しつつも総合社会学の立場だった。

2. マルクスに関する記述である。マルクスは，史的唯物論と古典派経済学の批判的研究から科学的社会主義を確立した思想家である。デュルケムは，宗教には集合的表象として人々を結合する機能があるとした。

3. タルドに関する記述である。タルドは，デュルケムのライバルだった社会学者であり，自殺も模倣によって広まるとした。これに対し，デュルケムは社会実在論の立場で，『自殺論』でも自殺に関するタルドの説を批判した。

4. 妥当である。デュルケムは，社会は機械的連帯による環節的社会から，有機的連帯による有機的社会に発展するとした。

5. アノミーとは，社会規範が緩んだ状態のこと。デュルケムが社会学に導入した概念であり，このような状態で個人の欲求が過度に肥大化することによる自殺を，アノミー的自殺とした。なお，デュルケムは，恋仲にある者の心中のように，強力な社会規範が個人の欲求を過度に抑圧することによる自殺もあるとし，これを宿命的自殺とした。

正答 **4**

世界システム論に関する次の文中の空欄ア〜ウに当てはまる人名・語句の組合せとして，妥当なものはどれか。

　世界システム論とは，　ア　が唱えた歴史理論であり，ブローデルを中心とするアナール学派の研究法やアミンらが唱えた　イ　の影響を受けて，構築された。世界システム論では，近代以降の世界全体は中心・周辺・半周辺からなり，経済発展が不均等であるため，これらの3つの構成部分の間では　ウ　が行われているとされる。

	ア	イ	ウ
1	ルーマン	従属理論	等価交換
2	ウォーラーステイン	構造機能主義	不等価交換
3	ウォーラーステイン	従属理論	不等価交換
4	ルーマン	構造機能主義	等価交換
5	ルーマン	従属理論	不等価交換

解説

ア：「ウォーラーステイン」が当てはまる。ウォーラーステインはアメリカの歴史学者であり，近代世界は大航海時代を経て一つの大きなシステムとして成立したと考える歴史理論である，世界システム論を唱えた。なお，ルーマンは，ドイツの社会学者で，生物学のオートポイエーシス（自己産出）の概念を導入し，社会システムもまた環境に応じて自己を改変していくものとする，社会システム理論を唱えた。

イ：「従属理論」が当てはまる。従属理論とは，開発途上国（周辺）の低開発は，先進国（中心）の搾取によって産み出されているとする学説。マルクス主義の影響を受けた学説であり，エジプトの経済学者であるアミンらが唱えた。ウォーラーステインの世界システム論は，総合的な歴史学を志向したブローデルの影響のもと，「中心」と「周辺」の両者の要素を持つ「準周辺」の概念を導入して，従属理論を発展させた学説である。なお，構造機能主義とは，社会を構造と機能の側面から捉えようとする考え方で，アメリカの社会学者であるパーソンズが唱えた。

ウ：「不等価交換」が当てはまる。不等価交換とは，価値が等しくない商品どうしを交換しあうことをいう。従属理論や世界システム論では，国家間で不公平な交易が行われることで，搾取が行われているとする。

　以上より，正答は**3**である。

正答　**3**

アジア太平洋地域における国際協調に関する次の記述のうち，誤っているものはどれか。

1 東南アジア諸国連合（ASEAN）は，1960年代に設立された地域共同体である。1990年代にはASEAN首脳会議に日本，中国，韓国の首脳が招待されたのを機に，「ASEAN＋3」が発足した。

2 アジア太平洋経済協力（APEC）は，アメリカや中国など，アジア太平洋地域の国・地域が参加する経済協力の枠組みであり，その取組みは自主的，非拘束的かつコンセンサスに基づく協力を特徴としている。

3 環太平洋パートナーシップ（TPP）協定は，日本を含むアジア太平洋諸国による経済連携協定である。アメリカは，トランプ政権時に一時離脱したが，2021年にバイデン政権が発足すると，その直後に復帰した。

4 インド太平洋経済枠組み（IPEF）は，バイデン大統領が提唱した経済圏構想であり，2022年に立ち上げが宣言された。アメリカのほか，日本，オーストラリア，ニュージーランド，韓国，インド，インドネシア，ベトナムなどが参加している。

5 豪英米三国間安全保障パートナーシップ（AUKUS）は，バイデン政権発足後に設立が発表された，豪英米3か国による新たな安全保障の枠組みであり，インド太平洋地域の戦略的安定性の確保が目標とされている。

解説

1. 妥当である。ASEANは1967年に5か国で設立され，2023年6月の時点では，10か国が加盟している。また，ASEAN＋3は，1997年のアジア通貨危機を契機として，ASEAN30周年記念の首脳会議に日中韓の首脳が招待されたことで始まった。

2. 妥当である。APECは，日本やアメリカのほか，中国，ロシア，香港，台湾など，全部で21の国・地域が参加している経済協力の枠組み。1989年に閣僚会議として発足し，1993年以降は毎年首脳会議が開催されている。

3. 後半が誤り。トランプ政権時にアメリカがTPP協定から離脱したのは事実だが，アメリカでは党派の違いに関係なく，TPP協定は自国の労働者の生活を脅かすとして批判的な見解が優勢であり，バイデン政権も当面復帰しないとしている。ただし，バイデン政権において，アメリカはトランプ政権において離脱した気候変動問題に関するパリ協定などには復帰している。

4. 妥当である。バイデン大統領は，TPPに代わる新たな経済圏構想として，IPEFを提唱した。バイデン大統領は，2022年5月の来日時にIPEFの立ち上げを宣言し，その後，参加国による交渉会合が行われている。2023年6月の時点で，参加国は14か国となっている。

5. 妥当である。AUKUSは，バイデン大統領の就任後の2021年9月に設立が発表された。なお，日本，アメリカ，オーストラリア，インドによる対話の枠組みは，QUAD（クアッド）と呼ばれている。

正答 **3**

国際秩序に関する次の文中の空欄ア～エに当てはまる語句の組合せとして，妥当なものはどれか。

国内類推とは，国内秩序で成り立つ個人と国家の関係が国際秩序にも同様に成り立つとして，国際秩序を理解しようとする思考方法をさす。こうした思考法の典型は，国際社会にも公権力が必要とするものであり，　ア　体制もこうした発想から導入されたものといえる。

第一次世界大戦が勃発した理由を，たとえばドイツのような特定の国家にではなく，国際関係の　イ　構造に求めたディキンソンは，将来の戦争を回避するためには，この構造の克服が必要であるとして，国際連盟の創設を提唱した。

この国際連盟の試みは，現在は国際連合に引き継がれている。国際連合では，国際連合憲章42条に定める軍事的措置をとるためには，平和に対する脅威などの認定をする必要があり，この認定は　ウ　において行われる。一方，国際連合憲章は，加盟国による個別的あるいは集団的自衛権の行使を　エ　。

	ア	イ	ウ	エ
1	集団安全保障	ヘゲモニー	総会	認めていない
2	集団安全保障	アナーキー	安全保障理事会	認めている
3	集団安全保障	ヘゲモニー	総会	認めている
4	集団防衛	アナーキー	安全保障理事会	認めている
5	集団防衛	ヘゲモニー	安全保障理事会	認めていない

解説

ア：「集団安全保障」が当てはまる。集団安全保障とは，国家連合の加盟国が平和を破壊すれば，他の加盟国が協同して制裁すると定めておくことによって，平和と安全を維持することをいう。国際連盟や国際連合は，集団安全保障のための国際機関である。なお，集団防衛とは，敵対する特定の国の脅威に対し，複数の国家が協同して軍事機構を設立することによって，安全を保つことをいう。NATOがその代表例である。

イ：「アナーキー」が当てはまる。アナーキーとは無政府状態の意味。ディキンソンは，国際社会のアナーキーな状態を克服するために，国際連盟を構想した。なお，ヘゲモニー（覇権）とは，政治，文化，経済，軍事において優位にある国家が持つ，他の国々を支配，指導する力のことをいう。

ウ：「安全保障理事会」が当てはまる。安全保障理事会は，経済制裁や武力制裁などの実施を決定するだけでなく，その前段階における平和に対する脅威，平和の破壊，侵略行為があったことの認定も行っている。

エ：「認めている」が当てはまる。国連憲章51条には，「安全保障理事会が国際の平和及び安全の維持に必要な措置をとるまでの間，個別的又は集団的自衛の固有の権利を害するものではない」とある。

以上より，正答は**2**である。

正答　2

憲法14条１項の「法の下の平等」に関する次の記述のうち，判例に照らし，妥当なものはどれか。

1 尊属殺人について，被害者が尊属であることを類型化し，法律上，刑の加重要件とする規定を設けることは，憲法に違反する。

2 非嫡出子の相続分を差別する規定は違憲であるが，違憲判断までの間に開始された他の相続について，当該差別規定を前提としてされた遺産の分割の審判その他の裁判，遺産の分割の協議その他の合意等により確定的なものとなった法律関係に影響を及ぼすものではない。

3 日本国民である父と日本国民でない母との間に出生し，父から出生後に認知された子は，父母の婚姻により嫡出子たる身分を取得した場合に限り日本国籍を取得するという規定は，憲法に違反しない。

4 女性について再婚禁止期間を定める規定は，禁止期間の日数を問わず，憲法に違反する。

5 衆議院議員の選挙が，憲法に違反する議員定数配分規定に基づいて行われたものである場合には，当該選挙は無効となる。

解説

1. 被害者が尊属であることを犯情の一つとして具体的事件の量刑上重視することは許されるものであるのみならず，さらに進んでこのことを類型化し，法律上，刑の加重要件とする規定を設けても，かかる差別的取扱いをもって直ちに合理的な根拠を欠くものと断ずることはできず，憲法14条１項に違反するということもできない（最大判昭48・４・４）。

2. 妥当である（最大決平25・９・４）。

3. 日本国民である父と日本国民でない母との間に出生し，父から出生後に認知された子は，父母の婚姻により嫡出子たる身分を取得した場合に限り日本国籍を取得するという国籍法（当時）の規定は，立法目的との間において合理的関連性を欠くものであり，憲法14条１項に違反する（最大判平20・６・４）。

4. 民法733条１項（当時）の規定のうち，100日超過部分については，憲法に違反する（最大判平27・12・16）。

5. 本件選挙が憲法に違反する議員定数配分規定に基づいて行われたものである場合，そのことを理由としてこれを無効とする判決をしても，これによって直ちに違憲状態が是正されるわけではなく，かえって憲法の所期するところに必ずしも適合しない結果を生ずることから，当該選挙は憲法に違反する議員定数配分規定に基づいて行われた点において違法である旨を判示するにとどめ，選挙自体はこれを無効としないこととされる（最大判昭51・４・14）。

正答　**2**

社会権に関する次の記述のうち，妥当なものはどれか。ただし，争いがある場合は判例による。

1 社会権の中の生存権は，大日本帝国憲法にも規定されていた。

2 生存権を具体化する法律がない場合には，裁判所に対して，立法不作為の違憲確認訴訟を提起できる。

3 環境権は生存権に含まれるとして，最高裁判所は，新しい人権として明確に認めている。

4 国は，必要かつ相当と認められる範囲において，教育内容についても決定する権能を有する。

5 労働基本権は，私人間の関係には直接適用することはできない。

解説 ━━━━━━━━━━━━━━━━━━━━━━━━

1．社会権は，大日本帝国憲法には規定されていなかった。生存権は，日本国憲法25条に規定されている。

2．生存権を具体化する法律がない場合に，裁判所に対して，立法不作為の違憲確認訴訟を提起することができるとした判例はない。

3．最高裁判所は，環境権を新しい人権として認めていない。

4．妥当である（最大判昭51・5・21）。

5．憲法28条の労働基本権は，民間の使用者対労働者という私人間の関係にも，直接適用される。

正答 **4**

内閣および内閣総理大臣に関する次の記述のうち, 妥当なものはどれか。

1 　内閣総理大臣は, 国務大臣を任命することができ, 任意に国務大臣を罷免することもできる。

2 　内閣総理大臣およびその他の国務大臣のすべては, 国会議員の中から選ばれなければならない。

3 　各大臣は, 主任の大臣として行政事務を分担管理するので, 行政事務を分担管理しない大臣は認められない。

4 　行政事務を分担管理する国務大臣が存するので, 内閣総理大臣が, 行政各部を指揮監督することはできない。

5 　内閣は, 行政権の行使について, 国会に対し連帯して責任を負うため, 各大臣が個別的責任を負うことはない。

解説

1. 妥当である (憲法68条1項本文・2項)。

2. 内閣総理大臣は国会議員の中から選ばれる (憲法67条1項前段) が, その他の国務大臣は, その過半数が, 国会議員の中から選ばれなければならない (同68条1項ただし書)。

3. 各大臣は, 主任の大臣として行政事務を分担管理するのが原則である (内閣法3条1項) が, 行政事務を分担管理しない無任所大臣も認められる (同条2項)。

4. 内閣総理大臣は, 行政各部を指揮監督する (憲法72条, 内閣法6条)。

5. 内閣は, 行政権の行使について, 国会に対し連帯して責任を負う (憲法66条3項) が, 各大臣が個別的責任を負うこともある。

正答 **1**

憲法81条の違憲審査権に関する次の記述のうち，判例に照らし，妥当なものの組合せはどれか。

ア　最高裁判所は，抽象的違憲審査を行うことができるが，下級裁判所は具体的な事件に付随して違憲審査を行うことしか認められない。

イ　国会議員の立法不作為が国家賠償法１条１項の適用上違法となるかどうかは，国会議員の立法過程における行動が個別の国民に対して負う職務上の法的義務に違背したかどうかの問題であって，当該立法の内容の違憲性の問題とは区別される。

ウ　衆議院の解散は，極めて政治性の高い国家統治の基本に関する行為であるから，一見極めて明白に違憲無効であると認められない限りは，裁判所の司法審査権の範囲外のものである。

エ　旧日米安全保障条約は，主権国としてのわが国の存立の基礎に極めて重大な関係を持つ高度の政治性を有するものであるから，その法律上の有効無効を審査することは，司法裁判所の権限の外にある。

1 ア　　**2** イ　　**3** ア，ウ　　**4** イ，エ　　**5** ウ，エ

解　説

ア：最高裁判所であっても下級裁判所であっても，具体的な事件に付随して違憲審査を行うことしか認められず，抽象的違憲審査を行うことはできない（最大判昭27・10・8）。

イ：妥当である（最判昭60・11・21）。本記述に続けて，判例は，仮に当該立法の内容が憲法の規定に違反するおそれがあるとしても，それゆえに国会議員の立法行為が直ちに違法の評価を受けるものではないとした。

ウ：衆議院の解散は，極めて政治性の高い国家統治の基本に関する行為であって，かくのごとき行為について，その法律上の有効無効を審査することは司法裁判所の権限の外にある（最大判昭35・6・8）。エの砂川事件のように，一見極めて明白に違憲無効であると認められない限りは裁判所の司法審査権の範囲外，とは判示していない。

エ：日米安全保障条約は，主権国としてのわが国の存立の基礎に極めて重大な関係を持つ高度の政治性を有するものであることから，一見極めて明白に違憲無効であると認められない限りは，裁判所の司法審査権の範囲外のものである（最大判昭34・12・16）。ウの苫米地事件のように，その法律上の有効無効を審査することは司法裁判所の権限の外，とは判示していない。

以上より，妥当なものはイのみであるので，正答は**2**である。

正答　2

憲法の法源に関する次の記述のうち，妥当なものはどれか。

1 憲法の附属法は，憲法典と密接な関連を持つ法であるから，憲法と同様に，その改正には通常の法律よりも厳しい手続が要求される。

2 憲法典は，統治機構の大枠を定めるにとどめ，必ずしも網羅的ではないので，内容を法律の定めに委ねる場合もある。

3 最高裁判所の憲法判例は，憲法に準ずる扱いを受けるため，憲法判例を変更することは認められていない。

4 憲法は，実質的意味の憲法と形式的意味の憲法に分けられるが，形式的意味の憲法には成文憲法と不文憲法がある。

5 日本国憲法の前文は，国家の理想を述べたものにすぎないため，その改正は，法律と同様の手続で行うことができる。

解　説

1. 憲法の附属法（国会法，内閣法など）は，憲法典と密接な関連を持つ法ではあるが，憲法と異なり，その改正は通常の法律と同様の手続で行われる。

2. 妥当である。たとえば，憲法43条2項，44条本文など参照。

3. 最高裁判所が，憲法判例を変更することも許される（裁判所法10条3号参照）。

4. 実質的意味の憲法とは，ある特定の内容を持った法を憲法と呼ぶ場合をいう（立憲的意味など）。しかし，形式的意味の憲法とは，憲法という名前で呼ばれる成文の憲法典を意味するので，不文憲法は含まない。

5. 日本国憲法の前文の改正も，憲法改正の手続（憲法96条）で行わなければならないと解されている。

正答　**2**

行政罰に関する次の記述のうち，妥当なものはどれか。

1 行政刑罰には，罰金などの，刑事訴訟法に定められた刑罰がある。

2 行政刑罰は，自然人だけでなく，法人に対しても科すことができる。

3 行政上の秩序罰は，過料であり，刑法総則が適用される。

4 行政上の秩序罰は，すべて，非訟事件手続法に基づいて，裁判所によって科される。

5 行政刑罰と行政上の秩序罰は，その性質が異なるため，併科することができないとするのが判例である。

解説

1. 行政刑罰には，罰金などの，刑事訴訟法ではなく「刑法」9条に定められた刑罰がある。

2. 妥当である。法人に対して刑罰（罰金）を科す例として，独占禁止法95条などがある。

3. 行政上の秩序罰である過料は，刑罰ではないので，刑法総則は適用されない。

4. 行政上の秩序罰は，原則として，非訟事件手続法に基づいて裁判所によって科される（非訟事件手続法119条以下）。しかし，地方自治法に基づく場合には，地方公共団体の長が科す（地方自治法231条の3）。

5. 秩序罰としての過料と刑罰としての罰金・拘留は，目的，要件および実現の手続を異にし，必ずしも二者択一の関係にあるものではなく，併科を妨げないとするのが判例である（最判昭39・6・5）。

正答　2

国家賠償法に関する次の記述のうち，妥当なものはどれか。

1 国または公共団体の公権力の行使に当たる公務員が，その職務を行うについて，違法に他人に損害を加えたときは，国または公共団体が，これを賠償する責に任ずるが，公務員に故意または過失があったときは，その公務員に対して求償権を有する。

2 公務員の選任または監督に当たる者と，公務員の俸給，給与その他の費用を負担する者とが異なるときは，費用を負担する者もまた，その損害を賠償する責に任ずる。

3 公の営造物の設置または管理に瑕疵があったために他人に損害を生じた場合に，他に損害の原因について責に任ずべき者があるときでも，国または公共団体は，求償権を有しない。

4 国または公共団体の損害賠償の責任については，国家賠償法の規定のほか「民法」の規定によるが，この「民法」には，失火責任法は含まれないとするのが判例である。

5 国家賠償法は，被害者が，日本国民ではなく外国人である場合でも，常に適用されるものである。

解説

1. 国または公共団体の公権力の行使に当たる公務員が，その職務を行うについて，故意または過失によって違法に他人に損害を加えたときは，国または公共団体が，これを賠償する責に任ずる。この場合において，公務員に故意または「重大な過失」があったときは，国または公共団体は，その公務員に対して求償権を有する（国家賠償法1条1項・2項）。

2. 妥当である（国家賠償法3条1項）。

3. 道路，河川その他の公の営造物の設置または管理に瑕疵があったために他人に損害を生じたときは，国または公共団体は，これを賠償する責に任ずる。この場合において，他に損害の原因について責に任ずべき者があるときは，国または公共団体は，これに対して求償権を有する（国家賠償法2条1項・2項）。

4. 国または公共団体の損害賠償の責任については，前3条の規定によるのほか，民法の規定による（国家賠償法4条）が，判例は，この「民法」には，失火責任法も含まれるとする（最判昭53・7・17）。

5. 国家賠償法は，外国人が被害者である場合には，相互の保証があるときに限り，これを適用する（国家賠償法6条）。

正答 **2**

行政機関の権限の委任，代理および専決に関する次の記述のうち，妥当なものはどれか。

1　権限の委任の場合には，委任機関は法令で定められた権限を失わず，委任機関の名義で権限が行使される。

2　権限の代理の場合には，その法効果は，被代理機関ではなく，代理機関に帰属することになる。

3　権限の委任の場合には，法律の根拠は不要であるが，権限の代理の場合には法律の根拠が必要である。

4　権限の代理の場合と同様に，権限の委任の場合にも，委任機関の指揮監督権は受任機関に及ぶ。

5　専決の場合には，法律の根拠は不要であり，外部との関係は本来の行政庁の名義で表示される。

解説

1．権限の委任の場合には，委任機関は法令で定められた権限を失い，受任機関がその権限を行使する。

2．権限の代理の場合には，その法効果は，本来の行政庁である被代理機関に帰属する。

3．権限の委任の場合には，法定された権限が移動するため，法律の根拠が必要とされる。権限の代理の場合，代理が法定されている法定代理では法律の根拠が必要であるが，授権代理では法律の根拠は不要である。

4．権限の代理の場合には，被代理機関の指揮監督権は代理機関に及ぶ。しかし，権限の委任の場合には，委任が上級行政機関から下級行政機関に対して行われた場合は別として，委任機関の指揮監督権は受任機関には及ばない。

5．妥当である。専決は，行政庁が補助機関に事務処理の決定を委ねるものである。

正答　5

行政行為の瑕疵に関する次の記述のうち，判例に照らし，妥当なものはどれか。

1 行政行為が無効とされるのは，行政行為の瑕疵が重大である場合，または，明白である場合である。

2 瑕疵が明白であるためには，行政庁に調査すべき資料を見落とすなどの過誤が存在することが必要である。

3 行政行為に違法性が認められる場合には，その行政行為を別個の適法な行政行為として見ることができるときであっても，違法である。

4 当初に瑕疵が存在した場合には，後の事情の変化によって，その瑕疵が補完されたときであっても，違法である。

5 複数の行政行為が連続して行われ，それが一定の法効果の発生を目的として一連の手続を構成しているときは，先行した行政行為の違法性を後行の行政行為の違法性として認めることができる場合もある。

解 説

1. 行政行為が無効とされるのは，行政行為の瑕疵が重大で「かつ」明白である場合である（最判昭34・9・22）。

2. 瑕疵が明白であるかどうかは，処分の外形上，客観的に，誤認が一見看取しうるものであるかどうかにより決すべきであって，行政庁が怠慢により調査すべき資料を見落としたかどうかは，明白な瑕疵があるかどうかの判定に直接関係しない（最判昭36・3・7）。

3. 行政行為に違法性が認められるものの，その行政行為を別個の適法な行政行為として見ることができる場合には，例外的にその効力が維持される（違法行為の転換）。判例は，農地買収計画につき，当初根拠とされた条文によると違法になるが，他の条文を根拠にすれば違法であるとはいえないとする（最大判昭29・7・19）。

4. 当初は瑕疵が存在したものの，後の事情の変化によって，その瑕疵が補完された場合には，例外的にその効力が維持される（瑕疵の治癒）。判例は，農地買収計画につき，異議の提起があるにもかかわらず，これに対する裁決を経ないで以後の手続を進行させた違法は，事後において裁決があったときは，これにより治癒されるとする（最判昭36・7・14）。

5. 妥当である。違法性の承継である（最判昭25・9・15，最判平21・12・17）。

正答 **5**

行政手続法に関する次の記述のうち，誤っているものはどれか。

1 行政庁は，処分基準を定め，かつ，これを公にしなければならず，処分基準を定めるに当たっては，不利益処分の性質に照らしてできる限り具体的なものとしなければならない。

2 行政庁は，申請がその事務所に到達してから当該申請に対する処分をするまでに通常要すべき標準的な期間を定めるよう努めなければならない。

3 行政庁は，申請に対する処分であって，申請者以外の者の利害を考慮すべきことが当該法令において許認可等の要件とされているものを行う場合には，必要に応じ，公聴会の開催その他の適当な方法により当該申請者以外の者の意見を聴く機会を設けるよう努めなければならない。

4 行政庁は，許認可等を取り消す不利益処分をしようとする場合には，当該不利益処分の名あて人となるべき者について，聴聞を行わなければならないのが原則である。

5 行政庁は，不利益処分をする場合には，その名あて人に対し，同時に，当該不利益処分の理由を示さなければならないが，当該理由を示さないで処分をすべき差し迫った必要がある場合は，同時に示さなくてよい。

解説

1．前半が誤り。行政庁は，処分基準を定め，かつ，これを公にしておくよう「努めなければならない」（行政手続法12条1項）。後半は正しい。行政庁は，処分基準を定めるに当たっては，不利益処分の性質に照らしてできる限り具体的なものとしなければならない（同条2項）。

2．妥当である。行政庁は，申請がその事務所に到達してから当該申請に対する処分をするまでに通常要すべき標準的な期間を定めるよう努めるとともに，これを定めたときは，これらの当該申請の提出先とされている機関の事務所における備付けその他の適当な方法により公にしておかなければならない（行政手続法6条）。

3．妥当である。行政庁は，申請に対する処分であって，申請者以外の者の利害を考慮すべきことが当該法令において許認可等の要件とされているものを行う場合には，必要に応じ，公聴会の開催その他の適当な方法により当該申請者以外の者の意見を聴く機会を設けるよう努めなければならない（行政手続法10条）。

4．妥当である。行政庁は，許認可等を取り消す不利益処分をしようとする場合には，当該不利益処分の名あて人となるべき者について，聴聞を行わなければならない（行政手続法13条1項1号イ）。

5．妥当である。行政庁は，不利益処分をする場合には，その名あて人に対し，同時に，当該不利益処分の理由を示さなければならない。ただし，当該理由を示さないで処分をすべき差し迫った必要がある場合は，この限りでない（行政手続法14条1項）。

正答 **1**

未成年者Aの行為能力に関する次の記述のうち，妥当なものはどれか。なお，BはAの法定代理人とする。

1 AがBの同意を得ずに，Cから100万円の贈与を負担なく受けた場合には，BはA・C間の贈与契約を取り消すことができる。

2 AがBから営業の許可を受けた場合には，いかなる理由があってもBはその許可を取り消すことができない。

3 AがBの同意を得ずに，自己の不動産をCに売却した場合には，Aは，Bの同意なしにCとの間の売買契約を取り消すことができる。

4 AがBの同意を得ずに，自己の不動産をCに売却し，受領した代金の一部を使った場合に，Aが売買契約を取り消すときには，代金の全額を返還しなければならない。

5 AがBの同意を得ずに，自己の不動産をCに売却した場合には，A・Bともに取り消せることを知らなかったとしても，売買契約を締結してから5年が過ぎた場合には取り消すことができない。

解説

1. 未成年者が法律行為をするには，その法定代理人の同意を得なければならないが，単に権利を得，または義務を免れる法律行為については，同意を得る必要がない（民法5条1項）。負担のない贈与を受けることは単に権利を得る行為であるから，BはA・C間の贈与契約を取り消すことができない。

2. 営業を許された未成年者が，その営業に堪えることができない事由があるときは，その法定代理人は，その許可を取り消し，またはこれを制限することができる（民法6条2項）。

3. 妥当である。未成年者が法律行為をするには，その法定代理人の同意を得なければならず，これに反する法律行為は，取り消すことができる（民法5条1項本文・2項）。そして，行為能力の制限によって取り消すことができる行為は，法定代理人の同意なしに，制限行為能力者自身が取り消すことができる（同120条1項）。

4. 行為の時に制限行為能力者であった者は，その行為によって現に利益を受けている限度において，返還の義務を負う（民法121条の2第3項）。Aは，代金の全額を返還しなければならないわけではない。

5. 取り消すことができる行為の追認は，取消しの原因となっていた状況が消滅し，かつ，取消権を有することを知った後にしなければ，その効力を生じない（民法124条1項）。そして，取消権は，追認をすることができる時から5年間行使しないときは時効によって消滅する（同126条前段）。したがって，A・Bともに取り消せることを知らなかった場合には，売買契約を締結してから5年が過ぎた場合でも取り消すことができる。

正答 **3**

抵当権に関する次の記述のうち，妥当なものはどれか。ただし，争いがある場合は判例による。

1 被担保債権を発生させる契約が無効であった場合，原則として，被担保債権は当初から発生せず，それを担保する抵当権も当初から発生しない。

2 保証人の主たる債務者に対する求償権など，将来発生する債権を被担保債権として抵当権を設定することはできない。

3 一つの金銭債権を担保するために，複数の不動産について抵当権を設定することはできない。

4 借地上の建物に抵当権が設定された場合，その効力は借地権には及ばないので，借地権を担保の対象とするには，権利質を設定する必要がある。

5 抵当権の効力は，抵当不動産から生じた果実には，被担保債権の不履行後に生じたものであっても及ばない。

解説

1．妥当である。抵当権の附従性からである。

2．将来発生する債権を被担保債権として抵当権を設定することもできる（大判昭7・6・1参照）。

3．同一の債権の担保として，数個の不動産につき抵当権を設定することもできる（民法392条）。共同抵当という。

4．借地上の建物に抵当権が設定された場合，その効力は借地権にも及ぶ（最判昭40・5・4）。したがって，借地権に権利質を設定する必要はない。

5．抵当権は，その担保する債権について不履行があったときは，その後に生じた抵当不動産の果実に及ぶ（民法371条）。

正答　1

Aが，所有する特定物である動産甲をBに売却する契約を締結し，Bの住所で引き渡すことを決めた。この場合に関する次のア～エの記述のうち，妥当なものの組合せはどれか。

ア　AがBの住所に甲を持参したが，Bが受領を拒絶した場合でも，Aは依然として現実の提供をしなければならない。

イ　AがBの住所に甲を持参したが，Bが受領を拒絶した場合には，甲の保管方法は善管注意義務まで求められることはなく，自己の財産と同一の注意義務で足りる。

ウ　AがBの住所に甲を持参したが，Bが受領を拒絶したので，Aは倉庫業者に甲の保管を依頼した場合，その保管費用は，AとBが等しく負担しなければならない。

エ　AがBの住所に甲を持参したが，Bが受領を拒絶したので，Aは甲を供託した場合，供託したことにより債務は消滅するので，いかなる場合にもAは甲を取り戻すことができない。

1　ア
2　イ
3　ア，ウ
4　イ，エ
5　ウ，エ

解説

ア：弁済の提供は，債務の本旨に従って現実にしなければならないが，債権者があらかじめその受領を拒み，または債務の履行について債権者の行為を要するときは，弁済の準備をしたことを通知してその受領の催告をすれば足りる（民法493条）。現実の提供ではなく，口頭の提供で足りる。

イ：妥当である。債権者が債務の履行を受けることを拒み，または受けることができない場合において，その債務の目的が特定物の引渡しであるときは，債務者は，履行の提供をした時からその引渡しをするまで，自己の財産に対するのと同一の注意をもって，その物を保存すれば足りる（民法413条1項）。

ウ：債権者が債務の履行を受けることを拒み，または受けることができないことによって，その履行の費用が増加したときは，その増加額は，債権者の負担とする（民法413条2項）。保管費用は，Bの負担となる。

エ：債権者が供託を受諾せず，または供託を有効と宣告した判決が確定しない間は，弁済者は，供託物を取り戻すことができる（民法496条1項前段）。

以上より，妥当なものはイのみであるので，正答は**2**である。

正答　2

契約の成立に関する次の記述のうち，妥当なものはどれか。

1 会社が社員を募集する求人広告は契約の申込みに当たり，採用を希望する者が応募すれば，会社との間で直ちに雇用契約が成立する。

2 対話者間において，承諾の期間を定めないでした申込みに対し，対話の継続中に申込者が承諾の通知を受けなかった場合，申込者が対話の終了後もその申込みが効力を失わない旨を表示したときを除き，その申込みは効力を失う。

3 契約の申込みに対し，承諾者がその申込みに変更を加えて承諾をした場合には，その承諾は申込みに対する拒絶に当たり，承諾者からの新たな申込みをしたとみなすことはできない。

4 保証契約は，書面または電磁的記録でしなくても有効に成立するが，それらでしなければ，取り消すことができる契約となる。

5 諾成的消費貸借契約の成立には，当事者間の口頭での合意があれば足り，書面による合意および目的物の引渡しは要しない。

解説

1. 会社が社員を募集する求人広告は，契約の申込みではなく，申込みの誘引に当たる。相手方がこれに応じて意思表示をすることが申込みになり，誘引者の承諾がなければ契約は成立しない。

2. 妥当である。対話者に対してした承諾の期間を定めない申込みに対して対話が継続している間に申込者が承諾の通知を受けなかったときは，その申込みは，その効力を失う。ただし，申込者が対話の終了後もその申込みが効力を失わない旨を表示したときは，この限りでない（民法525条3項）。

3. 承諾者が，申込みに条件を付し，その他変更を加えてこれを承諾したときは，その申込みの拒絶とともに新たな申込みをしたものとみなす（民法528条）。

4. 保証契約は，書面でしなければ，その効力を生じない（民法446条2項）。保証契約がその内容を記録した電磁的記録によってされたときは，その保証契約は，書面によってされたものとみなして，前項の規定を適用する（同条3項）。保証契約は，書面または電磁的記録でしなければ，有効に成立しない。

5. 書面でする消費貸借は，当事者の一方が金銭その他の物を引き渡すことを約し，相手方がその受け取った物と種類，品質および数量の同じ物をもって返還をすることを約することによって，その効力を生ずる（民法587条の2第1項）。諾成的消費貸借契約には書面による合意が必要である。

正答 **2**

侮辱罪に関する次の記述のうち，妥当なものはどれか。ただし，争いがある場合は判例による。

1 法人を公然と侮辱した場合には，侮辱罪は成立しない。

2 被害者の名誉感情を現実に害さなければ，侮辱罪は成立しない。

3 公務員に対し名誉毀損行為が行われた場合に，その真実性の証明がなされて名誉毀損罪が成立しないときは，侮辱罪も成立しない。

4 侮辱罪について，教唆犯や幇助犯は認められない。

5 侮辱罪は，被害者の告訴がなくても，公訴を提起することができる。

解説

1. 法人を公然と侮辱した場合にも，刑法231条の侮辱罪は成立する（最決昭58・11・1）。

2. 侮辱罪の保護法益は，名誉毀損と同様に人の外部的名誉であり（最決昭58・11・1），名誉感情を害されたというだけでは，侮辱罪は成立しない。

3. 妥当である。名誉毀損罪と侮辱罪の保護法益は同一であり，真実性の証明（刑法230条の2第1項）により名誉毀損罪が成立しないときは，侮辱罪も成立しない。

4. 令和4年の刑法改正により，侮辱罪の法定刑の引上げが行われ，「1年以下の懲役若しくは禁錮」の刑を科すことができるようになり，侮辱罪の教唆犯や幇助犯も処罰することができるようになった（刑法64条参照）。

5. 侮辱罪は親告罪であるから，被害者の告訴がなければ公訴を提起することができない（刑法232条1項）。

正答　**3**

就業規則に関する次の記述のうち，妥当なものはどれか。

1 常時10人以上の労働者を使用する使用者は，一定の事項について就業規則を作成し，行政官庁に届け出なければならない。

2 使用者は，就業規則の作成について，当該事業場における労働者の過半数で組織する労働組合や労働者の過半数を代表する者の意見を聴き，その同意を得なければならない。

3 就業規則の内容と異なる労働条件を定める労働契約は，その内容が就業規則で定める基準に達しないか否かにかかわらず，すべて無効となる。

4 使用者が，就業規則を労働者に不利に変更した場合には，これに同意しない個々の労働者はその適用を拒否することができるとするのが判例である。

5 労働契約を締結する場合に，使用者が，その内容を問わず就業規則を労働者に周知させていたときは，労働契約の内容は，その就業規則で定める労働条件による。

解　説

1．妥当である（労働基準法89条柱書前段）。

2．使用者は，就業規則の作成について，当該事業場における労働者の過半数で組織する労働組合や労働者の過半数を代表する者の意見を聴かなければならない（労働基準法90条1項）が，その同意を得る必要はない。

3．就業規則で定める基準に達しない労働条件を定める労働契約は，その部分については，無効とする（労働契約法12条前段）。

4．使用者が，就業規則を労働者に不利に変更した場合でも，その変更が合理的なものである限り，これに同意しない個々の労働者がその適用を拒否することは許されないとするのが判例である（秋北バス事件：最大判昭43・12・25）。

5．労働契約を締結する場合に，使用者が合理的な労働条件が定められている就業規則を労働者に周知させていた場合には，労働契約の内容は，その就業規則で定める労働条件による（労働契約法7条本文）。

正答　**1**

労働組合法上の労働組合に関する次の記述のうち，妥当なものはどれか。

1 労働組合は，労働条件の維持改善その他経済的地位の向上を図ることを目的とする団体なので，政治活動を行うことは一切できない。

2 使用者からの最小限の広さの事務所の供与は，経理上の援助に該当しないので，これを供与された労働組合も，労働組合法上の労働組合と認められる。

3 労働組合を設立するためには，労働委員会へ届出をしなければならない。

4 労働組合は，労働委員会による資格審査を経なくても，労働組合法に規定する手続に参与し，労働組合法に規定する救済を受けることができる。

5 労働組合法の規定に適合する旨の労働委員会の証明を受けた労働組合は，直ちに法人格を取得する。

解説

1．労働組合は，労働条件の維持改善その他経済的地位の向上を図ることを主たる目的とする団体であるが（労働組合法2条柱書），政治的活動を行うこともできる（同条4号参照）。

2．妥当である（労働組合法2条2号ただし書）。

3．労働組合を設立するために，労働委員会へ届出をしなければならないわけではない。

4．労働組合は，労働委員会による資格審査を経なければ，労働組合法に規定する手続に参与し，労働組合法に規定する救済を受けることができない（労働組合法5条1項本文）。

5．労働組合法の規定に適合する旨の労働委員会の証明を受けた労働組合は，その主たる事務所の所在地において登記することによって法人格を取得する（労働組合法11条1項）。

正答 2

需要と供給に関する次の記述のうち，妥当なものはどれか。なお，縦軸に価格，横軸に数量をとると，需要曲線は右下がり，供給曲線は右上がりに描かれるものとする。

1 価格の下限が均衡価格より高い水準に設定されると超過需要が生じ，価格の上限が均衡価格より低い水準に設定されると超過供給が生じる。

2 X財の補完財の価格が上昇するとX財の需要曲線は右へシフトし，X財の代替財の価格が上昇するとX財の需要曲線は左へシフトする。

3 代替的な商品が入手しにくい財より入手しやすい財のほうが，需要の価格弾力性（絶対値）は小さく，生活必需品よりぜいたく品のほうが需要の価格弾力性（絶対値）は小さい。

4 供給の価格弾力性が大きい場合より小さい場合のほうが，需要曲線のシフトに伴う均衡量の変化は大きくなる。

5 X財の価格が上昇したとき，需要の価格弾力性（絶対値）が1より大きければX財の生産者の収入は減少し，1より小さければX財の生産者の収入は増加する。

解説

1．右下がりの需要曲線と右上がりの供給曲線の下で，価格の下限が均衡価格より高い水準に設定されると，供給が需要を上回る超過供給が生じる。また，価格の上限が均衡価格より低い水準に設定されると，需要が供給を上回る超過需要が生じる。

2．X財の補完財の価格が上昇すると，この補完財の需要量の減少に伴い，X財の需要も減少するので，X財の需要曲線は左へシフトする。また，X財の代替財の価格が上昇すると，この代替財の需要量の減少に伴い，X財の需要が増加するので，X財の需要曲線は右へシフトする。

3．需要の価格弾力性とは，価格が1％上昇したときの需要量の減少率である。代替的な財を入手しやすい財は入手しにくい財に比べて，その価格が上昇したときに代替的な財により大きく代替しようとするので，需要の価格弾力性（絶対値）は大きくなる。また，一般に，ぜいたく品は生活必需品より代替しやすいので，需要の価格弾力性（絶対値）は大きい。

4．供給の価格弾力性が大きくなるにつれて供給曲線の傾きは緩やかになる。よって，需要曲線のシフトに伴う均衡量の変化は，供給の価格弾力性が小さいほど小さくなる。

5．妥当である。

正答 **5**

個人Ａと個人Ｂが職業Ｘで得られる毎月の所得は，いずれも50％の確率で９であり，50％の確率で49である。また，個人Ａと個人Ｂの効用関数はそれぞれ次のように表される。

$u_A = m_A$

$u_B = \sqrt{m_B}$

〔u_i：個人iの効用水準，m_i：個人iの所得〕

個人Ａと個人Ｂに関する次の文中の空欄ア～エに当てはまる数値の組合せとして，妥当なものはどれか。なお，個人Ａと個人Ｂは期待効用を最大化するものとする。

個人Ａと個人Ｂは，現在の職業Ｘを辞めて，毎月一定の所得が得られる職業Ｙへ転職することを検討している。個人Ａが職業Ｘに就いているときの期待効用は ア であり，個人Ａが転職してもよいと考えるのは，職業Ｙで毎月得られる所得が少なくとも イ のときである。個人Ｂが職業Ｘに就いているときの期待効用は ウ であり，個人Ｂが転職してもよいと考えるのは，職業Ｙで毎月得られる所得が少なくとも エ のときである。

	ア	イ	ウ	エ
1	29	29	4	16
2	29	29	5	25
3	29	29	6	36
4	39	39	5	25
5	39	39	6	36

解説

ア：個人Ａの効用関数$u_A = m_A$より，個人Ａの効用水準は50％の確率で９，50％の確率で49になるので，個人Ａの期待効用は$0.5 \times 9 + 0.5 \times 49 = 29$である。

イ：職業Ｙに転職したときの個人Ａの毎月の所得をY_Aとすると，職業Ｙに転職したときの個人Ａの効用水準はY_Aである。この効用水準Y_Aが職業Ｘに就いているときの期待効用以上ならば個人Ａは転職してもよいと考えるので，$Y_A = 29$である。

ウ：個人Ｂの効用関数$u_B = \sqrt{m_B}$より，個人Ｂの効用水準は50％の確率で$\sqrt{9} = 3$，50％の確率で$\sqrt{49} = 7$になる。よって，個人Ｂの期待効用は$0.5 \times 3 + 0.5 \times 7 = 5$である。

エ：職業Ｙに転職したときの個人Ｂの毎月の所得をY_Bとすると，職業Ｙに転職したときの個人Ｂの効用水準は$\sqrt{Y_B}$である。この効用水準Y_Bが職業Ｘに就いているときの期待効用以上ならば個人Ｂは転職してもよいと考えるので，$\sqrt{Y_B} = 5$より$Y_B = 25$である。

以上より，アは「29」，イは「29」，ウは「5」，エは「25」であるので，正答は**2**である。

正答 **2**

完全競争市場でＸ財を生産し，利潤最大化を図るある企業の総費用関数は次のように表される。

$$TC = x^3 + 54 \quad [TC：総費用，x：X財の生産量 (x > 0)]$$

この企業に関する次の文中の空欄ア〜エに当てはまる数値の組合せとして妥当なものはどれか。

Ｘ財の価格が75のとき，この企業の生産量は ア であり，利潤は イ である。この企業の利潤がゼロになるのは，Ｘ財の価格が限界費用と平均費用に一致するときであり，このときの生産量は ウ であり，価格は エ である。

	ア	イ	ウ	エ
1	5	180	3	18
2	5	196	3	27
3	5	196	4	18
4	6	180	3	27
5	6	196	4	27

解説

ア：利潤最大化を図る完全競争企業は，価格と限界費用が一致する生産量を選択する。総費用関数を生産量で微分すると，限界費用は $\dfrac{dTC}{dx} = 3x^2$ である。Ｘ財の価格は75であるので，$75 = 3x^2$ の解のうち，$x > 0$ を満たす $x = 5$ となる（**4**と**5**は誤り）。

イ：生産量が5のときの利潤を考える。この企業の利潤は売上から総費用を差し引いた $75x - (x^3 + 54)$ である。$x = 5$ のとき，この企業の利潤は $75 \times 5 - (5^3 + 54) = 196$ である（**1**と**4**は誤り）。

ウ：アよりこの企業の限界費用は $3x^2$ であり，平均費用は総費用を生産量で除した $\dfrac{x^3 + 54}{x}$ である。よって，限界費用と平均費用が等しくなる生産量は次のように求められる。

$$3x^2 = \frac{x^3 + 54}{x}$$
$$3x^3 = x^3 + 54$$
$$2x^3 = 54$$
$$\therefore x = 3 \quad (\text{3と5は誤り})。$$

エ：利潤最大化を図る完全競争企業は，価格と限界費用が一致するように生産量を選択するので，限界費用を求めればよい。アで得られた限界費用 $3x^2$ にウで得られた生産量3を代入すると，$3 \times 3^2 = 27$ である（**1**と**3**は誤り）。

以上より，正答は**2**である。

正答　**2**

経済原論 供給関数と社会的余剰

ある財市場は完全競争市場である。この市場には150社の企業が存在し，グループAとグループBの2種類に分類できる。グループAの企業は100社であり，グループBの企業は50社である。グループAとグループBそれぞれの供給曲線および市場需要関数は次のように表される。

$S_A = 5P$

$S_B = 6P$　　　　　　〔S_i：グループ i の企業の供給量，P：価格，D：需要量〕

$D = 6000 - 200P$

この市場に関する次の文中の空欄ア〜ウに当てはまる数値の組合せとして妥当なものはどれか。

市場全体の総供給量は $S = 100S_A + 50S_B$ で表せるので，市場供給関数は　ア　であり，この市場の均衡価格は　イ　である。また，この市場の社会的余剰（消費者余剰と生産者余剰の合計）は　ウ　である。

	ア	イ	ウ
1	500P	6	45000
2	500P	12	90000
3	800P	6	36000
4	800P	6	72000
5	800P	8	96000

解説

ア：$S = 100S_A + 50S_B$ に $S_A = 5P$ と $S_B = 6P$ を代入すると，市場供給関数は $S = 800P$ である。

イ：均衡では市場供給量 S と市場需要量 D が等しいので，市場供給関数（アの答え）と市場需要関数より，市場均衡価格は次のようになる。

$800P = 6000 - 200P$

$1000P = 6000$

$\therefore P = 6$

ウ：次図は，アで得られた市場供給関数を $P = \dfrac{S}{800}$ と変形して描いた市場供給曲線と，市場需要関数を $P = 30 - \dfrac{D}{200}$ と変形して描いた市場需要曲線である。この図において市場均衡は点Eで示されるので，消費者は消費者の代金□OFEBを支払って便益□OFEAを享受するので，消費者余剰は□OFEA−□OFEB＝△BEAである。また，社会全体で生産者は可変費用△OFEをかけて売上□OFEBを得るので，生産者余剰は□OFEB−△OFE＝△OEBである。よって，この市場の社会的余剰は消費者余剰と生産者余剰の和，すなわち△BEA＋△OEB＝△OEAである。市場需要関数にイで得られた $P = 6$ を代入すると，均衡における取引数量は $6000 - 200 \times 6 = 4800$ であるので，

$\triangle OEA = 30 \times 4800 \times \dfrac{1}{2} = 72000$ である。

以上より，アは「800P」，イは「6」，ウは「72000」であるので，正答は**4**である。

正答　4

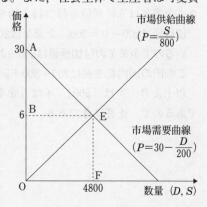

ある国は企業X，Y，Zと消費者（労働者）から構成され，企業X，Y，Zはそれぞれ鉄鉱石，鉄，自動車を生産している。企業Xは鉄鉱石の生産に必要な投入物を自ら生産しているが，企業Yは鉄の生産に必要な鉄鉱石をすべて企業Xから購入し，企業Zは自動車の生産に必要な鉄をすべて企業Yから購入している。各企業は生産のために労働者を雇っており，売れた産出物の価値から賃金と投入物の価値を除いたものが各企業の利潤となる。これら3企業のある一定期間の経済活動は次の表で表される。

	企業X	企業Y	企業Z
投入物の価値	0	200	500
賃金	150	200	300
産出物の価値	200	500	1000

　この国の国内総生産（GDP）の計算に関する次の文中の空欄ア〜ウに当てはまる語句の組合せとして，妥当なものはどれか。

　国内総生産は生産によって生み出された付加価値（賃金と利潤の合計）として計算できる。企業Zの付加価値は｜　ア　｜であり，この国の国内総生産は｜　イ　｜と等しいので，国内総生産は｜　ウ　｜である。

	ア	イ	ウ
1	200	企業Yと企業Zの付加価値の合計	300
2	200	企業Xと企業Yと企業Zの付加価値の合計	300
3	500	企業Yと企業Zの付加価値の合計	800
4	500	企業Xと企業Yと企業Zの付加価値の合計	1000
5	1000	企業Zの付加価値	1000

解説

ア：企業Zは500の価値を持つ投入物を投入して1000の価値を持つ産出物を生産しているので，企業Zの付加価値（賃金と利潤の合計）は1000－500＝500である。

イ：国内総生産とはある一定期間内に国内で創出された付加価値の総額であるので，この国の国内総生産は企業Xと企業Yと企業Zの付加価値の合計である。

ウ：企業Xは0の価値を持つ投入物を投入して200の産出物を生産しているので，企業Xの付加価値は200－0＝200，企業Yは200の価値を持つ投入物を投入して500の産出物を生産しているので企業Yの付加価値は500－200＝300，企業Zの付加価値はアより500である。よって，この国の国内総生産は200＋300＋500＝1000である。

　以上より，アは「500」，イは「企業Xと企業Yと企業Zの付加価値の合計」，ウは「1000」であるので，正答は**4**である。

正答　**4**

日本の消費者物価指数に関する次の記述のうち，妥当なものの組合せはどれか。

ア　消費者物価指数は，家計の消費構造を一定のものに固定し，これに要する費用が物価の変動によってどのように変化するかを指数値で示したものである。

イ　GDPデフレータはラスパイレス算式を採用しているが，消費者物価指数はパーシェ算式を採用している。また，消費者物価指数は年に2回公表される。

ウ　生鮮食品は天候要因で値動きが激しく，エネルギーは海外要因で変動する原油価格の影響を直接受けることから，消費者物価の基調を見るために，「生鮮食品を除く総合」指数や「生鮮食品およびエネルギーを除く総合」指数が用いられることがある。

エ　所得税，有価証券の購入，土地・住宅の購入は消費者物価指数の対象に含まれるが，消費税，持ち家の帰属家賃は消費者物価指数の対象に含まれない。

オ　消費者物価指数では，実際の価格が変化しなくても，パソコンの性能が向上すればパソコンの価格が上昇したとみなし，菓子の重量が減れば菓子の価格が低下したとみなす調整が行われる。

1　ア，ウ
2　ア，オ
3　イ，エ
4　イ，オ
5　ウ，エ

解説

ア：妥当である。

イ：GDPデフレータがパーシェ算式，消費者物価指数がラスパイレス算式である。また，消費者物価指数は総務省統計局によって毎月公表されている。

ウ：妥当である。

エ：所得税，有価証券の購入，土地・住宅の購入は消費者物価指数の対象に含まれないが，消費税と持ち家の帰属家賃は含まれる。

オ：実際の価格が変化しなくても，パソコンの性能が向上すればヘドニック法を用いてパソコンの価格が低下したとみなし，菓子の容量が減れば容量比による換算を用いて菓子の価格が上昇したとみなす調整が行われている。

以上より，妥当なものはアとウであるので，正答は**1**である。

正答　**1**

ある国の経済が次のように表される。

$Y=C+I+G$

$C=11+0.5(Y-T)$

$I=20-60r$

$\dfrac{M}{P}=L$

$\left[\begin{array}{l}Y：国内総生産，\ C：消費，\ I：投資，\ G：政府支出，\ T：租税，\\ r：利子率，\ M：貨幣供給量，\ P：物価水準，\ L：貨幣需要量\end{array}\right]$

$M=60$

$L=18+0.75Y-30r$

$P=1$

この国の政府は均衡財政に従っており，租税 T は政府支出 G と常に等しい。当初，この国は租税および政府支出を $T=G=10$ に設定していた。今，政府が租税および政府支出を $T=G$ $=10$ から $T=G=30$ まで20だけ増やしたとき，国内総生産の増加分として妥当なものはどれか。

1　5　　**2**　10　　**3**　15　　**4**　20　　**5**　40

解　説

IS-LM 分析の計算問題である。

初めに，数値が変わる租税 T と政府支出 G を変数のままにして，均衡における国内総生産を求める。財市場の均衡条件式 $Y=C+I+G$ に消費関数 $C=11+0.5(Y-T)$ と投資関数 $I=20$ $-60r$ を代入して，*IS* 曲線を導出する。

$Y=\{11+0.5(Y-T)\}+(20-60r)+G$

$\therefore 60r=31-0.5Y-0.5T+G$　　……①

貨幣市場の均衡条件式 $\dfrac{M}{P}=L$ に，貨幣供給量 $M=60$，貨幣需要関数 $L=18+0.75Y-30r$ および物価水準 $P=1$ を代入して，*LM* 曲線を導出する。

$\dfrac{60}{1}=18+0.75Y-30r$

$\therefore 30r=-42+0.75Y$　　……②

この国の国内総生産は①式と②式からなる連立方程式の解 Y である。

$31-0.5Y-0.5T+G=-84+1.5Y$

$2Y=115-0.5T+G$

$\therefore Y=57.5-0.25T+0.5G$

本問では，政府が均衡財政をとる（$T=G$）と仮定されているので，この国内総生産は次式に書き直せる。

$Y=57.5+0.25G$　　……③

次に，租税および政府支出変化に伴う国内総生産の変化を求める。③式の両辺の変数について変化分をとると，$\Delta Y=0.25\Delta G$ である。よって，政府支出が20増えるときの国内総生産の増加分は $\Delta Y=0.25\times20=5$ である。

正答　**1**

ある独占企業は生産する財について，グループ１とグループ２で異なる需要関数に直面しており，グループそれぞれの需要曲線とこの独占企業の総費用関数が次のように表される。

$$P_1 = 300 - 10Q_1$$
$$P_2 = 140 - 6Q_2$$
$$TC = 230 + 20Q$$

$\left[\begin{array}{l} P_1：グループ１向け価格, \quad Q_1：グループ１の需要量, \\ P_2：グループ２向け価格, \quad Q_2：グループ２の需要量, \\ TC：総費用, \quad Q：生産量 \ (Q = Q_1 + Q_2) \end{array}\right]$

この独占企業がグループ１とグループ２で異なる価格を設定できるとき，それぞれの市場でこの独占企業の利潤を最大化する価格の組合せとして妥当なものはどれか。

	グループ１	グループ２
1	120	80
2	120	90
3	160	60
4	160	80
5	180	60

解 説

価格差別の計算問題である。市場ごとに，限界収入と限界費用が一致する生産量を求め，それに対応する価格を設定すればよい。

初めに，独占企業の限界費用を求める。独占企業のグループ１向け生産量を x_1，グループ２向け生産量を x_2 とするとき，総費用関数は $TC = 230 + 20(x_1 + x_2) = 230 + 20x_1 + 20x_2$ と書き直せる。よって，グループ１向け生産における限界費用は $\dfrac{\partial TC}{\partial x_1} = 20$，グループ２向け生産における限界費用は $\dfrac{\partial TC}{\partial x_2} = 20$ である。

次に，グループ１向けの価格設定について考える。グループ１の需要曲線 $P_1 = 300 - 10Q_1$ は右下がりの直線であるので，グループ１向けの限界収入 MR_1 は，需要曲線の傾きを２倍した $MR_1 = 300 - 20Q_1$ である。よって，MR_1 とグループ１向けの限界費用20が等しくなる生産量は，

$$300 - 20Q_1 = 20$$
$$\therefore Q_1 = 14$$

この生産量14をグループ１の需要曲線の式に代入すると，グループ１向けの価格は $300 - 10 \times 14 = 160$ に設定すべきである。

最後に，グループ２向けの価格設定について考える。グループ２の需要曲線 $P_2 = 140 - 6Q_2$ は右下がりの直線であるので，グループ２向けの限界収入 MR_2 は，需要曲線の傾きを２倍した $MR_2 = 140 - 12Q_2$ である。よって，MR_2 とグループ２向けの限界費用20が等しくなる生産量は，

$$140 - 12Q_2 = 20$$
$$\therefore Q_2 = 10$$

この生産量10をグループ２の需要曲線の式に代入すると，グループ２向けの価格は $140 - 6 \times 10 = 80$ に設定すべきである。

以上より，グループ１向け価格は「160」，グループ２向け価格は「80」であるので，正答は **4** である。

正答 **4**

インフレーション（インフレ）に関する次の記述のうち，妥当なものはどれか。

1 インフレは発生要因によって分類できる。個人消費などの増加によって発生するインフレをコストプッシュ・インフレ，原材料価格などの上昇によって発生するインフレをディマンドプル・インフレという。

2 物価上昇率が10％程度に達するインフレをハイパーインフレという。ハイパーインフレは第一次世界大戦後のドイツで発生して以降，どの国においても発生していない。

3 株価や地価など資産価格が継続的に上昇する現象を資産インフレという。日本では，1970年代後半に石油危機が発生し，消費者物価の上昇率が低い水準に落ち着いている中で，資産インフレが生じた。

4 景気の後退と物価上昇が同時に進行することをスタグフレーションという。スタグフレーションの下では，中央銀行が景気対策とインフレ対策のいずれを優先すべきであるかという問題は生じない。

5 インフレの下では，賃金の増加率が物価上昇率を下回る人にとっては実質的な賃金が減少する。また，元本が名目的に固定されている預金などの金融資産については，元本の実質的な価値が減少する。

解 説

1．個人消費の増加など総需要の増加によって生じるインフレがディマンドプル・インフレであり，原材料価格などの上昇などによって生じるインフレがコストプッシュ・インフレである。

2．ハイパーインフレとは物価水準が1年間に数倍になる現象であり，物価上昇率が10％程度に達するインフレはギャロッピング・インフレである。第一次世界大戦後にドイツで見られたハイパーインフレ以降，1923年のフランスやイギリス，1988年のアルゼンチンなどにおいてもハイパーインフレは発生している。

3．日本において，消費者物価の上昇率が低い水準に落ち着いている中で，資産インフレが生じたのは，1987年から1990年にかけてのいわゆるバブル期である。

4．前半の記述は正しい。スタグフレーションの下では，景気対策のために金融緩和政策をとるとインフレーションが加速し，インフレーションを抑制するために金融引締め政策をとると景気失速を促すので，景気対策とインフレ対策のいずれを優先すべきであるかという問題が生じる。

5．妥当である。

正答 **5**

シグナリング，スクリーニング，逆淘汰，モラルハザードに関する次の記述ア〜エについて，記述と用語の組合せとして妥当なものはどれか。

ア　保険会社がリスクの低い者と高い者を区別するために，保険料が高く保障内容が充実している商品と，保険料が安く保障内容が薄い商品を販売する。

イ　中古家電の販売店が，購入した家電が故障した場合に，一定期間内であれば無料で修理する保証書を製品に付した。

ウ　飲食店のオーナーが，店の売上によって変動していた従業員の給料を固定給にしたところ，従業員が努力を怠るようになり，店の売上が減少した。

エ　金融機関が，貸し倒れのリスクが高い借主に合わせて一律の貸出金利を設定したところ，相対的にリスクの高い借主が多くなった。

	ア	イ	ウ	エ
1	逆淘汰	シグナリング	モラルハザード	スクリーニング
2	スクリーニング	シグナリング	モラルハザード	逆淘汰
3	シグナリング	スクリーニング	逆淘汰	モラルハザード
4	スクリーニング	モラルハザード	シグナリング	逆淘汰
5	シグナリング	逆淘汰	スクリーニング	モラルハザード

解 説

ア：スクリーニング。記述されている例では，保険会社が契約者に対して2種類の商品を提示することで，契約者をふるいにかけている。

イ：シグナリング。記述されている例では，販売店が購入者に対して，無料修理を保証することで，品質を保証できる商品であることを伝えている。

ウ：モラルハザード。記述されている例では，固定給への変更によって，従業員が，オーナーが変更前に想定したような行動をとらなくなっている。

エ：逆淘汰。記述されている例では，一律の貸出金利を設定することによって，リスクの低い，いわば良質な借主が相対的に少なくなっている。

以上より，正答は**2**である。

正答　2

租税に関する次の記述のうち，妥当なものはどれか。

1　租税を課税ベースで分類すると，所得課税，消費課税，資産課税等に分けられる。2021年度決算の税収を見ると，消費課税では国税より地方税のほうが多く，資産課税等では地方税より国税のほうが多い。

2　2021年度決算の日本の税収（国税＋地方税）における直接税と間接税等の比率はおよそ7：3である。これを国税と地方税に分けて見ると，国税はおよそ8：2であり，地方税はおよそ4：6である。

3　個人と法人の人的側面に着目して課税する租税が人税であり，モノ自体に客観的に課税する租税が物税である。人税の例として所得税や法人税があり，物税の例として固定資産税がある。

4　課税所得に適用される税率を表面税率，課税前所得のうち税として支払われる額の割合を実効税率という。たとえば，課税前所得が450万円，必要経費などを差し引いた後の課税所得が300万円，表面税率が15％である場合，実効税率は20％である。

5　所得に対する税負担の割合を平均税率という。所得の増加に伴って平均税率が一定の場合の租税を比例的といい，所得の増加に伴って平均税率が低下する租税を累進的であるという。

解 説

1．2021年度決算の消費課税による税収を見ると，地方は10.1兆円，国は28.9兆円であり，国のほうが地方より多い。また，資産課税等を見ると，地方は15.2兆円，国は3.7兆円であり，地方のほうが国より多い。

2．2021年度決算の日本の税収（国税＋地方税）における直接税と間接税等の比率は66.3：33.7であり，国税だけでは58.4：41.6，地方税だけでは79.7：20.3である。

3．妥当である。

4．実効税率は，課税標準の総額に対する税負担総額の割合のことである。必要経費などを差し引いた後の課税所得が300万円の場合，納税額は300〔万円〕×0.15＝45〔万円〕で，実効税率は45〔万円〕÷450〔万円〕×100＝10％と計算できる。ただし，実際には課税前所得と課税所得の違いが表面税率と実効税率の違いになっているわけではない。

5．所得の増加に伴って平均税率が低下する租税は逆進的である。ちなみに，所得の増加に伴って平均税率が上昇する租税が累進的である。

正答　**3**

日本の国債に関する次の記述のうち，妥当なものはどれか。

1　普通国債残高は累増しており，2001年度末時点には500兆円を上回った。近年の普通国債残高のうち，約60％が建設国債残高であり，約40％が特例国債残高である。

2　1990年度から2021年度までを見ると，国の一般会計の利払費は大きく増加してきた。この背景として，リスク・プレミアムが高まり，金利（普通国債の利率加重平均）が上昇し続けてきたことがある。

3　過去に発行した普通国債の満期到来に伴う借換えのために発行する国債を借換債という。2023年度当初予算ベースの国債発行総額の発行根拠法別の内訳を見ると，新規国債より借換債のほうが多い。

4　建設国債の見合い資産の平均的な効用発揮期間がおおむね10年であることから建設国債および特例国債の償還は，満期ごとに規則的に一部を借換え，一部を一般財源で償還し，全体として10年間で一般財源で償還し終える仕組みとなっている。

5　海外の主要格付け会社による各国の国債の格付けを2022年時点で見ると，日本はドイツより低いものの，中国や韓国より高く，アメリカ，イギリスおよびフランスと同程度である。

解説

1. 普通国債残高が500兆円を上回ったのは2005年度である。近年の普通国債残高の内訳を見ると，特例国債残高が約7割を占め，建設国債残高は約3割となっている。

2. 1990年度から2001年度までを見ると，国の一般会計の利払費は1999年度から2005年度にかけて低下し，その後も債務残高の大きさに比べると低く抑えられている。この背景として，緩和的な金融環境を背景として国債金利が低水準で推移していることの影響が大きい。

3. 妥当である。ちなみに，2023年度当初予算ベースにおいて，新規国債発行額は35兆6,230億円，借換債発行額は157兆5,513億円である，

4. 建設国債の見合い資産の平均的な効用発揮期間はおおむね60年である。このことから，全体として60年間で一般財源で償還し終える仕組みとなっている（60年償還ルール）。

5. 2022年時点の国債の格付けを見ると，日本はアメリカ，イギリス，フランスおよびドイツより低く，中国と同程度となっている。また，韓国との比較では，R&I と JCR においては日本は韓国より高いものの，Moody's，S&P および Fitch において日本は韓国より低くなっている。

正答　3

日本の地方財政に関する次の記述のうち，妥当なものはどれか。

1　市町村は基礎自治体であり，その数は2,800程度ある。2020年度の市町村の人口一人当たり歳入決算を団体規模別に見ると，団体規模が小さいほど歳入総額に占める地方税の割合が高くなる傾向となっている。

2　地方税は，地方税法で税目や標準税率が規定されており，地方公共団体が，地方税法に定められていない税目を独自に設けることや，地方税法に定められた標準税率を超える税率を定めることはできない。

3　地方交付税は所得税，法人税，酒税および消費税のそれぞれ一定割合などを国が地方公共団体に交付するものであり，地方公共団体の一般財源である。地方交付税のうち普通交付税は，基準財政需要額が基準財政収入額を上回る地方公共団体に交付される。

4　国庫支出金は，国庫委託金，国庫負担金，国庫補助金に分類され，国庫委託金は使途が定められていないが，国庫負担金は国政選挙や国勢調査に要する経費，国庫補助金は生活保護費や義務教育費などに充てることとされている。

5　2020年度の地方公共団体の目的別歳出決算額の構成比を団体区分別に見ると，民生費の占める割合は市町村より都道府県のほうが大きく，教育費の占める割合は都道府県より市町村のほうが大きい。また，2020年度の地方公共団体の性質別純計決算の構成比を見ると，投資的経費が義務的経費より大きい。

解説

1．市町村数は1,700程度である。2020年度の市町村の人口一人当たり歳入決算を見ると，団体規模が小さいほど歳入総額に占める地方税の割合が低くなる傾向となっている。

2．地方団体は地方税法に定める税目（法定税）以外に，条例により税目（法定外税）を新設することができる。また，地方税には，地方自治体の条例により，地方税法に定められている標準税率より高い税率を課すことができる税目がある。

3．妥当である。ちなみに，地方交付税の総額は，所得税，法人税の33.1％，酒税の50％，消費税の19.5％および地方法人税の全額となっている。

4．国庫委託金は国からの委託事務で経費の全額を負担するもので，国政選挙や国勢調査に要する経費などが含まれる。生活保護費や義務教育費は国庫負担金に含まれる。

5．2020年度目的別歳出決算額の構成比を見ると，民生費では都道府県（16.3％）は市町村（29.7％）より低く，教育費では都道府県（17.1％）が市町村（10.6％）より高い。また，地方公共団体の性質別純計の構成比を見ると，総額と通常収支分のいずれにおいても義務的経費が投資的経費を上回っている。

正答　**3**

近年の賃金と労働に関する次の記述のうち，妥当なものはどれか。

1 実質賃金は高齢者の就業と女性の労働者が増えたことから増加傾向にある。労働生産性も上昇している。

2 2019年の35～54歳の世帯の世帯主所得は，1994年と比べて上昇している。この背景として，世帯主に占める正規雇用の人が増えていることが挙げられる。

3 日本の男女の賃金格差は縮小しているが，OECD加盟国の中では大きいほうである。この理由として，①雇用形態，②女性管理職が少ない，③正規雇用の女性の勤続年数が短いことが挙げられる。

4 転職入職率の推移を見ると，男女ともに，「50歳代」が「29歳以下」「30歳代」「40歳代」より高い。

5 OJTやOFF-JTの実施率を見ると，従業員300人以上の企業のほうが従業員299人以下の企業より低い。

解　説

1. 実質賃金は，名目賃金と物価の大きさに影響される。相対的に賃金水準の低い高齢者の就業や女性の労働者の増加は，実質賃金を下げる方向に寄与する。

2. 2019年の35～54歳の世帯の世帯主所得は，1994年に比べて全体的に低下している，この背景として，非正規雇用の増加が挙げられる。

3. 妥当である。

4. 転職入職率の推移を見ると，男性では，「50歳代」は「40歳代」とほぼ同じであるが，「29歳以下」や「30歳代」に比べて低い。女性では，「50歳代」は，「29歳以下」「30歳代」「40歳代」に比べて低い。

5. OJTやOFF-JTの実施率を見ると，従業員300人以上の企業のほうが従業員299人以下の企業より高い。

正答　**3**

経営学におけるイノベーションに関する次のア～エの記述のうち，妥当なものの組合せはどれか。

ア　イノベーションのS字カーブは，縦軸に技術成果，横軸に開発努力（研究開発にかける年数や資金の累積）をとったグラフ上において，当初緩やかなベースでしか進まなかった技術進歩がやがて加速し，しばらくすると再び鈍化していくというパターンを表すものである。

イ　アバナシー・モデルによれば，製品がそもそもどういうものであるかというコンセプトが固まっていない段階では，技術開発の主たる努力は，製品イノベーションではなく，工程イノベーションに向けられる。

ウ　アバナシー・モデルによれば，イノベーションの性質は，ドミナント・デザインが確立すると，革新的なものから改善的なものに変わっていく。

エ　イノベーションによって製品が革新的なものになるほど，当該製品の生産工程が複雑になり生産性が下がることを，アバナシーは「生産性のジレンマ」と呼んだ。

1　ア，イ
2　ア，ウ
3　ア，エ
4　イ，ウ
5　イ，エ

解説

ア：妥当である。R. N. フォスターは，縦軸に技術成果（製品の信頼性，耐久性，処理スピードなどの向上度合い），横軸に開発努力（技術開発に向けての経営資源の累積投入量）をとると，ある製品の技術進歩のパターンは右肩上がりのS字カーブを描くことを示した。具体的には，当初，技術進歩は緩やかに進むが，ある時点から急に加速し，やがて限界に達した後，徐々に鈍化していく。

イ：「製品イノベーションではなく，工程イノベーションに向けられる」が誤り。W. J. アバナシーらは，流動期，移行期，固定期という産業の発展段階に応じて，性質の異なるイノベーションがどのような頻度で生じるかを分析した。彼らのモデルによれば，流動期は製品コンセプトが固まっていないため，技術開発の努力は製品イノベーション（製品技術の革新）に向けられる。その後，ある時点でドミナント・デザイン（その後の技術的基準となる標準化された製品）が登場することで製品コンセプトが固まり，移行期が始まる。

ウ：妥当である。ドミナント・デザインが確立した後，移行期では，標準化された製品の機能を向上することに開発努力が向けられるため，製品イノベーションの発生頻度が低下し，効率的な生産を実現するため工程イノベーション（生産工程の革新）の頻度が高くなる。

エ：ある製品のイノベーションが進むと生産性が向上するが，同時にそれは生産工程や設備を固定化することにもなるため，結果的に新たなイノベーションへの柔軟な対応が困難になる。この現象を，アバナシーは「生産性のジレンマ」と呼んだ。

以上より，妥当なものはアとウであるので，正答は**2**である。

正答　2

経営組織に関する次の記述のうち, 妥当なものはどれか。

1 コストよりも顧客の要望に添いたいと考える現場と, コスト削減を至上課題とする経営企画部門とは, ライン部門とスタッフ部門の対立関係にある。

2 スパン・オブ・コントロールは, 1人の上司が有効に指揮監督できる直接の部下の人数である。複雑なタスクほどスパン・オブ・コントロールは大きくなる。

3 トップから現場までの階層数は業種によって異なる。一般に, サービス業では階層数が多くなり, 製造業では少なくなる傾向がある。

4 バーンズとストーカーは, 機械的組織と有機的組織を対比的に研究し, 不安定な環境では機械的組織, 安定した環境では有機的組織が適合しているとした。

5 チャンドラーは, 経営の多角化が進むにつれて事業部制組織から職能別組織に移行したデュポン社の実例から, 「組織構造は戦略に従う」と主張した。

解説

1. 妥当である。ライン部門には, 企業の基幹業務を担当する開発部門, 生産部門, 流通部門, 販売部門などが含まれる。これに対して, スタッフ部門には, 経営企画部門, 総務部門, 人事部門, 経理部門などが含まれる。スタッフ部門の役割はライン部門の業務を補佐するとともに, 必要な情報を提供し, 助言や勧告を行うことにある。しかし, 問題文のケースのように両部門の業務上の優先順位が異なる場合, 対立が生じやすい。

2. 前半の説明は正しいが, 「複雑なタスクほどスパン・オブ・コントロールは大きくなる」が誤り。職務の内容が複雑になるほど, 1人の上司が有効に指揮監督できる部下の人数は少なくなる。スパン・オブ・コントロール (Span of Control) は「管理の幅」あるいは「統制の幅」と訳される。その範囲 (有効に指揮監督できる人数) に影響を与える要因としては, 職務内容 (定型的か非定型的か), 管理者のリーダーシップ, 部下の能力や熟練度, 作業条件などが挙げられる。

3. 「サービス業では階層数が多くなり, 製造業では少なくなる傾向がある」が誤り。一般に販売店などが地理的に分散し, 労働集約的なサービス業に比べて, 製造業は資本集約的であり, 工場などの生産設備を持つことから組織の規模が大きくなり, その階層数も多くなる傾向がある。ただし, OEM (相手先ブランドの製造・供給) やアウトソーシング (業務の外部委託) を導入することで, 階層数が少ないフラットな組織形態を持つ製造業者も存在するため, 組織の階層数の差は業種によって単純に区別できない面がある。

4. 「不安定な環境では」以降の説明が誤り。コンティンジェンシー理論の論者である T. バーンズと G. M. ストーカーは, エレクトロニクス事業に進出したスコットランドの織物企業の事例研究から, 環境条件と組織構造の適合関係を分析した。調査の結果, 不安的な環境下では, 分権的で柔軟性に富む有機的組織が有効であり, 安定した環境下では, 職能別の専門化が徹底され, 責任・権限の所在が明確な機械的組織が有効であることが示された。

5. 「事業部制組織から職能別組織に移行したデュポン社」が誤り。A. D. チャンドラーは, 『経営戦略と組織』(1962年) で, デュポン社やゼネラル・モーターズ (GM) 社などを中心に19世紀末から20世紀初頭にかけての米国大企業の成長過程を分析した。その結果, これらの大企業が事業の多角化に伴って, 職能別組織 (職能別部門組織) から事業部制組織に組織編成を変革する経緯をあとづけ, 「組織構造は戦略に従う」という命題を示した。

正答 **1**

5 年 度 専 門 試 験 （記述式）

東京都　I類B行政（一般方式）（公開）（一次・120分）
　次の出題分野10題のうちから3題選択のこと

〔憲　法〕　国政調査権について，意義，法的性質及び範囲を述べた上で，司法権，行政権及び基本的人権との関係における限界をそれぞれ説明せよ。

〔行政法〕　公の営造物の設置又は管理の瑕疵に対する国又は公共団体の賠償責任について，道路及び河川に関する判例を踏まえて説明せよ。

〔民　法〕　表見代理について，無権代理との関係にも言及して説明せよ。

〔経済学〕　ディマンドプル・インフレーション及びコストプッシュ・インフレーションについて，現在の経済状況にも言及し，AD-AS分析を用いて説明せよ。

〔財政学〕　予算について財政民主主義に言及した上で，完全性の原則，単一性の原則（統一性の原則）及び明瞭性の原則をそれぞれ説明せよ。

〔政治学〕　自由民主主義体制，全体主義体制及び権威主義体制について説明せよ。

〔行政学〕　日本における行政統制について，ギルバートのマトリックスを踏まえて説明せよ。

〔社会学〕　史的唯物論に基づく社会変動について，提唱された社会全体の変動が生じていない理由にも言及し，説明せよ。

〔会計学〕　企業会計原則における損益計算書原則について，損益計算書の区分にも言及して説明せよ。

〔経営学〕　職能別組織及び事業部制組織について，それぞれ説明せよ。

地方上級
専門試験

過去問&解説
No.1～No.500

政治的支配に関する次の記述のうち，妥当なものはどれか。

1 H.D.ラズウェルは，『権力と人間』において，私的な動機を公的な目標で置き換え，公共の利益の名において私的な動機を合理化する「政治的タイプ」を定式化し，分類して，そこから職業政治家の理想像としての「哲人王」を導き出し，その育成こそがマス・デモクラシーの基本であると論じた。

2 M.ウェーバーは，『職業としての政治』において，伝統的支配とカリスマ的支配とに対して合理的支配を対置し，非合理的な心情に動かされるカリスマ的指導者の危険性について警告し，合理的支配の中に伝統的支配を織り込む役割を職業政治家に期待した。

3 R.ミヘルスは，『政党の社会学』において，非合理的な大衆と合理的な指導者とが両立するかどうかを問題にし，政党組織に支持された有能な指導者も最終的には多数の力に頼らざるをえないから，大衆社会の政治は「多数者の専制」に帰結することになると述べた。

4 W.リップマンは，『世論』において，「模倣の法則」を主張し，大衆の非合理的な心情が画一的な意見へと集約され，「ステレオタイプ」が形成されると考えたが，同時に個人の内面に形成される自由なイメージの世界を「疑似環境」と呼んで，自由主義の基盤であるとした。

5 G.ウォーラスは，『政治における人間性』において，政治の課題は制度の問題に還元できず，必ずしも合理的でない人間性の複雑さを考慮に入れなければならないとしたが，その主たる関心は，真の意味での合理的な思考を政治の世界で実現することにあった。

解説

1．哲人王の理想を打ち出したのは，プラトンである。なお，プラトンは古代ギリシアの思想家であるから，当然，20世紀に展開したマス・デモクラシーと哲人王の思想は無関係である。

2．ウェーバーは，合理的支配の中に伝統的支配を織り込むことなど主張しなかった。

3．ミヘルスは寡頭制の鉄則を提唱し，大衆社会の政治は少数者による多数者の支配に帰結しやすいことを示した。

4．リップマンによれば，疑似環境とは環境について人間が抱くイメージのことであり，これはしばしばマスコミを通じて形成される。したがって，疑似環境は「自由に」形成されたものではなく，しばしば権力者の操作の対象ともなりうる。

5．正しい。G.ウォーラスは，20世紀初頭のイギリスの政治学者で，人間の非合理性にも着目すべきことを主張したことで知られている。

正答 5

地方上級

No. 2 全国型，関東型，中部・北陸型

政治学　　　　　権力論　　　令和元年度

権力論に関する次の文中の空欄ア〜ウに当てはまる語句の組合せとして，妥当なものはどれか。

　　 ア 　　は，それまでのアメリカ政治学における権力論を，一次元的権力論と二次元的権力論に分類した。一次元的権力論とは，さまざまな政治的アクターに注目して　 イ 　を主張したダールによって論じられた権力論のことである。また，二次元的権力論とされるのは，　 ウ 　という権力行使に着目したバクラックとバラッツの権力論のことである。

　そのうえで，　 ア 　は自らの権力論を三次元的権力論として位置づけた。三次元的権力とは，本来であれば争点として顕在化されるはずの問題が，当人らに意識されないままに隠蔽する権力のことである。

	ア	イ	ウ
1	ルークス	多元主義論	非決定
2	ルークス	多元主義論	監視
3	アレント	多元主義論	監視
4	アレント	唯物論	非決定
5	アレント	唯物論	監視

解説

ア：「ルークス」が該当する。アレントは，権力を公的空間を成立させる力としてとらえ，権力と暴力は対立関係にあると論じた人物。

イ：「多元主義論」が該当する。C.W. ミルズは，アメリカの政治権力は政府・軍部・産業界の頂点に立つパワーエリートらによって独占されているとした。これに対し，ダールは多元主義の立場から，公共政策は争点ごとに異なる複数の政治的アクターの競合や対立，調整によって形成されているとした。

ウ：「非決定」が該当する。イの解説にあるとおり，ダールは一定の行為を他者に強制する力として権力をとらえた。これに対し，バクラックとバラッツは，争点化されるべき問題を争点から排除する権力があるとして，これを「非決定権力」と呼んだ。なお，「監視」はフーコーの権力論と関連深い言葉。『監獄の誕生』において，フーコーはベンサムが考案した監獄施設であるパノプティコンを例に，近代権力は人々に常に監視されている意識を持たせることによって，人々を規律正しく行為させる側面があるとし，こうした権力を規律権力と呼んだ。

以上より，正答は**1**である。

正答 **1**

地方上級

全国型，関東型

No. 3　政治学　p}d}r＝P の提唱者　平成14年度

「政治的人間（P）の成立には，権力を得ようとする私的動機（p）だけでは不十分であって，私的動機の公的対象への転移（d）と公益の名における合理化（r）も必要である」と主張した政治学者がいる。彼はそれを「p}d}r＝P」という図式にまとめているが，その人物に関する説明として妥当なものは，次のうちどれか。

1　「公的異議申立て（自由化）」と「包括性（参加）」という２つの軸を用いて民主化の度合いを測定し，現実においてかなりの程度民主化された政治体制をポリアーキーと呼んだ。

2　現実の人間はその合理性がかなり限定されていることから，効用の最大化をめざすよりも，一定の満足水準を達成するような行為を選択すると主張した。

3　C. メリアムとともにシカゴ学派に属し，政治学の科学化を推進する中で，政治学に精神分析の手法を導入することを提唱した。

4　各国の政党制を詳細に研究して，それを一党制，ヘゲモニー政党制，二党制，一党優位政党制，穏健な多党制，極端な多党制，原子化政党制に分類した。

5　正義論を復活させ，正義の原理の内容として「平等な自由原理」と「格差原理」の２つを挙げたが，両者が衝突する場合には前者が後者に優先すると主張した。

解 説

設問は H. ラズウェルに関する説明である。

1．R. ダールに関する説明である。
2．H. サイモンに関する説明である。
3．正しい。
4．G. サルトーリに関する説明である。
5．J. ロールズに関する説明である。

正答　**3**

地方上級

No. 4 政治学 民主主義と議会

全国型，関東型，中部・北陸型，市役所A

令和4年度

民主主義と議会に関する次の記述のうち，妥当なものはどれか。

1 ダールは，「自由化」と「包括性」が高度に実現された政治体制をポリアーキーとし，多くの国民に政治参加が認められることはポリアーキーの要件ではないとした。

2 J.S.ミルは，議会には社会の多数派の意見が反映されるべきとの理由から，議員選挙は小選挙区制によって実施されるのが望ましいとした。

3 シュンペーターは，民衆には無限の可能性があるとする前提から，民主主義には民衆の政治的実践があればよく，代議制の議会は不可欠な制度ではないとした。

4 トクヴィルは，「多数者の暴政」や「民主的専制」という言葉を用いて，民主主義では多数派の意見が力を持ち，個人の自由が抑圧されることがあるとした。

5 バークは，ブリストル演説において，議員が第一に代表すべきなのは自己を選出した選挙区の利益であり，議員が国益を優先する風潮は民主主義を危うくするとした。

解説

1. ポリアーキーとは「多くの人々による支配」の意味であり，「包括性」とは政治参加が人々に広く開かれているかを示す基準である。ダールは，理想としての民主主義に最も近似した現実の政治体制をポリアーキーとした。なお，「自由化」とは，公的異議申し立てが自由にできるかを示す基準である。

2. ミルは，後述のトクヴィルの影響を受け，少数派も代表を議会に送り出すことができる比例代表制の導入を主張した。ちなみに，ミルは労働者階級への選挙権拡大を支持する反面，知識階級に複数の投票権を与えることを主張した。

3. シュンペーターは，民衆の政治的能力には懐疑的な立場から，民主主義とは選挙を通じてエリートどうしが競争することであって，民衆の政治参加は選挙に限られるべきとする，エリート民主主義論を唱えた。

4. 妥当である。トクヴィルは，『アメリカのデモクラシー』を著し，平等は多数決制を通して「多数者の暴政」あるいは「民主的専制」をもたらし，個人の自由を抑圧するとした。このように，トクヴィルは自由と民主主義を対立的な関係にあるとする反面，アメリカ政治の観察から，充実した地方自治や自発的結社の活動などによって，自由と民主主義には両立する可能性もあるとした。

5. バークは，議員は国民全体の代表者であり，選挙区民の意見には縛られることなく，国民のために自己の信念に基づいて行動すべきとした。この「国民代表の原理」は，現代の議会政治の基本原理の一つとされている。

正答 **4**

政治学　ユートピア思想　平成16年度

ユートピア思想に関する記述として，妥当なのはどれか。

1　アリストテレスは，理想の政体を哲人王の支配する体制であるとするプラトンの思想を実現するため，「アカデメイア」という名の学校を創設し，将来の哲人王としての資質を持つ青年の養成に努めた。

2　トマス・モアは，「太陽の都」を著し，太陽とよばれる1人の統治者と力・知恵・愛を象徴する3人の副統治者によって統治される理想的共同社会を描いた。

3　ベーコンは，「ニュー・アトランティス」を著し，農民の窮乏化が著しい当時のイギリス社会を批判するとともに，財産が共有され，すべての者が労働する理想的共同社会を描いた。

4　オーウェンは，人間の性格は環境によって形成されると唱え，「性格形成学院」という名の学校を創設し，また，私有財産制のない共同組織である「ニュー・ハーモニー村」を建設したものの失敗に終わった。

5　フーリエは，農業を中心とした「ファランジュ」という生活共同体の創設を唱え，「ファランジュ」の住民には衣食住が十分に保障されているため，私有財産制は一切必要ないとした。

解説

1. アカデメイアは，プラトンによってアテネ郊外に創設された学校である。アカデメイアでは，将来の哲人王としての資質を持つ青年に対して，天文学，生物学，数学，政治学，哲学などが教授された。なお，アリストテレスはアカデメイアで20年間にわたって学び続け，その後，教師として後進の指導に当たった。

2. 本枝はカンパネラに関する説明である。トマス＝モアは『ユートピア』を著し，自由と規律を兼ね備えた理想的共和国の姿を描くことで，腐敗した現実を批判した。なお，「ユートピア」という言葉はそもそもモアが作り出したものであり，ラテン語で「どこにもない場所」を意味している。

3. ベーコンの『ニュー・アトランティス』は，王立科学研究機関である「ソロモンの家」を中心として，科学文明を高度に発達させている島の姿を描き出した。これに対して，囲い込み運動によって農民が窮乏化しつつあった当時のイギリス社会を批判し，すべての者が労働する理想的共同社会を描いたのが，トマス＝モアの『ユートピア』であった。

4. 正しい。オーウェンは，自らが経営するスコットランドのニュー・ラナークの大紡績工場において，労働者の労働条件や生活環境の改善に尽力した。さらに，オーウェンは共産主義的集落（ニュー・ハーモニー村）の建設を計画し，アメリカのインディアナ州でこれを実践したが，成功を収めることはできなかった。

5. フーリエは，1,800人を最適規模としてファランジュ（生活共同体）を創設し，農業を基礎とした共同生活を送ることを提唱した。ファランジュにおいては，生活に必要な最低限度の物資が全員に与えられ，さらに剰余生産物が各人の能力や必要性などに応じて配分されるとされており，私有財産制については否定されなかった。

正答　**4**

地方上級
No. 6
兵庫県
政治学　　支配の正当性　　平成17年度

政治学
行政学
社会政策
社会学
国際関係

支配の正当性に関する次の記述のうち，妥当なものはどれか。

1 社会の混乱期に現れる超人的資質を持った指導者を，カリスマ的指導者という。

2 M.ウェーバーは支配の正当性として，合法的正当性と伝統的正当性の2つを挙げた。

3 王権神授説などの非合理的な政治理論は，支配の正当性としては機能しない。

4 正当性を持たない権力は，社会秩序の維持に寄与することはできない。

5 現代の政治は安定していることから，政治家にカリスマ性が求められることはない。

解説

1. 正しい。カリスマ的指導者の例としては，ナチスのヒトラーを挙げることができる。

2. ウェーバーが支配の正当性として指摘したのは，合法的正当性，伝統的正当性，カリスマ的正当性の3つである。

3. 歴史的には，王権神授説などの非合理的な政治理論も，人々に信従の根拠を与えることで，支配の正当性として機能してきた。

4. 正当性を持たないむき出しの暴力としての権力も，社会秩序の破壊者を物理的に排除することで，社会秩序の維持に寄与することは可能である。

5. 現代の政治も不況や戦争などを契機として不安定化することがあり，そうした状況下では，諸問題を一気に解決しうるカリスマ的指導者が待望されやすくなる。

正答　**1**

我が国におけるマイノリティに対する施策等に関する次の記述のうち，妥当なものはどれか。

1 「性同一性障害者の性別の取扱いの特例に関する法律」により，医師により性同一性障害であるとの診断を受けて性別適合手術を受けた人は，自分の意思により法律上の性別を変更することができる。

2 障害者差別解消法に基づき，障害者から社会的障壁の除去を必要としているとの意思が表明されると，行政機関は社会的障壁の除去の実施について「必要かつ合理的な配慮」を行うことがある。

3 ヘイトスピーチ解消法は，日本国民による日本国外の出身者に対する不当な差別的言動だけでなく，日本国外の出身者による日本国民に対する不当な差別的言動も解消するために制定された。

4 男女雇用機会均等法には，妊娠・出産や産休の取得などを理由とするハラスメントを防止する規定がなく，こうしたハラスメントを防止するための法改正が検討されているが，2021年末時点で法改正は実現していない。

5 アイヌ民族に関しては，東京都にアイヌ文化復興・創造の拠点としてウポポイが建設された。また，アイヌ文化振興法は廃止され，アイヌ文化も文化財保護法によって保護されることになった。

解説

1. 戸籍上の性別変更は，2人以上の医師によって性同一性障害であるとの診断を受けていることや性別適合手術を受けていることのほか，18歳以上であることと結婚中でないことも要件となる。また，家庭裁判所に性別の取扱いの変更を請求し，審判を受ける必要がある。

2. 妥当である。障害者差別解消法には，「行政機関等は，その事務又は事業を行うに当たり，障害者から現に社会的障壁の除去を必要としている旨の意思の表明があった場合において，その実施に伴う負担が過重でないときは，障害者の権利利益を侵害することとならないよう，当該障害者の性別，年齢及び障害の状態に応じて，社会的障壁の除去の実施について必要かつ合理的な配慮をしなければならない」（7条第2項）とある。

3. ヘイトスピーチ解消法の正式名称は，「本邦外出身者に対する不当な差別的言動の解消に向けた取組の推進に関する法律」。外国人による日本国民に対するヘイトスピーチを対象とした法律ではない。

4. 妊娠・出産や，産休・育児休業の取得または取得の申し出などを理由とするハラスメントをマタニティ・ハラスメント（マタハラ）というが，2016年の改正男女雇用機会均等法により，事業主にマタハラ防止措置が義務化されている。

5. ウポポイ（民族共生象徴空間）があるのは，北海道白老郡白老町。また，アイヌ文化振興法に代わり，アイヌ民族支援法が制定されている。なお，文化財保護法は我が国の文化財の保護に関する法律であり，アイヌ文化だけを対象とするものではない。

正答　**2**

地方上級

No. 8　政治学　非決定理論

全国型，関東型，中部・北陸型

平成13年度

P. バクラックと M. バラッツの提唱した非決定理論に関する次の記述のうち，妥当なものはどれか。

1　組織における上位者はあらゆる案件の決定を妨げる権力を持ちうると指摘しており，H. サイモンの権威概念に対する批判として生まれてきた。

2　問題の所在が認識されているにもかかわらず，それについては決定を避けるという決定がなされることもあると指摘しており，H.D. ラズウェルの実体的権力観に対する批判として生まれてきた。

3　行政官僚制は責任を回避する性向を持つため，政策決定をしばしば先送りにしていると指摘しており，M. ウェーバーの官僚制論を発展させる形で生まれてきた。

4　ある争点については，それを議題に上らせないような権力が働いていることもあると指摘しており，R.A. ダールの多元主義に対する批判として生まれてきた。

5　不完全情報下においては，「決定しないと決定する」ような戦略が最も効果的であると指摘しており，J.v. ノイマンの提唱したゲーム理論を補完するものとして生まれてきた。

解説

非決定理論とは，ある争点を議題に上らせないような権力の存在を指摘する理論である。従来，R.A. ダールらが唱えてきた多元主義理論では，社会的紛争が顕在化していることを前提として，最終決定を担っている人物を政治権力の保有者とみなしていた。しかし，P. バクラックと M. バラッツは，そうした紛争が顕在化することを防ぎ，政治的議題から排除してしまうような権力も存在するとして，非決定権力の概念を提示した。

以上より，正答は**4**である。

正答　**4**

民主主義の理論に関する次の記述のうち，妥当なものはどれか。

1 M.ウェーバーは，たとえ人々から正統性を付与された人物であっても，支配を行うことは許されないと主張した。

2 C.シュミットは，議会が政治的に無力であることを指摘するとともに，独裁に対する支持を表明し，これを主権独裁と委任独裁に分類した。

3 R.ミヘルスは，いかなる組織も大規模化していくとともに民主化の圧力にさらされるため，少数の指導者による指導体制は崩壊を余儀なくされると主張した。

4 J.シュンペーターは，選挙が終わるとともに国民が奴隷的な状況に陥ってしまう現況を憂い，直接民主制を導入することの重要性を主張した。

5 R.ダールは，多元主義の立場に立って，ポリアーキーを「個々人が人民の投票を獲得するための競争的闘争を行うことにより決定力を得るような制度的装置」と定義した。

解説

1. ウェーバーは，人々から正統性を付与された人物こそが，支配を行うことを許されると主張した。なお，ウェーバーは正統的支配の形態を，伝統的支配，合法的支配，カリスマ的支配の3類型に分類した。

2. 正しい。

3. ミヘルスは，ドイツ社会民主党の実証的研究などに基づいて，いかなる組織も大規模化していくと，少数の指導者による指導体制が確立されていくと主張した。これを，寡頭制の鉄則という。

4. シュンペーターはエリート主義の立場に立ち，国民は選挙を通じて指導者を選択する以上の役割を与えられるべきではないと主張した。当然，シュンペーターは直接民主制を否定している。

5. 引用は，シュンペーターによる民主主義の定義に関するものである。ダールの提唱したポリアーキー（多党制）とは，公的異議申立て（自由化）と参加（包括性）という2つの指標において，ともに高水準に位置づけられるような政治体制を意味している。

正答　**2**

地方上級

全国型，関東型，中部・北陸型

No.
10

政治学

政治権力理論

平成 26年度

政治学

行政学

社会政策

社会学

国際関係

権力に関する次の記述のうち，妥当なものはどれか。

1　M.ウェーバーは，権力には国家権力と企業権力の2種類があるとしたうえで，これら2つが一定の領域内における暴力的支配を独占するとした。

2　L.アルチュセールは，現在の支配に人々を服従させるものとして，家族やマス・メディア等を「国家のイデオロギー装置」と呼んだが，学校はこれには該当しないとした。

3　M.フーコーは，近代における監獄の誕生とともに，刑罰の目的が人間性の矯正から人を懲らしめることへと変化したとする。ここに見られる近代的権力を「規律権力」という。

4　S.ルークスは，権力の客体に対して権力の存在それ自体を認識させないように作用する権力を「二次元的権力」と呼んだ。

5　G.ドゥルーズは，情報処理やコンピュータ・ネットワークによる「管理型」の権力の存在を指摘した。

解 説

1．ウェーバーは，権力を「他者の抵抗を排除してでも自己の意志を強要する可能性」という主旨で定義したうえで，国家権力が一定の領域内における暴力的支配を独占していると主張した。

2．アルチュセールは，軍隊や警察などの国家の暴力装置ばかりでなく，メディアや学校，あるいは法に定められた家族制度や福祉制度なども，国家のイデオロギー装置として現在の支配に人々を服従させる役割を担っているとした。

3．フーコーは，近代における刑罰の目的が人を懲らしめることから人間性の矯正へと変化してきた点に注目し，近代的な監獄の誕生にその現れを見て取った。そして，ここに見られる近代的な権力の特徴を規範の内面化と自己規律の作用に求め，これを「規律的権力」と呼んだ。

4．本肢の記述はルークスが「三次元的権力」が呼ぶものである。「二次元的権力」は非決定権力である。

5．正しい。ドゥルーズの言う「管理型」の権力はコミュニケーションを操作する点に特徴がある。

正答　**5**

政治学

行政学

社会政策

社会学

国際関係

政治的無関心に関する次の記述のうち，妥当なものはどれか。

1　土地や身分などの価値資源を支配者が占有し，支配の異質性と距離性を強化する隔絶型の支配様式をとる社会では，大衆は支配者への敵意から脱政治的無関心に陥りやすい。

2　高度に工業化・メカニズム化された社会では，生産に備えるための欠乏の心理が支配的になるとともに，組織に対する無力感から，大衆は内部志向型無関心に陥りやすい。

3　政治参加の度合いは，自己の現状の地位が維持できる期待が大きいほど増大するが，その要求が満たされない場合には，大衆は反政治的無関心に陥りやすい。

4　政治的責任感を持ちながら，政治が政党など組織に独占されていることに疎外感を抱く屈折的無関心層は，明確な政治的目標が与えられると政治状況を一変させることがある。

5　政治は自分以外のだれかの仕事であり，個人的責任を伴うものではないとする現代型無関心層は，個々の政治的事件が自己に与える影響に関心を示さない。

解　説

1．隔絶型の支配様式をとる社会では，大衆は政治を他者の仕事と考え，無政治的無関心に陥りやすい。脱政治的無関心とは，政治的挫折の経験によって政治から引退してしまうような無関心のことで，近代以降の社会に典型的である。

2．高度に工業化・メカニズム化された社会，すなわち現代社会においては，大衆は他者の動向を常に気にかける「他者志向型」の社会的性格を有している。人々が自己の信念に基づいて行動する「内部志向型」の社会的性格を有していたのは，近代社会においてであった。

3．政治参加を遂げてもその要求が満たされない場合，人々は政治的活動から引退しやすい。これは，脱政治的無関心に該当する。反政治的無関心とは，政治の存在そのものに反感を抱いた状態のことであって，アナーキストなどがその代表例である。

4．正しい。

5．「現代型無関心層」は「伝統型無関心層」の誤り。現代型の無関心は，人々がその興味・関心を政治以外の領域に向けたり，あるいは政治における自らの非力さを自覚したりすることによって生じる。

正答　4

地方上級

No. 12

全国型，関東型，中部・北陸型

政治学　マスメディアと政治　平成30年度

日本におけるマスメディアと政治の役割に関する次の記述のうち，妥当なものはどれか。

1 首相官邸や各省庁に置かれている記者クラブは，取材の足場としての役割を持ち，記事の生産をスムーズにする一方で，政府の主張をそのままなぞっているとの指摘もある。

2 2005年の衆議院議員総選挙は，マスメディアによって「郵政選挙」と名づけられたが，郵政民営化賛成派と反対派の分裂によって自民党は過半数の議席を確保できず，マスメディアの議題設定効果の限界が露呈した。

3 2010年に放送法が改正され，マスメディアの集中排除原則が緩和されたことから，新聞やテレビの系列化が進み，マスメディアの政治的影響力が増大した。

4 政治によるマスメディアへの干渉を制限するため，2010年に放送法が改正され，業務改善命令を出す権限が総務大臣から放送倫理・番組向上機構（BPO）へと移管された。

5 マスメディアによる選挙予測報道が過熱し，判官びいき効果の強まりが問題となったことから，2017年に公職選挙法が改正され，投票日から1週間以内の選挙予測報道が全面禁止された。

解説

1. 妥当である。記者クラブは，新聞記者や放送記者等が構成している任意団体である。記者クラブは取材の足場になる一方で，政府から提供された情報を各社横並びで報道することも多く，権力側の監視という役割を果たしていないのではないかと批判されることもある。また，取材競争の過熱化を抑えるため，記者クラブではしばしば報道協定が結ばれているが，これがかえって自由な取材を阻害しているのではないかとの指摘もある。

2. 2005年の衆議院議員総選挙は，郵政民営化の是非を争点として行われたため，「郵政選挙」と名づけられている。この選挙では，小泉首相の人気などを背景に自由民主党が圧勝（480議席中296議席）し，自民党と公明党の連立与党で衆議院の3分の2を上回る議席を獲得した。

3. 2010年の改正放送法では，マスメディアの集中排除原則の基本的な部分が法定化されるとともに，これが維持義務化された。したがって，同法改正を機に，新聞やテレビの系列化が進んだという事実はない。

4. 放送倫理・番組向上機構（BPO）は，放送への苦情や放送倫理の問題に対応する第三者機関であり，視聴者等から問題があると指摘された番組・放送を検証し，放送界の自律と放送の質の向上を促すことを役割としている。したがって，BPOがマスメディアへ業務改善命令を出すということはなく，2010年の放送法改正後も，マスメディアへ業務改善命令を出す権限は総務大臣が持ち続けている。

5. マスメディアによる選挙予測報道は，有権者の投票行動に影響を与えうる。しかし，2017年の公職選挙法改正によって，投票日から1週間以内の選挙予想報道が全面禁止されたという事実はない。なお，マスコミの報道が判官びいき効果（＝不利と報道された候補者に同情票が集まる効果で，アンダードッグ効果ともいう）を持つのか，勝ち馬効果（＝有利と報道された候補者に票が集まる効果で，バンドワゴン効果ともいう）を持つのかについては，一概にいえないとされている。

正答　1

マスコミに関する次の記述のうち，妥当なものはどれか。

1 リップマンは，疑似環境に囲まれながら生活している大衆へ真実を伝達するメディアとして，新聞などのマスコミに大きな期待を寄せた。

2 ラザースフェルドは，マスコミの影響力がオピニオンリーダーを媒介として大衆に及ぼされると主張し，いわゆる「コミュニケーションの二段階の流れ」仮説を提唱した。

3 ラズウェルは，マスコミが大衆に及ぼす影響を研究し，これを地位付与，社会規範の強制，麻酔的逆機能という3つの機能に分類した。

4 テレビや新聞は，大衆の心理に働きかけてステレオタイプを作り上げ，現実を過度に単純化してとらえる傾向を抑制する働きを営んでいる。

5 テレビや新聞は，インターネットの普及によってその影響力を弱めており，情報の信頼性という点においても，インターネットはテレビや新聞を上回るに至っている。

解説

1. リップマンは，新聞などのマスコミが現実のコピーとしての疑似環境を作り上げており，その結果，われわれは疑似環境に囲まれながら生活していると主張した。

2. 正しい。ラザースフェルドは，1940年の大統領選挙に際してエリー調査を実施し，その結果をもとに，本枝で説明されているような「コミュニケーションの二段階の流れ」仮説を提唱した。当時は，大衆に対してマスコミが直接的かつ強力な影響力を行使しているとする学説が有力であったが，ラザースフェルドの仮説はこれを否定し，マスコミの効果が限定的であることを示した。

3. 「ラズウェル」は「ラザースフェルドとマートン」の誤り。ラズウェルは，マスコミの機能として，環境の監視，（環境に反応する際の）社会諸部分の相互の関連づけ，社会的遺産の伝達という3点を指摘した。

4. テレビや新聞は，大衆の心理に働きかけてステレオタイプ（＝パターン化された思考）を作り上げ，現実を過度に単純化してとらえる傾向を助長する働きを営んでいる。

5. インターネットの普及によって，テレビや新聞がその影響力を弱めているのは事実である。しかし，インターネット上の情報は玉石混交であり，偏った立場からもたらされた情報や虚偽・未確認の情報も少なくない。したがって，少なくとも情報の信頼性という点では，インターネットがテレビや新聞を上回っていると断言することはできない。

正答 **2**

地方上級

No. 14

全国型，関東型，中部・北陸型

政治学　　リベラリズム　　平成25年度

政治学

行政学

社会政策

社会学

国際関係

次の文中の空欄に当てはまる語句の組合せとして，妥当なものはどれか。

　リベラリズム（自由主義）の意味内容は，時代によって変化してきた。J.ロックに始まる古典的リベラリズムでは，〔　a　〕自由が主張され，〔　b　〕自由が重視された。その後，T.H.グリーンを代表的論者とする新自由主義が台頭すると，〔　c　〕自由という概念が提唱され，共通善を実現するための〔　d　〕自由が強調されるようになった。さらに現代においては，〔　e　〕がリベラリズムを再興し，福祉国家を正当化するなどしている。

	a	b	c	d	e
1	積極的	国家からの	消極的	国家による	J.ロールズ
2	積極的	国家による	消極的	国家からの	R.ノーズィック
3	消極的	国家からの	積極的	国家による	J.ロールズ
4	消極的	国家による	積極的	国家からの	J.ロールズ
5	消極的	国家からの	積極的	国家による	R.ノーズィック

解説

a：「消極的」が該当する。J.ロックに始まる古典的リベラリズムでは，国家による干渉から個人の自由を守ることの重要性が主張された。こうした自己決定権を強調する自由概念は，消極的自由と呼ばれている。

b：「国家からの」が該当する。古典的リベラリズムでは，国民の自由を侵害した絶対王政への反発もあって，国家からの自由が重視された。その代表的論者であるロックは，自然権を侵害するような国家に対して，人民は抵抗権を持つとまで主張している。

c：「積極的」が該当する。新自由主義（New Liberalism）では，さまざまな障害を乗り越えて「自ら為すべきことを為す」ことの重要性が主張されるようになった。このように人格の発展をめざす自由は，一般に積極的自由と呼ばれている。

d：「国家による」が該当する。T.H.グリーンをはじめとする新自由主義の論者たちは，貧困などの障害を国家が積極的に除去するべきだと考え，これによってわれわれは人格の発展という共通善を実現することが可能になると主張した。これは，古典的リベラリズムが「国家からの自由」をめざしたのとは対照的な考え方であった。

e：「J.ロールズ」が該当する。ロールズは，無知のヴェールに覆われた原初状態（＝誰も自らが置かれた社会的地位等を知りえない状態）を想定することで，最も恵まれない者に最大限の利益を与えることが正義にかなっているという結論を導き出した。これは，福祉国家を理論的に正当化するものであり，現実政治にも大きな影響を与えた。なお，こうしたロールズの主張を批判し，福祉政策などを行う拡張国家を否定したのが，R.ノーズィックであった。

　よって，正答は**3**である。

正答　**3**

地方上級
全国型，関東型
No.15 **政治学**　　**政治思想**　平成**19**年度

政治思想に関する次の記述のうち，妥当なものはどれか。

1 ベンサムは，「最大多数の最大幸福」という理念を掲げつつ，諸個人の最大幸福追求の自由を最大限に認めるため，国家の干渉は最小限度に抑えるべきであると主張した。

2 J.S.ミルは，真の民主政治は人民の直接参加によって支えられるべきであると主張し，代議政体の意義を否定した。

3 スペンサーは，人間は自らの人格を完成させる自由を持つと考え，国家はその障壁となる事柄を排除するために活動するべきであると主張した。

4 ハイエクは，人々が「無知のヴェール」に覆われているような原初状態を想定し，そこから最も不遇な者を最も手厚く扱うべきだとする正義の原理を導き出した。

5 バーリンは，消極的自由と積極的自由を区別したうえで，消極的自由は閉鎖的な独裁体制を作り出すことがあると主張し，これを批判した。

解説

1. 正しい。ベンサムは，自由主義の立場から害悪国家論を唱えた。

2. J.S.ミルは学識と識見を持った指導者の重要性を指摘し，代議政体の意義を肯定した。人民の直接参加に基づく民主政治を主張したのはルソーである。

3. スペンサーではなくグリーンに関する記述である。スペンサーは，他者の権利を侵害しない限りにおいて，人間は自らの欲することをなす自由を持つと主張した。

4. ハイエクではなくロールズの説明である。ハイエクは，自生的秩序を重視し，各人は最大限の自由を保障されるべきであると主張した。

5. バーリンは，消極的自由（＝外的な拘束を受けない自由）と積極的自由（＝理想的な自我を実現していく自由）を区別したうえで，積極的自由は閉鎖的な独裁体制を作り出すことがあると主張した。その例としては，フランス革命時のジャコバン党員やロシアの共産主義者が挙げられている。

正答　**1**

地方上級
全国型，関東型，中部・北陸型

No.
16

政治学　　　　民主主義　　　平成23年度

政治学

行政学

社会政策

社会学

国際関係

民主主義に関する次の記述のうち，妥当なものはどれか。

1 プラトンは，哲学の素養を持った国王（＝哲人王）が政治運営に当たるような政体を否定的にとらえ，民衆の政治参加に立脚した民主主義の確立を強く主張した。

2 トクヴィルは，アメリカにおける見聞をもとに，平等化の進展が必然的に「平等な隷属」状態を生むと指摘し，民主主義の将来に警告を発した。

3 J．S．ミルは，民主主義は少数者の自由を抑圧するものであるとして，これを否定的にとらえ，普通選挙制の導入には反対した。

4 シュンペーターは，民主主義のあり方について考察し，単に代議制を確立するにとどまらず，国民投票や圧力活動を通じて国民の意思を政治に反映させることが必要であると主張した。

5 ガットマンは，圧力政治や国民投票による決定を利益集積主義として否定的にとらえ，これを補完するものとして討議デモクラシーを主張した。

解説

1. プラトンは，民主主義をいわば衆愚政治としてとらえるとともに，哲学の素養を持った国王（＝哲人王）が政治運営に当たるべきだとした。こうした民主主義の欠点の指摘は，後のアリストテレスなどにも引き継がれている。

2. トクヴィルは，平等化の進展が「平等な隷属」状態を生みやすいことに警告を発した。しかし，それと同時に，民主主義的な政治装置を設けることで，自由と平等を両立させることも十分に可能であると指摘し，民主主義の将来を必ずしも悲観的にはとらえなかった。

3. ミルは，民主主義が少数者の自由を抑圧しかねないと考えていたが，普通選挙制の導入には賛成の立場をとった。それは，たとえ貧しい労働者であっても，政治参加を通じて自らを道徳的に啓発し，発展していく可能性があると考えたためであった。

4. シュンペーターは，国民の政治的能力に懐疑的な立場をとり，政治運営は選挙で選出された政治的エリートに一任されるべきであると主張した。当然，国民投票や圧力活動については否定的で，国民が政治運営に直接携わることは好ましくないとされた。

5. 妥当である。ガットマンは，人々が熟慮に基づいて討議を行うことの重視性を指摘し，討議を通じて人々が互いの選好に影響を与えつつ，政治的意見を形成していくべきだと主張した。

正答　**5**

地方上級
全国型，関東型，中部・北陸型

No. 17 **政治学** **西洋政治思想** 平成 **27** 年度

西洋政治思想に関する次の記述のうち，妥当なものはどれか。

1 J.S. ミルは，少数者の専制による暴走を恐れる立場から，少数者の人格・識見を多数の人々が道徳的に陶冶するとともに，社会のすべての成員が政治に参加するべきであるとした。

2 E. バークは，平和で安定した状態を獲得するために，人間はすべての権利を社会に移譲して一般意志に従うようになるとし，それを体現したフランス革命を支持した。

3 A. ド・トクヴィルは，メディアや知識人，教会等の中間団体こそが民主制を阻害する要因になっているとして，その抑制を主張した。

4 G.W.F ヘーゲルは，弁証法的過程における止揚によって国家が成立するととらえるとともに，これを人倫の最高形態であるとして高く評価した。

5 T. ホッブズは，原則として自然状態において人間どうしが相争うことはないが，各人は自らの権利をよりよく保障するために社会契約を結び，国家を設立するとした。

解説

1. ミルは，多数者の専制による暴走を恐れ，多数者の人格・識見を少数の人々が道徳的に陶冶（＝性質や能力を作り上げること）するべきであるとした。また，社会のすべての成員を政治（選挙）に参加させることで，多数者の公共精神を育て，これを陶冶することができるとした。

2. 「人間はすべての権利を社会に移譲して一般意志に従うようになる」と主張したのはJ.J. ルソーである。また，バークは保守主義者であり，伝統の破壊をもたらしたフランス革命を強く批判した。

3. トクヴィルは，1830年代のアメリカ社会を考察し，メディアや知識人，教会等の中間団体こそが自由主義的な民主制を支える要因になっているとして，これを高く評価した。

4. 正しい。ヘーゲルは，人倫（＝理性的意志が客観化されたもの）が家族，市民社会，国家として順次現れると考えた。そして，家族と市民社会の対立が止揚されることで国家が完成されることから，国家こそが人倫の最高形態として高く評価されるべきであると主張した。

5. T. ホッブズではなく，J. ロックに関する記述である。ホッブズは，自然状態を「万人の万人に対する闘争」状態ととらえ，各人は自らの権利（＝自己保存権）を保障するために契約を結び，国家を設立するとした。

正答 **4**

地方上級
No.18
全国型，関東型，中部・北陸型
政治学　ミルズのパワーエリート論　平成16年度

政治学
行政学
社会政策
社会学
国際関係

C.W.ミルズがその著書『パワー・エリート』において主張した内容に関する次の記述のうち，妥当なものはどれか。

1 いかなる組織であっても，これが大規模化した場合にはエリートの出現が不可避であり，一部のエリートに権力が集中せざるをえない。

2 大統領を頂点とする政界，財界，軍部のトップ・エリートたちが相互に協力し合い，アメリカ政治を一元的に支配している。

3 K.マルクスは資本家階級による一元的支配を主張したが，実際に政治権力を担っているエリートは争点ごとに多元的に存在している。

4 暴力（軍事力）こそが権力を生む資源であり，これを掌握した者が権力者として一国を支配する。

5 近代以降の社会においては，従来の家産官僚制に代えて，近代官僚制が権力を掌握していく傾向にある。

解説

1. R.ミヘルスの寡頭制の鉄則に関する記述である。ミヘルスは，ドイツ社会民主党の研究を通じてこの鉄則を導き出した。

2. 正しい。ミルズのパワー・エリート論は，権力構造の一元性を説く点に特徴がある。

3. R.ダールの政治的多元論（ないし多元的エリート論）に関する説明である。ダールは，ニューヘブンにおける実証研究を通じてエリートの多元性を主張した。

4. N.マキャヴェリの権力論に関する記述である。マキャヴェリは政治権力の本質を暴力（軍事力）に求め，これを資源として権力が発生すると主張した。

5. M.ウェーバーに関する記述である。ウェーバーは，家産官僚制（＝身分制に立脚した前近代的な官僚制）と近代官僚制（＝自由な身分を前提とする官僚制）を区別し，近代以降の社会では，合法的支配を担う合理的存在として近代官僚制が発達すると論じた。

正答　2

地方上級

全国型，関東型，中部・北陸型，札幌市

No. 19 政治学 レイプハルトの政治概念 平成15年度

次の文章は，A.レイプハルトの提唱したある政治概念について述べたものである。空欄A～D に該当する語句の組合せとして，妥当なものは次のうちどれか。

「A.レイプハルトは，多数決型の政治に対して合意型の政治が存在することを指摘し，これ を ___A___ として定式化した。これは，___B___ などにおけるデモクラシーが，___C___ の強 い影響力の下で，___D___ 間の協調政治として展開されている点に注目したものである」

	A	B	C	D
1	ポリアーキー	スウェーデン	エリート	二大政党
2	ポリアーキー	オランダ	エリート	多党
3	多極共存型デモクラシー	スウェーデン	マスコミ	二大政党
4	多極共存型デモクラシー	オランダ	エリート	多党
5	コアビタシオン	オランダ	マスコミ	二大政党

解説

A：「多極共存型デモクラシー」が該当する。多極共存型デモクラシーは，中欧諸国で採用され ている合意型の政治を概念化したものであって，英米諸国で採用されている多数決型の政治 とは対比される。なお，ポリアーキーとは，R.ダールがアメリカの政治をモデルとして作り 上げた概念であり，「公的異議申立て」および「包括性」という2つの水準がともに高い政 治体制を意味している。また，コアビタシオンとは，フランスでしばしば成立している保革 共存政権のことである。

B：「オランダ」が該当する。多極共存型デモクラシーは，中欧諸国，すなわちオランダ，ベル ギー，スイスなどで採用されている。スウェーデンは，いわゆるネオ・コーポラティズムの 国として有名である。

C：「エリート」が該当する。多極共存型デモクラシーの下では，各下位集団（＝言語・宗教・ 民族などを基準に区別される各集団）を率いるエリートたちが，相互に協調し合いながら政 治を運営している。

D：「多党」が該当する。多極共存型デモクラシーの下では，各下位集団の意思を政治に反映す るため，比例制原理が採用されている。その結果，数多くの政党が議席を獲得し，相互に協 調し合いながら政治を運営している。

よって，正答は**4**である。

正答 **4**

地方上級

No. 20

全国型，関東型，中部・北陸型

政治学　ダールの『統治するのは誰か』　平成17年度

R.ダールが『統治するのは誰か』で述べている内容として妥当なものは，次のうちどれか。

1 アメリカ合衆国において集団間の競争が激しくならないのは，集団間で事前に調整が行われているためである。

2 政治権力は一枚岩的に団結したパワー・エリートが担っているわけではなく，争点ごとに異なるエリートがこれを担っている。

3 政治権力は軍隊や富などの資源を保有することから発生し，他者をその意思に反しても行動させうるものとして作用する。

4 ある集団において強力なリーダーシップを発揮している指導者が，他の集団の中に置かれた場合でも同様に強力なリーダーシップを発揮できるとは限らない。

5 社会的亀裂が存在している国においても，各下位集団のリーダーが比例原理や相互拒否権の原則などに立脚して協力し合えば，民主政治を維持することは可能である。

解説

1. 伝統的なアメリカ政治学では，集団間の自由な競争の存在を前提として，政治的多元論が主張されてきた。ダールもそうした立場に立っている。

2. 正しい。軍・産・政のエリートの影響を強調したC.W.ミルズのパワー・エリート論とは対照的に，一元的エリートの存在を否定した点がダールの特徴である。

3. 本枝は実体的権力観について説明したものである。ダールは関係的権力観の立場に立ち，具体的な場面の考察から政治権力の行使を推定しようとした。

4. 一般に妥当と認められる主張であるが，ダールが唱えたものではない。

5. 本枝はA.レイプハルトの多極共存型デモクラシーについて説明したものである。多極共存型デモクラシーが中欧諸国をモデルとして提唱されたのに対して，ダールの学説はアメリカ合衆国（『統治するのは誰か』の場合は地方都市のニューヘブン）をモデルとして提唱された。

正答　**2**

地方上級

No. 21 政治学 近代政治における代議制の発達 平成20年度

全国型，関東型，中部・北陸型，神奈川県

近代政治における代議制の発達に関する次の記述のうち，空欄に該当する語句の組合せとして妥当なものはどれか。

議会制の起源は，中世ヨーロッパの（　A　）議会に求められる。その後，ピューリタン革命期のイギリスにおいて（　B　）が（　C　）を主張したが，当時としては急進的な意見であったため，これが実現することはなかった。さらに18世紀になると，バークがブリストル演説において（　D　）の理念を掲げ，これが近代以降の議会制の基本原理とされていった。

	A	B	C	D
1	身分制	レベラーズ	男子普通選挙	国民代表
2	身分制	レベラーズ	男子普通選挙	委任代表
3	身分制	自由党	男女普通選挙	委任代表
4	職能制	レベラーズ	男女普通選挙	委任代表
5	職能制	自由党	男子普通選挙	国民代表

解説

A：「身分制」が該当する。中世ヨーロッパでは，国王が貴族・聖職者・都市住民の代表者を招集し，戦費調達のための課税を承認するように求めた。これが議会制の起源である。当時の議会は，社会的身分ごとに開催されたため，身分制議会ないし等族議会と呼ばれている。なお，職能制議会とは，職業別に構成された複数の議院からなる議会のことである。

B：「レベラーズ」が該当する。レベラーズ(levellers) とは，清教徒革命（1641～49年）に際して，平等な政治体制の樹立を主張した政治勢力のことである。これに対して，イギリスの自由党とは，19世紀において保守党とともに二大政党制を支えた政党のことであり，現在でも自由民主党として活動を続けている。

C：「男子普通選挙」が該当する。レベラーズは，男子普通選挙の導入などを主張したが，クロムウェルによって弾圧され，その急進的な主張が受け入れられることはなかった。なお，男女普通選挙が幅広く主張されるようになったのは，19世紀末から20世紀にかけてのことである。

D：「国民代表」が該当する。バークは，ブリストル演説（1780年）において国民代表の理念を掲げ，議員は選出母体の利害を離れて行動するべきであると主張した。これに対して，委任代表とは，選出母体の委任に基づいた行動を要請する原理のことであり，バーク以前にはこれが当然とされていた。

よって，正答は**1**である。

正答　**1**

議院内閣制に関する記述として，妥当なのはどれか。

1 議院内閣制は，内閣の存在が議会の意思によって定められる制度であり，議会の信任がある限り内閣がその地位にとどまることができるとする，議会優位の思想に基づく政治形態である。

2 議院内閣制は，権力分立と抑制均衡による権限の分散を図る制度であり，大統領制と比べて，行政府と立法府は密接，協力的な関係にはなく，互いに独立，けん制した関係にあるとされる。

3 議院内閣制は，イギリスで発達した制度であり，マグナ・カルタを国王に認めさせたことによって始まり，1832年の選挙法の改正によって最終的に確立したとされる。

4 議院内閣制は，内閣が議会に対し連帯して責任を負う制度であり，内閣は議会の解散権を有さないとされているため，議会が内閣の不信任決議権を行使すると，内閣は総辞職しなければならない。

5 議院内閣制は，議会の多数派が内閣を組織する制度であり，イギリスでは，閣僚は，全員である必要はないが過半数は，上・下院議員の中から選出されなければならない。

解説

1. 正しい。

2. 議院内閣制では，内閣のメンバーは原則として議員の中から選出され，立法府の信任に基づいて活動する。この点で，立法府と行政府は密接，協力的な関係にあるといえる。

3. 議院内閣制の起源は，18世紀前半に首相職を務めたウォルポールが，議会の信任を失ったことを理由に辞職した時点に求められる。貴族の特権を国王に確認させたマグナ・カルタ（1215年）や，選挙権の拡大を規定した選挙法改正（1832年）は，議院内閣制とは無関係である。

4. 議院内閣制では，内閣は議会（下院）の解散権を有するものとされている。そのため，不信任に付された内閣は，内閣総辞職か議会解散かを選択することができる。

5. イギリスの場合，閣僚は全員が議員でなければならない。これに対して，過半数が国会議員であればよいとされているのは，わが国の場合である。

正答　**1**

政治学

行政学

社会政策

社会学

国際関係

わが国における女性議員の割合に関する次の記述のうち，妥当なものはどれか。

1 世界各国の下院または一院制議会における女性議員の割合を比較すると，日本の衆議院における女性議員の割合は，OECD加盟国の中で最低である。

2 地方公共団体の議会における女性議員の割合は，長期的に上昇傾向が続いており，近年は30％を超えて推移するようになっている。

3 衆議院では女性議員のほとんどが比例代表選挙によって選出されており，衆議院における女性議員の割合の上昇は比例代表選挙の定数拡大によってもたらされたといえる。

4 「政治分野における男女共同参画推進法」により，政党には公認候補者の一定割合を女性とすることが義務づけられており，これに違反した政党には罰則が科される。

5 参議院よりも衆議院のほうが女性議員の割合は高い。また，地方公共団体の議会においては，都道府県議会や市区議会よりも町村議会のほうが女性議員の割合は高い。

解説

1． 妥当である。2019年の時点で，衆議院における女性議員の割合は9.9％である。女性議員の割合は上昇傾向にはあるものの，これは世界190か国中163位で，「先進国クラブ」とも称されるOECD（経済協力開発機構）の加盟諸国の中では最下位である。ちなみに，2020年の時点で，下院・一院制議会における女性議員の割合は，世界平均で25.0％となっている。

2． 地方公共団体の議会における女性議員の割合が上昇傾向にあるのは事実だが，2019年の時点でも14.3％にとどまっている。ちなみに，女性の首長も少なく，2019年の時点で女性の首長は36人，全体の2％ほどにとどまっている。

3． 2017年の衆議院議員選挙では，47人の女性が当選したが，そのうち比例代表選挙での当選者が24人であるに対し，小選挙区選挙での当選者は23人と，互角である。また，比例代表選挙の定数も，小選挙区比例代表並立制の導入時は200議席だったが，現在は176議席に減っている。

4． 「政治分野における男女共同参画推進法」では，議員候補者数をできる限り男女均等にするよう，政党に努力義務を課しているのみである。

5． 2020年の時点における国会の女性議員の割合は，衆議院が9.9％，参議院が22.9％であり，参議院のほうが高い。また，2019年の地方公共団体議会における女性議員の割合は，都道府県議会が11.4％，市区議会が16.6％，町村議会が11.1％となっている。

正答　**1**

地方上級

No. 24 関東型

政治学　選挙制度　平成13年度

政治学

行政学

社会政策

社会学

国際関係

選挙制度に関する次の記述のうち，妥当なものはどれか。

1 比例代表制には，死票が少なく民意を反映しやすい，得票率と議席率を一致させやすい，新たな政党を出現させやすいといった長所がある。

2 小選挙区制は，多数党の過剰代表，定期的な選挙区割りの変更，仕事のできる政党が登場しにくいといった短所がある。

3 イギリスでは19世紀半ばから選挙が実施されており，現在では20歳以上の男女による普通選挙が実施されている。

4 ドイツ下院では小選挙区制と比例代表制から同数の議員が選出されており，この並立制はわが国における衆議院選挙の模範となった。

5 わが国では第1回帝国議会選挙において20歳以上の男子による普通選挙が実施されたが，男女普通選挙が実施されたのは第二次世界大戦後のことである。

解　説

1．正しい。

2．一般に，小選挙区制の下では弱小政党が議席を獲得できず，二大政党のいずれか一方が過半数の議席を獲得して政権を担当する。したがって，小選挙区制は仕事のできる政党（ワーキング・ガバメント）が登場しやすいという長所を持つ。

3．イギリスの選挙は議会の歴史とともに古く，当初は制限選挙制がとられていたが，19世紀前半以降には選挙権が徐々に拡大された。そして，1969年には選挙権の年齢要件が21歳以上から18歳以上に引き下げられ，現在に至っている。

4．ドイツ下院の選挙制度は，小選挙区制を加味した比例代表制，すなわち小選挙区比例代表「併用制」である。これに対して，わが国の衆議院選挙では小選挙区比例代表「並立制」が採用されており，小選挙区（定数289）と比例区（定数176）からそれぞれ議員が選出されている。

5．第1回帝国議会選挙では，25歳以上の資産家の男子のみが選挙権を持った（＝男子制限選挙）。わが国において男子普通選挙（25歳以上）が導入されたのは1925年，男女普通選挙が導入されたのは1945年のことである。

正答　**1**

全国型，関東型，中部・北陸型

政治学 **アメリカの選挙**

アメリカの選挙に関する次の記述のうち，妥当なものはどれか。

1 大統領は，国家元首，行政府の長，軍の最高司令官の地位にあり，任期は4年とされている。選挙は西暦で4の倍数の年に行われており，有権者は18歳以上で自ら有権者登録を済ませた者とされているが，その中には永住権保持者も含まれる。

2 大統領は，各州から選出された大統領選挙人を通じて，間接的に選出される。州選出の選挙人の票は，州内で各候補者が獲得した票数に比例して配分されるため，死票の発生は極力抑えられている。

3 大統領選挙では，大半の有権者が二大政党の候補者のいずれかに投票するため，第二次世界大戦後に第三党の候補者が勝利したことはない。また，大統領は，就任に際して下院の信任を得る必要があるため，下院の多数党から閣僚を選ぶことが多い。

4 中間選挙年に実施される下院議員選挙で自らの所属政党が敗北した場合，大統領は困難な議会運営を強いられることになる。しかし，その責任を負わされ，次の大統領選挙での立候補が禁止されるといった法律上の規定はなく，再選をめざすこともできる。

5 大統領選挙では，大統領候補と副大統領候補がペアとして扱われ，同時に当選が決まる。副大統領は閣議を開催したり，下院の議長を務めたりすることで，大統領を補佐するという重要な役割を担うため，両者は不可分の関係にあると考えられるためである。

解説

1. アメリカの大統領は，西暦が4の倍数の年（＝オリンピックと同じ年）に間接選挙で選出される。有権者は18歳以上の米国籍保持者であり，永住権保持者には選挙権が与えられていない。なお，わが国のような自動登録制がとられていないため，自ら有権者登録を行わなければ投票資格は得られない。

2. 本肢で説明されている比例配分制は，ネブラスカ，メイン両州でしか採用されていない。その他の州では，勝利した候補者が選挙人の票をすべて獲得する「勝者総取り方式」が採用されている。

3. アメリカの大統領は，当選後も下院の信任を得る必要はない。そのため，自らの所属政党が下院で少数党の地位にあったとしても，多数党から閣僚を任命することはほとんどない。

4. 正しい。大統領は下院の信任を得る必要がないため，中間選挙年における下院議員選挙の結果が，次の大統領選挙での立候補を法的に妨げるようなことはない。実際，中間選挙においては，大統領の政治運営を不満に思う批判票が増える傾向にあり，大統領の所属政党が下院議員選挙で敗北することも多い。

5. 閣議の出席者の選定は大統領の判断により，副大統領が開催というように固定化されていない。また，副大統領は形式的に上院の議長を務めるが，審議に参加することはなく，決議に際して可否同数となった場合を除き，一票を投じることもない。

正答 **4**

地方上級

全国型，関東型，中部・北陸型

No. 26 政治学 政 党 平成28年度

政治学

行政学

社会政策

社会学

国際関係

政党に関する次の記述中の空欄に該当する語句の組合せとして妥当なものはどれか。

ウェーバーは，政党の類型について「貴族政党→ ア → イ 」の順に発達したと主張した。これは， ウ に注目した分類である。

また，デュヴェルジェは，政党の構造に注目して，これを幹部政党と大衆政党とに分類した。このうち エ は，大まかにいえば，ウェーバーのいう ア に相当する。

	ア	イ	ウ	エ
1	名望家政党	近代組織政党	社会運営の担い手	幹部政党
2	名望家政党	大衆官僚政党	社会運営の担い手	幹部政党
3	近代組織政党	名望家政党	選挙戦略	大衆政党
4	大衆官僚政党	近代組織政党	社会運営の担い手	大衆政党
5	名望家政党	大衆官僚政党	選挙戦略	幹部政党

解 説

ア：「名望家政党」が該当する。名望家政党は，19世紀前半に発達した政党類型である。地方組織に支えられた名望家議員が，互いに緩やかに結合することで形成されていた。

イ：「近代組織政党」が該当する。近代組織政党は，19世紀後半に発達した政党類型である。党内の組織化が進み，政党の地方組織が整備されるとともに，党幹部に権力が集中していった。

ウ：「社会運営の担い手」が該当する。歴史的に見れば，社会を動かす中心的存在は，貴族（中世社会），名望家などの市民（近代社会），一般大衆（現代社会）という順に変化してきた。ウェーバーは，こうした変化を念頭に置いて，政党の類型化を行った。

エ：「幹部政党」が該当する。幹部政党は，制限選挙の下で19世紀に発達した政党類型である。大まかにいえば，ウェーバーのいう名望家政党に相当する。これに対して，大衆政党とは，19世紀末から20世紀初頭にかけて台頭した政党類型である。社会主義者によって考案され，集権的な政党構造を特徴とする。

なお，選択肢にある「大衆官僚政党」とは，パネビアンコによって提唱された政党類型である。パネビアンコは，政党の選挙戦略に注目し，従来の大衆官僚政党（＝デュヴェルジェのいう大衆政党に相当する政党類型）に代わり，近年では，専門スタッフの役割の拡充や世論への働きかけなどを特徴とする選挙プロフェッショナル政党が台頭してきていると主張した。

以上より，正答は**1**である。

正答 **1**

地方上級

全国型，関東型，中部・北陸型

No. 27 政治学 アメリカ合衆国の政治制度 平成29年度

アメリカ合衆国の政治制度に関する次の記述のうち，妥当なものはどれか。

1 アメリカ合衆国憲法は，州や地方自治体の権限を限定的に列挙したうえで，それ以外の国防・外交・課税・立法などに関する権限は，すべて連邦政府の専権事項に属すると定めている。

2 アメリカ連邦議会では二院制が採用されており，下院については人口に比例して各州に議席が配分され，州を一つの選挙区として大選挙区制による選挙が行われている。

3 アメリカ連邦議会の上院では，ログローリングと呼ばれる議事妨害が認められているが，議長が議事運営に支障があると認めるときは，これを打ち切ることができる。

4 アメリカ合衆国大統領は，連邦最高裁判所判事を指名することができるが，その任命に当たっては上院の同意を必要とする。

5 2016年の大統領選挙では，一般投票での総得票数が1位となった候補者が，史上初めて，大統領選挙人の過半数を獲得できないという事態が発生した。

解説

1. アメリカ合衆国憲法は，連邦政府の権限（国防や外交など）を限定的に列挙したうえで，それ以外の幅広い権限をすべて州や地方自治体に留保している。課税権や立法権についても，その一部が限定的に連邦政府の権限とされるにとどまり，その他については州や地方自治体の権限とされている。

2. アメリカ連邦議会の下院では，人口に比例して各州に議席が配分された後，当該州において議席数と同数の選挙区が設けられる。これにより，下院選挙は小選挙区制（＝各選挙区で最多得票者のみが当選とされる選挙制度）で実施されることになる。

3. ログローリングはフィリバスターの誤り。また，上院におけるフィリバスターは，上院議員60人（全議員の5分の3）以上が賛成すれば打ち切られる。議長の独断でこれを打ち切ることはできない。なお，ログローリング（丸太転がし）とは，議員間で取引きを行い，互いに相手の法案に賛成票を投じるようにすることを意味する。

4. 正しい。アメリカ合衆国議会の上院は，大統領による高級官吏や最高裁判所判事の任命について，同意を与える権限を有している。上院の同意がなければ，当該人物はそのポストに就任することができない。

5. 2016年の大統領選挙では，民主党のクリントン候補が一般投票で他の候補者を上回る票数を獲得したものの，大統領選挙人の過半数を獲得できず，共和党のトランプ候補に敗れた。このような逆転現象は史上初めてのものではなく，たとえば2000年の大統領選挙でも，一般投票での総得票数で勝利した民主党のゴア候補が，獲得選挙人数で共和党のブッシュ（子）候補に敗れた。

正答 **4**

地方上級

No. 28

政治学　　政党システム

全国型，関東型，中部・北陸型，市役所A

令和2年度

政治学

行政学

社会政策

社会学

国際関係

政党システムに関する次の記述から正しいものを選んだ組合せとして，妥当なものはどれか。

ア　レイプハルトは，多数決型民主主義とコンセンサス型民主主義を対比し，後者は複数政党による連立政権などによって特徴づけられるとした。

イ　デュヴェルジェは，選挙制度に比例代表制を採用すると，小規模な政党は次第に淘汰されていき，二大政党制がもたらされるとした。

ウ　ダウンズの空間競争モデルによると，都市化や産業化によって有権者のイデオロギー分布が中央に収斂すると，二大政党の政策に極端な差異が生じやすくなる。

エ　日本の55年体制においては，自由民主党と日本社会党が二大政党として政権を争う関係にあり，両党の間で定期的に政権交代が行われていた。

オ　イギリスの政党システムは，保守党と労働党の二大政党制であるが，2000年代以降の下院議員総選挙では，若者の投票率に上昇傾向が見られる。

1　ア，ウ
2　ア，オ
3　イ，エ
4　イ，オ
5　ウ，エ

解説

ア：妥当である。レイプハルトによると，多数決型民主主義とは，イギリスのように，二大政党制のもとで選挙で勝利した政党が単独で政権政党となって，集権的な中央政府を運営する体制をいう。これに対して，コンセンサス型民主主義（合意型民主主義）とは，ベルギーやスイスで見られるような，多党制のもとで複数政党による連立政権が常態化しており，連邦制によって地方分権が進んでいる体制をいう。

イ：デュヴェルジェは，小選挙区制では二大政党制，比例代表制では多党制になりやすいとした。これを「デュヴェルジェの法則」という。小選挙区制が二大政党制をもたらすのは，各選挙区の定数が1人だけなので，有権者が死票（落選者に投じられた票）をきらうという心理的要因があるとされる。

ウ：ダウンズは，二大政党は中央に収斂した有権者，すなわち中道的な政策を好む多くの人々の支持を獲得しようとするために，両党の政策が似通うようになり，政策の選択の幅が狭まる一方で，政治は安定化すると論じた。

エ：55年体制とは，常に自由民主党が政権政党で日本社会党が野党第一党だった体制のこと。1955年に左派と右派に分裂していた日本社会党が再統一したのに対抗して，自由党と日本民主党の「保守合同」によって自由民主党が結成されたことで成立し，1993年まで続いた。

オ：妥当である。近年のイギリスでは，18～24歳の投票率が上昇傾向にあり，再び60%を超えている。

　以上より，妥当なものはアとオであるから，正答は**2**である。

正答　**2**

政治学

行政学

社会政策

社会学

国際関係

各国の政治システムに関する次の記述のうち，妥当なものはどれか。

1 二元的代表制とも呼ばれる大統領制では，政治に求められる代表性と効率性が，それぞれ大統領と議会によって確保される。

2 アメリカを典型とする大統領制では，政府の議会からの独立性が強いことから，議院内閣制に比べて強い政府が生まれやすい。

3 N.ポルズビーは議会を変換型議会とアリーナ型議会に分類したが，そのうち前者の典型とされたのはイギリス議会である。

4 わが国の国会は，二院制や年間複数会期制，会期不継続の原則などを採用しているため，審議における粘着性（ヴィスコシティ）が低いとされている。

5 議院内閣制の下ではしばしば連立政権が誕生しており，実際，第二次世界大戦後のわが国を含む先進国において，少数党が与党となった例も見られる。

解説

1. 政治に求められる代表性は議会によって確保され，効率性は大統領によって確保される。

2. アメリカを典型とする大統領制では，政府を構成する与党と議会の多数党がしばしば異なるため，両者の衝突によって政府の力が弱まりやすい。これに対して，議院内閣制では両者が原則として一致するため，議会が政府の政策を支持することも多く，強い政府が生まれやすい。

3. 変換型議会とは，国民の要求を吸い上げて政策に変換することを主要な役割としている議会のことであり，アメリカ連邦議会がこれに該当する。これに対して，アリーナ型議会とは，与野党が議会内で激しく討論し，有権者にアピールしようとしている議会のことであり，イギリス議会がこれに該当する。

4. わが国の国会は，二院制や年間複数会期制，会期不継続の原則などを採用しているため，野党が政府提出法案の審議を遅らせたり，これを廃案に追い込んだりすることがある程度可能となっている。したがって，わが国の国会は審議における粘着性（ヴィスコシティ）は高いとされている。

5. 正しい。議会内第1党が過半数の議席を獲得できない場合，2つ以上の政党が連立して政権を担おうとする。たとえば，わが国の細川内閣（1993～94年）は，衆議院の第5勢力に過ぎなかった日本新党の党首を首班として成立した政権であった。また，羽田内閣（1994年）のように，連立してもなお過半数の議席を確保できない政権が誕生することもある。

正答 **5**

米国の政治に関する次の記述のうち妥当なのはどれか。

1 連邦憲法には，刑法や民法の制定，弁護士や医師の資格認定，貨幣の鋳造など州政府にゆだねる権限が列挙されている。これは，それ以外のすべての権限を連邦政府が有することを意味するものである。

2 連邦議会の上院と下院とでは，その議員選挙の仕組みが異なる。選挙ごとの各州の定数が1である上院議員選挙は小選挙区制で行われるが，選挙ごとの各州の定数が複数である下院議員選挙は大選挙区制で行われる。

3 連邦議会には常任委員会は存在しない。そのため，必要に応じて上下両院がそれぞれ議題ごとに委員会を設置するが，これらの委員会は審議すべき論点を整理するにとどまり，実質的な審議は本会議でなされる。

4 大統領は，憲法上は連邦議会への法案提出権がないが，実質的には与党議員を通じて自身が望む法案を提出することができる。しかし，望まない法案を連邦議会上下両院がともに過半数で可決した場合は，大統領はその法案を拒否できない。

5 連邦裁判所は違憲立法審査権を有している。違憲立法審査権は連邦憲法に規定されたものではないが，連邦裁判所は，連邦政府，州政府いずれの制定した法律に対しても違憲判決を下すことができる。

解説

1. 連邦憲法には，連邦政府にゆだねる権限が列挙されており，それ以外のすべての権限は州政府が有するものとされている。

2. 上院議員は各州から2名ずつ選出されているが，この2名の改選時期はおのおの異なっており，両者が同時に改選されることはない。したがって，毎回の上院議員選挙における各選挙区の定数は1となり，その選挙制度は小選挙区制に分類される。他方，下院では人口に比例するように各州に議員定数が配分され，その後，州内が議員定数と同数の選挙区に分けられる。したがって，毎回の下院議員選挙における各選挙区の当選者数は1名となり，その選挙制度は小選挙区制に該当する。

3. 連邦議会には常任委員会が数多く設置されており，常任委員会で可決された議案だけが本会議で審議されるという原則が確立されている。これを委員会中心主義という。

4. 大統領は連邦議会への法案提出権をもたないが，連邦議会で可決された法案に対する拒否権はもっている。なお，大統領が拒否権を行使しても，連邦議会の各院において出席議員の3分の2以上の賛成で再可決がなされると，法律は成立する。

5. 正しい。連邦裁判所は判例の積み重ねによって違憲立法審査権を確立しており，連邦法，州法のいずれもがその審査の対象となる。

正答　**5**

サルトーリの政党制論に関する次の記述のうち，妥当なものはどれか。

1　一党優位政党制では，政権を担当する政党が法令によって定められており，他の政党が政権を担うことはない。

2　二大政党制の国でも，さまざまな政党が合法的に存在するものの，2つの大規模な政党のどちらかが政権につく。

3　原子化政党制では，議会に議席を持つ政党の数は3～5であり，これらの政党間のイデオロギー的距離は小さい。

4　分極的多党制では，極右政党と極左政党のどちらかが中心となって政権を担当するため，中道的政策が実施されることはない。

5　穏健な多党制では，複数の政党が存在を認められているものの，実際にはヘゲモニー政党が政権を担当する。

解説

1.　ヘゲモニー政党制に関する記述である。ヘゲモニー政党制では，ヘゲモニー政党が政権を担当する特別の地位にあり，それ以外の政党は存在は許されるが，衛星政党にすぎず，ヘゲモニー政党との敵対は許されない。対して，一党優位政党制とは，複数の政党が政権をめざして競合する関係にあるが，結果的に1つの政党が長期にわたって国民の支持を受け，政権を担当し続ける政党システムをいう。日本の55年体制がその具体例である。

2.　妥当である。アメリカやイギリスなど，二大政党の国にも第三極や第三党と呼ばれる政党は存在するが，その規模は小さい。特にアメリカでは，大統領選挙はもちろん，連邦議会議員選挙ですら，二大政党である共和党と民主党以外の候補者が当選する可能性は非常に低い。なお，小選挙区制は二大政党制，比例代表制は多党制をもたらしやすいとされるが，この法則を「デュヴェルジェの法則」という。

3.　穏健な多党制に関する記述である。原子化政党制とは，戦争終結のような混乱期において，非常に多くの政党が乱立している状態のことをいう。

4.　分極的政党制とは，議会に議席を有する政党数が6～8で政党間のイデオロギー的距離が大きい政党制である。政治が不安定化しやすいが，中道政党どうしによる連立政権が発足する可能性が排除されるわけではない。

5.　穏健な多党制では，特定の政党がヘゲモニー政党として法令に規定されることはなく，選挙による政権交代が起こりうる。現代のドイツ，オランダ，ベルギーなどの政党制が具体例とされている。

正答　**2**

地方上級
全国型，関東型，中部・北陸型

No.
32

政治学

政党組織

平成22年度

政党組織に関する次の記述のうち，妥当なものはどれか。

1 包括政党とは，小規模の支持者を強力に組織することで，選挙において議席を伸張してきた政党のことであり，わが国では共産党などがこれに当たる。

2 幹部政党とは，名望家議員によって議会内で結成され，中央集権的な組織づくりを進めてきた政党のことであり，わが国では戦前の立憲政友会などがこれに当たる。

3 ネットワーク型政党とは，自然発生的に形成された市民グループを横断する形で結成されてきた政党のことであり，わが国では1980年代末から現れた神奈川ネットなどがこれに当たる。

4 大衆政党とは，大衆の平等な政治参加を前提として，党首制度を意図的に放棄した非寡頭制的政党のことであり，わが国では公明党がこれに当たる。

5 間接政党とは，大規模な個人党員およびこれから徴収された党費によって支えられている政党のことであり，わが国ではかつての社会党や民社党がこれに当たる。

解説

1. 包括政党とは，特定の社会階層，地域，宗派などに限定せず，支持層を広げようとしている政党のことであり，その支持者は大規模なものとなる。わが国では自民党などがこれに当たる。

2. 幹部政党とは，地方幹部会（＝地域の名望家等をメンバーとする組織）を構成単位として成立している政党のことである。制限選挙の時代に典型的に見られ，地方分権的である点を大きな特徴としている。わが国では戦前の立憲政友会や立憲改進党などがこれに当たる。

3. 正しい。ネットワーク型政党は，近年になって台頭してきた政党の一類型である。市民運動が発展して政党が結成されたもので，欧米の「緑の党」やわが国の神奈川ネットなどがこれに当たる。

4. 大衆政党とは，大衆を個人党員として組織した政党のことであり，党首を頂点とする厳格なピラミッド型組織を築く点が特徴である。わが国では共産党がこれに当たる。

5. 間接政党とは，幹部政党と大衆政党の中間に位置づけられる政党類型であり，個人党員を持たない大衆政党である。労働組合などの団体がメンバーとなって政党を支えており，わが国ではかつての社会党や民社党がこれに当たる。

正答 **3**

わが国の政治と行政に関する次の記述のうち，妥当なものはどれか。

1　第二次世界大戦直後，戦前・戦中期に官僚の地位にあった者の大半が公職追放にあい，官僚制の影響力が弱まった。これを受けて，この時期には政策決定過程における政治家の影響力が相対的に強まり，与党の多選議員が族議員として活動するようになった。

2　第二次世界大戦後，政党政治家が官僚制に対して強い指導力を発揮し，わが国の経済発展を導いた。チャルマーズ=ジョンソンは，そうした政治主導による経済発展に注目し，わが国を規制指向型国家として位置づけた。

3　55年体制下のわが国では，自由民主党が与党として政権を担い続けた。そのため，官僚の作成した重要法案は，同党の政務調査会や総務会で事前審査を受け，その了承を得たものだけが国会に提出されるという慣行ができあがった。

4　小泉内閣は，内閣府の経済財政諮問会議に予算編成権を与え，総理大臣が指名・任命した同会議の議員に財務官僚の指導と次年度予算の編成を任せた。政権交代後の民主党政権は，予算編成権を内閣官房の国家戦略室に移し，政治主導のさらなる強化を図った。

5　近年の財政難による人件費節減の動きを受けて，政府は総定員法を新たに制定し，国家公務員の総数を厳しく抑制しようとしている。しかし，さまざまな例外規定を利用することで，国家公務員数は増加を続けており，地方公務員数の約2倍にまで達している。

解説

1.　第二次世界大戦後，GHQは日本政府を通じた間接統治を行うこととしたため，旧来の官僚制は解体を免れた。公職追放に際しても，政財界の要職にあった者の多くが追放にあったのに対して，官僚を対象とする追放は不徹底に終わった。また，わが国で族議員が台頭したのは，1970年代以降のことである。

2.　第二次世界大戦後の経済発展は，官僚制（省庁）の強い指導力によってもたらされた。チャルマーズ=ジョンソンは，『通産省と日本の奇跡』において戦後のわが国の産業政策を分析し，経済官庁がわが国の経済発展のために果たした役割の大きさを指摘するとともに，わが国を発展指向型国家として位置づけた。規制指向型国家とは，自由競争を守るためのルールを設定し，これを維持しようとする国家のことであり，アメリカがその典型とされている。

3.　正しい。自民党政権下における重要法案の事前審査制度は，1962年に池田内閣の下で導入された。

4.　小泉内閣が経済財政諮問会議を重視したのは事実であるが，同会議は予算編成権を与えられたわけではなく，あくまでも「骨太の方針」（＝予算編成方針）を定めるにとどまっており，予算編成権は財務省に与えられたままであった。これに対して，民主党政権は国家戦略室を活用しようとしたが，予算編成権は財務省に与えられたままであった。

5.　総定員法（「行政機関の職員の定員に関する法律」）は1969年に制定された法律であり，その後数次にわたって改正されている。また，一般職と特別職を合わせた国家公務員総数は，独立行政法人や国立大学法人制度の発足，また郵政公社の民営化を通じた職員の非公務員化等により大きく減少しており，令和5年度現在では約59.0万人である。これに対して，地方公務員数は約280.3万人であり，国家公務員数の約4.8倍となっている。

正答　**3**

地方上級

No. 34 全国型，関東型，中部・北陸型

政治学　　　**選挙制度**　　　平成**23**年度

選挙制度に関する次の記述のうち，妥当なものはどれか。

1 小選挙区制では比例代表制よりも有効政党数が多くなりやすいが，極小政党もしばしば議席を獲得するため，その有効政党数は実際に議席を獲得している政党数を下回る傾向にある。

2 Ｍ＋１ルールとは，定数がＭの中選挙区制における選挙競争は，実質上Ｍ＋１人の主要候補間の争いになるとするもので，ここでＭ＝１とおけば，デュヴェルジェの法則の説明につながる。

3 日本の衆議院議員選挙における小選挙区選挙では，絶対多数決制によって二大政党化が進んでいるのに対して，フランスの下院議員選挙では，相対多数決制によって多党制化が進んでいる。

4 ドイツの下院議員選挙では，いわゆる５％条項によって政党の乱立がある程度抑えられており，キリスト教民主・社会同盟，社会民主党，緑の党による三党制が確立されている。

5 アメリカの中間選挙では，大統領が政治を運営しやすい環境を整えるべきだと有権者の多くが考えるため，大統領の所属政党が勝利する傾向にある。

解説

1. 有効政党数とは，政党の規模という観点から見て，政治的に有意と考えられる政党の数のことである。比例代表制は多党制化を促進するため，二大政党化を促進する小選挙区制よりも，有効政党数が多くなりやすい。ただし，比例代表制では政治的有意性を持たない極小政党もしばしば議席を獲得することから，その有効政党数は，実際に議席を獲得している政党数を下回る傾向にある。

2. 妥当である。一般に，中選挙区制における合理的な候補者の数は「Ｍ＋１」と考えられている。ここでＭ＝１とおくと，定数１の小選挙区制における合理的な候補者の数は２ということになり，「小選挙区制は二大政党制を生みやすい」とするデュヴェルジェの法則につながる。

3. 日本の衆議院議員選挙における小選挙区選挙では，相対多数決制によって一時期，二大政党制化が進んだ。これに対して，フランスの下院議員選挙では絶対多数決制（ないし二回投票制）が採用され，選挙協力を通じて第三党も一定の議席を確保する可能性が残されている。

4. ドイツの下院議員選挙では，有効投票総数の５％以上を獲得しないと，原則として議席配分にあずかることができない。この５％条項があるため，小党乱立状況は防がれているが，現在，議会に議席を有している有意な政党は，キリスト教民主・社会同盟，社会民主党，ドイツのための選択肢，自由民主党，左派党，同盟90／緑の党である。

5. アメリカの中間選挙は，大統領の政治運営に対する中間評価という意味を持ち，大統領の所属政党が議席を減らすことが多い。2022年の中間選挙では，バイデン大統領の与党・民主党は上院で多数派を維持する一方，下院では共和党が多数派を占める，いわゆる「ねじれ」状態になった。

正答　**2**

地方上級

No. 35 全国型

政治学　　政治用語　　平成11年度

政治学
行政学
社会政策
社会学
国際関係

わが国の政治に関して頻繁に用いられる政治用語に関する次の記述のうち，妥当なものはどれか。

1 「三割自治」という言葉が地方自治体についてしばしば言及され，日本に固有の現象だとされている。しかし，これはドイツの連邦制度の特徴を表す言葉として第二次世界大戦前から使われてきたものである。

2 「リストラ」という言葉をよく見かける。この言葉はアメリカで使われていた言葉で，日本だけの話ではないと考える人がいるが，しかし，これは日本型景気対策の特徴的な方法をさす官庁用語である。

3 「インフラストラクチュア」という言葉は，外国から輸入された言葉で，最近になって日本でも使われるようになったと誤解されている。しかし，これはわが国の農業の構造改善事業の中で第二次世界大戦前から使われてきた。

4 「鉄の三角形」という言葉は，日本においても使われるようになったが，しかし，これは日本生まれの言葉ではなく，実はアメリカ政府の政策決定の特徴を表す言葉として，以前から使われてきた表現である。

5 「たてわり」という言葉は，日本特有の表現で，もっぱら日本の行政機構の組織原理をさすと多くの人が考える。しかし，これは両大戦間期におけるイギリスの行政改革で常用された言葉を翻訳したものにすぎない。

解説

1．「三割自治」という言葉は，戦後のわが国において使われ始めた言葉である。

2．「リストラ」という言葉は，「リストラクチュアリング（再構造化）」という英語をもとにした造語である。リストラクチュアリングとは，広く一般に組織構造の改革をさす概念であって，当初アメリカで用いられていたものがわが国にも普及した。もちろん，官庁用語ではない。

3．「インフラストラクチュア（インフラ）」という言葉は，道路や通信網などの社会経済的基盤を広く一般にさす概念であって，外国から輸入されたものである。農業においても「基盤整備」という用語を使う場合があるが，農地の拡大整備をさすなど，かなり限定的な意味合いで用いられており，「インフラ」とイコールではない。

4．正しい。アメリカでは政・財・軍を，日本では政・官・財をさす。

5．「たてわり」行政はとりわけわが国において顕著な現象である。したがって，イギリスで常用された言葉を翻訳したものではない。

正答　**4**

地方上級

No. 36 兵庫県

政治学　　兄弟政治家　　平成17年度

政治学

行政学

社会政策

社会学

国際関係

次の記述に当てはまる兄弟政治家はだれとだれか。

　兄は，東京帝国大学法学部を卒業した後，農商務省に入省し，革新官僚として活躍した。また，第二次世界大戦時には商工大臣を務めた。戦後は一時戦犯に指定され逮捕されたが，その後釈放され，1953年，自由党から衆議院議員に当選して政界に復帰した。54年11月，鳩山一郎らと日本民主党を結成して幹事長となり，翌年保守合同を推進して結成された自由民主党幹事長となった。

　弟は鉄道省に入省し，大阪鉄道局長として敗戦を迎えた。第二次吉田茂内閣で，議席がないにもかかわらず，官房長官に抜てきされるという異例の処遇を受けたのが直接のきっかけで，政界に転出する。それから16年後に首相に就任し，「いざなぎ景気」や沖縄返還を実現するという外交交渉の成果にも恵まれ，7年8か月に及ぶ首相在任記録を立てた。「待ちの政治」といわれる政治姿勢や，巧妙な人事操作がマスコミの評判となった。

1　岸信介と池田勇人

2　池田勇人と大平正芳

3　岸信介と佐藤栄作

4　佐藤栄作と福田赳夫

5　大平正芳と福田赳夫

解説

兄が「岸信介」，弟が「佐藤栄作」である。岸信介は，一時戦犯に指定されたことで政界から遠ざかっていたが，その後復帰して首相の座にまで上りつめ，1960年の日米安保条約の改定に尽力した。しかし，安保反対の国民運動に押され，引責辞任した。佐藤栄作は，戦後アメリカが施政権を行使していた沖縄を，「核抜き本土並み」という条件で本土に復帰させようと尽力し，1972年にこれを成し遂げた。そして，好景気の波にも乗って，長期政権を担った。

1．池田勇人は，所得倍増計画によって高度経済成長政策を推進したことで有名である。

2．大平正芳は，一般消費税の導入を図るが世論の猛反対にあってこれを断念した。1980年の衆参同日選挙の選挙運動中に，急性心不全で急逝した。

3．正しい。

4．福田赳夫は，1978年に日中平和友好条約を締結したことで有名である。

5．大平正芳，福田赳夫については，上述のとおりである。

　なお，本問は10年度地方上級（中部・北陸型）にも出題された。

正答　**3**

政治学

行政学

社会政策

社会学

国際関係

意思決定や政策決定に関する次の記述のうち，妥当なものはどれか。

1 サイモンは，わずかな政策しか立案できず，一定の満足が得られる政策を妥協で選択しているのは，政策立案者や政策決定者の怠慢であると批判した。

2 リンドブロムのインクリメンタリズムは，現実の予算編成過程の考察から，多元的相互調節理論に対する反証として構築された。

3 人間は集団になると冷静さを失って危険度の高い意思決定をしがちになることがあるが，これをリスキーシフトという。

4 ごみ箱モデルでは，政策の選択機会が1つのごみ箱にたとえられ，選択された政策は目標達成にとって最も合理的なものとされる。

5 エチオーニの混合走査法モデルでは，政策の内容に応じて政策決定方法を変更するという考え方は否定される。

解説

1. サイモンは，人間の合理性には限界があるとする視点から，考えつく限りの政策案を立案し，その中から最も効用の高い政策案を選択するとする合理的選択論を「最大化モデル」と呼んで批判した。そして，政策決定者は少数の政策案の中から一定の満足を得られるものを選択するという，「満足化モデル」を唱えた。

2. 多元的相互調節理論とは，予算編成や政策決定は多元的な価値基準に基づく相互調節の結果とするものであり，これもリンドブロムが唱えた。なお，インクリメンタリズム（漸増主義，増分主義）とは，政策変更は現実の差し迫った問題に対する微細なものにとどまるとする政策決定モデルである。多元的相互調節理論と対立するものではない。

3. 妥当である。リスキーシフトとは反対に，個人ではリスクの高い危険な判断をしても，集団だとリスクの低い無難な判断に落ち着くことを，コーシャスシフトという。

4. ごみ箱モデルとは，政策の選択機会をごみ箱，課題や解決策，参加者などをごみにたとえて，決定される政策はこれらのごみが偶発的に結びついたものにすぎないとする意思決定モデルである。マーチ，コーエン，オルセンが唱えた。

5. 混合走査法モデルでは，重要政策では現実的な少数の政策案を立案してその中から最善のものを選択し，その他の政策ではインクリメンタリズムによる政策立案と決定が行われるとされる。

正答 **3**

政治過程の理論に関する次の記述のうち，妥当なものはどれか。

1 C.リンドブロムは，政策決定者がみずからの価値観に従って政策を選択する結果，政策は漸変的にしか変化しなくなるとして，インクリメンタリズムを提唱した。

2 A.ウィルダフスキーは，いわゆる多元的相互調節の理論の立場に立ち，アクター間でなされる妥協や取引きの結果として予算が編成されている現実を指摘した。

3 A.W.グールドナーは，政策の選択機会をゴミ缶になぞらえ，政策課題がゴミ缶に投げ込まれると，ゴミ缶内の諸アクターはそれに対応して解決策を形成すると主張した。

4 H.A.サイモンは，合理的選択論の立場から最大化原理を提唱し，政策決定者は課題に対して最大の効用を持つ選択肢を選択するべきであると主張した。

5 A.エツィオーニは，合理主義的に政策を決定することは現実には不可能であると指摘し，あらゆる政策は漸増主義的に決定されるべきであると主張した。

解 説

1．リンドブロムは，多元的なアクターがおのおのの利益や価値観に従って政策を追求する結果，採用される政策は漸変的にしか変化しなくなるとして，インクリメンタリズム（漸増主義）を提唱した。

2．正しい。ウィルダフスキーはアメリカの予算編成過程を研究し，多元的なアクターが妥協や取引きを重ねる中で，実際の予算は編成されていると主張した。なお，インクリメンタリズムを提唱したリンドブロムなども，こうした多元的相互調節の存在を指摘している。

3．ゴミ缶モデルを提唱したのは，コーエン，マーチ，オルセンの３人である。また，ゴミ缶モデルでは，政策課題，解決策，参加者がゴミ缶（＝政策の選択機会）に投げ込まれ，それらが偶然に結合することで，政策形成がなされるとされている。なお，グールドナーは，上位者と下位者の相互了解に基づいて管理を行うことの重要性を指摘したことで有名である（「代表的官僚制」論）。

4．サイモンは，人間の完全な合理性を前提とする理論に対して批判的な立場をとり，限定された合理性しか持たない政策決定者は，課題に対して一定の満足度をもたらすような政策を選択していると主張した。

5．エツィオーニは，重要な政策については少数の選択肢を精査することで決定を行い，それ以外の政策については漸増主義的に決定を行うべきであると主張した。こうしたエツィオーニの戦略は，混合走査法と呼ばれている。

正答　**2**

国と地方公共団体の関係に関する次の記述のうち，妥当なものはどれか。

1 中核市は人口が50万人以上の市のうち政令によって指定を受けた市であり，その処理できる事務の範囲は通常の市よりも広い。

2 自治事務は，地方公共団体が独自に制定した条例に基づいて処理される事務であり，自治事務に対する国の関与は認められていない。

3 地方交付税は，国税の一定割合を財源として国が地方公共団体に交付する税であり，地方公共団体にとっては特定財源となる。

4 国地方係争処理委員会は，総務省の審議会であり，国による地方公共団体への関与の適正を確保するために，必要な措置を国に勧告することができる。

5 公職選挙法は，地方公共団体の首長や議会議員の選挙にも適用される法律であり，地方公共団体の議会の定数なども，この法律によって定められている。

解説

1. 中核市ではなく，政令指定都市に関する記述である。中核市は人口20万以上の都市のうち，政令で指定された都市をいう。中核市にも都道府県の事務の一部が移譲されるが，その範囲は政令指定都市よりも狭い。また，政令指定都市のような行政区の設置は認められない。

2. 自治事務でも，国の関与は「是正の要求」まで認められている。また，自治事務にも処理が法令で義務づけられているものもある。なお，地方公共団体が国から委託を受けて処理する事務を法定受託事務というが，これに関しては，代執行など，国によるより強い関与が認められている。

3. 地方交付税は地方公共団体間にある財政力格差を緩和するために交付されるものである。したがって，特定財源ではなく，一般財源である。使途が指定されない財源を一般財源といい，使途が指定された財源を特定財源という。国庫支出金は，国が使途を指定する特定財源である。

4. 妥当である。国地方係争処理委員会は，5人の委員からなる合議制の第三者機関である。国による是正要求などにつき，不服のある地方公共団体の申出に基づき審査を行い，国に対して必要な措置を行う旨の勧告などを行うことができる。ちなみに，地方公共団体間で生じた紛争の処理は，地方公共団体に設置された自治紛争処理委員がその任に当たる。

5. 後半が誤り。地方公共団体の議会の定数は，地方自治法に基づき，条例によって定められる。ただし，地方公共団体の首長や議会議員の選挙方法については，公職選挙法によって定められている。

正答 **4**

我が国の地方自治の歴史に関する次の記述のうち，妥当なものはどれか。

1 大日本帝国憲法の制定から第二次世界大戦の終結までの時期の府県知事は，すべて天皇が勅任する国の官吏であり，内務大臣によって指揮管理されていた。

2 連合国軍総司令部（GHQ）による占領改革の一環で市町村合併が進められ，サンフランシスコ平和条約が発効した時点で，市町村の数は3千台にまで減っていた。

3 機関委任事務は，地方公共団体の事務の一部を国が代替して執行する制度であったが，第二次臨時行政調査会の答申により，廃止された。

4 地方分権一括法の制定により，都道府県が持つ一部の権限を大規模な市に移譲するために，政令指定都市と中核市の制度が導入された。

5 2000年代には地方財政の強化が課題となり，地方への税源移譲，地方交付税の見直し，国庫補助負担金の増設からなる三位一体改革が実施された。

解説

1. 妥当である。大日本帝国憲法下では，地方議会の議員は住民の直接選挙によって選ばれていたが，首長はそうではなかった。市町村長らも，市長は市議会が選ぶなどとされていた。

2. GHQによる占領改革として，大規模な市町村合併が推進されたという事実はない。サンフランシスコ平和条約発効の翌年である1953年から，「昭和の大合併」が始まり，全国に1万近くあった市町村は1960年代には3分の1ほどに減った。さらに，「平成の大合併」により，現在は1,700ほどとなっている。

3. 機関委任事務は，国の委任を受けて地方公共団体が執行していた事務のこと。本来は国の事務であるため，国の包括的指揮監督の下で行われていた。なお，地方分権一括法により機関委任事務の制度は廃止され，現在の地方公共団体の事務は，法定受託事務と自治事務の2種類に整理されている。例えば戸籍事務や旅券（パスポート）発行など，現在も地方公共団体は国から委託された法定受託事務を執行しているが，国の包括的指揮監督は受けていない。

4. 政令指定都市の制度は1956年，中核市の制度は1996年からあり，地方分権一括法の制定（1999年）以前からある。なお，現在の要件は，政令指定都市が法定人口50万人以上，中核市が法定人口20万人以上となっている。

5. 「国庫補助負担金の増設」の部分が誤りで，正しくは「国庫補助負担金の廃止・縮減」。2000年代に実施された地方財政改革だが，3つの改革を一体的に行うことから，三位一体改革と呼ばれた。

正答 **1**

政治学

行政学

社会政策

社会学

国際関係

いわゆる平成の市町村合併に関する次の記述のうち妥当なのはどれか。

1 平成の市町村合併は，官僚主導による用意周到な実施計画の下でほぼ全国的に推進された結果，1999年時点において3,200以上存在した市町村数は現在では800以下にまで減少している。

2 2005年に施行されたいわゆる新合併特例法によれば，都道府県知事の報告に基づき，合併構想の対象となった市町村に対して総務大臣が合併協議会の設置を勧告することができることとされた。

3 2005年に総務大臣が定めた市町村合併の基本指針によれば，おおむね人口1万人未満を目安とした小規模な市町村には，その地理的条件や経済事情などを考慮しつつ今後も合併を推進していくこととされた。

4 新合併特例法によれば，市町村合併に伴う新自治体への移行を円滑に進めるために，10年を限度として旧市町村単位で合併特例区を設けることができるが，あくまで暫定的に設置されるこの特例区には法人格は付与されないこととされた。

5 新合併特例法の制定に合わせて改正された地方自治法によれば，住民自治の強化を図るため，合併対象である市町村とそれを包括する都道府県との協議を前提として地域自治区を設置することができることとされた。

解説

1. 1999年3月末日における市町村数は3,232であったが，平成の市町村合併を経て，2010年3月末日にはこれが1,727にまで減少した。本枝にある「800以下」という水準は，現在も達成されていない（2023年1月1日現在1,718）。

2. 市町村に合併協議会の設置を勧告することができるのは，総務大臣ではなく都道府県知事である。具体的な手順としては，①総務大臣が自主的な市町村の合併を進めるための基本指針を策定する，②都道府県が，基本指針に基づき，市町村合併推進審議会の意見を聴いて，自主的な市町村の合併の推進に関する構想を策定する，③都道府県知事が，構想に基づき，合併協議会の設置を勧告する，という形がとられる。（注）総務大臣や都道府県の関与は，新合併特例法の改正によって2010年4月に廃止された。

3. 正しい。2005年の基本指針では，合併が望ましい市町村の具体例として，①人口1万人未満，②生活圏が同じで一つの行政区域になるのが望ましい，③政令指定都市・中核市・特例市をめざす，という3類型が明記された。

4. 旧市町村単位で合併特例区を設けることができるのは，5年を限度とする。また，合併特例区には法人格が付与される。

5. 地方自治法では，新合併特例法の制定前から，地域自治区の制度が設けられている。この場合，地域自治区は市町村合併とは関係なく，市町村全域を対象として任意の区割りにより設置される。これに対して新合併特例法に基づいて設置される地域自治区もあり，この場合は合併前の旧市町村が単位となる（複数の旧市町村を1つの地域自治区とすることも可能）。なお，いずれのタイプの地域自治区も法人格をもつものではなく，存続期間に限度はない。

正答 **3**

NPM（新公共管理）に関する次の記述のうち，妥当なものはどれか。

1　NPMを導入した場合，行政サービスの質は向上するが，行政活動の効率はむしろ阻害される可能性が高い。

2　NPMの発端は，1980年代のイギリスのサッチャー政権下で実施された社会保障支出の大幅増額に求められる。

3　NPMは，予算の膨張に比べて行政の有効性が上がっていないことを背景に，福祉国家化をさらに推進する目的で導入されている。

4　政府からその企画部門を切り離し，独立行政法人（エージェンシー）化することも，NPMの一手法である。

5　わが国では2001年の中央省庁再編に際して，全省を対象に政策評価制度が導入されたが，これもNPMの一手法である。

解　説

1．NPMは行政活動の効率化を重視する。

2．サッチャー政権下では社会保障支出が削減された。

3．NPMは行き過ぎた福祉国家化への反省から生まれてきた。

4．独立行政法人（エージェンシー）化では，政府からその実施部門の一部が切り離される。

5．正しい。

正答　**5**

政治学

行政学

社会政策

社会学

国際関係

官僚制に関する次の記述のうち，妥当なものはどれか。

1　M.ウェーバーは，家産官僚制と近代官僚制を区別し，後者の特徴として，近代以降に発達した効率性を追求する合理的な組織形態であること，客観的に定立された規則に基づいて業務を遂行すること，職場以外においても上下関係が継続することなどを挙げた。

2　C.バーナードは，人間行動のシステムとしての組織に注目し，組織がその構成員に与える満足感などの誘因と，構成員から組織に対してなされる貢献のバランスがとれたときに，組織は初めて維持されるとして，組織均衡論を提唱した。

3　R.マートンは，現実に作動している官僚制を考察する中で，官僚たちが次第に規範から逸脱し，裁量的に行動するようになる傾向を持つことを見いだし，そうした現象を「官僚制の逆機能」ないし「目標の転位」と呼んだ。

4　新公共管理（NPM）理論は，世界に先駆けてわが国で初めて提唱された行財政改革に関する理論であり，内務省を警察庁，建設省，自治省などに解体するという成果を生んだが，同時に縦割り行政の拡大という今日につながる問題をも引き起こした。

5　ストリートレベルの官僚制では，行政官庁から数多くの通達が発せられていること，上司の濃密な監督の下で行動するという原則が確立されていることなどによって，裁量権を行使する機会が大幅に狭められている。

解説

1. 職場以外においても上下関係が継続するのは，身分制によって支えられていた家産官僚制の特徴である。近代官僚制の場合，職場における上下関係は社会生活一般における上下関係とは切り離して考えられている。

2. 正しい。バーナードは，公式組織に注目した古典的組織論と非公式の人間関係に注目した人間関係論を接合し，現代組織論を作り上げた。現代組織論では，組織は人間行動によって生み出される動的なものと想定され，誘因と貢献のバランスによって維持されると考えられている。

3. マートンは，官僚たちが規範に過剰同調し，これに固執することで，「官僚制の逆機能」ないし「目標の転位」と呼ばれる現象が生じると主張した。具体的には，法規万能主義や繁文縟礼に陥るなどの弊害が指摘されている。

4. 新公共管理（NPM）理論は，イギリスなどのアングロ・サクソン諸国において，1980年代に提唱されたものである。また，NPM理論は，行政運営に民間の優れた経営手法をとり入れることなどを提案しており，わが国における内務省の解体はこれに該当しない。

5. 外勤警察官やケースワーカーなどのストリートレベルの官僚制は，通達でも明確に規定されていない複雑な現実に直面したり，上司の濃密な監督を離れて自立的に行動したりすることが多い。そのため，一般の公務員に比べて裁量権を行使する機会が多いとされている。

正答　**2**

地方上級

全国型，関東型，中部・北陸型

No.
44 行政学　　地方税制　　平成23年度

政治学

行政学

社会政策

社会学

国際関係

地方税制に関する次の記述のうち，妥当なものはどれか。

1 地方自治体は，国との協議に基づいて法定外普通税や法定外目的税を設けることができる。前者には熱海市の別荘等所有税，後者には東京都の宿泊税などが該当する。

2 住民税は，各地方自治体に住所を置く個人や本支店を置く法人等に課せられる税金である。所得税が応益的な性格を強く持つのに対して，住民税は応能的な性格を強く持つとされている。

3 国から地方自治体へ財政移転を行うものとして，地方交付税（＝補助金）制度が設けられている。こうした財政移転の制度は他に設けられておらず，多くの自治体はその増額を要求している。

4 第二次世界大戦後，固定資産税は市町村税の一種として徴収されていた。しかし，第二次臨時行政調査会の答申を受け，1980年代中頃に国税の一種に改められた。

5 法人税は国税であると同時に地方税ともされており，収入は国と地方自治体で折半されている。法人税の課税額は各法人の所得等に応じて決定されるため，景気変動の影響を受けやすい。

解説

1. 妥当である。地方自治体は，地方税法に列挙された法定税目のほか，独自の税目を起こして課税することができる。そのうち，使途の限定されないものが法定外普通税であり，使途の限定されているものが法定外目的税である。

2. 所得税は累進性が顕著であり，所得が高いほど多くの税金を納めなければならないことから，応能的な性格が強いとされている。これに対して，住民税は累進性が相対的に弱く，サービス受給の対価として支払うという面が見られることから，応益的な性格が強いとされている。

3. 国から地方自治体への財政移転を行うものとして，地方交付税制度のほか，国庫補助金制度なども設けられている。また，一般に補助金と呼ばれているのは，地方交付税ではなく国庫補助金である。

4. 固定資産税とは，土地・家屋・有形償却資産に課せられる税金のことである。従来の固定資産税は国税，都道府県税とされていたが，1949年から50年にかけて行われたシャウプ勧告に基づき，市町村税として徴収されることとなり，今日に至っている。

5. 法人税および地方法人税は国税であり，その収入はすべて国の財政に組み込まれる。ただし，法人税による収入の33.1％，地方法人税の全額は，地方交付税として地方自治体に財政移転されることなる。

正答 **1**

行政のデジタル化に関する次の記述のうち，妥当なものはどれか。

1 政府 CIO とも呼ばれる内閣情報通信政策監が設置されたことを手始めとして，日本の行政のデジタル化は1980年代後半から始まった。

2 マイナンバー（個人番号）は，日本国籍である人を対象として付番されるが，付番を希望しない人に付番や通知はなされないことになっている。

3 住民基本台帳ネットワークシステムとして，全市町村の住民基本台帳がネットワーク化されており，全国共通の本人確認が可能となっている。

4 国のすべての行政文書は，内閣府によって一元的に管理されており，e-GOV 電子申請による開示請求が可能となっている。

5 デジタル庁は，総務省の外局として，誰一人取り残さないデジタル化や地方公共団体の基幹業務システムの統一化・標準化に取り組んでいる。

解 説

1. 政府 CIO の設置は，2013年の出来事である。また，行政のデジタル化がいつ始まったのかを明言することは難しい。なお，2021年のデジタル庁設置に伴い，政府 CIO は廃止された。

2. マイナンバーは，外国籍の人でも，日本国内に住民票がある人全員を対象に付番される。また，付番は拒否できない。なお，日本国籍者でも，外国に定住している人には付番されない。

3. 妥当である。住民基本台帳ネットワークシステム（住基ネット）により，全国の市町村の窓口で，住民票の写しをとることなどが可能になっている。なお，住基ネットには，個人情報漏洩の懸念から，かつては一部の地方公共団体が接続を拒否していたが，現在はすべての市町村が接続している。

4. 情報公開法はすべての行政文書の開示請求を認めているわけではない。また，内閣府が国の行政機関の情報を一元管理しているという事実はない。e-GOV 電子申請により，各府省が所管するさまざまな行政手続について申請・届け出が可能となっているが，情報公開法に基づく行政文書の開示請求は，現状では一部の官庁に対してのみ可能であるにとどまっている。

5. デジタル庁は，内閣総理大臣が長および主任の大臣を務める内閣直属の機関である。なお，デジタル庁を所管する国務大臣として，デジタル大臣が置かれている。また，通常の官庁の事務方のトップは官僚だが，デジタル庁の事務方のトップであるデジタル監には民間出身者が任命されている。

正答　**3**

地方上級

全国型，関東型，中部・北陸型

No. 46 行政学 **官僚制論** 平成21年度

官僚制論に関する次の記述のうち，妥当なものはどれか。

1 W.バジョットは，イギリスにおける官僚制讃美の風潮を戒め，プロイセン官僚制が事務のルーティンを手段ではなく目的と考えてしまっている事実を指摘した。

2 R.ミヘルスは，社会主義運動に傾倒する中で自由主義国家における寡頭制化の傾向を見出し，社会主義国家にはこうした傾向は見られないと主張した。

3 K.マルクスは，官僚制が純粋技術的卓越性を持つ点に注意を促し，社会主義革命後の国家においても官僚制を引き続き維持するべきであると主張した。

4 R.マートンは，官僚制を一つの社会システムととらえたうえで，官僚制は規範への同調によって事務処理の効率性を最大限に向上させうると高く評価した。

5 M.ウェーバーは，官僚制の永続性を否定し，いかに官僚制が強固に見えるとしても，代議制の下ではこれを容易に破壊しうると主張した。

解説

1．正しい。バジョットは，ヨーロッパ大陸諸国で発達した官僚制に批判的な立場をとり，プロイセン官僚制の成功も限定されたものであって，長期的には欠陥が露呈すると主張した。また，同様の立場から，バジョットは代議制を通じて官僚制を統制することの重要性を指摘した。

2．ミヘルスは，ドイツ社会民主党の研究において少数の幹部が支配を行う傾向を見出し，これを寡頭制の鉄則として定式化した。寡頭制化の傾向は，自由主義国家においてのみ見られるわけではなく，社会主義国家における大規模組織においても，同様に観察されると考えられている。

3．マルクスは，官僚制を廃棄されるべきガンであるとみなし，社会主義革命によってこれを破壊しなければならないと主張した。

4．マートンは，官僚制が規範に過剰同調することで，「訓練された無能力」を露呈しやすいと主張した。こうした官僚制の逆機能として，規則万能主義や顧客への画一的反応などが具体的に挙げられている。

5．ウェーバーは官僚制の永続性を主張し，ひとたび成立した官僚制を破壊することは難しいとした。実際，官僚制なしに現代の政治を運営することは困難であり，具体的な構成員こそ交代するものの，官僚制そのものを廃絶することは困難である。

正答 **1**

国と地方公共団体との関係に関する次の記述のうち，妥当なものはどれか。

1 機関委任事務とは，地方公共団体が本来果たすべき役割に係るものであるが，その性質上，国が代行するとされている事務のことである。

2 1990年代以降に実施された地方分権改革により，国と地方公共団体との関係は「上下・主従」から「対等・協力」へと改められた。

3 1990年代以降に実施された地方分権改革により，国が本来果たすべき役割に係る事務を地方公共団体が受託して行うことは禁止された。

4 国と地方公共団体の間で生じた事務処理を巡る係争を解決するため，国地方係争処理委員会が全国の地方裁判所および高等裁判所に設置されている。

5 地方公共団体の自主性を守るため，国家公務員法や地方公務員法では国と地方公共団体の人事交流が禁止されており，地方公共団体間の職員派遣も認められていない。

解説

1．機関委任事務とは，国が本来果たすべき役割に係るものであるが，その性質上，地方公共団体が代行するとされている事務のことである。

2．正しい。1990年代以降に実施された地方分権改革では，機関委任事務制度の廃止をはじめとするさまざまな改革が実施された。こうした改革は，第一次地方分権改革とも称されている。

3．1990年代以降に実施された地方分権改革により，国が本来果たすべき役割に係る事務を地方公共団体が受託して行う仕組みとして，法定受託事務制度が創設された。

4．国地方係争処理委員会は総務省に設置されている。地方裁判所や高等裁判所などの司法機関に設置されているわけではない。

5．国と地方公共団体の人事交流は特に禁止されておらず，実際に人事交流が幅広く行われている。また，地方公共団体間の職員派遣もしばしば行われており，災害支援の一環として職員派遣が行われることもある。

正答 **2**

地方上級

No.
48

全国型，関東型，中部・北陸型，市役所A

行政学　地方公共団体の議会・議員　令和2年度

政治学

行政学

社会政策

社会学

国際関係

わが国の地方公共団体の議会・議員に関する次の記述から正しいものを選んだ組合せとして，妥当なものはどれか。

ア　都道府県議会の議員報酬は当該都道府県の条例によって定められているが，市区町村議会の議員報酬は政令によって一律に定められている。

イ　無所属と呼ばれる，いずれの政党・政治団体にも属さない議員は，都道府県議会議員では少ないが，市町村議会議員では多く見られる。

ウ　普通地方公共団体において，立法権は議会が有し，行政権は首長が有するものの，条例案の提出権は首長にあり，議員にはない。

エ　普通地方公共団体の予算編成権は首長にあり，議会には予算の議決権はあるものの，予算を提出する権限はない。

オ　議会は，当該地方公共団体の事務に関する調査を行う権限があるが，このような調査に応じなくても，罰則は科されない。

1　ア，ウ
2　ア，オ
3　イ，エ
4　イ，オ
5　ウ，エ

解説

ア：地方自治法に「議員報酬，費用弁償及び期末手当の額並びにその支給方法は，条例でこれを定めなければならない」（203条第4項）とあり，市区町村でも議員報酬の額は条例による。

イ：妥当である。総務省資料によると，都道府県議会議員に占める無所属議員の割合は2割をやや上回る程度で，市町村議会議員に占める無所属議員の割合は約7割。市議会議員と町村議会議員では町村議会議員のほうが無所属議員の割合が高い。首長はほとんどが無所属。

ウ：地方自治法に「普通地方公共団体の議会の議員は，議会の議決すべき事件につき，議会に議案を提出することができる」（112条）とあり，議員も条例案の提出は可能。なお，首長や議会の委員会にも条例案の提出権は認められている。

エ：妥当である。予算の提出権は首長だけが有する。議会には予算の議決権があるし，増額して予算を議決することは妨げられていないが，首長の予算提出権を侵すことは認められていない（地方自治法97条第2項）。また，前述のとおり地方自治法112条により議員にも議案提出権は認められているが，「但し，予算については，この限りでない」とされている。

オ：地方自治法100条に基づき，地方議会には当該自治体の事務に関する調査を行う権限（百条調査権）が認められており，出頭や証言，記録の提出を請求された者らが，正当な理由なく拒否した場合には，6か月以下の禁錮または10万円以下の罰金に処せられる。なお，この調査のために設置される特別委員会を，百条委員会という。

以上より，妥当なものはイとエであるから，正答は**3**である。

正答　**3**

わが国の地方財政に関する次の記述のうち，妥当なものはどれか。

1 ふるさと納税制度が設けられているが，効果が小さいのみならず，2015年度には返礼品の中に不適切なものが含まれるなどしたことから，2017年度には制度そのものが廃止されることとなった。

2 国庫補助金，国庫負担金，国庫委託金などの国庫支出金は，地方公共団体の一般財源とされており，地方公共団体はこれをさまざまな施策に自由に支出することができる。

3 わが国では，国の政策も地方公共団体を通じて実施されることが多く，国・地方を通じた財政支出に占める地方の割合は，2013年度の歳出決算・最終支出ベースで全体の約6割に達している。

4 2003年度以降，地方公共団体の歳入（普通会計）に占める地方債の割合が4割を超えていることから，2012年度からは地方債の発行に総務大臣の許可が必要とされるようになった。

5 2013年度における地方公共団体の目的別歳出純計決算額を見ると，決算額が最も多い費目は商工費，2番目は農林水産業費であり，経済活性化に重点が置かれていることがわかる。

解説

1. 返礼品の中に著しく高額なものが含まれるなど，問題点が指摘されたのは事実である。しかし，制度そのものの廃止が決定されたという事実はない。

2. 国庫支出金は，地方公共団体の特定財源とされており，その使途が限定されている。したがって，地方公共団体はこれをさまざまな施策に自由に支出することはできない。

3. 正しい。国・地方を通じた財政収入に占める地方の割合は，全体の約4割にとどまっている。しかし，地方交付税交付金や国庫支出金などによって財政移転が行われているため，国・地方を通じた財政支出に占める地方の割合は，全体の約6割程度になっており，これは2018年度でも同様である。

4. わが国の地方公共団体の歳入（普通会計）に占める地方債の割合は，2013年度現在，12％程度にすぎない（2020年度9.4％）。また，地方債の発行については，2006年度に許可制から協議制に改められ，今日に至っている。なお，2012年度からは，一定の要件を満たす地方公共団体が民間等資金債（＝地方債のうち民間等資金によって引き受けられるもの）を発行する場合，原則として協議を不要とし，事前届出のみで発行できるものとされている。

5. 2013年度における地方公共団体の目的別歳出純計決算額を見ると，決算額が最も多い費目は民生費，2番目は教育費である。これに対して，商工費は7番目，農林水産業費は8番目にとどまっている。2021年度においては，民生費が1位，教育費が2位，商工費が3位，土木費が4位，公債費が5位，総務費が6位，衛生費が7位，農林水産業費が8位となっている。

正答 **3**

日本の地方議会に関する次の記述のうち，妥当なものはどれか。

1 地方公共団体には都道府県と市町村があり，それぞれに議会が設置されている。これを「二元代表制」という。ただし，市町村については議会に代えて，有権者による総会を置くことができる。

2 地方議会は1つの選挙区から多数の議員を選出する選挙制度をとっている。したがって，55年体制の成立以降，有権者は候補者個人よりも政党を重視して投票している。

3 地方議会については，有権者の3分の1以上の署名を集めることにより解職を請求することができる。ただし，有権者の人口が40万超の場合と80万超の場合とで，請求の要件が緩和されることがある。

4 地方議会は，有権者が傍聴を求めるときは，傍聴を許すことができる。これを「議会傍聴の原則」という。

5 専決処分とは，本来議会の議決が必要な事項について議会が招集できない場合等に，議決をせず，首長自らが処分をすることである。近年，専決処分を濫用する首長が存在し問題となったが，専決処分が規定されている法律は改正されていない。

解説

1. わが国の地方自治における二元代表制は，首長と地方議会議員，それぞれが住民から選出される制度をさすものである。また，有権者によって構成される総会は町村のみにおいて設置しうる（地方自治法94条）。

2. 地方議会の選挙制度については，都道府県議会議員選挙では市や郡を単位とする複数の選挙区から選出し，市町村および東京都特別区議会議員選挙では，単一選挙区あるいは複数選挙区から選出される。政党無所属の立候補者も多いので，問題文後半も妥当ではない。

3. 正しい。40万超80万以下の場合は，（選挙権を有する者−40万）$\times \frac{1}{6}+40$万$\times \frac{1}{3}$となる。80万

を超える場合は，（選挙権を有する者−80万）$\times \frac{1}{8}+40$万$\times \frac{1}{6}+40$万$\times \frac{1}{3}$となる。

4. 普通地方公共団体の議会の会議は公開されており（同115条），住民の要望により傍聴が許されるというものではない。

5. 専決処分の定義については妥当である。しかし，鹿児島県阿久根市の例を踏まえ，首長が議会を招集しない場合は，議長が臨時会を招集することができるよう，2012年に地方自治法の一部が改正された。

正答 **3**

政治学

行政学

社会政策

社会学

国際関係

住民参加に関する次の記述のうち，妥当なものはどれか。

1 住民は地方公共団体に対して，連署をもって直接請求を行う権利を持つ。しかし，有権者数の多い地方公共団体では，容易には署名が集まらないことから，必要署名数についてなんらかの緩和措置を導入することが検討されてきたが，いまだそれが導入されたことはない。

2 地方公共団体における住民投票は，地方自治特別法の制定や市町村合併に関して実施されるほか，重要施策の是非を問うために実施されることもある。重要施策に関する住民投票は，地方自治法に基づいて実施されるため，その結果は法的拘束力を持つ。

3 住民の傍聴を容易にするため，地方議会を休日や夜間に開くことが提唱されている。しかし，今までにこれを実現した地方公共団体はなく，このことはわが国の地方議会の閉鎖性を示すものであると批判されている。

4 都道府県の中には，外国人に住民投票での投票権を認めているところもある。しかし，審議会における外国人委員の任命は，総務省がこれを禁止する通知を出していることから，現在のところ実現していない。

5 「平成の大合併」を通じて，わが国の市町村数は1999年3月末の3,232から2010年3月末の1,727にまで減少した。現在では，市町村合併は一段落との扱いを受けており，いわゆる3万市特例も廃止されている。

解説

1. 必要署名数についての緩和措置はすでに導入されている。解職・解散請求の場合，有権者数が40万人から80万人の部分については必要署名数が6分の1，80万人を超える部分については8分の1に緩和されている（40万人以下の部分は3分の1）。それぞれ，2002年，2012年の地方自治法の改正によって緩和された。

2. 重要施策に関する住民投票は，各地方公共団体の条例や要綱に基づいて実施されている。憲法や地方自治法などの法律に基づく制度ではないため，その結果は法的拘束力を持たない。

3. 地方議会を休日や夜間に開くという試みは，すでに多くの地方公共団体で行われている。この点では，むしろ国会の取組みのほうが遅れている。

4. 審議会における外国人委員の任命を総務省が通達で禁止しているという事実はない。実際，地方公共団体の中には，外国人を審議会の委員に任命しているところもある。

5. 正しい。「平成の大合併」は，2010年3月末をもって一段落との扱いを受けており，現在では市町村の自発的な合併を支援する体制がとられている（2023年1月1日現在の市町村数1,718）。3万市特例とは，合併後の人口が3万人以上となる地方公共団体を特例として市（通常は人口5万人以上）に昇格させる制度のことであるが，すでに廃止されている。

正答　**5**

構造改革特別区域（構造改革特区）に関する次の記述のうち，妥当なものはどれか。

1 阪神・淡路大震災をきっかけにつくられた制度で，災害に強い都市構造を構築するために，規制の強化や補助金の交付が積極的に行われる。

2 地方公共団体の区域を活性化させるためにつくられた制度で，地方公共団体からの申請に基づいて国がこれを認定し，規制緩和などが積極的に行われる。

3 複数の地方公共団体が共同で設立する特別地方公共団体の一種で，広域にわたる事業を連合単位で運営・担当するものとされ，地方分権の受け皿としても期待されている。

4 産業の国際競争力の強化および地域の活性化を推進するための制度で，これまでに環境未来都市などがその指定を受けている。

5 電子自治体のモデル事業を積極的に推進するための制度で，特区に指定された地方公共団体には，IT化を進めるための補助金が支給される。

解説

1. 災害に強い都市構造の構築は，通常の立法措置や予算措置によって推進されており，構造改革特区制度とは無関係である。ただし，東日本大震災を機に復興特区制度が創設され，規制の緩和や交付金の交付が行われている。

2. 正しい。構造改革特別区域（構造改革特区）は，2003年に施行された構造改革特別区域法に基づいて創設された制度である。特区内では特例的に規制緩和などの措置がとられるが，財政支援は行われない。特区で成功が得られた場合，その措置は全国へ拡大するものとされている。財政支援が行われるのは総合特区である。

3. 広域連合に関する説明である。広域連合は，一部事務組合と並ぶ「地方公共団体の組合」の一種であり，特別地方公共団体に位置づけられる。

4. 総合特別区域（総合特区）に関する説明である。総合特別区域は，2011年に施行された総合特別区域法に基づいて創設された制度であり，国際戦略総合特別区域と地域活性化総合特別区域の2種類に大別される。

5. 地方公共団体の電子化と構造改革特区制度は無関係である。なお，地方公共団体の電子化はすでに一定の進展を見ており，特にモデル事業が展開されているということもない。

正答 **2**

No. 53　行政学　日本の行政改革　平成27年度

わが国における国・地方の行政改革に関する次の記述のうち，妥当なものはどれか。

1　わが国の都道府県では，2014年現在，職員の勤務評定は実施されていない。地方公務員法改正によって導入がめざされたものの，国会で廃案となったためである。

2　OECDによる「日本の労働人口に占める公務員数」を見ると，労働人口の3分の1以上を公務員が占めているノルウェーやスウェーデンに次いで，日本は高い水準にある。

3　図書館や公民館等の公の施設については，従来，公的機関のみがその管理に当たってきた。しかし，2000年代になって「指定管理者制度」が導入され，民間団体やNPOによっても管理が実施されるようになった。

4　2007年の郵政民営化により，郵政関連事業は，郵便事業株式会社，株式会社ゆうちょ銀行，株式会社かんぽ生命保険の3社で実施されるようになった。また，政府による株式保有もできなくなった。

5　小泉内閣において道路関係四公団民営化推進委員会が設置され，民営化推進案が提出されたが，国会で廃案となったため，4公団の民営化は実施されなかった。

解説

1.　わが国の都道府県では，職員の勤務評定が実施されている。地方公務員法40条1項は，「任命権者は，職員の執務について定期的に勤務成績の評定を行い，その評定の結果に応じた措置を講じなければならない」と規定している。

2.　OECDの「Government at a Glance」によると，2015年現在，労働人口の3分の1以上を公務員が占めているのはノルウェー（30.0%）のみである。また，日本の水準は5.9%に過ぎず，OECD加盟国でも下位に位置している。

3.　正しい。指定管理者制度は，2003年に施行された改正地方自治法によって導入された仕組みである。従来の管理委託制度では，公共的団体（外郭団体）に対してのみ公の施設の管理を外部委託できるとされていたが，指定管理者制度では，株式会社，営利企業，財団法人，NPO法人，市民グループなどにも管理を任せることができるとされている。指定管理者は，議会の議決を経て指定され，施設の使用許可や料金設定の権限も与えられる。

4.　2007年の郵政民営化により，郵政関連事業について，郵便事業株式会社，株式会社ゆうちょ銀行，株式会社かんぽ生命保険，郵便局株式会社という4つの事業会社が設立された。それぞれ郵便事業，貯金事業，生命保険事業，窓口業務の代行事業などを行うものとされ，これら4社の持株会社として日本郵政株式会社も設立された。同社について当面は政府が全株式を保有するものとされたが，東日本大震災からの復興財源とする目的などで，2017年までに全体の4割程度が市中売却され，2021年に追加売却された。

5.　小泉内閣において道路関係4公団の民営化関係4法が成立し，4公団の民営化は2005年10月1日に実現した。これにより，日本道路公団は東日本，中日本，西日本の3つの高速道路会社，首都高速道路公団は首都高速道路株式会社，阪神高速道路公団は阪神高速道路株式会社，本州四国連絡橋公団は本州四国連絡高速道路株式会社とされた。

正答　**3**

地方制度に関する次の記述のうち，妥当なものはどれか。

1　一連の地方分権改革を通じて，現在では基礎的自治体である市町村の基盤が強化されつつあり，国や都道府県から市町村への権限移譲が進められるとともに，市町村数の増加が図られている。

2　1999年の地方分権一括法に基づいて，明治期から続いていた機関委任事務制度が廃止されるとともに，地方事務官制度も廃止され，社会保険業務に携わっていた厚生事務官などは国の地方支分部局の職員とされた。

3　三位一体の改革によって，地方交付税の見直し，国庫支出金の削減，税源の移譲が同時に進められ，その結果，地方公共団体の歳入は改革前に比べて大幅に増加することとなった。

4　1925年に男子普通選挙制が導入された際，市町村長の選出方法も改められ，町村会を通じた間接選挙ないし市会が推薦した候補者から国が選任する方式をとっていたものが，公民による直接公選制に改められた。

5　都道府県および市町村という地方自治の二層構造は日本国憲法によって規定されているため，道州制を導入して都道府県よりも広域の地方公共団体を設けるためには，憲法改正を行わなければならない。

解説

1. 市町村の基盤を強化するために市町村合併が進められた結果，1999年には3,232あった市町村数が，2010年3月末には1,727にまで減少した（2023年1月1日現在1,718）。

2. 正しい。地方分権一括法に基づいて，機関委任事務制度が廃止され，機関委任事務の大半は自治事務と法定受託事務に再分類された。また，国家公務員が知事等の指揮下で事務を行う地方事務官制度も廃止され，社会保険業務に従事する厚生事務官や職業安定業務に従事する労働事務官は，国の地方支分部局の職員とされた。

3. 三位一体の改革では，税源の移譲による地方公共団体の歳入増よりも，地方交付税の見直しと国庫支出金の削減による歳入減のほうが上回っていたため，総体的に地方公共団体の歳入は減少することとなった。

4. 市町村長（および知事）の直接公選制が導入されたのは，第二次世界大戦直後のことである。戦前・戦中期を通じて，町村長は町村会を通じた間接選挙，市長は市会が推薦した候補者から国が選任する方式がとられていた（一時期を除く）。

5. 都道府県および市町村という地方自治の二層構造は，地方自治法に規定されている。日本国憲法にそうした規定はなく，「地方公共団体の組織及び運営に関する事項は，地方自治の本旨に基づいて，法律でこれを定める」（92条）とされていることから，都道府県よりも広域の自治体を設けたとしても，必ずしも憲法違反とはならない。

正答　2

　平成9（1997）年の地方自治法改正によって導入された外部監査制度に関する次の記述のうち妥当なのはどれか。

1 すべての地方公共団体について，部外から無作為に抽出・選任された一般住民監査員による行政事業監査が義務づけられている。

2 会計検査院がその適性を認証した監査法人のうち，都道府県知事が選ぶものに，業務全般にわたる監査を委託することが義務づけられている。

3 地方公共団体が外部監査契約を結ぶことができるのは，NPOなど法人に限られており，首長が議会議員などから選ぶ監査委員は廃止された。

4 都道府県知事は，当該地方公共団体の財務管理，事業の経営管理その他行政運営に関し優れた識見を有する者と外部監査契約を結ぶことが義務づけられている。

5 弁護士，公認会計士など一定の専門的資格を持つ者だけでなく，無作為に抽出された一般住民代表2～5名を外部監査人に加えることが義務づけられている。

解説

1. 外部監査が義務づけられているのは，都道府県，政令で定める市，契約に基づく監査を受けることを条例により定めたその他の市町村である（地方自治法252条の36）。また，一般住民監査員による行政事業監査制度は設けられていない。

2. 外部監査は会計法人のみがこれを行うわけではなく，会計検査院がその認定を行うこともない。また，都道府県の外部監査については知事が契約を結ぶが，市町村の外部監査については市町村長が契約を結ぶ（同252条の36，252条の39第5項）。

3. 外部監査契約は弁護士や公認会計士などの個人と結ぶものであり，これを法人と結ぶことはできない（同252条の28）。また，首長が選任する監査委員も引き続き置かれている（同195条1項）。

4. 正しい（同252条の28）。

5. 一般住民代表を外部監査人に加える制度は設けられていない。

正答 **4**

地方上級

No. 56 行政学　行政統制

全国型，関東型，中部・北陸型　　平成25年度

行政統制に関する次の記述のうち，妥当なものはどれか。

1　スウェーデンのオンブズマンは内在的な行政統制の一手段として置かれているが，フランスのメディアトゥールは外在的な行政統制の一手段として置かれている。

2　C.フリードリヒは，議会を本人，行政官をその代理人としてとらえ，代理人たる行政官は本人たる議会に対して説明責任（アカウンタビリティ）を果たす必要があるとした。

3　H.ファイナーは，フリードリヒの行政責任論を批判し，行政官の道徳心に期待する内在的責任論にすぎず，独裁制にこそふさわしい責任論であると主張した。

4　C.ギルバートは，行政が任務を遂行する局面ごとに異なる責任が発生すると考え，任務遂行の結果について批判が加えられる段階では応答的責任が生じると主張した。

5　わが国の地方行政においては，地方自治法に基づき，国に先駆けてパブリックコメント制度が導入されており，重要施策の内容に住民の意思を反映させるものとされている。

解説

1.　スウェーデンのオンブズマンもフランスのメディアトゥールも，ともに行政監察官と訳される機関であるが，その位置づけは大きく異なっている。スウェーデンのオンブズマンは議会によって設置された独立的機関であり，外在的な行政統制の一手段として機能しているが，フランスのメディアトゥールは行政機関の一種であり，内在的な行政統制の一手段とされている。

2.　C.フリードリヒではなく，H.ファイナーに関する記述である。フリードリヒは議会による統制が十分に機能していない現実を踏まえ，行政官は民衆感情に対応する「政治的責任」と科学的・技術的標準に対応する「機能的責任」の2つを果たすべきだと主張した。

3.　正しい。ファイナーは，フリードリヒの政治的責任および機能的責任という2つの責任概念を批判し，行政官にそうした内在的責任（自律的責任）を求めても，行政責任が十分に確保される保障はないと主張した。

4.　ギルバートではなく，足立忠夫に関する説明である。足立の議論によれば，任務遂行の結果について批判が加えられる段階で発生するのは弁明的責任（説明責任と同義）である。応答的責任は，行政官が任務遂行の具体的要求に応える段階で発生するとされている。

5.　地方自治法には，パブリックコメント制度を導入する旨の規定は置かれていない。これに対して，国においては，2005年の行政手続法改正によって意見公募手続が導入され，命令等制定機関が命令等を定めようとする場合には，広く一般の意見を求めなければならないとされている（行政手続法39条1項参照）。

正答　**3**

わが国の行政統制と市民の行政参加に関する次の記述のうち，妥当なものはどれか。

1 市民による行政監視にとって情報公開は欠かせないが，情報公開条例の制定状況を見ると，都道府県レベルでは100％の地方公共団体が条例を制定している一方，市町村レベルで条例を制定している地方公共団体は約80％にとどまっている。

2 公文書の適切な管理と公開は行政統制に不可欠であるものの，日本では，公文書管理は各府省の内規に従って行われているのが現状であり，公文書管理の統一的ルールを定めた法律は存在しない。

3 地方政治に住民の意思を反映させるために住民投票が行わることがあるが，このような住民投票は地方自治法の規定に基づき，特定の争点に関して個別に条例を定めて行われなければならず，常設型の住民投票条例の制定は認められていない。

4 公的オンブズマンは，1990年代に国の機関として総務庁に設置されたのが初の例であるが，その後に地方公共団体に設置された公的オンブズマンは，議会に設置されるのが常である。

5 国の行政機関が政令や省令などを定めるに当たって，あらかじめその案を公表して国民から意見や情報を募集する手続きをパブリックコメント制度というが，この制度は行政手続法によって法制化されている。

解説

1．情報公開条例の制定状況は，市町村レベルでもほぼ100％に達している。2018年3月現在，情報公開条例が制定されていない市町村は，北海道乙部町のみである。

2．2008年に公文書管理法が制定され，現在では公文書管理の統一的ルールが存在している。

3．地方自治法には，重要施策に関する住民への諮問として実施される住民投票に関する規定は存在しない。また，常設型の住民投票条例も制定されている。なお，常設型の住民投票条例に基づき実施された住民投票は，1996年に新潟県巻町（現在は新潟市に編入）で原発建設の是非を問うために実施されたのが初の例。

4．公的オンブズマンの設置は，1990年の川崎市が初の例とされており，国レベルでは，総務省の行政評価局が公的オンブズマンに相当するものの，「オンブズマン」という名称の機関は設置されていない。また，日本の地方公共団体に設置されている公的オンブズマンは，もっぱら行政機関として設置されている。

5．妥当である。2005年の行政手続法改正によって，パブリックコメント（意見公募手続）制度が法制化された。

正答 **5**

地方上級

No. 58　行政学　行政の意思決定過程　平成16年度

全国型，関東型，中部・北陸型

行政の意思決定過程に関する次の記述のうち，妥当なものはどれか。

1　A.エツィオーニは，重要な争点に限って少数の代替案を立案し，それに精査を加えていくべきであると主張し，いわゆる混合走査法を提唱した。

2　L.H.ギューリックは，当面の課題をとりあえず解決するために現行の政策を手直ししていくという手法をインクリメンタリズムと呼び，これを高く評価した。

3　C.リンドブロムは，課題を一挙に解決するためにあらん限りの代替案を案出し，それらを厳格に比較考量していくという手法を高く評価し，これを総攬決定モデルと呼んだ。

4　H.サイモンは，POSDCORB の7機能を営む行政人というモデルを提示し，行政人の行う政策形成は一定の満足水準を達成するようになされていると主張した。

5　G.アリソンは，官僚政治モデルを用いてキューバ危機を巡るアメリカ合衆国の政策形成過程を分析し，当時の政策形成が合理的に行われていたことを明らかにした。

解説

1. 正しい。エツィオーニは，少数の重要な争点についてはいくつかの代替案を立案・精査し，その他の争点については漸変的な意思決定を行うという政策形成の手法を提唱し，これを混合走査法と呼んだ。

2. 本枝はリンドブロムに関する記述である。リンドブロムは，漸変的な政策決定方式をインクリメンタリズムと呼び，それが説明モデル（＝現実を説明するモデル）であると同時に規範モデル（＝望ましい姿を示したモデル）でもあると主張した。

3. リンドブロムは，本枝にあるような総攬決定モデルを批判するとともに，インクリメンタリズムを主張した。

4. POSDCORB とは，組織の最高管理者が営む諸機能を表したもので，L.ギューリックが創出したものである。なお，POSDCORB はそれぞれ，P（計画），O（組織），S（人事），D（指揮），CO（調整），R（報告），B（予算）を意味している。

5. アリソンは，合理的行為者モデル，官僚政治モデル（ないし政府内政治モデル），組織過程モデルという3つのモデルを用いて，キューバ危機を巡るアメリカ合衆国の政策形成過程を分析した。このうち政策形成の合理性を主張しているのは合理的行為者モデルであり，官僚政治モデルでは，むしろ各省間の利害を巡る争いの中から政策が形成されてくると説かれている。

正答　**1**

政治学

行政学

社会政策

社会学

国際関係

わが国の大都市制度に関する次の記述のうち，妥当なものはどれか。

1 指定都市制度は，第二次世界大戦前の東京市，大阪市，京都市の三大都市制度を前身として設けられたものである。

2 指定都市とは，政令で指定する人口50万人以上の市のことであり，都道府県からその全事務の権限を移譲される。

3 中核市とは，政令で指定される面積100平方キロメートル以上の市のことであるが，指定に際して市側からの申請は特に必要とされない。

4 中核市の指定に当たっては，かつては人口30万人以上という要件も課せられていたが，この人口要件は地方分権一括法に基づいて2001年に撤廃された。

5 特例市とは，人口が20万人以上で，申請に基づき政令による指定を受けた市のことであったが，2015年に廃止され，その後5年間は経過措置が設けられた。

解説

1. 現行の指定都市制度の前身は，第二次世界大戦直後に制定された地方自治法で規定されていた特別市制度に求められる。特別市制度とは，政令で指定する大都市を道府県から分離し，これを道府県と同格に置くとするものであった。しかし，1956年の同法改正によって特別市制度は未実施のまま廃止され，代わって指定都市制度が設けられることとなった。

2. 指定都市は，児童福祉，生活保護，老人福祉，食品衛生，都市計画などに関する権限を都道府県から移譲される（地方自治法252条の19・1項）。都道府県の全事務の権限を移譲されるわけではない。

3. 中核市とは，政令で指定する人口20万人以上の市のことである（同252条の22・1項）。中核市の指定は関係市からの申出に基づいて，国がこれを行う（同252条の24・1項）。また，現在面積要件はない。

4. 中核市の指定に当たり，かつては面積100平方キロメートル以上という要件も課せられていたが，この面積要件は2002年から人口30万人以上50万人未満の場合にのみ課せられることになり，さらに2006年からは完全に廃止されている。なお，このような要件の変更は，すべて地方自治法の改正によって実現されたものである。

5. 正しい。特例市は廃止され，中核市の人口要件が30万人から20万人に引き下げられた。

正答　**5**

地方上級

全国型，関東型，中部・北陸型

No. 60 行政学　　　　行政改革　　　平成30年度

政治学

行政学

社会政策

社会学

国際関係

日本の行政改革に関する次の記述のうち，妥当なものはどれか。

1　指定管理者制度とは，それまで地方公共団体やその外郭団体等に限定していた公共施設の管理・運営の委託先を，民間企業にも認めるとした仕組みであるが，委託先を決定する際には競争入札以外の手段は認められていない。

2　国の独立行政法人に該当するものとして，地方には地方独立行政法人が設けられており，これまでに大学・公営企業・試験研究機関などが地方独立行政法人化されている。

3　バウチャー制度とは，国が国民に使途を限定しない補助金等を支給し，受給する公共サービスを自ら選択させることを通じて，サービス提供者間の競争を促す制度である。

4　「競争の導入による公共サービスの改革に関する法律」が制定され，公共サービスに民間企業の創意工夫を反映させることがめざされているが，同法では官民競争入札を廃止し，一般競争入札に限って認めるものとしている。

5　PFIとは，公共施設等の設計，建設，維持管理および運営に，民間企業の優れた手法をとり入れることで，行政サービスの向上を図ろうとするものであるが，その建設資金はすべて公の予算を通じて調達するものとされている。

解説

1．指定管理者制度とは，「指定」（行政処分の一種）によって，公の施設の管理等を当該指定を受けた者に代行させる仕組みのことである。「行政契約」に基づく業務委託とは異なるため，「指定」を行うに当たって競争入札を行う必要はない。

2．妥当である。地方独立行政法人とは，地方独立行政法人法の規定に基づいて，地方公共団体が設置する法人のことである。住民の生活や地域社会・地域経済の安定など公共上の見地から，その地域において確実に実施されることが必要な事務および事業であって，地方公共団体が自ら主体となって直接に実施する必要はないもののうち，民間の主体にゆだねた場合には必ずしも実施されないがおそれがあるものと地方公共団体が認めるものを効率的かつ効果的に行わせることを目的としている。大学，公営企業（水道・電気・ガス・バス・路面電車など），試験研究機関，保育所，特別養護老人ホームなどが対象とされている。

3．バウチャー制度とは，国が国民に使途を限定した補助金等を支給する仕組みのことである。バウチャーを受け取った国民は，自ら企業や施設等を選択し，そこから公共サービスを受けることが可能になる。これによって，国民の選択の自由を確保し，企業・施設間の競争によるサービス向上も促すことができると期待されている。

4．「競争の導入による公共サービスの改革に関する法律」（公共サービス改革法）では，官民競争入札や民間競争入札を通じて，公共サービスの提供主体を決定する方式が規定されている。これにより，官民間の競争や民間企業間の競争がもたらされ，公共サービスの質の向上が図られると期待されている。

5．PFI（Private Finance Initiative）では，公共施設等の設計，建設，維持管理および運営に，民間の資金とノウハウを活用するものとされている。すなわち，公共施設等の建設資金についても，民間側がこれを調達することになり，公の予算を通じて調達されるというわけではない。

正答　**2**

次の文章は，わが国の外国人労働者問題について記述したものである。空欄 A ～ C に該当する語句の組合せとして妥当なものはどれか。

「わが国では，外国人労働者が（　A　）の場合には受入れを認めているが，（　B　）の場合には受入れを認めていない。そのため，外国人労働者の中には不法就労者も多く存在している。なお，外国人労働者を産業別に見ると，その数は（　C　）で多い」

	A	B	C
1	専門的職種労働者	単純労働者	製造業
2	専門的職種労働者	単純労働者	建設業
3	専門的職種労働者	単純労働者	卸売・小売業
4	単純労働者	専門的職種労働者	製造業
5	単純労働者	専門的職種労働者	建設業

解説

A：「専門的職種労働者」が該当する。

B：「単純労働者」が該当する。わが国の政府は，「専門的，技術的分野の外国人労働者の受入れをより積極的に推進し，いわゆる単純労働者の受入れについては，日本の経済社会と国民生活に多大な影響を及ぼすこと等が予想されること等から十分慎重に対応することが不可欠である。」（第9次雇用対策基本計画・平成11年8月閣議決定）との立場をとっていた。

　　その後，わが国の生産年齢人口の減少等による各産業での人手不足を受け，2018年12月に改正入国管理法が成立し，新しい在留資格「特定技能」による受入れが可能となった（2019年4月施行）。

C：「製造業」が該当する。2022年における外国人労働者の産業別構成比を見ると，製造業においてその水準が最も高く，外国人労働者全体の26.6％，外国人労働者を雇用する事業所全体の17.7％を占めている。ただし，構成比では減少傾向で，外国人労働者を雇用する産業は多様化している（厚生労働省「外国人雇用状況」の届出状況まとめ〈令和4年10月末現在〉）。

以上より，正答は**1**である。

正答　**1**

No. 62 大阪府 行政学 地方公共団体 平成19年度

地方公共団体に関する次の記述のうち，妥当なものはどれか。

1 明治時代には東京市，大阪市，京都市からなる三大都市制度が発足し，その首長は官選とされた。

2 地方公共団体には普通地方公共団体と特別地方公共団体があるが，特別区は普通地方公共団体に該当し，その首長を公選以外の方法で選出することは違憲である。

3 平成11年に機関委任事務が廃止され，その多くは法定受託事務と自治事務に再分類されたが，このうち法定受託事務は国の責任で実施されるものとされている。

4 わが国では二元的代表制が徹底されているため，地方公共団体の議決機関である地方議会は，執行機関が実施している自治事務について調査権を持たない。

5 都道府県から市町村へ委託される第2号法定受託事務について争いが生じた場合，総務省に設けられた国地方紛争処理委員会がこれに裁定を下す。

解説

1. 正しい。第二次世界大戦前のわが国では，市会が推薦した3名の候補者の中から国が1名を選び，これを市長に任命していた。しかし，三大都市はその例外とされ，官選の府知事が市長の職務を兼任した。ただし，こうした特例措置には住民の反発も強く，1898年以降は三大都市の首長も一般市の首長と同様の手続きで選出されることとなった。

2. 特別区は特別地方公共団体に該当する。また，特別区の首長を公選以外の方法で選出することは違憲ではない。実際，1952～74年にかけて，特別区の首長は区議会が都知事の同意を得て選任していた。ただし，1975年には，区長公選制に移行している。

3. 法定受託事務は自治事務と同じく「自治体の事務」と位置づけられているため，各自治体の責任で実施されている。なお，いずれの事務についても，国の関与が排除されているわけではなく，国が法律に基づいて，類型化された関与を行うことは認められている。

4. 自治体の事務（自治事務および法定受託事務）については，地方議会が原則として調査権を持つ（地方自治法100条1項）。地方議会は住民の代表機関であるため，住民に代わって自治体の事務を調査することは地方議会の当然の権限である。

5. 法定受託事務には，本来は国の事務とされる第1号法定受託事務と，本来は都道府県の事務とされる第2号法定受託事務がある。このうち，国地方係争処理委員会が扱うのは，第1号法定受託事務に係る紛争（＝国の関与に対する不服）のみである。第2号法定受託事務に係る紛争については，総務大臣または都道府県知事が事件ごとに任命する自治紛争処理委員がこれを扱う（同251条1項・2項）。

正答 **1**

地方上級

No. 63 社会政策　公的医療保険

全国型, 関東型, 中部・北陸型, 市役所A

令和4年度

我が国の公的医療保険に関する次の記述のうち, 妥当なものはどれか。

1 診療報酬とは, 美容整形など診療行為の内容とは無関係に, 医療費の一定割合が審査支払機関を通して医療機関に支払われるものである。

2 保険医療費の自己負担割合は, 義務教育就学前の人が1割, 義務教育就学後の6歳以上64歳未満の人が2割, 65歳以上の人が1割(現役並み所得者は2割)である。

3 国民健康保険は, 他の公的医療保険に加入していないすべての人を加入対象としており, その保険料は原則として全国一律となっている。

4 高額療養費制度では, 支払った保険医療の自己負担分が限度額を超えると, 限度額を超えた分の払い戻しを受けることができる。

5 65歳以上85歳未満の人は前期高齢者, 85歳以上の人は後期高齢者であり, 85歳になると後期高齢者医療制度に加入することになっている。

解説

1. 保険医療では, 医療費の一部を患者が自己負担し, 残額は公的医療保険から支払われる。診療報酬とはこの公的医療保険からの支払いのことをいう。当然ながら, 公的医療保険を利用できない診療(自由診療)には, 診療報酬は支払われない。つまり, 患者が医療費の全額を負担しなければならない。

2. 保険医療費の自己負担割合は, 義務教育就学前の人が2割, 義務教育就学後の6〜69歳の人が3割, 70〜74歳の人が原則2割(現役並み所得者は3割), 75歳以上の人が原則1割(一定以上の所得者は2割で現役並み所得者は3割)となっている。

3. 市町村国民健康保険は, 市町村と都道府県が保険者(運営者)であり, その保険料は地方公共団体によって異なる。また, 同地域の同業の個人事業主らによる国民健康保険組合の保険料も, 組合によって異なる。

4. 妥当である。医療費の自己負担分には上限が設定されており, 上限を超過した分は, 払い戻しを受けることができる。この制度が高額療養費制度である。なお, この上限額は公的医療保険加入者の年収や年齢によって異なっている。

5. 65〜74歳の人が前期高齢者で, 75歳以上の人が後期高齢者である。ゆえに, 後期高齢者医療制度にも, 原則として75歳から加入することになっている。

正答 **4**

わが国における女性の労働事情に関する次の記述のうち，妥当なものはどれか。

1 2018年と2008年を比較すると，労働力人口に占める女性の割合は増加しており，女性の労働力率も上昇している。

2 2018年と2008年を比較すると，女性の完全失業者数は減少し，完全失業率も低下しているものの，女性の完全失業率は男性のそれを上回るようになっている。

3 女性雇用者数を産業別に比較すると，「金融業，保険業」が最も多く，次いで「製造業」「宿泊業，飲食サービス業」「医療，福祉」の順となっている。

4 管理職に占める女性の割合は，2018年には40％近くに達しており，先進国の中では，アメリカやフランスと並ぶ水準となっている。

5 2018年における男性雇用者の所定内給与額を100.0とした場合における，女性雇用者の所定内給与額は93.3となっている。

解説

1. 妥当である。女性の労働力人口は2013年から増加傾向が続き，2018年に3,014万人となっている。また，労働力人口に占める女性の割合も増加傾向にあり，2018年には44.1％となった。女性の労働力率も上昇傾向にあり，2018年には52.5％となった。ちなみに，出産や育児のために30歳代でいったん離職する女性が多いため，女性の年齢階層別労働力率のグラフはM字型となっているが，これも近年は台形に近づきつつある。

2. 後半が誤り。2018年に至るまで，女性のほうが完全失業者数は少なく，完全失業率も低く推移している。

3. 2018年においては「医療，福祉」の女性雇用者数が最多で，女性雇用者に占める割合は23.1％となっている。これに次いで多いのが「卸売業，小売業」で，19.4％，さらに「製造業」，「宿泊業，飲食サービス業」の順となっている。

4. 上昇傾向にはあるものの，2018年の日本の管理的職業従事者に占める女性の割合は14.9％で，アメリカの40.7％，フランスの34.5％と比べ，著しく低い。なお，就業者に占める女性の割合は日本，アメリカ，フランスのいずれも40％台に達している。

5. 2018年の一般労働者（常用労働者のうち短時間労働者以外の者のこと）の所定内給与額は，男性100.0とした場合，女性は73.3となっている。

（参考資料：『令和元年版働く女性の実情』『令和元年版男女共同参画白書』）

正答 **1**

わが国の雇用問題に関する次の記述のうち，正しい内容の組合せはどれか。

A　若年層を中心として失業の問題が広がっており，2009年平均で見ると，年齢計の完全失業率が10.1％であるのに対して，15〜24歳層の完全失業率は19.1％に達している。

B　生産年齢人口（15〜64歳）はこの先減少傾向で推移し，2065年には総人口の約半分にまで減少すると予測されている。

C　わが国の就業者数の動向を産業別に見ると，製造業および卸売・小売業，飲食店では就業者数が減少しているのに対して，サービス業の就業者数は増加傾向で推移している。

D　高年齢者雇用安定法によって，2013（平成25）年4月1日までに定年年齢を65歳以上に引き上げることが企業に義務づけられている。

E　1990年代半ば以降，若年層（15〜24歳）で正規雇用の割合が減少し，2009年には男女ともに60％を下回ったため，キャリア形成の観点などから問題視されている。

1 A，B　　**2** A，D　　**3** B，C
4 C，E　　**5** D，E

解説

A：誤り。若年層を中心として失業の問題が広がっているのは事実であるが，2009年平均で見ると，年齢計の完全失業率は5.1％（2022年平均2.6％），15〜24歳層の完全失業率は9.1％（2022年平均3.5％）であった。

B：正しい。「日本の将来推計人口」（平成29年推計）の出生中位推計によれば，わが国の生産年齢人口（15〜64歳）は2015年に60.8％であったものが，2017年に60％を下回り，2065年には51.4％にまで減少すると予測されている。

C：正しい。製造業および卸売・小売業，飲食店の就業者数は，1950年代，60年代には大きく増加して全体の就業者数を押し上げていたが，近年は減少傾向にあった。また，サービス業の就業者数は，1950年代以降一貫して増加傾向で推移しており，特に1980年代以降は全産業の中で増加寄与が最も大きくなっている。

D：誤り。高年齢者雇用安定法によって，2013（平成25）年4月1日までに60歳代前半層の雇用確保措置をとることが企業に義務づけられた。具体的には，定年年齢の65歳以上への引上げ，継続雇用制度の導入，定年制の廃止のいずれかの措置をとるものとされた。なお，2021（令和3）年4月1日に改正高年齢者雇用安定法が施行され，65歳までの雇用確保（義務）に加え，65歳から70歳までの就業機会を確保するための高年齢者就業確保措置を講ずる努力義務が新設された。

E：誤り。正規の職員・従業員の割合は，2000年代後半，男女ともに横ばい，もしくは微増傾向にあった。また，その水準は，男性は70％台，女性は60％台で推移していた（2022年平均：男性83.0％，女性49.5％）。

　　以上より，正答は**3**である。

正答　**3**

わが国の介護保険に関する次の記述のうち，妥当なものはどれか。

1 介護保険の保険者は市町村であり，65歳以上の被保険者の保険料は，介護サービスの基盤整備計画やサービス提供の度合いなどをもとに，市町村で決定される。

2 介護保険の被保険者は30歳以上であり，要支援・要介護状態にある被保険者は一律の介護保険サービスを受けることができる。

3 介護給付費とは，介護保険サービスに要した費用のうち利用者の自己負担分を除いたものをいい，その財源構成比は保険料が8割で，公費は2割である。

4 介護保険サービスには，施設サービス，居宅サービス，地域密着型サービスがあるが，近年，これらのうち利用者数が増えているのは，地域密着型サービスである。

5 介護保険サービスを利用するには要介護認定を受けなければならないが，その認定基準は全国一律ではなく，市町村ごとに異なっている。

解説

1. 妥当である。介護保険の保険者は市町村（東京都の特別区を含む）である。また，65歳以上の第1号被保険者の介護保険料は，市町村が3年ごとに策定する介護保険事業計画に基づいて算出されている。

2. 介護保険の被保険者は40歳以上である。40歳から64歳までは第2号被保険者であり，65歳からは第1号被保険者となる。第2号被保険者の間は，老化が原因とされる特定疾病で要介護状態となった場合にのみ，介護保険を利用できる。第1号被保険者は，理由を問わず，要介護状態となれば介護保険を利用できる。また，サービスも要支援・要介護の度合いにかかわらず一律というわけではない。要支援認定は1と2に，要介護判定は1から5まで段階区分されており，その段階に応じたサービスを受けることができる。

3. 介護給付費（介護報酬）の財源構成比は公費と保険料がそれぞれ50％ずつとなっている。また，公費は国費が50％で都道府県と市町村がそれぞれ25％となっている。ちなみに，利用者の自己負担分は原則1割で，所得に応じて最大3割となっている。

4. 高齢人口の増加に伴って，施設サービスや居宅サービスの利用者も増えている。なお，地域密着型サービスとは，要介護者が住み慣れた地域での生活を続けられるよう，2006年の介護保険法改正によって創設された介護保険サービスである。

5. 要介護認定の基準は厚生省令として定められており，全国一律に客観的に定めることとなっている。

正答 **1**

政治学

行政学

社会政策

社会学

国際関係

子どもの社会問題に関する次の記述のうち，妥当なものはどれか。

1　わが国の子どもの相対的貧困率（所得再分配後）は国際的に見て低い水準にあり，デンマークやスウェーデンなどの北欧諸国とほぼ同水準の３％程度にとどまっている。

2　わが国における待機児童数は，新たな認可保育所の設立がほとんど行われていないこともあって，１万人を超える水準まで増加しているが，その約９割は母親が仕事に復帰し始める３〜５歳児で占められている。

3　わが国の家族関係社会支出の対 GDP 比は，少子化の急速な進展を受けて，国際的に見ても高い水準に達しており，フランスやイギリスとほぼ同水準の３％台となっている。

4　わが国における母親の育児休業取得率は８割を超えているが，第１子を出産した後も働き続ける女性は，全体の約５割にとどまっている。

5　わが国における母子家庭の母の約５割は就業しているが，母子家庭の平均所得金額は，児童のいる世帯の１世帯当たり平均所得金額の約５分の４にとどまっている。

解説

1．わが国の子どもの相対的貧困率（所得再分配後）は，国際的に見て高い水準にある。2015年におけるわが国の水準は13.9％（2018年13.5％）で，OECD の調査による，デンマークやフィンランドなどの北欧諸国の水準が５％未満であるのとは対照的であった。

2．新たな認可保育所が設立され，2011年には４年ぶりに待機児童数が減少したが，その水準は２万5,556人（2011年）となお高かった。また，全体の約82％は，低年齢児（０〜２歳）で占められている。その後，待機児童数は2014年まで減少傾向が続いたが，2015〜2017年まで３年連続で増加している。2020年４月１日時点の待機児童数は１万2,439人。

3．わが国の家族関係社会支出の対 GDP 比は，1.29％（2016年度）にとどまっており，先進国の中ではアメリカの0.65％に次いで低い水準にある。これに対して，フランスは2.96％，イギリスは3.57％となっている（３か国とも2015年度）。

4．正しい。母親の育児休業取得率は81.5％（2015年度。2022年度80.2％）に達しているが，第１子出産後も継続就業をしている女性は53.1％（2010-14年）となっている。

5．母子家庭の母の81.8％（2016年）は就業している。また，母子家庭の１世帯当たり平均所得金額が348万円（2015年）であるのに対して，児童のいる世帯の１世帯当たり平均所得金額は707万8,000円（2015年）に達している。前者が後者に占める割合は49.2％。

正答　**4**

データ出所：『平成24年版　厚生労働白書』『令和４年度雇用均等基本調査』『社会保障費用統計（平成28年度)』「第15回出生動向基本調査」「平成28年度全国ひとり親世帯等調査結果報告」

雇用保険に関する次の記述のうち，妥当なものはどれか。

1 非正規雇用者も，一定の条件を満たせば雇用保険に加入することができる。

2 失業等給付は，全員の共通部分および事業所別の加算部分から構成されている。

3 失業等給付の支給期間は保険料の給付期間に応じるものとされ，退職事由がこれを左右することはない。

4 派遣社員については，派遣先の事業主が雇用保険の加入手続きを行う。

5 雇用保険制度の起源は，かつてのドイツ帝国におけるビスマルクの政策に求められる。

解説

1. 正しい。非正規雇用者も，6か月以上の雇用見込みがあること，1週間当たりの所定労働時間が20時間以上という基準を満たせば，雇用保険に加入することができる。

2. 失業等給付は，全員を対象とする基本手当（＝失業中の生活の手当）と，一定の条件下で支給される各種給付から構成されている。このうち後者には，①就職に際して支給される「就職促進給付」，②職業能力の開発支援に充てられる「教育訓練給付」，③高齢の再雇用者や育児・介護休業取得者の所得保障に充てられる「雇用継続給付」が含まれる。したがって，選択枝にあるような「事業所別の加算部分」は設けられていない。

3. 一般被保険者に対する失業等給付の支給期間は，離職の日における年齢，被保険者であった期間，離職の理由などに応じて決定される（基本手当の場合）。たとえば，倒産・解雇等により再就職の準備をする時間的余裕なく離職を余儀なくされた者については，手厚い給付日数となることがある。

4. 派遣社員は派遣元の事業主と雇用関係にあるため，派遣元の事業主が雇用保険の加入手続きを行わなければならない。なお，派遣社員のうち，派遣元で正社員またはそれに準じた形で採用されている「常用型」については，すべて雇用保険への加入権を持つ。また，仕事のある場合だけ派遣先で仕事をする「登録型」については，一定の条件を満たす場合に限り，雇用保険への加入権を持つ。

5. 雇用保険制度の起源は，1911年にイギリスで制定された国民保険法に求められる。ドイツ帝国の宰相ビスマルクは，1880年代に医療保険制度，労災保険制度，年金保険制度などを発足させたが，雇用保険制度は設けなかった。

正答　**1**

政治学

行政学

社会政策

社会学

国際関係

高齢者医療および介護保険制度に関する次の記述のうち，正しい内容の組合せはどれか。

ア　介護サービスを受給する際には，原則1割の自己負担が求められる。

イ　介護保険制度の第2号被保険者とされる40〜64歳の者には，保険給付は行われない。

ウ　介護保険の第1号被保険者の保険料は，すべて年金から天引きする形で徴収されている。

エ　75歳以上の高齢者は，所得の多寡に関わらず，医療機関の窓口で医療費の1割を支払う。

オ　75歳以上の高齢者を対象とする老人保健制度に代わる新たな医療保険制度が発足した。

1 ア，イ
2 ア，オ
3 イ，エ
4 ウ，エ
5 ウ，オ

解 説

ア：正しい。介護サービスを受給する際には，原則1割（一定以上所得者の場合は2割または3割）の自己負担が求められる。ただし，世帯の所得が低い場合には，減免措置がとられる。

イ：誤り。第2号被保険者（40〜64歳）であっても，若年性認知症などの老化に起因する疾病の場合には，保険給付が行われる。

ウ：誤り。第1号被保険者（65歳以上）の保険料は，年金からの天引き（特別徴収）または市町村の個別徴収（普通徴収）という形で徴収されている。ただし，実際には前者が大部分を占める。

エ：誤り。75歳以上の高齢者は，医療機関の窓口で原則として医療費の1割を支払う。ただし，現役並み所得者については，医療費の3割を支払わなければならない。

オ：正しい。75歳以上の高齢者を対象とする現行の後期高齢者医療制度が，2008年に発足した。

　　以上より，正答は**2**である。

正答　**2**

わが国の最低賃金制度に関する次の記述のうち，妥当なものはどれか。

1 最低賃金の具体的水準は労働基準法に明記されており，事業主はこれを上回る水準で労働者の賃金を定めなければならない。

2 地域別最低賃金と特定（産業別）最低賃金の両方が同時に適用される場合には，地域別最低賃金が優先的に適用される。

3 最低賃金の対象となる賃金は，夜勤手当や家族手当等の諸手当の額も含めた「実際に支払われる賃金」である。

4 地域別最低賃金は，地域における労働者の生計費および賃金ならびに通常の事業の賃金支払い能力を考慮して定められなければならない。

5 労働者の生計費を考慮するに当たっては，労働者が健康で文化的な最低限度の生活を営むことができるよう，生活保護の額を上回るようにしなければならない。

解説

1. 最低賃金の具体的水準が労働基準法に明記されているというのは，事実に反する。最低賃金の水準は，地方最低賃金審議会の審議・答申を得た後，異議申出に関する手続きを経て，都道府県労働局長が決定する。

2. 地域別最低賃金と特定（産業別）最低賃金の両方が同時に適用される場合には，使用者は高いほうの最低賃金額以上の賃金を支払わなければならない。

3. 最低賃金の対象となる賃金は「毎月支払われる基本的な賃金」であり，実際に支払われる賃金から一部の賃金（割増賃金，通勤手当，家族手当など）を除いたものが対象となる。

4. 正しい。最低賃金法9条2項による。

5. 労働者の生計費を考慮するに当たっては，労働者が健康で文化的な最低限度の生活を営むことができるよう，生活保護に係る施策との整合性に配慮することとされている。ただし，生活保護の額を上回るようにすることまでは求められていない。

正答 **4**

わが国の障害者雇用に関する次の記述のうち，妥当なものはどれか。

1 障害者雇用促進法の改正により，2018年から身体障害者や知的障害者に加え，精神障害者も雇用義務の対象となった。

2 障害者雇用率制度においては，障害のある従業員のうち週所定労働時間が30時間以上である者の数が，各企業の実雇用障害者数とされている。

3 障害者雇用納付金制度とは，法定雇用率を達成できていない企業から納付金を徴収する制度であって，法定雇用率を達成している企業になんらかの給付をする制度ではない。

4 在宅での就業を希望する障害者もいるが，こうした障害者に仕事を発注する企業に対する国による支援は，特に行われていない。

5 2001年以降，法定雇用率を達成している企業は増加傾向にあり，近年は約90％の企業が達成している。

解説

1. 妥当である。障害者雇用促進法の改正により，2018年から精神障害者の雇用が義務化された。また，障害者の法定雇用率も，民間企業は2.0％から2.2％に，国・地方公共団体は2.3％から2.5％に引き上げられ，障害者の雇用が義務づけられる民間企業の事業主の範囲は，従業員数50人以上から45.5人以上に拡大した。2021年4月までには法定雇用率がさらに0.1％引き上げられることになっている。

2. 週所定労働時間が20時間以上30時間未満の短時間労働者は，1人につき原則として0.5人とカウントされる（重度の障害者については例外あり）。また，精神障害者は，2023年までの特例措置として，週所定労働時間が20時間以上30時間未満でも，1人とカウントされている。

3. 常用労働者が100人超で法定雇用率を達成していない企業の事業主から徴収した納付金を財源として，法定雇用率を達成した企業の事業主に障害者雇用調整金などの各種助成金が支給されている。

4. 障害者雇用納付金制度によって，在宅就業障害者や在宅就業支援団体を介して仕事を発注した企業に対し，特例調整金・特例報奨金が支給されている。

5. 厚生労働省の「令和元年障害者雇用状況の集計結果」によると，2019年における法定雇用率を達成している企業の割合は，48.0％。なお，年によって増減はあるが，法定雇用率を達成している企業の割合は，2000年代初頭と比べて増加している。特に従業員数が1,000人以上の企業で増加が著しい。

正答 **1**

わが国の生活保護制度に関する次の記述のうち，妥当なものはどれか。

1 生活保護法には欠格条項が設けられており，生活が困窮するに至った理由によっては生活保護を受けることができないことがある。

2 原則的に，生活保護は資産や能力などをすべて活用し，扶養義務者による扶養や他の法律による給付を受けてもなお生活が困窮する者に実施される。

3 生活保護は，保護を希望する本人による申請を要し，福祉事務所が職権で開始することはない。これを申請保護の原則と呼ぶ。

4 生活保護において，金銭給付が行われるのは生活扶助に限定されており，その他の扶助はすべて現物給付によって行われている。

5 国民に健康で文化的な最低限度の生活を保障するために，国は生活保護費の全額を負担している。これを国家責任による最低生活保障の原理と呼ぶ。

解説

1. 欠格とは，要求されている資格を欠くことである。生活保護法には欠格に関する条項はなく，生活が困窮した国民は，誰でも生活保護を受けることができる。また，生活が困窮するに至った理由も問題とされない。これを「無差別平等の原理」といい，生活保護法に定められている。

2. 妥当である。生活保護法には「保護の補足性の原理」が定められており，生活保護は最低限の生活を維持するための「最後の砦」とされている。ただし，急迫した事由がある場合には，この限りでない。

3. 生活保護法により，原則的には，生活保護は要保護者やその扶養義務者，同居の親族の申請によって開始されることになっている。これを「申請保護の原則」という。だが，要保護者が急迫した状況にある場合は，申請がなくても，福祉事務所の職権で保護を開始することはある。

4. 生活保護は，生活扶助，教育扶助，住宅扶助，医療扶助，介護扶助，出産扶助，生業扶助，葬祭扶助からなるが，これらのうち現物給付が原則なのは医療扶助と介護扶助であり，その他は原則として金銭給付によって実施されている。

5. 生活保護費は国が4分の3，地方自治体が4分の1を負担することになっている。ただし，地方自治体の負担する生活保護費は地方交付税の基準財政需要額の算定基礎に入っており，生活保護費が増えればそのぶん，地方交付税が増えることになる。なお，「国家責任による最低生活保障の原理」は生活保護法で定められている。

正答 **2**

社会手当に関する次の記述のうち，妥当なものはどれか。

1 児童手当は，児童および児童を養育する者に必要な支援を行うものであるが，その趣旨から支給対象者は小学生に限られている。

2 児童手当の支給額（月額）は，第1子および第2子は一人5,000円，第3子以降は一人3,000円とされている。

3 児童手当の財源は，国および地方公共団体による公費負担を原則とするが，その一部については，児童手当を受給している児童の保護者等を雇用する一部の事業主も負担している。

4 児童扶養手当は，ひとり親家庭に対する支援であるが，現行制度では母子家庭のみが対象とされており，父子家庭には支給されていない。

5 特別児童扶養手当は，満20歳未満の障害児を自宅で監護・養育している父母等に支給されるが，支給の可否や支給額は，父母等の所得や障害の度合いに応じて決定されている。

解説

1. 児童手当の支給対象者は，「0歳から中学校卒業までの児童」とされている。

2. 児童手当の支給額（月額）は，年齢によって異なる。①0～3歳未満は一人15,000円，②3歳～小学校修了までは一人10,000円（第3子以降は一人15,000円），③中学生は一人10,000円とされている。所得制限も設けられているが，特例として，所得制限限度額以上，所得上限限度額未満の世帯にも一律に一人5,000円が支給されている（いずれも2022年度の場合）。

3. 従業員に子どもがいない場合でも，事業主は児童手当拠出金を負担しなければならない。児童の育成にかかる費用は社会全体で負担するべきだとする考えに基づいた措置である。

4. 児童扶養手当はひとり親家庭に対する支援であり，かつては母子家庭のみを支給対象としていた。しかし，2010年に実施された制度改正により，現在では父子家庭にも支給されている。

5. 正しい。特別児童扶養手当は，精神または身体に障害を有する児童について手当を支給することにより，これらの児童の福祉の増進を図ることを目的としている。

正答　**5**

わが国の公的年金制度に関する次の記述のうち，妥当なものはどれか。

1 国民年金が全国民を対象とした強制加入の公的年金制度であるのに対して，厚生年金は民間被用者を対象とした任意加入の公的年金制度である。

2 未成年者が成人した場合，国民年金の第1号被保険者から第3号被保険者への切替え手続きをとることが求められる。

3 公的年金の支給額には物価スライド制が適用されるが，実際には，これまで支給額が減額されたことはない。

4 これまで生活保護を受給していた者が新たに公的年金を受給するようになった場合，生活保護費は減額される。

5 国民年金の納付率は減少を続けていたが，平成20年度以降は上昇に転じ，80％超の水準にまで回復している。

解説

1. 厚生年金は，主として民間被用者を対象とする強制加入の公的年金制度である。したがって，企業が厚生年金に加入しなければ法律違反となる。2015年からは共済年金と統合され，公務員等も厚生年金に加入することとなった。

2. 国民年金の加入者は，原則として，日本国内に住所のある60歳未満の者とされている。したがって，未成年者は一般に国民年金の加入者ではなく，成人の際には切替え手続きではなく加入手続きが求められる。なお，厚生年金や共済年金の加入者は，20歳未満や60歳以上でも国民年金の加入者（第2号被保険者）とされる。

3. 公的年金の支給額は物価水準に合わせて調整されるため，物価が下落した2003年度，04年度，06年度には，年金支給額が減額された。近年では特例措置が適用され，物価下落にもかかわらず，年金支給額は据え置かれていたが，マクロ経済スライド制（物価変動だけでなく，年金加入者の減少や平均寿命の延び，社会の経済状況を考慮して年金支給額を変動させる仕組み）が2015年度に初めて適用され，2018年度にはキャリーオーバー制（未調整分を翌年度以降に繰り越す仕組み）が導入された。

4. 正しい。生活保護については，他法他施策を優先的に活用するものとされている。したがって，公的年金の受給額は本人の所得として生活保護費から控除される。

5. 国民年金の納付率は減少傾向で推移し，2011（平成23）年度には58.6％まで下がったが，その後，増加に転じて2022年度には76.1％まで回復した。前年度からの上昇は11年連続。

正答 4

家計所得に関する次の文中の空欄ア～エに当てはまる語句の組合せとして，妥当なものはどれか。

　所得については，1世帯における1人当たりの所得をどのように求めるかという問題があるが，一般には世帯の所得の総計を世帯人員の平方根で割った値を用いることが多く，これを（　ア　）という。また，ここにいう「世帯の所得」についてもさまざまな概念が提唱されている。たとえば，当初所得に社会保障による現金給付額を加えたものを（　イ　）といい，（　イ　）から税金および社会保険料を控除したものを（　ウ　）という。さらに，（　ウ　）に社会保障による現物給付額を加えたものを（　エ　）という。

	ア	イ	ウ	エ
1	等価所得	総所得	再分配所得	可処分所得
2	等価所得	総所得	可処分所得	再分配所得
3	等価所得	再分配所得	可処分所得	総所得
4	再分配所得	可処分所得	等価所得	総所得
5	再分配所得	可処分所得	総所得	等価所得

解説

ア：「等価所得」が該当する。等価所得は，世帯の所得の総計を世帯人員の平方根で割ることによって求められる。所得の総計を「世帯人員」ではなく「世帯人員の平方根」で割るのは，生活水準を考えた場合，世帯人員が少ないほうが生活コストが割高になることから，調整を加える必要があるためである。

イ：「総所得」が該当する。総所得とは，いわゆる実収入に相当する概念であり，「総所得＝当初所得＋社会保障による現金給付額」として計算される。

ウ：「可処分所得」が該当する。可処分所得とは，自由に処分できる所得のことであり，いわゆる手取り所得に相当する。「可処分所得＝総所得－（税金＋社会保険料）」として計算される。

エ：「再分配所得」が該当する。再分配所得とは，社会保障による所得の再分配を加味して計算される所得のことである。「再分配所得＝当初所得－（税金＋社会保険料）＋社会保障による現金・現物給付額」とされるが，これを変形すると，「（当初所得＋社会保障による現金給付額）－（税金＋社会保険料）＋社会保障による現物給付額」，さらには「可処分所得＋社会保障による現物給付額」となる。

　よって，正答は**2**である。

正答　**2**

地方上級
No.
76
全国型，関東型
社会政策　　公的年金制度　　平成22年度

政治学
行政学
社会政策
社会学
国際関係

わが国の公的年金制度に関する次の記述のうち，妥当なものはどれか。

1 1961年に国民年金制度が発足するとともに，20歳以上の学生や主婦の国民年金への加入が義務づけられ，国民皆年金が実現した。

2 低所得者が保険料の全額免除措置を受けた場合，免除期間分の年金額は100％減額される。

3 保険料負担は国民年金では定額，厚生年金では報酬比例とされているが，どちらも高齢・障害・生計維持者の死亡を理由として給付が開始される。

4 老齢基礎年金の場合，60歳から繰上げ減額支給を受けることができるが，65歳に到達した時点で減額措置は解除される。

5 業務災害または通勤災害にあった労働者またはその遺族には，労働者災害補償保険から共済年金が支給される。

解説

1. 1961年，自営業者等を対象とする国民年金制度が発足したことで，国民皆年金が実現したが，専業主婦や20歳以上の学生については，その後も任意加入とされ続けた。前者が強制加入とされたのは1986年4月，後者が強制加入とされたのは1991年4月のことであった。

2. 低所得者が保険料の全額免除措置を受けた場合，免除期間分の年金額は全額納付した場合の年金額の2分の1とされる。ただし，2009年3月分までの保険料の全額が免除された期間については，年金額が2分の1ではなく3分の1とされる。

3. 正しい。公的年金には，①高齢を理由として給付される「老齢年金」，②障害を理由として給付される「障害年金」，③生計維持者の死亡を理由として支給される「遺族年金」の3種類がある。

4. 国民年金の老齢基礎年金は，65歳前に繰上げ減額支給を受けた場合，65歳以降も減額措置が継続される。なお，65歳以降の繰下げ増額支給という制度も設けられており，この場合，増額措置は一生涯続く。

5. 業務災害または通勤災害にあった労働者またはその遺族には，労働者災害補償保険から必要な保険給付（療養補償給付，障害補償給付，遺族補償給付など）が行われる。本枝にある共済年金とは，公務員等を対象として支給されている年金（退職共済年金，障害共済年金，遺族共済年金）のことであったが，2015年に厚生年金に統合された。

正答　**3**

政治学

行政学

社会政策

社会学

国際関係

生活保護に関する次の記述のうち，妥当なものはどれか。

1　生活保護は，原則として本人からの申請にはよらず，福祉事務所が世帯ごとに収入を調査したうえで，給付の要否と給付額が決定される。

2　生活保護は，本人の資産や稼動可能性だけでなく，両親や祖父母などの扶養義務者の援助の可能性も考慮に入れて，給付の要否と給付額が決定される。

3　生活保護の給付額は，公平性を確保する観点から全国一律の水準とされており，地域差を設けることは認められていない。

4　生活保護を受けている世帯の年間収入は，勤労者世帯の平均年間収入の4割程度となるように調整されている。

5　生活保護の給付の要否を決定する際，ギャンブルなど本人の責に帰する理由で生活が困窮に至ったと判明した場合には，給付は認められない。

解 説

1．生活保護は「申請保護の原則」を採用しており，原則として本人からの申請を受けて給付の要否が判断される。これは，被保護者に自らの権利を意識してもらい，受動的になることを防ぐための措置である。

2．正しい。生活保護は，本人の資産，稼働能力，民法上の扶養義務者（配偶者，子ども，両親など）からの援助，年金などの他の制度からの給付を活用してもなお，最低限度の生活ができない場合に，初めて給付される。これを「保護の補足性の原理」と呼ぶ。

3．地域によって物価水準などが異なるため，生活保護の給付額は地域ごとに定められている。現在は，1級地－1，1級地－2，2級地－1，2級地－2，3級地－1，3級地－2という6つのカテゴリーが設けられている。

4．生活保護は「必要即応の原則」を採用しており，世帯の人員数，年齢，居住地域，健康状態などをもとに計算された必要額を保障する水準の給付がなされている。「勤労者世帯の平均年間収入の4割程度」というように，画一的な水準が定められているわけではない。

5．生活保護は「無差別平等の原理」を採用しており，生活が困窮に至った理由，本人の信条，社会的身分などによって保護が拒否されることはない。この点で，生活保護は，すべての国民に最低限度の生活を保障する「最後の受け皿」とも呼ばれている。

正答　**2**

わが国の公的医療保険制度に関する次の記述のうち，妥当なものはどれか。

1　美容整形や歯科矯正など審美的な目的のための医療サービスについても，公的医療保険が適用される。

2　医療費の自己負担額が一定限度を超えた場合，一定の金額を超えたぶんが返金される制度を高額療養費制度という。

3　後期高齢者医療制度は，75歳以上の者のうち，障害などによって寝たきりになった人に適用される。

4　医療機関における医療費の窓口負担は，6歳未満（就学前児童）は無料であり，それ以外については全員3割負担となっている。

5　わが国の国民医療費は年間40兆円程度であるが，これを財源別に見ると，保険料6割，患者負担等3割，公費負担1割となっている。

解説

1．美容整形や歯科矯正などの審美的な目的のための医療サービスは，原則として「保険診療」ではなく「自由診療」と位置づけられており，公的医療保険は適用されない。

2．正しい。高額療養費制度とは，公的医療保険における制度の一つで，医療機関や薬局の窓口で支払った額が，暦月（月の初めから終わりまで）で一定額を超えた場合に，その超えた金額を支給する制度である。高額療養費制度では，年齢や所得に応じて，本人が支払う医療費の上限が定められている。

3．後期高齢者医療制度は，75歳以上のすべての高齢者を対象としており，寝たきりになっていない場合にも適用される。

4．医療機関における医療費の窓口負担は，原則として6歳未満（就学前児童）は2割，6歳以上70歳未満は3割，70歳以上75歳未満は2割，75歳以上は1割とされている。ただし，70歳以上であっても現役並みの所得がある場合は，窓口負担は3割となる。

5．わが国の国民医療費を財源別に見ると，保険料の占める割合が最も大きく，保険料5割，公費負担4割，患者負担等1割となっている。なお，わが国の国民医療費が年間40兆円程度であるという点は事実である（2019年度：44兆3,895億円）。

正答　**2**

政治学

行政学

社会政策

社会学

国際関係

わが国の医療保険に関する次の記述のうち，妥当なものはどれか。

1 国民医療費を「0〜14歳」「15歳〜44歳」「45歳〜64歳」「65歳以上」の年齢階級別に見ると，国民医療費が最も高いのは「45歳〜64歳」であるが，1人当たりの国民医療費が最も高いのは「0〜14歳」である。

2 診療報酬は，中央社会保険医療協議会による公定価格であって，都道府県ごとに決定されているが，薬価改定とともに10年に一度見直されている。

3 国民健康保険について，安定的な運営の確保が求められているため，その財政運営の責任主体は都道府県となっている。

4 2015年の国民健康保険の加入者の職業別構成比率を1965年と比較すると，「被用者」と「無業者」の比率は低下し，「農林水産業者」と「自営業者」の比率は上昇している。

5 75歳以上の人が加入する後期高齢者医療制度の財源構成比は，保険料が7割，公費が2割，後期高齢者支援金が1割となっている。

解説

1. 国民医療費とは，保険診療に要した費用の総額のことである。年齢階層別に見た場合に，国民医療費が最も高いのは「65歳以上」である。1人当たりの国民医療費も「65歳以上」が最も高い。

2. 診療報酬とは，保険診療を行った医療機関に対し，医療保険から支払われる医療費のことである。診療報酬は全国一律で定められており，改定は2年ごとに行われている。なお，薬価改定が診療報酬の改定と同時に行われるのは事実である。

3. 妥当である。2015年の国民健康保険法改正によって，市町村だけでなく，都道府県も国民健康保険の運営を担うことになった。また，2018年から，国民健康保険の財政運営の責任主体は，市町村から都道府県に変わった。

4. 1965年における国民健康保険の加入者は，「農林水産事業者」「自営業者」の順に多く，両者で全体の約6割を占めていた。その一方で，「無職者」と「被用者」（非正規雇用など）の比率は低かった。それが2015年には「無職者」「被用者」の順に多く，両者で全体の約8割を占めている。その一方で，「農林水産事業者」と「自営業者」の比率は低下している。特に「農林水産事業者」の低下が著しく，近年は2％台を推移している。

5. 後期高齢者医療制度の財源は，75歳以上である後期高齢者が支払う保険料が1割，公費が5割，後期高齢者支援金（現役世代が納付した医療保険料の一部）が4割である。

正答 **3**

保険に関する次の記述のうち，妥当なものはどれか。

1 給付・反対給付均等の原則とは，保険契約者が支払う保険料の総額と保険事故に際して実際に支払われる保険金の総額は等しくなければならないという原則である。

2 私的年金保険において，保険料を支払っていたにもかかわらず，保険給付が少なくなってしまうリスクのことを「逆選択」という。

3 わが国では医療サービスは社会保険により低負担で利用することができることから，本来であれば不必要であるにもかかわらず利用されてしまうことがあり，これを「モラル・ハザード」という。

4 わが国では，2004年の法改正により「最低保障年金」が導入され，すべての国民に対して公的年金が支給されることとなった。

5 アメリカでは，2010年に医療制度改革法が成立し，すべての国民がメディケアと呼ばれる公的医療保険制度に加入することとされたため，2014年には国民皆保険制度が実現した。

解説

1． 給付・反対給付均等の原則とは，保険契約者が支払う保険料の総額と保険事故に際して支払われる保険金の総額の「期待値」は等しくなければならないという原則である。保険事故は確率的に発生するため，保険料の総額と実際に支払われる保険金の総額は必ずしも一致しない。

2． 保険における逆選択とは，保険会社が加入者についての詳しい情報を得られない状況で保険契約を結んだ場合，リスクの高い加入者が数多く集まってしまう現象のことである。私的年金保険でいえば，自分が早く亡くなると考えている病弱な者は保険に加入せず，自分が長生きすると考えている頑健な者が数多く保険に加入することで，保険会社の経営が悪化するようなケースがこれに当たる。

3． 正しい。わが国では国民皆保険制度が確立されており，原則としてすべての国民が一定の窓口負担を支払うだけで医療サービスを受けることができる。そのため，本来は不要であるにもかかわらず，気軽に医療サービスを利用してしまう者も見られる。このように，一定の状況下で倫理や道徳感が欠如してしまう現象を，一般に「モラル・ハザード」という。

4． 税金を財源として，すべての国民に最低でも一定額の年金を保障しようとする仕組みを「最低保障年金」制度という。わが国では，無年金者や低年金者への対策として（旧）民主党がその導入を主張していたが，2023年現在，実現していない。

5． 2010年にアメリカで成立した医療制度改革法では，すべての国民になんらかの医療保険制度への加入が義務づけられるとともに，保険料支払いのための補助金を低所得者へ給付することが定められた。アメリカでは，各人が任意に民間の医療保険会社と契約を結び，医療保険サービスを受けるのが原則とされており，例外的に，財力のない高齢者や障害者の一部を対象としてメディケアなどの公的医療保険制度が設けられてきた。2010年の改革法は，制度の隙間にあってこれまで医療保険制度に加入できなかった低所得者にも，医療保険サービスへのアクセスを確保しようとするものであった。

正答　3

政治学
行政学
社会政策
社会学
国際関係

日本の働き方の変化に関する次の記述のうち，妥当なものはどれか。

1 2000年から2016年にかけて，一般労働者の月間総実労働時間が減少している中，パートタイム労働者の月間総実労働時間は増加傾向で推移している。

2 月末1週間の就業時間が週35時間以上の非農林就業者の中で，週60時間以上働いた者の割合は，2003年以降増加傾向で推移しており，2016年には約70％に達した。

3 2001年以降，年次有給休暇の取得率は上昇傾向で推移しており，2016年には男女計で約90％に達した。

4 女性の年齢階級別就業率を2000年と2016年で比較してみると，25〜34歳層および35〜44歳層のいずれについても，2016年のほうが高い水準にある。

5 専業主婦世帯が増加する一方で，共働き世帯は減少しており，2016年には既婚世帯に占める共働き世帯の割合が全体の5割を下回った。

解説

1. 2000年から2016年にかけて，一般労働者の月間総実労働時間がおおむね横ばいで推移している中，パートタイム労働者の月間総実労働時間は減少傾向で推移している。2016年以降は，一般労働者，パートタイム労働者とも月間総実労働時間が減少傾向にある。

2. 月末1週間の就業時間が週35時間以上の非農林就業者の中で，週60時間以上働いた者の割合は，2003年以降減少傾向で推移しており，2016年には12.0％となり，それ以降も緩やかな減少傾向が続いている。

3. 2001年以降，2016年まで年次有給休暇の取得率（男女計）は5割を下回る水準から変化していない。2016年における年次有給休暇の取得率は，男女計で49.4％（2022年62.1％）であった。

4. 妥当である。女性の年齢階級別就業率を2000年と2016年で比較してみると，25〜34歳層では59.8％から73.9％，35〜44歳層では62.9％から71.8％へと上昇した。2022年においても各年齢層で増加している。これは，20代後半から40代前半の女性が労働参加を進めてきたことを意味している。

5. 1980年以降，専業主婦世帯（＝男性雇用者と無業の妻からなる世帯）が減少する一方で，共働き世帯は増加している。その結果，1997年以降は共働き世帯数が専業主婦世帯数を上回って推移している。

正答 **4**

次の文章の空欄に該当する語句の組合せとして妥当なものは，次のうちどれか。

「先進国と途上国の関係について，従来の通説への批判として1960年代後半以降に台頭してきたのが（　A　）である。その初期の代表例は，『世界資本主義と低開発』において展開された（　B　）とされている。また，1970年代に台頭した（　C　）の世界システム論も，この理論から大きな影響を受けたとされている。世界システム理論では，（　D　）という構造の存在が指摘され，とりわけ資本主義の下で形成された近代世界システムの構造が詳細に分析された。」

	A	B	C	D
1	近代化論	ロストウの発展段階論	ウォーラーステイン	中心－半周辺－周辺
2	近代化論	ロストウの発展段階論	プレビッシュ	中心－周辺
3	近代化論	フランクの中枢－衛星構造論	ウォーラーステイン	中心－周辺
4	従属理論	フランクの中枢－衛星構造論	プレビッシュ	中心－周辺
5	従属理論	フランクの中枢－衛星構造論	ウォーラーステイン	中心－半周辺－周辺

解説

A：「従属理論」が該当する。1950年代には，いかなる国も最終的には経済発展に向かうとする近代化論が主流となっており，途上国も将来的には経済的豊かさを享受できるようになると考えられていた。しかし，1960年代後半になると，こうした楽観的な単線発展論は否定され，先進国の発展は途上国への搾取によって成り立っているとする従属理論が台頭した。

B：「フランクの中心－衛星構造論」が該当する。フランクは，先進国を中枢，途上地域を衛星としてとらえた。そして，前者が後者を搾取する構造が存在すると指摘し，従属理論の発展に大きく寄与した。

C：「ウォーラーステイン」が該当する。ウォーラーステインは，これまで世界規模で成立・変遷してきた国際分業体制を歴史的に考察し，世界システム論を提唱した。そして，16世紀以降に資本主義の下で形成された近代世界システムだけが，世界帝国を生みだすことなく，長期的に存続していると指摘した。

D：「中心－半周辺－周辺」が該当する。ウォーラーステインは，世界システムを三層構造としてとらえ，これを中心－半周辺－周辺とした。このうち半周辺とは，周辺地域のなかで一定の経済発展を遂げ，台頭してきた地域を意味している。ウォーラーステインによれば，各層に該当する国は歴史とともに変わりうるが，三層構造の存在は不変であるとされる。

　以上より，正答は**5**である。

正答　**5**

次の文章中の空欄A～Cに該当する語句の組合せとして妥当なものはどれか。

　アノミーとは，社会規範が弛緩・崩壊した状態のことである。マートンは，（　A　）とそれを達成するための制度的手段の間に乖離が存在する場合に，アノミーが生じると主張した。なお，アノミーはそもそも（　B　）が提唱した概念であり，当時の（　C　）社会の状況を説明するものとされた。

	A	B	C
1	最低限の生活	デュルケム	フランス
2	最低限の生活	タルド	アメリカ
3	文化的目標	デュルケム	アメリカ
4	文化的目標	タルド	フランス
5	文化的目標	デュルケム	フランス

解説

A：「文化的目標」が該当する。マートンは，文化的目標とそれを達成するための制度的手段の間に乖離が存在する場合にアノミーが発生すると考え，特に下層階級においてアノミーが発生しやすいと主張した。また，目標と手段のそれぞれに対する受容と拒絶の態度を基準として，同調，革新，儀礼主義，逃避，反抗という5つの適応様式を区別した。

B：「デュルケム」が該当する。デュルケムは，「行為を規制する共通の価値や道徳的規準を失った混沌状態」をアノミーと名づけ，アノミーが自殺などの逸脱行動を引き起こすと主張した。なお，タルドはデュルケムの社会実在論を批判し，社会は心理的な個人間の模倣によって成立すると主張したことで有名な人物である。

C：「フランス」が該当する。デュルケムはフランスの社会学者であり，アノミーが蔓延している目の前の社会の現状に強い危機感を抱いた。そして，いかにして社会の統合を回復することが可能かという観点から，社会学の理論を構築していった。

　以上より，正答は**5**である。

正答　**5**

No. 84 全国型 社会学 マスメディアの効果研究 令和元年度

マスメディアの効果研究の歴史に関する次の文中の空欄ア〜ウに当てはまる語句の組合せとして，妥当なものはどれか。

　マスメディアの効果研究の歴史は，3つの時期に分けることができる。第Ⅰ期（1920年代〜1940年代）は，　ア　や皮下注射モデルと呼ばれる理論が提唱され，この時期にはマスメディアは大衆に対して直接的に影響を与えると考えられていた。これに対し，第Ⅱ期（1940年代〜1960年代）には，限定効果論が登場する。　イ　は，マスメディアの大衆に与える影響力は，オピニオンリーダーを経由することによって，間接的なものにとどまるとした。第Ⅲ期（1970年代以降）では，こうした限定効果論に対する見直しが進められた。たとえば，マコームズとショーは　ウ　を提唱し，マスメディアは大衆に直接的な効果は及ぼさないにせよ，何が重要な争点であるかを大衆に示す機能があるとした。

	ア	イ	ウ
1	弾丸理論	ラザースフェルド	議題設定効果モデル
2	弾丸理論	ラザースフェルド	沈黙の螺旋モデル
3	弾丸理論	ノエル＝ノイマン	議題設定効果モデル
4	ネットワーク理論	ノエル＝ノイマン	沈黙の螺旋モデル
5	ネットワーク理論	ノエル＝ノイマン	議題設定効果モデル

解説

ア：「弾丸理論」が該当する。弾丸理論（魔法の弾丸理論）とは，マスメディアはまるで弾丸のように個人の内面に侵入し，個人の信条や世論を自在に変える力を持つとする理論のこと。「強力効果論」「皮下注射モデル」「即効薬理論」などとも呼ばれている。『世論』（1922年）を著したリップマンがその代表的な論者である。なお，ネットワーク理論とは，巨大ネットワークの性質を考察する学際的な研究である。

イ：「ラザースフェルド」が該当する。弾丸理論に対し，マスメディアが個人の信条や世論に及ぼす影響力は限定的なものにすぎないと見る説を，限定効果論という。その論者の一人であるラザースフェルドは，1940年のアメリカ大統領選挙の際にオハイオ州エリー郡で実施した投票行動に関する実態調査（エリー調査）の結果，マスメディアによる情報は，地域社会や職場などに存在するオピニオンリーダーを介して大衆に広まるとする仮説を唱えた。これを「コミュニケーションの二段階の流れ」仮説という。なお，ノエル＝ノイマンは後述の「沈黙の螺旋モデル」の提唱者。

ウ：「議題設定効果モデル」が該当する。議題設定効果モデルは，報道する情報の取捨選択や格付けを通じて，マスメディアは社会問題として論じられる議題の設定を行っているとする仮説である。なお，「沈黙の螺旋モデル」とは，マスメディアによってある見解が少数派のものであるという情報が報道されると，少数派の見解を持つ人は，孤立を恐れて発言しなくなるとする仮説。これもまた，マスメディアの影響力を再評価する理論の一つである。

　以上より，正答は**1**である。

正答　**1**

政治学
行政学
社会政策
社会学
国際関係

次のA〜Cで説明されている社会集団論を提唱した学者名の組合せとして，妥当なものはどれか。

A：血縁や地縁に基づき自生的に生じる生成社会と，なんらかの目標を達成するために人為的に形成された組成社会を区別した。

B：本質意思に基づく共同社会であるゲマインシャフトと，形成意思に基づく利益社会であるゲゼルシャフトを区別した。

C：共同関心に基づいた地縁的結合によるコミュニティと，特定の関心・目的を追求するアソシエーションを区別した。

	A	B	C
1	ギディングス	マッキーバー	テンニース
2	テンニース	マッキーバー	ギディングス
3	マッキーバー	テンニース	ギディングス
4	ギディングス	テンニース	マッキーバー
5	テンニース	ギディングス	マッキーバー

解説

A：F. ギディングスの記述である。ギディングスは，集団の発生の契機を基準として，つまり自生的か人為的かによって，「生成社会」と「組成社会」を区別した。自然発生的に成立した集団である「生成社会」の例としては家族や村落共同体を，特定の目的や活動のために人為的に作られる集団である「組成社会」の例としては企業や政党をそれぞれ挙げることができる。

B：F. テンニースの記述である。テンニースは，人々の結合の性質を基準として，集団を「ゲマインシャフト」と「ゲゼルシャフト」とに分類した。家族のようにメンバーが本質意思で結びついた集団が「ゲマインシャフト」，企業のようにメンバーが形成意思（選択意思）に基づいて形成される集団が「ゲゼルシャフト」である。そして，彼は，近代化とともに人々の生活は「ゲマインシャフトからゲゼルシャフトへ」とその中心を移していくとした。

C：R.M. マッキーバーの記述である。マッキーバーは，人間生活のさまざまな関心とその充足を基準として，村落共同体のように生活全般にわたる共同関心で結びついた集団を「コミュニティ」，企業のように「特定の関心」で結びついた集団をアソシエーションと呼んだ。

よって，正答は**4**である。

正答 **4**

地方上級

No. 86 特別区

社会学　　社会集団の類型　　平成14年度

政治学

行政学

社会政策

社会学

国際関係

社会集団の類型に関する記述として，妥当なのはどれか。

1 ギディングスは，集団を軍事型社会と産業型社会とに分類し，軍事型社会とは，個人が社会全体によって抑圧され権力による服従を強いられる社会であり，個人の平等な自由の法則が尊重される産業型社会へ移行するとした。

2 テンニースは，集団をゲマインシャフトとゲゼルシャフトとに分類し，本質意志に基づいて結合した統一体をゲマインシャフト，選択意志に基づいて結合した利益社会をゲゼルシャフトとした。

3 マッキーヴァーは，集団をコミュニティとアソシエーションとに分類し，コミュニティとは，特定の関心を集合的に追求するために人為的に結成された組織体であり，アソシエーションを基盤として派生したものであるとした。

4 クーリーは，集団を第一次集団と第二次集団とに分類し，間接的接触による大規模な人為的集団を第一次集団，直接的接触による親密な結びつきと緊密な協力とに基づく集団を第二次集団とした。

5 スペンサーは，集団を生成社会と組成社会とに分類し，生成社会とは血縁と地縁に基づく自生的に発生した社会であり，組成社会とは生成社会を基盤として類似の目的や活動のために人為的につくられた社会であるとした。

解説

1．ギディングスではなく，H. スペンサーに関する説明である。ギディングスは生成社会と組成社会という分類を行った。

2．正しい。

3．コミュニティとアソシエーションに関する説明が逆である。

4．第一次集団と第二次集団に関する説明が逆である。なお，第二次集団という用語自体は，クーリーの後継者である K. ヤングらによって提唱されたものである。

5．スペンサーではなく，F. ギディングスに関する説明である。スペンサーは，軍事型社会から産業型社会へという社会変動論を提唱した。

正答　**2**

社会構造に関する次の記述と関連の深い人物名の組合せとして，妥当なものはどれか。

ア　社会集団がシステムとして維持されるには，適応（A），目標達成（G），統合（I），パターン維持（L）の4機能が必要である。

イ　文化的事象や社会的事象の背後には，当事者自身にすら明確には意識されていない論理的な構造がある。

ウ　社会現象が社会体系に果たしている機能は，順機能と逆機能，あるいは顕在的機能と潜在的機能に分類される。

	ア	イ	ウ
1	レヴィ＝ストロース	マートン	パーソンズ
2	レヴィ＝ストロース	パーソンズ	マートン
3	マートン	レヴィ＝ストロース	パーソンズ
4	パーソンズ	マートン	レヴィ＝ストロース
5	パーソンズ	レヴィ＝ストロース	マートン

解説

ア：「パーソンズ」に関する記述。社会学者のパーソンズは，社会システムの分析概念としてAGIL図式を提示した。AGIL図式によると，社会システム全体において，経済は適応（A），政治は目標達成（G），調停やコミュニケーションは統合（I），文化や教育はパターン維持（L）を担うとされる。また，経済システムや政治システムなどといった，社会システムを維持する機能を果たすサブシステムにも，AGILの機能が備わっているとされている。

イ：「レヴィ＝ストロース」に関する記述。構造主義とは，「近代言語学の父」であるソシュールの言語分析の方法論を，広く文化，社会現象の分析にも応用しようとする思想。20世紀を代表する現代思想，人文・社会科学の方法論の一つであり，文化人類学者のレヴィ＝ストロースがその創始者とされる。レヴィ＝ストロースは，構造主義を用いて，未開社会の「野生の思考」も文明社会の科学的思考と同等に合理的なものであることを明らかにし，西洋中心主義的発想を批判した。

ウ：「マートン」に関する記述。社会学者のマートンは，社会現象が社会体系に果たしている機能を，順機能と逆機能，顕在的機能と潜在的機能に分類した。これらのうち，社会によい影響をもたらすものを順機能といい，悪い影響をもたらすものを逆機能という。また，社会の成員の主観的意図と客観的結果が一致するものを顕在的機能といい，一致しないものを潜在的機能という。

以上より，正答は**5**である。

正答　**5**

現代社会に対する批判的な学説に関する次の記述のうち，妥当なものはどれか。

1 イリイチは，『監獄の誕生』を著し，近代社会では人々は常に監視され，自ら規律正しく行為するよう仕向けられているとした。

2 ハーバーマスは，現代社会では近代化に伴って人間が産み出したリスクが，階級を超越して人々に降りかかっているとした。

3 フーコーは，『脱学校の社会』を著し，産業社会に適合的な主体を形成するためにつくり出された，近代の学校制度を批判した。

4 ウォーラーステインは，「中心」である先進国が「半周辺」や「周辺」である発展途上国を搾取するシステムとして世界をとらえた。

5 ベックは，システム合理性が生活世界を浸食しているとし，これを「生活世界の植民地化」と呼んで批判した。

解説

1. フーコーに関する記述である。フーコーは，19世紀にベンサムが考案した監獄施設であるパノプティコンを例にとって，近代権力は，人々に自分は監視されているという思いを抱かせ，規律正しく従順な存在となるように作用しているとした。フーコーの議論は監視社会論の先鞭とされている。

2. ベックに関する記述である。ベックは『危険社会』において，近代化による産業や科学技術の発展がリスクをもたらし，人々を脅かしているとして，現代を「自己内省的近代」とした。また，『世界リスク社会論』では，グローバルな規模でのリスク社会を論じた。

3. イリイチに関する記述である。イリイチは，脱学校論の論者である。既成の社会秩序に適合的な存在となるために「教えてもらう」機関である学校を批判し，学校制度を廃止して，自らの意欲に基づいた主体的な学びである「独学」を回復しなければならないとした。

4. 妥当である。ウォーラーステインは，マルクス主義などの影響を受け，世界は「中心」「半周辺」「周辺」の国際的分業体制によって成り立つとする世界システム論を唱えた。

5. ハーバーマスに関する記述である。ハーバーマスは近代理性を批判したフランクフルト学派の第二世代に属する社会哲学者であり，コミュニケーションを通じた合意形成能力であるコミュニケーション的理性（対話的理性）に理性の復権を求め，市民どうしの討議による市民的公共性の再生を唱えた。

正答　**4**

政治学

行政学

社会政策

社会学

国際関係

社会的性格に関する次の記述のうち, 空欄に該当する語句の組合せとして妥当なものはどれか。

フロムは, ナチスが大きな権力を掌握した理由を解明するため, 個人の社会的性格について研究を進め, その特徴を（　ア　）と規定した。

リースマンは, 社会的性格を3分類した。そして, 前近代社会における伝統や慣習に忠実な（　イ　）が, 近代社会では自己の信念に従う（　ウ　）へと移行し, さらに現代では, 他人の行動や態度に同調しようとする（　エ　）が典型的になっていると主張した。

	ア	イ	ウ	エ
1	権威主義的性格	内部志向型	他人志向型	伝統志向型
2	民主主義的性格	内部志向型	伝統志向型	他人志向型
3	権威主義的性格	伝統志向型	内部志向型	他人志向型
4	権威主義的性格	内部志向型	伝統志向型	他人志向型
5	民主主義的性格	他人志向型	内部志向型	伝統志向型

解説

ア：「権威主義的性格」が該当する。フロムは, 社会的性格という概念を提示し, これを「ある一つの集団の大多数の成員が持っている性格的構造の本質的な中核であり, その集団に共通する基本的経験と生活様式の結果発達したもの」と定義した。そして, ドイツにおいてナチスが台頭した背景には, 権威を絶対的なものとしてとらえようとする, 当時のドイツ人の権威主義的性格（社会的性格の一種）があったと主張した。

イ：「伝統志向型」が該当する。前近代社会では, 人口が停滞して変化も乏しかった。そこで, 伝統や慣習に忠実な社会的性格が発達した。

ウ：「内部志向型」が該当する。近代社会では, 人口が急増して急激な変化が引き起こされた。そこで, 自己の信念に従って行動しようとする内部志向型性格が発達した。

エ：「他人志向型」が該当する。現代社会では, 人口が再び停滞し始め, 急激な変化が収まりつつある。そこで, 他人の行動や態度に同調しようとする他人志向型性格が発達した。

よって, 正答は**3**である。

正答　**3**

地方上級
No.
90
中部・北陸型
社会学　コントの社会学理論　平成16年度

政治学

行政学

社会政策

社会学

国際関係

A.コントに関する次の記述のうち，妥当なものはどれか。

1 『社会分業論』を著し，その中で社会有機体説を提唱した。

2 社会の秩序の側面を研究するものとして，社会動学を提唱した。

3 社会の進歩の側面を研究するものとして，社会静学を提唱した。

4 人間精神は，形而上学的段階，神学的段階，実証的段階の順に発展すると主張した。

5 社会は，軍事的段階，法律的段階，産業的段階の順に発展すると主張した。

解説

1．『社会分業論』を著したのは E.デュルケムである。コントが社会有機体説を提唱したという点は正しい。

2．社会の秩序の側面を研究するのは社会静学である。

3．社会の進歩の側面を研究するのは社会動学である。**4**・**5**で述べられている三段階の法則は，この社会動学の研究対象といえる。

4．人間精神は，神学的段階，形而上学的段階，実証的段階の順に発展するとされた。

5．正しい。コントは精神史観の立場に立ち，人間精神の発達に伴って社会も発展を遂げると主張した。具体的には，神学的精神に基づく軍事的段階，形而上学的精神に基づく法律的段階，実証的精神に基づく産業的段階という三段階の発展が提唱された。これを三段階の法則という。

正答　**5**

政治学

行政学

社会政策

社会学

国際関係

コントの社会変動論に関する記述として，妥当なのはどれか。

1　彼は，社会を生命をもつ有機体であるとみなし，社会は強制的協力による軍事型社会から自発的協力による産業型社会へと進化すると論じた。

2　彼は，人間の精神は神学的，形而上学的，実証的の三段階を経て進歩し，これに対応して社会も軍事的，法律的，産業的時期の過程をたどると論じた。

3　彼は，社会的，歴史的現実を構成するものを社会過程，文明過程，文化運動の3つに区分し，社会過程と文明過程は連続して発展していくのに対し，文化運動には連続性はなく，固有の歴史的事象であると論じた。

4　彼は，社会を連帯のあり方によって，未開社会のような環節的社会と産業社会に代表される有機的社会に分類し，社会は機械的連帯から有機的連帯へ変動すると論じた。

5　彼は，農業革命による第一の波，産業文明の出現による第二の波に引き続き，第三の波が押し寄せているとし，第三の波はまったく新しい生活様式をもたらすと論じた。

解説

1．H.スペンサーの社会変動論（社会進化論）に関する説明である。

2．正しい。

3．M.ウェーバーの文化社会学に関する説明である。

4．E.デュルケムの社会変動論に関する説明である。

5．A.トフラーの社会変動論に関する説明である。

正答　**2**

地方上級

No.
92

中部・北陸型

社会学　　フェミニズム　　令和4年度

政治学

行政学

社会政策

社会学

国際関係

フェミニズムに関する次の記述ア～ウによって説明される人物名の組合せとして，妥当なものはどれか。

ア　『第二の性』を著し，「人は生まれながらにして女なのではない。女になるのだ」と主張した。

イ　『新しい女性の創造』を著し，女性は家庭外にも生きがいを見いだすべきだと主張した後，ウーマン・リブ運動の指導者となった。

ウ　体系的な女性解放思想を唱えた最初の人物とされている。『女性の権利の擁護』において，女性参政権などを訴えた。

	ア	イ	ウ
1	ウルストンクラフト	ボーヴォワール	フリーダン
2	フリーダン	ウルストンクラフト	ボーヴォワール
3	ボーヴォワール	フリーダン	ウルストンクラフト
4	ボーヴォワール	ウルストンクラフト	フリーダン
5	ブルーマー	ボーヴォワール	ウルストンクラフト

解説

ア：20世紀フランスの哲学者である，シモーヌ・ド・ボーヴォワールに関する記述。生物学的な性の違いをセックスというのに対し，社会的，文化的につくられた性の違いをジェンダーという。ボーヴォワールの『第二の性』（1949年刊行）における「人は生まれながらにして女なのではない。女になるのだ」は，このセックスとジェンダーの違いを端的に指摘した言葉として有名である。

イ：20世紀アメリカのフェミニズム運動家である，ベティ・フリーダンに関する記述。フリーダンは，『新しい女性の創造』（1963年刊行）を著し，女性は家事や育児をすることに喜びを感じるはずというのは「神話」にすぎず，女性はこの「女らしさの神話」を不本意ながら受け入れているという実態を論じた。同著は，1960年代の女性解放運動であるウーマン・リブ運動に火を着け，フリーダンは全米女性機構（NOW）の初代会長として活動した。

ウ：18世紀イギリスの思想家である，メアリ・ウルストンクラフトに関する記述。ウルストンクラフトは『女性の権利の擁護』（1792年刊行）において，女性の経済的・精神的独立や女性参政権を訴えた。また，ルソーが『エミール』で論じた女性観や女子教育論を痛烈に批判した。

以上より，正答は**3**である。

正答　**3**

政治学

行政学

社会政策

社会学

国際関係

社会学者とその学説に関する次の記述のうち，妥当なものはどれか。

1 A.ギデンズは，社会が自然や伝統を近代化していく単純な近代化の時代はすでに終わりを告げており，社会が自らのあり方を反省しつつ，自らをさらなる近代化に導いていく時代が到来していると考え，こうした現象を再帰的近代化と呼んだ。

2 N.ルーマンは，国家と社会が分離する中で，理性による話し合いを特徴とするブルジョア的公共圏が成立したが，現代において国家と社会が再融合するようになると，そうした公共圏は衰退を余儀なくされていったと主張した。

3 H.ガーフィンケルは，われわれのルーティン化した行為を生み出している規則性・傾向性の構造をハビトゥスと呼び，ハビトゥスは社会によって構築されるとともに，社会を構築するものでもあると主張した。

4 J.ハーバーマスは，近代社会では政治，経済，法，宗教，教育，科学，芸術という固有の機能に応じて全体社会が分化しており，それぞれの機能システムは排他的で，互いに代替しえない関係にあると主張した。

5 P.ブルデューは，日常生活において意図的に混乱を生じさせることで，普段は見過ごしている日常的な社会的秩序の存在が可視化されてくると考え，さまざまな違背実験を通じてエスノメソドロジー研究を発展させた。

解 説

1. 正しい。A.ギデンズは再帰的近代化という概念を提示し，近代社会が新たな段階に達していることを強調した。同様の考えは，リスク社会の概念で有名なU.ベックによっても唱えられている。

2. N.ルーマンではなく，J.ハーバーマスに関する記述である。ハーバーマスは，近代社会において成立したブルジョア的公共圏が現代では衰退を余儀なくされ，理性的な批判力を弱めていると指摘した。そして，政治権力による合意調達のための広報活動と，市場利益のみを追求するイエロージャーナリズムが，現代のマスコミュニケーションの特徴になっていると主張した。

3. H.ガーフィンケルではなく，P.ブルデューに関する記述である。ブルデューは，意識されざる日常的行為の背景に，内面化・身体化された規則性・傾向性の構造があると考え，これをハビトゥスと呼んだ。ハビトゥスは社会によって構築されるため，たとえば上流階級と下流階級では異なるハビトゥスが形成される。また，ハビトゥスは社会を構築する面も持っており，たとえば上流階級のハビトゥスを身につけた行為者は，自ら上流階級の一員となって，上流階級の文化を再生産する。

4. ハーバーマスではなく，ルーマンに関する記述である。ルーマンは，近代社会において機能分化が進んでいる点に注目し，それぞれの機能システムが独自のしかたでさまざまな出来事や問題を取り上げ，処理していると主張した。

5. ブルデューではなく，ガーフィンケルに関する記述である。ガーフィンケルは，「社会秩序はいかにして可能か」というデュルケム的な問題に取り組み，違背実験を通じて，日常生活の背後で成立している暗黙の社会的秩序を明らかにしようとした。こうした研究は，人々（＝エスノ）が日常生活を作り上げ，解釈している方法（＝メソッド）を明らかにしようとするものであることから，エスノメソドロジーと呼ばれている。

正答　**1**

政治学
行政学
社会政策
社会学
国際関係

家族論に関する次の記述のうち，妥当なものはどれか。

1 G.P. マードックは，夫婦とその子からなる核家族は近代社会から出現するようになった社会集団であるとした。

2 D.M. ウルフは，家族内での権威の分布のしかたをその独占度と共有度から，妻優位型，夫優位型，一致型の 3 つに区分した。

3 W.L. ウォーナーは，人間は生まれてから死ぬまでに，自らが養育された「定位家族」と自らが作り出す「生殖家族」の 2 つに属するとした。

4 T. パーソンズは，核家族は夫（父）が表出的，妻（母）が手段的な役割を分担することによって安定した構造体系をつくるとした。

5 E.W. バージェスは，友愛としての家族は慣習や制度に統制されながら，相互の愛情と意見の一致を根拠として成り立っているとした。

解説

1. マードックは，未開社会の資料を丹念に考察し，夫婦とその子からなる核家族が普遍的に存在することを確認した。これを一般に，核家族普遍説と呼ぶ。

2. ウルフは，家族内での権威の分布のしかたを，妻優位型，夫優位型，一致型，自律型の 4 つに区分した。このうち一致型とは夫婦で相談してさまざまな決定を行う場合，自律型とは事柄に応じて妻が決定したり夫が決定したりする場合をいう。

3. 正しい。

4. パーソンズは，夫（父）が手段的，妻（母）が表出的な役割を分担することによって，安定した構造体系がつくられると主張した。

5. バージェスは，友愛としての家族は慣習や制度の統制をあまり受けることなく，相互の愛情と意見の一致を根拠として成り立っていると主張した。

正答　**3**

政治学
行政学
社会政策
社会学
国際関係

わが国の社会学における質的研究の歴史に関する次の文章について，空欄に該当する語句の組合せとして妥当なものはどれか。

「わが国の社会学において，質的研究は長い歴史を持つものである。たとえば，1943年に『日本家族制度と小作制度』を著した（　ア　）は，農村でのフィールドワークに基づいて，上下関係で結びついた同族的な家連合と，地縁に基づき対等の関係で形成された家連合という2つの類型を析出した。また，（　イ　）は，人類学者としての幅広いフィールドワークをもとに，わが国の文化の特徴をタテ社会である点に求めた。さらに，川喜田二郎はネパールを中心に幅広く野外調査を行うとともに，情報整理と発想のための方法として（　ウ　）を編み出した。近年では，佐藤郁哉がフィールドワークをもとに『（　エ　）』を著し，話題となった。」

	ア	イ	ウ	エ
1	鈴木栄太郎	中根千枝	ＫＪ法	単一民族神話の起源
2	鈴木栄太郎	濱口惠俊	ＱＣ法	暴走族のエスノグラフィー
3	有賀喜左衛門	濱口惠俊	ＱＣ法	単一民族神話の起源
4	有賀喜左衛門	中根千枝	ＫＪ法	暴走族のエスノグラフィー
5	有賀喜左衛門	中根千枝	ＱＣ法	暴走族のエスノグラフィー

解　説

ア：「有賀喜左衛門」が該当する。有賀喜左衛門は農村社会学の第一人者であり，農村でのフィールドワークに基づいて家連合の研究などを行った。鈴木栄太郎は都市社会学の第一人者であり，都市の特徴を社会的交流の結節機関を蔵している点に求めたことで有名である。

イ：「中根千枝」が該当する。中根千枝は，日本人が場の共有を基本として社会を形成し，そのなかで上下関係を発達させている点に注目し，わが国の文化の特徴をタテ社会である点に求めた。これと対比されるのが，共通の資格を基本として形成される諸外国のヨコ社会である。濱口惠俊は，日本文化の本質を間人主義としてとらえ，対人関係の本質視などをその特徴として指摘した。

ウ：「KJ法」が該当する。川喜田二郎は，研究で収集した膨大なデータを整理するために，カードにデータを記述し，そのカードをグループごとに分類していく方法を編み出した。この方法を，川喜田次郎の頭文字をとってKJ法という。QC法という用語はないが，一般にQCとは科学的に行う製品の品質管理（Quality Control）を意味する。

エ：「暴走族のエスノグラフィー」が該当する。佐藤郁哉は暴走族と生活をともにし，彼らが暴走行為を行う理由を心理・社会・文化的視野から解明しようとした。『単一民族神話の起源』は小熊英二の著作であり，フィールドワークに基づくものではなく，膨大な文献にあたり執筆されたものである。

　　以上より，正答は**4**である。

正答　**4**

地方上級
No. 96 全国型
社会学　　ジェンダー　　令和 元年度

政治学
行政学
社会政策
社会学
国際関係

ジェンダーに関する次の記述のうち，妥当なものはどれか。

1　「隠れたカリキュラム」とは，生徒に知らされない教員の指導要領のことであり，ジェンダーの社会化にとって重要な役割を果たしている。

2　ロマンティックラブ・イデオロギーとは，中世の騎士が既婚女性に恋慕する物語に由来する，恋愛・生殖と結婚を切り離す考え方であり，婚前性交渉を正当化するものである。

3　自らが産んだ子を愛さない母親はいないという母性愛神話は，ときとして母親に強迫的観念を与えることがある。

4　3歳児までは親元で育てなければ後で取り返しのつかない事態になるという3歳児神話は，江戸時代の儒教道徳に淵源を有する。

5　異性愛主義（ヘテロセクシズム）は，同性間の恋愛など，多様化した恋愛を正当化する考え方である。

解説

1．「隠れたカリキュラム」とは，正式なカリキュラムではないものの，生徒たちが学校生活において学んでいく事柄のことをいう。「隠れたカリキュラム」を通じて，生徒らは社会的に期待される「女性らしさ」「男性らしさ」を習得しているとされている。

2．ロマンティックラブ・イデオロギーは，恋愛と結婚，生殖を一体のものと見なす，近現代的な恋愛観であり，婚前性交渉を正当化するものでもない。なお，中世の騎士が既婚女性である貴婦人に抱くプラトニックな恋慕は，騎士道的恋愛と呼ばれている。

3．妥当である。女性には生まれつき母性が備わっており，出産すれば自分の子に絶対的な愛情を注ぐのが当然と考えられている。こうした「偏見」に母親が縛られ，自分もそうでなければならないという思いにとらわれる結果，子育てがうまくいかず疲れてしまうと，「自分はおかしいのではないか」と自身を過剰に責めるケースがある。

4．「3歳児神話」とは，母親は子が3歳になるまで子育てに専念しないと，その後の子の知能や情操の発達に悪影響を及ぼすとする考え方で，現代ではその科学的根拠は否定されている。イギリスの精神分析学者であるボウルヴィが唱えた愛着理論に由来するとされ，儒教道徳に淵源を有するとはいえない。

5．異性愛主義（ヘテロセクシズム）とは，恋愛は男女間のことであるとして，同性愛を敵視する考え方である。

正答　**3**

地域統合に関する次の記述のうち，妥当なものはどれか。

1 ASEAN は，東南アジア10か国による地域協力機構であり，その域内には約10億人が居住している。2020年末までに，ASEAN 共同体の発足をめざしている。

2 NAFTA は，1994年にアメリカとカナダの間で発効した自由貿易協定である。2002年にメキシコが加盟申請したものの，アメリカがこれを拒否し続けている。

3 MERCOSUR は，南米のすべての国々が参加している関税同盟である。非民主主義国も加盟しているため，民主主義が遵守されていないと批判されることも多い。

4 EU は，欧州諸国が結成している国際機構である。2017年にイギリスが離脱を表明したが，同年中にはソビエト連邦を構成していたベラルーシとウクライナが加盟した。

5 AU は，アフリカ統一機構（OAU）を改組して2002年に発足した地域協力機構である。50を超えるアフリカ諸国が加盟し，域内の経済成長などをめざしている。

解説

1. ASEAN（東南アジア諸国連合）は，東南アジア10か国が加盟する地域協力機構であり，その域内に居住する人口は，約6億6,000万人（2020年）である。また，政治・安全保障，経済，文化・社会の3本柱からなる ASEAN 共同体は，2020年から2015年に発足予定が前倒しされた後，2015年に ASEAN 経済共同体（AEC）の発足が実現している。

2. NAFTA（北米自由貿易協定）は，1989年にアメリカとカナダの間で発効した米加自由貿易協定を前身とし，1994年にメキシコを加えることで現在の形となった。なお，2017年に発足したアメリカのトランプ政権の主導により，NAFTA に代わる USMCA（アメリカ・メキシコ・カナダ協定）が2020年7月に発効した。

3. MERCOSUR（南米南部共同市場）は，アルゼンチン，ウルグアイ，パラグアイ，ブラジルの4か国を原加盟国として1995年に発足した関税同盟である。2017年現在，正式加盟国，準加盟国ともに6か国を数えるが，すべての南米諸国がこれに参加しているわけではない。

4. ベラルーシとウクライナは，現在でも EU（欧州連合）に加盟してはいない。ソビエト連邦を構成していた諸国の中で EU に加盟しているのは，バルト三国（エストニア，ラトビア，リトアニア）のみである。

5. 妥当である。AU（アフリカ連合）は，アフリカ統一機構（OAU）を前身とする地域協力機構であり，アフリカ諸国の政治的・経済的統合を進めて EU のような組織とすることをめざしている。2011年に南スーダンが加盟し，2017年にモロッコが再加入したことで，現在の加盟数は55か国・地域となっている。

正答 **5**

集団安全保障に関する次の記述のうち，妥当なものはどれか。

1 集団安全保障とは，平和と安全の実現を目的として国家間で合意を作り上げ，集団内での武力行使に対して，他の国家が集団的に対処する仕組みをいう。

2 国際連盟は，第一次世界大戦後に設立された国際機関であったが，軍事的制裁を実施する場合には全加盟国の同意が必要とされたため，実効性のある対策を打ち出すことが困難であった。

3 国際連合は，安全保障理事会の常任理事国に拒否権を認めたため，侵略抑止の効果が疑問視されることとなった。そこで，各国の個別的自衛権は認めず，集団的自衛権の行使のみを認めた。

4 国際連合においては，総会が国際の平和と安全の維持について主要な責任を負っている。安全保障理事会は，総会の監督の下，国連軍の指揮等の役割を担う。

5 朝鮮戦争（1950～51年）と湾岸戦争（1991年）では，国際連合による集団安全保障が有効に機能した。侵略国に対して国連軍が派遣され，平和と安全が回復された後，講和条約も締結された。

解 説

1. 正しい。集団安全保障は，勢力均衡に代わる安全保障の一形態として，第一次世界大戦後に具体化されたものである。できるだけ多くの国を集団内に取り込み，武力行使国には各国が団結して制裁を加えるとすることで，侵略行為の抑制が図られる。

2. 国際連盟は，集団安全保障を実現するために創設された国際機関であったが，軍事的制裁の仕組みは持たなかった。こうした制裁力の弱さなどから，国際連盟は第二次世界大戦の発生を防ぐことができず，崩壊に至ったといわれている。

3. 国際連合が安全保障理事会の常任理事国に拒否権を認めているのは事実である。しかし，国際連合は，国連憲章51条において各国の個別的および集団的自衛権を認めているので，「各国の個別的自衛権は認めず，集団的自衛権の行使のみを認めた」とする記述は誤り。

4. 国際連合においては，安全保障理事会が国際の平和と安全の維持について主要な責任を負っている。したがって，安全保障理事会が国連軍の指揮等の役割を担う際にも，同理事会が総会の監督の下に置かれることはない。

5. 朝鮮戦争や湾岸戦争に際して紛争地に派遣されたのは，国連憲章に定められた正規の国連軍ではなく，有志国が共同で派遣した多国籍軍であった。したがって，両戦争において国際連合による集団安全保障体制が有効に機能したということはできない。また，いずれの戦争においても，講和条約の締結には至っていない。

正答 **1**

国際関係理論に関する次の記述のうち，妥当なものはどれか。

1 J.ハーツは，権力（power）の追求を国家の本質としたうえで，各国が軍備増強や同盟締結を通じて自国の安全保障を図れば，勢力均衡（balance of power）が生まれて国際関係は安定すると主張した。

2 E.H.カーは，徹底した現実主義の立場から国際関係における権力的要素の重要性を指摘し，国際関係を考察するに当たっては理想主義的思考を排除しなければならないと主張した。

3 I.ウォーラーステインは，世界システムを中心と周辺からなる二層構造としてとらえ，自由主義国からなる「中心」が途上地域からなる「周辺」の開発を抑圧し，経済的利益を得ていると指摘した。

4 S.ハンティントンは，冷戦後の世界の統合や分裂を形成するのはイデオロギー的対立ではなく，文明のアイデンティティであると論じ，将来におけるイスラム文明と西欧文明の衝突可能性を指摘した。

5 R.O.コヘインとJ.ナイは，敏感性と脆弱性という2つの概念を提示し，経済的相互依存関係があることが国際関係における対立を促進する可能性を指摘した。

解説

1. 権力の追求を国家の本質としたのは，H.モーゲンソーである。ハーツは，モーゲンソーとは対照的に，権力はアナーキーな国際政治における生存のための手段にすぎないと主張した。また，ハーツは「安全保障のジレンマ（Security dilemma）」を指摘し，各国が軍備増強や同盟締結を通じて自国の安全保障を図れば，他国も類似の措置をとることになり，緊張が高まって安全保障が危うくなるという可能性を主張した。

2. カーは，国際関係における権力的要素の重要性を指摘し，19世紀以来の自由主義的要素を国際関係に適用しようとする理想主義（ユートピアニズム）を批判した。しかし，カーは，国際関係における目的や価値意識の設定に際して，理想主義が一定の意義を持っている点は認め，理想主義を欠く現実主義は，シニシズムに陥るとも警告している。

3. 「中心－周辺」構造の存在は，R.プレビッシュらが唱えた従属理論において指摘されている。ウォーラーステインは，資本主義的経済関係によって諸国家が統合され，近代世界システムを形成していると主張し，これを中心，準周辺，周辺という三層構造としてとらえた。

4. 正しい。ハンティントンは，西欧文明，儒教文明，日本文明，イスラム文明，ヒンズー文明，スラブ文明，ラテンアメリカ文明という7文明の存在を指摘し，冷戦後の国際関係においては，文明間の対立が紛争を引き起こす可能性があると指摘した。

5. コヘインとナイは，経済的相互依存の度合いが高ければ，その関係を変化させたり断ち切ったりする費用が高くつくため，各国間の協調的な関係が促進されうると主張した。なお，この相互依存の度合いを示す変数として挙げられているのが，敏感性と脆弱性である。敏感性とは相互依存の下で一国の経済的変化が他国の政府や社会に与える負の影響を意味し，脆弱性とは相互依存関係を断ち切ることに起因する費用を意味する。

正答 4

次の文章の空欄に該当する語句の組合せとして妥当なものは，次のうちどれか。

「中世のヨーロッパ社会では（　ア　）という戦争観が唱えられており，戦争は必ずしも悪とはみなされていなかった。しかし，近代になって主権国家体制が確立し，国際関係の安定化が求められるようになると，（　イ　）による国際秩序の維持がめざされるようになった。第一次世界大戦前後には（　ウ　）の考え方が台頭し，アメリカのウィルソン大統領の提案に基づいて国際連盟が創設されることとなった。ただし，現在でも国連憲章などにおいて（　エ　）の行使は認められており，戦争がすべて違法化されているわけではない。なお，2003年のイラク戦争をきっかけとして，アメリカを中心に（　オ　）が湧きおこり，ウォルツァーなどもこれを支持した。」

	ア	イ	ウ	エ	オ
1	聖戦	勢力均衡	集団的自衛権	集団的自衛権	戦争違法論
2	聖戦	集団安全保障	勢力均衡	予防戦争	戦争違法論
3	聖戦	勢力均衡	集団安全保障	集団的自衛権	正戦論
4	限定戦争	集団安全保障	勢力均衡	予防戦争	戦争違法論
5	限定戦争	勢力均衡	集団安全保障	集団的自衛権	正戦論

解説

ア：「聖戦」が該当する。中世のヨーロッパ社会ではキリスト教が浸透しており，宗教的な正義のための戦争は容認されていた。イスラム教徒に対する十字軍の派遣などは，これに該当する。限定戦争とは，範囲や程度を限定しながら行う戦争のことであるが，中世の宗教戦争はしばしば無限定戦争になりがちであった。

イ：「勢力均衡」が該当する。ナポレオン戦争後に開催されたウィーン会議（1814～15年）を通じて，ヨーロッパでは勢力均衡体制が根づくこととなった。これによって，ヨーロッパ協調とも呼ばれる国際秩序が実現し，戦争はある程度抑止されることとなった。

ウ：「集団安全保障」が該当する。集団安全保障体制の下では，できるだけ多くの国が一つの体制の下に組み入れられ，悪質な侵略行為に対しては全加盟国が団結して制裁を科すものとされる。これを具体化したものが，国際連盟および国際連合であった。

エ：「集団的自衛権」が該当する。集団的自衛権とは，自国と密接な関係にある国への武力攻撃について，これを自国への攻撃とみなし，反撃を加える権利のことである。国連憲章51条は，各国の個別的および集団的自衛権を認めている。予防戦争とは，自国に危害が加えられる前に，予防的に脅威国を攻撃することを意味しているが，国連憲章がこれを認めているというのは事実に反する。

オ：「正戦論」が該当する。イラク戦争に際して，ウォルツァーはこれを正義のための戦争であると主張し，正戦論を展開した。

　　以上より，正答は**3**である。

正答　**3**

地方上級 No.101 関東型 〈改題〉

国際関係　国際政治における人権問題　平成24年度

国際政治における人権問題に関する次の記述のうち，妥当なものはどれか。

1 普遍的な「人間としての権利」を主張する近代的な人権思想は，イギリスでマグナ・カルタが制定されたことをきっかけとして，広く普及していった。

2 人権保護の観点からわが国は2012年にハーグ条約を締結し，国境を越えた子どもの強制的な連れ去りによる親権侵害の防止および子どもの常居所地への返還に努めている。

3 国際連合は，難民の保護と帰還促進のために国連難民高等弁務官事務所を設置しているが，人権についてもその保護を強化するため，同様の組織を新設することが検討されている。

4 国際連合は，創立60周年を一つのきっかけとして機構改革を行い，人権委員会を人権理事会に格上げすることで人権保障の強化を図った。

5 アナン事務総長（当時）は，ミレニアム報告書の中で，国際連合が人権保障において果たしてきた役割を強調し，ルワンダにおける集団殺害の防止をその業績の一つとして挙げた。

解説

1. イギリスで制定されたマグナ・カルタ（1215年）は，イギリス国民が長い歴史の中で獲得してきた伝統的な権利等を再確認した文書であり，普遍的な人権を保障したものではない。普遍的な「人間としての権利」を主張する近代的な人権思想は，18世紀の市民革命期に広まっていったとされる。

2. 2012年末現在では日本はハーグ条約を締結していなかった。それは国際結婚をした女性が夫の家庭内暴力から逃れるために子どもを連れて帰国するケースなどが想定され，そうした場合には保護が必要となるなどの問題があったためである。2013年，子どもの返還申請等の担当窓口を外務省が担うとする方針の下，国会でのハーグ条約の締結および実施法の承認・成立を受け，2014年4月1日に日本について同条約は発効した。

3. 国連難民高等弁務官事務所と「同様の組織」とは，国連人権高等弁務官事務所をさす。同事務所は，1993年の国連総会決議によって設立が決まり，1994年から活動を開始している。

4. 正しい。人権委員会は，経済社会理事会に設置された機能委員会の一つであったが，人権侵害国も委員国に含まれるなどの問題を抱えていた。そこで，同委員会は発展的に解消されることとなり，新たに国連総会の下部機関として人権理事会が創設された。

5. ミレニアム報告書では，ルワンダの集団殺害を防止することができなかったこと，スレブレニッツアの国連安全地帯で虐殺を防止できなかったことなどが指摘され，「そのことは未だわれわれの良心に重くのしかかっている」とされた。

正答 **4**

地方上級

No. 102

全国型，関東型，中部・北陸型

国際関係　　　　　　人道支援　　　　　平成29年度

政治学

行政学

社会政策

社会学

国際関係

人道支援等に関する次の記述のうち，妥当なものはどれか。

1　2016年，史上初の世界人道サミットが日本で開催され，数多くの国や機関から3,000件を超えるコミットメントが表明された。また，その直後に開催されたG7伊勢志摩サミットでも，人道支援が議題の一つとして取り上げられた。

2　国際赤十字・赤新月運動は，国連総会の補助機関の一つであり，国連加盟国がその構成国となっている。同運動は，世界中の紛争地帯に赴き，戦争，内戦または国内騒乱の犠牲者に対して人道的支援を行っている。

3　世界食糧計画（WFP）は，世界最大のNGOであり，飢餓のない世界をめざして支援活動等を行っている。ただし，非人道的な国家等には支援を行わないという方針があるため，北朝鮮に対して食糧支援を行ったことはない。

4　ユニセフ（UNICEF）とは，国連総会の補助機関の一つである国連人権理事会の略称である。ユニセフは，世界150以上の国と地域で，保健，栄養，水・衛生，教育，HIV（エイズ），保護，緊急支援，アドボカシー（政策提言）などの活動を実施している。

5　難民条約は，迫害を受けるおそれから国籍国の外にいる者を難民と定義し，その庇護を定めている。同条約は，国内避難民については庇護の対象としていないが，国連難民高等弁務官事務所（UNHCR）は，国内避難民への支援も行っている。

解説

1. 史上初の人道サミットは，2016年にトルコのイスタンブールで開催された。なお，G7伊勢志摩サミットはその数日後に開催されており，難民への人道支援については同サミットでも話し合いが行われた。

2. 国際赤十字・赤新月運動とは，赤十字国際委員会，国際赤十字・赤新月社連盟，各国の赤十字・赤新月社の総称であるが，これらは国連総会の補助機関ではなく，国連加盟国が必ずその構成国となるわけでもない。

3. WFPは非政府機関（NGO）ではなく，複数の国家が協力して創設した国連総会の補助機関である。また，WFPは人道的観点から支援を行っており，北朝鮮への食糧支援も実施したことがある。

4. ユニセフとは，国連総会の補助機関の一つである国連児童基金の略称である。本肢で説明されている活動内容も，国連児童基金に関するものである。国連人権理事会（UNHRC）も国連総会の補助機関の一つである。

5. 正しい。国内避難民も，難民と同様に外部からの援助なしには生活できず，また，適切な援助が実施できなかった場合，国内避難民は国境を越えて難民となってしまう。そこで，UNHCRは，国内避難民についても積極的な支援を行っている。

正答　**5**

地方上級

関東型

No.
103

国際関係

国際機関

平成22年度

政治学
行政学
社会政策
社会学
国際関係

国際機関に関する次の記述のうち,妥当なものはどれか。

1 国際労働機関（ILO）は,1919年,ベルサイユ条約によって国際連盟とともに誕生し,各加盟国から派遣された政府代表2名,労使代表各1名が総会の審議に参加し,決定を行っている。

2 自然保護連合（IUCN）は,自然保護を求める世界市民が国境を越えて団結し,結成した非政府間機関であり,生物資源の利用を認めた生物多様性条約締約国会議を批判している。

3 国際通貨基金（IMF）の最高意思決定機関は総務会と呼ばれているが,総務会における各国の投票権は,その国民所得（NI）に応じて与えられている。

4 国連教育科学文化機関（UNESCO）の打ち出した「新世界情報秩序」構想に反発して,アメリカ,イギリス,日本は一時期これを脱退していたが,2000年前後にはいずれも復帰を果たした。

5 世界保健機関（WHO）は,すべての人々が可能な最高の健康水準に到達することを目的として設立され,中国での鳥インフルエンザ制圧などの成果を挙げている。

解説

1. 正しい。ILOは国際連盟とともに誕生した国際機関であり,第二次世界大戦後には国際連合初の専門機関となった。各国代表が三者構成をとっている点は,他の国際機関にはあまり見られない大きな特徴となっている。

2. IUCNは,国家,政府間機関,非政府間機関をメンバーとする国際的な自然保護機関である。生物の多様性を保全するため,生物多様性条約締約国会議も支持している。

3. IMF総務会では,1国1票制ではなく加重投票制が採用されており,各国はその出資金の支払い比率に応じた投票権を行使している。わが国の出資金支払い比率は,アメリカの17.41％に次ぐ第2位の6.46％となっている（2016年増資発効後）。

4. 報道の自由を制限する「新世界情報秩序」構想に反発して,アメリカとイギリスは一時期UNESCOを脱退していた。しかし,わが国はUNESCO内にとどまり,その改革と存続に寄与する方針を貫いた。なお,UNESCOの改革が進んだことを受けて,イギリスは1997年,アメリカは2003年に復帰を果たしている。

5. WHOは鳥インフルエンザの制圧に取り組んでいるが,いずれの国においても成功してはいない。WHOの成果としては,ベトナムでのSARS（重症急性呼吸器症候群）制圧を挙げることができる。

正答 **1**

19世紀以降の世界の安全保障に関する次の記述のうち，妥当なものはどれか。

1 20世紀，国際連盟によって成立した「集団安全保障」は，1920年代にはすでに各国間の軍拡競争と対立を招き，第二次世界大戦の遠因となった。

2 第二次世界大戦後の冷戦期は，主として核兵器による抑止力が米ソの戦争を回避し，「長い平和」だったと評価する考えもある。

3 ナポレオン没落後のウィーン体制では，各国の「勢力均衡」が進んだ結果，軍縮を実現し，19世紀を通じてヨーロッパは平和を維持した。

4 「ハード・パワー」は，その国の保有する軍事力や経済力であり，それらの表出は国際会議での発言力や指導力などにも表れる。

5 国際連合は，国連改革の一環として多数決による意思決定を改め，現在，熟議に基づく「満場一致」での決定を推進している。

解 説

1. 国際連盟成立後，1920年代にはワシントン海軍軍縮条約，ロカルノ条約，不戦条約など，さまざまな軍縮や各国間の対立を緩和させる動きが見られた。

2. 正しい。J.L.ギャディスの提唱した「長い平和」がそれである。

3. ウィーン体制は，ヨーロッパに正統主義を確立するものであり，勢力均衡を促したと評価されている。ただし，その結果，軍縮が進み，平和が維持されたわけではない。それは普墺戦争や普仏戦争の勃発によって明らかである。

4. 「ハード・パワー」は軍事力の行使や経済制裁で表出される。国際会議での発言力や指導力は，政治的支持や理解を得ようとする「ソフト・パワー」の表出である。

5. 国際連合の意思決定は，国際連盟における全会一致の意思決定に対する反省もあり，多数決によってなされている。なお，国連総会ではコンセンサス方式の導入が進んでいるが，これは満場一致制とは異なるものである。コンセンサス方式の場合，投票は実施されず，反対意思の表明がないことをもって案件が成立する。細部における不一致が残っていても，大半の国の同意に基づいて決定を成立させるための工夫とされる。

正答 **2**

国際政治に関する次の記述のうち，妥当なものはどれか。

1　国連（国際連合）は，国際平和と安全の維持，経済・社会・文化などに関する国際協力の実現をめざすために，世界のすべての国々が加盟する国際機関であり，その決議は法的拘束力を有している。また，国連加盟国は集団的自衛権の行使を禁止されている。

2　地雷禁止国際キャンペーンは，対人地雷の製造と使用を禁止するために国連が始めた活動であり，その活動の成果として，1999年に対人地雷全面禁止条約（オタワ条約）が発効した。

3　G7サミットには，アメリカ，カナダ，イギリス，フランス，ドイツ，イタリア，日本の7か国のほか，欧州理事会議長やASEAN事務総長も参加している。

4　NGOとは非政府組織のことであるが，その中には国連経済社会理事会などにオブザーバーとして参加している団体もあり，現在では国際協力に欠かせない存在とされている。

5　民間企業は今や世界規模で財やサービスの取引きを行うに至っているが，民間企業による武器の販売や戦闘，要人警護などの軍事サービスの提供は行われていない。

解説

1.　2020年7月現在，国連には193か国が加盟している。国連未加盟国の例としては，バチカン市国やコソボなどがある。また，安全保障理事会の決議は法的拘束力を持つが，その他の決議は勧告にとどまる。それに，集団的自衛権とは，同盟国に対する攻撃を自国の攻撃として反撃する権利のこと。国連憲章は，安全保障理事会が必要な措置をとるまでの間の集団的自衛権の発動を認めている。

2.　地雷禁止国際キャンペーン（ICBL）は，地雷の製造や使用を国際的に禁止することを目標として結集した，世界のNGOの連合体。国連による活動ではない。ちなみに，対人地雷全面禁止条約締結への貢献により，1997年にはノーベル平和賞を受賞している。

3.　G7サミットには，欧州理事会議長（EU大統領）は参加しているが，ASEAN（東南アジア諸国連合）の事務総長は参加していない。ちなみに，かつてはロシアも参加してG8サミットなどと呼ばれていた。だが，2014年のロシアによるクリミア併合以降，ロシアは参加資格を停止されている。

4.　妥当である。経済社会理事会との協議資格を持つNGOは，経済社会理事会にオブザーバーとして参加する権利を有する。また，国連総会などにオブザーバーとして参加しているNGOもある。

5.　戦闘機やミサイルなどといった武器については，民間企業によって製造，販売されてきた。それに，戦闘や軍隊の後方支援，要人らの警護，人質の救出などを行う民間軍事会社も存在している。2000年代のアフガニスタン戦争やイラク戦争で，その活動が注目されるようになっている。

正答　**4**

軍備管理ないし軍備縮小に関する次の記述のうち，妥当なものはどれか。

1　核拡散防止条約（NPT）に加盟国している非核保有国は，核兵器の保有はもちろんのこと，核兵器の技術を原子力発電に転用することも禁止されている。

2　大量破壊兵器を制限ないし削減する条約はこれまでいくつか締結されているが，通常兵器を規制する条約は締結されたことがない。

3　生物兵器禁止条約は1975年に発効しており，わが国もこれに加盟しているが，化学兵器禁止条約はアメリカの反対にあって，現在も発効していない。

4　包括的核実験禁止条約（CTBT）は，アメリカ，中国，イスラエル，イラン，インド，パキスタンなどが未批准であるため，発効していない。

5　冷戦の終結に伴って，対共産圏輸出統制委員会（COCOM）はワッセナー協定へと引き継がれたが，COCOM時代を含め，わが国はこれに加盟したことがない。

解説

1. 核兵器の技術を原子力発電に転用することが禁止されているという事実はなく，たとえば非核保有国であるわが国も原子力発電を行ってきた。なお，原子力発電の技術を核兵器に転用することは，核兵器の開発や保有等を禁止した核拡散防止条約（NPT）に抵触する行為となる。

2. 特定通常兵器使用禁止制限条約が1983年に発効しており，検出不可能な破片を利用する兵器，地雷・ブービートラップ，焼夷兵器，失明をもたらすレーザー兵器などに規制が加えられている。また，地域は限定されるが，欧州通常戦力条約も1992年に発効しており，戦車，装甲戦闘車両，火砲，戦闘機，攻撃ヘリについて規制が加えられている。

3. 化学兵器禁止条約は1997年に発効しており，アメリカやわが国もこれに加盟している。

4. 妥当である。包括的核実験禁止条約（CTBT）は，1996年に採択されたものの，2012年現在でも発効してない。発効のためには，アメリカ，イスラエル，イラン，インド，エジプト，中国，北朝鮮，パキスタンなどの批准が必要とされている。

5. わが国は，COCOMにもワッセナー協定にも加盟している。なお，ワッセナー協定とは，地域の安定を損なうおそれのある通常兵器の過剰な移転と備蓄の防止をめざした協定であり，旧COCOM加盟国のほか，ロシアなどの旧東側諸国がこれに加入している。

正答　**4**

国際関係上の「危機」に関する次の記述のうち，妥当なものはどれか。

1　スエズ危機では，イスラエルとアラブ諸国が戦火を交えたが，アメリカ，イギリス，フランスが停戦を働きかけたことで，戦闘は6日間で終結した。

2　キューバ危機では，アメリカが報復宣言を発するなどして米ソ間の緊張が高まったが，ソ連側の譲歩によって核戦争の勃発はかろうじて免れた。

3　第一次オイルショックでは，原油が戦略資源として利用されたことで世界経済が混乱したが，これを契機にアラブ諸国は石油輸出国機構（OPEC）を結成した。

4　朝鮮半島の核危機では，アメリカのレーガン政権が北朝鮮と2国間交渉を推し進め，最終的には米朝枠組み合意によって北朝鮮の核保有を部分的に認めた。

5　アジア通貨危機では，アメリカがアジア通貨基金の設立を提案したが，日中両国がこれに反対したため，同基金は設立されなかった。

解説

1．スエズ危機（第二次中東戦争，1956～57年）は，スエズ運河の国有化を断行したエジプトに対して，イスラエル，イギリス，フランスが侵攻したことによって引き起こされた。その後，アメリカとソ連が停戦および3か国軍の即時全面撤退を勧告し，これが受諾されたことから，危機は終結した。なお，イスラエルとアラブ諸国の間で戦われた6日間戦争とは，イスラエルの奇襲攻撃で始まった第三次中東戦争（1967年）のことである。

2．正しい。キューバ危機（1962年）は，ソ連製核ミサイルのキューバ配備計画の発覚をきっかけに始まった米ソ間の対立である。アメリカのケネディ大統領は，カリブ海の海上封鎖を実施するとともに，キューバからのミサイル攻撃があった場合にはソ連に対して核報復を行うと明言し，ソ連をけん制した。最終的には，ソ連のフルシチョフ首相が譲歩し，ミサイル基地の解体とミサイルの撤去が行われた。

3．石油輸出国機構（OPEC）の創設は1960年のことであり，第一次オイルショック（1973年）の勃発に10年以上先立っていた。そもそも第一次オイルショックは，アラブ諸国がOPECを動かして，親イスラエル諸国への原油禁輸措置および原油価格の引上げを行ったことで引き起こされたものであった。

4．1994年に北朝鮮の核開発疑惑が起こった際，アメリカのクリントン政権は北朝鮮と2国間交渉を推し進め，カーター元大統領の訪朝を経て，米朝枠組み合意を実現した。同合意では，北朝鮮が施設の建設を凍結，解体する代償として，アメリカ側が軽水炉の建設と原油の提供を行うものとされた。

5．1997年，タイのバーツ暴落を引き金としてアジア通貨危機が広がると，わが国はアジア各国の通貨の安定のためにアジア通貨基金（AMF）を創設するという構想を発表した。これに対して，国際通貨基金（IMF）との重複等を理由にアメリカや中国などが反対を表明し，結局，この構想は実現しなかった。

正答　**2**

わが国の安全保障に関する次の記述のうち，妥当なものはどれか。

1　アメリカの日本防衛義務は，1952年に発効した旧日米安全保障条約において初めて規定されたもので，現行の新条約にも引き継がれている。

2　日米地位協定によれば，わが国で裁判を受けるべき被疑者の身柄（在日米軍の兵士等）は，たとえ起訴前であっても，日本政府から要請があれば日本側に引き渡されなければならない。

3　日米安全保障協議委員会は，わが国の外務大臣と防衛大臣，アメリカの国務長官と国防長官をメンバーとする協議機関であり，「2＋2」とも呼ばれている。

4　「新しい日米防衛協力のための指針」（新ガイドライン）は，1980年代の新冷戦期に策定されたものであるため，現在の国際情勢に合わせた改定が検討されている。

5　わが国はアメリカと共同訓練を行い，相互運用性の向上に努めているが，訓練の実施場所は国内に限定されており，海外でこれを行うことはない。

解　説

1.　アメリカの日本防衛義務は，1960年に発効した現行の新日米安全保障条約で初めて明記された。旧条約には，そうした規定は設けられていなかった。

2.　日米地位協定によれば，わが国で裁判を受けるべき被疑者の身柄をアメリカ側が先に拘束した場合，起訴がなされた後でなければ，その身柄を日本側に引き渡す必要はない。

3.　正しい。日米安全保障協議委員会は「2＋2」（ツー・プラス・ツー）とも呼ばれ，日米間で重要な安全保障問題を協議する場とされている。1997年には「新しい日米防衛協力のための指針」（新ガイドライン）について合意に至るなど，注目すべき業績も挙げている。

4.　「新しい日米防衛協力のための指針」（新ガイドライン）は，1996年の日米安保共同宣言に基づき，1997年に策定された。同指針は，冷戦終結後の国際情勢に適合するように，旧指針を改定したものである。

5.　日米共同訓練は海外でも実施されており，たとえば米領グアムで離島奪還訓練を行うなどしている。

正答　**3**

国際移動に関する次の記述のうち，妥当なものはどれか。

1 国境管理を廃止した欧州連合では，人，モノ，カネの移動が自由となることで麻薬取引きなどの犯罪の増加が懸念されたため，域内の捜査権，司法権を取り仕切るために国際刑事警察機構（ICPO）が設立された。

2 グーグル社は，2010年に中国政府による検閲を受け入れる代わりに，中国国内での商業活動が認められた。

3 「国際的な子の略取の民事上の側面に関する条約（ハーグ条約）」が締結され，子どもの連れ去りに関して，条約加盟国の中央当局によって子どもの引き渡し，返還に関する手続きが整備された。

4 プラスチックごみの投棄による海洋汚染に取り組むために，「海洋プラスチック憲章」が採択され，2025年までにプラスチックごみの海洋投棄を半減することが国際目標として定められた。

5 難民条約では，政変等の事情により自宅で生活できずに自国の内外のキャンプ等に避難して生活する者を難民と定義しているが，こうした定義に当てはまらない者も，ドイツ政府はシリア難民として受け入れている。

解説

1. 国際刑事警察機構（ICPO）は「インターポール」とも呼ばれ，世界各国の警察機構の連携のために設立された国際機関である。日本を含め190超の国々が加盟しており，欧州だけの機関ではない。設立されたのも1923年であり，1993年設立の欧州連合（EU）よりもはるかに古い歴史を誇る。

2. グーグル社は中国政府による検閲や中国国内からと思われるサイバー攻撃などを理由に，2010年に中国から撤退した。

3. 妥当である。ハーグ条約は，1983年に発効した。日本は2014年にハーグ条約の加盟国となった。

4. 「海洋プラスチック憲章」は，2018年のG7シャルルボワ・サミットにおいて，日米を除く5か国とEUが署名した文書であり，「採択された」というのは不適切である。また，2025年までにプラスチックごみの海洋投棄を半減するという内容は含まれていない。

5. 国内避難民も国連難民高等弁務官事務所（UNHCR）の支援対象ではあるが，難民条約の定義では，難民は国外に逃れた者とされており，国内にとどまっている者は難民とは認められない。また，シリア難民とは2011年から内戦が続くシリアから国外に逃れた人々であり，難民条約が定義する難民に該当する。

正答 **3**

政治学

行政学

社会政策

社会学

国際関係

第二次世界大戦以降の各国の状況に関する次の記述のうち，妥当なものはどれか。

1 フランスのド=ゴール大統領は，独自に核開発を行って世界で４番目の核保有国となり，また，北大西洋条約機構（NATO）をアメリカの支配の道具ととらえて，1966年にその軍事部門から脱退した。

2 西ドイツのアデナウアー首相は，東ドイツの存在を事実上認めるとともに，東プロイセン領を放棄し，オーデル・ナイセ線を承認するなど，いわゆる東方政策を展開した。

3 アメリカのトルーマン大統領は，1947年に行った連邦議会での演説でトルーマン・ドクトリンを打ち出し，ギリシャとトルコへの援助供与に関するマーシャル・プランへの支持を訴えた。

4 ソ連のフルシチョフ首相は，前政権の引き起こしたキューバ危機により悪化していた米ソ関係を修復するため，1963年にホットライン協定や部分的核実験禁止条約（PTBT）を締結した。

5 イギリスのアトリー首相は，1956年，スエズ運河を国有化したエジプトに対してフランス，イスラエルとともに軍事侵攻したが，米ソ両国からの批判を受けて撤退を余儀なくされた。

解説

1. 正しい。ド=ゴール大統領（在任：1958〜69年）は，アメリカに依存しない独自の安全保障を追求し，独自の核開発，NATO の軍事機構からの脱退，中国との国交樹立などを実現した。なお，フランスは NATO 創設60周年に当たる2009年に，NATO の軍事機構へ完全復帰している。

2. アデナウアー首相（キリスト教民主同盟，在任：1949〜63年）ではなく，ブラント首相（ドイツ社会民主党，在任：1969〜74年）に関する説明である。アデナウアー首相は，いわゆるハルシュタイン原則を掲げ，東ドイツを認めず，ソ連以外で東ドイツと国交を結んだ国との国交を断絶した。

3. マーシャル・プランとは，第二次世界大戦後に，アメリカのマーシャル国務長官が打ち出した欧州復興援助計画のことであり，トルーマン・ドクトリンと直接の関係はない。トルーマン・ドクトリンでは，アメリカがイギリスに代わってギリシャとトルコへ援助を供与するという方針が打ち出された。

4. 1962年のキューバ危機の際にソ連首相を務めていたのは，フルシチョフ（在任：1958〜64年）である。キューバ危機後，フルシチョフ首相の下で米ソ間の直通回線を敷設するためのホットライン協定や部分的核実験禁止条約（PTBT）が締結された。

5. エジプトへの軍事侵攻（第２次中東戦争）を引き起こしたのは，アトリー首相（労働党，在任：1945〜51年）ではなくイーデン首相（保守党，在任：1955〜57年）である。アトリーは，第二次世界大戦のヨーロッパ戦線終結後，最初の総選挙で労働党を率いて勝利を収め，初の安定した労働党単独内閣を組織した。

正答　**1**

1970〜80年代の日本外交に関する次の文章について，空欄ア〜エに当てはまる語句の組合せとして妥当なものはどれか。

　1970年代末に（　ア　）の影響で原油価格が高騰すると，当時の（　イ　）首相はこれへの対処に尽力した。また，同首相は，新冷戦が始まったことを受けて，アメリカの同盟国であるとの立場をはっきりと打ち出し，さらには環太平洋連帯構想を提唱して，アジア・太平洋諸国の地域協力を訴えた。1980年代に入ると，アメリカの（　ウ　）大統領と（　エ　）首相の間で親密な関係が築かれたが，アメリカの対日貿易赤字が増大したことから，日米貿易摩擦が起こった。

	ア	イ	ウ	エ
1	イラン革命	大平正芳	レーガン	中曽根康弘
2	第4次中東戦争	大平正芳	レーガン	竹下登
3	イラン革命	大平正芳	ブッシュ	竹下登
4	第4次中東戦争	鈴木善幸	ブッシュ	中曽根康弘
5	イラン革命	鈴木善幸	レーガン	中曽根康弘

解説

ア：「イラン革命」が該当する。イラン革命とは，1979年にイランで勃発した民衆によるイスラム革命のことである。イラン革命をきっかけとして第2次石油危機が起こり，原油価格の高騰で先進各国は大きな打撃を受けた。第4次中東戦争とは，1973年にアラブ諸国とイスラエルの間で勃発した紛争のことである。紛争に際して，アラブ諸国等が原油価格を大幅に引き上げたことで，第1次石油危機が起こり，先進各国の経済成長にブレーキがかけられた。

イ：「大平正芳」が該当する。大平首相は，第2次石油危機の対処に尽力した。また，ソ連のアフガニスタン侵攻をきっかけとして新冷戦が起こると，日本をアメリカの「同盟国」として明確に位置づけ，西側陣営の一員としてモスクワオリンピックもボイコットした。環太平洋連帯構想を打ち出し，後のアジア太平洋経済協力（APEC）への道を開いたのも，大平首相であった。鈴木善幸は，大平首相の急死を受けて，後継首相に就任した人物であり，第2次臨時行政調査会を設置するなどの業績を残した。

ウ：「レーガン」が該当する。レーガンは，1980年代に2期8年にわたって大統領を務め，減税政策，規制緩和，軍拡政策などを進めた。しかし，財政赤字と貿易赤字という双子の赤字に苦しみ，特に対日関係においては，巨額の貿易赤字を生み出すこととなった。ブッシュは，親子ともに大統領に就任しており，ブッシュ（父）は湾岸戦争，ブッシュ（子）はイラク戦争にかかわった。

エ：「中曽根康弘」が該当する。中曽根首相は，同じタカ派として，アメリカのレーガン大統領と親密な関係（「ロン・ヤス関係」）を築いた。その一方で，対米貿易の黒字額が膨れ上がり，日米貿易摩擦が起こったことから，国民に外国製品（特にアメリカ製品）の購入を呼びかけるなどの対策をとった。竹下登は，中曽根首相から後継指名を受けて首相に就任した人物で，牛肉・オレンジの輸入自由化問題でアメリカ側と合意するなどの業績を挙げた。

　以上より，正答は**1**である。

正答　**1**

開発と環境問題に対する国際社会の取組みに関する次の記述のうち，妥当なものはどれか。

1 ローマクラブは，世界の科学者らによるシンクタンクであり，地球の平均気温が産業革命前よりも1.5℃上昇することが環境に及ぼす影響についてまとめた特別報告書『1.5℃の地球温暖化』を発表した。

2 2012年にリオデジャネイロで開催された「国連持続可能な開発会議」において，環境や貧困問題などに関する「持続可能な開発目標（SDGs）」の策定が合意された。

3 地球温暖化対策に関する国際的枠組みであるパリ協定により，先進国全体で温室効果ガスの排出量を1990年比で5％削減することになった。

4 2010年のワシントン条約の第10回締約国会議において，遺伝資源の取得の機会とその利用から生ずる利益の公正かつ衡平な配分の実現をめざして，名古屋議定書が採択された。

5 オゾン層の破壊物質であるフロンを規制するためにバーゼル条約が締結されたが，フロンの代替として開発された物質も強力な温室効果ガスであることから，バーゼル条約の改正が行われた。

解説

1. 2018年に『1.5℃の地球温暖化』を発表したのは，「気候変動に関する政府間パネル（IPCC）」である。ローマクラブは1972年に『成長の限界』を発表し，人口の爆発的増加と経済成長がこのまま続けば，100年以内に地球の成長は限界に達することを警告した。

2. 妥当である。「国連持続可能な開発会議」は，同じくリオデジャネイロで開催された国連環境開発会議（地球サミット）の20年後に開催されたことから，「リオ＋20」とも呼ばれている。その後，2015年の国連サミットで，SDGsの採択が実現に至った。SDGsは17の目標と169のターゲットからなり，2030年までに達成することとされている。

3. 世界全体で温室効果ガスの排出量を1990年比で5％削減することとしたのは，パリ協定以前の地球温暖化対策の国際的枠組みだった京都議定書である。これに対し，パリ協定では，産業革命前よりも気温上昇を2℃未満とし，できれば1.5℃に抑える努力をすることが目標とされた。

4. 「ワシントン条約」の部分が誤りで，正しくは「生物多様性条約」である。生物多様性条約は生物多様性の保全のほか，遺伝資源から得られる利益の公正な分配の実現をめざして締結された条約である。ワシントン条約は，野生動植物の国際取引を規制する条約である。

5. 「バーゼル条約」の部分が誤りで，正しくは「モントリオール議定書」である。2019年に代替フロン（HFCs）を規制対象に加えるキガリ改正が発効した。なお，バーゼル条約は有害廃棄物の越境移動を規制する条約で，2021年には廃プラスチックを規制対象に加える改正附属書が発効した。

正答　**2**

左端縦書き：政治学 行政学 社会政策 社会学 国際関係

自由貿易協定（FTA）や経済連携協定（EPA）に関する次の記述のうち，妥当でないものはどれか。

1 韓国は，1990年代までいかなる国とも貿易自由化に関する二国間協定を結んでいなかったが，2000年代になって初めてFTAに調印した。

2 貿易自由化に関する協定において，多国間協定よりも二国間協定が多いのは，前者では途上国の加盟が増え，南北問題に発展してしまうおそれのあることが一因だといわれている。

3 日本が初めてFTA（EPA）を締結した際の相手国はシンガポールであったが，これはシンガポールが農業国ではないことが大きな理由だといわれている。

4 日本はインドネシアやフィリピンとEPAを締結しており，これに基づいて，看護師や介護福祉士の候補者を受け入れるなどしている。

5 中国は2000年代に世界貿易機関（WTO）に加盟し，WTOの理念を盾として，日本や韓国に対して東南アジア諸国連合（ASEAN）とFTAを締結しないように圧力をかけている。

解説

1．妥当である。韓国初のFTAは，2004年にチリとの間で発効した。その後，韓国はシンガポール，欧州自由貿易連合（EFTA），東南アジア諸国連合（ASEAN），インドなどとの間でも，FTAやEPAを発効させている。

2．妥当である。多国間協定では途上国の加盟が増えやすく，南北間の格差是正を求めて，自由・無差別な貿易を制限しようとする圧力が強まることも予想される。そうした懸念が一因となって，これまで二国間協定への傾斜が進んできた。

3．妥当である。日本が初めて締結したFTA（EPA）は日本・シンガポール新時代経済連携協定で，2002年に発効している。シンガポールは農業国ではなく，EPAを締結しても農産物が大量に流入するおそれがなかったことから，協定の締結が比較的容易であったといわれている。

4．妥当である。日・インドネシア経済連携協定および日・フィリピン経済連携協定に基づいて，2009年度以降，日本は両国から看護師や介護福祉士の候補生を受け入れている。

5．誤り。中国は2001年に世界貿易機関（WTO）への加盟を果たしたが，それと同時にFTAの締結も積極的に進めており，2010年には東南アジア諸国連合（ASEAN）との間でFTAを発効させた。日本や韓国も，すでにASEANとの間でFTAを発効させており，中国が日本や韓国に対してASEANとFTAを締結しないように圧力をかけているという事実はない。

　　　　よって，正答は**5**である。

正答　**5**

地方上級
No. 114 国際関係 世界各国の民主化
中部・北陸型

平成23年度

世界各国における近年の民主化の動向に関する次の記述のうち,妥当なものはどれか。

1 ミャンマーは,民主主義,法の支配,人権の尊重,グッドガバナンスなどの内容を盛り込んだASEAN憲章に反発し,同憲章の批准を拒み続けている。

2 トルコは欧州連合(EU)への加盟を希望しており,クルド人弾圧を公式に謝罪し改善を約束するなどの対策を打ち出したが,死刑制度は現在も存続させている。

3 ネパールでは,2001年の王宮襲撃事件で毛沢東派が権力を握り,一党独裁体制が確立されたことから,国際連合の安保理決議に基づいて同国を対象に経済制裁が実施されている。

4 トルクメニスタンでは,2004年の大統領選挙に際して不正に対する民衆の抗議運動が起こり,このオレンジ革命を通じて政権交代が成し遂げられた。

5 チュニジアでは,ベンアリ大統領の独裁に対して2010年に民主化運動が起こり,国軍も大統領から離反したことから,大統領はサウジアラビアに亡命した。

解説

1. ミャンマーを含むすべてのASEAN加盟国は,すでにASEAN憲章の批准を済ませており,その結果,同憲章は2008年に発効した。これによって,ASEANには法人格が与えられることとなった。2015年末にはASEAN経済共同体が発足している。

2. クルド人弾圧問題は現在も解決していないが,2011年11月,トルコのエルドアン首相は,1930年代のクルド人虐殺について,初めて公式に謝罪した。また,トルコは欧州連合(EU)への加盟を実現するため,2002年に死刑制度を廃止している。

3. ネパールでは,2001年に王子の一人が銃を乱射して国王を殺害するという事件が起こり,国王の弟であったギャネンドラが王位に就いた。その後,ギャネンドラは専制政治を行ったため,民衆の反発を買って退位を余儀なくされ,王政は廃止されることとなった。現在,ネパールでは政党が乱立した状態にあるが,一党独裁体制によって経済制裁が課せられているわけではない。

4. ウクライナに関する記述である。トルクメニスタンでは,1990年から独裁政治を続けていた前大統領が2006年に死去し,翌年に就任したベルディムハメドフ現大統領の下で改革が進められている。

5. 妥当である。2010年にチュニジアで起こった民主化運動は,ジャスミン革命と呼ばれている。ジャスミン革命は,その後,エジプトをはじめとする中東各国に飛び火し,独裁政権に対するさまざまな抗議運動を引き起こした。

正答 **5**

地方上級

全国型，関東型，中部・北陸型，市役所A

No. 115　国際関係　安全保障　令和4年度

我が国の安全保障に関する次の記述のうち，妥当なものはどれか。

1 日米安全保障条約は，1952年に締結された後，2021年末の時点で一度も内容が変更されたことがないまま，その効力が維持されている。

2 日米安全保障協議委員会とは，安全保障政策に関する日本とアメリカの閣僚級会議の枠組みであり，「2＋2」と呼ばれることもある。

3 日本と安全保障条約を締結しているのはアメリカだけであるため，日本の自衛隊はアメリカ以外の国々の軍隊と共同訓練をしたことがない。

4 2020年，ミサイル攻撃への対応に万全を期すため，山口県と秋田県に弾道ミサイル迎撃システムであるイージスアショアが配備された。

5 近年は経済安全保障が推進されており，日本はアメリカや中国の専門家を，防衛省内に設置された経済安全保障推進会議に招いている。

解説

1. 旧日米安保条約は1951年に締結された。また，「安保改定」と呼ばれているが，1960年に現行の安保条約が締結されたことにより，旧条約は失効した。なお，現行の安保条約は一度も改正が行われず，現在に至っている。

2. 妥当である。日米安全保障協議委員会は，日本の外相と防衛相，アメリカの国務長官と国防長官が出席して行われる。2022年にも開催されており，尖閣諸島が日米安保条約第5条（アメリカの対日防衛義務）の適用対象であることが再確認されるなどした。

3. 「自由で開かれたインド太平洋」のビジョンの下，日本の自衛隊は，アメリカだけでなく，オーストラリア，インド，パキスタン，ベトナム，フランス，ドイツなどの軍隊と共同訓練を実施している。

4. 秋田県と山口県へのイージスアショアの配備計画があったのは事実だが，2020年に計画は事実上の撤回に至った。安全性の問題により地元住民の理解を得られなかったことなどが，理由とされている。

5. 経済安全保障推進会議は，内閣官房において実施されている会議。また，内閣総理大臣を議長，国務大臣を構成員とする会議であり，外国の専門家を招いたという事実もない。そもそも経済安全保障とは，エネルギーや食料の安定供給の確保など，経済的な脅威から国家を守る取組みのこと。しかも，中国は我が国の安全保障にとって脅威となる存在であり，同盟国であるアメリカならまだしも，中国の専門家が招かれるとは考えにくい。

正答　**2**

国際法と国際組織に関する次の記述のうち，妥当なものはどれか。

1 国連憲章は，総会で3分の2以上の賛成により改正案が採択された後，安全保障理事会の常任理事国を含む全加盟国の3分の2以上が批准すれば，改正される。

2 国連事務総長は，国際平和と安全が脅かされる事態が発生した状況において，特に緊急の必要がある場合には，軍事措置を決定する権限を持っている。

3 安全保障理事会の常任理事国は，国際慣習法である「大国一致の原則」に基づき，手続事項および実質事項の決議において，拒否権を有する。

4 2021年末時点で，アメリカ，中国，ロシアが「国際刑事裁判所（ICC）に関するローマ規程」を批准していないため，国際刑事裁判所の設立は実現していない。

5 国際司法裁判所（ICJ）は，国際紛争を国際法に従って解決する機関であるが，国家だけでなく，個人や民間組織も訴訟当事者となることがある。

解 説

1. 妥当である。ちなみに，国連憲章は過去に3回改正されている。

2. 国連事務総長にこのような権限はない。国際平和と安全に主要な責任を持つのは，安全保障理事会であり，安全保障理事会が軍事措置を行うか否かを判断する。

3. 「大国一致の原則」は，国連憲章によって認められたものであり，国際慣習法ではない。また，常任理事国が拒否権を行使できるのは実質事項の決議だけであり，手続事項の決議では行使できない。すなわち，決議は15理事国中9理事国以上の賛成で成立するが，実質事項の決議では，どの常任理事国も拒否権を発動しないことが，要件に加わる。

4. 国際刑事裁判所は，すでに2003年に設立されている。ただし，アメリカ，中国，ロシアが国際刑事裁判所の設立規程であるローマ規程の締約国でないのは事実である。アメリカとロシアは，署名はしたものの後に撤回しており，中国は署名すらしていない。なお，ローマ規程の締約国は，我が国を含め120か国以上に及んでいる。

5. 国際司法裁判所は国家間の紛争を解決するための裁判所であり，国家だけが訴訟当事者になる。なお，紛争の当事国である双方が付託に同意しない限り，国際司法裁判所が国際紛争の裁判を行うことはない。

正答 **1**

次の文章中の空欄A～Dに該当する語句の組合せとして妥当なものはどれか。

　1971年，ニクソン米大統領は（　A　）を中華人民共和国に派遣し，周恩来首相と会談させた。会談において，周恩来が日本の軍事力増強や国防支出の増加に懸念を示すと，（　A　）もそれに同調したが，同時に（　B　）が日本の「瓶の蓋」の役割を果たしていると述べた。1972年，田中角栄首相が北京を訪問し，周恩来とともに日中共同声明に署名した。周恩来は国内向けの指示の中で，台湾が対日戦争賠償を放棄したことに触れ，共産党の度量が（　C　）より小さいことがあってはならないなどとしていたが，この方針に従い，日中共同声明にも対日賠償請求の放棄が盛り込まれた。1978年，福田赳夫内閣は（　D　）を締結した。

	A	B	C	D
1	キッシンジャー	国際連合	李登輝	日華平和条約
2	キッシンジャー	日米安保条約	蒋介石	日中平和友好条約
3	キッシンジャー	国際連合	蒋介石	日中平和友好条約
4	ブレジンスキー	日米安保条約	蒋介石	日華平和条約
5	ブレジンスキー	国際連合	李登輝	日中平和友好条約

解説

A：「キッシンジャー」が該当する。キッシンジャーは，ニクソン米大統領の下で大統領補佐官（後に国務長官）を務めた人物であり，1971年には中華人民共和国を極秘訪問して，周恩来首相と会談を行った。これを受けて，翌72年にはニクソン米大統領が中華人民共和国を公式訪問し，上海コミュニケによって米中国交正常化が実現することとなった。なお，ブレジンスキーは，カーター，クリントン両政権下で大統領補佐官を務めた人物である。

B：「日米安保条約」が該当する。キッシンジャーは，周恩来との極秘会談の中で，日米安全保障条約が日本の強大化を抑える「瓶の蓋」の役割を果たしており，日米の同盟関係を解消すれば日本は手に負えない行動を取り始めると主張した。

C：「蒋介石」が該当する。蒋介石は，中華民国（後の台湾政府）の初代総統を務めた人物であり，第二次世界大戦後には対日賠償請求権の放棄を決定した。これを受けて，中華人民共和国の周恩来首相も対日賠償請求権の放棄という方針を打ち出した。なお，李登輝は中華民国の第8・9代総統を務めた人物で，「台湾本土化」政策（＝大陸反攻の方針を捨てて台湾を本土とする政策）を推進した。

D：「日中平和友好条約」が該当する。日中平和友好条約の締結については，1972年の日中共同声明でもこれを予定していたが，準備に手間取り，1978年になってようやく福田赳夫内閣の下で実現した。なお，日華平和条約は，1952年に日本と中華民国の間で締結された講和条約である。

以上より，正答は**2**である。

正答　**2**

憲法の保障する基本的人権の享有主体に関する次の記述のうち，妥当なものはどれか。

1 憲法第3章に定める国民の権利および義務の各条項は，国民すべてに等しく平等に適用されるもので，成年者のみを対象とした規定は存在しない。

2 天皇は基本的人権の享有主体たる「国民」には含まれないが，皇族は基本的人権の享有主体たる「国民」に含まれ，天皇との距離に応じた特別な取扱いが認められるとすることに争いはない。

3 憲法上，在留外国人に対して地方公共団体における選挙権が保障されているということはできず，したがって，地方公共団体の長，その議会の議員等に対する選挙権を在留外国人に対して付与する立法措置を講ずることは，憲法上認められていないとするのが判例である。

4 憲法第3章の諸規定による基本的人権の保障は，権利の性質上日本国民のみをその対象としていると解されるものを除き，わが国に在留する外国人に対しても等しく及ぶが，国際慣習法上，外国人の入国の許否はわが国の自由裁量により決定しうるとするのが判例である。

5 憲法第3章に定める国民の権利および義務の各条項は，自然人のみに適用されるもので，内国の法人には適用されないとするのが判例である。

解　説

1. 未成年者は成年者とは異なり，いまだ成熟した判断能力を持たないことから，成年者の場合とは異なった制約に服し，たとえば，選挙権などは認められていない（憲法15条3項）。

2. 天皇および皇族の人権享有主体性については，①天皇および皇族は「国民」に含まれ，ただ天皇の職務および皇位の世襲制からくる最小限の特別扱いのみが認められるとする説，②天皇は「国民」に含まれないが，皇族は「国民」に含まれ，天皇との距離に応じた特別扱いが認められるとする説，③天皇および皇族ともに門地によって「国民」から区別された特別の存在にして基本的人権の享有主体ではないとする説，などが対立している。

3. いわゆる定住外国人（在留外国人のうち永住者であって居住する区域の地方公共団体と特段に緊密な関係を有する者）は，憲法93条2項にいう「住民」には含まれないが，その意思を日常生活に密接な関連を有する地方公共団体の公共的事務処理に反映させるべく，法律をもって，地方公共団体の長，その議会の議員等に対する選挙権を付与する措置を講ずることは，憲法上禁止されているものではないとするのが判例である（最判平7・2・28）。

4. 正しい（最判昭53・10・4，最判昭32・6・19）。

5. 憲法第3章に定める国民の権利および義務の各条項は，性質上可能な限り内国の法人にも適用されるものと解すべきであるとするのが判例である（最判昭45・6・24）。

正答　4

地方上級

全国型，関東型，中部・北陸型

No.
119

憲法

公務員の人権

平成24年度

憲法

行政法

民法

刑法

労働法

公務員の人権に関する次の記述のうち，妥当なものはどれか。ただし，争いのあるものは判例の見解による。

1 公務員の政治活動の自由の制限は，公務員の職務上の地位やその職務内容，行為の具体的態様を個別的に検討し，その行為によってもたらされる弊害を除去するための必要最小限度の制限が許されるだけであり，公務員の政治活動を一律に制限することは認めらない。

2 公務員は憲法28条の「勤労者」には含まれないが，公務員は，私企業の労働者とは異なり，使用者との合意によって賃金その他の労働条件が決定される立場にないから，憲法28条の労働基本権の保障は公務員に対しては及ばないが，法律により，一定の範囲での憲法上の労働基本権と同様の権利が認められている。

3 公務員が争議行為に及ぶことは，その地位の特殊性および職務の公共性と相いれない面があり，多かれ少なかれ公務の停廃をもたらし，その停廃は勤労者を含めた国民全体の共同利益に重大な影響を及ぼすか，またはそのおそれがあるからとしても，担当する職務内容に関係なく公務員の争議行為を一律に禁止することは憲法に違反する。

4 公務員は憲法を尊重し，擁護する義務を負うが，公務員に憲法の尊重・擁護を宣誓させることは，思想・良心の自由を保障する憲法19条に違反すると解されている。

5 禁錮以上の刑に処せられた職員の失職を定めた地方公務員法の規定は，地方公務員を私企業労働者に比べて不当に差別したものとはいえず，憲法14条に違反しない。

解説

1．判例は，政治的行為が公務員によってなされる場合には，当該公務員の管理職・非管理職の別，現業・非現業の別，裁量権の範囲の広狭などは，公務員の政治的中立性を維持することにより行政の中立的運営とこれに対する国民の信頼を確保しようとする法の目的を阻害する点に差異をもたらすものではないとして，公務員に対して一律に政治活動の自由を制限することを認めている（最大判昭49・11・6〈猿払事件判決〉）。

2．判例は，公務員は，私企業の労働者とは異なり，使用者との合意によって賃金その他の労働条件が決定される立場にないとはいえ，勤労者として，自己の労務を提供することにより生活の資を得ているものである点において一般の勤労者と異なるところはないから，憲法28条の労働基本権の保障は公務員に対しても及ぶとする（最大判昭48・4・25〈全農林警職法事件〉）。

3．判例は，公務員が争議行為に及ぶことは，その地位の特殊性および職務の公共性と相いれないばかりでなく，多かれ少なかれ公務の停廃をもたらし，その停廃は勤労者を含めた国民全体の共同利益に重大な影響を及ぼすか，またはそのおそれがあることなどを理由に，担当する職務内容に関係なく公務員の争議行為の一律禁止を合憲とする（最大判昭48・4・25〈全農林警職法事件〉）。

4．公務員は憲法尊重擁護義務を負うことから（憲法99条），公務員に憲法の尊重・擁護を宣誓させること（国家公務員法97条）は，職務の性質上の本質的要請と解されており，憲法19条には違反しない。

5．正しい（最判平元・1・17）。

正答 **5**

全国型，関東型，中部・北陸型

憲法　　　　　参政権　　　平成26年度

参政権に関する次の記述のうち，妥当なものはどれか。

1　参政権は，人間が人間らしく生きていくための権利であることから，憲法上社会権に位置づけられている。

2　選挙権は，万人に平等に与えられた権利であり，成年被後見人や選挙犯罪者，それ以外の罪の受刑者に選挙権を与えないことは憲法上許されない。

3　被選挙権，特に立候補の自由は憲法上明文規定が置かれていないが，選挙権と表裏の関係にあるものとして憲法15条1項で保障されている。

4　立法を行う際には，国民主権の観点から，法的な拘束力を有する国民投票をいつでも実施することができる。

5　公務就任権は，憲法22条1項の職業選択の自由で保障されているため，参政権と見る余地はない。

解説

1. 憲法の人権は，「自由権」「参政権」「社会権」「受益権」に分類される。よって，参政権と社会権は別物である。

2. 選挙人の資格は，各種差別をすることなく法律で平等に定めることとされている（憲法44条）。ただし，選挙犯罪者の参政権を停止したり，それ以外の罪の受刑者に選挙権を与えないことは，それが合理的理由に基づくものである限り憲法上許される（最大判昭30・2・9，東京地裁平7・2・28）。なお，近時，成年被後見人の選挙権を制限する公職選挙法の規定を違憲とする地裁判決（東京地判平25・3・14）が出たことに伴い，平成25年5月，成年被後見人の選挙権の回復等のための公職選挙法等の一部を改正する法律が成立，公布され，成年被後見人の選挙権および被選挙権は認められることになった（公職選挙法11条1項参照）。

3. 正しい。判例は，被選挙権，特に立候補の自由は憲法上明文規定が置かれていないが，選挙権と表裏の関係にあるものとして憲法15条1項で保障されているとした（最大判昭43・12・4〈三井美唄労組事件〉）。

4. 法的な拘束力を有する国民投票は，憲法で特に認められているもの（憲法96条1項の憲法改正の国民投票など）以外に，立法に際して実施することは，手続きとして認められないと解されている。もっとも，国民投票でも法的拘束力のない諮問的な国民投票であれば実施することも許容されると解されている。

5. 公務就任権は，公務員に就任するという意味だけでなく，被選挙権などを含む場合もあるため，広い意味でいえば参政権的な側面を有するといえる。少なくとも，「参政権と見る余地はない」というのは言いすぎである。

正答　3

国家緊急権および抵抗権に関する次のア～オの記述のうち，抵抗権に関する記述をすべて選んだものはどれか。

ア　この権利は，立憲主義を採用している国であればどこでも成り立ちうるものである。

イ　この権利は，法の支配を維持するため，憲法典に明文規定がなくても最後の手段として行使することが許されうる。

ウ　この権利は，公権力に対して行使される点に特徴がある。

エ　この権利は，明治憲法では明文をもって規定されていたが，日本国憲法では明文をもって規定されていない。

オ　革命権が既存の法秩序を否定し，まったく新しい憲法秩序を形成する側面を有するのに対して，この権利は既存の法秩序を部分的に否定し，国民の権利を回復しようとする側面を有する。

1　ア，イ，ウ
2　ア，ウ，オ
3　イ，ウ，エ
4　イ，エ，オ
5　ウ，エ，オ

解説

抵抗権とは，国家権力が重大な不法を行っている場合に，国民が自らの権利や自由を守るために実定法上の義務を拒否する権利である。一方，国家緊急権とは戦争や内乱，災害や大規模恐慌など非常事態に際して，国家の存立を維持するために国家権力が立憲的な憲法秩序を一時的に停止する権利である。

ア：抵抗権に関する記述である。抵抗権は立憲主義を支える基本理念である。

イ：国家緊急権に関する記述である。法の支配を維持するため，憲法典に国家緊急権の規定がなくても行使することができると考えることは可能である。たとえば，イギリスやアメリカでは，国家緊急権の明文規定はないが，英米法のマーシャル・ロー（戒厳）の法理に基づき，緊急事態に対処するための権限が政府や大統領に認められている。

ウ：抵抗権に関する記述である。抵抗権は国家権力＝公権力に対して，実定法上の義務を拒否する行動に出る点に特徴がある。

エ：国家緊急権に関する記述である。明治憲法には，8条（緊急勅令），14条（戒厳大権），31条（非常大権）など，国家緊急権に関する明文規定があった。しかし，日本国憲法ではかかる明文規定が設けられていない。

オ：抵抗権に関する記述である。抵抗権は，法秩序を部分的に否定し，憲法秩序（国民の権利）の回復を目的とするものであるのに対し，革命権は，法秩序を全面的に否定し，新しい憲法秩序の創設を目的とするものであるから，両者は異なる。

よって，正答はア，ウ，オの組合せである**2**である。

正答　**2**

憲法25条が規定する生存権に関する次の記述のうち，判例に照らし，妥当なものはどれか。

1 25条1項は事後の個別的な救貧義務を，同条2項は事前の一般的な防貧義務を，国に課している。

2 25条の規定の趣旨に応えて具体的にどのような立法措置を講ずるかの選択決定は，立法府の裁量にゆだねられてはいるが，裁判所が，広く審査判断するのに適する事柄である。

3 社会保障上の施策において在留外国人をどのように処遇するかについて，国は特別の条約の存しない限り，その政治的判断により決定することができるので，その限られた財源の下で福祉的給付を行うに当たり，自国民を在留外国人より優先的に扱うことも許される。

4 生活保護法に基づく保護受給権は相続の対象となるので，被保護者の生存中の扶助ですでに遅滞にあるものの給付を求める権利についても，相続の対象となる。

5 学生で国民年金に任意加入していなかったために障害基礎年金を受給することができない者に対し，無拠出制の年金を支給する旨の規定を設けるなどの立法措置を講じなかったことは，著しく合理性を欠き憲法25条に違反する。

（参考）憲法25条

1項　すべて国民は，健康で文化的な最低限度の生活を営む権利を有する。

2項　国は，すべての生活部面について，社会福祉，社会保障及び公衆衛生の向上及び増進に努めなければならない。

解説

1. 判例は，本肢のような憲法25条1項・2項分離論を採用していない（最大判昭57・7・7参照）。

2. 判例は，憲法25条の規定の趣旨に応えて具体的にどのような立法措置を講ずるかの選択決定は，立法府の広い裁量にゆだねられており，それが著しく合理性を欠き明らかに裁量の逸脱・濫用と見ざるをえないような場合を除き，裁判所が審査判断するのに適しない事柄であるとする（最大判昭57・7・7）。

3. 妥当である。塩見訴訟の判例である（最判平元・3・2）。

4. 判例は，生活保護法に基づく保護受給権は，被保護者自身の最低限度の生活を維持するために当該個人に与えられた一身専属の権利であって，相続の対象とならないとする。また，被保護者の生存中の扶助ですでに遅滞にあるものの給付を求める権利についても，相続の対象となりえないとする（最大判昭42・5・24）。

5. 判例は，傷病により障害の状態となったが初診日に20歳以上の学生で国民年金に任意加入していなかったために障害基礎年金等を受給することができない者に対し，無拠出制の年金を支給する旨の規定を設けるなどの立法措置を講じなかったことが，著しく合理性を欠くということはできないとする（最判平19・9・28）。

正答　**3**

憲法14条1項後段に列挙されている個別的差別禁止事由に関する次の記述のうち，妥当なものはどれか。ただし，争いのあるものは判例の見解による。

1　「人種」とは，皮膚，毛髪，目，体型等の身体的特徴によって区別される人類学上の種類をいうが，外国人に対する取扱いの区別も人種による差別の問題として扱われる。

2　「信条」とは，宗教上の信仰だけでなく，広く思想上・政治上の主義を意味するところ，企業が労働者の採用を決定するに当たり，特定の思想，信条を有する者について，それを理由として雇い入れることを拒むことは許されない。

3　「性別」による差別は禁止されるため，法律により，男女間で女性に対して異なる扱いをすることは禁止される。

4　「社会的身分」とは，人が社会において占めている地位のことであり，その具体的意味については争いがあるが，憲法14条1項後段に列挙されている個別的差別禁止事由を単なる例示にすぎないと考えるのであれば，この問題の詮索はあまり意味がないことになる。

5　「門地」とは，家系・血統等の家柄をさすが，仮にこの「門地」による差別を禁止する文言を削除すれば，日本国憲法上，明治憲法下における華族制度を復活させることは可能である。

解説

1.　「人種」の意味については正しい。しかし，判例は，外国人に対する取扱いの区別は，国籍の有無を基準とした日本国憲法上の人権享有主体の問題であり，人種差別の問題とは法的性質を異にする（最大判昭30・12・14）とするから，後半は誤り。

2.　前半の「信条」の意味については正しい。しかし，判例は，企業者が特定の思想，信条を有する者をそのゆえをもって雇い入れることを拒んでもそれを当然に違法とすることはできない（最判昭48・12・12〈三菱樹脂事件〉）とするから，後半は誤り。

3.　女性に対する不合理な差別は禁止されるが，男女には肉体的・生理的な条件の違いがあるため，その面から設けられる合理的な区別は認められる。たとえば，労働基準法において妊産婦等の保護（労働基準法64条の2〜）が規定されている。

4.　正しい。憲法14条1項後段に列挙されている個別的差別禁止事由を単なる例示にすぎないと考えるのであれば，列挙事由の一つである「社会的身分」に該当するか否かは特に問題とはならず，取扱いの違いの合理性の有無が問題となるにすぎないからである。

5.　「門地」の意味については正しい。しかし，仮にこの「門地」による差別を禁止する文言を削除しても，憲法14条2項は「華族その他の貴族の制度は，これを認めない」と規定している以上，明治憲法下における華族制度を復活させることはできない。

正答　**4**

地方上級
中部・北陸型
No.
124
憲法　　　　　幸福追求権　　　平成10年度

憲法

行政法

民法

刑法

労働法

幸福追求権に関する次の記述のうち，妥当なものはどれか。ただし，争いのある場合は判例による。

1　憲法13条後段のいわゆる幸福追求権の規定については，これを人権の重要性を強調する一般原理を宣言したものであるとする説と，裁判上の救済を受けることができる具体的権利であるとする説とが対立しているが，判例は当初から一貫して具体的権利性を認めている。

2　良好な環境を享受する権利であるいわゆる環境権について，判例は，自然環境との関係で成立する人格権についてはこれを認めているが，環境権そのものについては，具体的権利として認めていない。

3　幸福追求権により国民の私生活上の自由が保障されていることは判例も認めているから，自己消費を目的とする酒類製造を，立法府がその裁量権に基づいて制約することは許されない。

4　個人の前科および犯罪経歴は，人の名誉，信用に直接かかわる事項であり，みだりに公開されてはならないが，弁護士法の規定に基づく弁護士会からの照会に対しては，その高度の公共性から，公務所はこれを拒否することは許されない。

5　名誉権については，人格価値そのものにかかわる重要な権利であることから，具体的権利性が認められるが，いわゆる表現の自由の優越的地位の理論から，出版物による名誉権の侵害については，いかなる場合も事前差止めは許されない。

解説

1．憲法13条の法的性格については，判例は当初は必ずしも明確な態度を示していなかったが，京都府学連事件（最判昭44・12・24）において具体的権利性を承認するに至った。

2．正しい。大阪空港訴訟における二審判決（大阪高判昭50・11・27）は，人格権に基づく差止請求を認めたが，環境権については直接判断することを避け，最高裁もなんら判断を示していない（最判昭56・12・16）。

3．国の重要な財政収入である酒税の徴収を確保するため，製造目的のいかんを問わず酒類製造を一律に免許の対象とし，これにより自己消費目的の酒類製造の自由が制約されるとしても，そのような規制が立法府の裁量権を逸脱し著しく不合理であることが明白とはいえないとするのが判例である（最判平元・12・14）。

4．公務所が漫然と弁護士会の照会に応じ，犯罪の種類，軽重を問わず前科等のすべてを報告することは，公権力の違法な行使に当たるとするのが判例である（最判昭56・4・14）。

5．その表現内容が真実でなく，またはそれがもっぱら公益を図る目的のものでないことが明白であって，かつ，被害者が重大にして著しく回復困難な損害を被るおそれがあるときは，例外的に事前差止めが許されるものというべきであるとするのが判例である（最判昭61・6・11）。

正答　**2**

憲法

行政法

民法

刑法

労働法

プライバシーに関する次の記述のうち，判例に照らし，妥当なものはどれか。

1　指紋は，その利用方法次第では個人のプライバシーが侵害される危険性があるので，何人も個人の私生活上の自由の一つとしてみだりに指紋の押なつを強制されない自由を有する。

2　表現行為によりプライバシーが侵害されそうな場合は，人格権に基づく事前差止めを請求することができるが，その表現行為が文学作品の場合は，芸術性・思想性を有するので，たとえ公的な立場にない私人をモデルとする場合であっても事前差止めは許されない。

3　情報化社会の進展により，プライバシーとして，自己の情報を積極的にコントロールする権利を憲法は保障している。

4　自動速度監視装置により，運転者の容ぼうを写真撮影することは，証拠保全の必要性があり，その手段が相当であれば許されるが，運転者以外の同乗者の容ぼうを写真撮影することは許されない。

5　前科等をみだりに公開されないことは法律上の保護に値するので，実名を使用することは，事件自体が歴史的または社会的価値を有する場合であっても許されない。

解 説

1．正しい（最判平7・12・15）。

2．判例は，「人格的価値を侵害された者は，人格権に基づき，加害者に対し，現に行われている侵害行為を排除し，又は将来生ずべき侵害を予防するため，侵害行為の差止めを求めることができる」とする（最判平14・9・24）。

3．原審である大阪高裁判決は「自己情報コントロール権は，人格権の一内容であるプライバシーの権利として，憲法13条によって保障されている」としたが，上告審の最高裁判決は，この原審判断を破棄している（最判昭20・3・6）。したがって，最高裁としては，自己情報コントロール権を憲法13条の保障下にある権利として，いまだ承認してないと解されている。

4．判例は，必要性・緊急性・手段の相当性をもってなされる写真撮影は「その対象の中に，犯人の容ぼう等のほか，犯人の身辺または被写体とされた物件の近くにいたためこれを除外できない状況にある第三者である個人の容ぼう等を含むことになっても憲法13条，35条に違反しない」とする判決（最大判昭44・12・24）を引用しつつ，自動速度監視装置による「写真撮影の際，運転者の近くにいるため除外できない状況にある同乗者の容ぼうを撮影することになっても，憲法13条，21条に違反しないことは明らかである」とする（最判昭61・2・14）。

5．判例は，「ある者の前科等にかかわる事実は，他面，それが刑事事件ないし刑事裁判という社会一般の関心あるいは批判の対象となるべき事項にかかわるものであるから，事件それ自体を公表することに歴史的又は社会的な意義が認められるような場合には，事件の当事者についても，その実名を明らかにすることが許されないとはいえない」とする（最判平6・2・8）。

正答 1

地方上級

No.
126

全国型，関東型，中部・北陸型　　　　　　　　　　　〈改題〉

憲法　　　法の下の平等　　　平成30年度

憲法
行政法
民法
刑法
労働法

憲法14条1項の法の下の平等に関する次の記述のうち，判例に照らし，妥当なものはどれか。

1 憲法14条1項は，国民に対し，法の下の平等を保障したものであり，同項に列挙された事由は限定的なものであり，それらの事由については国民に対し絶対的な平等を保障したものであるから，事柄の性質に即応して合理的と認められるとしても差別的取扱いをすることは否定される。

2 尊属の殺害は，通常の殺人に比して一般に高度の社会的道義的非難を受けてしかるべきであるとしても，このことをその処罰に反映させることは，不合理であるといえるため，被害者が尊属であることを，法律上，刑の加重要件とする規定を設けることは，著しく不合理な差別的取扱いをするものと認められ，憲法に違反して無効である。

3 国籍法3条1項は，同法の基本的な原則である血統主義を基調としつつ，日本国民との法律上の親子関係の存在に加え，わが国との密接な結びつきの指標となる一定の要件を設けて，これらを満たす場合に限り出生後における日本国籍の取得を認めることとしたものと解され，その立法目的は，わが国を取り巻く国内的，国際的な社会的環境等の変化に照らしてみると，今日においては合理的な根拠があるということができないため，国籍法3条1項は，憲法14条1項に違反する。

4 父母が婚姻関係になかったという，子にとっては自ら選択ないし修正する余地のない事柄を理由としてその子に不利益を及ぼすことは許されず，子を個人として尊重し，その権利を保障すべきであるという考えが確立されてきているものということができるから，立法府の裁量権を考慮しても，嫡出子と嫡出でない子の法定相続分を区別する（旧）民法900条4号ただし書前段の規定は，遅くとも平成13年7月当時において，憲法14条1項に違反していた。

5 夫婦同姓を定める民法750条の規定は憲法24条に違反するものであるから，民法750条の規定を受けて夫婦が称する氏を婚姻届の必要的記載事項と定めた戸籍法の規定もまた憲法24条に違反する。

解説

1. 憲法14条1項は，国民に対し，法の下の平等を保障したものであり，同項に列挙された事由は例示的なものであって，必ずしもそれに限るものではないが，同項は国民に対し絶対的な平等を保障したものではなく，事柄の性質に即応して合理的と認められる差別的取扱いをすることは否定されない（最大判昭39・5・27）。

2. 尊属の殺害は，通常の殺人に比して一般に高度の社会的道義的非難を受けてしかるべきであるため，このことを処罰に反映させても，不合理であるとはいえないため，被害者が尊属であることを，法律上，刑の加重要件とする規定を設けても，ただちに合理的な根拠を欠くものとはいえず，憲法14条1項に違反しない。しかし，尊属殺の法定刑について死刑または無期懲役刑のみに限っている点は，その立法目的達成のため必要な限度をはるかに超え，普通殺に関する法定刑に比し著しく不合理な差別的取扱いと認められ，憲法に違反して無効である（最大判昭48・4・4〈尊属殺違憲判決〉）。

3. 国籍法3条1項は，同法の基本的な原則である血統主義を基調としつつ，日本国民との法律上の親子関係の存在に加えわが国との密接な結びつきの指標となる一定の要件を設けて，これらを満たす場合に限り出生後の日本国籍の取得を認めるとしたが，この立法目的には，合理的な根拠がある。しかし，日本国民である父と日本国民でない母との間に出生した後に父から認知された子について，父母の婚姻により嫡出子たる身分を取得した（準正のあった）場合に限り届出による日本国籍の取得を認め，認知されたにとどまる子と準正のあった子との間に日本国籍の取得に関する区別を生じさせていることは，憲法14条1項に違反していたとする（最大判平20・6・4〈国籍法3条違憲判決〉）。

4. 妥当である（最大決平25・9・4）。

5. 判例は，民法750条の規定が憲法24条に違反するものでないことは，当裁判所の判例であり，上記規定を受けて夫婦が称する氏を婚姻届の必要的記載事項と定めた戸籍法74条1号の規定もまた憲法24条に違反するものでないとする（最大決令3・6・23）。

正答　4

憲法
行政法
民法
刑法
労働法

教育を受ける権利に関する次の記述のうち，判例に照らし，妥当なもののみをすべて挙げているのはどれか。

A　教育を受ける権利について定める憲法26条1項の背後には，国民各自が一個の人間として，また一市民として成長，発達し，自己の人格を完成，実現するために必要な学習をする権利を有すること，特に自ら学習することのできない子供は，その学習要求を充足するための教育を自己に施すことを大人一般に対して要求する権利を有するとの観念が存在している。

B　学習指導要領は，普通教育における教育の内容および方法についての基準を定めたものであるが，当該要領は，教育における機会均等と一定水準の維持の目的のための必要かつ合理的な大綱的基準にすぎないから，法規としての性質を有しない。

C　教育内容の決定は，議会制・政党政治・多数決には親しまないことなどから，教育内容の決定権は，子供・親・教師を中心とする国民全体にあり，国家は教育内容について決定権を持たない。

D　普通教育においては，児童生徒に教授内容を批判する能力がなく，教師が児童生徒に対して強い影響力，支配力を有することを考え，また子供の側に学校や教師を選択する余地が乏しく，教育の機会均等を図るうえからも全国的に一定の水準を確保すべき強い要請があること等から，普通教育における教師に完全な教授の自由を認めることは，とうてい許されない。

E　憲法26条2項の義務教育は無償とするとの規定は，授業料不徴収の意味と解するのが相当であり，授業料のほかに教科書，学用品その他教育に必要な一切の費用まで無償としなければならないことを定めたものと解することはできない。

1　A，B
2　A，C，D
3　A，D，E
4　B，C，D
5　C，D，E

解説

A：正しい（最判昭51・5・21）。

B：学習指導要領は，法規としての性質を有するとするのが判例である（最判平2・1・18）。

C：子供の教育内容を決定する権能がだれに属するかについては，2つの極端に対立する見解があるが，いずれも極端かつ一方的であり，一定の範囲における教師・親などの教育の自由を認めつつ，必要かつ相当と認められる範囲において国の教育内容決定権を認めるべきであるとするのが判例である（最判昭51・5・21）。

D：正しい（最判昭51・5・21）。E：正しい（最判昭39・2・26）。

よって，妥当なものはA・D・Eであり，正答は**3**である。

正答　**3**

憲法26条に関する次の記述のうち，妥当なものはどれか。争いがある場合には，判例による。

1 憲法26条の規定の背後には，自ら学習することのできない子どもが，その学習要求を充足するための教育を自己に施すことを大人一般に対して要求する権利を有するとの観念までは存在しない。

2 普通教育の場においても，一定の範囲における教授の自由が保障されるべきことは肯定しうるが，普通教育における教師に完全な教授の自由を認めることは，許されない。

3 教科書検定制度は，普通教育の場において，憲法26条が保障する国民の教育を受ける権利を侵害するから，当該制度は憲法に違反する。

4 憲法26条 2 項前段の規定によって，子どもには，自ら普通教育を受ける義務があると考えられる。

5 憲法26条 2 項後段の義務教育は無償とするとの規定は，授業料および教科書代を徴収しないことを意味し，このほかに学用品その他教育に必要な一切の費用まで無償としなければならないことを定めたものではない。

（参考）憲法
第26条　すべて国民は，法律の定めるところにより，その能力に応じて，ひとしく教育を受ける権利を有する。
②　すべて国民は，法律の定めるところにより，その保護する子女に普通教育を受けさせる義務を負ふ。義務教育は，これを無償とする。

解説

1．憲法26条の規定の背後には，国民各自が， 1 個の人間として，また，一市民として，成長，発達し，自己の人格を完成，実現するために必要な学習をする固有の権利を有すること，特に，自ら学習することのできない子どもは，その学習要求を充足するための教育を自己に施すことを大人一般に対して要求する権利を有するとの観念が存在していると考えられる（最大判昭51・ 5 ・21）。

2．妥当である。普通教育の場においても，一定の範囲における教授の自由が保障される。しかし，大学教育の場合には，学生が一応教授内容を批判する能力を備えていると考えられるのに対し，普通教育においては，児童生徒にこのような能力がなく，教師が児童生徒に対して強い影響力，支配力を有すること，教育の機会均等を図る上からも全国的に一定の水準を確保すべき強い要請があることなどから，教師に完全な教授の自由を認めることは，到底許されない（最大判昭51・ 5 ・21）。

3．普通教育の場においては，児童，生徒の側にはいまだ授業の内容を批判する十分な能力は備わっていないこと，学校，教師を選択する余地も乏しく教育の機会均等を図る必要があることなどから，教育内容が正確かつ中立・公正で，地域，学校のいかんにかかわらず全国的に一定の水準であることが要請される。教科書検定が，この各要請を実現するために行われるものであることは，その内容から明らかであり，憲法26条の規定に違反するものではない（最判平 5 ・ 3 ・16）。

4．憲法26条 2 項前段の規定は，子どもに教育を受ける義務があるとするものではなく，親などが，その保護する子女に普通教育を受けさせる義務を負うとするものである。

5．憲法26条 2 項後段の「義務教育は，これを無償とする」という意義は，国が義務教育を提供するにつき有償としないこと，子女の保護者に対しその子女に普通教育を受けさせるにつき，その対価を徴収しないことを定めたものであり，同条項の無償とは授業料不徴収の意味と解する。憲法の義務教育は無償とするとの規定は，授業料のほかに，教科書，学用品その他教育に必要な一切の費用まで無償とすると解することはできない（最大判昭39・ 2 ・26）。

正答　**2**

地方上級
全国型，関東型，中部・北陸型

No. 129　憲法　海外渡航の自由　平成24年度

海外渡航の自由に関する次の文章のア〜カに入る語句を〈語群〉の中から選んだ場合，正しい語句の組合せのみを挙げているものはどれか。

　海外　ア　（海外渡航）の自由が憲法上保障されているとする点については争いはないが，その根拠規定に関しては争いがある。

　まず，海外　ア　は「外国に　イ　」に含まれると考え，　ウ　で保障されると解する見解がある。また，　エ　の「　オ　の自由」が，居住所を変更する自由のみならず，　ア　の自由を含むものと解する見解もある。さらに，一般的な自由または幸福追求権の一部として　カ　により保障されていると解する見解もある。

〈語群〉

移住　　移転　　旅行　　憲法第13条　　憲法第22条第1項　　憲法第22条第2項

（参考条文）憲法

第13条　すべて国民は，個人として尊重される。生命，自由及び幸福追求に対する国民の権利については，公共の福祉に反しない限り，立法その他の国政の上で，最大の尊重を必要とする。

第22条　何人も，公共の福祉に反しない限り，居住，移転及び職業選択の自由を有する。

　　2　何人も，外国に移住し，又は国籍を離脱する自由を侵されない。

1　ア．旅行　　　ウ．憲法第22条第1項

2　イ．移住　　　エ．憲法第22条第2項

3　イ．移転　　　エ．憲法第22条第1項

4　イ．移住　　　カ．憲法第13条

5　オ．移住　　　カ．憲法第13条

解説

空欄に入る語句は，設問文章と参照条文とを慎重に照らし合わせて読めば埋めることができる。その結果，アには「旅行」，イには「移住」，ウには「憲法第22条第2項」，エには「憲法第22条第1項」，オには「移転」，カには「憲法第13条」が入ることがわかる。

　よって，正答は**4**である。

　なお，アに入る語句が「旅行」であると判断しただけで**1**を選ぶということがないよう，問題文は正確に読む必要がある。

正答　**4**

地方上級

No.
130

全国型，関東型，中部・北陸型

憲法　信教の自由・政教分離原則　平成22年度

憲法

行政法

民法

刑法

労働法

信教の自由および政教分離原則に関する次の記述のうち，判例に照らし，妥当なものはどれか。

1　宗教法人に関する法的規制が，信者の宗教上の行為を法的に制約する効果を伴わないとしても，これになんらかの支障を生じさせることがあるとするならば，憲法の保障する精神的自由の一つとしての信教の自由の重要性に思いを致し，憲法がそのような規制を許容するものであるかどうかを慎重に吟味しなければならない。

2　公立学校において，信仰する宗教の教義に基づいて必修科目である剣道実技の履修を拒否する生徒に対し，他の体育実技の履修，レポート提出等の代替措置を課したうえで，その成果に応じた評価を行い単位の認定をすることは，特定の宗教を援助，助長，促進する効果を有するものであり，憲法20条3項に違反する。

3　静謐な宗教的環境の下で信仰生活を送るという宗教上の人格権は法的利益として認められるため，妻が拒否したにもかかわらず，殉職した自衛官の夫を県護国神社に合祀することは，妻の信教の自由を侵害するものであり，許されない。

4　県知事が，神社が挙行する例大祭に対し玉串料を県の公金から支出する行為に関し，神社の参拝の際に玉串料を奉納することは，一般人から見てそれが過大でない限りは社会的儀礼として受容されるものであり，特定の宗教に対する援助，助長，促進または他の宗教への圧迫，干渉にはならないから，憲法20条3項に違反しない。

5　憲法20条1項後段にいう「宗教団体」，憲法89条にいう「宗教上の組織若しくは団体」とは，宗教となんらかのかかわり合いのある行為を行っている組織または団体のすべてを意味し，特定の宗教の信仰，礼拝，普及等の宗教的活動を行うことを本来の目的としない組織または団体も含まれる。

解説

1. 正しい（最決平8・1・30〈宗教法人オウム真理教解散命令事件〉）。

2. 判例は，公立学校において，信仰する宗教の教義に基づいて必修科目である剣道実技の履修を拒否する生徒に対し，他の体育実技の履修，レポート提出等の代替措置を課したうえで，その成果に応じた評価を行い単位の認定をすることは，特定の宗教を援助，助長，促進する効果を有するものではなく，憲法20条3項に違反しないとする（最判平8・3・8）。

3. 判例は，信教の自由の保障は，何人も自己の信仰と相容れない信仰を持つ者の信仰に基づく行為に対して，それが強制や不利益の付与を伴うことにより自己の信教の自由を妨害するものでない限り寛容であることを要請しているものというべきであり，静謐な宗教的環境の下で信仰生活を送るという宗教上の人格権は法的利益として認めることができない性質のものであるため，妻が拒否したにもかかわらず，殉職した自衛官の夫を県護国神社に合祀することは，妻の信仰になんら干渉するものではなく，妻の信教の自由はなんら侵害されていないとする（最大判昭63・6・1）。

4. 判例は，県知事が，神社が挙行する例大祭に対し玉串料を県の公金から支出する行為は，その目的が宗教的意義を持つことを免れず，その効果が特定の宗教に対する援助，助長，促進になると認めるべきであり，これによってもたらされる県と神社等とのかかわり合いがわが国の社会的・文化的諸条件に照らし相当とされる限度を超えるものであって，憲法20条3項の禁止する宗教的活動に当たるとする（最大判平9・4・2〈愛媛県玉串料訴訟〉）。

5. 判例は，憲法20条1項後段にいう「宗教団体」，憲法89条にいう「宗教上の組織若しくは団体」とは，宗教となんらかのかかわり合いのある行為を行っている組織ないし団体のすべてを意味するものではなく，特定の宗教の信仰，礼拝または普及等の宗教的活動を行うことを本来の目的とする組織ないし団体をさすものであるとする（最判平5・2・16〈箕面忠魂碑・慰霊碑訴訟〉）。　　　**正答　1**

憲法
行政法
民法
刑法
労働法

思想・良心の自由および信教の自由に関する次の記述のうち，判例に照らし，**妥当でないもの**はどれか。

1 裁判所が謝罪広告を新聞紙等に掲載すべきことを命ずることは，たとえそれが単に事態の真相を告白し陳謝の意を表明するにとどまる程度のものであっても許されない。

2 高校受験に際して学校側に提出する内申書に生徒の政治集会への参加等を記載しても，思想，信条そのものを記載したものでないことは明らかであり，その記載によって当該生徒の思想，信条を了知しうるものではないので，憲法19条に違反するものとはいえない。

3 企業者が，労働者の採用に当たって，労働者の思想，信条を調査し，その者からこれに関連する事項についての申告を求めることも内心的自由を侵害することにはならない。

4 信仰上の理由で剣道実技を拒否した生徒に対して，なんらの代替措置をとらず，原級留置・退学処分に処した学校側の措置は，社会通念上著しく妥当性を欠くものと評価するほかなく，裁量権の範囲を超え違法である。

5 式典において，教員に対し国歌斉唱の際の起立斉唱行為を命ずる職務命令は，起立斉唱行為には応じ難いと考える者が，これらに対する敬意の表明にかかる行為を求められることになるため，その者の思想および良心の自由についての間接的な制約となる面があることは否定しえない。

解説

1. 妥当でない。判例は，裁判所が謝罪広告を新聞紙等に掲載すべきことを命ずることは，単に事態の真相を告白し陳謝の意を表明するにとどまる程度のものであれば，憲法19条の思想・良心の自由に違反しないとしている（最大判昭31・7・4〈謝罪広告命令事件〉）。

2. 妥当である。判例は，高校受験に際して学校側に提出する内申書に生徒の政治集会への参加等を記載しても，思想，信条そのものを記載したものでないことは明らかであり，その記載によって当該生徒の思想，信条を了知しうるものではないし，生徒の思想，信条自体を高校の入学者選抜の資料に供したものとは到底解することができないので，憲法19条に違反しないとした（最判昭63・7・15〈麹町中学校内申書事件〉）。

3. 妥当である。判例は，企業者が労働者の採否決定に当たって，労働者の思想，信条を調査し，その者からこれに関連する事項についての申告を求めることも内心的自由を侵害することにはならないとした（最大判昭48・12・12〈三菱樹脂事件〉）。

4. 妥当である。判例は，信仰上の理由で剣道実技を拒否した生徒に対して，なんらの代替措置をとらず，原級留置・退学処分に処した学校側の措置は，社会通念上著しく妥当性を欠く処分であるとし，裁量権の範囲を超え違法であるとした（最判平8・3・8〈エホバの証人剣道実技拒否事件〉）。

5. 妥当である。判例は，都立高等学校の卒業式において，教員に対し国歌斉唱の際の起立斉唱行為を命ずる職務命令は，起立斉唱行為には応じ難いと考える者が，これらに対する敬意の表明にかかる行為を求められることになるため，その者の思想および良心の自由についての間接的な制約となる面があることは否定しえないとした。また，このような間接的な制約が許されるか否かは，職務命令の目的および内容ならびに制約の態様等を総合的に較量して，当該職務命令に制約を許容しうる程度の必要性および合理性が認められるか否かという観点から判断するのが相当であるとしている（最判平23・5・30）。

よって，正答は**1**である。

正答 **1**

地方上級

No. 132

全国型，関東型，中部・北陸型

憲法　　　　**財産権**　　　　平成**23年度**

憲法

行政法

民法

刑法

労働法

財産権の制限と補償に関する次の記述のうち，判例に照らし妥当なものはどれか。

1 ため池の堤とうに農作物を植え，または建物などを設置することを禁止することは，ため池の破損，決かい等による災害を未然に防止するという社会生活上のやむをえない必要から来ることであって，そのような制約は，ため池の堤とうを使用しうる財産権を有する者が当然受忍しなければならない責務というべきものであって，憲法29条3項の損失補償はこれを必要としない。

2 自作農創設特別措置法により買収された農地等が特定の者に売り渡されてその私的な用に供される場合は，憲法29条3項の「公共のため」に用いたとはいえない。

3 平和条約の締結によって生じた在外資産の喪失による損害は，単に戦争犠牲または戦争損害として，国民の等しく受忍しなければならなかったとされる財産権の制限の範囲を超え，特別の犠牲を課したものとする余地があるから，憲法29条3項の趣旨に照らすと，その補償を請求することができる。

4 特定の人に対し，特別に財産上の犠牲を課すにもかかわらず，その犠牲による現実の損失について，損失補償に関する規定がない法律は，憲法29条3項に違反して無効である。

5 憲法29条3項の「正当な補償」とは，いかなる場合も，その当時の経済状況において成立すると考えられる価格に基づいた，完全な補償でなければならない。

解説

1. 正しい（最大判昭38・6・26〈奈良県ため池条例事件〉）。

2. 判例は，自作農創設特別措置法による農地改革は，同法1条に法律の目的として掲げられた，耕作者の地位を安定し，その労働の成果を公正に享受させるため自作農を急速かつ広汎に創設するといった公共の福祉の為の必要に基づいたものであるから，自創法により買収された農地等が買収申請人である特定の者に売り渡されるとしても，それは農地改革を目的とする公共の福祉の為の必要に基づいて制定された自創法の運用による当然の結果にほかならないとして，憲法29条3項の「公共のため」に用いたといえるとする（最判昭29・1・22）。

3. 判例は，平和条約の締結によって生じた在外資産の喪失による損害は，戦争中から戦後占領時代にかけての国の存亡にかかわる非常事態にあっては，国民のすべてが，多かれ少なかれ，その生命・身体・財産の犠牲を堪え忍ぶべく余儀なくされていたのであって，これらの犠牲は，いずれも，戦争犠牲または戦争損害として，国民の等しく受忍しなければならなかった一種の戦争損害として，これに対する補償は，憲法のまったく予想しないところというべきであるとして，補償を請求することはできないとする（最大判昭43・11・27）。

4. 判例は，特定の人に対し，特別に財産上の犠牲を課すにもかかわらず，その犠牲による現実の損失について，損失補償に関する規定がない法律であっても，直接憲法29条3項を根拠に損失補償を請求する余地がまったくないわけではないから，憲法に違反せず無効と解すべきでないとする（最大判昭43・11・27）。

5. 判例は，農地改革事件で，憲法29条3項の「正当な補償」とは，その当時の経済状況において成立すると考えられる価格に基づき，合理的に算出された相当な額をいうのであって，必ずしも常にかかる価格と完全に一致することを要するものではないとする（最大判昭28・12・23）。

正答　1

地方上級

全国型，関東型，中部・北陸型

No.
133

憲法

集会の自由

平成21年度

憲法

行政法

民法

刑法

労働法

集会の自由に関する次の記述のうち，判例に照らし，妥当なものはどれか。

1 デモ行進は動く集会として憲法21条で保障されるので，これについても検閲の禁止が妥当し，デモ行進等の集団行動について行政権による事前規制を認めることは許されない。

2 道路交通秩序の維持を目的として，道路交通法でデモ行進について警察署長の事前の許可を必要とすることは，集会の自由を不当に制限するもので憲法21条に違反する。

3 市民会館は多数の市民が利用する公共の施設であって，管理者は施設内での公共の安全を保持する義務があるので，集会が行われることによって危険な事態を生ずる蓋然性が認められる場合には，その使用を認めないこととしても集会の自由の侵害には当たらない。

4 市が管理・運営する福祉会館において，集会の申請者が平穏に集会を行おうとしていても，その集会に反対する者らが，これを実力で阻止し，妨害しようとして紛争を起こすおそれがある場合には，そのことを理由に使用不許可の処分を行っても集会の自由の侵害には当たらない。

5 地方公共団体が，集団行動による表現の自由に関するかぎり，いわゆる公安条例をもって地方的状況その他諸般の事情を十分考慮に入れ，不測の事態に備え，法と秩序を維持するに必要かつ最小限度の措置を事前に講ずることはやむをえないものとして許される。

解 説

1．判例は，届出を義務づけるなどの事前規制を合理的かつ明確な基準の下で認めている（最大判昭29・11・24）。また，このような義務を課すことは，検閲には当たらない。なお，集会や集団行進は多数人の集合であるため，社会に及ぼす影響が大きいことから，事後の規制よりも制約の程度が大きい事前規制が許されている点に特質がある。

2．判例は，道路交通秩序の維持という目的が正当であることや，道路交通法が使用許可に関する明確かつ合理的な基準を掲げて道路における集団行進が不許可とされる場合を厳格に制限していることなどを理由に，事前の許可制を合憲であるとする（最判昭57・11・16）。

3．判例は，市民会館の使用を不許可とするには，「単に危険な事態を生ずる蓋然性があるというだけでは足りず，明らかな差し迫った危険の発生が具体的に予見されることが必要である」とする（最判平7・3・7）。

4．判例は，「主催者が集会を平穏に行おうとしているのに，その集会の目的や主催者の思想，信条等に反対する者らが，これを実力で阻止し，妨害しようとして紛争を起こすおそれがあることを理由に公の施設の利用を拒むことができるのは，警察の警備等によってもなお混乱を防止することができないなど特別な事情がある場合に限られる」とする（最判平8・3・15）。

5．正しい（最判昭35・7・20）。

正答 **5**

結社の自由に関する次の記述のうち，妥当なものはどれか。

1 結社の自由は結社する・しない，加入する・しないの自由を保障しているが，加入後については団体内部の自主性を尊重すべきであるから，団体の解散や団体からの脱退については保障が及ばない。

2 結社の自由は，団体の構成員の自由を保障すれば足りるので，団体自らの意思決定の自由や意思決定したことを実際に行う活動の自由は保障していない。

3 結社の自由が保障されるのは，精神的作用を行う団体に限られ，経済活動を行うことを目的とする団体は保障されない。

4 たとえ憲法的秩序を暴力的に破壊することを目的とする団体であっても，その活動の種類や態様等にかかわりなく一律に結社の自由を認めないとすることは許されない。

5 結社の自由は，多数人が一定の共通の目的をもって集合するという点で集会の自由と類似している。したがって，結社の自由を集会の自由と別に保障したことには特に大きな意味合いがあるわけではない。

解 説

1. 結社に加入しない自由は，その論理的帰結として脱退する自由の保障をも含んでいる。また，結社の自由は，結社だけでなくその団体が団体として活動する自由も保障しているので，むやみに団体を解散させられないという点についての保障も及ぶ。

2. 結社の自由の中心は，団体としての活動の自由の保障であるから，団体自らの意思決定の自由や意思決定したことを実際に行う活動の自由の保障も含まれる。

3. 結社の自由の保障の対象となる結社の範囲については，精神的作用を行う団体のみに限られず，経済活動・宗教活動・社会活動などを行うことを目的とするすべての団体が含まれると解されている（通説）。

4. 正しい。学説は，「『憲法秩序の基礎』という過度に広汎で不明確な原則をもち出して結社の自由を規制する試みは，規制の対象，理由，方法，時期などのいかんにもよるが，一般的には，かえって憲法を支える立憲民主主義の崩壊につながるおそれが大きい」などとして（芦部説），一律に結社の自由を認めないとすることは許されないとしている。

5. 集会の自由が一時的な集合体であるのに対して，結社の自由は継続的な結合体であるという点で両者は性質を異にしており，これを別々に保障したことには意味がある。

正答 **4**

地方上級

No. 135

全国型，関東型，法律専門タイプ，神奈川県

憲法 　青少年保護育成条例の憲法上の論点　平成19年度

A県の条例では，知事は，図書の内容が，著しく性的感情を刺激し，または著しく残忍性を助長するため，青少年の健全な育成を阻害するおそれがあると認めるときは，当該図書を「有害図書」として指定し，この有害指定図書を青少年に販売したり自動販売機に収納したりすることを禁じ，それらの違反行為を処罰する旨が規定されている。この場合に関する次の記述のうち，判例に照らし，妥当なものはどれか。

1　本条例の「有害図書」の定義は，刑法上の「わいせつ」の概念と同様に，不明確であるということはできないから，これを青少年に販売した者や自動販売機に収納した者を処罰しても罪刑法定主義には違反しない。

2　本条例では，有害指定図書であっても成人に販売することは禁止されていないから，本条例は，未成年者の知る権利を侵害することはあっても，成人の知る権利は侵害されないので，成人との関係では表現の自由の侵害は問題とならない。

3　有害図書を規制する本条例は，A県とそのような条例を定めない他の都道府県との間で取扱いに差異が生じることになるため，法の下の平等に違反し違憲となる。

4　本条例における「有害図書」の定義が曖昧・不明確であるとの理由により憲法第31条に違反するかどうかについては，未成年者の理解において，具体的場合に当該行為がその適用を受けるものかどうかの判断を可能ならしめるような基準が読み取れるかどうかによってこれを決定すべきである。

5　本条例は，問題となる図書を知事が事前に網羅的にチェックしたうえで「有害図書」に指定することを認めるものであるから，憲法第21条第2項の検閲に該当し違憲である。

解説

1. 正しい（最判平元・9・19〈岐阜県青少年保護育成条例事件〉，最大判昭59・12・12〈税関検査訴訟事件〉）。

2. 判例は，本件のような条例は，成人に対する関係においても，有害図書の流通をいくぶん制約することにはなるものの，青少年の健全な育成を阻害する有害環境を浄化するための規制に伴う必要やむをえない制約であるから，憲法21条1項に違反するものではないと判示しており（最判平元・9・19），成人との関係においても表現の自由の侵害の可能性については認めている。

3. 判例は，憲法が各地方公共団体に条例制定権を認める以上，地域によって差別が生じることは当然に予期されることであるから，違憲とはならないとする（最大判昭33・10・15，最大判昭60・10・23）。

4. 判例は，ある刑罰法規の明確性の基準については，通常の判断能力を有する一般人の理解において，具体的場合に当該行為がその適用を受けるものかどうかの判断を可能ならしめるような基準が読み取れるかどうかによってこれを決定すべきであるとする（最大判昭50・9・10〈徳島市公安条例事件〉）。

5. 判例は，「検閲」（憲法21条2項）とは，「行政権が主体となって，思想内容等の表現物を対象とし，その全部又は一部の発表の禁止を目的として，対象とされる一定の表現物につき網羅的一般的に，発表前にその内容を審査した上，不適当と認めるものの発表を禁止すること」とする（最大判昭59・12・12）。したがって，本条例は，出版済みの図書について，有害図書として指定された後も，成人に対する販売は許されるのであるから，検閲には当たらない。

正答　**1**

No. 136 憲法 思想および良心の自由 令和2年度

全国型，関東型，中部・北陸型，市役所A

憲法19条の思想および良心の自由に関する次の記述のうち，妥当なものはどれか。

1 良心とは人の内心のうちの倫理的側面を，思想はそれ以外の側面をいい，両者は明確に区別され，後者は前者より広いとされる。

2 国民がいかなる思想を抱いているかについて，国家権力が露顕を強制することは許されないとする沈黙の自由は保障されていない。

3 たとえ民主主義を否定する思想であっても，それが内心の領域にとどまる限り絶対的な自由が保障されるから，特定の思想を抱くことを禁止することは許されない。

4 企業者が，労働者の採否決定に当たり，労働者の思想，信条を調査し，そのためその者からこれに関連する事項についての申告を求めることは，法律上禁止された違法な行為であるとするのが判例である。

5 公務員は憲法を尊重し擁護する義務を負っているが，公務員に憲法の尊重擁護の宣誓をさせることは違憲である。

解説

1. 通説は，思想と良心の両者を，特に区別する必要はないとしている。

2. 憲法19条によって，国民がいかなる思想を抱いているかについて，国家権力が露顕を強制することは許されないとする沈黙の自由が保障される。

3. 妥当である。

4. 企業者が，労働者の採否決定に当たり，労働者の思想，信条を調査し，そのためその者からこれに関連する事項についての申告を求めることも，これを法律上禁止された違法行為とすべき理由はないとするのが判例である（最大判昭48・12・12）。

5. 公務員は憲法を尊重し擁護する義務を負う（憲法99条）ことから，公務員に憲法の尊重擁護を宣誓させることが違憲であるとはいえない。

正答 **3**

営利的言論の自由の憲法上の位置づけについて，次の3説がある。

（A説）　営利的言論の自由は，表現の自由ではなく経済活動の自由によって保障される。

（B説）　営利的言論の自由は，表現の自由に含まれるが，非営利的言論の自由の場合よりも幅広い制約に服する。

（C説）　営利的言論の自由は，表現の自由に含まれ，その制約に関しては，非営利的言論の自由の場合と同様の厳格な基準が適用される。

次のア～オは上記3説のいずれかの論拠に関する記述であるが，このうちC説の論拠として妥当なものだけを選んでいるのはどれか。

ア　営利的言論の自由は，情報の受け手の自由として保障されなければならない。

イ　表現の自由は，民主主義の過程にかかわる表現のみを保障していると解すべきである。

ウ　表現の自由に含まれる価値には，個人が言論活動を通じて自己の人格を発展させるという自己実現の価値と，言論活動によって国民が政治的意思決定に関与するという自己統治の価値があるが，表現の自由の重点ないし現代的意義は後者にあると考えられる。

エ　表現の自由は，話者が何者にも強制されず，思想を表明することを保障した自由だと考えれば，営利目的に支配された表現はこの自由を阻害するものである。

オ　営利的言論と非営利的言論の区別は相対的なものであり，両者を明確に区別するのは困難である。

1　ア，ウ　　　**2**　ア，オ　　　**3**　イ，エ　　　**4**　ウ，オ　　　**5**　エ，オ

解説

ア：B説とC説の論拠となる。情報を受け取ることの重要性から考えれば，営利的言論の自由も，表現の自由に含まれるからである。

イ：A説の論拠となる。営利的言論は，民主主義とは直接関係しないからである。

ウ：B説の論拠となる。表現の自由の重点ないし現代的意義を自己統治にあると考えれば，営利的言論の自由は，非営利的言論の自由よりも広い制約に服することになるからである。

エ：A説の論拠となる。営利目的に支配された表現が表現の自由を阻害するものであるとしているからである。

オ：C説の論拠となる。営利的言論と非営利的言論の区別が困難であるとすれば，営利的言論の自由も，表現の自由に含まれ，その制約に関しては，厳格な基準が適用されるからである。

したがって，C説の論拠となるのは，アとオであり，正答は**2**である。

正答　**2**

地方上級 No.138

全国型，関東型，中部・北陸型，法律専門タイプ，大阪府，札幌市

憲法　表現の自由と名誉毀損　平成15年度

表現の自由と名誉毀損に関する教授と学生A〜Eとの次の会話の中で，学生の発言のうち妥当なものの組合せはどれか。なお，争いがあれば判例による。

教授：小説の出版などの表現活動を事前に差し止めることは許されますか。

学生A：例外的に許されます。憲法21条2項の検閲も例外的に認められるからです。

教授：名誉毀損的表現については，刑法230条の2で，真実の証明がなされれば刑事上免責を受けられますが，民事上はどうですか。

学生B：民事上でも同様です。真実であることが証明されたときは，違法性を欠き不法行為となりません。

教授：それでは，真実の証明がなされなくても刑事上免責される場合はありますか。

学生C：ありません。

教授：刑法230条の2は事実の公共性を要件の一つにしていますが，私人の私生活上の行状はこれに該当しますか。

学生D：その携わる社会的活動の性質や社会に及ぼす影響力によっては，当たる場合もあります。

教授：ところで，判決で謝罪広告を命じることは許されますか。

学生E：思想・良心の自由を侵害するので違憲です。

1 A，B

2 A，C

3 B，D

4 C，D

5 D，E

（参考）刑法230条の2第1項

　　前条第1項の行為が公共の利害に関する事実に係り，かつ，その目的が専ら公益を図ることにあったと認める場合には，事実の真否を判断し，真実であることの証明があったときは，これを罰しない。

解説

学生Aの発言：前半は正しい（最判平14・9・24）が，後半が誤り。判例は，憲法21条2項の「検閲」を絶対的禁止としている（最判昭59・12・12）。

　学生Bの発言：正しい（最判昭41・6・23）。

　学生Cの発言：判例は，事実が真実であることの証明がない場合でも，行為者がその事実を真実だと誤信し，その誤信したことについて，確実な資料，根拠に照らして相当の理由があるときは，故意がなく，名誉毀損罪は成立しないとしている（最判昭44・6・25）。

　学生Dの発言：正しい（最判昭56・4・16）。

　学生Eの発言：判例は，単に事態の真相を告白し陳謝の意を表明するにとどまる程度の謝罪広告を新聞紙に掲載すべきことを命ずる判決は，良心の自由を侵害しないとしている（最判昭31・7・4）。

　よって，正答は**3**である。

正答　**3**

憲法

行政法

民法

刑法

労働法

刑事手続きに関する次の記述のうち，妥当でないものはどれか。

1　令状主義の下では，現行犯として逮捕される場合を除いては，令状がなければ逮捕されないので，緊急やむをえない場合になされる緊急逮捕は，令状によらないで逮捕することになるので許されない。

2　所持品検査は，所持人の承諾を得て，その限度においてこれを行うのが原則であるが，捜索に至らない程度の行為は，強制にわたらない限り，所持品検査の必要性，緊急性，これによって侵害される個人の法益と保護されるべき公共の利益との権衡などを考慮し，具体的状況の下で相当と認められる限度で許容される場合がある。

3　被告人は資格を有する弁護人を依頼することができ，被告人が自らこれを依頼することができないときは国でこれを付するとされ，被告人は国選弁護人を依頼することができるが，弁護人依頼権は被告人が自ら行使すべきものであり，裁判所が被告人に対して弁護人依頼権を告知する義務はない。

4　証拠収集手続きに，令状主義の精神を没却するような重大な違法があり，これを証拠として採用することが将来における違法な捜査の抑制の見地からして相当でないと認められる場合においては，その証拠能力は否定される。

5　余罪を実質上処罰する趣旨で量刑の資料に考慮し，被告人を重く処罰することは憲法31条に違反するが，量刑のための一情状として，余罪を考慮することは許される。

解説

1．妥当でない。よってこれが正答である。判例は，緊急逮捕が罪状の重い一定の犯罪に限定されていることや，緊急性があること，また事後に直ちに逮捕状の請求が義務づけられていることなどを理由に緊急逮捕を合憲としている（最大判昭30・12・14）。

2．判例は，所持品検査について，捜索に至らない程度の行為は，強制にわたらない限り，たとえ所持人の承諾がなくても，所持品検査の必要性，緊急性，これによって侵害される個人の法益と保護されるべき公共の利益との権衡などを考慮し，具体的状況の下で相当と認められる限度において許容される場合があるとする（最判昭53・9・7）。

3．判例は，弁護人依頼権は被告人が自ら行使すべきもので，裁判所，検察官等は被告人がこの権利を行使する機会を与え，その行使を妨げなければよいのであって，憲法は弁護人依頼権を被告人に告知する義務を裁判所に負わせているものではないとする（最大判昭24・11・30）。

4．判例は，「証拠物の押収等の手続に，憲法35条及びこれを受けた刑訴法218条1項等の所期する令状主義の精神を没却するような重大な違法があり，これを証拠として許容することが，将来における違法な捜査の抑制の見地からして相当でないと認められる場合においては，その証拠能力は否定される」とする（最判昭53・9・7）。

5．判例は，起訴されていない犯罪事実をいわゆる余罪として認定し，実質上これを処罰する趣旨で量刑の資料に考慮することは許されないが，単に被告人の性格，経歴および犯罪の動機，目的，方法等の情状を推知するための資料としてこれを考慮することは許されるとする（最大判昭41・7・13）。

正答　**1**

国籍に関する次の記述のうち，妥当なものはどれか。

1　国民の要件は，法律で定めることとされているため，どのような者に国籍を与えるかは国家の自由裁量である。

2　国籍の取得については，血統主義や出生地主義が妥当することから，すでに外国籍を有する者が日本国籍を取得できる場合はない。

3　国民の重大な義務に違反した者について国籍を剥奪する制度を設けても，憲法には違反しない。

4　国籍離脱について許可制を導入しても，憲法に違反しない。

5　国籍単一の原則から，無国籍や重国籍は認められないため，国籍離脱の自由にも一定の制限が加えられる。

解説

1. 前半は正しいが，後半が誤り。前半については，憲法10条に日本国民の要件について規定がある。後半については，国民の要件を定めるに際しては，親の血統に従って親と同じ国籍を子に取得させる血統主義と，出生に際し出生地国の国籍を子に取得させる出生地主義がある。基本的にこのいずれかが国籍を定める際の基準であり，国家の自由裁量というわけではない。なお，わが国の国籍法は前者を原則として，後者を例外的に認めている（国籍法2条）。

2. 外国籍を有する者も，帰化という形で日本国籍を取得することができる（同4〜9条）。

3. 国籍の剥奪は，日本国憲法の保障する基本的人権の剥奪につながるものであるから（選挙権などは特に明白である），このような制度は憲法に違反する。

4. 憲法は国籍離脱の自由を認めており（憲法22条2項），これを許可制にすることは憲法に違反する。国籍法もその趣旨を受け，離脱については届け出で足りるとしている（国籍法13条）。

5. 正しい。個人はいずれかの国家による庇護を受けるべきものとされ，憲法22条2項は，無国籍や重国籍になる自由を含むものではないと解されている。国籍法11条1項が「日本国民は，自己の志望によって外国の国籍を取得したときは，日本の国籍を失う」と定めているのは，その趣旨である。

正答　**5**

全国型，中部・北陸型，法律専門タイプ

憲法　　**労働基本権**　　平成**15年度**

労働基本権に関する次の記述のうち妥当なものはどれか。

1　労働基本権は，近代の資本主義経済の成立とともに確立した人権であり，財産権をはじめとする経済的自由権と並んで，憲法の人権カタログの中で最も古い起源を有する人権である。

2　憲法第28条は，すべての労働者が労働基本権を享受し得るように国政を運営すべきことを国の責務として宣言したにとどまり，直接個々の国民に対して具体的な権利を賦与したものではない。

3　憲法の基本的人権は原則として国家と国民との間の関係を規律するものであるが，憲法第28条は，使用者に対して経済的に不利な立場にある労働者を保護するという観点から，私人間関係である民間企業の労使関係にも直接適用される。

4　憲法の定める基本的人権はすべての国民に平等に保障されるものであるから，憲法第28条にいう「勤労者」には，企業の経営者や自営業者，さらには実際に就労していない者も含まれており，実質的にはすべての国民を意味する。

5　公務員は，国家との関係において一般の国民とは異なった特別の関係にあり，さらに全体の奉仕者として国民全体の利益に密接にかかわる職務を行うことから，労働基本権が保障される余地はなく，憲法第28条にいう勤労者には含まれない。

参照条文　憲法第28条　勤労者の団結する権利及び団体交渉その他の団体行動をする権利は，これを保障する。

解説

1．誤り。労働基本権は，自由競争に基づく資本主義経済の発展過程において，劣悪な労働条件を強いられてきた労働者を保護し，労働運動を保護するために確立された人権である。したがって，近代資本主義経済の成立とともに確立したとも，人権カタログの中で最も古い起源を有するともいえず，むしろ，福祉国家思想に基づく新しい人権である。

2．誤り。憲法28条は，すべての労働者が労働基本権を享受するように国政を運営すべきことを国の責務と宣言したのみならず，正当な理由なく労働基本権を制限するような立法その他の国家行為について労働者が本条を根拠に争う権利を認めていると解される。その意味で，直接個々の国民に対して具体的な権利を付与しているといえる。

3．正しい。憲法28条は，使用者対労働者の私人間の関係においても，労働者の権利を保護するため，使用者に労働基本権を尊重する義務を課しており，私人間関係である民間企業の労使関係にも直接適用される。それを受けて，労働組合法8条は，正当な争議行為に対して使用者が損害賠償を請求できない旨を注意的に規定している。

4．誤り。憲法28条にいう勤労者とは，労働力を提供して対価を得て生活する者のことである（労働組合法3条の労働者と同義）。したがって，労働力を提供して対価を得る者であれば，実際に就労していなくても勤労者に含まれうるが，企業の経営者や自営業者は勤労者には含まれない。

5．公務員にも，多様な職種の者がおり，一般の労働者と同様の職務を行っている者も多いため，公務員の労働基本権の制限については，その職務の性質に応じて，最低限度のものでなければならないと解される。したがって，公務員には，労働基本権が保障される余地はなく憲法28条にいう勤労者に含まれないということはできない。

正答　**3**

地方上級

全国型，関東型，中部・北陸型

No.
142

憲法　公務員の労働基本権　平成30年度

憲法

行政法

民法

刑法

労働法

公務員の労働基本権に関する次の記述のうち，判例に照らして妥当なものが2つあるが，その組合せとして正しいのはどれか。

ア　公務員は私経済活動において自ら労務を提供する者ではないから，憲法上の勤労者ではないが，生存権保障の理念にかんがみて，労働基本権が保障されている。

イ　公務員の使用者は実質的には国民全体であることだけの理由から，公務員に対して団結権をはじめその他一切の労働基本権を否定することは許されないが，公務員の地位の特殊性と職務の公共性から，公務員の労働基本権に必要やむをえない限度で制限を加えることは，十分合理的な理由がある。

ウ　国家公務員の勤務条件は国会で法律・予算の形で決められ，労使間の自由な団体交渉による合意に基づいて決められるわけではないので，国家公務員には，私企業の労働者の場合のような労使による勤務条件の共同決定を内容とする団体交渉権の保障はない。

エ　国家公務員の労働基本権は経済的自由だけでなく精神的自由にも深くかかわるため，国家公務員の経済的地位向上の手段としてのみならず，政治的主張を貫徹するための手段としての争議行為も許されている。

1　ア，イ
2　ア，ウ
3　イ，ウ
4　イ，エ
5　ウ，エ

解説

ア：判例は，公務員も勤労者であり，憲法28条の労働基本権の保障は公務員に対しても及ぶとする（最大判昭48・4・25〈全農林警職法事件〉）。

イ：妥当である（最大判昭48・4・25〈全農林警職法事件〉）。

ウ：妥当である（最大判昭52・5・4〈全逓名古屋中郵事件〉）。

エ：判例は，私企業の労働者たると，公務員を含むその他の勤労者たるとを問わず，使用者に対する経済的地位の向上の要請とは直接関係があるとはいえない警察官職務執行法の改正に対する反対のような政治的目的のために争議行為を行うがごときは，もともと憲法28条の保障とは無関係なものであるとする（最大判昭48・4・25〈全農林警職法事件〉）。したがって，政治的主張を貫徹するための手段としての争議行為は許されていない。

よって，妥当なものはイとウなので，正答は**3**である。

正答　**3**

基本的人権に関する次の記述のうち，判例に照らし，妥当なものはどれか。

1　外国人は，日本国憲法が保障する基本的人権の享有主体とはなりえない。

2　私人間で，自由や平等に対する具体的な侵害があり，その態様，程度が社会的に許容しうる限度を超える場合，その是正を図ることはできない。

3　憲法14条 1 項後段の列挙事由は限定列挙であり，これ以外の差別は合理的な区別として許される。

4　女性にのみ再婚禁止期間を定める民法の規定について，女性の再婚後に生まれた子につき父性の推定の重複を回避するという立法目的は合理的である。

5　夫婦は，婚姻の際に定めるところに従い，夫または妻の氏を称するとする民法規定は，違憲である。

（参考）

憲法14条 1 項

　すべて国民は，法の下に平等であつて，人種，信条，性別，社会的身分又は門地により，政治的，経済的又は社会的関係において，差別されない。

解　説

1.　判例は，憲法第 3 章の諸規定による基本的人権の保障は，権利の性質上日本国民のみをその対象としていると解されるものを除き，わが国に在留する外国人に対しても等しく及ぶとする（最大判昭53・10・4）。

2.　判例は，私的支配関係においては，個人の基本的な自由や平等に対する具体的な侵害またはそのおそれがあり，その態様，程度が社会的に許容しうる限度を超えるときは，これに対する立法措置によってその是正を図ることが可能であるし，また，場合によっては，私的自治に対する一般的制限規定である民法 1 条，90条や不法行為に関する諸規定等の適切な運用によって，一面で私的自治の原則を尊重しながら，他面で社会的許容性の限度を超える侵害に対し基本的な自由や平等の利益を保護し，その間の適切な調整を図る方途も存するとする（最大判昭48・12・12）。

3.　判例は，憲法14条 1 項に列挙された事由は例示的なものであって，必ずしもそれに限るものではないとする（最大判昭39・5・27）。

4.　妥当である。判例は，民法733条の立法目的は，女性の再婚後に生まれた子につき父性の推定の重複を回避し，もって父子関係を巡る紛争の発生を未然に防ぐことにあると解するのが相当であり，父子関係が早期に明確となることの重要性に鑑みると，このような立法目的には合理性を認めることができるとする（最大判平27・12・16）。

5.　判例は，民法750条の規定は憲法24条に違反するものでないとする（最大決令 3・6・23）。

正答　**4**

予防接種によって死亡したり，後遺障害を負ったりする場合がある。このような損失については憲法29条3項の損失補償に関する規定を類推適用する見解がある。この見解に関する記述として妥当なものはどれか。

- ア　この見解は，生命や身体が財産よりも価値があることを前提としている。
- イ　この見解は，厚生労働大臣の注意義務を拡張的に解し，組織的過失を認定することができることを前提としている。
- ウ　この見解は，財産が侵害された場合には完全補償が要求され，財産以外が侵害された場合には相当補償が要求されることが前提となっている。
- エ　この見解によると，法律に補償規定があったとしても，正当な補償に満たない場合には29条3項を使って差額を請求することができることになる。
- オ　この見解は，補償さえすれば生命や身体であっても「公共のために用いる」ことができるとの解釈につながると批判される。

1 ア，イ，エ
2 ア，エ，オ
3 イ，ウ，エ
4 イ，ウ，オ
5 ウ，エ，オ

解説

憲法29条3項は，「私有財産は，正当な補償の下に，これを公共のために用ひることができる」と規定する。この規定は，特定の個人の財産権に対して「特別の犠牲」を加えた場合に補償を要する旨を規定したものと解されている。一方，予防接種によって死亡したり，後遺障害を負ったりする，いわゆる予防接種禍被害は「財産権」に制約を加える場合ではないが，国家賠償と損失補償の谷間にある被害であるとして，憲法29条3項の損失補償に関する規定を類推適用すべきとする見解が有力に主張されている。

ア：29条3項類推適用説である。同項は財産権の保障に関するものであるが，生命や身体を財産権よりも不利に扱う合理性はないので，生命や身体に特別の犠牲が加えられた場合にも同項を類推適用すべきとするものである。

イ：過失を認定できれば国家賠償によればよく（国家賠償法1条1項），損失補償（憲法29条3項）によって救済を図る必要はない。

ウ：補償の程度が完全補償か相当補償かという議論と予防接種禍被害の救済をどのように図るかという議論とはリンクするものではない。

エ：29条3項類推適用説である。判例は，補償請求は，法律に補償規定を欠く場合でも29条3項を直接の根拠としてこれをなしうるとする（最大判昭43・11・27）。したがって，予防接種禍被害に29条3項を類推適用できるとする立場によると，法律に補償規定があっても，それが正当な補償に満たない場合には同項を直接の根拠として補償請求が認められることになる。

オ：29条3項類推適用説に対する批判である。生命や身体に対する類推適用を認めるとすれば，同項の文言の「私有財産」を「生命や身体」に置き換えると本記述のような批判が成り立つという主張である。

　以上より，29条3項類推適用説に関する記述として妥当なのはア，エ，オであるので，正答は**2**である。

正答　**2**

全国型，関東型，中部・北陸型，法律専門タイプ，経済専門タイプ

憲法　　　**二重の基準の理論**　　平成16年度

今日最も基本的な違憲審査基準として，「人権のカタログの中で，表現の自由を中心とする精神的自由は経済的自由よりも優越的地位を占めることから，精神的自由を規制する法律の合憲性は，経済的自由を規制する法律よりも特に厳しい基準によって審査されなければならない」とする二重の基準の理論が学説上広く支持されている。

　次の記述のうち，この理論を支える根拠として<u>適切でないもの</u>はどれか。

1　経済的自由に関する不当な法律は，民主政の過程が正常に機能している限り，議会でこれを是正することが可能である。

2　経済的自由の規制については，社会・経済政策の問題が関係することが多く，政策の当否について審査する能力に乏しい裁判所としては，特に明白に違憲と認められない限り，立法府の判断を尊重する態度が望まれる。

3　精神的自由は，人権の価値序列において，経済的自由よりも優越的地位を占める。

4　民主政の過程を支える精神的自由は「壊れやすく傷つきやすい」権利であり，いったんそれが破壊されると国民の知る権利が十分に保障されず，民主政の過程では自己回復が困難となる。

5　精神的自由の規制については，裁判所の審査能力の問題は大きくはない。

解説

二重の基準の理論を支える根拠としては，次の2つが重要である。

　①第一は，統治機構の基本をなす民主政の過程との関係である。経済的自由に関する不当な法律は，民主政の過程が正常に機能している限り，議会でこれを是正することが可能である（**1**）。これに対して，民主政の過程を支える精神的自由は「壊れやすく傷つきやすい」権利であり，いったんそれが破壊されると国民の知る権利が十分に保障されず，民主政の過程では自己回復が困難となるため，裁判所が積極的に介入して民主政の正常な運営を回復することが必要となるのである（**4**）。

　②第二は，裁判所の審査能力との関係である。経済的自由の規制については，社会・経済政策の問題が関係することが多く，政策の当否について審査する能力に乏しい裁判所としては，特に明白に違憲と認められない限り，立法府の判断を尊重する態度が望まれる（**2**）。これに対して，精神的自由の規制については，裁判所の審査能力の問題は大きくはない（**5**）。

　なお，「優越的地位」という考え方は，表現の自由を中心とする精神的自由が不当な制限を受けやすいので特別な保護に値するという議論であって，人権に価値が高いものと低いものがあるという議論ではない。

　以上から，適切でないものは**3**である。

正答　**3**

No. 146

憲法　国会の議事と議決 平成20年度

国会の議事および議決に関する次の記述のうち，妥当でないものはどれか。

1 各議院の議長も国会議員である以上，その議院の議事の表決に加わることができ，さらに可否同数のときは，議長は改めて決裁権を行使できるのが確立した先例である。

2 本会議の定足数は総議員の3分の1以上であるが，ここにいう「総議員」の意味については，現在の議員数ではなく，法定の議員数を意味するのが先例である。

3 議事の表決数は，原則として出席議員の過半数であるが，棄権票や白票を投じた者についても出席議員に算入するのが先例である。

4 委員会は原則として非公開で行われるが，例外として，報道の任務に当たる者やその他の者で委員長の許可を得た者については傍聴が認められる。

5 臨時会の会期の延長について，両議院の議決が一致しないとき，または参議院が議決しないときは，衆議院の議決したところによる。

解説

1. 可否同数のときは，議長の決するところによるが（憲法56条2項），議長はこの決裁権を保持することから，表決に加わらないことが先例として確立している。

2. 正しい。定足数につき同56条1項。

3. 正しい。議事の表決数につき同56条2項。

4. 正しい（国会法52条1項）。

5. 正しい（国会法13条）。

正答　**1**

議員の不逮捕特権に関する次の記述のうち，妥当なものはどれか。

1 国会の会期外であっても，国会議員を逮捕するには，当該議員が所属する議院の許諾が必要となる。

2 院外における現行犯罪の場合であっても，国会議員を逮捕するには，当該議員が所属する議院の許諾が必要となる。

3 地方議会の議員であっても，住民の代表という点は国会議員と同様であるから，逮捕する際には，当該議員が所属する地方議会の許諾を得なければならない。

4 不逮捕特権の目的を，議員の身体的自由を保障することにあると解する説に立てば，正当な逮捕の理由がある場合には，たとえ議院の活動に支障が生じるときであっても，議院は逮捕を許諾しなければならない。

5 不逮捕特権の目的を，議院の活動を保障することにあると解する説に立てば，一定の期限をつけて逮捕を許諾することが認められることはない。

解 説

1. 両議院の議員は，法律の定める場合を除いては，国会の「会期中」逮捕されない（憲法50条前段）。各議院の議員は，院外における現行犯罪の場合を除いては，「会期中」その院の許諾がなければ逮捕されない（国会法33条）。したがって，国会の会期外であれば，国会議員を逮捕するために，当該議員が所属する議院の許諾は不要である。

2. 各議院の議員は，「院外における現行犯罪の場合を除いては」，会期中その院の許諾がなければ逮捕されない（国会法33条）。したがって，院外における現行犯罪の場合には，国会議員を逮捕するために，当該議員が所属する議院の許諾は不要である。

3. 地方議会の議員には，不逮捕特権は認められないと解されている（最大判昭42・5・24参照）。

4. 妥当である。

5. 不逮捕特権の目的を，議院の活動を保障することにあると解する説に立てば，一定の期限をつけて逮捕を許諾することも認められることとなる。

正答　**4**

日本の議会に関する次の記述のうち，妥当なものはどれか。

1　国会の常会を召集することは天皇の国事行為とはされていない。

2　臨時会は，いずれかの議院の総議員の4分の1以上の要求があった場合にのみ召集される。

3　衆議院の解散による総選挙が行われたときに国会が召集される手続きに関しては憲法に規定されているが，衆議院議員の任期満了による総選挙が行われたときに国会が召集される手続きに関しては憲法に直接の規定はない。

4　衆議院が解散されたときに開かれる参議院の緊急集会は，国に緊急の必要があるときに内閣が求める場合以外でも，参議院議員の総議員の3分の1以上の要求がある場合には開かれることになる。

5　普通地方公共団体の議会の議員の一定数の者が，当該普通地方公共団体の長に対して臨時会の招集を請求することにより，一定期間内に臨時会の招集を義務づける制度は，地方自治法上には存在しない。

解説

1．常会は国会の一種であり（憲法52条），国会の召集は天皇の国事行為である（同7条2号）。

2．臨時会は，いずれかの議院の総議員の4分の1以上の要求があった場合（同53条後段）だけでなく，内閣が召集を決定した場合（同53条前段）にも召集される。

3．正しい。衆議院の解散の場合の特別会については，憲法54条1項，国会法1条3項。衆議院議員の任期満了による総選挙が行われた場合については，憲法上は規定がないが，国会法2条の3第1項が規定している。

4．参議院の緊急集会は内閣だけが求めることができ，参議院議員側から求めることはできない（憲法54条2項但書）。

5．普通地方公共団体の議会の議員の定数の4分の1以上の者は，当該普通地方公共団体の長に対し，会議に付議すべき事件を示して臨時会の招集を請求することができ（地方自治法101条3項），この請求があったときは，当該普通地方公共団体の長は，請求のあった日から20日以内に臨時会を招集しなければならない（同101条4項）。

正答　**3**

議院が国政調査権の行使において裁判所の判決を取り上げて調査し，その内容を批判できるかについては見解が分かれているが，以下のア～オの記述のうち，その意見として正しく，かつ否定的立場のものの組合せとして妥当なものはどれか。

ア 国政調査権は，憲法41条の「国権の最高機関」性に基づく，国権統括のための独立の権能である。

イ 政治的権力を有する国家機関が，非政治的権力である国家機関の行為を批判する場合の影響の大きさを考慮すべきである。

ウ 裁判の判決が確定した後に裁判の内容を調査する場合であっても，後続の事件を審理する裁判官に及ぼす影響は否定できない。

エ 司法権の独立とは，裁判官が裁判をなすにあたって，他の国家機関から事実上重大な影響を受けることを禁ずる原則である点に最も重要な意味がある。

オ 並行調査とは，議院が裁判所と同一の目的で裁判と並行的に当該事件について調査することをいい，このような調査は，裁判に不当な影響を及ぼさない手段・態様で行われる限り許される。

1 ア，ウ，オ
2 ア，エ，オ
3 イ，ウ，エ
4 イ，エ，オ
5 ウ，エ，オ

解説

ア：いわゆる独立権能説であるが，この見解は，国会は国権の最高機関であるから，議院は憲法が明文で付与した権能以外にも，独立に最高機関として国政全般を統括でき，国政調査権はそのために必要な調査の権限であるとする。したがって，調査権行使の範囲は議院の権能にかかわらず国政全般に及ぶことになる。その意味で，裁判所の判決を取り上げて調査し，その内容を批判できるとする見解の根拠となりうるものである。

イ：政治的権力は，実力でその意思を実現できる機構を有しているため，非政治的権力は政治的権力からの侵害を十分に阻止できず，批判そのものが重大な脅威になりうる。これは，裁判所が判決で政治部門の行為を批判する（例：公職選挙法の議員定数の是正が遅れていることを批判するなど）場合と対照的である。よって，正しい内容であり，否定的立場の意見となっている。

ウ：裁判の判決が確定した後に裁判の内容を調査する場合には，すでに審理が終結した裁判への影響はない。しかし，そのような調査が行われること自体が，後続の事件を審理する裁判官に「政治部門の干渉が入る」という圧力となり，司法権の独立を侵害する。よって，正しい内容であり，否定的立場の意見となっている。

エ：それが事実上のものであっても，他の国家機関から重大な影響を受ける中で裁判を行うと，客観的な公正な判断ができなくなる。よって，正しい内容であり，否定的立場の意見となっている。

オ：通説は，異なる目的からの並行調査を肯定するから，それによると議院が裁判所と同一の目的で並行的に当該事件について調査することは許されないことになる。

以上から，イ，ウ，エが否定説の根拠となり，正答は **3** である。

正答 3

地方上級
No. 150
全国型，関東型，中部・北陸型，法律専門タイプ
憲法　議員の免責特権　平成13年度

憲法
行政法
民法
刑法
労働法

国会議員の免責特権に関する次の記述のうち，妥当なものはどれか。

1 国務大臣の中には国会議員でない者も存在するが，免責特権は国会議員でない国務大臣にも適用される。

2 国会議員は議院で行った演説，討論または表決について，民事・刑事的な責任を免除されるが，私語やヤジなども免責の対象となる。

3 国会議員は免責特権を認められるので，議院で行った演説，討論または表決のために，所属する政党から除名等の制裁を加えられることはない。

4 国会議員は議院で行った演説，討論または表決について院外で責任を問われないが，院内でこれらが懲罰の対象となることはある。

5 国会議員は免責特権によって民事・刑事の法的責任を負わないが，他の公務員を兼職していた場合には懲戒の対象となる。

解 説

1．免責特権（憲法51条）は，国会議員のみに認められるものであり，議員でない国務大臣には適用されない。

2．免責特権の趣旨に鑑みて，私語やヤジなどは免責の対象とならない。

3．免責されるのは，法的手段による問責であるから，所属政党が除名等の制裁を加えることは許される。

4．正しい。免責されるのは，院外での問責であるから，院内で懲罰の対象となることはありうる。

5．国会議員が公務員を兼職する場合の懲戒責任も問われない。

正答　**4**

憲法

行政法

民法

刑法

労働法

国会に関する次の記述のうち，妥当なものはどれか。

1　両議院は，おのおの国政に関する調査を行い，これに関して，証人の出頭および証言の要求ならびに記録の捜索，押収をすることができる。

2　内閣は条約を締結することができるが，原則として事後に国会の承認を経ることを必要とするので，国会には条約承認権がある。

3　国会が制定した法律による委任がある場合でも，内閣はその制定する政令に罰則を設けることはできない。

4　国会は，罷免の訴追を受けた裁判官を裁判するため，両議院の議員で組織する弾劾裁判所を設けるが，弾劾裁判所は，国会の閉会中でも活動することができる。

5　憲法の改正は，各議院の総議員の4分の3以上の賛成で，国会が，これを発議し，国民に提案してその承認を経なければならない。

解 説

1. 両議院は，おのおの国政に関する調査を行い，これに関して，証人の出頭および証言ならびに記録の提出を要求することができる（憲法62条）。捜索，押収のような強制手段は認められない。

2. 内閣は，条約を締結することができる。ただし，事前に，時宜によっては事後に，国会の承認を経ることを必要とする（憲法73条3号）。事後ではなく，事前承認が原則である。

3. 内閣は，憲法および法律の規定を実施するために，政令を制定する。ただし，政令には，特にその法律の委任がある場合を除いては，罰則を設けることができない（憲法73条6号）。したがって，国会が制定した法律による委任がある場合には，内閣はその制定する政令に罰則を設けることができる。

4. 妥当である（憲法64条，裁判官弾劾法4条）。

5. 憲法の改正は，各議院の総議員の3分の2以上の賛成で，国会が，これを発議し，国民に提案してその承認を経なければならない（憲法96条1項）。

正答　**4**

条約に関する次の記述のうち，妥当なものはどれか。

1 条約とは，文書による国家間の合意をいうから，すでに国会で承認された条約を実施するために政府間で定められるいわゆる行政協定についても，国会の承認を受ける必要があるとするのが判例である。

2 国会が条約を不承認とした後に，内閣が相手国との間に批准書を交換した場合でも，当該条約は有効に成立するとするのが通説である。

3 条約は国際法であるから，いかなる条約もその公布により直ちに国内法としての効力が認められるわけではなく，国内法として効力を生じさせるためには条約の内容を定めた法律を別に制定する必要がある。

4 条約が効力の点で憲法に優越するものと解すれば，そもそも条約の違憲審査の問題は生じないこととなるから，条約に対する司法審査を肯定するためには，その論理的前提として条約優位説を採用する必要がある。

5 内閣が条約を締結した後に国会に承認を求めた際に，国会が当該条約に修正を加えたとしても，その修正は相手国との間では効力を生じないとするのが通説である。

解説

1．いわゆる行政協定については，それがすでに国会で承認された条約の範囲内のものである限り，改めて国会の承認は必要でないとするのが判例である（最判昭34・12・16）。

2．国会の事前の承認が得られなければ，内閣は条約を締結することができない（憲法73条3号但書）から，これに反して内閣が批准書を交換しても，当該条約は効力を生じない。

3．条約は，公布されると直ちに国内法としての効力が認められるのが原則である（同98条2項参照）。

4．条約に対する違憲審査を肯定するためには，その論理的前提として「憲法優位説」を採用する必要がある。

5．正しい。国会が事後承認の手続きで条約に修正を加えたとしても，それは内閣に再交渉を迫るという政治的意味を持つにとどまるものと解されている。

正答 **5**

地方上級

No. 153

全国型，関東型，中部・北陸型

憲法　　　**条約の効力**　　　平成**27**年度

国会の事後承認が得られなかった条約の効力については，以下の2つの見解がある。

　A説：国内的には無効であるが，国際的には有効である。

　B説：国内的にも国際的にも無効である。

　次のうち，B説に関する記述として妥当なものはどれか。

1　その国における条約締結の手続きは相手国にはわからない。

2　事前の承認と事後の承認の効力について区別するべきではない。

3　権限ある者と締結した条約が有効であると信じることができないとすれば，法的安定を害する。

4　国内法と国際法とは別の法体系である。

5　憲法で定められているのは条約を締結する機関や手続きについてであり，条約の成立要件を定めているわけではない。

解説

1．A説に関する記述である。国内でどのような締結手続きが必要なのかがわからない以上，締結したことへの信頼を前提に国際的には有効と判断するほかない。

2．正しい。事前の承認が得られなければ，政府は条約を締結できず，条約は無効となる。したがって，「事前の承認と事後の承認の効力を区別するべきではない」とする考えからは，事後の承認が得られない条約も無効という意味である。

3．A説に関する記述である。本肢は，「法的安定を害する」というのであるから，国際的には有効であるべきとする立場の根拠である。

4．A説に関する記述である。国内法と国際法が別の法体系であるということは，国内法的に無効になっても，それが直ちに国際法としての効力に影響しないということを意味する。

5．A説に関する記述である。憲法73条3号に規定する国会の事後承認は，条約の成立要件とはならないということを意味する。したがって，国際法的には無効にならないことになる。

正答　**2**

地方上級

No.
154

全国型，関東型，中部・北陸型

憲法　　　予算の法的性質　　平成22年度

憲法

行政法

民法

刑法

労働法

予算の法的性質に関しては，次の3つの考え方がある。

　A説：予算は国会が政府に対して1年間の財政計画を承認する意思表示である（予算行政説）

　B説：予算に法的性格を認めるが，法律とは異なった国法の一形式である（予算法形式説）

　C説：予算は法律それ自体である（予算法律説）

　これらの説に関する次の記述のうち，妥当なものはどれか。

1　A説の立場では，国会は予算を修正できない。

2　B説によれば，予算と法律が矛盾するという問題が排除される。

3　予算は国を拘束するが国民を拘束するものではないとの主張は，B説の根拠となる。

4　C説に対しては，財政国会中心主義の原則に矛盾するとの批判が当てはまる。

5　憲法は予算と法律とで議決方法を異にしているという主張は，C説の根拠となる。

解説

1．A説の予算行政説の中には，国会に予算の発議権がないことを根拠にして国会による予算の増額修正権を否定する立場もあるが，少なくとも国会による予算の減額修正については，財政国会中心主義の原則（憲法83条）から認められている。

2．憲法の規定上は，予算と法律の法形式が異なっているため，予算と法律との間に不一致が生ずる場合があり，B説によれば予算は法律とは異なった国法の一形式であると考えるのであるから，予算と法律が矛盾するという問題が生じうる。これに対し，C説では，予算は法律それ自体と解する以上，両者が矛盾するという問題が排除されることになり，このことはC説の根拠となっている。

3．正しい。B説はその根拠として，予算は国を拘束するから法規範であって単なる国会による承認ではなく，また，予算は国民を拘束するものではないから，国民の行為を一般的に規律する法令とは区別されるという点を挙げる。

4．C説は財政国会中心主義の原則を中心に置く立場である。本枝の財政国会中心主義の原則に矛盾するとの批判は，A説に対して当てはまる。

5．C説は，予算は法律それ自体とするものであり，このC説に対しては，本枝のように憲法は予算と法律とで議決方法を異にしていることとの整合性がとれないという批判がある。

正答　**3**

独立行政委員会が「行政権は，内閣に属する」（憲法65条）との規定に違反しないとする見解には，次の2つの考え方がある。

A説：憲法65条は一切の例外を許容しない。

B説：憲法65条は一定の例外を認めている。

次の記述のうち，A説の考えの根拠として，妥当なものはどれか。

1 独立行政委員会の予算の編成権と委員の任命権は内閣が掌握している。

2 行政権が内閣に属するというのは，内閣に属することに積極的意味があるのではなくて，立法権，司法権に属しないことに意味がある。

3 憲法65条が行政権を内閣に帰属させている趣旨は，国会に対する責任行政を確保しようとすることにあるから，独立行政委員会が直接国会のコントロールを受けるのであれは，同条には反しない。

4 国会を「唯一の立法機関」と規定する憲法41条や，「すべて司法権は」と規定する憲法76条1項とは異なり，行政権配分規定である憲法65条は権限の独占を示唆する文言が存在しない。

5 裁決や審決などの準司法作用などは，その性質上，国会のコントロールになじまないものであり，それが内閣の監督を受けないとしても問題はない。

解説

1. A説の根拠である。A説は，同条は一切の例外を許容しないとするので，独立行政委員会は内閣に属すると解さざるをえない結果，本肢のように，独立行政委員会の予算の編成権と委員の任命権は内閣が掌握していることを根拠に挙げる。

2. B説の根拠である。本肢のように解すれば，独立行政委員会のような内閣以外の行政機関が行政権を行使したとしても，権力分立の目的に反するとまでいう必要はないから，憲法65条は一定の例外を認めているとするB説の根拠となる。

3. B説の根拠である。本肢は，独立行政委員会が内閣には属しない行政権を行使するとしても，最終的に独立行政委員会に対して直接国会のコントロールが及ぶのであれば，民主主義の観点から合憲であると解してよいとするものであり，B説の根拠となる。

4. B説の根拠である。本肢のように，憲法65条には内閣に行政権の帰属を独占させるような文言がないことは，憲法が，内閣に属しない行政権の存在を認めていることの形式的な根拠となる。

5. B説の根拠である。B説は，本肢の準司法作用のように，特に政治的な中立性が要求される行政については，その性質上，内閣のコントロールの下に置くのが適切でなく，同様の理由で，国会のコントロールにも適さないものであれば，それについて内閣の責任を問いえないとしても問題にする必要はないとすることを根拠に挙げる。

正答 **1**

内閣総理大臣に関する記述として，妥当なのはどれか。

1 内閣総理大臣は，衆議院に議席を有する者でなければならず，国会は，他のすべての案件に先立って内閣総理大臣の指名について議決する。

2 内閣総理大臣は，国務大臣を任命又は罷免する場合は，閣議にかけて決定することを要しない。

3 内閣総理大臣は，国会議員の任期満了により議員たる資格を失うと同時に内閣総理大臣としての地位も失う。

4 内閣総理大臣は，内閣を代表して行政各部を指揮監督する権限を有するが，この指揮監督権は，人事院など行政委員会の有する職権行使のすべてに及ぶ。

5 内閣総理大臣は，主任の国務大臣の署名とともにすべての法律に連署しなければならないが，政令については連署する必要はない。

解説

1. 内閣総理大臣は，「国会議員」の中から国会の議決で，これを指名する（憲法67条1項前段）ので，参議院に議席を有する者であってもかまわない。なお，後半は正しい（同67条1項後段）。

2. 正しい。国務大臣の任免は，内閣総理大臣の専権に属する（同68条参照）。

3. 内閣総理大臣は，国会議員の任期満了により議員たる資格を失う場合でも，ただちに内閣総理大臣としての地位を失うわけではない。

4. 内閣総理大臣は，内閣を代表して行政各部を指揮監督する権限を有する（同72条）が，この指揮監督権は，人事院など行政委員会の有する職権行使のすべてには及ばない。

5. 「法律および政令」には，すべて主任の国務大臣が署名し，内閣総理大臣が連署することを必要とする（同74条）ので，政令についても連署する必要がある。

正答 **2**

地方上級 No.157 横浜市 憲法 衆議院の解散 平成17年度

衆議院の解散に関する次の記述のうち，妥当なもののみをすべて挙げているのはどれか。

ア 衆議院の解散により，議員は任期満了前に議員の資格を失うが，内閣を構成する議員は例外的に次の総選挙まで議員の資格を有する。

イ 衆議院の解散権の所在について，憲法にはこれを明示した規定はないが，内閣に実質的な解散権があると解されている。

ウ 内閣は，衆議院の解散中に参議院の緊急集会の召集を決定できるほか，参議院議員の4分の1以上の要求があれば，内閣はその召集を決定しなければならないとされている。

エ 衆議院の解散を参議院議員の選挙に合わせて行い，衆参両議院の同日選挙が行われることがあるが，この同日選挙は，選挙期間中の参議院の権能をより行使しやすくなるとされている。

オ 衆議院の解散は，内閣不信任決議の可決や，予算，重要法案の否決などの場合だけに限られず，内閣が国政上で国民の信を問う必要があると判断した場合にも行うことができる。

1 ア，エ
2 ア，オ
3 イ，ウ
4 イ，オ
5 ウ，エ

解説

ア：妥当でない。内閣を構成する議員も含めて，衆議院議員はすべてのその資格を喪失する。その結果，衆議院議員の大半が国務大臣の場合などには，一時的に「国務大臣の過半数が国会議員であること」（憲法68条1項）という憲法の求める要件を満たさないことになるが，その状態が一時的なものであること，解散の性質上やむをえないことなどから，違憲となるものではない。

イ：妥当である。解散については，憲法69条や7条に規定があるものの，どの機関が解散できるのかについては，明文の規定はない。しかし，根拠については争いがあるものの，内閣に実質的な解散権があると解することには争いがない。

ウ：妥当でない。緊急集会を求める権能は内閣のみにある（同54条2項但書）。議院の側から要求して開くことは認められていない。また，緊急集会では，緊急に求める性格上，召集は行われない。

エ：妥当でない。衆参同日選挙には有力な違憲論がある。それは，衆議院議員の選挙期間中に参議院議員の半数が選挙活動に入ることによって，緊急集会が実質的に選挙のない残りの半数の議員にゆだねられ，十分な民意の反映ができないという点である。したがって，選挙期間中の参議院の権能をより行使しやすくなるということはなく，むしろその逆の批判が存在する。

オ：妥当である。どのような場合に解散権を行使できるかについては，内閣の政治的判断にゆだねられている。もっとも，限界はあると考えられている。

以上から，妥当なものはイとオであり，**4**が正答となる。

正答 4

衆議院の解散権の根拠に関しては，さまざまな見解があるが，このうち，憲法7条を根拠とする見解からの主張として最も妥当なのは，次のうちどれか。

1　天皇の国事行為は，もともと形式的行為として想定されているものであり，内閣の助言と承認の結果として形式的行為となるものではない。

2　解散権は立法でも司法でもないから行政であり，それゆえに内閣に帰属する。

3　解散権の根拠は，憲法が直接に解散できる場合について明示した規定に求めるべきであり，かつ，解散できる場合もその場合に限定される。

4　憲法は議院内閣制という制度を採用しているが，議院内閣制においては自由な解散権が認められるのが通例である。

5　天皇の国事行為が国政に関する権能という性質を有しないのは，助言と承認を通じて内閣が実質的決定権を有するためである。

（参考）　憲法第7条

天皇は，内閣の助言と承認により，国民のために，左の国事に関する行為を行ふ。

1～2号（省略）

3　衆議院を解散すること。

解説

1.　7条説に対する批判である。すなわち，内閣の助言と承認は，単なる形式的行為にすぎない国事行為に対して行われるものであるから，それ自体はなんら実質的解散権の根拠とはなりえないとする批判である。

2.　「行政権は，内閣に属する」という65条説の主張で，行政控除説を背景にしている。

3.　69条説の主張である。69条は，「内閣は，衆議院で不信任の決議案を可決し，又は信任の決議案を否決したときは，十日以内に衆議院が解散されない限り」と規定しており，憲法で唯一具体的に解散が行われる場合について言及した規定である。したがって，これを根拠にすべきとの主張である。

4.　いわゆる制度説である。議院内閣制には解散権が内在している。そして憲法が議院内閣制を採用している以上，解散権は内閣に属するという主張である。

5.　正しい。天皇の国事行為については，内閣が実質的決定権を有する。そして，天皇の国事行為の中に衆議院の解散が含まれているということは，解散について実質的決定権を有するのは内閣である。憲法7条はそのことを表した規定であるとする主張である。

正答　**5**

憲法

行政法

民法

刑法

労働法

営業の自由に関する次の記述のうち，判例に照らし，妥当なものはどれか。

1 司法書士法が登記に関する手続きの代理等の業務を司法書士以外の者が行うことを禁止していることは，公共の福祉に合致しない不合理な規制であり，違憲である。

2 自家用自動車を有償運送の用に供することを禁止している道路運送法の規定は，公共の福祉の確保のために必要な制限と解することができないため，違憲である。

3 薬事法が定める薬局の配置規制は，薬局の偏在を避け，競争激化による不良医薬品の供給を防止し，国民の生命および健康に対する危険を防止するために必要かつ合理的な規制であり，合憲である。

4 酒税法が酒類販売業を免許制としていることは，酒税の適正かつ確実な賦課徴収を図るという国家の財政目的のために，必要かつ合理的な規制であるとはいえず，違憲である。

5 小売市場の開設許可制は，社会経済の調和的発展の観点から中小企業保護政策としての措置であり，目的において一応の合理性が認められ，手段・態様において著しく不合理であることが明白ではないので，合憲である。

解 説

1．判例は，司法書士法が登記に関する手続きの代理等の業務を司法書士以外の者が行うことを禁止していることは，公共の福祉に合致した合理的な規制であり，合憲であるとする（最判平12・2・8）。

2．判例は，自家用自動車を有償運送の用に供することを禁止している道路運送法の規定は，自家用自動車の有償運送行為が無免許営業に発展する危険性の多いものと認められるから，公共の福祉の確保のために必要な制限であり，合憲であるとする（最大判昭38・12・4）。

3．判例は，薬事法が定める薬局の配置規制について，薬局の偏在に伴う過当競争によって不良医薬品が供給される危険性は，単なる観念上の想定にすぎないので，公共の利益のために必要かつ合理的な規制ということはできず，違憲であるとする（最大判昭50・4・30）。

4．判例は，酒税法が酒類販売業を免許制としていることは，酒税の適正かつ確実な賦課徴収を図るという国家の財政目的のために，著しく不合理ではなく，合憲とする（最判平4・12・15)。

5．妥当である（最大判昭47・11・22)。

正答 **5**

日本国憲法に規定する司法権の限界に関する記述として，判例に照らして，妥当なのはどれか。

1　条約は，国の存立の基礎に重大な関係を持つ高度の政治性を有するので，一見極めて明白に違憲無効と認められる場合であっても，裁判所の審査権の範囲外のものであるとした。

2　衆議院の解散は，極めて政治性の高い国家統治の基本に関する行為であるので，法律上その有効無効を審査することは，訴訟の前提問題として主張されている場合においても，裁判所の審査権の外にあるとした。

3　議院における議事手続は，両議院の自律にゆだねられるものであるが，法案が議場混乱のまま可決された場合，裁判所は，議事手続に関する事項を事実審理し，その有効無効を判断することができるとした。

4　大学は，一般市民社会とは異なる特殊な部分社会を形成しており，授業科目の単位授与行為は，大学の自主的，自律的な判断にゆだねられるので，裁判所の審査の対象に一切ならないとした。

5　政党は，高度の自主性と自律性を与えられ自主的に組織運営をなし得る自由を保障されなければならないので，政党の党員処分が一般市民としての権利利益を侵害する場合であっても，裁判所の審査権は一切及ばないとした。

解説

1．条約については，一見極めて明白に違憲無効と認められない限りは，裁判所の審査権の範囲外のものであるとするのが判例である（最判昭34・12・16）。

2．正しい（最判昭35・6・8）。

3．議院における議事手続については，両院の自主性を尊重して，議事手続に関する事実を審理して，その有効無効を判断すべきではないとするのが判例である（最判昭37・3・7）。

4．大学における授業科目の単位授与行為は，一般市民法秩序と直接の関係を有するものであることを肯認するに足りる特段の事情のない限り，司法審査の対象にならないとするのが判例である（最判昭52・3・15）。よって，裁判所の審査の対象に一切ならないわけではない。

5．政党の党員処分が一般市民としての権利利益を侵害する場合であっても，その処分の当否は，当該政党の定めた規範が公序良俗に反するなどの特段の事情のない限り，適正な手続に則ってなされたか否かによって決すべきであり，その審理も以上の点に限られてなされるべきであるとするのが判例である（最判昭63・12・20）。したがって，裁判所の審査権が一切及ばないわけではない。

正答　**2**

憲法

行政法

民法

刑法

労働法

天皇に関する次の記述の中には妥当なものが2つあるが，その組合せとして正しいのはどれか。

ア　天皇は，日本国の象徴であり日本国民統合の象徴であることから，天皇には刑事裁判権は及ばないが，民事裁判権は及ぶ。

イ　天皇の皇位継承については，皇室典範で定めることとなっており，大日本帝国憲法下とは異なり，国会の議決に基づいて決せられる。

ウ　天皇は，国政に関する権能を有さず，国事行為についても内閣の助言と承認を受けなければならない。

エ　天皇は，国事行為として，内閣総理大臣，衆参両院議長，最高裁判所裁判官の任命を行い，国務大臣その他の国の官吏の任免を認証する。

オ　皇室財産は，天皇・皇族の私的な生活費を含め，すべて国に属する。そして，皇室の財産授受については，すべて国会の議決に基づかなければならない。

1　ア，イ

2　ア，ウ

3　イ，ウ

4　イ，エ

5　エ，オ

解　説

ア：民事裁判権について，判例は「天皇は日本国の象徴であり日本国民統合の象徴であることにかんがみ，天皇には民事裁判権が及ばない」とする（最判平元・11・20）。また，天皇の象徴としての地位にかんがみ，天皇には刑事裁判権も及ばない。

イ：正しい。旧憲法には，「皇位ハ皇室典範ノ定ムル所ニ依リ皇男子孫之ヲ継承ス」という皇位継承に関する規定が置かれていた（旧憲法2条）。これに対して，現行憲法は「皇位は……国会の議決した皇室典範の定めるところにより，これを継承する」と規定し（憲法2条），天皇の皇位継承については，皇室典範という名称の法律により，国会の議決に基づいて決せられる。

ウ：正しい（同3条・4条1項）。

エ：内閣総理大臣は天皇が任命する（同6条1項）。しかし，衆参両院議長については任命も認証も行われない。また，最高裁判所の長たる裁判官については天皇が任命する（同6条2項）が，長以外の最高裁判所の裁判官については内閣が任命し（同79条1項），天皇が認証する（裁判所法39条3項）。なお，後半は正しい（憲法7条5号）。

オ：「すべて皇室財産は，国に属する」とする憲法88条前段の規定は，皇室財産についての公私の区別を明確にするためのものであって，私的な生活費を含めた皇室の私有財産を否定する趣旨ではない。なお，後半は正しい（憲法8条）。

　以上より，正しいものはイとウであるので，正答は**3**である。

正答　**3**

日本国憲法における租税に関するア～オの記述のうち，妥当なもののみをすべて挙げているのはどれか。ただし，争いのあるものは判例の見解による。

ア．日本国憲法84条の租税法律主義は，「代表なければ課税なし」というイギリスで古くから説かれた政治原理に由来する。

イ．日本国憲法は，国民が，法律の定めるところにより，納税の義務を負うことを明文で規定している。

ウ．租税法律主義の下で法律による議決を要する事項は，納税義務者，課税物件，課税標準，税率などの課税要件に限られ，租税の賦課・徴収の手続きについてまでは法律で定められる必要はない。

エ．課税要件は，内容が複雑であるのが通常であるから，法律家や専門家がその内容を理解できる程度に明確であれば足り，一般国民にとって明確であることまでは要求されない。

オ．租税法律主義における「租税」とは，所得税等の租税についてだけでなく，負担金，分担金，手数料，納付金，使用料等の国が国権に基づいて収納する課徴金にも適用されると解されている。

1 ア，イ，エ
2 ア，イ，オ
3 ア，ウ，オ
4 イ，ウ，エ
5 ウ，エ，オ

解 説

ア：正しい。租税法律主義は，イギリスにおける1215年のマグナカルタ，1628年の権利請願，1689年の権利章典などに由来する。

イ：正しい（憲法30条）。

ウ：判例は，法律による議決を要する事項は，納税義務者，課税物件，課税標準，税率などの課税要件だけでなく，租税の賦課・徴収の手続きについても法律で定められる必要があるとする（最大判昭30・3・23）。これは租税法律主義の内容の一つである課税要件法定主義である。

エ：課税要件は，誰でもその内容を理解できる程度に明確でなければならない。この課税要件明確主義も租税法律主義の内容の一つである。

オ：正しい（財政法3条参照）。

以上より，妥当なものはアとイとオであるから，正答は**2**である。

正答 **2**

No. 163 全国型，関東型，中部・北陸型

憲法 **裁判の公開** 平成**29**年度

裁判の公開に関する次の記述のうち，妥当なものはどれか。

1 裁判の公開は，近代司法の大原則であるが，刑事事件の裁判についてのみ妥当するものである。

2 裁判の公開の対象は，対審と判決のみである。公判前整理手続きや合議による評議については公開されないが，これは対審が根本的に重要なものであることに基づく。

3 家事事件のような裁判所の後見的な関与が必要となるものを非訟事件というが，このような純然たる訴訟事件でない非訟事件も公開しなければならない。

4 裁判の公開は，憲法で明記された重要な原則であるため，たとえプライバシーに関する事件の裁判であっても公開しなければならない。

5 裁判の公開は，傍聴の自由を意味しているので，傍聴席の数といった物理的な理由以外の理由で，傍聴を制限することは許されない。

解説

1．裁判の公開は，公正な裁判を目的とするものであり，民事・刑事ともに裁判の公開原則の適用を受ける（憲法82条1項，37条1項）。

2．正しい。裁判の公開は，裁判を国民の監視下に置くことによって，その公正さの確保とともに裁判に対する国民の信頼を確保しようとするものである。したがって，その目的を達成するには対審と判決を公開すればよく，公判前整理手続きや合議による評議についてまで公開する必要はない（裁判所法75条）。

3．非訟事件は，権利義務の存在を前提にその具体的内容を定めるにすぎないので，公開・対審・判決といった厳格な手続きは必要でないとされている（最大決昭40・6・30）。

4．憲法82条2項は，「裁判官の全員一致で，公の秩序又は善良の風俗を害する虞があると決した場合には，対審は，公開しないでこれを行ふことができる」と規定するが，プライバシーに関する訴訟で，裁判の公開がかえってプライバシーを侵害してしまうことは不合理であるとして，プライバシーを同項にいう「公の秩序」に含まれるなどとして，非公開とすることも許されるとする見解が支配的である。

5．裁判の公開は，公正な裁判を目的とするものであることから，その目的に照らし，傍聴席の数といった物理的な理由（裁判所傍聴規則1条1号）のほかに，危険物等の持ち込みを禁止し，この処置に従わない者の入廷を認めないなど（同条2号），法廷内の秩序を維持するための傍聴の制限が認められている。

正答 **2**

地方上級

No.
164　全国型，関東型，中部・北陸型

憲法　司法権と違憲審査権　令和3年度

憲法

行政法

民法

刑法

労働法

司法権および違憲審査権に関する次の記述のうち，判例に照らし，妥当なものはどれか。

1　裁判所の判決は，憲法81条の「一切の法律，命令，規則又は処分」にいう「処分」に含まれるので，違憲審査の対象となる。

2　信仰の対象の価値または宗教上の教義に関する判断が，訴訟の帰すうを左右する必要不可欠のものと認められ，訴訟の争点および当事者の主張立証もその判断に関するものが核心となっている場合には，当該訴訟は，法律上の争訟に当たる。

3　衆議院の解散は，政治性の高い国家統治の基本に関する行為ではあるが，その法律上の有効無効を審査することは，司法裁判所の権限内にある。

4　大学の単位の授与認定という行為は，学生が当該授業科目を履修し試験に合格したことを確認する教育上の措置であり，卒業の要件をなすものであるので，常に裁判所の司法審査の対象となる。

5　裁判所は，具体的な争訟事件が提起されなくても，将来を予想して憲法およびその他の法律命令等の解釈に対し存在する疑義論争に関し，抽象的な判断を下しえる。

解説

1. 妥当である（最大判昭23・7・8）。

2. 判例は，本件訴訟は，具体的な権利義務ないし法律関係に関する紛争の形式をとっており，その結果信仰の対象の価値または宗教上の教義に関する判断は請求の当否を決するについての前提問題であるにとどまるものとされてはいるが，本件訴訟の帰すうを左右する必要不可欠のものと認められ，また，本件訴訟の争点および当事者の主張立証もその判断に関するものがその核心となっていると認められることからすれば，結局本件訴訟は，その実質において法令の適用による終局的な解決の不可能なものであって，裁判所法3条にいう法律上の争訟に当たらないとする（最判昭56・4・7）。

3. 判例は，衆議院の解散は，極めて政治性の高い国家統治の基本に関する行為であって，かくのごとき行為について，その法律上の有効無効を審査することは司法裁判所の権限の外にあるとする（最大判昭35・6・8）。

4. 判例は，単位の授与認定という行為は，学生が当該授業科目を履修し試験に合格したことを確認する教育上の措置であり，卒業の要件をなすものではあるが，当然に一般市民法秩序と直接の関係を有するものでないことは明らかであり，単位授与認定行為は，他にそれが一般市民法秩序と直接の関係を有するものであることを肯認するに足りる特段の事情のない限り，純然たる大学内部の問題として大学の自主的，自律的な判断に委ねられるべきものであって，裁判所の司法審査の対象にはならないとする（最判昭52・3・15）。

5. 判例は，わが裁判所が現行の制度上与えられているのは司法権を行う権限であり，そして司法権が発動するためには具体的な争訟事件が提起されることを必要とし，わが裁判所は，具体的な争訟事件が提起されないのに将来を予想して憲法およびその他の法律命令等の解釈に対し存在する疑義論争に関し抽象的な判断を下すごとき権限を行いうるものではないとする（最大判昭27・10・8）。

正答　**1**

地方上級

No. 165　憲法

全国型，関東型，中部・北陸型

司法権の独立

平成30年度

司法権の独立に関する次の記述のうち，妥当なものはどれか。

1　裁判官は心身の故障のために職務を執ることができない場合であっても，公の弾劾または国民審査によらなければ罷免されない。

2　司法府の独立は尊重されるべきであるから，裁判官の免職の懲戒処分の権限は裁判所にのみ与えられているが，免職以外の懲戒処分の権限については行政機関にも認められている。

3　下級裁判所の裁判官の任命権は内閣にあるが，裁判官の人事については裁判所の自主性が尊重されるべきであるから，内閣は下級裁判所の提出した名簿に基づいて任命しなければならない。

4　最高裁判所が下級裁判所の個別具体的な裁判判決に対して直接指示することは，たとえそれが当該判決と先例との整合性を確保する目的であったとしても，許されない。

5　国会の両議院は，司法権に対し国政調査権を有しているので，具体的な判決の当否や，公判廷における裁判所の訴訟指揮の仕方などについて調査することができる。

解説

1.　裁判官は心身の故障のために職務を執ることができないと決定された場合には罷免される（憲法78条前段，裁判官分限法1条1項）。

2.　「裁判官の懲戒処分は，行政機関がこれを行うことはできない」（憲法78条後段）とされている。裁判官の懲戒処分の裁判権は裁判所に認められており（裁判官分限法3条），行政機関には認められていない。

3.　「下級裁判所の裁判官は，最高裁判所の指名した者の名簿によって，内閣でこれを任命する」（憲法80条1項前段）。よって，本肢の前半は正しいが，名簿を提出するのを下級裁判所とする後半は誤り。

4.　妥当である。司法権の独立は，司法権の内部においても保障されると解されている。

5.　国会の両議院が有する国政調査権（憲法62条）は，司法権の独立との関係では限界があり，具体的な判決の当否や，公判廷における裁判所の訴訟指揮の仕方などについては調査することができないと解されている。もっとも，議院による国政調査権でも，裁判所で審理中の事件の事実について，裁判所と異なる目的での並行調査は許容されると解されている。

正答　4

地方上級

No. 166

憲法　　　違憲審査基準　　　平成13年度

憲法

行政法

民法

刑法

労働法

関東型，中部・北陸型，法律専門タイプ

次の最高裁判例に関して，事件名と違憲審査基準の組合せが妥当なものはどれか。

1 森林法事件――目的効果基準を用いた

2 薬局距離制限事件――明白性の原則を用いた

3 小売市場距離制限事件――消極・積極目的の二分論を用いた

4 公衆浴場距離制限事件――LRA の基準を用いた

5 猿払事件――明白かつ現在の危険の基準を用いた

解説

1. 森林法事件（最判昭62・4・22）では，学説によって，「明白性の原則」「必要性・合理性の基準」など諸説があるが，「目的効果基準」は用いられていない。目的効果基準は憲法20条の政教分離原則における判断基準であり，地鎮祭事件などで用いられている。

2. 薬局距離制限事件（最判昭50・4・30）では，「厳格な合理性の基準」が用いられた。

3. 正しい。小売市場距離制限事件（最判昭47・11・22）において，最高裁判所は，「消極・積極目的の二分論」を用いた。

4. 公衆浴場距離制限事件（最判平元・1・20，最判平元・3・7）では，「明白性の原則」ないし「合理性の基準」が用いられた。なお，「LRAの基準」は，より制限的でない他の選びうる手段による規制が可能かどうかの判断を用いるものである。

5. 猿払事件（最大判昭49・11・6）では「合理的関連性の基準」が用いられた。なお，「明白かつ現在の危険の基準」は最高裁判所の判例では採用されていない。

正答　**3**

憲法

行政法

民法

刑法

労働法

財政に関する次の記述のうち，妥当なものはどれか。

1 内閣は予算を作成し，それを国会に提出することとされているが，その予算審議権を国会が有することから，両議院の議員も予算案を国会に提出することができる。

2 国の収入・支出の決算は，内閣が次の年度に国会に提出しなければならず，そこで国会が決算の承認案件を否決した場合には，すでになされた支出は無効となる。

3 国家公務員の給与等の減額を提言する人事院勧告を裁判官についても受け入れて，その報酬月額を減額することは，裁判官の報酬は在任中減額できないとする憲法の規定に違反する。

4 現行憲法は，会計年度ごとに予算を作成して，その都度国会の議決を経なければならないと定めているから，予算上数年度にわたって支出する継続費を設けることはできない。

5 従来非課税物件とされてきた物品に対して，通達を機縁として課税処分を行ったとしても，その通達の内容が法の正しい解釈に合致するものである場合には，租税法律主義に反しない。

解　説

1. 予算の作成権は内閣の専権である（憲法86条）。したがって，両議院の議員は予算を作成して国会に提出することはできない。

2. 決算に関する国会の審査は，内閣の政治的責任を明らかにし，併せて将来における財政計画の資料を得るために行われるものであるから，たとえ不承認とされても，すでになされた支出は無効とはならない。

3. 最高裁判所は，人事院勧告に従って国家公務員の給与全体が引き下げられるような場合に，裁判官の報酬を同様の内容で引き下げても司法の独立を侵すものではなく，憲法に違反しないとしている（声明）。

4. 実際上の必要から，数年度にわたって支出する継続費を設けることも認められる（財政法14条の2）。ただし，その場合でも，会計年度ごとに予算上に記載して，国会の議決を経なければならない。

5. 正しい（最判昭33・3・28）。

正答　**5**

地方上級

No.
168 憲法　全国型，関東型，中部・北陸型

予算・決算　平成**28**年度

憲法

行政法

民法

刑法

労働法

予算と決算に関する次の記述のうち，妥当なものはどれか。

1 憲法上，予算の作成・提出の権限は内閣に属することとされているが，国会も予算を作成・提出することができる。

2 財政民主主義の観点から，国会は提出された予算案を審議する中で，これを修正し，減額または増額することができる。

3 予算は，会計年度ごとに作成されることになっているので，数年間かけて支出をするための継続費を設けることは許されない。

4 予備費は内閣の責任で支出することができるので，事後に国会の承諾を得る必要はない。

5 決算は，会計検査院が検査し，内閣が国会に提出することとされているが，国会は内閣に対して決算に関して責任を問うことができない。

解説

1. 前半は正しいが，後半は誤り。前半については，予算の作成・提出の権限は内閣のみに属する（憲法73条5号，86条）。後半については，国会には予算作成権はない（作成権がない以上，提出権もない）。

2. 正しい。国の財政に対する民主的コントロールを徹底する見地（同83条参照）から，減額修正だけでなく増額修正も認められている（後者については国会法57条の3参照）。

3. 憲法は継続費についてなんらの規定を設けていないが，これは継続費を否定する趣旨ではなく，その採否を法律に任せているものと解されている。これを受けて，財政法は予算に継続費を設けることができる旨を規定している（財政法14条の2）。

4. 内閣は，予備費を予算中に計上して内閣の責任で支出することができる（憲法87条1項）。ただ，予算中の予備費に対する国会の承認は「予算に予備費を計上すること」についての承認にすぎず，その使途までをも承認したものではないから，内閣はこれを支出した場合には，事後に国会の承認を得ることが必要とされている（同87条2項）。

5. 前半は正しい（同90条1項）が，後半が誤り。後半については，決算に対する国会の審査は，内閣の政治的責任を明らかにし，併せて将来における財政計画の資料を得るために行われる。その趣旨から，各議院は決算の審査において内閣の政治的責任を追及することができる。

正答　**2**

国家機関に関する次の記述のうち，妥当なものはどれか。

1 皇室会議は，皇族の婚姻や皇籍離脱などを決するものであるから，国の法律によって定められているものではない。

2 両院協議会は，衆議院と参議院の両院において議決が異なった際に開かれるが，予算案および法律案について両院の議決が異なった場合には，憲法上必ず開かれる。

3 弾劾裁判所は，国政調査権を各議院が行使できるのと同様に，衆議院と参議院の両院が設置することができる。

4 人事院は，国家公務員の給与などの事務をつかさどるが，これは，国家公務員が労働基本権を制限されていることの代償措置と考えられている。

5 会計検査院は，国の会計を検査し，検査報告を提出する機関であり，内閣府の中に設けられている。

解説

1. 皇室会議については，国の法律である皇室典範28条以下に規定されている。日本の皇室に関する重要な事項を合議する国の機関である。

2. 両院協議会は，予算案について，衆議院と参議院の両院において議決が異なった場合には，憲法上必ず開かれる（憲法60条2項）。しかし，法律案が異なった場合には，「衆議院が，両議院の協議会を開くことを求めることを妨げない。」（同59条3項）と規定されており，必ず開かれるわけではない。

3. 「国会は，罷免の訴追を受けた裁判官を裁判するため，両議院の議員で組織する弾劾裁判所を設ける。」（憲法64条1項）。弾劾裁判所は，国会に設置されるものであり，衆参両院に設置されるものではない。

4. 妥当である。全農林警職法事件の判例は，代償措置論をとっている（最大判昭48・4・25）。

5. 会計検査院は，憲法上の機関であり（憲法90条），内閣府の中に設けられている機関ではない。

正答　**4**

地方上級

No.
170

全国型, 関東型, 中部・北陸型, 市役所A

憲法　　　　　　幸福追求権

令和4年度

憲法

行政法

民法

刑法

労働法

憲法13条の幸福追求権に関する次の記述のうち, 判例に照らし, 妥当なものはどれか。

1 個人の私生活上の自由の一つとして, 何人も, その承諾なしに, みだりにその容ぼう・姿態を撮影されない自由を有するものではない。

2 行政機関が住民基本台帳ネットワークシステムにより本人確認情報を管理, 利用等する行為は, 憲法13条により保障されたプライバシー権その他の人格権を侵害するものではない。

3 個人の私生活上の自由の一つとして, 何人もみだりに指紋の押なつを強制されない自由を有するものではない。

4 患者が, 輸血を受けることは自己の宗教上の信念に反するとして, 輸血を伴う医療行為を拒否するとの明確な意思を有している場合であっても, このような意思決定をする権利は, 人格権の一内容として尊重されない。

5 婚姻の際に氏の変更を強制されない自由は, 憲法上の権利として保障される人格権の一内容である。

解説

1. 個人の私生活上の自由の一つとして, 何人も, その承諾なしに, みだりにその容ぼう・姿態（容ぼう等）を撮影されない自由を有する（最大判昭44・12・24）。

2. 妥当である。行政機関が住基ネットにより本人確認情報を管理, 利用等する行為は, 個人に関する情報をみだりに第三者に開示または公表するものということはできず, 当該個人がこれに同意していないとしても, 憲法13条により保障されたプライバシー権その他の人格権を侵害するものではない（最判平20・3・6）。

3. 個人の私生活上の自由の一つとして, 何人もみだりに指紋の押なつを強制されない自由を有する（最判平7・12・15）。

4. 患者が, 輸血を受けることは自己の宗教上の信念に反するとして, 輸血を伴う医療行為を拒否するとの明確な意思を有している場合, このような意思決定をする権利は, 人格権の一内容として尊重されなければならない（最判平12・2・29）。

5. 婚姻の際に氏の変更を強制されない自由が, 憲法上の権利として保障される人格権の一内容であるとはいえない（最大判平27・12・16）。

正答 **2**

信頼保護の原則（ないしは信義誠実の原則）に関する次の記述のうち，妥当なものはどれか。

1 信頼保護の原則については民法においても明文の定めがなく，判例により認められた原則であるが，公法関係においてもその適用の余地があることが次第に認められつつある。

2 違法な行政処分の取消しについても，相手方の信頼保護の見地から，それが制限されることがあるとするのが通説である。

3 前村長が村の長期施策に基づいて工場建設を積極的に誘致・協力していても，村長の交代により施策が変更されることがあるのは当然であるから，それによって工場建設が不可能となっても信頼が保護される余地はなく，村の損害賠償責任は生じないとするのが判例である。

4 租税法律主義が貫かれるべき租税法律関係においては，租税法規に適合する課税処分について，信頼保護の原則を適用してこれを取り消す余地はないとするのが判例である。

5 許可などに公益上の理由による撤回権の留保が付されている場合には，それにより相手方の信頼保護は排除されるから，処分庁は自由にこれを撤回することができることになる。

解 説

憲法上の原則である"平等原則"や"比例原則"に加えて，民法上の原則である"信頼保護の原則"も，法の一般原則として，行政上の関係に適用可能であると解されている。

1．前半が誤り。信頼保護の原則（信義誠実の原則）については，民法に明文の定めがある（民法1条2項）。後半は正しい。

2．正しい。違法な行政処分であっても，それが相手方に権利利益を与える授益的行政行為の場合には，相手方の信頼保護や法的安定性の見地から，取消しが制限されることがあるとするのが通説である。

3．施策が変更されることにより，村の勧誘等に動機づけられて活動に入った者がその信頼に反して所期の活動を妨げられ，社会観念上看過することのできない程度の積極的損害を被る場合に，村において損害を補償するなどの代償的措置を講ずることなく施策を変更することは，それがやむをえない客観的事情によるのでない限り，当事者間に形成された信頼関係を不当に破壊するものとして違法性を帯び，村の不法行為責任が生じるとするのが判例である（最判昭56・1・27）。

4．租税法律主義の原則が貫かれるべき租税法律関係においては，信義則の法理の適用については慎重でなければならず，租税法規の適用における納税者間の平等，公平という要請を犠牲にしてもなお当該課税処分に係る課税を免れしめて納税者の信頼を保護しなければ正義に反するといえるような特別な事情が存する場合に，初めて信頼保護の法理の適用の是非を考えるべきであるとするのが判例である（最判昭62・10・30）。

5．行政行為に撤回権の留保が付されていても，それにより相手方の信頼保護が排除されるわけではなく，撤回に当たっては条理上の制限を受けるものと解されている。

正答 **2**

行政機関の保有する情報の公開に関する法律（以下「情報公開法」という。）に関する次の記述のうち，妥当なものはどれか。

1 国家公安委員会や警察庁などが保有する行政文書については開示を請求することができない。

2 情報公開法において「行政文書」とは，行政機関の職員が職務上作成し，または取得した文書，図画および電磁的記録であって，当該行政機関の職員が組織的に用いるものとして，当該行政機関が保有しているものであり，官報，白書，新聞，雑誌，書籍その他不特定多数の者に販売することを目的として発行されるものも含まれる。

3 開示請求に対し，当該開示請求に係る行政文書が存在しているか否かを答えるだけで，不開示情報を開示することとなるときは，行政機関の長は，当該行政文書の存否を明らかにしないで，当該開示請求を拒否することができる。

4 行政機関の長は，開示請求に係る行政文書に不開示情報が記録されている場合には，公益上特に必要があると認めるときであっても，開示請求者に対し，当該行政文書を開示することはできない。

5 外国に居住する外国人は，情報公開法に基づいて行政文書の開示を請求することができない。

解説

1. 国家公安委員会や警察庁は国の行政機関であり（情報公開法2条1項2号参照），また，何人も，情報公開法の定めるところにより，行政機関の長に対し，当該行政機関の保有する行政文書の開示を請求することができるから（同3条），国家公安委員会や警察庁などが保有する行政文書についても開示を請求することができる。もっとも，公にすることにより，公共の安全と秩序の維持に支障を及ぼすおそれがあると行政機関の長が認めることにつき相当の理由がある情報であれば，不開示情報に当たり開示されないことがある（同5条4号）。

2. 「行政文書」の定義は正しい（同2条2項柱書）。しかし，官報，白書，新聞，雑誌，書籍その他不特定多数の者に販売することを目的として発行されるものは除かれるため（同条項1号），この部分は誤りである。

3. 正しい（同8条）。

4. 行政機関の長は，開示請求に係る行政文書に不開示情報が記録されている場合であっても，公益上特に必要があると認めるときは，開示請求者に対し，当該行政文書を開示することができる（同7条）。公益上の理由による裁量的開示である。

5. 開示請求権は，「何人も」することができるから（同3条），外国に居住する外国人も，行政文書の開示を請求することができる。

正答　**3**

平成13年4月1日に施行された「行政機関の保有する情報の公開に関する法律（情報公開法）」に関する次の記述のうち，妥当なものはどれか。

1 本法の対象となる機関は行政機関に限られるが，国家公安委員会や特殊法人の保有する情報は除外されている。

2 本法において開示請求権を有する者については，「何人も」と規定されていることから，外国に居住する外国人も情報の開示を請求することができる。

3 本法は，透明性（行政上の意思決定について，その内容および過程が国民にとって明らかであること）の向上を図るという目的がうたわれた初めての法律である。

4 本法は，特定の個人を識別することができる情報のうち，プライバシーに関わるものだけを開示義務が解除される不開示情報と規定して，個人のプライバシー権を保護している。

5 本法は，情報公開訴訟において，裁判官が実際に開示請求にかかる行政文書を見分して審理することができるとする，いわゆるインカメラ審理の手続きを明文化している。

解説

1．確かに，特殊法人の保有する情報は除外されているが，国家公安委員会は本法の対象となる「行政機関」に含まれる（情報公開法2条1項2号）。

2．正しい(同3条)。国際協調主義の立場から広く世界に情報の窓を開くことに政策的意義が認められることなどにより，開示請求権者を限定しないこととされた。

3．透明性の向上を図るという目的が初めてうたわれた法律は，行政手続法である。情報公開法は，国民主権の理念にのっとり，政府の諸活動を国民に説明する責務（アカウンタビリティ）が全うされるようにするとともに，国民の理解と批判の下に公正で民主的な行政の推進に資することを目的としている（同1条）。

4．確かに，諸外国では，個人に関する情報についての不開示の範囲をプライバシーという概念で画する例も見られるが(プライバシー情報型)，プライバシーの概念が必ずしも明確ではないことなどから，本法では，それがプライバシーにかかわるものであるか否かを問わず，特定の個人を識別することができる情報を原則不開示としたうえで，個人の権利利益を侵害しても開示することの公益が優越するため開示すべきものなどを但書で例外的開示情報として列挙する個人識別情報型が採用された（同5条1号）。

5．地方公共団体の情報公開条例に基づく処分の取消訴訟においては，いわゆるインカメラ審理をせずに推認の方法により対処してきたことなどから，本法は，情報公開訴訟において，いわゆるインカメラ審理が行われることは想定していない。これに対して，情報公開審査会の調査審議においては，いわゆるインカメラ審理の手続きが明文化されている（情報公開・個人情報保護審査会設置法）。

正答 **2**

憲法

行政法

民法

刑法

労働法

「行政機関の保有する情報の公開に関する法律」（情報公開法）に関する次の記述のうち，妥当なものはどれか。

1 電磁的記録は，情報公開法の行政文書には該当しない。

2 外国人は，情報公開の請求をすることができない。

3 不開示情報が記録されている部分を容易に区分して除くことができる場合，当該部分を除いた部分につき開示しなければならないのが原則である。

4 行政機関の長は，行政文書の存否を明らかにしないで，開示請求を拒否することはできない。

5 開示決定等について審査請求があったときは，当該審査請求に対する裁決をすべき行政機関の長は，常に，情報公開・個人情報保護審査会に諮問しなければならない。

解説

1. この法律において「行政文書」とは，行政機関の職員が職務上作成し，または取得した文書，図画および電磁的記録（電子的方式，磁気的方式その他人の知覚によっては認識することができない方式で作られた記録をいう）であって，当該行政機関の職員が組織的に用いるものとして，当該行政機関が保有しているものをいう（情報公開法2条2項柱書本文）。

2. 何人も，この法律の定めるところにより，行政機関の長に対し，当該行政機関の保有する行政文書の開示を請求することができる（同3条）。「何人も」とあるので，外国人も，情報公開の請求をすることができる。

3. 妥当である（同6条1項）。

4. 開示請求に対し，当該開示請求に係る行政文書が存在しているか否かを答えるだけで，不開示情報を開示することとなるときは，行政機関の長は，当該行政文書の存否を明らかにしないで，当該開示請求を拒否することができる（同8条）。グローマー拒否と呼ばれている。

5. 開示決定等または開示請求に係る不作為について審査請求があったときは，当該審査請求に対する裁決をすべき行政機関の長は，①審査請求が不適法であり，却下する場合，②裁決で，審査請求の全部を認容し，当該審査請求に係る行政文書の全部を開示することとする場合のいずれかに該当する場合を除き，情報公開・個人情報保護審査会に諮問しなければならない（同19条1項）。常に諮問しなければならないわけではない。

正答 **3**

行政機関の保有する情報の公開に関する法律（情報公開法）に関する次の記述のうち，妥当なものはどれか。

1 この法律における行政文書とは，行政機関の職員が職務上作成した文書・図画，または，当該行政機関の職員が組織的に用いるものとして，当該行政機関が保有している文書・図画をいう。

2 国民は，この法律の定めるところにより，行政機関の長に対し，当該行政機関の保有する行政文書の開示を請求することができるが，外国人はその開示を請求することができない。

3 行政機関の長は，開示請求に係る行政文書に不開示情報が記録されている場合には，公益上特に必要があると認めるときでも，開示請求者に対し，当該行政文書を開示することができない。

4 行政機関の長は，開示請求に係る行政文書の一部に不開示情報が記録されている場合において，不開示情報が記録されている部分を容易に区分して除くことができるときは，開示請求者に対し，当該部分を除いた部分につき開示しなければならないのが原則である。

5 開示請求に対し，当該開示請求に係る行政文書が存在しているか否かを答えるだけで，不開示情報を開示することとなるときでも，行政機関の長は，当該行政文書の存否を明らかにしないで，当該開示請求を拒否することはできないのが原則である。

解説

1. 行政文書とは，行政機関の職員が職務上作成し，または取得した文書，図画および電磁的記録であって，かつ，当該行政機関の職員が組織的に用いるものとして，当該行政機関が保有しているものをいう（情報公開法2条2項本文）とされており，行政文書には「取得文書」や「電磁的記録」も含まれる。また，行政文書は，「組織的に用いるもの」でなければならず，職員の個人的なメモなどは含まれないと解されている。

2. 「何人も」，この法律の定めるところにより，行政機関の長に対し，当該行政機関の保有する行政文書の開示を請求することができる（情報公開法3条）ので，外国人もその開示を請求することができる。

3. 行政機関の長は，開示請求に係る行政文書に不開示情報が記録されている場合であっても，公益上特に必要があると認めるときは，開示請求者に対し，当該行政文書を開示することができる（情報公開法7条）。

4. 妥当である（情報公開法6条1項）。

5. 開示請求に対し，当該開示請求に係る行政文書が存在しているか否かを答えるだけで，不開示情報を開示することとなるときは，行政機関の長は，当該行政文書の存否を明らかにしないで，当該開示請求を拒否することができる（情報公開法8条）。グローマー拒否である。

正答 **4**

No. 176　行政法　条例・規則　平成30年度

地方自治法の定める条例・規則に関する次の記述のうち，妥当なものはどれか。

1　条例は，個別具体的な法律の委任がある場合に初めて，普通地方公共団体の処理する事務に関して制定することができる。

2　条例には，条例に違反した者に対して，懲役や罰金といった刑罰を科す旨の規定を設けることができるが，秩序罰である過料を科す旨の規定を設けることはできない。

3　普通地方公共団体の長は，個別具体的な法律の委任がある場合，法令や当該普通地方公共団体の条例に違反しない限りで，その権限に属する事務に関して，規則を制定することができる。

4　普通地方公共団体の長が制定した規則は，規則に違反した者に対して，形罰を定めることはできず，秩序罰である過料を科す旨の規定を設けることもできない。

5　普通地方公共団体は，住民に義務を課し，または住民の権利を制限するには，法令に特別の定めがある場合を除くほか，規則ではなく，条例によらなければならない。

解 説

1．条例は，普通地方公共団体が，法令に違反しない限りにおいて，自主的に制定することができ（憲法94条，地方自治法14条1項），個別具体的な法律の委任がなくても制定することができる。

2．地方自治法14条3項は，「普通地方公共団体は，法令に特別の定めがあるものを除くほか，その条例中に，条例に違反した者に対し，2年以下の懲役若しくは禁錮，100万円以下の罰金，拘留，科料若しくは没収の刑又は5万円以下の過料を科する旨の規定を設けることができる」と規定している。したがって，条例には，条例に違反した者に対して，懲役や罰金といった刑罰を科す旨の規定を設けることができるだけでなく，秩序罰である過料を科す旨の規定を設けることもできる。

3．地方自治法15条1項は，「普通地方公共団体の長は，法令に違反しない限りにおいて，その権限に属する事務に関し，規則を制定することができる」と規定しており，普通地方公共団体の長は，法令に違反しない限りで，自主的にその権限に属する事務に関して，規則を制定することができ，個別具体的な法律の委任がなくても制定することができる。

4．普通地方公共団体の長が制定した規則（地方自治法15条1項）は，規則に違反した者に対して，刑罰を定めることはできない（同14条3項参照）から，前半は正しい。しかし，地方自治法15条2項は，「普通地方公共団体の長は，法令に特別の定めがあるものを除くほか，普通地方公共団体の規則中に，規則に違反した者に対し，5万円以下の過料を科する旨の規定を設けることができる」と規定し，普通地方公共団体の長は，規則に違反した者に対して，秩序罰である過料を科す旨の規定を設けることができるから，後半は誤り。

5．妥当である。地方自治法14条2項は，「普通地方公共団体は，義務を課し，又は権利を制限するには，法令に特別の定めがある場合を除くほか，条例によらなければならない」と規定している。

正答　**5**

行政調査に関する次の記述のうち，妥当なものはどれか。

1 警察官職務執行法に基づく職務質問に付随する所持品検査は，所持人の承諾を得てその限度で行うことが許容されるものであるから，所持品について質問することや，任意の提示を求めることは許されないとするのが判例である。

2 憲法35条の令状主義は，行政手続きについては一切適用がないとするのは相当でなく，刑事責任の追及をその目的としない所得税法上の質問検査にも裁判官の発する令状を要するとするのが判例である。

3 自動車の一斉検問については，それが相手方の任意の協力を求める形で行われ，自動車の利用者の自由を不当に制約することにならない方法・態様で行われる限り，適法であるとするのが判例である。

4 行政手続法は，情報収集のために報告や物件の提出を命ずる処分についても，同法の適用除外とせず，事前の意見聴取を要求している。

5 行政調査は，行政上の即時強制の一種であるから，法律によって行政調査権限が認められている場合には，実力行使によって抵抗を排除することが当然に認められるとするのが通説である。

解説

1．前半は正しいが，後半が誤り。職務質問に付随する所持品検査は，任意手段として許容されるものであるから，強制にわたらない限り，所持品について質問することや任意の提示を求めることも当然に許される（最判昭53・6・20）。

2．前半は正しいが，後半が誤り。所得税法に規定する刑事責任追及を目的としない質問検査については，あらかじめ裁判官の発する令状によることをその一般的要件としないからといって，これを憲法35条に反するものということはできないとするのが判例である（最判昭47・11・22）。

3．正しい（最決昭55・9・22）。

4．行政手続法は，報告または物件の提出を命ずる処分その他その職務の遂行上必要な情報の収集を直接の目的としてされる処分および行政指導を適用除外事項としている（行政手続法3条1項14号）。行政調査は，その行為を行う前に相手方に弁明の機会を付与する必要があるものとは解されず，また，ありのままの情報を提供してもらうためには，処分の理由について相手方に知らせることが不適切である場合も少なくないと考えられるからである。

5．確かに，従来は，行政調査は即時強制の一種として扱われてきたが，法律によって行政調査権限が認められている場合であっても，実力行使によって抵抗を排除することが当然に認められるわけではなく，したがって，近時では，即時強制とは区別して論じられるようになってきている。

正答 3

行政調査に関する記述として，妥当なのはどれか。

1 行政調査は，行政機関が行政目的を達成するために必要な情報を収集する活動であり，調査方法として，報告の徴収，立入検査，質問が含まれるが，物件の収去は含まれない。

2 行政調査のうち強制調査は，法律又は条例の定めに基づいて実施されるが，その要件の認定や実施の決定，時期や方法といった実施細目についても明文の規定が必要であり，行政機関の裁量は認められない。

3 行政調査において，調査を拒否した者に対する罰則規定が定められている場合であっても，緊急を要するときは相手の抵抗を排除するためにの実力行使が認められる。

4 最高裁判所は，川崎民商事件判決において，旧所得税法に基づく質問検査は，刑事責任の追及に直接結びつくものでなく，実効性のある検査制度として，不合理とはいえず，合憲であると判示した。

5 最高裁判所は，行政調査は当該行政目的に限定して利用されなければならないとして，国税犯則取締法に基づく調査によって得られた資料を青色申告承認の取消処分を行うために利用することは許されないと判示した。

解説

1. 行政調査にあっても，行政目的の実現にとって必要かつ関連のある範囲で，物件の収去が認められる場合がある。もちろん，物件の収去が過大にわたったり，犯罪捜査の一環として利用されたりしてはならない。物件の収去を定めた実例としては，食品衛生法17条1項が，「厚生労働大臣（中略）は，必要があると認めるときは（中略）試験の用に供するのに必要な限度において，販売の用に供し，若しくは営業上使用する食品，添加物，器具若しくは容器包装を無償で収去させることができる」と定めている。

2. 行政調査が行政活動の資料収集として有効なものとなるためには，調査対象者のあるがままの状態を把握できる必要がある。これに対して，調査の時期や方法といった実施細目を明らかにしてしまえば，調査対象者が，行政調査に合わせて，真実とは違う状態をつくり出して，行政調査の意味を失わせてしまうおそれがある。それゆえ，法律によって，行政調査をするための根拠を定めておく必要はあるが，行政調査の実施細目については明文の規定を置く必要はない。

3. 行政調査は，たとえ緊急を要する状況で行われる場合であっても，調査を拒否した者に対する罰則規定が定められているにすぎないときには，相手方の抵抗を実力で排除するようなことは認められない。

4. 正しい（最判昭47・11・22）。

5. 判例は，「収税官吏が犯則嫌疑者に対し国税犯則取締法に基づく調査を行った場合に，課税庁が右調査により収集された資料を右の者に対する課税処分及び青色申告承認の取消処分を行うために利用することは許されるものと解する」（最判昭63・3・31）とする。

正答 **4**

憲法
行政法
民法
刑法
労働法

行政上の契約（行政契約）に関する次の記述のうち，妥当なものはどれか。

1 明治憲法下のわが国の通説は，交通，郵便，水道など各種の国公営サービスは民法上の契約ではないとして民法の適用を排除していたが，現行憲法下では，これらは民法上の契約であると理解されている。

2 規制行政の分野でも契約によって行政目的を達成することは可能であり，宅地開発等指導要綱に規定されている開発負担金（協力金）の納付も，贈与契約の履行と解する余地がある。

3 給付行政の分野では契約手法がしばしば用いられるが，補助金等に係る予算の執行の適正化に関する法律（補助金適正化法）は，補助金の交付決定を含む補助金契約に対し，行政上の契約に特有な手続的規制を行っている。

4 一定の行政目的達成のため行政行為のような権力的手段を用いることが行政主体に認められていても，行政上の契約によって当該目的を達成することができるときは，当該権力的手段の利用は許されない。

5 企業活動に対し法令による規制よりも厳しい規制を要求する公害防止協定でも，行政契約として有効なものと解する余地があり，当該協定によって抵抗を排除して立入調査する権能を行政主体に与えることも可能である。

解 説

1．わが国の通説は，明治憲法下でも現行憲法下でも，各種の国公営サービスが民法上の契約であるとする。明治憲法下で問題とされたのは，公法と私法を厳格に区別したため，公法の分野で契約という行為形式が許容されるかどうかであった。

2．正しい。もっとも，各種の権能を有する行政主体と開発業者では，対等の立場になく，開発負担金の納付や，こうした事項を含む契約の締結の任意性に疑問もある。

3．補助金適正化法は，補助金の交付を行政契約ではなく，権力的行為形式である行政行為と構成している（補助金適正化法6条，17条，18条，21条，25条）。

4．法律が権力的手段を認めている場合には，行政主体は原則としてそれによるべきであって，行政契約によるべきではない。もちろん，権力的手段の根拠となっている法律の解釈の結果，権力的手段を用いずに契約によることが許される場合もあろうが，本枝のように，権力的手段の利用が許されなくなるようなことはない。

5．公害防止協定を契約の締結として有効と解することができる場合であっても，抵抗を排除して立入調査するなどといった権力的行為を契約によって認めることはできない。相手方に契約の不履行がある場合にも，行政主体は訴訟を通じて契約の遵守・履行を求めるほかない。

正答　**2**

No. 180　行政法　行政行為の瑕疵　平成29年度

行政行為の瑕疵に関する次の記述のうち，妥当なものはどれか。

1　行政行為に手続上の瑕疵があった場合は，すべて当然に無効となる。

2　行政行為の瑕疵には，違法の瑕疵と不当の瑕疵があるが，違法の瑕疵は公定力が生じないのに対し，不当の瑕疵には公定力が生じる。

3　先行する行政行為の瑕疵は，後続する行政行為に引き継がれないのが原則であるが，両者が一連の手続きを構成し，かつ同一の法効果の発生をめざすものであれば，例外的に先行の行政行為の違法性が後続する行政行為に承継することがある。

4　行政裁量については，当不当の問題が生じうるとしても，違法となることはないため，裁判所はこれを取り消すことができない。

5　取消訴訟においては，自己の法律上の利益に関係のない違法を理由として取消しを求めることができる。

解説

1．行政行為の瑕疵を理由として，当該行政行為が無効とされるためには，行政行為の瑕疵が重大な法令違反であり，しかもその瑕疵の存在が明白であることを要する（最判昭36・3・7，いわゆる重大明白説）。そして，手続きに瑕疵があるというだけでは，一般にこの要件を満たさないことから，判例はこれを取消事由として扱い，無効事由とはしていない（最判昭38・12・12）。

2．瑕疵の重大明白性のために当該行政行為が無効であれば公定力は生じないが，そうでなければ公定力が認められる。すなわち，公定力が生じるか否かは無効か否かで判断されるものであって，違法か不当かの区別で判断されるものではない。

3．正しい。いわゆる違法性の承継である。

4．行政裁量について裁量権の踰越・濫用があった場合には，違法の問題を生ずることになり，その場合，裁判所はこれを取り消すことができる。

5．取消訴訟においては，自己の法律上の利益に関係のない違法を理由として取消しを求めることができない（行政事件訴訟法10条1項）。

正答　3

憲法
行政法
民法
刑法
労働法

行政行為の附款に関する次の記述のうち，妥当なものはどれか。

1　行政行為の附款には，条件，期限，負担などがあるが，負担も，実際上は，条件と呼ばれることがある。

2　相手方が，負担に従わない場合には，本体たる行政行為の効力は当然に失われることになる。

3　附款が無効である場合には，本体たる行政行為も当然に無効となる。

4　本体たる行政行為から切り離して，附款のみを対象とする取消訴訟を提起することはできない。

5　行政行為の附款は，法律に明文の定めがなければ付すことができない。

解　説

1．妥当である。負担とは，主たる意思表示に付随して，相手方に特別の義務を命ずる意思表示をいう。たとえば，道路交通法91条1項の定める「運転するについて必要な条件」は，「負担」の例である。

2．条件を付す場合とは異なり，負担を命じた場合は，行政行為の効果が完全に発生することから，相手方が，負担に従わなくても，本体たる行政行為の効力は当然に失われることはない。

3．本体の行政行為と附款が不可分な場合は，附款が無効であれば，本体の行政行為も無効となる。しかし，本体の行政行為と附款が可分な場合には，附款が無効だからといって，本体の行政行為も当然に無効になるわけではない。

4．本体の行政行為と附款が可分な場合には，附款のみの取消訴訟（行政事件訴訟法8条以下）を提起することができる。

5．判例は，公務員の期限付きの任用が認められるかが問題となった事案において，職員の期限付き任用を必要とする特段の事由が存在し，かつ，地方公務員法の趣旨に反しない場合には，地方公務員法にこれを認める規定がなくても許されるとしており（最判昭38・4・2），法律に明文の定めがない場合でも行政行為の附款を付すことを認めている。

正答　**1**

地方上級

No. 182

全国型，関東型，中部・北陸型

行政法　　**意見公募手続**　　平成**24**年度

憲法

行政法

民法

刑法

労働法

行政手続法に定める意見公募手続に関する次の記述のうち，妥当なものはどれか。

1　行政手続法に定める意見公募手続は，地方公共団体の機関が条例を定めようとする場合にも適用されるから，地方公共団体は，条例案およびこれに関連する資料をあらかじめ公示し，意見の提出先および意見の提出のための期間を定めて広く一般の意見を求めなければならない。

2　命令等制定機関が命令等を定めようとする場合に必要とされる意見公募手続における「命令等」には，内閣または行政機関が定める法律に基づく命令は含まれるが規則は含まれない。

3　命令等制定機関は，命令等を定めようとする場合には，当該命令等の案およびこれに関連する資料をあらかじめ公示し，意見の提出先および意見提出期間を定めて広く一般の意見を求めなければならず，この意見提出期間は，公示の日から起算して30日以上でなければならない。

4　命令等制定機関は，委員会等の議を経て命令等を定めようとする場合において，当該委員会等が意見公募手続に準じた手続を実施したときであっても，自ら意見公募手続を実施することが必要とされる。

5　命令等制定機関は，意見公募手続を実施して命令等を定めた場合には，当該命令等の公布と同時期に提出された意見などの公示をしなければならず，その公示の手段は日刊紙に掲載することとされている。

解説

1. 地方公共団体の機関が命令等を定める行為については，意見公募手続（行政手続法39条～）は適用されない（同3条3項）。もっとも，地方公共団体は命令等を定める行為に関する手続についても，行政手続法の規定の趣旨にのっとり，行政運営における公正の確保と透明性の向上を図るため必要な措置を講ずるよう努めなければならないとされている（同46条）。

2.「命令等」には，内閣または行政機関が定める法律に基づく命令だけでなく規則も含まれる（同2条8号イ）。

3. 正しい（同39条1項・3項）。

4. 命令等制定機関は，委員会等の議を経て命令等を定めようとする場合において，当該委員会等が意見公募手続に準じた手続を実施したときは，自ら意見公募手続を実施することを要しない（同40条2項）。

5. 命令等制定機関は，意見公募手続を実施して命令等を定めた場合には，当該命令等の公布と同時期に提出意見などを公示しなければならないとされているから（同43条1項柱書），前半は正しい。しかし，公示の方法は，電子情報処理組織を使用する方法その他の情報通信の技術を利用する方法により行うとされているから（同45条1項），後半は誤りである。

正答　**3**

地方上級

No.
183 行政法　　　行政指導　　平成20年度

全国型，関東型，中部・北陸型，神奈川県

憲法

行政法

民法

刑法

労働法

行政指導に関する次の記述のうち，妥当なものはどれか。

1 行政指導は，非権力的な事実行為であって，国民を法的に拘束するものではないから，作用法上の根拠規範は不要であり，また，組織規範が定める所掌事務の範囲に限定されるものではない。

2 行政指導は，その趣旨および内容ならびに責任者を明確に記載した書面を交付して行わなければならず，口頭でされた行政指導は，原則として違法となる。

3 価格に関する事業者間の合意が形式的に独占禁止法に抵触するようにみえる場合であっても，それが適法な行政指導に従い，これに協力して行われたものであるときは，その違法性が阻却されるとするのが判例である。

4 違法な行政指導により損害を受けた場合であっても，行政指導は「公権力の行使」には該当しないから，国家賠償法1条に基づき行政主体に損害賠償責任を問うことはできない。

5 行政指導は，国民に対して直接の法的効果を生ずるものではないから，取消訴訟の対象となる「行政庁の処分その他公権力の行使に当たる行為」に含まれる余地はない。

解説

1. 前半は正しいが，後半が誤り。行政指導には作用法上の根拠規範は不要であると解されているが，他の行政活動と同様，組織規範が定める所掌事務の範囲を逸脱してはならない（行政手続法32条1項参照）。

2. 行政手続法は，行政指導に携わる者は，その相手方に対して，当該行政指導の趣旨および内容ならびに責任者を明確に示すことを求めているが（同法35条1項），口頭による行政指導を認めていないわけではない。ただし，行政指導が口頭でされた場合において，その相手方から上記の事項を記載した書面の交付を求められたときは，行政上特別の支障がない限り，これを交付しなければならないこととされている（同条3項）。

3. 正しい（最判昭59・2・24〈石油カルテル刑事事件〉）。

4. 違法な行政指導により損害を受けた私人は，行政指導を「公権力の行使」に当たると見て，国家賠償法1条に基づき行政主体に損害賠償責任を問うことができる場合がある（最判平5・2・18など）。

5. 行政指導は，国民に対して直接の法的効果を生ずるものではないから取消訴訟の対象とはならないのが原則であるが（最判昭38・6・4），判例は，医療法に基づく病院開設中止の勧告は，行政指導として定められているが，当該勧告が保険医療機関の指定に及ぼす効果等を併せ考えると，抗告訴訟の対象となる行政処分にあたると判示しており（最判平17・7・15），取消訴訟の対象となる余地がないわけではない。

正答 **3**

行政手続法に関する次の記述のうち，妥当なものはどれか。

1 行政庁は，申請をその事務所において受理したときは，遅滞なく当該申請の審査を開始しなければならない。

2 行政庁は，申請により求められた許認可等を拒否する処分をする場合は，申請者に対し，同時に，当該処分の理由を書面で示さなければならない。

3 聴聞の期日における審理は，行政庁が非公開とすることを相当と認めるときを除き，公開される。

4 行政庁は，処分基準を定め，かつ，これを公にしておかなければならない。

5 命令等を定める機関は，命令等を定めるに当たっては，当該命令等がこれを定める根拠となる法令の趣旨に適合するものとなるようにしなければならない。

解説

1．行政庁は，申請がその事務所に「到達」したときは遅滞なく当該申請の審査を開始しなければならない（行政手続法7条）。

2．行政庁は，申請により求められた許認可等を拒否する処分をする場合は，原則として，申請者に対し，同時に，当該処分の理由を示さなければならない（行政手続法8条1項本文）。この処分を書面でするときは，その理由も，書面により示さなければならない（同条2項）。したがって，拒否処分を口頭でするときは，理由も口頭で示せばよい。

3．聴聞の期日における審理は，行政庁が公開することを相当と認めるときを除き，公開しない（行政手続法20条6項）。

4．行政庁は，処分基準を定め，かつ，これを公にしておくよう努めなければならない（行政手続法12条1項）。努力義務である。

5．妥当である（行政手続法38条1項）。なお，命令等制定機関は，命令等を定めた後においても，当該命令等の規定の実施状況，社会経済情勢の変化等を勘案し，必要に応じ，当該命令等の内容について検討を加え，その適正を確保するよう努めなければならない（同条2項）。

正答　**5**

行政代執行に関する次の記述のうち，妥当なものはどれか。

1 行政代執行は，代替的作為義務の不履行について認められるものであるが，ここにいう代替的作為義務とは，行政行為のうちの命令的行為によって具体的に命ぜられた作為義務をいう。

2 行政代執行の対象となる行政上の義務は，法律によって直接に命ぜられたものでなければならず，条例による義務の場合は行政代執行法に基づく代執行を行うことはできない。

3 普通地方公共団体は，条例によって課された義務の不履行があった場合に備えて，条例によって行政代執行の手続きを定めることができる。

4 代執行を行うことができる者は，原則として代替的作為義務を課した行政庁の上級行政庁であるが，上級行政庁がない場合には代替的作為義務を課した行政庁が自ら行うことができる。

5 代執行に要した費用は義務者から徴収することができるが，任意の履行がない場合，費用の徴収は国税と同様の手続きで行われ，行政庁は国税および地方税に次ぐ順位の先取特権を有する。

解　説

1. ここにいう代替的作為義務とは，下命によって具体的に命ぜられた作為義務をいう。行政行為のうちの命令的行為には下命，禁止，許可，免除の4つがあるが，このうち作為義務を課す行為は下命のみである。

2. 行政代執行の対象となる行政上の義務は，法律によって直接に命ぜられたものに加え，条例によって命ぜられたものも含まれる。行政代執行は，行政上の義務の履行確保のために現行法上認められた唯一の一般的手段であり，条例によって課された義務がその対象から除外されると，自治事務に大きな支障を生ずるおそれがあるからである。

3. 行政代執行は対象者の被る負担の程度が大きいことから，法律で定めるものとされ，これを条例で定めることは認められていない（行政代執行法1条）。

4. 上級庁ではなく，義務を課した行政庁が行う（同2条）。

5. 正しい（同6条1・2項）。

正答　**5**

地方上級

No. 186

全国型，関東型，中部・北陸型，市役所A

行政法　普通地方公共団体の議会 令和4年度

憲法

行政法

民法

刑法

労働法

普通地方公共団体の議会に関する次の記述のうち，妥当なものはどれか。

1 都道府県の議会の議員の定数は，地方自治法で定めるが，市町村の議会の議員の定数は，条例で定める。

2 普通地方公共団体の議会の議員は，議会の議決すべき事件につき，議会に議案を提出することができるが，予算については提出することができない。

3 普通地方公共団体の議会の議員は，自己または一定の親族の従事する業務に直接の利害関係のある事件について，その議事に参与することができる。

4 普通地方公共団体の議会の会期中に議決に至らなかった事件は，後会で継続して審議される。

5 普通地方公共団体の議会の議員を懲罰として除名する場合には，裁判所の裁判が必要となる。

解説

1. 前半が誤り。都道府県の議会の議員の定数は，条例で定める（地方自治法90条1項）。なお，後半は正しい（同91条1項）。

2. 妥当である（地方自治法112条1項）。

3. 普通地方公共団体の議会の議長及び議員は，自己もしくは父母，祖父母，配偶者，子，孫もしくは兄弟姉妹の一身上に関する事件または自己もしくはこれらの者の従事する業務に直接の利害関係のある事件については，その議事に参与することができない（地方自治法117条本文）。

4. 会期中に議決に至らなかった事件は，後会に継続しない（地方自治法119条）。

5. 普通地方公共団体の議会の議員を懲罰として除名する場合に，裁判所の裁判は不要である（地方自治法134条1項，135条1項4号参照）。

正答　**2**

行政行為の公定力に関する次の記述のうち，妥当なものはどれか。

1 公定力とは，行政行為に取り消しうべき違法な瑕疵または重大かつ明白な瑕疵があった場合であっても，正当な権限を有する国家機関によって取り消されるまでは一応有効なものとして取り扱われる効力である。

2 取消訴訟の排他的管轄とは，行政事件訴訟法に処分の取消訴訟が規定されている以上，行政行為の効力を排除するためには処分の取消訴訟によるべきであるということを意味し，公定力の制度的な根拠とされている。

3 免職処分とされた公務員が，当該免職処分の違法を理由として国家賠償請求訴訟を提起する際には，あらかじめ取消訴訟を提起して免職処分の効力を否定しておく必要がある。

4 重大かつ明白な瑕疵ある土地収用裁決の効力を争う者は，土地収用委員会に対して無効等確認の訴えを提起するべきであるので，起業者の側に対して土地の所有権を確認する訴訟を提起することはできない。

5 原子炉設置許可処分に関して不服のある周辺住民は，取消訴訟によらず，民事訴訟によって差止めを請求することはできない。

解説

1. 公定力は，行政行為に違法の瑕疵があっても，法的安定性を図る見地から，適法に取り消されるまでは一応有効なものとして扱おうとする効力であるから，行政行為に重大かつ明白な瑕疵があって明らかに無効という場合には認められない。

2. 正しい。行政事件訴訟上，処分の取消訴訟が制度として設けられている以上（行政事件訴訟法3条2項），行政行為の公定力を排除するためには処分の取消訴訟によるべきであるとされる。

3. 国家賠償請求訴訟を提起するためには，あらかじめ処分の取消しまたは無効確認の判決を得なければならないものではない（最判昭36・4・21）。

4. 土地収用裁決に重大かつ明白な瑕疵があれば，その裁決は無効であり，関係者は裁決がなかったものとして法律関係を争うことができる。したがって，裁決の効力を争う者は起業者に対して土地所有権の確認訴訟を提起できる。

5. 原子炉設置許可処分について，判例は民事訴訟による差止めを認めている（最判平4・9・22〈もんじゅ原発訴訟〉）。

正答 **2**

地方上級

No. 188　行政法　行政行為の附款

全国型，法律専門タイプ，大阪府

平成19年度

行政行為の附款に関する次の記述のうち，妥当なものはどれか。

1　行政行為に附款を付すことができるのは，法律が附款を付すことができる旨を明示している場合に限られるのであって，それ以外の場合に附款を付すことは許されない。

2　停止条件とは，行政行為の効果を発生不確実な将来の事実にかからせる意思表示のうち，その事実の発生によって行政行為の効力が消滅するものをいう。

3　負担とは，主たる意思表示に付随して，相手方に特別の義務を命ずる意思表示をいうが，相手方がこれに従わなくても，本体たる行政行為の効力が当然に失われることはない。

4　行政行為に撤回権の留保が付されている場合において，それに該当する事実が発生したときは，当該行政行為は当然に撤回されたものとみなされる。

5　附款は行政行為に付された従たる意思表示にすぎないから，附款が違法な場合であっても，本体たる行政行為から切り離して独自にその附款の取消しを求めて争うことは許されない。

解説

1. 附款は，①法律が附款を付すことができる旨を明示している場合のほか，②行政庁に裁量が認められている場合にもその裁量権の範囲内で付すことが可能である。

2. 前半は正しいが，後半が誤り。停止条件は，行政行為の効果を発生不確実な事実にかからせる意思表示のうち，その事実の発生によって行政行為の効力が発生するものをいう。その事実の発生によって行政行為の効力が消滅するのは「解除条件」である。

3. 正しい。したがって，相手方が負担による義務に従わないときは，行政庁は負担の履行を強制したり，本体たる行政行為を撤回するなど，改めて措置を講ずる必要がある。

4. 撤回権の留保が付されている場合に，それに該当する事実が発生したからといって，当該行政行為が当然に撤回されたものとみなされるわけではない。当該行政行為の効力を消滅させるためには，行政庁が改めて撤回を行う必要がある。

5. 附款のみの取消しを求めて争うことが許されないのは，附款が行政行為の本体と不可分一体の関係にある場合（ex. 重要な意味を持つ条件）である。附款が行政行為の本体と可分である場合（ex. あまり重要でない負担）には，附款のみの取消しを求めて争うことも許される。

正答　**3**

国家賠償法に関する次の記述のうち，妥当なものはどれか。ただし，争いがある場合は，判例の見解による。

1 加害公務員の選任・監督に当たる者と，俸給，給与その他の費用を負担する者とが異なるときは，選任監督者のみが損害を賠償する責任を負い，費用負担者は損害賠償責任を負わない。

2 公権力の行使に当たる「公務員」とは，国家公務員および地方公務員をさすので，私人が含まれることはない。

3 公務員が，もっぱら自己の利を図る目的で職務執行を装って加害行為を行った場合にも，国家賠償法が適用される。

4 国または公共団体が公務員の違法な公権力の行使について損害の賠償をした場合，当該公務員に故意があったときにのみ，求償をすることができる。

5 「公の営造物」とは，道路等の人工公物をさすので，河川等の自然公物が含まれることはない。

解説

1. 国または公共団体が損害を賠償する責に任ずる場合において，公務員の選任もしくは監督に当たる者と公務員の俸給，給与その他の費用を負担する者とが異なるときは，費用を負担する者もまた，その損害を賠償する責に任ずる（国家賠償法 3 条 1 項）。

2. 私人であっても，公権力行使の権限をゆだねられていれば，当該私人は，国家賠償法上の「公務員」に当たる（最判平19・1・25）。

3. 妥当である。判例は，国家賠償法 1 条は公務員が主観的に権限行使の意思をもってする場合に限らず自己の利を図る意図をもってする場合でも，客観的に職務執行の外形をそなえる行為をしてこれによって，他人に損害を加えた場合には，国または公共団体に損害賠償の責を負わしめるとする（最判昭31・11・30）。外形主義（外形標準説）である。

4. 公務員に故意または重大な過失があったときは，国または公共団体は，その公務員に対して求償権を有する（国家賠償法 1 条 2 項）。重過失があった場合にも求償することができる。

5. 道路，河川その他の公の営造物の設置または管理に瑕疵があったために他人に損害を生じたときは，国または公共団体は，これを賠償する責に任ずる（国家賠償法 2 条 1 項）。河川等の自然公物も「公の営造物」に含まれる。

正答 **3**

地方上級

No.
190 全国型，関東型，中部・北陸型

行政法   行政上の義務履行確保   平成26年度

憲法

行政法

民法

刑法

労働法

行政上の義務履行確保に関する次の記述のうち，妥当なものはどれか。

1 行政代執行は，法律に基づき行政庁により命ぜられた行為について義務者がこれを履行しない場合になされるものであり，法律により直接に命ぜられた行為について義務者が履行しない場合には行政代執行を行うことができない。

2 行政代執行は，その義務の不履行を放置することが著しく公益に反すると認められるときであれば，他の手段によって履行を確保することが容易である場合であっても行うことができる。

3 行政代執行法には，条例により執行罰や直接強制，強制徴収を定めることが可能である旨の明文規定が置かれているため，条例によるこれらの強制執行が認められている。

4 執行罰には，故意犯処罰の原則や共犯に関する刑法総則の規定が適用される。

5 国税徴収法によると，納期限までに租税が納付されない場合には，財産を差し押さえ，財産を換価し，換価代金等を配当する滞納処分を行うことになっている。

解 説

1. 行政代執行は，法律（法律の委任に基づく命令，規則および条例を含む。以下同じ）により直接に命ぜられ，または法律に基づき行政庁により命ぜられた行為（代替的作為義務）について義務者がこれを履行しない場合に行うことができる（行政代執行法2条）。

2. 行政代執行は，①他の手段によってその履行を確保することが困難であり，かつ②その不履行を放置することが著しく公益に反すると認められるときに行うことができる（同2条）。

3. 行政代執行法は，「別に法律で定めるものを除いては，この法律の定めるところによる」（同1条）という規定を置き，別の「法律」で他の強制執行手続きを定めることを許容している。しかし，「条例」により執行罰や直接強制，強制徴収を定めることが可能である旨の明文規定はなく，条例によるこれらの強制執行は認められていない（なお，代執行は可能である〈同2条〉）。

4. 故意犯処罰の原則や共犯に関する刑法総則の規定が適用されるのは，行政罰の一つとして位置づけられている「行政刑罰」である。

5. 正しい。国税徴収法によると，滞納処分の手続きとして，納期限までに租税が納付されない場合には，財産を差し押さえ（第5章，第1節），財産を換価し（第5章，第3節），換価代金等を配当する（第5章，第4節）ことになっている。

正答 **5**

憲法

行政法

民法

刑法

労働法

行政行為の無効と取消しに関する次の記述のうち，妥当なものはどれか。

1 行政行為が無効とされるのは，行政行為の瑕疵が重大であることと，瑕疵の存在が明白であることとの2つの要件を備えている場合である。

2 行政行為を取り消すためには，個別の法的根拠が必要であり，取消しについて直接明文の規定がなければ，行政庁は取り消すことができない。

3 相手方に利益を与えるような授益的行政行為の場合であっても，取消しの原因があれば，必ず取り消されることになる。

4 行政行為の取消訴訟は，処分があったことを知った日から3か月を経過したときは，提起することができなくなる。

5 行政行為の無効の効果は，行政行為の成立時にさかのぼって生じ，行政行為の取消しの効果は，将来に向かってのみ生じる。

解説

1 妥当である（最判昭34・9・22）。

2 行政行為を取り消すために，個別の法的根拠は必要としない。したがって，取消しについて直接明文の規定がなくても，行政庁はその権限において取り消すことができる。

3 相手方に利益を与えるような授益的行政行為の場合には，取消しの原因があっても，必ず取り消されるわけではない。取り消されるとその相手方に不利益がもたらされるため，行政庁に対する相手方の信頼保護の見地から，一定の制限を受ける（最判昭28・9・4，同昭33・9・9参照）。

4 行政行為の取消訴訟は，処分があったことを知った日から「6か月」を経過したときは，提起することができなくなるのが原則である（行政事件訴訟法14条1項本文）。

5 行政行為が無効である場合は，初めからまったく行政行為の効力を生じない。これに対し，行政行為の取消しは，行政行為の成立時にさかのぼって効力を失わせる。なお，行政行為の撤回は，将来に向かって効力を失わせることである。

正答 **1**

地方上級

No. 192

全国型，関東型

行政法　行政行為の取消しと撤回　平成18年度

憲法
行政法
民法
刑法
労働法

行政行為の取消しと撤回に関する次の記述のうち，妥当なものはどれか。

1 違法な処分は取り消すのが原則であるが，違法事由が軽微なものにとどまり，それに比して当該処分を取り消すことが関係者の利益を著しく害する場合，職権取消しを行うことが違法となる場合がある。

2 処分を取り消すことによる不利益よりも，取り消さないことによって処分の効果が維持されることによる不利益のほうが大きい場合であっても，一定程度の期間が経過した後では，当該処分を職権で取り消すことはできない。

3 不服申立てに対して裁決庁の裁決がなされたところ，裁決の前提となる事実認定に誤りがあった場合，事実認定の誤りは違法事由であるから，裁決庁は裁決を取り消し，再度裁決を行わなければならない。

4 処分の撤回によって相手方が被る不利益を考慮してもなお，それを撤回すべき公益上の必要性が高いと認められる場合でも，撤回について法律上明文の規定がないときは撤回できない。

5 国公有財産である土地の使用許可を撤回する場合，使用許可に基づく使用権は私有財産権の一部をなすものであるから，使用期間の定めがない場合でも損失補償を要する。

解説

1. 正しい（最判昭33・9・9）。

2. 期間の経過によって取消しの是非が左右されるのではなく，その時点において取り消した場合とそうでない場合の利益を衡量して，なお取消しの利益のほうが大きい場合には，取消しが認められる。

3. たとえ事実認定に誤りがあったとしても，裁決を維持すべき利益のほうが大きいと判断される場合には，裁決を取り消す必要はない。

4. 判例は，本枝のような事情の下においては，「法令上その撤回について直接明文の規定がなくとも，撤回権者はその権限において撤回することができる」とする（最判昭63・6・17）。

5. 判例は，「都有行政財産たる土地につき使用許可によって与えられた使用権は，それが期間の定めのない場合であれば，当該行政財産本来の用途または目的上の必要を生じたときはその時点において原則として消滅すべきものであり，また，権利自体に右のような制約が内在しているものとして付与されているものとみるのが相当である」として，撤回について補償は不要であるとする（最判昭49・2・5）。

正答　1

地方上級

No. 193 全国型，関東型，中部・北陸型，市役所A

行政法 行政上の義務履行確保 令和4年度

行政上の義務履行確保に関する次の記述のうち，妥当なものはどれか。

1 行政行為についての法律とは別に執行力を基礎づける法律の根拠がなくても，行政庁自らの判断により，その義務を強制的に実現することができる。

2 行政代執行法上，法律により直接に命ぜられ，または法律に基づき行政庁により命ぜられた行為という規定の「法律」には，法律の委任に基づく命令，規則および条例を含む。

3 行政代執行法上，法律により直接に命ぜられ，または法律に基づき行政庁により命ぜられた行為という規定の「行為」には，不作為も含まれる。

4 即時強制は，行政上の必要に基づき直接に私人の身体や財産に実力を加えて行政目的を達成する手段であり，行政上の義務を課す行為を介在して行われる。

5 国又は地方公共団体が専ら行政権の主体として国民に対して行政上の義務の履行を求める訴訟は，裁判所法3条1項にいう法律上の争訟に当たり，適法とするのが判例である。

解説 ━━━━━━━━━━━━━━━━━━━━━━━━━━━━

1. 行政行為についての法律とは別に執行力を基礎づける法律の根拠がなければ，行政庁自らの判断により，その義務を強制的に実現することはできない。たとえば，行政代執行法などである。

2. 妥当である（行政代執行法2条第1カッコ書）。

3. 代執行の場合に，行政機関が強制できる義務は代替的作為義務に限られる（行政代執行法2条第2カッコ書）。

4. 前半は正しいが，後半が誤り。即時強制は，行政上の義務を課す行為を介在せずに行われる。

5. 国または地方公共団体が専ら行政権の主体として国民に対して行政上の義務の履行を求める訴訟は，裁判所法3条1項にいう法律上の争訟に当たらず，これを認める特別の規定もないから，不適法とするのが判例である（最判平14・7・9）。

正答 **2**

行政裁量に関する次の記述のうち，妥当なものはどれか。

1 伝統的な行政裁量の分類によれば，司法審査が及ぶ法規裁量（き束裁量）と司法審査が及びにくいとされる便宜裁量（自由裁量）とに分類される。

2 行政裁量は，行政行為についてのみ認められ，行政立法や行政計画については認められない。

3 法の適用に関する行政裁量を「効果裁量」といい，行政行為をするかどうか，するとしてどのようなものとするかという点に関する行政裁量を「要件裁量」という。

4 行政裁量に関する準則を定めた場合において，その準則に違反した行政処分がなされたときは，当然に当該行政行為は違法となるというのが判例である。

5 行政事件訴訟法には行政裁量に関する審査判断の基準が規定されていないが，判例は，裁量権の範囲を超え，または濫用があった場合に限り違法となるとしている。

解 説

1. 正しい。この区別によれば，法規裁量を誤る行為は違法となるのに対して，便宜裁量を誤る行為は，原則として，単に不当になるにすぎない。

2. 行政行為以外の行政立法や行政計画についても，行政裁量は認められている。行政立法においては，行政行為の基準に関する命令の制定の授権は，命令制定機関への行政裁量権の授権にほかならない。また行政計画においても，法の規制は一般に緩やかなため，計画の策定は大きな裁量を伴うことになる。

3. 説明が逆である。法の適用に関する要件の認定に関する裁量が要件裁量であり，要件が存在する場合においても，一定の措置をとるかどうかに関する裁量は効果裁量である。

4. 判例は，「行政庁がその裁量に任された事項について裁量権行使の準則を定めることがあっても，このような準則は，本来，行政庁の処分の妥当性を確保するためのものなのであるから，処分が右準則に違背して行われたとしても，原則として当不当の問題を生ずるにとどまり，当然に違法となるものではない」とする（最大判昭53・10・4）。

5. 行政事件訴訟法30条は，「行政庁の裁量処分については，裁量権の範囲をこえ又はその濫用があった場合に限り，裁判所は，その処分を取り消すことができる」と規定して，行政裁量に関する審査判断の基準を法定している。

正答 **1**

地方上級

No.
195 **行政法** **公法上の損失補償** 平成11年度

全国型，関東型，中部・北陸型，法律専門タイプ，神奈川県

憲法

行政法

民法

刑法

労働法

公法上の損失補償に関する次の記述のうち，妥当なものはどれか。

1 適法な公権力の行使については，それが適法である以上，国・公共団体の行為に瑕疵がない限り，特別の損失であっても補償されない。

2 補償される損失の内容は，経済的・財産的な損失にとどまらず，精神的損失にまで及ぶとするのが判例である。

3 損失補償が憲法上必要であるにもかかわらず，補償条項を欠いている法律は，違憲無効であるとするのが判例である。

4 対日平和条約による在外資産の喪失のような戦争損害についても，損失補償の対象となるとするのが判例である。

5 火災が発生した消防対象物の破壊のように，財産権の側に規制を受ける原因が存する場合には，損失補償の必要はない。

解説

1．損失補償とは，適法な公権力の行使によって加えられた財産上の特別の犠牲に対し，全体的な公平負担の見地から，これを調節するためにする財産的補償をいうから，国・公共団体の行為に瑕疵の存在は不要である。

2．補償される損失の内容は，本来，経済的・財産的な損失の補償であり，非財産的な損失，すなわち精神的損失には及ばないとするのが判例である（最判昭63・1・21）。

3．法律に損失補償に関する規定がないからといって，あらゆる場合について一切の損失補償をまったく否定する趣旨とまでは解されず，直接憲法29条3項を根拠にして補償請求する余地がまったくないわけではないから，当該法律を直ちに違憲無効と解すべきではないとするのが判例である（最判昭43・11・27）。

4．対日平和条約による在外資産の喪失のような戦争損害は，国民の等しく受忍しなければならなかったところであり，これに対する補償は，憲法のまったく予想しないところというべきであるとするのが判例である（最判昭43・11・27）。

5．正しい。消防法は，火災が発生せんとし，または発生した消防対象物については，消火活動として消防対象物およびその土地の使用・処分を認めているが（消防法29条1項），損失補償の規定は置かれていない。これに対して，延焼のおそれのない物に対して，消火，延焼の防止，人命の救助のためになされる措置については，損失補償の定めがある（同29条3項，最判昭47・5・30）。

正答 **5**

損失補償に関する次の記述のうち，妥当なものはどれか。

1 損失補償は金銭による補償が原則であり，土地を収用される者は，収用される土地に対する補償金に代えて替地をもって補償することを収用委員会に要求することはできない。

2 消防署長は，火災に際して，火勢や風向きなど周囲の状況から合理的に判断して延焼が避けられないと認められる隣家について，さらなる延焼防止のためにこれを処分することができるが，この場合には処分された隣家に対する補償は必要でない。

3 ダム建設のために村落の大部分の住民が移転することになって，あとに残されたいわゆる少数残存者であっても，土地収用の対象となっていない以上，これらの者に補償を行うことは認められない。

4 起業者が土地収用法に基づいて対象区域内で営業していた商店を収用した場合には，起業者は，新たな店舗の取得と営業が軌道に乗るまでの生活再建についても措置をなすことが法的に義務づけられている。

5 新たに建物の築造を計画している土地について，その土地が接する道路の幅員が4メートルに満たない，いわゆる「みなし道路」の場合には，道路の中心から2メートルの位置まで敷地を後退させなければならないが，当該後退部分については，市町村はこれを補償しなければならない。

解説

1. 金銭によって補償しても，すべての者がその補償金をもとに自力で新たな生活を築いていけるとは限らない。そのような場合に備えて，土地収用法は金銭に代えて替地による補償を認めている（土地収用法82条1項）。

2. 正しい。いずれにしても焼失は避けられないのであるから，補償は必要でない（消防法29条2項・3項対照）。

3. いわゆる少数残存者補償の問題であり，行政上の措置としてこのような者についても補償が行われている。その事業によって生活に重大な支障が生じている以上，公平の見地から補償するのが合理的だからである。

4. いわゆる生活再建のための措置であるが，これは「努めるもの」であって措置が法的に義務づけられているわけではない（土地収用法139条の2第2項）。

5. いわゆるセットバックであるが，これはすべての者が協力すべきもので「特別の犠牲」に当たらないことから，必ずしも補償しなければならないわけではない（建築基準法にも補償に関する規定は設けられていない。同法42条2項参照）。

正答　**2**

国家賠償法1条1項の要件に関する次の記述のうち，判例に照らし，妥当なものはどれか。

1 「公務員」とは，国家公務員法または地方公務員法上の公務員である必要がある。

2 「公権力の行使」とは，国または公共団体の統治活動のうち，行政活動のみをさし，立法行為や裁判はこれに当たらない。

3 「公権力の行使」には，規制権限を行使しないなど，公権力の行使の不作為は含まれない。

4 「職務を行うについて」とは，公務員が主観的に権限行使の意思をもってする職務遂行をさし，警官が非番の日に強盗目的で制服を着用して他人に損害を加えた場合には，この要件に該当しない。

5 所得税の更正処分について「違法」と評価されるには，税務署長が所得金額を過大に認定しているのみならず，職務上通常尽くすべき注意義務を尽くすことなく漫然と更正をしたと認めうる事情が必要だとされている。

（参照条文）国家賠償法

1条1項　国又は公共団体の公権力の行使に当る公務員が，その職務を行うについて，故意又は過失によつて違法に他人に損害を加えたときは，国又は公共団体が，これを賠償する責に任ずる。

解説

1. 「公務員」とは，公権力の行使に当たる者であり，国家公務員法または地方公務員法上の公務員である必要はないと解されている。判例は，都道府県による児童福祉法27条1項3号の措置に基づき社会福祉法人の設置運営する児童養護施設に入所した児童を養育監護する施設の長および職員は，国家賠償法1条1項の適用において都道府県の公権力の行使に当たる公務員に該当するとする（最判平19・1・25）。

2. 「公権力の行使」とは，国または公共団体の作用のうち純粋な私経済作用と国家賠償法2条によって救済される営造物の設置または管理作用を除くすべての作用を意味するとされる（東京高判昭56・11・13）。そして，国または公共団体の統治活動のうち，行政活動のみならず，立法行為（最判昭60・11・21〈在宅投票制度廃止違憲訴訟〉等）や裁判（最判昭57・3・12等）もこれに当たる。

3. 「公権力の行使」には，規制権限を行使しないなど，公権力の行使の不作為も含まれる（最判平元・11・24〈宅建業事件〉，最判平7・6・23〈クロロキン訴訟〉等参照）。

4. 判例は，「職務を行うについて」とは，公務員が主観的に権限行使の意思をもってする場合に限らず，自己の利益を図る意図をもってする場合でも，客観的に職務執行の外形を備える行為をして，これによって他人に損害を加えた場合には，国または公共団体は損害賠償責任を負うことがあるとし，本肢のように，警官が非番の日に強盗目的で制服を着用して他人に損害を加えた場合にも，この要件に該当するとする（最判昭31・11・30）。

5. 妥当である（最判平5・3・11）。

正答 **5**

No. 198 行政法　国家賠償法と民法の適用　平成11年度

国・公共団体の賠償責任への国家賠償法と民法の適用に関する次の記述のうち，妥当なものはどれか。

1 国家賠償法がなければ民法の不法行為の規定により，行為者本人に賠償を請求することができる場合であっても，国家賠償法1条の責任が認められるのであれば，被害者は公務員個人に対して賠償を求めることはできないとするのが判例である。

2 国家賠償法1条の適用されない公務員の不法行為については，民法の不法行為の規定も適用されないとするのが判例である。

3 民法717条にいう土地の工作物の概念は，国家賠償法2条にいう公の営造物の概念と一致し，ともに動産を含まない。

4 国家賠償法1条にいう公権力の行使とは，行政権の行使のみをさすものであって，裁判に関する損害賠償請求は，国家賠償法ではなく民法の不法行為の規定によって行う必要があるとするのが判例である。

5 公の営造物とは，人的・物的手段の総合体であるから，管理人のいない市立の児童公園における事故は，国家賠償法2条ではなく民法の不法行為の規定によって損害賠償請求を行う必要がある。

解　説

1．正しい（最判昭30・4・19）。

2．国立病院の医師の医療過誤など，国家賠償法1条の適用されない公務員の不法行為については，民法の不法行為の規定に基づいて損害賠償を求めることができるとするのが判例である（最判昭36・2・16）。

3．国家賠償法2条にいう「公の営造物」は，民法717条にいう「土地の工作物」よりも，動産を含む点で広い概念である。

4．国家賠償法1条にいう公権力の行使とは，行政権の行使のみをさすものではなく，裁判作用にも国家賠償法の適用があるとするのが判例である（最判昭57・3・12）。

5．国家賠償法2条にいう「公の営造物」は，講学上の「営造物」と異なり人的手段を含まない概念であるから，管理人のいない市立の児童公園における事故も，国家賠償法2条によって損害賠償請求を行うことが可能である。

正答　**1**

地方上級

No. 199 全国型，関東型

行政法 国家賠償法 平成18年度

国家賠償法に関する次の記述のうち，妥当なものはどれか。

1 幼児が，公の営造物を設置管理者の通常予測しえない異常な方法で使用して生じた事故により，幼児に損害を生じた場合においても，営造物の設置管理者は国家賠償法上の責任を負う。

2 すでに改修計画が定められ，これに基づいて現に改修中の河川について，たとえその計画が全体として不合理なものと認められない場合であっても，未改修部分が決壊し，付近住民に損害が生じた場合には，河川管理の瑕疵を認定できる。

3 公務員たる消防職員の消火活動が不十分であったために，残り火が再燃して火災が発生した場合には，失火責任法が適用され，当該消防職員に重大な過失があった場合にのみ国家賠償法上の責任が発生する。

4 その行為の外形が，客観的に見て職務執行行為と認められる場合であっても，当該公務員がもっぱら私利を図る目的で行為している場合には，国家賠償法は適用されない。

5 公権力の行使に当たる公務員の不法行為について，当該公務員の選任監督者と給与等の支払者が異なる場合には，選任監督者が第一次的な責任を負い，この者が責任を負わない場合に第二次的に給与等の支払者が責任を負う。

解説

1. 判例は，このような場合，事故は，営造物の「安全性の欠如に起因するものではなく，かえって，幼児の異常な行動に原因があったものといわなければならず，このような場合にまで，営造物の設置・管理者が国家賠償法2条1項所定の責任を負ういわれはない」として，国家賠償法上の責任を否定している（最判平5・3・30）。

2. 判例は，「既に改修計画が定められ，これに基づいて現に改修中である河川については，その計画が全体として格別不合理なものと認められないときは，その後の事情の変動により早期の改修工事を施行しなければならないと認めるべき特段の事由が生じない限り，未改修部分につき改修がいまだ行われていないとの一事をもって河川管理に瑕疵があるとすることはできない」とする（最判昭59・1・26）。

3. 正しい（最判昭53・7・17）。

4. 判例は，国家賠償法1条は「公務員が主観的に権限行使の意思をもってする場合にかぎらず自己の利をはかる意図をもってする場合でも，客観的に職務執行の外形をそなえる行為をしてこれによって，他人に損害を加えた場合には，国又は公共団体に損害賠償の責を負わしめて，ひろく国民の権益を擁護することをもって，その立法の趣旨とするものと解すべきである」として，国家賠償法の適用を認めている（最判昭31・11・30）。

5. 一次，二次といった区別はなく，両者ともに国家賠償法上の責任を負う（国家賠償法3条1項）。

正答 **3**

憲法 行政法 民法 刑法 労働法

国家賠償法1条に関する次の記述のうち，妥当なものはどれか。ただし，争いのあるものは判例の見解による。

1 国家賠償法1条による国または公共団体の賠償責任が生ずるためには，国または公共団体の公権力の行使に当る公務員が，その職務を行うについて，故意または過失の有無を問わず違法に他人に損害を加えたことが必要である。

2 民法715条1項の使用者等の責任が成立する場合にも，被害者は加害者本人に対して損害賠償請求ができるのと同様に，国家賠償法1条の国または公共団体の責任が成立する場合にも，被害者は直接加害公務員に損害賠償請求をすることができる。

3 民法715条1項の使用者等の責任は，使用者が被用者の選任およびその事業の監督について相当の注意をしたときには免責されうるが，国家賠償法1条1項の国または公共団体の責任は，国または公共団体が公務員の選任および職務遂行の監督について相当の注意をしたときでも免責されない。

4 国家賠償法1条に基づいて，国または公共団体の行政処分が違法であることを理由として，国家賠償を請求する場合には，あらかじめ当該行政処分について取消しまたは無効確認の判決を得なければならない。

5 国家賠償法1条が適用されるのは，公務員が主観的に権限行使の意思をもってした職務執行につき違法に他人に損害を加えた場合に限られ，公務員が自己の利益を図る意図を持って客観的に職務執行の外形を備える行為をして他人に損害を加えた場合には，国または公共団体は損害賠償の責を負わない。

解説

1. 国家賠償法1条による国または公共団体の賠償責任が生ずるためには，公務員に故意または過失があったことが必要である（同1条1項）。

2. 前半の民法に関しては正しい（大判昭12・6・30など参照）。これに対し，判例は，国家賠償の請求により国または公共団体の責任が成立する場合には，公務員個人は被害者に対して直接責任を負わないとする（最判昭30・4・19）から，後半は誤りである。

3. 正しい（民法715条1項ただし書，国家賠償法1条参照）。

4. 判例は，行政処分が違法であることを理由として，国家賠償を請求する場合には，あらかじめ当該行政処分について取消しまたは無効確認の判決を得ることは不要であるとする（最判昭36・4・21）。

5. 判例は，国家賠償法1条は公務員が主観的に権限行使の意思をもってする場合に限らず，自己の利を図る意図をもってする場合でも，客観的に職務執行の外形を備える行為をしてこれによって，他人に損害を加えた場合には，国または公共団体に損害賠償の責を負わせて，広く国民の権益を擁護することがその立法趣旨であるとする（最判昭31・11・30）。

正答 **3**

国家賠償法1条に関する次の記述のうち，妥当なものはどれか。

1 国または公共団体の公権力の行使に当たる公務員が，その職務を行うについて，故意または過失によって違法に他人に損害を加えたときは，国または公共団体が，これを賠償する責に任ずるが，公務員に故意または過失があったときは，国または公共団体は，その公務員に対して求償権を有する。

2 国家賠償法1条1項の国または公共団体の責任は，国または公共団体が公務員の選任および職務執行の監督について相当の注意をしたときには免責される。

3 国または公共団体が損害を賠償する責任を負う場合において，公務員の選任または監督に当たる者と公務員の俸給，給与その他の費用を負担する者とが異なるときは，費用を負担する者は，その損害を賠償する責任を負わない。

4 国家賠償の請求は，国または公共団体が賠償の責任を負うものであって，公務員が行政機関としての地位において賠償の責任を負うものではないが，公務員個人もその責任を負うものであるとするのが判例である。

5 公務員が主観的に権限行使の意思をもってする場合に限らず，自己の利を図る意図をもってする場合でも，客観的に職務執行の外形を備える行為をして，これによって他人に損害を加えた場合には，国または公共団体は損害賠償の責任を負うとするのが判例である。

解説

1. 公務員に故意または「重大な過失」があったときは，国または公共団体は，その公務員に対して求償権を有する（国家賠償法1条2項）。

2. 国家賠償法1条1項の国または公共団体の責任は，国または公共団体が公務員の選任および職務執行の監督について相当の注意をしたときでも免責されない。

3. 国または公共団体が損害を賠償する責に任ずる場合において，公務員の選任もしくは監督に当たる者と公務員の俸給，給与その他の費用を負担する者とが異なるときは，費用を負担する者もまた，その損害を賠償する責に任ずる（国家賠償法3条1項）。

4. 国家賠償の請求は，国または公共団体が賠償の責任を負うものであって，公務員が行政機関としての地位において賠償の責任を負うものではなく，また公務員個人もその責任を負うものではないとするのが判例である（最判昭30・4・19）。

5. 妥当である（最判昭31・11・30）。

正答 **5**

国家賠償法1条に関する次の記述のうち，妥当なものはどれか。

1 本条に基づく国または公共団体の賠償責任の性質については，国または公共団体自身の責任を認めたものと解する自己責任説が通説である。

2 本条における「公務員」とは，身分上の公務員ではなく公権力の行使を委ねられた者の意味であるから，アルバイトの職員もこれに含まれる。

3 公務員の行った行為であれば，それが公務とは無関係な行為であっても，国または公共団体は本条に基づく賠償責任を負わなければならない。

4 本条の適用がある行為には，職務執行の外形を有する行為も含まれるが，公務員が自己の私的な利益を図るために行った行為は除かれるとするのが判例である。

5 本条における過失の有無の判断は，公務員個人について行われなければならず，これを当該権限の行使に関する職務執行の組織体制に求めることはできない。

（参考）国家賠償法

第1条① 国又は公共団体の公権力の行使に当る公務員が，その職務を行うについて，故意又は過失によつて違法に他人に損害を加えたときは，国又は公共団体が，これを賠償する責に任ずる。

解説

1. 国家賠償法1条に基づく責任の性質については，本条が過失責任主義をとっていることなどを論拠として，本来公務員が負うべき責任を国または公共団体が公務員に代位して負うとする代位責任説が通説である。

2. 正しい。さらに，行政権限を委託されている民間人も「公務員」に含まれるものと解されている。

3. たとえば，公用車で私用を済ませて役所に戻る途中で起こした事故のように，公務員の行った行為であっても，それが公務とは無関係な行為については，公務員個人が民法上の不法行為責任を負うことはあっても，国または公共団体の賠償責任は生じない。

4. 前半は正しいが（外形主義），後半が誤り。公務員が主観的に権限行使の意思をもってする場合に限らず，自己の利を図る目的をもってする場合でも，客観的に職務執行の外形を備える行為をして，これによって他人に損害を加えた場合には，国または公共団体は損害賠償の責めを負わなければならないとするのが判例である（最判昭31・11・30）。

5. 過失の認定は，本来は公務員個人の主観的な事情に関わるものであるが，近年は客観化した注意義務違反としてとらえられるようになっており，下級審判例の中には，これを当該権限の行使に関する職務執行の組織体制（いわゆる組織過失）に求めるものも見られる（東京高判平4・12・18など）。

正答 **2**

国家賠償法2条に関する次の記述のうち，妥当なものはどれか。ただし，争いのあるものは判例の見解による。

1 「営造物」には，海や湖沼などの自然公物は含まれない。

2 「営造物」は，不動産に限られ，ピストルや砲弾のような動産は含まれない。

3 国または公共団体が設置し，管理は指定管理者が行っている公の施設が通常有すべき安全性が欠けていたことが原因で，利用者に損害が生じた場合，これを設置した国または公共団体は，国家賠償法2条の責任を負わなくてもよい。

4 国家賠償法2条1項にいう公の営造物の管理者は，必ずしも当該営造物について法律上の管理権ないしは所有権，賃借権等の権原を有している者に限られるものではなく，事実上の管理をしているにすぎない国または公共団体も同条にいう管理者に含まれる。

5 国家賠償法2条1項による賠償責任は，公の営造物の設置または管理の瑕疵について，国または公共団体に少なくとも過失がある場合に限って成立する。

解説

1．国家賠償法2条1条は，「道路，河川の他の公の営造物」と規定して，河川のような自然公物も「営造物」に含まれるとしているから，海や湖沼も「営造物」に含まれる。

2．国家賠償法2条1項の「営造物」は不動産に限られず，動産も含まれる（ピストルにつき大阪高判昭62・11・27，砲弾につき東京地判昭56・3・26）。

3．国家賠償法2条1項の「設置又は管理」とは，営造物に関する，その設置・管理者の措置または行為全般をさすものと解されているから，本肢の場合も，公の施設を設置した国または公共団体は，国家賠償法2条の責任を負うことがある。

4．正しい（最判昭59・11・29）。

5．判例は，国家賠償法2条1項の損害賠償責任が成立するのに，過失は不要であるとする（最判昭45・8・20）。

正答 **4**

地方上級

No. 204

全国型，関東型，中部・北陸型

行政法 **国家賠償法2条** 平成 **27年度**

国家賠償法2条に関する次の記述のうち，妥当なものはどれか。ただし，争いのあるものは判例の見解による。

1 国家賠償法2条の責任を負う主体は，公の営造物の設置・管理に当たる国または公共団体のみに限られる。

2 「公の営造物」とは，道路，河川など不動産に限られ，動産は含まれない。

3 「瑕疵」とは，公務員の故意または過失に基づいて，通常有すべき安全性を欠くに至ったことをさす。

4 「瑕疵」は，物理的瑕疵に限られるので，大型貨物自動車が故障して長時間放置されていたことで安全性を欠く状態に至った場合は，「瑕疵」に当たらない。

5 道路において落石を防止するための防護柵を設置すると，費用の額が相当の多額になり，予算措置に困却するであろうことは推察できるが，それにより直ちに道路の管理の瑕疵による賠償責任を免れるというわけではない。

解説

1. 公の営造物の設置・管理に当たる者と公の営造物の設置・管理の費用を負担する者とが異なるときは，費用負担者もまた損害賠償責任を負わなければならない（国家賠償法3条1項）。

2. 「公の営造物」とは，国または公共団体によって公の目的のために設置・管理されている物をいい，不動産のほかに公用車や警察官のピストルのような動産もこれに含まれる。

3. 判例は，「国家賠償法2条1項の営造物の設置または管理の瑕疵とは，営造物が通常有すべき安全性を欠いていることをいい，これに基づく国および公共団体の賠償責任については，その過失の存在を必要としない」とする（最判昭45・8・20）。

4. 営造物の物理的瑕疵だけでなく，営造物を管理する公務員の管理義務違反についても国家賠償法2条の責任が生ずることがある。判例は，「道路管理者は，道路を常時良好な状態に保つように維持し，修繕し，もって一般交通に支障を及ぼさないように努める義務を負う」として，大型貨物自動車が故障して長時間放置されていたことで安全性を欠く状態に至った場合も道路管理に瑕疵があったとする（最判昭50・7・25）。

5. 正しい。判例は，「道路における防護柵を設置するとした場合，その費用の額が相当の多額にのぼり，県としてその予算措置に困却するであろうことは推察できるが，それにより直ちに道路の管理の瑕疵によって生じた損害に対する賠償責任を免れうるものと考えることはできない」と判示している（最判昭45・8・20）。

正答 **5**

行政事件訴訟法上の取消訴訟の訴訟要件に関する次の記述のうち，妥当なものはどれか。

1 処分または裁決をした行政庁が国または公共団体に所属しない場合には，当該行政庁を指揮監督する国または公共団体に対して取消訴訟を提起することができる。

2 国を被告とする取消訴訟は，原告の普通裁判籍の所在地を管轄する高等裁判所の所在地を管轄する地方裁判所にも，提起することができる。

3 取消訴訟は，処分または裁決があったことを知った日から3か月を経過したときは，提起することができない。ただし，正当な理由があるときは，この限りでない。

4 処分があったことを「知った日」とは，相手方が処分のなされたことを現実に知った日をいうので，了知することが必要であり，了知可能な状態に置かれただけではこれに当たらない。

5 不服申立前置主義がとられている場合において，審査請求が誤って却下されたときは，不服申立前置をしたとはいえないため，取消訴訟を提起することができない。

解説

1. 処分または裁決をした行政庁が国または公共団体に所属しない場合には，取消訴訟は，当該行政庁を被告として提起しなければならない（行政事件訴訟法11条2項）。たとえば，弁護士会が弁護士（ないし弁護士法人）に対して懲戒処分を行うような場合である。この場合には，その組織が国または公共団体に所属していないので，当該団体を被告として処分の取消しを求めるべきことになる。

2. 正しい（行政事件訴訟法12条4項）。地方に在住する原告が，できるだけ取消訴訟を容易に提起できるよう，裁判籍についての便宜を図るための措置である。

3. 出訴期間は，平成16年の法改正により，旧法の3か月から6か月に延長された。また，正当な理由があるときは6か月を超えて延長が可能となった（行政事件訴訟法14条1項）。

4. 処分があったことを「知った」とは，現実に了知した場合だけでなく，了知可能な状態に置かれた場合も含まれる（最判昭57・7・15）。了知しようと思えばできたという状態を期間計算に算入しないのは不合理だからである。

5. 判例は，不服申立前置主義がとられている場合において，適法な審査請求が誤って却下されたときは，行政庁は処分につき審査の機会が与えられていたといえるから，不服申立てが前置されたものとして，取消訴訟を提起することが認められるとする（最判昭36・7・21）。

正答 **2**

行政手続法上の行政指導の中止等の求めに関する次の記述のうち，妥当なものはどれか。

1 行政指導が当該法律に規定する要件に適合しないと思料するときは，第三者のためにも中止等の措置をとることを求めることができる。

2 弁明その他意見陳述のための手続を経てなされた行政指導に対しても，中止等の措置を求めることができる。

3 中止等の求めは，行政指導をした行政機関に対してだけでなく，総務省の行政不服審査会に対してもすることができる。

4 中止等の求めは，口頭ですることもできる。

5 行政機関は，中止等の求めがあったときは，必要な調査を行い，当該行政指導が当該法律に規定する要件に適合しないと認めるときは，当該行政指導の中止等の措置をとらなければならない。

解説

1. 行政指導の中止等の求め（行政手続法36条の2）が認められているのは，当該行政指導によって相手方に事実上大きな不利益が生ずる場合があることに鑑み，行政指導の相手方の権利利益の保護を図るためである。したがって，第三者のために中止等の措置をとることを求めることはできない。

2. 弁明その他意見陳述のための手続きを経てなされた行政指導に対しては，中止等の措置を求めることはできない（行政手続法36条の2第1項ただし書）。このような場合には，すでに行政指導をするか否かについて慎重な判断がなされているので，重ねて本条に基づく申出を行わせる必要はないと考えられるからである。

3. 中止等の求めは，行政指導をした行政機関に対して行うべきものとされている（行政手続法36条の2第1項本文）。すなわち，行政不服審査会に対して中止等の求めをすることはできない。行政不服審査会は，各府省の諮問に応じて，審理員が行った審理手続きの適正性や法令解釈を含めた審査庁の判断の妥当性をチェックする機関であって，中止等の求めを受け付ける機関ではない（行政不服審査法43条1項）。

4. 中止等の求めは，申出人の氏名や住所，行政指導の内容，当該行政指導が法律の要件に適合しないと思料する理由等を記載した書面を提出してしなければならない（行政手続法36条の2第2項）。

5. 正しい（行政手続法36条の2第3項）。

正答 **5**

憲法

行政法

民法

刑法

労働法

道路管理の瑕疵に関する次の記述のうち，判例に照らし，妥当なものはどれか。

1　営造物の設置または管理の瑕疵とは，営造物が通常有すべき安全性を欠いていることをいい，道路の安全性としては，予算等の諸制約の下で一般に施行されてきた道路の改修，整備の過程に対応するいわば過渡的な安全性をもって足りる。

2　道路管理の瑕疵による被害の予防措置を講ずることとした場合，その費用の額が相当の多額に上り，道路管理者としてその予算措置に困却するであろうことが推察できるときは，当該瑕疵による賠償責任を当然に免れる。

3　道路の安全性に欠如があった場合には，時間的に道路管理者において遅滞なくこれを原状に復し道路を安全良好な状態に保つことが不可能であったという状況の下においても，当該瑕疵による賠償責任を免れない。

4　道路管理の瑕疵の有無の判断に当たっては，道路管理には財政的，技術的，社会的制約が大きいことから，河川管理の瑕疵の場合と比較して，道路管理者の責任の範囲は狭く解すべきである。

5　道路管理の瑕疵には，当該道路が供用目的に添って利用されることとの関連において，その利用者以外の第三者たる周辺住民に対して危害を生ぜしめる危険性がある場合をも含むものである。

解説

1．前半は正しいが，後半が誤り。道路の安全性について，判例は，道路の管理者において災害等の防止施設の設置のための予算措置に困却するからといって，そのことにより直ちに道路の管理の瑕疵によって生じた損害の賠償責任を免れることはできないとして，高度の安全性を要求している（最判昭45・8・20）。

2．上記のとおり，道路における防護柵を設置するとした場合，その費用が相当の多額に上り，道路管理者としてその予算措置に困却するであろうことは推察できるが，それによって直ちに道路の管理の瑕疵によって生じた損害に対する賠償責任を免れうるものと考えることはできないとするのが判例である（最判昭45・8・20）。

3．道路の安全性に欠如があった場合でも，時間的に道路管理者において遅滞なくこれを原状に復し道路を安全良好な状態に保つことは不可能であったという状況の下においては，道路管理に瑕疵がなかったと認めるのが相当であるとするのが判例である（最判昭50・6・26）。

4．河川管理には財政的制約，技術的制約，社会的制約が大きいことから，道路管理の場合と比較して，河川管理者の責任の範囲を狭く解するのが判例である（最判昭59・1・26）。

5．正しい（最判平7・7・7）。

正答　**5**

行政不服審査法に関する次の記述のうち，妥当なものはどれか。

1　審査請求は，審査庁が口頭ですることを認めた場合を除き，書面を提出してしなければならない。

2　審査請求人または参加人は，審理員に対し，審理手続が終結するまでの間，提出書類等の閲覧を求めることができる。

3　審査庁は，処分，処分の執行または手続きの続行により生ずる重大な損害を避けるため緊急の必要があると認めるときでなければ，執行停止をすることができない。

4　教示制度は，行政不服審査法に基づく不服申立てができる処分についてのみ適用されるものであって，他の法令に基づく不服申立てができる処分については適用されない。

5　行政不服審査法は，審理員による職権証拠調べは認めているが，さらに職権探知主義までが認められているわけではないと解するのが通説である。

解説

1.　審査請求は，他の法律に口頭ですることができる旨の規定がある場合を除き，書面を提出してしなければならないのであって（行政不服審査法19条1項），審査庁が口頭ですることを認めることができるわけではない。

2.　正しい（同38条1項前段）。この場合において，審理員は，第三者の利益を害するおそれがあると認めるとき，その他正当な理由があるときでなければ，その閲覧を拒むことができない（同項後段）。

3.　審査庁は，必要があると認める場合には，執行停止をすることができる（同25条2項・3項本文）。ただし，処分，処分の執行または手続きの続行により生ずる重大な損害を避けるため緊急の必要があると認めるときは，審査庁は，執行停止をしなければならない（同条4項）。

4.　教示制度は，行政不服審査法に基づく不服申立てができる処分のみならず，他の法令に基づく不服申立てができる処分についても適用される（同82条1項本文）。

5.　前半は正しいが（同33〜36条），後半が誤り。行政不服審査法は，国民の権利利益の救済とともに，行政の適正な運営の確保をも目的としていることから（同1条1項），当事者の主張しない事実を職権で取り上げてその存否を調べるという職権探知主義までも認められると解するのが通説である。

正答　**2**

地方上級

全国型，関東型，中部・北陸型

No. 209 行政法 行政処分の理由の提示 平成28年度

理由の提示に関する次の記述のうち，妥当なものはどれか。ただし，争いがある場合は判例による。

1 申請に対する拒否処分の場合には，理由の提示が義務づけられているが，不利益処分の場合には努力義務とされている。

2 申請に対して拒否処分をする場合には，不服申立ての便宜を図るため，必ず書面によって処分と同時に理由を提示しなければならない。

3 申請に対する処分の理由付記の程度は，当該処分の根拠となっている法令の条項を提示すれば足りる。

4 不利益処分において，処分基準が定められ，それが公にされている場合には，理由付記の程度として，原因となる事実や根拠規定を示すだけでは足りない。

5 理由付記の程度が争われたときは，実施機関は，当初の理由と異なる理由を追加して主張することはできない。

解説

1．前半は正しい（行政手続法8条1項本文）。しかし，不利益処分手続の場合にも理由の提示が義務づけられている（同14条1項本文）から，後半は誤り。

2．拒否処分を書面でするときは，理由の提示は書面によって行われなければならない（同8条2項）が，口頭でする場合には書面による必要はない。

3．判例は，理由付記の程度について，処分の具体的根拠を明らかにすることを要するとしている（最判昭60・1・22）。すなわち，抽象的・一般的なものでは足りず，申請者が拒否の理由を明確に認識しうるものであることが必要とされる。

4．正しい。判例は，「処分の原因となる事実及び処分の根拠法条に加えて，処分基準の適用関係が示されなければならない」とする（最判平23・6・7）。

5．判例は，処分の理由とは異なるような追加主張の提出を許しても，処分を争うにつき被処分者に格別の不利益を与えるものではない場合には，追加主張の提出も認められるとする（最判昭56・7・14）。

正答 **4**

行政不服審査法上の不服申立てと行政事件訴訟法上の取消訴訟との関係に関する次の記述のうち，妥当なものはどれか。

1 審査請求をすることができる場合であっても，法律上別段の定めがある場合を除き，審査請求を経ず直ちに処分取消しの訴えを提起することは妨げられず，また，審査請求と処分の取消しの訴えとを同時に行うことも認められる。

2 審査請求に対する司法審査は，慎重に行われなければならないから，審査請求を経た後に提起される取消訴訟の第一審は高等裁判所が行う。

3 法律に当該処分についての審査請求に対する裁決を経た後でなければ処分の取消しの訴えを提起することができない旨の定めがある場合，著しい損害を避けるために緊急の必要があるときか，または正当な理由があるときでなければ，裁決を経ないで処分の取消しの訴えを提起することはできない。

4 法律に当該処分についての審査請求に対する裁決を経た後でなければ処分の取消しの訴えを提起することができない旨の定めがあるときは，審査請求を経た後であっても，さらに再審査請求ができる場合には再審査請求を経た後でなければ，取消訴訟を提起することはできない。

5 処分の取消しの訴えとその処分についての審査請求を棄却した裁決の取消しの訴えとを提起することができる場合には，裁決の取消しの訴えにおいて，原処分の違法を理由として取消しを求めることもできる。

解説

1. 正しい（行政事件訴訟法8条1項〈自由選択主義〉）。もっとも，取消訴訟が提起された場合でも，当該処分につき審査請求がされているときは，裁判所は，その審査請求に対する裁決があるまでか，または，審査請求があった日から3か月を経過しても裁決がないときはその期間を経過するまでは，訴訟手続きを中止することができる（同8条3項）。

2. 本肢の取消訴訟は「裁決の取消しの訴え」であるが（同3条3項），この訴えについて本肢のように第一審を高等裁判所が行うとする規定は存在しない。

3. 法律に当該処分についての審査請求に対する裁決を経た後でなければ処分の取消しの訴えを提起することができない旨の定めがある場合でも，本肢にあるとき（同8条2項2号・3号）のほか，審査請求があった日から3か月を経過しても裁決がないとき（同8条2項1号）にも，裁決を経ないで処分の取消しの訴えを提起することができる（同8条2項柱書）。

4. 法律に当該処分についての審査請求に対する裁決を経た後でなければ処分の取消しの訴えを提起することができない旨の定めがあるときは，審査請求を経ないで取消訴訟を提起することはできないが（同8条1項ただし書），審査請求を経た後であれば，再審査請求ができる場合であっても，再審査請求を経ないで取消訴訟を提起することは禁止されない（同8条1項本文〈自由選択主義〉）。

5. 処分の取消しの訴えとその処分についての審査請求を棄却した裁決の取消しの訴えとを提起することができる場合には，裁決の取消しの訴えにおいては，処分の違法を理由として取消しを求めることができない（同10条2項〈原処分主義〉）。

正答 **1**

行政不服審査法に関する次の記述のうち，妥当なものはどれか。

1 処分についての審査請求は，処分があったことを知った日の翌日から起算して6月を経過したときは行うことができないのが原則である。

2 行政庁の処分につき処分庁以外の行政庁に対して審査請求をすることができる場合において，法律に再調査の請求をすることができる旨の定めがあるときは，当該処分に不服がある者は，処分庁に対して再調査の請求をすることができるが，再調査の請求をしたときは，当該再調査の請求についての決定を経た後でなければ，審査請求をすることができないのが原則である。

3 審査請求がされた行政庁は，審査庁に所属しない職員のうちから審理手続を行う者を指名するとともに，その旨を審査請求人および審査庁以外の処分庁等に通知しなければならない。

4 処分庁の上級行政庁または処分庁である審査庁は，必要があると認める場合には，審査請求人の申立てがあった場合に限り，処分の効力，処分の執行または手続きの続行の全部または一部の停止その他の措置をとることができる。

5 審査請求に係る処分が違法または不当ではあるが，これを取り消し，または撤廃することにより公の利益に著しい障害を生ずる場合において，審査請求人の受ける損害の程度，その損害の賠償または防止の程度および方法その他一切の事情を考慮したうえ，処分を取り消し，または撤廃することが公共の福祉に適合しないと認めるときは，審査庁は，裁決で，当該審査請求を棄却しなければならない。

解説

1. 処分についての審査請求は，処分があったことを知った日の翌日から起算して3月（当該処分について再調査の請求をしたときは，当該再調査の請求についての決定があったことを知った日の翌日から起算して1月）を経過したときは，することができない。ただし，正当な理由があるときは，この限りでない（行政不服審査法18条1項）。

2. 妥当である（行政不服審査法5条1項本文・2項本文）。

3. 審査請求がされた行政庁は，審査庁に所属する職員のうちから審理手続を行う者を指名するとともに，その旨を審査請求人および処分庁等（審査庁以外の処分庁等に限る）に通知しなければならない（行政不服審査法9条1項）。

4. 処分庁の上級行政庁または処分庁である審査庁は，必要があると認める場合には，審査請求人の申立てによりまたは職権で，処分の効力，処分の執行または手続きの続行の全部または一部の停止その他の措置をとることができる（行政不服審査法25条2項）。

5. 審査請求に係る処分が違法または不当ではあるが，これを取り消し，または撤廃することにより公の利益に著しい障害を生ずる場合において，審査庁は，裁決で，当該審査請求を棄却することができる（行政不服審査法45条3項前段）。棄却「しなければならない」のではない。

正答 **2**

地方上級

No. 212

全国型，関東型，中部・北陸型

行政法 住民監査請求と住民訴訟 令和3年度

憲法

行政法

民法

刑法

労働法

地方自治法における住民監査請求および住民訴訟に関する次の記述のうち，妥当なものはどれか。

1 住民監査請求を行うためには，選挙権を有する者の一定数の連署が必要となる。

2 住民監査請求は，選挙権を有する者にしか認められないので，外国人や法人は行うことができない。

3 住民監査請求をしていなくとも，住民訴訟を提起することができる。

4 住民訴訟が係属しているときであっても，当該普通地方公共団体の他の住民は，別訴をもって同一の請求をすることができる。

5 住民監査請求は，違法な財務会計上の行為だけでなく，不当な行為についても対象とすることができる。

解 説

1. 住民監査請求は住民1人でも行うことができる（地方自治法242条1項）ので，一定数の選挙権者の連署は不要である。これに対して，事務監査請求を行うためには，選挙権を有する者の50分の1以上の者の連署が必要となる（同75条1項）。

2. 住民監査請求は，その地域の「住民」であればすることができるから，外国人や法人も行うことができる。これに対して，事務監査請求は，「日本国民たる住民」でなければならないので（地方自治法12条2項），外国人や法人は行うことができない。

3. 住民訴訟は，住民監査請求の前置を訴えの適法要件としているため（地方自治法242条の2第1項），住民監査請求を経た後でないと，提起することができない。

4. 住民訴訟が係属しているときは，当該普通地方公共団体の他の住民は，別訴をもって同一の請求をすることができない（地方自治法242条の2第4項）。

5. 妥当である（地方自治法242条1項）。これに対し，住民訴訟の対象は，違法な財務会計上の行為に限定されており，不当な行為はその対象とならない。

正答 **5**

憲法

行政法

民法

刑法

労働法

客観訴訟に関する次の記述のうち，妥当なものはどれか。

1 行政事件訴訟法に法定されている 4 つの行政訴訟のうち，客観訴訟に該当するものは「当事者訴訟」と「民衆訴訟」である。

2 客観訴訟は，当然に裁判所法でいう「法律上の争訟」に該当するわけではない。

3 客観訴訟は，主観訴訟と異なり，原告適格に制限がなく誰でも提起することができる。

4 客観訴訟は，法律に基づかなくても提起することができる。

5 客観訴訟には行政事件訴訟法上の主観訴訟の規定が適用されることはない。

解 説

客観訴訟とは，私人の権利利益の救済を目的とせず，国または公共団体の機関の行為について，行政法規の適正な適用を確保するという一般的利益のために認められる訴訟である。

1. 当事者訴訟は，権利義務に関する紛争に関するもので，主観訴訟の一種である（行政事件訴訟法 4 条）。抗告訴訟が公権力の行使に対する不服の訴訟として，権力対私人という構図の下に行われるのに対し，当事者訴訟は対等当事者間で争われ，実質的には民事訴訟という点に違いがあるにすぎない。なお，行政事件訴訟法に法定されている 4 つの行政訴訟（同 2 条）のうち，客観訴訟は民衆訴訟（同 5 条）と機関訴訟（同 6 条）の 2 つである。

2. 正しい。「法律上の争訟」（裁判所法 3 条 1 項）とは，「法令を適用することによって解決しうべき権利義務に関する当事者間の紛争」のことである（最判昭29・2・11）から，客観訴訟は当然にこれに該当するわけではない。

3. 客観訴訟は，法律に定める者に限り提起することが認められる（行政事件訴訟法42条）。

4. 客観訴訟は，主観的権利の救済を目的とするものではないので，本来は司法権の範囲に属さない性質のものである。したがって，その提起は，法律が特に認めた場合に限られる（同42条）。

5. 主観訴訟である取消訴訟の規定の準用も認められている（同43条）。

正答 **2**

住民訴訟に関する次の記述のうち，妥当なものはどれか。

1 住民訴訟は，行政事件訴訟法上の民衆訴訟に分類され，民衆訴訟とは，国または公共団体の機関の法規に適合しない行為の是正を求める訴訟であり，自己の法律上の利益を有する者に限り提起が認められるものをいう。

2 住民訴訟を提起することができるのは，住民監査請求を行った住民である自然人に限られる。

3 住民訴訟を提起するためには住民監査請求を前置しなければならず，住民監査請求は住民の一定数以上の連署により地方公共団体の監査委員に対して行われる。

4 住民訴訟が係属しているときであっても，当該普通地方公共団体の他の住民は，別訴をもって同一の請求をすることができる。

5 住民訴訟を提起した者が勝訴した場合において，弁護士または弁護士法人に報酬を支払うべきときは，当該普通地方公共団体に対し，その報酬額の範囲内で相当と認められる額の支払いを請求することができる。

解　説

1. 住民訴訟は，行政事件訴訟法上の民衆訴訟に分類されるが，「民衆訴訟」とは，国または公共団体の機関の法規に適合しない行為の是正を求める訴訟で，選挙人たる資格その他自己の法律上の利益にかかわらない資格で提起するものをいい（行政事件訴訟法5条），法律上の利益を有する者に限り原告適格が認められる取消訴訟の場合（同9条参照）とは異なる。

2. 住民訴訟を提起することができるのは，住民監査請求を行った住民であるが（地方自治法242条1項），この住民は自然人に限られず法人でもよいと解されている。

3. 住民訴訟を提起するためには住民監査請求を前置しなければならないから，前半は正しい（同242条1項）。しかし，住民監査請求は住民1人でも監査委員に対して請求することができるから，後半は誤り（同条項参照）。なお，本肢の後半のように，住民の一定数（有権者の総数の50分の1）以上の連署により監査委員に対して行われるのは事務監査請求である（同75条1項）。

4. 住民訴訟が係属しているときは，当該普通地方公共団体の他の住民は，別訴をもって同一の請求をすることができない（同242条の2第4項）。

5. 正しい（同242条の2第12項）。

正答 **5**

不作為の違法確認の訴えに関する次の記述のうち，妥当なものはどれか。ただし，争いのある
ものは判例・通説の見解による。

1 不作為の違法確認の訴えは，処分または裁決についての申請をした者に限らず，不作為の
違法の確認を求めるにつき法律上の利害関係を有する者であれば提起することができる。

2 法令に基づく申請に対し相当の期間内になんらの処分がされない場合に不作為の違法確認
の訴えをするときには，対象となる処分についての義務付けの訴えを併せて提起しなければ
ならない。

3 不作為の違法確認訴訟とは，行政庁が法令に基づく申請に対し，相当の期間内になんらか
の処分または裁決をすべきであるにもかかわらず，これをしないことについての違法の確認
を求める公法上の当事者訴訟である。

4 不作為の違法確認訴訟において，行政庁が処分をしないことについての違法を確認する判
決が確定した場合には，この判決の効力により当該行政庁は当該申請を認めるべき義務を負
うことになる。

5 不作為の違法確認訴訟の訴訟係属中に，行政庁がなんらかの処分を行った場合には，当該
訴訟は，訴えの利益が消滅するため却下される。

解 説

1．不作為の違法確認の訴えは，処分または裁決についての申請をした者に限り，提起するこ
とができる（行政事件訴訟法37条）。

2．当該法令に基づく申請または審査請求に対し相当の期間内になんらの処分または裁決がさ
れない場合に義務付けの訴えを提起するときには，その処分または裁決に係る不作為の違法
確認の訴えを併合して提起しなければならない（同37条の3第3項1号）が，不作為の違法
確認の訴えをするときについては，本枝のように義務付けの訴えを併合提起する必要はな
い。

3．不作為の違法確認訴訟とは，行政庁が法令に基づく申請に対し，相当の期間内になんらか
の処分または裁決をすべきであるにかかわらず，これをしないことについての違法の確認を
求める訴訟であり（同3条5項），行政庁の公権力の行使に関する不服の訴訟である「抗告
訴訟」（同条1項）の一類型である。

4．不作為の違法確認訴訟において，行政庁が処分をしないことについて違法であるとの判決
が確定した場合には，当該行政庁はその判決に拘束される（同38条1項，33条1項）が，当
該行政庁は申請に対してなんらかの行政処分を行う義務が課せられるにとどまり，当該申請
を認めるべき義務を負わされるわけではない。

5．正しい。本枝のように解されている。

正答 **5**

差止訴訟に関する次の記述のうち，妥当なものはどれか。

1 処分の取消訴訟は，行政庁の処分によって侵害された私人の法律上の利益の救済を目的としているが，差止訴訟においてはいまだ処分は行われていないので，訴訟提起のためには法律上の利益があることを要しない。

2 差止訴訟の提起には，一定の処分または裁決がされることにより重大な損害を生ずるおそれがあることを要するが，処分の取消訴訟において執行停止を求めるための要件である「回復困難な損害を避ける」ことが必要とされるのに比べて，要件が緩和されている。

3 処分の取消訴訟には出訴期間の制限があるが，差止訴訟の場合は処分がなされるまではいつでも出訴が可能である。

4 処分の取消訴訟では自由選択主義がとられ，不服申立てを経ることなく，あるいは不服申立てと並行して訴訟提起ができるが，このことは差止訴訟の場合も同様である。

5 差止訴訟は処分が行われるのを事前に阻止するためのものであるから，それを提起できるのは，行政庁が処分の内容を具体的に確定した段階以降に限られる。

解説

1. 差止訴訟においても「法律上の利益」は訴訟提起の要件とされている（行政訴訟法37条の4第3項）。差止訴訟は，いまだ処分がなされていない段階で提起するものであるが，「処分がなされてからでは遅い」と評価できるだけの処分による権利・利益の侵害が予想されるものでなければならない。なんら法律上の利益もないのに差止めを求めても無意味である。

2. 取消訴訟における執行停止の要件も，差止訴訟と同様に「重大な損害」を避けるためと法定されている（同25条2項）。

3. 正しい。差止訴訟では期間制限は問題にならない。この訴訟では，行われようとしている処分の差止めが目的なので，処分が行われるまではいつでも提起が可能である（出訴期間に関する行政訴訟法14条の規定は差止訴訟には準用されていない）。

4. 不服申立ては，処分または裁決に対して行うことができるものである。ところが，差止訴訟を提起する段階では，いまだ処分は行われていないので，そもそも自由選択主義は問題にならず，「不服申立てと並行して訴訟提起する」といった事態は起こりえない。

5. 処分の内容がいまだ確定していなくても，処分が行われることが確実な状態にあれば，差止訴訟の提起が可能である（行政訴訟法37条の4第1項の「一定の」とはそのような意味であると解されている）。

正答 **3**

地方公共団体の議会に関する次の記述のうち, 妥当なものはどれか。

1 日本国民たる年齢満18歳以上の者で引き続き 6 か月以上市町村の区域内に住所を有するものは, その属する普通地方公共団体の議会の議員の選挙権を有する。

2 普通地方公共団体の議会の議員の選挙権を有する者で年齢満30年以上のものは, 普通地方公共団体の議会の議員の被選挙権を有する。

3 普通地方公共団体の議会は, 普通地方公共団体の議会の議長がこれを招集する。

4 普通地方公共団体の議会の議員は, 議会の議決すべき事件につき議会に議案を提出することができるので, 予算案を提出することもできる。

5 副知事・副市長は, その解職請求があった場合に, 当該普通地方公共団体の議会の議員の 3 分の 2 以上の者が出席し, その 4 分の 3 以上の者の同意があったときは, その職を失う。

解説

1. 日本国民たる年齢満18歳以上の者で引き続き「 3 か月」以上市町村の区域内に住所を有するものは, その属する普通地方公共団体の議会の議員の選挙権を有する (地方自治法18条)。

2. 普通地方公共団体の議会の議員の選挙権を有する者で年齢満「25年」以上のものは, 普通地方公共団体の議会の議員の被選挙権を有する (地方自治法19条 1 項)。

3. 普通地方公共団体の議会は, 普通地方公共団体の議会の議長ではなく, 長がこれを招集する (地方自治法101条 1 項)。

4. 普通地方公共団体の議会の議員は, 議会の議決すべき事件につき, 議会に議案を提出することができる。ただし, 予算案を提出することは認められていない (地方自治法112条 1 項)。

5. 妥当である (地方自治法86条 1 項, 87条 1 項)。

正答 **5**

全国型，関東型

行政法　住民監査請求と住民訴訟　平成18年度

住民監査請求および住民訴訟に関する次の記述のうち，妥当なものはどれか。

1 選挙権者は，その総数の50分の1以上の者の連署をもって，その代表者から，普通地方公共団体の監査委員に対し住民監査請求をすることができる。

2 住民は，住民監査請求と住民訴訟のいずれかを選択的に行うことができ，また，両者を並行して行うこともできる。

3 住民監査請求においては，監査の客観性と公正性を確保するために，監査は住民から無作為に選ばれた複数の監査人と，当該地方公共団体の監査委員とが共同で行うものとされている。

4 地方公共団体の長や職員の違法な公金の支出に対しては住民訴訟の提起が認められており，この場合住民は，当該地方公共団体に代位して，違法な公金の支出を行った長や職員を被告として損害賠償を請求することができる。

5 住民訴訟において損害賠償の請求を命ずる判決が確定した場合には，普通地方公共団体の長は，当該判決が確定した日から60日以内に，当該請求に係る損害賠償金の支払いを請求しなければならない。

憲法
行政法
民法
刑法
労働法

解説

1. このような要件が必要なのは，事務の監査請求である（地方自治法75条1項）。住民監査請求は，住民であれば1人でもできる（同242条1項）。

2. 住民訴訟では，監査請求前置主義が取られており（同242条の2第1項柱書），住民は監査請求を経なければ訴訟を提起できない。

3. この場合の監査も，通常の監査と同様に監査委員の合議によって行われる（同242条8項）

4. いわゆる「代位請求訴訟」の形式であるが，この形式では長や職員の負担が大きいとして，平成14年の地方自治法の改正により，長や職員個人を被告とするのではなく，地方公共団体の執行機関または担当職員を被告とする形式に改められた（同242条の2第1項4号本文）。

5. 正しい（同242条の3第1項）。

正答　**5**

行政規則に関する次の記述のうち，妥当なものはどれか。ただし，争いがある場合は判例による。

1　行政手続法上の「命令等」は法規命令をさすので，行政規則は含まれない。したがって，行政規則について同法上の意見公募手続は適用されない。

2　裁量基準は行政規則であるため，裁量基準とは異なる判断をしたとしても，直ちに当該処分が違法となるわけではない。

3　パチンコ球遊器を課税対象に含める旨の通達は裁量基準であり，その内容も社会通念上是認される範囲を超えるものではないので，違法となることはない。

4　墓地・埋葬等に関する法律における，埋葬を拒否する正当な理由の解釈に関する通達は，行政事件訴訟法上の取消訴訟の対象となる。

5　通達の作成・発出は，国家賠償法上の公権力の行使に該当しないため，国家賠償法上の違法の評価を受けることはない。

解説

1．「命令等」には行政規則も含まれる（行政手続法2条8号イ）。したがって，行政規則についても行政手続法上の意見公募手続が適用される（同39条1項）。

2．正しい。行政庁が，許認可等の行政行為を行うに際して，行政庁に与えられた裁量権の行使が恣意的にならないようにあらかじめ基準の定立が行われることがあるが，これは行政内部の規範であって行政規則である。そして，これは法規たる性質を有しないので，その基準（裁量基準）とは異なる判断をしたとしても，当該処分が直ちに違法となるわけではない（最大判昭53・10・4参照）。

3．判例は，課税が通達を機縁として行われたものであっても，通達の内容が法の正しい解釈に合致するものである限り，課税処分は法の根拠に基づく処分であって違法ではないとする（最判昭33・3・28）。すなわち，通達の内容が法の正しい解釈に合致するものでなければ，違法とされることになる。

4．判例は，「現行法上行政訴訟において取消の訴えの対象となりうるものは，国民の権利義務，法律上の地位に直接具体的に法律上の影響を及ぼすような行政処分等でなければならないのであるから，宗派を問わず埋葬請求を受忍すべき義務を負わせる旨の通達の取消しを求める訴えは許されないものとして却下すべきである」とする（最判昭43・12・24）。

5．判例は，国の担当者が，原爆医療法及び原爆特別措置法の解釈を誤り，被爆者が国外に居住地を移した場合に健康管理手当等の受給権は失権の取扱いとなる旨定めた通達を作成，発出し，これに従った取扱いを継続した事案で，このような行為は「公務員の職務上の注意義務に違反するものとして，国家賠償法1条1項の適用上違法なものである」として国の賠償責任を認めている（最判平19・11・1）。

正答　**2**

地方公共団体の事務に関する次の記述の中には妥当なものが2つあるが，その組合せとして正しいのはどれか。

ア　地方自治法は，国と地方公共団体との役割を規定しており，地方公共団体は，住民の福祉の増進を図ることを基本として，地域における行政を自主的かつ総合的に実施する役割を広く担っている。

イ　地方公共団体が処理することとされている「地域における事務」には，自治事務と法定受託事務が含まれる。

ウ　自治事務は地方公共団体が自主的に行う固有の事務であることから，その実施につき，国等の関与を受けることはない。

エ　地方公共団体の条例制定権は，自治事務にだけ及び，法定受託事務には及ばない。

1　ア，イ
2　ア，ウ
3　イ，ウ
4　イ，エ
5　ウ，エ

解説

ア：正しい。前半については地方自治法1条の2第2項，後半については同1条の2第1項。

イ：正しい。地方公共団体が処理することとされている地域における事務（同2条2項）は，自治事務と法定受託事務に分類される（同2条8項）。

ウ：自治事務を含めた地方公共団体の事務処理全般について，助言や勧告等，必要最小限度での国の関与が認められている（同245条以下）。

エ：地方自治法14条1項は「普通地方公共団体は，法令に違反しない限りにおいて第2条第2項の事務に関し，条例を制定することができる」と規定している。そして，同2条2項の事務には自治事務と法定受託事務の双方が含まれる（同2条8項）ので，法定受託事務についても条例の制定は可能である。

以上より，正しいものはアとイであるので，正答は**1**である。

正答　**1**

地方上級

No. 221

全国型，関東型，中部・北陸型，法律専門タイプ

行政法　自治事務と法定受託事務　平成13年度

憲法
行政法
民法
刑法
労働法

自治事務と法定受託事務に関する次の記述のうち，妥当なものはどれか。

1　地方公共団体の事務のうち，自治事務の処理に関しては，法律またはこれに基づく政令によらなければ国の関与を受けることはないが，法定受託事務の処理に関してはこのような制限はなく，法律またはこれに基づく政令によらなくとも国は関与することができる。

2　地方公共団体の議会は，地方自治法100条の規定に基づいて，当該地方公共団体の事務に関する調査権を行使することができるが，その対象は，一部の例外を除いて，自治事務はもとより法定受託事務にも及ぶ。

3　事務の監査請求および住民監査請求の対象となる事項は自治事務に限られ，国が本来果たすべき役割に係るものであって，国においてその適正な処理を特に確保する必要があるものとされている法定受託事務には及ばない。

4　地方公共団体が処理する事務のうち，法定受託事務に係る処分または不作為に不服のある者は，当該法令を所管する各大臣等に対して審査請求をすることはできず，異議申立てをしなければならない。

5　地方公共団体の事務を処理するために必要な経費については，自治事務はもとより，法定受託事務についても当該地方公共団体が負担しなければならず，国において，これに要する経費の財源について必要な措置を講ずる必要はない。

解説

1. 前半は正しいが，後半が誤り。法定受託事務の処理に関しても，法律またはこれに基づく政令によらなければ国の関与を受けることはない（地方自治法245条の2）。

2. 正しい（同100条1項）。

3. 事務の監査請求の対象となる事項は，当該地方公共団体のあらゆる事務に及び，自治事務であると法定受託事務であるとを問わない（同75条1項）。一方，住民監査請求の対象も，当該地方公共団体の処理する事務であれば，それが自治事務であると法定受託事務であるとを問わないが，あくまでも財務会計上の行為に限られている点に注意を要する（同242条1項）。

4. 平成12年の地方自治法改正により，各大臣等は上級行政庁という立場を有しないこととなったが，機関委任事務から法定受託事務となるものについては，私人の権利救済の観点を重視し，引き続き各大臣等に対して審査請求をすることができることとされた（同255条の2）。

5. 国と地方の経費負担のあり方と事務区分とは直接連動するものではなく，法律またはこれに基づく政令により地方公共団体に事務を義務づける場合においては，自治事務であると法定受託事務であるとを問わず，国において，これに要する経費の財源について必要な措置を講じなければならないものとされている（同232条2項）。

正答　2

都道府県と市町村の関係に関する次の記述のうち，妥当なものはどれか。

1 都道府県知事が市町村の行政事務について監督・助言できるものは，法定受託事務に限られる。

2 都道府県は，市町村による事務の処理に関する条例を制定できるが，市町村は，この条例に抵触する事務の処理をすることができる。

3 都道府県知事は，その権限に属する事務について，条例により，その一部を市町村が処理することとすることができる。

4 市町村と都道府県は対等の地位にあるから，都道府県が，市町村間の連絡調整に関する事務を処理することはない。

5 市町村長は，都道府県知事の行政関与に不服がある場合，国地方係争処理委員会に調停の申立てをすることができる。

解　説

1 ．都道府県知事は，市町村の処理する自治事務についても，助言，勧告，資料の提出要求，同意，許認可，指示という形で関与することができる（地方自治法245条）。ただし，事務の代執行については，法定受託事務に限定されている（同245条の8）。

2 ．都道府県も市町村も，その処理する事務について条例を制定することができるのであって（同14条1項），市町村の事務処理については，市町村のみが条例を制定できる。ただし，市町村および特別区は，都道府県の条例に違反して事務の処理をしてはならず，都道府県の条例に違反して事務を処理した場合には，その事務処理は無効とされる（同2条16項・17項）。

3 ．正しい（同252条の17の2第1項）。

4 ．都道府県は，市町村を包括する広域の地方公共団体として，広域にわたる事務，市町村に関する連絡調整に関する事務，一般の市町村が処理することが適当でないと認められる事務を処理する（同2条5項）。そして，市町村間の紛争については，都道府県知事が自治紛争処理委員を任命し，その調停に付することができる（同251条の2第1項）。

5 ．総務省に設置される国地方係争処理委員会（同250条の7第1項）は，普通地方公共団体に対する国または都道府県の関与のうち，国の行政機関が行うものに関する審査の申出を処理する（同250条の7第2項）。都道府県知事の関与に不服がある場合の調停は，自治紛争処理委員が行い（同251条1項），調停の申請は総務大臣に対して行う（同251条の2第1項）。なお，国地方係争処理委員会に対して普通地方公共団体の長その他の機関が審査の申出をすることができるのは，国の関与のうち，是正の要求，許可の許否その他の処分その他公権力の行使に当たるものに不服があるとき，普通地方公共団体からの申請等に対応する許可等の公権力の行使をしない（不作為）とき，法令に基づく協議の申出をし，かつ普通地方公共団体がなすべき義務を果たしたにもかかわらず，協議が整わないとき，である（同250条の13第1項〜3項）。

正答　**3**

憲法

行政法

民法

刑法

労働法

地方自治法に関する次の記述のうち，妥当なものはどれか。

1 普通地方公共団体には，都道府県，市町村，特別区があり，特別地方公共団体には，地方公共団体の組合，財産区，地方開発事業団がある。

2 地方自治法でいう「住民」とは，市町村の区域内に住所を有していれば足り，日本国籍の有無を問わない。

3 地方公共団体が行う事務を自治事務といい，国が行う事務を法定受託事務という。

4 都道府県は市町村に対する一般的な指揮監督権を有し，優越的な地位を占める。

5 地方自治特別法の住民投票は，住民の直接請求に含まれる。

解説

1. 特別区は特別地方公共団体の一つである（地方自治法1条の3第2項・3項）。また，特別地方公共団体であった地方開発事業団は平成23年の地方自治法の改正により廃止された。

2. 正しい（同10条1項）。

3. 自治事務と法定受託事務はどちらも地方公共団体の事務である（同2条2項・8項・9項）。

4. 都道府県は市町村を包括している（同5条2項）が，その間に上下関係があるわけではない。

5. 地方自治特別法の住民投票は，憲法95条に基づき要求される憲法上の制度であるのに対し，住民の直接請求の制度（地方自治法12条・13条・74〜88条）は，憲法92条にいう地方自治の本旨に基づいて法律によって設けられたものである。このように，両者は，法制度上の位置づけがまったく異なっており，地方自治特別法の住民投票は住民の直接請求に含まれるとはいえない。

正答　**2**

地方上級

No. 224

関東型，中部・北陸型

行政法　普通地方公共団体と議会の関係　平成25年度

憲法

行政法

民法

刑法

労働法

地方自治における普通地方公共団体と議会の関係に関する次の記述のうち，妥当なものはどれか。

1 普通地方公共団体の長は，議会から出席を求められた場合には，これを拒否することができず，また，長は議会から出席を求められない場合でも，議会に出席する権限を有する。

2 普通地方公共団体の議会において，法令により負担する経費を削除しまたは減額する議決をしたときは，その経費およびこれに伴う収入について，当該普通地方公共団体の長は，これを再議に付さなければならないが，この場合にはその理由を示す必要がある。

3 普通地方公共団体の議会の議決について異議があるときは，当該普通地方公共団体の長は，地方自治法に特別の定めがあるものを除くほか，その議決またはその送付を受けた日から10日以内に理由を示してこれを再議に付することができ，また，再議における議会の議決が再議に付された先の議決と同じ議決であったとしても，その議決が確定することはない。

4 普通地方公共団体の議会において，当該普通地方公共団体の長の不信任の議決をすることができるが，この議決については，議員数の3分の1以上の者が出席し，その過半数の者の同意があれば足りる。

5 普通地方公共団体の議会において，当該普通地方公共団体の長の不信任の議決をした場合，普通地方公共団体の長が，その旨の通知を受けた日から10日以内に辞職しないときには，議会は解散されたことになる。

解説

1. 普通地方公共団体の長は，議会の審議に必要な説明のため議長から出席を求められたときは，議場に出席しなければならない（地方自治法121条1項本文）から，前半は正しい。しかし，当然には議会に出席することは認められていないから，後半は誤り。

2. 正しい（同177条1項1号）。

3. 前半は正しい（同176条1項）。しかし，再議における議会の議決が再議に付された先の議決と同じ議決であるときは，その議決は確定する（同2項）から，後半は誤り。

4. 普通地方公共団体の議会において，当該普通地方公共団体の長の不信任の議決をすることができる（同178条1項）から前半は正しい。しかし，この議決については，議員数の3分の2以上の者が出席し，その4分の3以上の者の同意が必要である（同3項）から，後半は誤り。

5. 普通地方公共団体の議会において，当該普通地方公共団体の長の不信任の議決をした場合，普通地方公共団体の長は，その旨の通知を受けた日から10日以内に議会を解散しないときは，この期間が経過した日においてその職を失う（同178条2項）のであり，本肢のように，長が10日以内に辞職しないときに，議会が解散されたことになるのではない。

正答　**2**

No. 225 行政法 地方議会と長の関係 平成17年度

法律専門タイプ

普通地方公共団体の長と議会の関係に関する次の記述のうち，妥当なものはどれか。

1 普通地方公共団体の長は，議会から出席を求められた場合でも，これを拒否することができる。

2 普通地方公共団体の長は，議会からの出席要求の有無にかかわらず，議会に出席する権利を有する。

3 普通地方公共団体の長は，議会の議決した予算が執行することのできない内容であると判断したときは，これを長に対する不信任決議とみなして議会を解散することができる。

4 普通地方公共団体の議会における条例の制定等の議決について，長が異議を申し立てた場合でも，同じ議決が再議に付され，そこで出席議員の3分の2以上の同意を得た場合には，その議決は確定する。

5 普通地方公共団体の議会は，長の不信任決議を行う権限を有するが，この決議は長の就職の日から1年間は行うことができない。

解説

1. 議会から出席を求められた場合には，長は議会に出席しなければならず，原則として，これを拒否することはできない（地方自治法121条1項）。地方自治法は，長と議会が相互に権限を尊重する建前をとっており，長は議会に当然に出席の権利を有するものではないが，両者の連携が必要と判断される場合もあるので，そのような場合の一つとして，議会からの要求に基づく出席の義務が法定されている。

2. 出席の権利はない。要求がない場合には，説明書を議会に提出できるにとどまる（同121条，122条）。

3. 不信任決議とみなして議会を解散できるのは，非常災害費などの緊急経費を議会がなお減額・削除した場合に限られる（同177条3項）。

4. 正しい（同176条1～3項）。長の一般的拒否権を尊重して，再議決の要件は過半数ではなく特別多数とされている。

5. このような制限はない。なお，議員または長の解職請求については，議員または長の「就職の日から1年間は行うことができない」とされている（同84条）。

正答 **4**

行政法　地方自治法における普通地方公共団体の議会　平成26年度

地方自治法における普通地方公共団体の議会について述べた次の記述のうち，妥当なものはどれか。

1　地方議会における議員の定数は，当該地方公共団体の人口や面積に応じて地方自治法で明確に決められている。

2　地方議会は，長が調整し提出した予算について，増額して議決することはできない。

3　地方議会は，地方公共団体の事務に関する調査を行うことができるが，この調査権はあくまでも任意的な手段として許容されているにすぎないため，罰則をもって強制することはできない。

4　普通地方公共団体の議会の議員は，議会の議決を経れば，当該地方公共団体に対し請負をする者および支配人になることができる。

5　普通地方公共団体の議会の議員は，自己の一身上に関する事件について，議事に参与することはできないが，議会の同意があれば，会議に出席し発言することができる。

解説

1．平成23年改正以前の地方自治法においては人口による上限の規制が設けられていたが（旧地方自治法91条2項），同改正法により撤廃され，現在は条例で自由に定めることが認められている（地方自治法90条1項，91条2項）。

2．議会は，予算について，増額してこれを議決することができる。ただし，普通地方公共団体の長の予算提出権を侵すような増額はできない（同97条1項）。

3．議会は，調査権として，特に必要があると認めるときは，選挙人その他の関係人の出頭および証言ならびに記録の提出を請求することができ，正当な理由なく，これらを拒否したときは，6か月以下の禁固または10万円以下の罰金に処せられる（同100条3項）。つまり，調査権は，罰則をもって担保される強力な権限であり，「任意的な手段」ではない。

4．普通地方公共団体の議会の議員は，議会の議決を経ても，当該地方公共団体に対し請負をする者およびその支配人等になることができない（同92条の2）。

5．正しい。本肢のような場合，議事に参与することは認められない。もっとも，議会の同意があることを条件に，①会議に出席し，②発言することは認められている（同117条）。

正答　**5**

No. 227 民法 権利能力 令和4年度

権利能力に関する次の記述のうち，妥当なものはどれか。

1 胎児が生きて生まれた場合，出生するまでのすべての法律関係について，権利能力が認められる。

2 相続は，被相続人が死亡すると直ちに開始されるわけではなく，遺産分割がされた時に開始される。

3 不在者の生死が7年間明らかでないときは，家庭裁判所は，利害関係人の請求により，失踪の宣告をすることができ，失踪の宣告を受けた者は7年の期間が満了した時に，死亡したものとみなす。

4 死亡の原因となるべき危難に遭遇した者の生死が，危難が去った後1年間明らかでないときは，家庭裁判所は，利害関係人の請求により，失踪の宣告をすることができ，失踪の宣告を受けた者は1年の期間が満了した時に，死亡したものとみなす。

5 法人は，法令の規定に従い，定款その他の基本約款で定められた目的の範囲外においても，権利を有し，義務を負う。

解 説

1. 私権の享有は，出生に始まる（民法3条1項）から，出生前の法律関係について，権利能力が認められる場合は，例外的である（同721条，886条，965条参照）。

2. 相続は，死亡によって開始する（民法882条）。

3. 妥当である（民法30条1項，31条）。

4. 前半は正しい（民法30条2項）が，後半が誤り。この場合には，失踪の宣告を受けた者はその危難が去った時に，死亡したものとみなす（同31条）。

5. 法人は，法令の規定に従い，定款その他の基本約款で定められた目的の範囲内において，権利を有し，義務を負う（民法34条）。

正答 **3**

No. 228　民法　制限行為能力者

制限行為能力者に関する次の記述のうち，妥当なものはどれか。ただし，争いのあるものは判例の見解による。

1　Aは，精神上の障害により事理を弁識する能力を欠く常況にあったが，後見開始の審判を受けないまま，意思無能力の状態でAが所有する土地をBに売却した後で死亡した場合，Aの相続人Cはこの土地の売買契約について無効を主張することができない。

2　精神上の障害により事理を弁識する能力が不十分であるAについて，Aの配偶者Cの請求があった場合には，家庭裁判所は保佐開始の審判をすることができる。

3　被補助人であるAが，補助人Dの同意を得なければならない契約をBとの間で締結しようとする際に，DがAの利益を害するおそれがないにもかかわらず同意をしない場合，Aの請求により家庭裁判所が補助人の同意に代わる許可を与えてAが単独で当該契約を締結したとしても，後にDはこの契約を取り消すことができる。

4　当時未成年者であったAはその法定代理人Dの同意を得ずにBとの間で契約を締結したが，成人し，取消権を有することを知った後，6年経った現在においてもAはその契約を取り消すことができる。

5　制限行為能力者であるAがBと契約を締結した際に，単にAがBに自分が制限行為能力者であることを黙秘していたにすぎない場合，Aはこの契約を取り消すことができる。

解説

1. Aは，精神上の障害により事理を弁識する能力を欠く常況にあっても後見開始の審判を受けていないから，成年被後見人ではなく（民法7条，8条参照），Aの相続人Cは，行為能力の制限を理由として本件の売買契約を取り消すことができない（同9条本文，896条，120条1項）ため，取消しによる無効を主張することはできない（同121条本文）。しかし，意思能力を欠く者の法律行為は無効とされるから（大判明38・5・10），Aの相続人は，本件の売買契約について，Aの意思無能力を理由に無効を主張することができる。

2. 保佐開始の審判は，精神上の障害により事理を弁識する能力が「著しく不十分」である者についてなされる（民法11条）。本枝のように，精神上の障害により事理を弁識する能力が「不十分」であるAについてなされるのは，「補助」開始の審判である（同15条1項）。

3. 補助人の同意を得なければならない行為について，補助人が被補助人の利益を害するおそれがないにもかかわらず同意をしないときは，家庭裁判所は，被補助人の請求により，補助人の同意に代わる許可を与えることができる（同17条3項）。そして，補助人の同意を得なければならない行為であって，その同意またはこれに代わる許可を得ないでしたものは，取り消すことができる（同条4項）が，本枝ではAは家庭裁判所の許可を得ているから，Dは本枝の契約を取り消すことができない。

4. 未成年者（A）が法律行為をするには，その法定代理人（D）の同意を得なければならず（同5条1項本文），これに反する法律行為は，取り消すことができる（同5条2項）。しかし，取消権は，追認をすることができる時から5年間行使しないときは，時効によって消滅する（同126条前段）ところ，未成年者は成人し，取消権を有することを知った後に追認することができるから（同124条1項，4条），Aは現在においては，取消権が時効によって消滅しているため，もはや取り消すことができない。

5. 正しい（最判昭44・2・13）。判例は，制限行為能力者の他の言動と相まって，相手方を誤信させ，または誤信を強める状況の下で，自分が制限行為能力者であることを黙秘している場合は同21条の「詐術」に該当するが，黙秘していたことだけでは，同条の「詐術」に該当しないとする。

正答　5

憲法

行政法

民法

刑法

労働法

次のA～Cの事例に関するア～オの記述のうち，妥当なもののみを挙げているのはどれか。

A．表示に「クーラー」と記載されているものについて，売主も買主も，ともに「冷暖房エアコン」と認識していた場合。

B．売主は，「ホワイトゴールド」のリングを金とニッケルの合金と正しく認識しているが，買主はこれを白金と誤解していた場合。

C．「50ドルの商品」をカナダ人が日本で香港の貿易商を相手に売るとき，売主はカナダドルで50ドルと思っていたが，買主は香港ドルで50ドルと思っていた場合。

ア．Aにおいては，売主と買主の真意が一致しているので，たとえ商品が「クーラー」であったとしても，錯誤の問題は生じない。

イ．Aにおいては，商品が「冷暖房エアコン」であった場合には，売買契約は有効に成立する。

ウ．Bにおいては，売主は正しく「ホワイトゴールド」と表示しており，売主側になんら落ち度はないので，売買は瑕疵なく有効に成立する。

エ．Cにおいては，取引きは買主の母国通貨で行うべきものであるから，売買契約は「香港ドルで50ドル」の商品対価として有効に成立する。

オ．Cにおいては，売主はカナダドルと香港ドルが同じものと思い込み，売買代金を「50香港ドル」と記載したために契約が成立した場合，売主は錯誤を主張できる。

1　ア，エ　　　**2**　ア，オ　　　**3**　イ，ウ　　　**4**　イ，オ　　　**5**　ウ，エ

解説

ア．妥当でない。買主の真意は「冷暖房エアコン」の購入であるが，買主が表示を見て「このクーラーを購入する」旨を表示していた場合には，真意と表示との間に不一致があることになる。したがって，その場合には錯誤の問題を生じる。

イ．妥当である。Aでは，売主も買主も，その商品が「冷暖房エアコン」と認識しており，かつその認識どおりの商品の売買契約が成立しているので，当事者の意思内容がそのまま実現しており，売買は有効に成立する。

ウ．妥当でない。買主の真意は「白金のリングの購入」であるが，表示が「このホワイトゴールドのリングを購入する」となっていた場合には，真意と表示との間に不一致があるので，錯誤の問題を生じる。

エ．妥当でない。決済をどの国の通貨で行うかについては，当事者の合意が必要なので，Cにおいては両者の意思に齟齬がある以上，売買が「香港ドル」を決済通貨として有効に成立しているとはいえない。

オ．妥当である。売主の真意は「50カナダドルでの売却」であるが，表示は「50香港ドルでの売却」なので，真意と表示との間に不一致があることになる。したがって，錯誤の問題を生じる。

以上から，妥当なものはイ，オであり，**4**が正答となる。

正答　**4**

地方上級

No. **230**

関東型，中部・北陸型　　　　　　　　　　　　　　〈改題〉

民法　　　　　　　意思表示　　　　平成**24**年度

憲法

行政法

民法

刑法

労働法

AはAが所有する不動産をBに売却し，Bは善意かつ無過失の第三者であるCにこの不動産を転売した。この場合に関する次の記述のうち，Aによる意思表示の取消しまたは無効の主張が認められるものとして妥当なものはどれか。ただし，争いのあるものは判例の見解による。

1 Aの内心は売るつもりはなかったが，BはAのその内心を知らず，また，知ることもできなかった場合におけるBに対する取消しまたは無効の主張。

2 AがBとの通謀により虚偽の売買を行った場合のCに対する取消しまたは無効の主張。

3 Aの重大な過失により，本来売却する予定だった不動産と間違えて他の不動産をBに売ってしまった場合におけるBに対する取消しまたは無効の主張。

4 Bによる詐欺によってAが売却をし，Aがこの売却を取り消す前にBがCに転売した場合におけるCに対する取消しまたは無効の主張。

5 Bによる強迫によってAが売却をし，Aがこの売却を取り消す前にBがCに転売した場合におけるCに対する取消しまたは無効の主張。

解説

1. 意思表示は，表意者がその真意ではないことを知ってしたときであっても，そのためにその効力を妨げられないが（民法93条1項本文），相手方が表意者の真意を知り，または知ることができたときは，その意思表示は，無効となる（同条1項ただし書）。本肢のAは心裡留保による意思表示をしているが，BはAの内心について善意・無過失であるから，同93条1項本文により，AはBに対して無効の主張をすることができない。

2. 本肢のAB間の売買は，通謀による虚偽表示として無効であるが（同94条1項），この無効は善意の第三者に対抗することができず（同条2項），冒頭の問題文よりCは善意であるから，AはCに対して無効の主張をすることができない。

3. Aの意思表示には法律行為の目的及び取引上の社会通念に照らして重要な錯誤があり取り消すことが可能であるが（同95条1項），Aには重大な過失があるため，Aは取消しをすることができない（同条3項）から，AはBに対して取消しを主張することができない。

4. 本肢のCは取消し前に利害関係を有するに至った第三者であるため，民法177条ではなく96条3項が適用される（大判昭17・9・30）。Aの意思表示はBの詐欺によるものであり，取消しが可能であるが（同96条1項），詐欺による意思表示の取消しは，善意かつ無過失の第三者に対抗することができず（同条3項），冒頭の問題文よりCは善意かつ無過失であるから，AはCに対して取消しの主張をすることができない。

5. 正しい。Aの意思表示はBの強迫によるもので，取消しが可能である（同96条1項）が，同条3項は詐欺の場合に関する規定で，本肢の強迫の場合には適用されないので，AはCに対して取消しの主張をすることができる（大判昭4・2・20参照）。

正答 **5**

民法95条の錯誤取消しに関する次の記述のうち，「法律行為の目的及び取引上の社会通念に照らして重要な錯誤」に当たらないものはどれか。

1 AはBとの間で古美術品の売買契約を締結したが，契約書の代金の欄に100万円と記載すべきところを10万円と記載してしまった。

2 豪ドル100ドルを米ドル100ドルと勘違いして契約書に記載して支払った。

3 売買契約の相手方が国であると思い，国であれば安心であるとして不動産を売却したところ，相手方が財団法人であった。

4 「ピカソの描いた絵」であると説明を受けたため，購入したが，実は贋作であった。

5 ZはAから依頼されてAの債権者Bと保証契約を締結し保証人となった，その際，ほかにも保証人がいると思っていたが，実際にはほかに保証人はいなかった。

解説

「法律行為の目的及び取引上の社会通念に照らして重要な錯誤（法改正前の「要素の錯誤」，以下，「重要な錯誤」と略す）」とは，意思と表示に不一致があり，その点につき錯誤がなかったならば意思表示をしなかったであろうと認めることが合理的であるものをさす（民法95条1項柱書，大判大7・10・3）。

1. 表示の錯誤であり，表意者の意思が100万円での売却であるのに，表示は10万円での売却であるから，意思と表示に不一致があり，その点につき錯誤がなかったならば意思表示をしなかったであろうと思われるので，重要な錯誤となる。

2. これも表示の錯誤であり，重要な錯誤の要件を満たす。

3. 契約主体に関する錯誤であり，国であれば安心であるとして不動産を売却したというのであるから，重要な錯誤となる。

4. 本物と信じて購入したら実は贋作であったという場合には，意思と表示の不一致があり，その点につき錯誤がなかったならば意思表示をしなかったであろうという場合であるから，重要な錯誤となる。

5. 重要な錯誤に当たらない。よってこれが正答となる。ほかに保証人がいるものと誤信して保証契約を締結したというのは，単なる動機の錯誤にすぎない。すなわち，この場合には，表意者の意思と表示に不一致はなく，錯誤取消しにはならない（最判昭32・12・19参照）。

正答 **5**

地方上級

No.
232

中部・北陸型

民法　権利能力のない社団　平成28年度

憲法

行政法

民法

刑法

労働法

権利能力のない社団に関する次の記述のうち，妥当なものはどれか。ただし，争いがある場合は判例による。

1 権利能力のない社団の財産は，共有である。

2 権利能力のない社団の不動産は，社団名義の登記をすることができる。

3 権利能力のない社団の構成員は，取引きによって生じた債務について個人的な責任を負わない。

4 権利能力のない社団の構成員は，脱退する際に持分の払戻しを請求することができる。

5 権利能力のない社団は，訴訟の場面で，その名において訴え，または訴えられたりすることができない。

解説

1. 権利能力のない社団の財産は，共有ではなく総有である（最判昭32・11・14）。総有とは極めて拘束性の強い共同所有の形態で，持分が認められておらず，社団の性格に最も適合的な財産の所有形態とされる。

2. 権利能力のない社団は，社団名義での登記は認められない（最判昭47・6・2）。なお，判例は，虚無人名義の登記を回避すべく代表者が個人名で登記するほかないとする。

3. 正しい。権利能力なき社団の債務は，構成員全員に一個の債務として総有的に帰属する。そして，社団の総有財産だけがその責任財産となるため，構成員各自は個人的な責任を負わない（最判昭48・10・9）。

4. 権利能力のない社団の財産は総有とされ，脱退しても持分に相当する財産の分割請求は認められない（最判昭32・11・14）。

5. 権利能力なき社団であっても，代表者または管理人の定めのあるものについては民事訴訟上の当事者能力が認められ，その名において訴え，または訴えられることができる（民事訴訟法29条）。

正答　**3**

地方上級

全国型，関東型，大阪府

No.
233

民法　　未成年者の法律行為　　平成19年度

憲法

行政法

民法

刑法

労働法

Aは未成年者であり，Aの父親はB，母親はC（BとCは婚姻中），祖母はDである。この場合に関する次の記述のうち，妥当なものはどれか。ただし，争いのあるものは判例の見解による。

1　Aは，Bの同意を得ていないが，Cの同意を得て，B・C双方の同意を得た旨の同意書を示して善意の第三者と不動産の売買契約をした場合，それがBの意思に反したときであっても，B・Cはこの契約を取り消すことができない。

2　DがAに現金を贈与し，そのお金でAが車を買う契約をした場合，B・Cはその契約を取り消すことができない。

3　B・Cの同意を得ていないAと取引きをした相手方が，Aが成年者とならない間に，B・Cに対して，Aの行為を追認するか否かを確答すべき旨を1か月以上の期間を定めて催告した場合，当該期間内に確答がなければ原則としてAの行為は取り消されたものとみなされる。

4　Aに不動産が贈与されていた場合，B・Cが他人から金銭を借り入れるに当たり，B・Cは親権者としてAを代理して，Aを連帯債務者とし，その不動産に抵当権を設定することができる。

5　Aが英会話学校に通う契約をするに当たり，年齢を記入する際に英会話学校の職員に21歳と記入するように勧められて21歳と記入した場合には，Aによる「詐術」に該当するため，Aは，B・Cの同意を得ていないことを理由に，この契約を取り消すことができない。

解説

1. 正しい。BとCは婚姻中であるから，Aの親権はBとCが共同して行う（民法818条3項）。そして，この場合において，父母の一方のみが，共同の名義で，子が法律行為をすることに同意したときは，相手方が悪意でない限り，その行為は，他の一方の意思に反したときであっても，その効力を妨げられない（同825条）から，B・Cはこの契約を取り消すことができない。

2. 法定代理人が目的を定めないで処分を許した財産については，未成年者は自由に処分することができ（同5条3項後段），この処分については法定代理人は取消権（同条1項本文，2項，120条1項）を有しない。しかし，本問では，Aの法定代理人はBとCであり（同818条1項，824条本文参照），Dは法定代理人ではないから，DがAに贈与した財産は，法定代理人が目的を定めないで処分を許した財産とはいえないため，B・CはAによる本枝の契約を取り消すことができる。

3. 本枝のように，相手方が，未成年者が成年者とならない間に，未成年者の法定代理人に対して1か月以上の期間を定めて追認の確答の催告をした場合，当該期間内に確答がなければ，未成年者の行為は追認したものとみなされる（同20条2項，1項）。

4. 親権を行う父または母とその子との利益が相反する行為については，親権を行う者は，その子のために特別代理人を選任することを家庭裁判所に請求しなければならない（同826条1項）。判例は，本枝のような場合には同条項の利益相反行為に当たるとする（大判大3・9・28）。よって，B・Cは親権者としてAを代理して，Aを連帯債務者とし，その不動産に抵当権を設定することはできない。

5. 制限行為能力者が行為能力者であることを信じさせるため詐術を用いたときは，その行為を取り消すことができない（民法21条）。しかし，本条が適用されるためには，制限行為能力者による詐術によって相手方が行為能力者であると誤信することが必要であると解されており，本枝では，相手方である英会話学校の職員の勧めに従ってAが虚偽の記載をしたのであるから，相手方に誤信はなく，Aによる「詐術」には該当しないため，同21条は適用されない。よって，Aは，B・Cの同意を得ていないことを理由に，この契約を取り消すことができる（同条1項本文，2項，120条1項）。

正答　**1**

地方上級

No. 234

民法

全国型，関東型，中部・北陸型，札幌市，横浜市 〈改題〉

時　効

平成 21年度

憲法

行政法

民法

刑法

労働法

時効の完成と時効の利益の放棄に関する次の記述のうち妥当なのはどれか。ただし，争いがある場合は判例による。

1 民法は時効期間及び時効の完成猶予・更新を定めているが，当事者は合意によりこれらを変更することができ，時効の完成を困難にも容易にもすることができる。

2 時効完成後に債務者が債務を承認した場合，その債務につき債務者が時効を援用することは信義則上許されない。

3 債務者が時効の利益を放棄するには，行為能力を要せず，意思能力があれば足りる。

4 債務者が時効の利益を放棄した場合，その効果は保証人や物上保証人にも及ぶ。

5 債務者が時効の利益を放棄すると，その効果は将来に向けて生じるため，新たな時効は進行しない。

解　説

1．誤り。時効の完成を困難にする特約は，債務者に不利な特約であり，債権者が債務者を強制してこのような合意をさせる弊害があるため，一般的に無効と解されている。

2．正しい。判例（最大判昭41・4・20）の立場である。

3．誤り。時効の利益の放棄は，時効によって利益を受ける者がその利益を受けないことを明らかにする単独行為としての意思表示であると解されている。意思表示である以上，意思能力だけではなく行為能力も必要であると解される。

4．誤り。時効の利益の放棄は「相対効」であると解されている。したがって，債務者が時効の利益を放棄しても，その効果は保証人や物上保証人には及ばない。

5．誤り。債務者が，消滅時効の完成後に，債権者に対し当該債務を承認した場合においても，以後再び時効は進行し，債務者は，再度完成した消滅時効を援用することができるとするのが判例である（最判昭45・5・21）。

正答　**2**

地方上級

No. **235**

関東型, 中部・北陸型 〈改題〉

民法　　　　　**復代理人**　　　平成**23**年度

復代理人に関する次の記述のうち, 妥当なものはどれか。ただし, 争いのあるものは判例の見解による。

1 法定代理人は, 本人の許諾を得たとき, またはやむをえない事由があるときでなければ, 復代理人を選任することができないが, 任意代理人は, 自己の責任で復代理人を選任することができる。

2 法定代理人は, やむをえない事由がない場合に復代理人を選任したときは, 常に責任を負うことになる。

3 復代理人は, 代理人の代理人ではなく, 本人の代理人であるから, 代理人の有する代理権が消滅した場合でも, 復代理人は本人の代理人として地位を失わない。

4 復代理人は, 代理人の代理人ではなく, 本人の代理人であるから, 復代理人の代理権が, 復代理人を選任した代理人の代理権の範囲を超えることもできる。

5 復代理人が委任事務を処理するに当たり金銭等を受領し, 代理人にこれを引き渡したときは, 代理人に対する受領物引渡義務は消滅するが, 本人に対する受領物引渡義務は消滅しない。

解説

1. 法定代理人と任意代理人の説明が逆である。委任による代理人（任意代理人）は, 本人の許諾を得たとき, またはやむを得ない事由があるときでなければ, 復代理人を選任することができないが（民法104条）, 法定代理人は, 自己の責任で復代理人を選任することができる（同105条前段）。

2. 正しい（同105条）。

3. 復代理人は, 代理人の代理人ではなく, 本人の代理人であるとする点は正しい（同107条1項参照）。しかし, 復代理人の代理権は, 代理人の代理権を前提としており, 代理人の代理権が消滅すれば復代理人の復代理権も消滅することになる。

4. 復代理人は, 代理人の代理人ではなく, 本人の代理人であるとする点は正しい（同107条1項参照）。しかし, 復代理人を選任するのは代理人であるから, 復代理人の代理権の範囲は代理人の代理権の範囲内に限られる。

5. 判例は, 復代理人が委任事務を処理するに当たり金銭等を受領したときは, 復代理人は, 特別の事情がないかぎり, 本人に対して受領物を引き渡す義務を負うほか, 代理人に対してもこれを引き渡す義務を負い, もし復代理人において代理人にこれを引き渡したときは, 代理人に対する受領物引渡義務は消滅し, それとともに, 本人に対する受領物引渡義務もまた消滅するものと解するのが相当であるとする（最判昭51・4・9）。

正答　**2**

成年後見制度に関する次の記述のうち，妥当なものはどれか。

1 精神上の障害により事理弁識能力を欠く常況にある者については，親族などの請求により後見開始の審判をすることができるが，本人が自ら請求することはできない。

2 後見等の登記は，戸籍簿ではなく後見登記等ファイルに記録される。

3 後見人になることができるのは自然人に限られるので，法人は後見人になることができない。

4 成年後見人は，法定代理人として，成年被後見人が行う婚姻や認知についての同意権を有する。

5 一時的に事理弁識能力を回復した成年被後見人が不動産を売却した場合，成年後見人は当該行為を取り消すことはできない。

解説

1. 精神上の障害により事理を弁識する能力を欠く常況にある者については，家庭裁判所は，本人，配偶者，四親等内の親族，未成年後見人，未成年後見監督人，保佐人，保佐監督人，補助人，補助監督人または検察官の請求により，後見開始の審判をすることができる（民法7条）。

2. 妥当である（後見登記等に関する法律4条1項）。

3. 自然人に限られず，法人も後見人になることができる（民法840条3項，843条4項）。

4. 成年後見人は，成年被後見人が行う婚姻や認知についての同意権を有さない（民法738条，780条）。

5. 一時的に事理弁識能力を回復していた場合であっても，後見開始の審判が取り消されない限り，成年後見人は当該行為を取り消すことができる（民法9条，120条1項）。

正答 **2**

占有権に関する次の記述のうち，妥当なものはどれか。ただし，争いのあるものは判例の見解による。

1　占有権は，物の事実的支配に基づいて認められる権利であるから，被相続人の支配の中にあった物であっても，相続人が実際に物を支配していないため，占有権は相続の対象とはならない。

2　占有者がその占有を妨害されたときは，占有保持の訴えにより，その妨害の停止を請求することはできるが，損害の賠償を請求することはできない。

3　占有者がその占有を妨害されるおそれがあるときは，占有保全の訴えにより，その妨害の予防または損害の賠償を請求することができる。

4　占有者がその占有を奪われたときは，占有回収の訴えにより，損害の賠償を請求することができるが，悪意の占有者はこの占有回収の訴えを提起することはできない。

5　相手から占有の訴えを提起された場合，被告が本権を理由とする防御方法を主張することは許されないが，被告が本権に基づいて反訴を提起することは許される。

解説

1. 判例は，被相続人の事実的支配の中にあった物は，原則として，当然に，相続人の支配の中に承継されるとみるべきであるから，その結果として，占有権も承継され，被相続人が死亡して相続が開始するときは，特別の事情のない限り，従前その占有に属したものは，当然相続人の占有に移ると解すべきであるとする（最判昭44・10・30）。このように，占有権の観念化を認めて，占有権の相続を肯定するのが通説・判例である。

2. 占有保持の訴えでは，占有の妨害の停止だけでなく，損害の賠償を請求することもできる（民法198条）。

3. 占有保全の訴えは，占有者の占有が妨害される「おそれ」がある場合に，現実の妨害が発生するのを予防する手段であるため，損害の賠償の請求はすることができず，損害賠償の担保の請求をすることができるにすぎない（同199条参照）。

4. 判例は，悪意の占有者であっても，その占有を奪われたときは，占有回収の訴え（民法200条1項）により，損害の賠償を請求することができるとする（大判大13・5・22）。

5. 正しい。民法202条2項は，「占有の訴えについては，本権に関する理由に基づいて裁判をすることができない」と規定している。この意味につき判例は，同条項は，占有の訴えにおいて本権に関する理由に基づいて裁判することを禁ずるものであり，したがって，占有の訴えに対し防御方法として本権の主張をすることは許されないが，占有の訴えに対し本権に基づく反訴を提起することは，同条項は禁止していないとする（最判昭40・3・4）。

正答　**5**

特定物または種類物に関する次の記述のうち，妥当なものはどれか。

1 特定物であっても種類物であっても，契約時に所有権が移転する。

2 特定物の引渡債務者は，当該特定物を引き渡すまでは自己の財産と同一の注意義務を負う。

3 特定物の引渡し場所は，債権者の住所である。

4 種類物の引渡債務者は，当該種類物が特定した後でも，当該物を引き渡すまでは自己の財産と同一の注意義務を負う。

5 種類物の範囲にあらかじめ制限をかけた場合は，特定前に物がすべて滅失したときは，履行不能となる。

解説

1. 種類物の場合，所有権は，特約のない限り特定によって移転する。すなわち，単に契約のみによっては所有権は移転せず，その後に特定（民法401条2項）が生じて初めて移転する。なお，特定物の場合は，特約のない限り契約時に所有権が移転する（同176条）。

2. 引渡しまでの間は，善良な管理者の注意をもって目的物を保存しなければならない（同400条）。

3. 特定物の引渡しは，債権発生時にその物が存在した場所において行うべきものとされる（同484条）。

4. 種類物も，特定した後は，引渡しまでの間，善良な管理者の注意をもって目的物を保存しなければならない（同400条）。

5. 正しい。いわゆる制限種類債権であり，目的物が制限された範囲の物に限られるため，その範囲の物がすべて滅失すれば債務は履行不能となる。

正答　**5**

AがBとの間で，Bがある試験に合格したら，A所有の別荘を贈与する旨の贈与契約を結んだ。これに関する次の記述のうち，妥当なものはどれか。

1 Bが年齢制限により，受験資格がないことが判明した場合，贈与契約は無条件となり，Bは別荘の所有権を取得する。

2 Bが試験に合格した場合，Bは贈与契約締結時にさかのぼって，別荘の所有権を取得する。

3 Bが試験を受ける前に，Aが過失により別荘の一部を壊してしまった。Bが試験に合格した場合，BはAに対し損害賠償を請求できる。

4 Bが試験を受ける前に，AはCとの間で別荘の売買契約を締結した。Bは試験に合格していないので，当然Cが別荘の所有権を取得する。

5 Aが別荘の贈与をするのが惜しくなり，Bの受験を妨害してBを不合格にさせた場合，Bは試験に合格していないので，Bは別荘の所有権を取得できない。

解説

本問のAとBとの間の別荘の贈与契約は，その効力の発生が，Bの試験合格という将来の不確実な事実にかかっている停止条件付法律行為である。

1. Bが年齢制限により，受験資格がないことが判明したということは，Bが試験に合格することはないということである。そして，「不能の停止条件を付した法律行為は，無効とする」（民法133条1項）とされているから，本件の贈与契約は無効となり，Bは別荘の所有権を取得することができない。

2. 「停止条件付法律行為は，停止条件が成就した時からその効力を生ずる」（民法127条1項）から，Bが試験に合格した場合には，贈与契約締結時にはさかのぼらず，Bは合格時から，別荘の所有権を取得することになる。

3. 妥当である。「条件付法律行為の各当事者は，条件の成否が未定である間は，条件が成就した場合にその法律行為から生ずべき相手方の利益を害することができない」（民法128条）とされている。故意または過失によって，条件が成就した場合に停止条件付法律行為から生ずる相手方の利益を害した当事者は，相手方に対して不法行為による損害賠償責任（同709条）を負う。

4. 「条件の成否が未定である間における当事者の権利義務は，一般の規定に従い，処分し，相続し，若しくは保存し，又はそのために担保を供することができる」（民法129条）から，Bが試験を受ける前に，AがCとの間で別荘の売買契約を締結することは問題はない。しかし，Bが試験に合格して停止条件が成就すると，別荘がBとCとに二重に売買されたことになる。そして，別荘は不動産であるから，民法177条により，Bが登記を備えればBが別荘の所有権をCに対抗することができる。よって，本肢の場合，当然Cが別荘の所有権を取得するとはいえない。

5. Bが試験に合格して条件が成就すると，AはBに別荘を贈与することになり，別荘の所有権を失うという不利益を受けるという立場にある。このようなAが，Bの受験を妨害してBを不合格にさせた場合は，故意に条件の成就を妨げたといえるから，相手方のBは試験に合格していなくても，合格するという条件が成就したものとみなすことができる。よって，Bは別荘の所有権を取得できる（民法130条）。

正答 **3**

地方上級
中部・北陸型

No.
240

民法　　　　　贈　与　　　令和元年度

憲法

行政法

民法

刑法

労働法

AがBに不動産を贈与する契約を締結した場合に関する次の記述のうち，妥当なものはどれか。

1　この不動産が第三者の所有に属する場合，A・B間の契約は他人物贈与となり，無効である。

2　この贈与契約が口頭で締結された場合に，この不動産について，登記がAからBへ移転されたが，引渡しはされていないときは，Aは贈与契約を解除することができる。

3　この贈与契約が口頭で締結された後，AとBがこの贈与契約について書面を作成した場合は，書面による贈与には当たらず，Aは贈与契約を解除することができる。

4　この贈与契約が，BがAを介護するという負担付贈与契約であった場合，Bがまったく介護をしないときでも，Aは贈与契約を解除することができない。

5　この贈与契約が，Aが死んだらBに不動産の所有権を移転するという内容であった場合には，その性質に反しない限り，遺贈に関する規定が準用される。

解説

1. 贈与は，当事者の一方がある財産を無償で相手方に与える意思を表示し，相手方が受諾をすることによって，その効力を生ずる（民法549条）。したがって，他人物贈与も有効である。

2. 書面によらない贈与は，各当事者が解除をすることができる。ただし，履行の終わった部分については，この限りでない（民法550条）。不動産の贈与契約においてその不動産の所有権移転登記がされたときは，引渡しの有無を問わず，履行が終わったとされる（最判昭40・3・26）。したがって，Aは贈与契約を解除できない。

3. AとBが贈与契約の書面を作成した場合，書面による贈与に当たり，Aは書面によらない贈与としての解除はできなくなる。

4. 負担付贈与については，贈与に関する規定のほか，その性質に反しない限り，双務契約に関する規定が準用される（民法553条）ので，負担付贈与においては，受贈者がその負担である義務の履行を怠ったときは，民法541条の規定を準用し，贈与者は贈与契約の解除をなしうる（最判昭53・2・17）。したがって，Aは贈与契約を解除できる。

5. 妥当である。贈与者の死亡によって効力を生ずる贈与については，その性質に反しない限り，遺贈に関する規定が準用される（民法554条）。

正答　5

憲法
行政法
民法
刑法
労働法

所有権の原始取得に関する次の記述のうち，妥当なものの組合せはどれか。

ア　所有者のない不動産を，所有の意思をもって占有した場合には，当該不動産の所有権を取得する。

イ　遺失物の拾得者が当該遺失物を届け出たが，公告後6か月経過してから所有権者が現れても，拾得者は所有権を取得できる。

ウ　他人の所有する土地から発見された埋蔵物は，公告をした後6か月以内に所有者が判明しないときは，発見した者と土地の所有者に等しい割合で所有権が帰属する。

エ　家畜以外の動物で他人が飼育していたものを占有する者は，その占有の開始の時に悪意であっても，1か月以内に飼主から回復の請求を受けなかったときは，その動物について権利を取得する。

1　ア，イ
2　ア，ウ
3　ア，エ
4　イ，ウ
5　イ，エ

解説

ア：所有者のない不動産は国庫に帰属する（民法239条2項）ので，所有の意思をもって占有しても，その不動産の所有権を取得することはできない。すなわち，不動産は無主物先占（同条1項参照）の対象にはならない。

イ：正しい。遺失物は，遺失物法の定める公告をした後3か月以内に所有者が判明しないときは，拾得者がその所有権を取得する（同240条）。したがって，公告後6か月経過してから所有権者が現れても，遺失物はすでに拾得者の所有物となっている。

ウ：正しい（同241条ただし書）。

エ：動物について権利を取得するには，その要件として占有を開始した時点で善意であることを要する（同195条）。

以上より，正しいものはイとウであるので，正答は**4**である。

正答　**4**

憲法
行政法
民法
刑法
労働法

共有に関する次の記述のうち，妥当なものはどれか。

1　各共有者の持分は，常に相等しいものとされる。

2　共有物の変更のみならず，共有物の保存，管理をする場合にも，他の共有者の同意を得なければならない。

3　各共有者は，その持分に応じて，共有物に関する負担を負うが，共有者の一人がそれを怠る場合には，他の共有者は直ちに無償で当該共有者の持分を取得することができる。

4　各共有者は，いつでも共有物の分割を請求することができ，一定期間分割しない旨の契約をすることもできる。

5　共有者の一人が，その持分を放棄し，または相続人なくして死亡したときは，その持分は国庫に帰属する。

解　説

1．持分の割合は法律の規定によるか（民法241条ただし書，900条以下など），もしくは当事者の合意によって定まる。これらによって決定されない場合に，民法はこれを相等しいものと推定している（同250条）。すなわち，常に相等しいものとされるわけではない。

2．他の共有者の同意が必要なのは共有物の変更の場合である（同251条）。共有物の管理は各共有者の持分の過半数でこれを決し（同252条本文），共有物の保存は各共有者がそれぞれ単独ですることができる（同252条ただし書）。

3．共有者が1年以内に義務を履行しないときは，他の共有者は相当の償金を払ってその者の持分を取得することができる（同253条2項）。なお，前半は正しい（同253条1項）。

4．正しい（同256条1項）。いわゆる共有物分割の自由である。ただ，分割しないという特約を締結することも可能であるが，債権的な効力しかないので，特約によっても共有物の分割が絶対的に制約されるというわけではない。

5．その持分は，他の共有者に帰属する（同255条）。いわゆる共有の弾力性である。

正答　**4**

共有に関する次の記述のうち，妥当なものはどれか。

1　各共有者は，共有物の一部についてのみ，その持分に応じた使用をすることができる。

2　各共有者は，他の共有者全員の同意を得なければ，管理行為をすることができない。

3　各共有者は，他の共有者全員の同意を得なくても，保存行為をすることができる。

4　共有者の1人が，その持分を放棄したとき，または死亡して相続人がないときは，その持分は，国庫に帰属する。

5　各共有者は，いつでも共有物の分割を請求することができるので，分割をしない旨の契約をすることはできない。

解　説

1．各共有者は，共有物の全部について，その持分に応じた使用をすることができる（民法249条）。

2．各共有者は，他の共有者の同意を得なければ，共有物に変更を加えることはできない（民法251条）が，共有物の管理に関する事項は，変更の場合を除き，各共有者の持分の価格に従い，その過半数で決する（同252条本文）。したがって，各共有者は，他の共有者全員の同意を得なくても，管理行為をすることはできる。

3．妥当である。保存行為は，各共有者がすることができる（民法252条ただし書）。

4．共有者の一人が，その持分を放棄したとき，または死亡して相続人がないときは，その持分は，他の共有者に帰属する（民法255条）。

5．各共有者は，いつでも共有物の分割を請求することができる。ただし，5年を超えない期間内は分割をしない旨の契約をすることを妨げない（民法256条1項）。

正答　**3**

占有権に関する次の記述のうち，妥当なものはどれか。

1 Aが所有する土地をBは賃借していた。Cがこの土地を侵奪した場合，Bは自ら占有回収の訴えを行うことはできない。

2 Aが所有する土地に羊が放牧されている。AとBがこの羊の所有権を争っている場合，Aが所有者であるとみなされる。

3 AはB所有の牝鶏を，自分の物だと信じて所持していた。この牝鶏が産んだ卵は，Aの所有物となる。

4 AはB所有の自転車を，自分の物だと信じて所持していた。Aが運転を誤り，自転車が全壊した場合，AはBに対してその全額を賠償しなければならない。

5 Aは，B所有の建物を賃借しており，この建物の外壁を塗り直した。建物を返還する際に，その価値が現存している場合は，Aの選択に従い，支出金額か増加額のいずれかを，Bに償還させることができる。

解説

1. 土地の賃借人Bも占有者に当たる。占有者がその占有を奪われたときは，占有回収の訴えにより，その物の返還及び損害の賠償を請求することができる（民法200条1項）。

2. 土地に放牧されている羊は，Aの占有物であると考えられる。占有者は，所有の意思をもって，善意で，平穏に，かつ，公然と占有をするものと推定する（民法186条1項）。したがって，Aが自主占有であると推定されるが，所有者とみなされるわけではない。

3. 妥当である。牝鶏が産んだ卵は，天然果実と考えられる（民法88条1項）。善意の占有者は，占有物から生ずる果実を取得する（同189条1項）。

4. 占有物が占有者の責めに帰すべき事由によって滅失し，または損傷したときは，その回復者に対し，悪意の占有者はその損害の全部の賠償をする義務を負い，善意の占有者はその滅失または損傷によって現に利益を受けている限度において賠償をする義務を負う（民法191条本文）。Aは全額ではなく，現に利益を受けている限度で賠償しなければならない。

5. 外壁の塗装費は，有益費であると考えられる。賃借人が賃借物について有益費を支出したときは，賃貸人は，賃貸借の終了の時に，民法196条2項の規定に従い，その償還をしなければならない（同608条2項本文）。占有者が占有物の改良のために支出した金額その他の有益費については，その価格の増加が現存する場合に限り，回復者の選択に従い，その支出した金額または増価額を償還させることができる（同196条2項本文）。選択するのはAではなくBである。

正答 **3**

地方上級

No.
245

全国型，関東型　　　　　　　　　　　　　　　〈改題〉

民法　　　　賃貸借契約　　　平成 18年度

憲法

行政法

民法

刑法

労働法

Bは土地所有者Aとの間で，建物を所有する目的で甲土地の賃貸借契約を締結した。この場合の法律関係に関する次の記述のうち，妥当なものはどれか。

1 Bは，建物を自分の子の名義で登記していた。賃貸人Aが甲土地の所有権を第三者に譲渡した場合でも，Bは土地の賃借権を土地の譲受人に対抗できるとするのが判例である。

2 甲土地を自己の所有と主張するCが現れたため，調べてみると甲土地は確かにCの所有であった。Bが自己名義で建物の保存登記を了していた場合には，BはCに土地の賃借権を対抗できる。

3 甲土地は，法律による制限のために，建物を建てられない土地であった。Bが建物所有目的をAに告げており，かつ建築制限を知らないことについて過失がなかった場合には，Bは賃貸借契約の取消しを主張できる。

4 甲土地には抵当権が設定されていたが，Bはそれを知らないまま土地を賃借し，その後抵当権が実行された。この場合，BはAに対して建物買取請求権を行使できる。

5 BはAに無断で，甲土地上の建物をDに賃貸して引き渡していた。この場合，AはBとの間の賃貸借契約を解除できる。

解説

1. 判例は，建物が借地権者の家族名義で登記されている場合に，旧建物保護法1条（現借地借家法10条1項）による対抗力を認めない（最大判昭41・4・27）。

2. この場合，Aには甲土地の賃貸権限がないので，Bが建てた建物は，C所有の土地の不法占拠となる。そのため，Bはたとえ建物の登記を了していても，Cに土地の賃借権を対抗できない。

3. 正しい。Bには動機の錯誤があるが，動機を相手方に表しているから，法律行為の目的及び取引上の社会通念に照らして重要な錯誤となりえ（民法95条1項2号・2項，最判昭29・11・26），重過失もないから，Bは錯誤取消しをAに主張できる。

4. 建物買取請求権は，建物の存続のためのものであり，それゆえに期間満了によって賃借権が消滅することが要件とされている（借地借家法13条）。本枝の場合には，賃借権は抵当権に劣後するので，建物を収去しなければならず，建物買取請求権が行使できる場合には当たらない。

5. Bが建物を第三者に賃貸しても，それは建物の賃貸であって土地の転貸には当たらない。したがって，Aは無断転貸を理由に賃貸借契約を解除することはできない（大判昭8・12・11）。

正答 **3**

Aが自己所有の本件建物をBに売却し移転登記を済ませたが，Bからは代金の支払いがないため，Bの建物引渡し請求に対してAは留置権を主張している。この事例に関する記述として，最も適切なものはどれか。

1　Aが留置権を行使してBへの本件建物の引渡しを拒んでいる場合には，AのBに対する代金債権の消滅時効も更新する。

2　BがCに対して本件建物を転売した場合，AはこのCに対しては留置権を主張することができない。

3　Aが留置権を行使しながら本件建物に居住した場合には，Aは建物の使用代金をBに支払う必要がある。

4　本件建物につきBが火災保険に入っていた場合，建物が火災により焼失したときには，AはBの取得する火災保険金請求権に対して物上代位権を行使して優先弁済を受けることができる。

5　BがAに代わりの担保を提供して留置権の消滅を請求した場合には，Aの留置権は消滅することになる。

解　説

1．留置権の行使は債権の消滅時効の進行を妨げないため（民法300条），留置権者は留置物につき留置権を主張していても被担保債権は時効により消滅しうる。

2．留置権は物権であるからいったん成立した以上は第三者に対しても主張できる。判例も，本枝のような事案で，Aに留置権の主張を認めたうえで，Aに代金の支払を受けるのと引換えに明渡しを命ずべきであるとする（最判昭47・11・16）。

3．正しい。判例は，賃借人が賃借権消滅後に家屋を留置した事案で，留置物の保存に必要な使用（民法298条2項ただし書）はできるが，使用によって受けた利益は不当利得として，留置物の所有者に返還すべきであるとする（大判昭10・5・13）。

4．留置権には法的な優先弁済的効力はなく，物上代位権も認められていない（民法304条，350条，372条参照）。

5．民法301条は，債務者は相当の担保を供して留置権の消滅を請求できると規定しているが，留置権が消滅するには，留置権者による承諾が必要であると解されている。

正答　**3**

憲法

行政法

民法

刑法

労働法

次のうち，Cが善意・無過失である場合に，Cに即時取得が成立するものをすべて挙げているのはどれか。

ア　Aの所有地上にあるAの立木を無権利者BがCに譲渡し，Cが自らこれを伐採して持ち去った。

イ　Bが，Aから預かっていた1万円をCに商品の代金として支払った。

ウ　Bが持っていたダイヤを息子のCがBのものだと信じて相続したが，そのダイヤは実際はAのものであった。

エ　Bは，Aから借りていたカメラをAに無断でCに贈与した。

オ　Aが所有していた未登録の自動車を，無権利者BがCに売却し，Cはその引渡しを受けて，この自動車について登録を行った。

1　ア，オ

2　イ，エ

3　イ，オ

4　ウ，エ

5　エ，オ

 解　説

即時取得は，動産取引の安全を確保するための制度であり，取引行為によって動産の占有を取得した者が，その取得時に善意・無過失であった場合に成立する（民法192条）。

ア：成立しない。土地に植栽された状態の立木は不動産である土地の一部であって，動産ではない。したがって，植栽された状態のまま無権利者から譲渡がなされても，取引行為の時点で動産ではないから，即時取得は成立しない（大判昭3・7・4）。

イ：成立しない。金銭は，動産ではなく価値そのものであって，占有のあるところに所有がある。よって，即時取得の適用はない（最判昭39・1・24）。したがって，他人の金銭で代金を支払った場合，その紙幣の所有権の帰属が問題になるのではなく，弁済が有効かどうか，不当利得返還請求権が発生するかどうか（発生する場合には，その紙幣ではなく，別の紙幣あるいは貨幣で返してもらってもよい）の問題が生じるだけである。

ウ：成立しない。即時取得は，動産取引の安全を確保するための制度であるが，相続による取得は取引きによる取得ではないので，即時取得は成立しない。

エ：成立する。贈与は無償行為であるが，取引行為であるから，Cが善意・無過失であれば，Cは即時取得により有効にカメラの所有権を取得する。

オ：成立する。自動車は，未登録の段階では即時取得の対象となる（最判昭45・12・4）。即時取得は，占有を基準に動産取引の安全を図る制度である。占有が基準とされるのは，動産では他に適当な権利関係の公示手段がないからである。しかし，自動車には登録制度があり，これは権利関係の公示手段として占有よりも優れている。したがって，既登録自動車の場合には，登録によって取引きの安全が図られる。しかし，未登録の場合には，占有以外に公示手段がないので，即時取得の対象となる。

　以上から，Cに即時取得が成立するのはエとオであり，**5**が正答となる。

正答　**5**

地方上級

No. 248 全国型，中部・北陸型

民法 　　　　**共 有** 　　　　平成**23**年度

A，B，Cは一軒の別荘甲（以下，「甲」とする。）を各3分の1の持分割合で共有している。この場合における法律関係に関する次の記述のうち，妥当なものはどれか。ただし，争いのあるものは判例の見解による。

1 Aが甲を修理する場合には，少なくともBまたはCのどちらかの同意が必要である。

2 Aが甲を1人で独占的に使おうとする場合には，少なくともBまたはCのどちらかの同意が必要である。

3 甲の分割の申立てを受けた裁判所による分割方法は，現物分割かまたは競売による分割に限られ，甲をAとBの共有とし，AとBからCに対して持分の価格を賠償させる方法により分割することは許されない。

4 Aがその持分を第三者Dに譲渡しようとする場合には，BおよびCの同意を必要とする。

5 Aが甲の持分を放棄したとき，またはAが死亡して相続人がないときは，Aの持分は国庫に帰属する。

解 説

1．家屋の修理は，保存行為であるから，各共有者がすることができる（民法252条ただし書）。よって，Aが甲を修理する場合には，B・Cのいずれの同意も不要である。

2．正しい。共有物の管理に関する事項は，変更の場合を除いて，各共有者の持分の価格に従い，その過半数で決するから（民法252条本文），共有物である甲の使用方法をAが独占的に行うことは「共有物の管理」に当たるため，持分割合が各3分の1である本問では，AのほかにBまたはCの同意が必要となる。

3．判例は，民法258条2項は，裁判所による共有物の分割方法を現物分割または競売による分割のみに限定し，他の分割方法を一切否定した趣旨のものとは解されないとしたうえで，特段の事情が存するときは，裁判所は，共有物を共有者の1人の単独所有または数人の共有とし，これらの者から他の共有者に対して持分の価格を賠償させる方法，すなわち全面的価格賠償の方法により分割をすることも許されるとする（最判平8・10・31）。

4．各共有者がその共有持分につき譲渡したりすることは，明文の規定はないが，共有持分権は量的に制限された所有権であることから認められると解されている。このため，Aがその持分を第三者Dに譲渡するためには，B・Cのいずれの同意も不要である。

5．共有者の1人が，その持分を放棄したとき，または死亡して相続人がないときは，その持分は，他の共有者に帰属するから（民法255条），Aの持分はBとCに帰属し，国庫には帰属しない（同959条参照）。

正答 **2**

登記に関する次の記述のうち，妥当なものはどれか。

1 登記の対象となる不動産は土地のみであり，建物は対象とならない。

2 登記することができる権利は物権のみであり，配偶者居住権は登記することができない。

3 権利に関する登記の申請は，原則として，登記権利者が単独で行う。

4 仮登記に基づいて本登記をした場合，本登記の順位は仮登記の順位による。

5 善意・無過失の第三者が登記を信頼して無権利者から土地を購入した場合，登記の公信力により，所有権を取得する。

解説

1. 登記の対象となる不動産とは，土地または建物をいう（不動産登記法2条1号）。

2. 配偶者居住権も登記できる（不動産登記法3条9号）。物権以外の権利について，同条8号・10号参照。

3. 共同申請が原則である。権利に関する登記の申請は，法令に別段の定めがある場合を除き，登記権利者および登記義務者が共同してしなければならない（不動産登記法60条）。

4. 妥当である（不動産登記法106条）。

5. 登記に公信力はない。登記の公信力とは，登記上の表示を信頼して不動産の取引をした者は，たとえ登記名義人が真実の権利者でない場合でも，その権利を取得することが認められる制度をいう。

正答 **4**

契約の解除の効果に関して，次の2説があるとする。

Ⅰ説：解除により契約の効力は遡及的に消滅する。

Ⅱ説：解除によって契約の効力は遡及的に消滅せず，その作用が阻止されるにすぎない。

　次のA～Eの記述のうち，Ⅰ説の立場からの記述の組合せとして妥当なのはどれか。

　　A　未履行債務について同時履行の抗弁権を主張できる。

　　B　民法545条1項本文の原状回復義務の法的性質は，不当利得返還義務ないしその特則である。

　　C　民法545条4項の損害賠償の範囲は信頼利益に限られると解することになる。

　　D　民法545条1項ただし書の規定がなければ，契約の解除前に契約の目的物を譲り受けた第三者に対して，この目的物の返還請求をすることは当然にできることになる。

　　E　解除の効果は契約の当事者間でのみ生じるから，契約の解除前に契約の目的物を譲り受けた第三者に対しては目的物の返還請求をすることはできず，民法545条1項ただし書は当然のことを注意的に規定しているにすぎない。

（参照条文）

民法545条1項　当事者の一方がその解除権を行使したときは，各当事者は，その相手方を原状に復させる義務を負う。ただし，第三者の権利を害することはできない。

4項　解除権の行使は，損害賠償の請求を妨げない。　　（第2項・3項省略）

1 A, C　　**2** A, D　　**3** B, D　　**4** B, E　　**5** C, E

解説

Ⅰ説は直接効果説（判例・通説），Ⅱ説は間接効果説と呼ばれる立場である。

A：Ⅰ説の立場からの記述ではない。本肢は，解除によって契約の効力は遡及的に消滅せず，すでに履行した給付については新たな返還義務が生じ，未履行債務については履行拒絶の抗弁権が発生すると理解する，Ⅱ説の立場からの記述である。

B：Ⅰ説の立場からの記述である。Ⅰ説では，解除により契約の効力は遡及的に消滅するため，原状回復義務は，法律上の原因がない利益の返還義務となるから（民法703条参照），その法的性質は，不当利得返還義務ないしその特則となる。

C：Ⅰ説の立場からの記述ではない。Ⅰ説を採用する判例・通説は，民法545条4項は，解除権者の利益を保護するために解除による遡及効を制限し，債務不履行による損害賠償請求権を存続させた規定であると考える。とすれば，その損害賠償の範囲については，信頼利益に限られるわけではなく，通説は，履行利益であると解している。

D：Ⅰ説の立場からの記述である。Ⅰ説によると，解除によって契約の効力は遡及的に消滅するから，第三者に対しても解除による遡及効が及ぶのが原則であるため，契約の解除前に契約の目的物を譲り受けた第三者に対して，この目的物の返還請求をすることは当然にできることになるが，例外的に第三者を保護するために設けられた民法545条1項ただし書は，解除の遡及効を制限していると考えることになる。

E：Ⅰ説の立場からの記述ではない。本肢はⅡ説の立場からの記述である。Ⅱ説では，解除の効果は遡及せずに，原状回復の債務を発生させるにとどまるから，解除の効果は，契約の当事者間でしか生じず，第三者になんら影響を与えないことになると考えられる。

　以上より，Ⅰ説の立場からの記述はBとDであるから，正答は**3**である。

正答 **3**

抵当権に関する次の記述のうち，判例に照らし，妥当なものはどれか。

1 ガソリンスタンド用建物に抵当権が設定された場合，ガソリンスタンドにある地下タンク，洗車機等の諸設備には抵当権の効力は及ばない。

2 抵当不動産が賃貸され，賃借人によってさらに転貸がなされた場合，抵当権者は，抵当不動産の賃借人を所有者と同視することを相当とする事情があれば，この賃借人が取得すべき転貸賃料債権に対して物上代位権を行使することができる。

3 抵当権設定登記後に抵当不動産の所有者から占有権原の設定を受けこれを占有する者について，その占有権原の設定に抵当権の実行としての競売手続を妨害する目的が認められ，その占有によって抵当不動産の交換価値の実現が妨げられて抵当権者の優先弁済請求権の行使が困難となるような状態がある場合であっても，抵当権者は，抵当権に基づく妨害排除請求として，当該占有者に対してその占有の排除を求めることはできない。

4 土地の所有者がその土地の上にある建物を譲り受けたが，建物について所有権移転登記を経由する前に，土地に抵当権が設定された場合には，その後に抵当権が実行されて土地が競売されても法定地上権は成立しない。

5 建物の共有者の一人がその建物の敷地である土地を単独で所有する場合においては，同人が右土地に抵当権を設定し，この抵当権の実行により，第三者が右土地を競落したときは，右土地に法定地上権は成立しない。

解説

1．民法370条本文の「付加して一体となっている物」の範囲について，判例は，抵当権が設定されたガソリンスタンド用建物の従物である地下タンク，洗車機等の諸設備も含まれ，これらについても抵当権の効力が及ぶとする（最判平2・4・19）。

2．正しい。判例は，抵当権者は，転貸賃料債権に対しては，抵当不動産の賃借人を所有者と同視することを相当とする場合を除いて，原則として物上代位権を行使することができないとする（最決平12・4・14）から，抵当不動産の賃借人を所有者と同視することを相当とする事情がある場合には，抵当権者は，この賃借人が取得すべき転貸賃料債権に対して物上代位権を行使することができる。

3．判例は，本枝のような場合には，抵当権者は，抵当権に基づく妨害排除請求として，当該占有者に対してその占有の排除を求めることができるとする（最判平17・3・10）。

4．判例は，本枝のように，土地とその土地の上にある建物の所有者が土地について抵当権を設定したときは，建物の所有権移転登記を経由していなくても，法定地上権が成立するとする（最判昭48・9・18）。

5．判例は，建物の共有者の一人がその建物の敷地である土地を単独で所有する場合においては，同人は，自己のみならず他の建物共有者のためにも右土地の利用を認めているものというべきであるから，同人が右土地に抵当権を設定し，この抵当権の実行により，第三者が右土地を競落したときは，民法388条の趣旨により，抵当権設定当時に同人が土地および建物を単独で所有していた場合と同様，右土地に法定地上権が成立するとする（最判昭46・12・21）。

正答　**2**

地方上級

No.
252

全国型，関東型，中部・北陸型

民法 債権者代位権 平成22年度

憲法

行政法

民法

刑法

労働法

債権者代位権に関する次の記述のうち，妥当なものはどれか。ただし，争いのあるものは判例・通説の見解による。

1 債権者代位権は，裁判によって行使しなければならず，裁判外では行使することができない。

2 第三債務者は，債務者に対して有する抗弁を，代位行使する債権者に対しては抗弁として主張することができない。

3 名誉毀損による慰謝料請求権は，一身専属的な権利であるため，その具体的な金額が当事者間において客観的に確定した場合であっても，債権者代位権の対象とはならない。

4 債権者代位権の行使は，債権者が債務者の代理人としてそれを行使するものではなく，債権者が自己の名において債務者の権利を行使するものである。

5 債権者が債務者に対して有する金銭債権に基づいて，債務者の第三債務者に対する金銭債権を代位行使した場合には，直接，自己へ金銭の支払いを請求することができない。

解説

1. 債権者代位権は，裁判外で行使することができる（民法423条1項）。

2. 判例は，第三債務者は，債務者に対する抗弁を，代位行使する債権者に対しても抗弁として主張することができるとする（最判昭33・6・14，民法423条の4）。

3. 判例は，名誉毀損による慰謝料請求権は金銭債権ではあるが，被害者の精神的苦痛を金銭に見積って加害者に支払わせる損害の回復方法であるから，被害者が右請求権を行使する意思を表示しただけでいまだその具体的な金額が当事者間において客観的に確定しない間は，右権利はなお一身専属性を有し，債権者代位の目的とすることはできないが，加害者が被害者に対し一定額の慰謝料を支払うことを内容とする合意が成立したなど，具体的な金額の慰謝料請求権が当事者間において客観的に確定したときは，右慰謝料請求権は，被害者の主観的意思から独立した客観的存在としての金銭債権となり，債権者代位の目的とすることができるとする（最判昭58・10・6）。

4. 正しい。通説は，債権者が自己の名において債務者の権利を行使するのであって，債権者が債務者の代理人としてその権利を行使するものではないと解している。

5. 判例は，債権者が，金銭債権を代位行使した場合には，直接自己へ支払うよう請求できるとする（大判昭10・3・12，民法423条の3前段）。

正答 **4**

意思表示に関する次の記述のうち，妥当なものはどれか。

1 意思表示は，その通知が相手方に到達しなくても，発信した時からその効力を生ずる。

2 相手方が正当な理由なく意思表示の通知が到達することを妨げたときは，その通知は，通常到達すべきであった時に到達したものとみなされる。

3 意思表示は，表意者が通知を発した後に死亡したときには，その効力を生じない。

4 意思表示は，表意者が相手方の所在を知ることができないときには，行うことができない。

5 意思表示の相手方がその意思表示を受けた時に意思能力を有しなかったときであっても，その意思表示をその相手方に対抗することができる。

解 説

1．意思表示は，その通知が相手方に到達した時からその効力を生ずる（民法97条 1 項）。なお，同526条参照。

2．妥当である（民法97条 2 項）。

3．意思表示は，表意者が通知を発した後に死亡し，意思能力を喪失し，または行為能力の制限を受けたときであっても，そのためにその効力を妨げられない（民法97条 3 項）。

4．意思表示は，表意者が相手方を知ることができず，またはその所在を知ることができないときは，公示の方法によってすることができる（民法98条 1 項）。

5．意思表示の相手方がその意思表示を受けた時に意思能力を有しなかったときまたは未成年者もしくは成年被後見人であったときは，その意思表示をもってその相手方に対抗することができない（民法98条の 2 柱書本文）。

正答　**2**

地方上級

No.
254

全国型，関東型，中部・北陸型

民法　　詐害行為取消権　　平成24年度

憲法

行政法

民法

刑法

労働法

詐害行為取消権に関する次の記述のうち，判例に照らし，妥当なものはどれか。

1 債務者が財産を処分した時点で無資力であっても，詐害行為取消権を行使する時点で債務者の資力が回復した場合には，当該処分行為に対する詐害行為取消権の行使は認められない。

2 詐害行為取消権を有する債権者は，金銭の給付を目的とする債権を有する者でなければならず，特定物引渡請求権の債権者は，その目的物を債務者が処分することにより無資力となったとしても，この処分行為を詐害行為として取り消すことができない。

3 離婚に伴う財産分与は，財産権を目的としない法律行為であると評価できるから，詐害行為として取消しの対象となることはない。

4 債権が譲渡された場合において，債権譲渡行為自体が詐害行為を構成しない場合であっても，債権の譲渡人がこれについてした確定日付のある債権譲渡の通知のみを詐害行為取消権の対象とすることは認められる。

5 不動産の引渡請求権者が債務者による目的不動産の処分行為を詐害行為として取り消す場合には，直接自己に当該不動産の所有権移転登記を求めることができる。

解説

1．正しい（大判昭12・2・18参照）。詐害行為取消権の行使時点で資力が回復しているのであれば，責任財産の状態は債権にとって十分であり，債権者による債務者の財産管理権への介入を認める必要がないからである。

2．判例は，特定物引渡請求権も，究極において損害賠償債権に変じうることを理由に，その目的物を債務者が処分することにより無資力となった場合には，債権者はその処分行為を詐害行為として取り消すことができるとする（最大判昭36・7・19）。

3．判例は，離婚に伴う財産分与は，その分与が民法の財産分与の規定の趣旨に反して不相当に過大でない限りは詐害行為として取消しの対象とはならないとするから（最判昭58・12・19），分与が不相当に過大であれば取消しの対象となりうる。

4．判例は，債権譲渡の通知は単なる債権の移転についての対抗要件にすぎないことなどを理由に，債権譲渡行為自体が詐害行為を構成しない場合には，これについてされた譲渡通知のみを切り離して詐害行為取消権の対象とすることは認められないとする（最判平10・6・12）。

5．判例は，目的物が不動産の場合には，取消債権者への直接の所有権移転登記請求を求めることができないとする（最判昭53・10・5）。

正答 **1**

債権の譲渡に関する次の記述のうち，妥当なものはどれか。

1 債権は譲り渡すことができるのが原則であるから，扶養請求権であっても譲渡することができる。

2 債権の譲渡は，その意思表示の時に債権が現に発生していることを要するから，将来発生する債権の譲渡は認められない。

3 当事者が債権の譲渡を禁止し，または制限する旨の意思表示をした場合には，債権の譲渡は，その効力を有しない。

4 債権の譲渡は，譲渡人が債務者に通知をし，または債務者が承諾をしなければ，債務者に対抗することができない。

5 債務者は，対抗要件具備時より前に取得した譲渡人に対する債権による相殺をもって譲受人に対抗することができない。

解説

1. 債権は，原則として譲り渡すことができる（民法466条1項）が，扶養を受ける権利は，処分することができない（同881条）。したがって，扶養請求権を譲渡することはできない。

2. 債権の譲渡は，その意思表示の時に債権が現に発生していることを要しない。債権が譲渡された場合において，その意思表示の時に債権が現に発生していないときは，譲受人は，発生した債権を当然に取得する（民法466条の6第1項・2項）。

3. 当事者が債権の譲渡を禁止し，または制限する旨の意思表示（譲渡制限の意思表示）をしたときであっても，債権の譲渡は，その効力を妨げられない（民法466条2項）。

4. 妥当である（民法467条1項）。

5. 債務者は，対抗要件具備時より前に取得した譲渡人に対する債権による相殺をもって譲受人に対抗することができる（民法469条1項）。

正答　**4**

民法　債権の譲渡　平成29年度

AがBに対して有する債権をCに譲渡した。この場合の法律関係に関する次の記述のうち，妥当なものはどれか。

1　AがCへの債権の譲渡について，Bに対して譲渡と同時に通知するか，またはBが譲渡について承諾するのでなければ，CはBに対して債権の弁済を請求できない。

2　Bが事前に譲渡することを知っていれば，譲渡の通知ないし承諾は必要でない。

3　AがCとの債権譲渡契約を解除した場合は，Bにその旨を通知しなくても，AはBに対して債権を行使できる。

4　Aが3月1日に債権をCに譲渡し，3月2日にDに譲渡して，いずれについても確定日付ある譲渡通知がなされた場合，その通知が先に債務者に届いた方が優先する。

5　Aの債権がCとDに二重に譲渡され，それぞれの譲渡について確定日付のある通知が同時にBに到達した場合，BはCとDのいずれの請求も拒絶できる。

解説

1．債権の譲渡は，譲渡人が債務者に通知をし，または債務者が承諾をしなければ債務者に対抗できない（民法467条1項）。これは，債務者に真の債権者を確知させて二重払いのリスクを負わせないようにするためである。したがって，通知または承諾があればよく，その場合，通知は譲渡と同時になされる必要はない。すなわち，譲渡後に通知してもかまわない（大判明36・3・10）。

2．たとえ債務者Bが譲渡の事実を知っていたとしても，通知・承諾がなければ債務者に対抗できない。債務者としては，後日のトラブルを避ける意味で，正式に法の要求する対抗要件を備えることを要求することに十分な利益があるからである。

3．民法が，債権譲渡の対債務者対抗要件として通知・承諾を必要としたのは（民法467条1項），債務者に真の債権者を確知させて二重払いのリスクを負わせないようにするためである。したがって，債権譲渡契約を解除した場合は，その旨を債務者に通知しなければ，債務者は誰が真の債権者かを確知できない。そのため，この場合にも解除の通知がなければ，AはBに対して債権を行使できない。

4．正しい。債権の二重譲渡において，いずれについても確定日付ある証書で通知がなされた場合には，両者の優劣は到達の先後によって決せられる（最判昭49・3・7）。

5．この場合は，債務者は，CとDのいずれかに支払えばよいが，請求を拒絶することはできない（最判昭55・1・11）。

正答　4

AがBに金銭を貸し付け，これを担保するために，Cの土地に抵当権を設定し，また，Dを保証人とした。この事例に関する次の記述のうち，妥当なものはどれか。ただし，争いのあるものは判例の見解による。

1 本事例において，抵当権設定契約はA，B，Cで合意することが必要であり，また，保証契約もA，B，Dで合意することが必要である。

2 Cは催告の抗弁権を有しており，Dは検索の抗弁権を有する。

3 Bが主たる債務を弁済すれば，Cが設定した抵当権も，Dの保証債務も消滅する。

4 Cの抵当権が実行されたとき，CはBに対しては求償することができるが，Dに対してはなんの請求もすることができない。

5 Aの貸金債権が時効により消滅したことを，CもDも援用することができない。

解説

1．抵当権設定契約は抵当権者となるAと設定者となるCとの間の合意で成立し，主たる債務者（B）との合意は不要である。また，保証契約も債権者のAと保証人となるDとの間の合意で成立し，主たる債務者（B）との合意は不要である。

2．Cは物上保証人であり，催告の抗弁も検索の抗弁も有していない（民法452条，453条参照）。なお，Dは保証人であるから，連帯保証人でない限り（同454条参照），検索の抗弁権を有するから（同453条），後半は正しい。

3．正しい。主たる債務が弁済されることにより，物上保証人Cが設定した抵当権も，保証人Dの保証債務も，付従性により消滅する。

4．物上保証人Cが設定した抵当権が実行された場合には，Cは主たる債務者Bに求償することができるから（同372条，351条），前半は正しい。しかし，物上保証人は，債権者Aに代位して，原債権と抵当権の2分の1を取得するから（同499条，501条3項4号本文），この限りでCはDに請求できる。

5．判例は，主たる債務の消滅時効の援用権を物上保証人についても保証人についても認めている（最判昭43・9・26，大判昭8・10・13，民法145条カッコ書）。

正答 3

抵当権に基づく物上代位権に関する次の記述のうち，妥当なものはどれか。

1 買戻特約付きの売買の買主から抵当権の設定を受けた者は，買戻権の行使により生じた買戻代金債権に対して抵当権に基づく物上代位権を行使することができる。

2 抵当権者は，被担保債権が債務不履行になる前でも，抵当権設定者が抵当目的物を他の者に賃貸している場合における賃料債権に対して抵当権の効力を及ぼすことができる。

3 抵当権者は，物上代位の目的となっている債権が譲渡され，当該債権の譲受人が第三者に対する対抗要件を備えた場合，その後に自ら当該債権を差し押さえることで物上代位権を主張することはできない。

4 同一債権に対して，抵当権者の物上代位に基づく差押えと一般債権者がなす差押えとが競合した場合，一般債権者の差押えのほうが優先する。

5 抵当目的物が火事によって焼失した場合，抵当権者は，抵当権設定者が保険会社に対して有する火災保険金請求権に対して物上代位権を行使することができない。

解説

1. 正しい。買戻特約付きの売買の買主から抵当権の設定を受けた者は，買戻権の行使により買主が取得した買戻代金債権に対して抵当権に基づく物上代位権を行使し，差し押さえることができる（最判平11・11・30）。

2. まず，本肢の「賃料債権」は「法定果実」に該当する。そして，抵当権者は，被担保債権について債務不履行に陥った場合において，その後に生じた果実（天然果実や法定果実）に対して抵当権の効力を及ぼすことができる（民法371条）。よって，「被担保債権が債務不履行になる前でも」という記述が誤りである。

3. 抵当権者は，物上代位の目的となっている債権が譲渡され，当該債権の譲受人が第三者に対する対抗要件を備えた場合であっても，その後に自ら当該債権を差し押さえることで物上代位権を主張することができる（最判平10・1・30）。

4. 同一債権に対して，抵当権者の物上代位に基づく差押えと一般債権者がなす差押えとが競合した場合，①抵当権設定登記の時期と②一般債権者の申立てによる差押命令の第三債務者への送達の先後でその優劣を決するので，「一般債権者の差押えのほうが優先する」とはいえない（最判平10・3・26）。

5. 抵当目的物が火事によって焼失した場合，抵当権者は，抵当権設定者が保険会社に対して有する火災保険金請求権に対して物上代位権を行使することができる。判例も損害保険金請求権に対する物上代位を認めている（大判明40・3・12）。

正答　**1**

憲法
行政法
民法
刑法
労働法

債権の一般的特徴に関する次の記述のうち，妥当なものはどれか。

1 債権は，その種類と内容が法律に規定されており，法律に規定のない債権を新しく任意に創設することはできない。

2 債権は債務者に対してのみ主張できるから，AがBから時計を購入した場合における時計の引渡債権は，公示する必要はない。

3 債権は，債務者の承諾がなければ譲渡できない。

4 同一の物について両立しえない物権と債権が競合する場合，債権が物権に優先する。

5 債権の優劣は時間の先後により判断されるから，たとえばコンサートの指定席が，まずAに販売され，その後，同じ席のチケットがBに販売された場合，Aのみが主催者に対し指定席の利用を主張できる。

解説

1. 物権については，その種類と内容が法律に規定されており，法律に規定のない物権を新しく任意に創設することはできない（物権法定主義：民法175条）。これに対し，債権は，その種類と内容が法律に規定されているわけではなく，公序良俗（同90条）に反しない限り，法律に規定のない債権を新しく任意に創設することができる。

2. 妥当である。同一の物の上に同一内容の権利は一つしか成立しない排他性のある物権とは異なり，債権は，人に対する権利であり，同一の内容の債権が複数存在することは問題ないからである。

3. 債権は，債務者の承諾がなくても譲り渡すことができるのが原則であり（民法466条1項本文），譲渡禁止の特約があり，かつ，悪意または重過失の譲受人に譲渡する場合を除いて債務者の承諾（最判昭52・3・17参照）は不要である。

4. 同一の物について両立しえない物権と債権が競合する場合，物権が債権に優先する（「売買は賃貸借を破る」）。もっとも，対抗力を備えた不動産賃借権などについては例外がある（民法605条等参照）。

5. 債権には物権のような排他性がないため，同一内容の債権は複数成立しうる。よって，「債権の優劣は時間の先後により判断される」ということはなく，AもBも主催者に対し指定席の利用を主張でき，実際に利用できなかった場合は債務不履行による損害賠償（民法415条）の問題となる。

正答 **2**

留置権に関する次の記述のうち，妥当なものはどれか。

1 留置権者は，留置物から生ずる果実を収取し，他の債権者に先立って，これを自己の債権の弁済に充当することはできない。

2 留置権者は，善良な管理者の注意をもって，留置物を占有しなければならないが，留置権者がこれに違反したときであっても，債務者は，留置権の消滅を請求することはできない。

3 留置権者は，債務者の承諾を得なければ，その留置物の保存に必要な使用をすることができない。

4 留置権者は，留置物について必要費を支出したときであっても，所有者にその償還をさせることはできない。

5 留置権は，留置権者が留置物の占有を失うことによって消滅するが，債務者の承諾を得て留置物を賃貸し，または質権の目的としたときは消滅しない。

解説

1．留置権者は，留置物から生ずる果実を収取し，他の債権者に先立って，これを自己の債権の弁済に充当することができる（民法297条1項）。

2．留置権者は，善良な管理者の注意をもって，留置物を占有しなければならない。留置権者がこれに違反したときは，債務者は，留置権の消滅を請求することができる（民法298条1項・3項）。

3．留置権者は，債務者の承諾を得なければ，留置物を使用し，賃貸し，または担保に供することができない。ただし，その物の保存に必要な使用をすることは，この限りでない（民法298条2項）。

4．留置権者は，留置物について必要費を支出したときは，所有者にその償還をさせることができる（民法299条1項）。

5．妥当である（民法302条）。

正答　**5**

憲法
行政法
民法
刑法
労働法

譲渡制限特約付きの債権に関する次の記述のうち，妥当なものの組合せはどれか。

ア　当事者が債権の譲渡を禁止または制限する旨の意思表示をした場合には，当該債権の譲渡は無効となる。

イ　譲渡制限の意思表示がされたことを重大な過失によって知らなかった譲受人その他の第三者に対しては，債務者は，その債務の履行を拒むことができる。

ウ　譲渡制限の意思表示がされたことを知っていた譲受人その他の第三者に対しては，債務者は，譲渡人に対する弁済その他の債務を消滅させる事由をもってその第三者に対抗することができない。

エ　債務者は，譲渡制限の意思表示がされた金銭の給付を目的とする債権が譲渡されたときは，その債権の全額に相当する金銭を供託することができる。

1　ア
2　イ
3　ア，ウ
4　イ，エ
5　ウ，エ

解説

ア：当事者が債権の譲渡を禁止し，又は制限する旨の意思表示（譲渡制限の意思表示）をしたときであっても，債権の譲渡は，その効力を妨げられない（民法466条2項）。

イ：妥当である（民法466条3項）。

ウ：譲渡制限の意思表示がされたことを知っていた譲受人その他の第三者に対しては，債務者は，譲渡人に対する弁済その他の債務を消滅させる事由をもってその第三者に対抗することができる（民法466条3項）。

エ：妥当である。債務者は，譲渡制限の意思表示がされた金銭の給付を目的とする債権が譲渡されたときは，その債権の全額に相当する金銭を債務の履行地（債務の履行地が債権者の現在の住所により定まる場合にあっては，譲渡人の現在の住所を含む）の供託所に供託することができる（民法466条の2第1項）。

以上より，妥当なものはイとエであるので，正答は**4**である。

正答　**4**

BはAに対する債権を担保するために，Aが所有する宝飾品につき質権を設定した。A，B間の質権設定契約に関する次の記述のうち，妥当なものはどれか。

1 A，B間の質権設定契約は，Aが宝飾品を引き渡すことによって効力を生じるが，この引渡しは占有改定によることもできる。

2 BがAの承諾を得て質物である宝飾品を賃貸したときは，その収益によって得た金銭を自己の債権の弁済に充当することができる。

3 BがAに対して質物である宝飾品を任意に返還した場合，質権は消滅しないが，対抗力が失われるとすることに異論はない。

4 Bが質物である宝飾品を第三者であるCに奪われたときは，Bは質権に基づいて回復を請求することができる。

5 BがAの承諾を得ずに，質物である宝飾品をさらに質入れして転質の目的とした場合，当該宝飾品が不可抗力により滅失したときは，Bは責任を免れる。

解説

1. 質権は，占有の圧力によって債権の履行を確保することを特質とする担保物権である。したがって，質権者が目的物を所持できない占有改定の方法では，質権の設定はできない（民法345条）。

2. 正しい（民法350条による297条1項の準用）。

3. 動産質権者は，継続して質物を占有しなければ，その質権をもって第三者に対抗することができない（民法352条）と規定されている。そして，動産質の質権者が質権設定者に質物を任意に返還した場合について，判例は，民法352条により，質権は消滅せずに，質権を第三者に対抗できなくなるとする（大判大5・12・25）。

4. 動産質権者であるBが質物の占有を奪われたときは，質権に基づいて回復を請求することはできず，この場合は占有回収の訴えによってのみその質物を回復することができる（民法353条）。

5. いわゆる責任転質であり，この場合には滅失が不可抗力によるものであっても，Bはその責任を負う（民法348条）。

正答　**2**

同時履行の抗弁権と留置権の特徴に関するア～オの記述のうち，同時履行の抗弁権のみに当てはまるもののみをすべて挙げているのはどれか。

ア　相互に履行を促す性質を持つ。

イ　債権と目的物との間の牽連関係が成立要件となっている。

ウ　代わりの担保を提供することによってその権利の消滅を請求することができる。

エ　第三者に対しては主張できない。

オ　原告による給付を求める訴えに対して被告により行使された場合，裁判所は引換給付判決をすることができる。

1　ア，エ

2　イ，ウ

3　イ，オ

4　ア，エ，オ

5　イ，ウ，オ

解説

ア：同時履行の抗弁権のみに当てはまる。同時履行の抗弁権は，双務契約の当事者双方が，自らの債務の履行を拒絶することで相手の債務の履行を促す性質を持つ。これに対し，留置権は，債権者（留置権者）が債務者に心理的圧力を加えて履行を促す効力（留置的効力）を有するが，債権者側の債務の履行を促すものではない。

イ：留置権のみに当てはまる。他人の物の占有者は，その物に関して生じた債権を有するときは，その債権の弁済を受けるまで，その物を留置することができる（民法295条1項本文）。これに対し，同時履行の抗弁権は双務契約の当事者間で発生する権利である（同533条参照）

ウ：留置権のみに当てはまる。留置権の場合は，債務者は，相当の担保を供して，留置権の消滅を請求することができる（同301条）が，同時履行の抗弁権においてはこのような制度は存在しない。

エ：同時履行の抗弁権のみに当てはまる。同時履行の抗弁権は双務契約から生ずる債権に付着するものであり，特定の者に対してのみ主張できるだけである。これに対し，留置権は物権であるから，第三者に対しても主張できる。

オ：両方に当てはまる。引換給付判決は，原告による給付を求める訴えに対して，被告が同時履行の抗弁権だけでなく，留置権の抗弁を行使した際にも認められている（民事訴訟法246条，大判昭12・10・29最判昭33・3・13など参照）。

　以上により，同時履行の抗弁権のみに当てはまるものはアとエであるから，正答は**1**である。

正答　**1**

地方上級
中部・北陸型
No.
264
民法
抵当権の効力
平成24年度

憲法

行政法

民法

刑法

労働法

次のア～オの記述のうち，抵当権の効力が及ぶもののみをすべて挙げているのはどれか。ただし，争いのあるものは判例・通説の見解による。

ア 建物に対する抵当権の設定前に，その建物に設置したテレビやステレオ

イ 建物に対する抵当権の設定後に，その建物に設置した障子やふすまやドア

ウ 借地上の建物に対する抵当権が設定された場合の敷地の賃借権

エ 山林に対する抵当権の設定後に，設定者が伐採して搬出した樹木

オ 被担保債権について債務不履行の前に生じた抵当不動産の果実

1 ア，イ，エ

2 ア，ウ，オ

3 ア，エ，オ

4 イ，ウ，エ

5 イ，ウ，オ

解 説

ア：及ばない。抵当権は，抵当地の上に存する建物を除き，その目的である不動産に付加して一体となっている物に及ぶ（民法370条本文）。判例は，抵当権設定時に存在した従物には抵当権の効力が及ぶとするが（大連判大8・3・15），不動産である建物に設置したテレビやステレオは，主物である建物の常用に供する物である従物（同87条1項参照）とはいえず，抵当権の効力は及ばない（最判昭44・3・28参照）。

イ：及ぶ。建物に設置した障子やふすまやドアは，主物である建物の常用に供する物である従物（同87条1項参照）といえ，通説は，抵当不動産に付属させられた時期が抵当権設定の前後を問わず，従物を同370条本文の付加一体物に含め，従物にも抵当権の効力が及ぶと解している。

ウ：及ぶ（最判昭40・5・4）。

エ：及ぶ。学説は搬出樹木にも抵当権の効力が及ぶことを認めている（工場抵当法の事案に関する最判昭57・3・12参照）。

オ．及ばない。抵当権は，その担保する債権について不履行があったときは，その後に生じた抵当不動産の果実に及ぶ（同371条）が，債務不履行の前においては抵当目的物を使用・収益する権能は設定者が有するからである。

以上により，抵当権の効力が及ぶものはイとウとエであるから，正答は**4**である。

正答 **4**

消滅時効に関する次の記述のうち，妥当なものはどれか。

1 金銭債権は，債権者が権利を行使することができることを知った時から10年間行使しない場合には，時効によって消滅する。

2 物権のうち所有権は，20年間権利を行使しない場合には，時効によって消滅する。

3 確定判決または確定判決と同一の効力を有するものによって確定した権利については，5年より短い時効期間の定めがあるものであっても，その時効期間は5年となるのが原則である。

4 取消権は，追認をすることができる時から5年間行使しないときは，時効によって消滅し，また，行為の時から10年を経過したときも時効によって消滅する。

5 人の生命または身体を害する不法行為による損害賠償請求権は，被害者またはその法定代理人が損害および加害者を知った時から5年間行使しない場合には，時効によって消滅する。

解説

1. 金銭債権は，債権者が権利を行使することができることを知った時から「5年間」行使しない場合には，時効によって消滅する（民法166条1項1号）。

2. 所有権は，時効消滅することはない（民法166条2項参照）。

3. 確定判決または確定判決と同一の効力を有するものによって確定した権利については，10年より短い時効期間の定めがあるものであっても，その時効期間は10年とする（民法169条1項）。

4. 取消権は，追認をすることができる時から5年間行使しないときは，時効によって消滅する。行為の時から20年を経過したときも，同様とする（民法126条）。

5. 妥当である（民法724条の2，724条1号）。

正答　**5**

地方上級

No. 266

全国型，関東型，中部・北陸型，市役所A

民法　　　　不法行為　　　令和 元年度

憲法

行政法

民法

刑法

労働法

不法行為に関する次の記述のうち，妥当なものはどれか。

1 不法行為の成立要件としての過失は，刑法における過失犯の成立要件としての過失とまったく同一の概念である。

2 不法行為が成立するには，加害者の行為と損害の発生との間に因果関係が必要であるが，原則として，被害者の側が因果関係の存在を証明しなければならない。

3 不法行為が成立するには，加害者に責任能力が認められなければならないが，動物による加害行為の場合，動物には責任能力はないので，飼い主が不法行為責任を負うことはない。

4 未成年者には責任能力が認められないので，他人に損害を加えても，未成年者は不法行為責任を負わない。

5 加害者が過失によって一時的に責任能力を欠く状態を招き，その間に他人に損害を加えた場合には，その加害者は不法行為責任を負わない。

解説

1. 不法行為（民法709条）の成立要件としての過失は，刑法における過失犯の成立要件としての過失とは異なる概念である。

2. 妥当である。

3. 動物の占有者は，その動物が他人に加えた損害を賠償する責任を負う。ただし，動物の種類および性質に従い相当の注意をもってその管理をしたときは，この限りでない（民法718条1項）。したがって，飼い主が不法行為責任を負うこともある。

4. 未成年者は，他人に損害を加えた場合において，自己の行為の責任を弁識するに足りる知能を備えていなかったときは，その行為について賠償の責任を負わない（民法712条）。したがって，未成年者すべてに責任能力がないわけではなく，責任能力を有する未成年者は不法行為責任を負う。

5. 精神上の障害により自己の行為の責任を弁識する能力を欠く状態にある間に他人に損害を加えた者は，その賠償の責任を負わない。ただし，故意または過失によって一時的にその状態を招いたときは，この限りでない（民法713条）。

正答　**2**

債務不履行に基づく損害賠償請求権と不法行為に基づく損害賠償請求権との異同に関する次の記述のうち，妥当なものはどれか。ただし，争いのあるものは判例の見解による。

1 いずれの場合も，債権者側が，債務者の帰責事由の有無に関する立証責任を負う。

2 いずれの場合も，債権者または被害者が死亡した場合の遺族固有の慰謝料請求権が認められる。

3 いずれの場合も，過失相殺が認められる。

4 いずれの場合も，損害賠償請求権を受働債権として相殺することはできない。

5 いずれの場合も，損害賠償請求の訴訟追行を弁護士に委任した場合にかかる弁護士費用は，常に債権者側の負担となる。

解説

1. 判例は，不法行為に基づく損害賠償請求権については，これを主張する被害者である債権者側が加害者である債務者の帰責事由の立証責任を負う（大判明38・6・19）とする。これに対し，債務不履行に基づく損害賠償請求権については，債務者側が，債務者が賠償義務を免れるために，債務者に帰責事由がないことの立証責任を負う（大判大14・2・27）とする。

2. 不法行為に基づく損害賠償請求権には被害者が死亡した場合の遺族固有の慰謝料請求権が認められる（民法711条）。これに対し，債務不履行に基づく損害賠償請求権については債権者が死亡した場合の遺族固有の慰謝料請求権は明文規定はなく，判例もこれを否定する（最判昭55・12・18参照）。

3. 正しい（民法418条，722条2項）。

4. 不法行為に基づく損害賠償請求権を受働債権とする相殺は禁止される場合もある（同509条1項1号）。これに対し，債務不履行に基づく損害賠償請求権を受働債権とする相殺を禁止する規定はなく，この相殺は禁止されない。

5. 判例は，不法行為に基づく損害賠償請求における弁護士費用の賠償については，事案の難易，請求額，認容された額その他諸般の事情を斟酌して相当と認められる額の範囲内のものに限り，不法行為と相当因果関係に立つ損害というべきである（最判昭44・2・27）として，債務者の負担となる場合を認めている。これに対し，債務不履行に基づく損害賠償請求における弁護士費用の賠償については，賠償を否定した判例（大判大4・5・19，最判昭48・10・11）があり，これらの判例によれば弁護士費用は債権者側の負担となる。もっとも，労働者が，使用者の安全配慮義務違反を理由とする債務不履行に基づく損害賠償を請求する事案では，判例は，上記の不法行為に関する最判昭44・2・7を引用して，弁護士費用の損害賠償請求を認める（最判平24・2・24）から，債務者の負担となる場合もある。

正答 3

親族・婚姻に関する次の記述のうち，妥当なものはどれか。

1 親族とは三親等内の血族または姻族をいう。

2 男女が婚姻すると法定血族となる。

3 夫婦の一方が死亡した場合において，生存配偶者が姻族関係を終了させる意思を表示したときは，姻族関係は終了する。

4 養子と養親は，離縁によって親族関係を解消すれば婚姻できる。

5 法定血族ではない三親等内の傍系血族の間では，婚姻をすることができる。

解説

1. 親族とは，「六親等内の血族」（民法725条1号）と「三親等内」の姻族（同条3号）であり，また，「配偶者」も親族である（同条2号）。

2. 男女が婚姻すると，一方が他方の「配偶者」となる。配偶者は，養子縁組した場合の「養子と養親及びその血族」のように法定血族（血のつながりはないが，法律上血族として取り扱われる者）となる（民法727条）わけではない。また，配偶者は姻族でもない。

3. 妥当である（民法728条2項）。

4. 養子と養親などの間では，離縁により親族関係が終了した後でも，婚姻をすることができない（民法736条）。

5. 三親等内の傍系血族の間では，婚姻をすることができない（民法734条1項本文）。なお，法定血族である養子と養方の三親等内の傍系血族との間では，婚姻をすることができる（同条同項ただし書）。

正答　**3**

相続に関する次の記述のうち，妥当なものはどれか。

1　相続人が，被相続人の配偶者と母のみである場合，法定相続分は各2分の1である。

2　被相続人の配偶者は，被相続人の財産に属した建物に相続開始の時に居住していた場合において，遺産の分割によって配偶者居住権を取得するものとされたときは，その居住していた建物の全部について無償で使用および収益をする権利を取得するのが原則である。

3　配偶者居住権は，譲渡することができず，また，配偶者は，常に，第三者に居住建物の使用または収益をさせることができない。

4　兄弟姉妹を含む相続人は，遺留分として，遺留分を算定するための財産の価額に，一定の割合を乗じた額を受ける。

5　遺留分は，家庭裁判所の許可を受けても，相続の開始前に放棄することはできない。

解　説

1．相続人が，被相続人の配偶者と母のみである場合，それぞれの法定相続分は，配偶者が3分の2，母が3分の1である（民法900条2号）。

2．妥当である（民法1028条1項1号）。

3．配偶者居住権は，譲渡することができない。配偶者は，居住建物の所有者の承諾を得なければ，居住建物の改築もしくは増築をし，または第三者に居住建物の使用もしくは収益をさせることができない（民法1032条2項・3項）。したがって，居住建物の所有者の承諾を得れば，第三者に居住建物の使用または収益をさせることができる。

4．兄弟姉妹以外の相続人は，遺留分として，遺留分を算定するための財産の価額に，一定の割合を乗じた額を受ける（民法1042条柱書）。

5．相続の開始前における遺留分の放棄は，家庭裁判所の許可を受けたときに限り，その効力を生ずる（民法1049条1項）。

正答　**2**

認知に関する次の記述のうち，妥当なものはどれか。ただし，争いがある場合は判例による。

1 父が非嫡出子である子を認知した場合，認知の効力は遡及せず，父と子の親子関係は認知の時点から生じる。

2 父は，子がすでに死亡していた場合には，いかなる場合であっても子を認知することができない。

3 母の氏を称していた非嫡出子を父が認知した場合，子は認知の効果として当然に父の氏を称することになる。

4 子が成年に達している場合，父は子の承諾がなければ認知することができない。

5 非嫡出子については，父と子の親子関係は父の認知によって生じるが，同様に母と子の親子関係も母の認知によって初めて生じる。

解 説

1. 認知は，出生時にさかのぼってその効力を生ずる（民法784条）。したがって，子は出生の時点から父の子であったものとして扱われる。

2. 子が死亡していた場合には，認知は原則として行えないが，その子に直系卑属がある場合には認知することができる（同783条2項前段）。

3. 認知の効果は親子関係の発生であり，これは氏の変更を含まない。氏について認知は直接に影響を与えないので，子は父の認知があった場合でも，別途氏の変更の手続き（同791条）をとらない限り，そのまま母の氏を称する（同790条2項）。

4. 正しい（同782条）。

5. 判例は，「母とその非嫡出子との間の親子関係は，原則として，母の認知を待たず，分娩の事実により当然に発生する」とする（最判昭37・4・27）。

正答 **4**

地方上級

No.
271　民法　　　　認　知　　　　令和 4 年度

関東型, 中部・北陸型, 市役所Ａ

憲法

行政法

民法

刑法

労働法

認知に関する次の記述のうち, 妥当なものはどれか。ただし, 争いがある場合は判例による。

1 認知は, 戸籍法の定めるところにより届け出ることによって行うが, 遺言によって行うことはできない。

2 認知をするには, 父が未成年者又は成年被後見人であるときは, その法定代理人の同意を要する。

3 認知は, 出生の時にさかのぼってその効力を生ずるものではなく, 認知をした時から効力を生ずる。

4 血縁上の父子関係がないことを知りながら認知をした者は, 自らした認知の無効を主張することができない。

5 認知請求権は, 長年月行使しない場合であっても, 行使することができなくなるものではない。

解説

1. 認知は, 戸籍法の定めるところにより届け出ることによってする。認知は, 遺言によっても, することができる (民法781条)。

2. 認知をするには, 父が未成年者または成年被後見人であるときであっても, その法定代理人の同意を要しない (民法780条)。

3. 認知は, 出生の時にさかのぼってその効力を生ずる。ただし, 第三者がすでに取得した権利を害することはできない (民法784条)。

4. 子その他の利害関係人は, 認知に対して反対の事実を主張することができる (民法786条)。判例は, 認知者は, 同条に規定する利害関係人に当たり, 血縁上の父子関係がないことを知りながら認知をした場合でも, 自らした認知の無効を主張することができるとする (最判平26・1・14)。

5. 妥当である。認知請求権を放棄することはできない (最判昭37・4・10)。

正答 **5**

地方上級

No.
272

全国型，関東型

〈改題〉

民法

相　殺

平成21年度

相殺に関する次の記述のうち，妥当なものはどれか。

1　時効消滅した債権の債権者は，その債権が時効消滅する以前に相殺適状にあった場合でも，その債権を自働債権として相殺することは認められない。

2　同時履行の抗弁権の付着した債権について相殺を認めると，抗弁権を一方的に奪う結果になるので，そのような債権を受働債権として相殺することはできない。

3　悪意による不法行為に基づく損害賠償請求権を受働債権として相殺することは認められていないが，これを自働債権として相殺することは認められる。

4　相殺の意思表示は，当事者の一方から相手方に対して行われ，相対立する債権は相殺の意思表示が到達した時点において対当額で消滅する。

5　債権が差押えを禁止されたものであるときは，債権の満足が法律によって強制されていることから，これを相殺のために用いることは一切許されない。

解　説

1．時効消滅する以前にすでに相殺適状にあれば，当事者は両債権が相殺されて消滅したと考えるのが通常である。そこで，このような当事者の信頼を保護するために，時効消滅した債権による相殺が可能とされている（民法508条）。

2．同時履行の抗弁権の付着した債権を受働債権として相殺する場合，その抗弁権は相殺する側が有している。したがって，相殺する者は抗弁権を放棄すればよいので，相殺は可能である（大判昭13・3・1参照）。

3．正しい。前半については民法509条1号に規定されている。後半については，被害者自身がその有する損害賠償債権を使って相殺を望むのであれば，これを禁止する必要はないので認められる（最判昭42・11・30）。

4．相殺の効力は相殺適状時に遡及する（同506条2項）。したがって，相対立する債権は「意思表示が到達した時点において」ではなく，「相殺適状時において」対当額で消滅する。

5．差押え禁止の趣旨は，債権者に現実の満足を確保しようとする点にあるので，これを受働債権とする相殺は認められないが，自働債権とする相殺は認められる（同510条）。

正答　**3**

No. 273 民法 相続 平成19年度

Aには妻B，嫡出子C，非嫡出子Dがおり，甲土地を所有している。Cには嫡出子Eがいる。この場合の相続に関する次の記述のうち妥当なのはどれか。

1 Aは，自己の経営する会社を含む全財産をDに相続させたいと考えたところ，B・Cから強く反対された場合，AはB・Cを廃除することができる。

2 Aが，公正証書遺言で甲土地をCに遺贈すると遺言したが，後に自筆証書遺言で甲土地をDに遺贈すると遺言した場合，Cに遺贈する旨の遺言が有効となる。

3 Aが遺言をせずに死亡した場合において，Cに相続欠格事由があったときは，B・Dの2人が相続人となり，その相続分はBが2分の1，Dが2分の1である。

4 Aが遺言をせずに死亡した場合において，Cが相続の放棄をしたときは，B・D・Eの3人が相続人となり，その相続分はBが2分の1，Dが6分の1，Eが3分の1である。

5 Aが遺言をせずに死亡した場合において，限定承認をするときは，B・C・Dの全員が共同して行う必要がある。

解説

1. 廃除原因は，「被相続人に対する虐待，重大な侮辱その他の著しい非行」である（民法892条）。妻や嫡出子が，Aが「非嫡出子に自己の経営する会社を含む全財産をDに相続させる」ことに反対するのは，人の情としていわば自然のことであり「著しい非行」には当たらない。すなわち，このような行為は廃除原因に該当しないので廃除はできない。

2. 前の遺言が後の遺言と抵触するときは，その抵触する部分については，後の遺言で前の遺言を撤回したものとみなされる（同1023条1項）。遺言は，遺言の方式に従ってなされれば，それによって法的な効力を認められる。したがって，どのような方式であれ，それが有効なものであれば，後になされた遺言が優先する。

3. 相続欠格は代襲相続の原因である。したがって，Cに相続欠格事由があったときは，その直系卑属のEがCを代襲してCの法定相続分を承継する（同887条2項）。その結果，B・D・Eの3人が相続人となり，その相続分はBが2分の1，D，Eが各4分の1である。

4. 相続の放棄は代襲原因ではない。したがって，Eは相続人とならず，B・Dの2人が相続人となり，その相続分はBが2分の1，Dが2分の1である。

5. 正しい（同923条）。

正答 **5**

地方上級

No.
274 神戸市

民法 **遺　言** 平成24年度

憲法

行政法

民法

刑法

労働法

遺言に関する次の記述のうち，妥当なものはどれか。ただし，争いのあるものは判例・通説の見解による。

1　遺言者は，いつでも遺言の方式に従って，その遺言の全部を撤回することができるが，一部のみを撤回することはできない。

2　自筆証書遺言は，日付と氏名が自署されて印が押されていれば，全文をパソコンのワープロソフトなどで作成したものであっても有効である。

3　自筆証書遺言では，「平成24年4月吉日」という記載は，日付の記載がないことになるので無効である。

4　自筆証書において要求される押印については，印鑑を押さねばならず，遺言者が印章に代えて拇印その他の指頭に墨・朱肉等を付けて押捺する指印は，押印としては認められない。

5　遺言書の本文の自署名下に押印がない場合，たとえ遺言書の本文の入れられた封筒の封じ目に押された押印があっても，民法968条1項の押印の要件を充たすとはいえない。

解　説

1．遺言者は，いつでも，遺言の方式に従って，その遺言の全部または一部を撤回することができる（民法1022条）。

2．自筆証書によって遺言をするには，遺言者が，その全文，日付および氏名を自書し，これに印を押さなければならないところ（同968条1項），通説は，遺言者の筆跡により遺言者を確定できないパソコンのワープロソフトによって作成されたものは「自書」の要件を欠き，その遺言書は無効と解している。なお，平成30年改正の自筆証書遺言の作成緩和によって，自筆証書にこれと一体のものとして相続財産の全部または一部の目録を添付する場合には，その目録については，自書することを要しないとされた（同条2項前段）。

3．正しい（同968条1項，最判昭54・5・31）。

4．判例は，自筆証書における押印は，遺言者が印章に代えて拇指その他の指頭に墨・朱肉等を付けて押捺すること（指印）をもって足りるとする（最判平元・2・16）。

5．判例，遺言書の本文の入れられた封筒の封じ目に押された押印であっても，民法968条1項の押印の要件に欠けるところはないとする（最判平6・6・24）。

正答　3

養子縁組に関する次の記述のうち,妥当なものはどれか。

1 18歳に達した者は,養親となることができる。

2 尊属を養子とすることはできないが,年長者を養子とすることはできる。

3 配偶者のある者が未成年者を養子とするには,その未成年者が配偶者の嫡出子であるか否かにかかわらず,配偶者とともにしなければならない。

4 配偶者のある者は単独で縁組をすることができるが,この場合には,原則としてその配偶者の同意を得なければならない。

5 未成年者を養子とするには,常に家庭裁判所の許可を得なければならない。

解説

1. 民法792条は,「20歳に達した者は,養子をすることができる」と規定しているから,18歳では養親となることができない。

2. 民法793条は,「尊属又は年長者は,これを養子とすることができない」と規定しているから,年長者も養子とすることができない。

3. 民法795条は,本文で「配偶者のある者が未成年者を養子とするには,配偶者とともにしなければならない」とし,同ただし書で「配偶者の嫡出である子を養子とする場合又は配偶者がその意思を表示することができない場合は,この限りでない」とする。よって,配偶者の嫡出である子を養子とする場合であれば,配偶者とともにする必要はない。

4. 正しい(民法796条)。同条は,本文で,「配偶者のある者が縁組をするには,その配偶者の同意を得なければならない」とするが,同ただし書で,「配偶者とともに縁組をする場合又は配偶者がその意思を表示することができない場合は,この限りでない」とする。

5. 民法798条は,本文で「未成年者を養子とするには,家庭裁判所の許可を得なければならない」とするが,同ただし書で「自己又は配偶者の直系卑属を養子とする場合は,この限りでない」として,未成年者を養子とするに当たって,家庭裁判所の許可を不要とする場合を認めている。

正答 **4**

婚姻関係にない父母が子を認知する場合に関する次の記述のうち，妥当なものはどれか。

1 子が未成年である場合，父は子を自由に認知することができるが，子が成人した後は，子の承諾がなければ認知することはできない。

2 父が子を認知した場合には，子の親権は父母が共同で行使する。

3 母と子の親子関係も，父の場合と同様に，母の認知によって発生する。

4 子は，父の認知後は，父の氏を称する。

5 子が出生から1年後に死亡した場合でも，父は子を認知できる。

解説

1. 正しい（民法782条）。子が成人した後に，子に養ってもらうだけの意図で認知する場合もあることから，子の不利益を考慮して，成人後は子の承諾が必要とされている。

2. 認知は法律上の父子関係を成立させるものにすぎない。よって，認知後も，親権者は母のままである。ただし，父母の協議または家庭裁判所の審判によって父に親権者としての地位を認めることもできる（同819条4項・5項）。

3. 母の場合には，出産の事実によって親子であることが明らかなので，認知がなくても親子関係が発生する。民法779条が母の認知も認めているのは，捨て子等の例外的な場合である。

4. 認知は氏の変更に影響を与えない。すなわち，認知があっても，子はそのまま母の氏を称する。ただし，子は家庭裁判所の許可を得て父の氏に変更することもできる（同791条1項）。

5. 子がすでに死亡している場合には，その子に直系卑属がいなければ認知はできない（同783条2項）。出生から1年後であれば，その子に直系卑属はいないので，父はもはや認知することができない。

正答 **1**

Aには，妻Bと実子C，Dがおり，Cには実子Eが，Dには養子Fがいる。この場合の相続に関する次の記述のうち，妥当なものはどれか。

1　Aが山で遭難した日にCが交通事故で死亡したが，後に死体で発見されたAの死亡時期が確定できない場合，EはAの相続人となることができない。

2　Aが死亡した後で，Cが相続の放棄をした場合，EはCを代襲相続することができる。

3　Aの生前中に，Cに廃除の原因となるような著しい非行があったと認定され，廃除の審判が確定した場合，EはCを代襲相続することができない。

4　Dが死亡した後でAが死亡した場合，Fは自然血族でなくてもDを代襲相続することができる。

5　Bの死亡後，Aには10年以上Aの身の回りの世話をするなど生活をともにしてきた内縁の妻Gがいた場合，Aが死亡したときには，ほかにAの相続人が存在していても，Gは特別縁故者として相続財産の一部を取得することができる。

解説

1．AとCの死亡の先後が不明の場合には，AとCは同時に死亡したものと推定される（民法32条の2）。そして，相続は死亡によって開始するから（同882条），CはAの相続開始以前に死亡したことになるため，Cの子のEはCを代襲してAの相続人となることができる（同887条1項）。

2．相続放棄は代襲原因とはならない（同2項本文参照）。

3．廃除は代襲原因である（同2項本文）。

4．正しい。被相続人の直系卑属でない者（例：養子の連れ子，同727条参照）は代襲相続人とはなれないが（同887条2項ただし書），本肢の養子Fと養親Dの血族Aとの間は，養子縁組の日から血族間におけるのと同一の親族関係を生ずるから（同727条），FはAの直系卑属である以上，Dを代襲相続することができる。

5．特別縁故者に対する相続財産の分与は，ほかに相続人が存在しない場合に限られる（同958条の3第1項参照）。

正答　**4**

地方上級

No. 278

全国型，関東型，中部・北陸型

刑法　　　　　監禁罪　　　平成30年度

憲法

行政法

民法

刑法

労働法

刑法における監禁罪に関する次の記述のうち，妥当なものはどれか。ただし，争いがあるものについては判例の見解による。

1　刑法における監禁とは，人を一定の場所から脱出できなくさせることで，場所的移動の自由を奪うものであるから，被害者を門柱にロープで直接縛りつけた場合は，逮捕ではなく監禁に当たる。

2　監禁されたことを理解する意思能力がない乳幼児は，たとえ任意に歩行する行動能力があったとしても，監禁罪の保護に値する対象ではない。

3　監禁罪の成立において，監禁する場所は高速で走るバイクの荷台の上など，必ずしも壁に囲まれている必要はない。

4　被害者を深夜海上沖合に停泊している船舶に閉じ込めた場合，被害者が泳いで自力で脱出できるのであれば，それが著しく困難であっても監禁罪は成立しない。

5　入院中の母親のもとへ連れて行くと被害者をだまし，その者の望まない場所へ連れて行った場合，被害者が監禁されていることを認識していなければ監禁罪は成立しない。

解説

1. 判例は，刑法220条1項にいう「監禁」とは，人を一定の区域場所から脱出できないようにしてその自由を拘束することをいうとする（最決昭33・3・19）から，前半は正しい。しかし，「逮捕」とは，直接に人の身体の自由を拘束することをいい，本肢のように被害者を門柱にロープで直接縛りつけた場合は，監禁ではなく逮捕に当たるとする（大阪高判昭26・10・26）から，後半は誤り。

2. 監禁罪の保護法益は，一定の場所から移動する自由と解されており，監禁罪の客体は，場所的移動の能力を有する自然人に限られることになる。このため，本肢のような監禁されたことを理解する意思能力がない乳幼児であっても，任意に移動する行動能力があれば，監禁罪の保護に値する対象となる（京都地判昭45・10・12参照）。

3. 妥当である。監禁罪における移動の自由を奪う手段には法文上の制限はなく，監禁する場所についても，本肢のように，高速で走るバイクの荷台の上（最決昭38・4・18）など，必ずしも壁に囲まれている必要はない。

4. 判例は，被害者を深夜海上沖合に停泊している船舶に閉じ込めた場合，被害者が泳いで自力で脱出できる機会があったとしても，それが著しく困難であったのであれば監禁罪が成立するとする（最判昭24・12・20）。

5. 判例は，刑法220条1項にいう「監禁」とは，人を一定の区域場所から脱出できないようにしてその自由を拘束することをいい，その方法は，必ずしも暴行または脅迫による場合のみに限らず，偽計によって被害者の錯誤を利用する場合をも含むとし，本肢のような事案で監禁罪が成立するとする（最決昭33・3・19）。

正答　**3**

AがBの頭部を殴打したところ，Bは脳梅毒に罹患しており，脳組織が異常に弱くなっていたためその殴打が原因で死亡したという場合に，Aの行為とBの死の結果との間に相当因果関係が認められるかどうかに関する次の記述のうち，妥当なものはどれか。なお，Ⅰ～Ⅲ説は，相当因果関係説中，相当性を判断する基礎事情に何を含めるかに関する見解の対立である。

Ⅰ説：行為者が行為当時に認識していた事情，および行為者が予見可能な事情を基礎に相当性を判断する。

Ⅱ説：行為当時に一般人が予見可能な事情，および行為者が特に認識していた事情を基礎に相当性を判断する。

Ⅲ説：行為当時に客観的に存在したすべての事情，および行為後に生じた客観的に予見可能な事情を基礎に相当性を判断する。

1 Bが脳梅毒に罹患していることについて，Aは知らなかったものの予見は可能であったが，一般人には予見不可能であったという場合には，Ⅰ説，Ⅱ説ともに相当因果関係が肯定される。

2 Bが脳梅毒に罹患していることをAが知っていたという場合に，相当因果関係を肯定できるのは，Ⅰ説とⅡ説である。

3 Bが脳梅毒に罹患していることをAは知らなかったが，一般人には予見可能であったという場合に，相当因果関係を肯定できるのは，Ⅱ説のみである。

4 Bが脳梅毒に罹患していることについて，一般人から見ておよそ予見は不可能であったという場合でも，Ⅲ説からは相当因果関係を肯定できる。

5 Bが脳梅毒に罹患していることをAも一般人も知らず，Aには予見も不可能であったが，一般人には予見可能であったという場合には，Ⅰ説，Ⅱ説，Ⅲ説いずれの説によっても相当因果関係を肯定できる。

解　説

Ⅰ説は主観説，Ⅱ説は折衷説，Ⅲ説は客観説である。

1. Ⅱ説では，相当因果関係は否定される。Ⅱ説に照らして本枝を判断した場合，Bの脳梅毒は一般人にとって予見不可能で，また行為者も認識していなかったというのであるから，これを判断の基礎事情に含めることはできない。

2, 3. 脳梅毒は行為当時に客観的に存在した事情であるから，Ⅲ説でも相当因果関係を肯定できる。

4. 正しい。

5. Ⅰ説では，相当因果関係は否定される。Ⅰ説に照らして本枝を判断した場合，Bの脳梅毒についてAは知らず，また予見も不可能であったというのであるから，これを判断の基礎事情に含めることはできない。

正答　**4**

罪刑法定主義に関する次のア〜オの記述のうち，妥当なもののみを挙げているのはどれか。

ア　罪刑法定主義とは，いかなる行為が犯罪となり，それに対してどのような刑罰が科されるのかということが法律によってあらかじめ定められていなければならないという原則である。

イ　罪刑法定主義は刑法の基本原則であるので，刑法典にも罪刑法定主義を直接規定した条文が存在する。

ウ　罪刑法定主義における法律は，国会が制定したものをさすので，法律の解釈において慣習を考慮することは許されない。

エ　「…した者は，懲役に処する」という規定は，懲役刑を規定しているので，絶対的不定期刑ではなく許される。

オ　罪刑法定主義の派生原則として，遡及処罰の禁止や類推解釈の禁止などが導かれる。

1　ア，エ
2　ア，オ
3　イ，ウ
4　イ，エ
5　ウ，オ

解説

ア：妥当である。罪刑法定主義は，どのような行為が犯罪となるのかをあらかじめ国民に知らせることにより，国民の行動の自由を保障する（自由主義）とともに，犯罪と刑罰に国民の意思を反映させる（民主主義）ことにその目的がある。

イ：刑法典に明文規定は置かれていない。

ウ：罪刑法定主義の派生原則である慣習刑法の排除から，慣習を直接の法源とすることはできないが，法律の解釈の際に慣習を考慮することは許される。

エ：単に「懲役に処する」というだけでは，どの程度の期間の懲役に処せられるか明らかでないので，絶対的不定期刑として許されない。これに対し，長期と短期を定めて言い渡される相対的不定期刑は許される。

オ：妥当である。罪刑法定主義の派生原則には，①刑罰法規の遡及適用を禁止する遡及処罰の禁止，②被告人に不利益な方向での類推解釈を禁止する類推解釈の禁止，③慣習刑法の排除（ウ参照），④絶対的不定期刑の禁止（エ参照），⑤刑罰法規の適正などがある。

　以上より，正答は**2**である。

正答　**2**

憲法

行政法

民法

刑法

労働法

中止犯で，刑の必要的減免が認められている根拠については，以下の3つの見解がある。

A説：刑の必要的減免を認めることで，「犯罪から引き返すための黄金の橋」を渡して，結果発生を防止しようとする政策的配慮に基づく。

B説：中止犯には違法性の減少が認められる。

C説：中止犯には責任の減少が認められる。

次のア～エは，以上の見解に対する批判であるが，このうち，B説に対する批判として妥当なものの組合せはどれか。

ア　この説では結果発生の有無にかかわらず減免の効果を認めるべきことになるが，現行法は，中止犯の成立を結果が発生しない場合に限定している。

イ　中止犯は，すでに法益侵害の危険性は発生しており，法益侵害の危険性という点では未遂の場合と差異はない。

ウ　中止犯について刑の減免が行われることを知っている者にしか，その効果を期待できない。

エ　制限従属性説の立場に立てば，中止者の共犯者についても刑の減免という効果を認めることになってしまう。

1　ア，ウ
2　ア，エ
3　イ，ウ
4　イ，エ
5　ウ，エ

解説

ア：C説（責任減少説）に対する批判である。C説は，真摯な中止行為をすれば，それによって非難可能性（責任）が減少するので中止犯の効果が認められるとするが，そうであれば，真摯な中止行為をしたにもかかわらず結果が発生した場合にも同様の効果を認めるべきである。しかし，現行法は結果が発生しない場合にしか，中止犯の効果を認めていないので，この説明には無理があるとする批判である。

イ：B説（違法性減少説）に対する批判である。実行に着手することによって，すでに違法性は生じているので，この点は未遂と変わらない。このような説明では，刑の減免の根拠を十分説明できないとする批判である。なお，この説は，いったん生じた違法性が事後的な犯意の放棄によって減少することを認めることになるが，それに対しては，客観的危険性と関係のない主観的違法要素を認めるべきでないとする批判も加えられている。

ウ：A説（政策説）に対する批判である。「犯罪から引き返すための黄金の橋」を準備しても，それを知っている者にしか結果発生抑止の効果は期待できない。知っているか否かを問わず刑の減免が認められるので，この説では減免の根拠を十分に説明できないとする批判である。

エ：B説（違法性減少説）に対する批判である。共犯の要素従属性について，通説である制限従属性説の立場に立てば，共犯について違法の連帯を認めるので，中止犯の刑の減免の根拠を違法性の減少に求めると，他の共犯者についても違法性の減少により中止犯の成立が認められることになる。しかし，中止犯は中止者のみの一身的効果であるはずなので，違法性減少説は妥当でないとする批判である。

以上から，イとエがB説（違法性減少説）に対する批判であり，**4**が正答となる。

正答　**4**

未遂犯に関する次の記述のうち，妥当なものはどれか。

1 未遂犯では，法益侵害の結果が発生していないので，その刑を減軽するものとされているが，中止犯では，任意に犯罪を中止した点を評価して，刑の減軽だけでなく免除することも認められている。

2 中止犯が成立するには道徳的悔悟は必要でないので，窃盗に着手したもののその日が親の命日であったことを思い出し，翌日改めて盗取しようと考え直して犯行を中止した場合には窃盗罪の中止犯が成立する。

3 中止犯の刑の減免の根拠を違法性の減少に求めると，たとえ結果が発生した場合でも中止犯の規定を適用すべきとする見解と結びつきやすい。

4 保険金をだまし取る目的で，火災保険を掛けた自宅に放火した場合には，放火の時点で詐欺罪の未遂犯が成立する。

5 人を殺害する目的で硫黄の粉末を飲食物に混ぜてこれを人に与えた場合，身体的条件その他の事情のいかんによっては人の死の結果発生のおそれが絶対に生じないとは限らないので，殺人の不能犯ではなく未遂犯が成立する。

解説

1. 未遂犯では刑を減軽することができるとされているだけで（任意的減軽），刑を減軽する（必要的減軽）ものとはされていない（刑法43条本文）。

2. 正しい。窃盗を中止した行為については，なんら外部的障害がないにもかかわらず犯行を自発的にやめているので，中止犯が成立する。

3. 中止犯の刑の減免の根拠についてどのような見解をとっても，中止犯が未遂犯の一種である以上，結果が発生すれば中止犯は成立しない。なお，「結果が発生した場合でも中止犯規定を適用できることになってしまう」というのは，違法減少説ではなく責任減少説に対する批判である。

4. 詐欺罪の未遂犯が成立するには，詐欺の実行行為である「欺く行為」（刑法246条1項）が行われなければならない。しかし，放火行為はこれに該当しないので，たとえ火災保険金をだまし取る目的であっても，放火の時点では詐欺罪の未遂犯は成立しない（大判昭7・6・15）。

5. 判例は，硫黄を摂取させることによって殺害の結果を惹起することは絶対に不能であるから，殺人罪については未遂犯ではなく不能犯であるとする（大判大6・9・10）。

正答 **2**

地方上級
全国型，関東型，中部・北陸型

No. 283 刑法 **刑法の規定** 平成 **24** 年度

わが国の刑法の規定に関する次の記述のうち，妥当なものはどれか。

1 犯罪とは，構成要件に該当し，違法かつ有責であるものであり，このことが刑法典に規定されている。

2 刑の種類として，死刑，懲役，禁錮，罰金，没収が主刑とされ，拘留および科料が付加刑とされる。

3 刑法では，原則として故意犯のみを処罰し，過失犯は例外的に規定があるときにのみ処罰されるにすぎない。

4 刑法第二編の罪に関する各条文において既遂犯として処罰する規定があれば，特に未遂犯として処罰する旨の定めがなくても，その犯罪の実行に着手してこれを遂げなかった者を未遂犯として処罰することができる。

5 罪刑法定主義とは，いかなる行為が犯罪となり，それに対してどのような刑が科されるのかということが法律によってあらかじめ定められていなければならないという刑法上の大原則であり，刑法典にも罪刑法定主義を直接規定した条文が存在する。

解説

1. 犯罪の定義については本肢のように解されているが，刑法典には本肢のような規定は存在しない。

2. 刑法9条は刑の種類として，「死刑，懲役，禁錮，罰金，拘留及び科料を主刑とし，没収を付加刑とする」と規定している。

3. 正しい。刑法38条1項は，「罪を犯す意思がない行為は，罰しない。ただし，法律に特別の規定がある場合は，この限りでない」と規定している。

4. 犯罪の実行に着手してこれを遂げなかった者は未遂犯としてその刑を減軽することができる（刑法43条本文）が，「未遂を罰する場合は，各本条で定める」とされる（同44条）から，特に未遂犯として処罰する旨の定めがない場合には，未遂犯として処罰することはできない。

5. 罪刑法定主義の内容とそれが刑法上の大原則であるとする部分は正しいが，刑法典には罪刑法定主義を直接規定した条文は存在しない。

正答 **3**

教唆犯及び帮助犯に関する記述のうち妥当なのはどれか。

1　AはBに書店で窃盗するように勧めたところ，Bは窃盗の犯意が生じて書店に向かったが，書店の前で急に怖くなり窃盗をすることを断念した。この場合，Aには窃盗罪の教唆犯が成立する。

2　AはBに，書店で窃盗をするようCをそそのかせ，と勧めた。Aの勧めに従ってBはCに書店での窃盗を教唆したところ，CはBの教唆した通り窃盗をした。この場合，Aには窃盗罪の教唆犯は成立しない。

3　Aは，X書店の警備が甘いことを知り，もともと書店での窃盗を企図していたBに，警備が甘いX書店で窃盗をするのがよいと勧めたところ，BはX書店で窃盗をした。この場合，Aには窃盗罪の教唆犯が成立する。

4　Aは，Bが書店で窃盗をしてきたことを知って，Bが盗品を売るのを手助けしようと思い，盗品を扱う業者Dを紹介した。この場合，Aには窃盗罪の帮助犯が成立する。

5　Aは，Bが書店で窃盗をしようとしているのを発見し，Bの手助けをしようと思って店主が来ないよう見張りをしていた。しかし，BはAの存在に気付かないまま窃盗を遂げた。この場合，Aには窃盗罪の帮助犯が成立する。

解説

1．誤り。狭義の共犯である教唆犯が成立するためには，正犯者が実行に着手することが必要であるとする共犯従属性説が判例・通説の考え方である。したがって，Bが窃盗罪に着手しなかった場合には，Aに窃盗罪の教唆犯は成立しない。

2．誤り。本枝のように，AがBに対して，Cを教唆してある犯罪を実行させることを教唆する場合を間接教唆というが，間接教唆の場合は正犯に準じて処罰される（刑法61条2項）。したがって，Aには窃盗罪の教唆犯が成立する。

3．誤り。すでに犯罪の実行を決意している者に犯罪をそそのかしても，それは精神的帮助にとどまるとするのが判例・通説の考え方であると解される。したがって，Aには窃盗罪の帮助犯が成立する。

4．誤り。すでに窃盗罪の実行行為を終えた者に対して，盗品の有償処分のあっせんをした場合には，窃盗帮助罪ではなく，臟物牙保罪（刑法256条2項・現在では盗品等有償処分あっせん罪という）が成立するとするのが判例である（最決昭35・12・13）。したがって，Aには窃盗罪の帮助犯ではなく，盗品等有償処分あっせん罪が成立する。

5．正しい。帮助犯が成立するために，正犯と帮助犯との間に相互に意思の連絡を必要とするか否かについて，これを不要とし，正犯者が従犯の帮助行為を認識する必要はないとするのが判例の立場である（大判大14・1・22）。したがって，Aには窃盗罪の帮助犯が成立する。

正答　**5**

No. 285　刑法　罪刑法定主義　令和2年度

刑法の適用範囲に関する次のア～オの記述のうち，妥当なもののみを挙げているのはどれか。

ア　刑法の適用範囲に関する立法主義には，属地主義，属人主義，保護主義，世界主義がある。

イ　日本国外で現住建造物等放火罪，殺人罪などの特定の罪を犯した日本国民には，日本の刑法が適用されるが，これは属人主義をとるものである。

ウ　日本国外で日本国民に対して殺人罪，傷害致死罪などの特定の罪を犯した日本国民以外の者には，日本の刑法は適用されない。

エ　日本国外で公務員職権濫用罪，収賄罪などの特定の罪を犯した日本国の公務員には，日本の刑法が適用されるが，これは属地主義をとるものである。

オ　公海上にある日本籍の船舶で犯罪が行われた場合，行為者が日本国民以外であれば，日本の刑法は適用されない。

1　ア，イ
2　ア，オ
3　イ，ウ
4　ウ，エ
5　エ，オ

解説

ア：妥当である。刑法1条1項は，犯罪が日本国内で行われた限り，何人に対しても刑法の適用があるとする（属地主義）。刑法3条は，現住建造物等放火罪，殺人罪などについて，日本国民が日本国外で犯した場合に刑法の適用があるとし，刑法4条は，公務員職権濫用罪，収賄罪などについて，日本国の公務員が日本国外で犯した場合に刑法の適用があるとする（属人主義）。刑法2条は，内乱罪，外患罪などについて，日本国外で犯したすべての者に刑法の適用があるとし，刑法3条の2は，日本国外で日本国民に対して，殺人罪，傷害致死罪などの罪を犯した日本国民以外の者に刑法の適用があるとする（保護主義）。刑法4条の2は，条約により日本国外で犯された場合にも処罰するとされている罪を犯した者に刑法を適用するとする（世界主義）。

イ：妥当である（刑法3条1号・7号）。

ウ：日本国外で日本国民に対して殺人罪，傷害致死罪などの特定の罪を犯した日本国民以外の者には，日本の刑法が適用される（刑法3条の2第2号・3号）。

エ：日本国外で公務員職権濫用罪，収賄罪などの特定の罪を犯した日本国の公務員には，日本の刑法が適用される（刑法4条3号）が，これは属地主義ではなく，属人主義をとるものである。

オ：公海上にある日本籍の船舶で犯罪が行われた場合，行為者が日本国民以外であっても，日本の刑法が適用される（刑法1条2項）。

以上より，妥当なものはアとイであるから，正答は**1**である。

正答　**1**

正当防衛と過剰防衛に関する次の記述のうち，妥当なものはどれか。ただし，争いのあるものは判例の見解による。

1 急迫不正の侵害に対して防衛行為としての相当性を充たす反撃行為が行われた場合でも，その反撃行為から生じた結果が侵害されようとした法益よりも大きい場合には，その反撃行為は正当防衛行為とはなりえない。

2 当初は急迫不正の侵害に対する反撃行為として正当防衛であったが，相手方の侵害的態勢が崩れ去った後もなお，恐怖のあまり引き続き追撃的行為に出て，相手方を殺害するに至った場合には，全体として過剰防衛に当たることはない。

3 積極的な加害の意思を有しなかった共同正犯者の一人について過剰防衛が成立したとしても，他の共同正犯者が，被害者の攻撃を予期し，積極的な加害の意思で侵害に臨んだ場合には，急迫性を欠くため過剰防衛は成立しない。

4 互いに暴行し合ういわゆる喧嘩闘争は，闘争者双方が攻撃および防御を繰り返す一団の連続的闘争行為であるから，喧嘩闘争において正当防衛の成立する余地はない。

5 行為者が，自己または他者に対して急迫不正の侵害があると誤信して攻撃を加えて被害者を死亡させた場合でも，行為者の誤想を前提とする限り，正当防衛が常に成立し，違法性が阻却される。

解説

1. 判例は，反撃行為が防衛手段として相当性を有するものであれば，反撃行為から生じた結果がたまたま侵害されようとした法益より大きい場合であっても，その反撃行為が正当防衛行為でなくなるものではないとする（最判昭44・12・4）。

2. 判例は，本肢のような場合には，全体として過剰防衛の成立を認める（最判昭34・2・5）。

3. 正しい（最決平4・6・5）。この判例は，本肢のような事案で，共同正犯が成立する場合における過剰防衛の成否は，共同正犯者の各人につきそれぞれその要件を満たすかどうかを検討して決するべきであって，共同正犯者の1人について過剰防衛が成立したとしても，その結果当然に他の共同正犯者についても過剰防衛が成立することになるものではないとする。

4. 判例は，喧嘩闘争においても，なお正当防衛の成立する場合がありうるとしている（最判昭32・1・22）。

5. 本肢の場合には，行為者の行為は誤想防衛として故意を阻却することはあるが（最決昭62・3・26参照），正当防衛が常に成立して違法性が阻却されるとはいえない。

正答 3

刑法6条に関する次の記述のうち，判例に照らし，妥当なものはどれか。

1 犯罪の着手が新法施行前で，その終了が施行後であるときは，旧法が適用される。

2 本条の「法律」とは，法律のみを差し，その他の命令は含まない。

3 本条の「刑の変更」には，刑の執行猶予の条件に関する規定の変更は含まれない。

4 継続犯について刑罰法規に変更があった場合には，行為の完結した時における新法は適用されない。

5 新旧法を比較した結果，刑に軽重のない場合には，新法が適用される。

（参照）

　刑法6条　犯罪後の法律によって刑の変更があったときは，その軽いものによる。

解説 ━━━━━━━━━━━━━━━━━━━━━━━━━━━━━━━━

1．「犯罪後」とは，「実行行為の終了後」という意味であり，犯罪の着手が新法施行前でも，その終了が施行後であるときは，新法だけを適用する（大判明43・5・17）。

2．6条の「法律」とは，法律であると，その他の命令であるとを問わず，すべての刑罰法令をいう（最判昭24・9・1）。

3．妥当である。刑の執行猶予の条件に関する規定の変更は，特定の犯罪を処罰する刑の種類や量を変更するものではなく，「刑の変更」に当たらない（最判昭23・6・22）。

4．継続犯については，刑罰法規に変更があった場合，行為の完結した時期における新法を適用する（最決昭27・9・25）。

5．新旧法を比較した結果，刑に軽重のないときは，旧法（犯罪時法）による（大判昭9・1・31）。

正答　**3**

窃盗罪に関する次の記述のうち，妥当なものはどれか。

1　家人が長期旅行中で留守の家から金品を持ち出す行為は，窃盗罪に当たらない。

2　共有者が共同して占有している共有物を，その1人が，ほしいままに，自己単独の占有に移す場合は，窃盗罪に当たる。

3　乗客が列車の網棚に忘れた財布を持ち去る行為は，窃盗罪に当たる。

4　他人のカメラを窃取した後で，見つかるのを恐れてカメラを壊した場合には，器物損壊罪に当たる。

5　ナイフを突きつけて金品を奪ったが，まったく傷つけるつもりがなかった場合には，窃盗罪に当たる。

解説

1．窃盗罪（刑法235条）に当たる（大判大13・3・11）。旅行によって不在中の者も，自宅内の物について占有を有するからである。

2．正しい（大判昭元・12・25）。共有物も，他の共有者との関係で見れば，他人の財物であるからである。

3．占有離脱物横領罪（刑法254条）に当たる（大判大15・11・2）。鉄道列車内のように一般人の立入りが可能であって，その場所の管理者の排他的実力管理が十分に行われていない場所内に遺留された財物は，直ちにその場所の管理者たる車掌の占有に移るとはいえないからである。

4．器物損壊罪には当たらない。状態犯である窃盗罪の場合，後の違法状態が窃盗行為に対する違法評価の枠を超えない限り別罪を構成しない。不可罰的事後行為となる。

5．強盗罪（刑法236条）に当たる（最判昭24・2・8）。暴行・脅迫の客観的性質から，相手方の反抗を抑圧するに足りる程度だからである。

正答　**2**

憲法
行政法
民法
刑法
労働法

横領罪に関する次の記述のうち，妥当なものはどれか。

1 製茶の買付資金として寄託された金銭を，自己の生活費や遊興費として費消しても，金銭は占有とともに所有権が移るため，これをほしいままに費消する行為は横領罪を構成しない。

2 不動産の所有権を売買によって買主に移転した者が，未だ登記名義が自己にあることを奇貨として，ほしいままにこれを第三者に売却して登記名義を移したとしても，民法上二重譲渡が認められている以上，売主に横領罪は成立しない。

3 封印した封筒を委託された者がその中身のみを領得した場合，この行為は自己の占有する他人の物の領得であるから，横領罪が成立する。

4 町の森林組合の組合長が，法令で造林資金以外に流用の禁止されている金員を，その目的に反して，役員会決議も無視したまま，組合名義で町に貸し付けた場合，組合長に横領罪が成立する。

5 窃盗犯人から預かった盗品を勝手に費消しても，盗品は不法原因給付物であって，窃盗犯人に返還請求権が認められないので，これをほしいままに費消する行為は横領罪を構成しない。

解説

1. 判例は，製茶の買付資金のように使途を限定されて寄託された金銭は，刑法252条のいわゆる「他人の物」に当たり，受託者がその金銭についてほしいままに委託の本旨と違った処分をしたときは，横領罪を構成するとする（最判昭26・5・25）。

2. 民法理論は二重譲渡を適法と認めているものではなく，それは二重譲渡が行われた場合に，所有権の帰属を決定するための理論である。不動産の二重売買は，第一の買主の所有権を侵害する行為であり，登記名義を奇貨として，ほしいままに所有者でなければできない行為を行っているので，売主には横領罪が成立する（最判昭30・12・26）。

3. 判例は，封印した封筒を委託された者がその中身のみを領得する行為は，横領罪ではなく窃盗罪になるとする（大判明44・12・15）。

4. 正しい（最判昭34・2・13）。

5. 判例は，窃盗犯人である委託者が盗品の受託者に対して民法上返還請求ができないとしても，受託者が盗品を勝手に費消する行為は横領罪になるとする（最判昭36・10・10）。

正答 **4**

構成要件に関する次の記述のうち，妥当なものはどれか。

1 即成犯とは，結果が発生することによって犯罪が完成すると同時に終了するものであり，殺人罪がこれに当たる。

2 継続犯とは，結果が発生することによって犯罪はいったん既遂となるが，その後も法益侵害が続く限り犯罪が継続するものであり，窃盗罪がこれに当たる。

3 状態犯とは，結果が発生することによって犯罪は終了し，その後も法益侵害が継続するものそれ自体を新たな犯罪とはしないものをいい，監禁罪がこれに当たる。

4 具体的危険犯とは，現実に法益侵害の危険を生じさせたことが構成要件要素となっているものであり，偽証罪がこれに当たる。

5 母親が子を殺害する意図で母乳を与えない場合，殺人罪は作為を予定しているため，同罪が成立することはない。

解説 ━━━━━━━━━━━━━━━━━━━━━━━━━━━━━━━━━━━━

1. 正しい。即成犯とは，構成要件的結果が発生することによって犯罪が完成すると同時に終了し，その後の法益侵害もないというものであり，殺人罪（刑法199条）や放火罪（同108条以下）がこれに当たる。

2. 継続犯についての記述は本肢のとおりであるが，その具体例としては監禁罪（同220条）がこれに当たる。

3. 状態犯についての記述は本肢のとおりであるが，その具体例としては窃盗罪（同235条）がこれに当たる。

4. 具体的危険犯についての記述は本肢のとおりであるが，その具体例としては非現住建造物等放火罪（同109条2項〈自己所有にかかるものに限る〉）がこれに当たる。偽証罪（同169条）は，抽象的危険犯である。

5. 本肢のような場合には，不作為の殺人罪（同199条）が成立する。作為の形で規定されている構成要件を不作為で実現することを「不真正不作為犯」と呼ぶ。不真正不作為犯が成立するためには，一般的に作為義務の存在が必要である。

正答 **1**

脅迫罪に関する次の記述のうち，妥当なものはどれか。

1　脅迫罪が成立するには，相手方に害悪を加える旨を告知しなければならないが，行為者は少なくともその時点で害悪を実現する意思を有していることを要する。

2　相手方本人に対する害悪の告知はなくても，その友人や恋人などに害悪を加える旨を告知した場合には脅迫罪が成立する。

3　一定の地域に居住する住民が結束して，特定の者を共同生活から除外し，絶交すべき旨を決議し通告するいわゆる村八分は，脅迫罪にいう脅迫には当たらない。

4　脅迫罪が既遂に達するには，相手方に害悪が告知されることが必要であるが，現実に相手方が恐怖したことを要しない。

5　第三者をして加害行為を行わせる旨を通知した場合にも脅迫罪は成立するが，その場合，第三者は実在することが必要である。

解説

1．脅迫罪は個人の意思決定の自由を保護法益とするものであるから，それが侵害されるような害悪の告知がなされれば足り，行為者が実際に害悪を実現する意思を有していることは必要でない（大判大 6・11・12）。

2．脅迫罪は，相手方またはその親族に対する害悪の告知がなければ成立しない（刑法222条）。友人や恋人はこれに含まれないので，本枝の場合には脅迫罪は不成立となる。

3．村八分の決議は，対象者の人格を蔑視し，共同生活に適しない一種の劣等者として待遇しようとするものであるから，その名誉を侵害し，その決議の通告は不名誉な待遇をしようとする害悪の告知に当たり，脅迫罪を構成する（大判昭 9・3・5）。

4．正しい（大判明43・11・15）。

5．そのような第三者の存在を予想できればよく，第三者は必ずしも実在することを要しない（大判昭 7・11・11）。

正答　**4**

刑法上の暴行・脅迫に関する次の記述のうち，妥当なものはどれか。ただし，争いのあるものは判例の見解による。

1 公務執行妨害罪は，公務員が職務を執行するに当たり，これに対して暴行・脅迫を加えれば直ちに成立し，現実に職務執行妨害の結果が発生したことを要しない。

2 暴行罪にいう暴行は，物理力が被害者の身体に接触することが必要であるから，人の身体への接触がなければ暴行罪の成立は認められない。

3 騒乱罪における暴行は，人に対する有形力の行使は含まれるが，物に対する有形力の行使は含まれない。

4 強要罪における脅迫の対象は，生命，身体等に対する害を加える旨を告知される本人に限られ，告知される者の親族は対象とはならない。

5 強盗罪における暴行・脅迫に関しては，客観的に被害者の反抗を抑圧するに足りる程度の暴行があったとしても，実際に被害者が反抗を抑圧されるに至らなかったのであれば，強盗罪の暴行・脅迫があったものとはされない。

解説

1. 正しい（最判昭33・9・30）。

2. 判例は，暴行罪（刑法208条）にいう「暴行」とは，人の身体に対して不法な攻撃を加えることであるとし，身体への接触がなくても暴行罪の成立を認めており，たとえば，室内において被害者の耳元で大太鼓を連打する行為についても，暴行罪における暴行に当たるとする（最判昭29・8・20）。

3. 判例は，騒乱罪（刑法106条）における「暴行」は，人に対する有形力の行使だけでなく，物に対する有形力の行使も含むとする（最判昭35・12・8）。

4. 強要罪における脅迫の対象は，生命，身体等に対する害を加える旨を告知される本人（刑法223条1項）だけに限られず，告知される者の親族も対象となる（同2項）。

5. 判例は，強盗罪（同236条）における暴行・脅迫は，社会通念上一般に被害者の反抗を抑圧するに足りる程度のものであるか否かという客観的基準によって決せられ，被害者の主観が問題となるものではない（最判昭24・2・8）とするから，本肢のように，客観的に被害者の反抗を抑圧するに足りる程度の暴行があれば，たまたま被害者の反抗を抑圧する程度に至らなかったとしても，強盗罪の暴行・脅迫があったとされる。

正答　**1**

憲法

行政法

民法

刑法

労働法

Xは，A所有のB銀行のキャッシュカードを盗み，暗証番号を不正に入手して，B銀行の
ATMで現金を引き出した。このXの現金を引き出した行為の罪責として妥当なものはどれ
か。

1 Aに対する窃盗罪

2 Aに対する詐欺罪

3 Bに対する窃盗罪

4 Bに対する詐欺罪

5 Xは現金を引き出しただけなので無罪

解　説

本問のXの現金を引き出した行為による被害者は現金を引き出されたB銀行であるから，Aで
はなくBに対する財産犯の成否が問題となる。そして，Xは，ATMという機械から現金を引
き出しており，機械は錯誤に陥らないから，機械に対して詐欺罪の成立要件である欺く行為や
機械の錯誤は考えられないため，詐欺罪（刑法246条1項）は成立せず，窃盗罪（同235条）が
成立すると解されている（東京地判平元・2・22参照）。

　以上により，XにはBに対する窃盗罪が成立するから，正答は**3**となる。

正答　**3**

地方上級

No. 294

全国型，関東型

刑法　　死者の占有　　平成27年度

憲法

行政法

民法

刑法

労働法

死者から財物を奪ったときに窃盗罪が成立するか否かにつき，以下の学説の対立がある。

A説　殺害した犯人が，殺害直後に財物を奪ったときは，なお生前の被害者の占有を保護すべきであるから窃盗罪が成立する。

B説　殺害直後に財物を奪ったときは，なお生前の被害者の占有を保護すべきであるから窃盗罪が成立する。

C説　財産権に対する保護は死者の場合でも同様に保護すべきであるから，死者にも占有が認められ，その占有を奪った以上は窃盗罪が成立する。

これらを前提に，事案①②ともに窃盗罪が成立するものの組合せとして妥当なものはどれか。

事案①　XはYを殺害し，その直後にYが身に着けていた高級腕時計を奪った。

事案②　ZはYを殺害した。影に隠れて殺害行為を見ていたXは，その直後にYが身に着けている高級腕時計を奪った。

1　A説，B説
2　A説，B説，C説
3　B説
4　B説，C説
5　C説

解説

A説：財物奪取の主体が殺害した犯人かそれ以外かで結論が異なる。事案①については，Xは殺害した犯人であり，殺害直後にYが身に着けていた高級腕時計を奪っているので，A説では窃盗罪が成立する。事案②については，時計を奪った主体が殺害した犯人ではなく，影に隠れて殺害行為を見ていたにすぎないXであるため，そのようなXがYの財物を奪っても窃盗罪は成立しない。

B説：財物奪取の主体で結論が異ならない見解である。事案①については，Xは殺害直後にYが身に着けていた高級腕時計を奪っているので，B説では窃盗罪が成立する。事案②についても①の場合と同じく，Xは殺害直後にYが身に着けている高級腕時計を奪っているので，窃盗罪が成立する。

C説：死者にも占有が認められ，その占有を奪った以上は窃盗罪が成立するとするので，事案①②ともに窃盗罪が成立する。

以上より，事案①②ともに窃盗罪（刑法235条）が成立するものはB説とC説であるので，正答は**4**である。

正答　4

財産罪の客体である「財物」に関する次のア〜オの記述のうち，妥当なもののみをすべて挙げているのはどれか。ただし，争いがある場合は，判例の見解による。

ア　恋人からもらったラブレターには，持ち主の主観的，感情的な価値があるので，財物性が認められる。

イ　人の身体から切り取られた毛髪には，財物性が認められる。

ウ　消印済みの収入印紙には，金銭的価値がないので，財物性は認められない。

エ　会社の機密資料のコピーには，財物性は認められない。

オ　違法な密造酒は，私人による所持が禁じられているので，財物性は認められない。

1　ア，イ
2　ア，エ
3　イ，ウ
4　ウ，オ
5　エ，オ

解説

ア：妥当である。極端に価値の低い物である場合は別として，所有者にとって主観的な価値が認められる物は，財産罪の客体となると解されている（通説）。

イ：妥当である。人それ自体は財物ではないが，人から切り取られた毛髪が誰かの所有物である場合は，財物となる。

ウ：判例は，消印済みの収入印紙は交換価値を有しなくても，独立して，または証書に貼用され，その一部として財産権の目的たることを得るから，公正証書原本に貼用された当該消印済みの収入印紙を剥離し領得する行為は，窃盗罪に当たるとしている（大判明44・8・15）。したがって，消印済みの収入印紙にも，財物性が認められる。

エ：会社の機密資料のコピーにも，財物性が認められる（東京地判昭40・6・26参照）。

オ：判例は，法律上私人の所持を禁ぜられているものでも，財物罪の規定は人の財物に対する事実上の所持を保護せんとするものであるとして，元軍用隠匿物資（元軍用アルコール）に対する詐欺罪などを認めている（最判昭24・2・15，最判昭25・4・11）。したがって，違法な密造酒にも，財物性は認められる。

以上より，妥当なものはアとイであるから，正答は**1**である。

正答　1

業務妨害罪には，虚偽の風説を流布，威力，偽計の３つの種類がある。次のア～オのうち，偽計に当たるものをすべて挙げているのはどれか。

　ア　中華料理店に約970回にわたり無言電話を繰り返し，他の電話を受けられないような状態にした。

　イ　弁護士を困らせる目的で，必要な書類の入っている鞄を奪い，それを２か月間隠匿し，業務に支障を与えた。

　ウ　外形的にはわからないように，漁場の水面下にある網に障害物を置き，業務を妨害した。

　エ　ライバルである家電量販店に損害を与える目的で，「あの量販店の商品は不良品ばかりである」との虚偽の噂を流した。

　オ　食堂に蛇数十匹を放ち，満員の食堂を混乱に陥らせた。

1　ア，イ
2　ア，ウ
3　イ，ウ
4　ウ，エ
5　ウ，オ

解説

業務妨害罪には，虚偽の風説を流布（刑法233条），威力（同234条），偽計（同233条）の３つの種類がある。このうち区別しにくいのは威力と偽計の違いであるが，偽計とは人を欺罔誘惑し，あるいは他人の錯誤または不知を利用することであり，威力とは人の意思を制圧するに足りる勢力を用いることをいう。

ア：中華料理店に約970回にわたり無言電話を繰り返し，他の電話を受けられないようにして相手を困惑させる行為は，人の意思を制圧する行為ではないので，偽計業務妨害罪である（東京高判昭48・8・7）。

イ：判例は，「弁護士業務にとって重要な書類が在中する鞄を奪取し隠匿する行為は，被害者の意思を制圧するに足りる勢力を用いたものということができる」として，威力業務妨害罪の成立を認めている（最決昭59・3・23）。

ウ：漁場の水面下にある網に障害物を置いて業務を妨害する行為は，他人の錯誤を利用することであり，偽計業務妨害罪である（大判大3・12・3）。

エ：虚偽の噂を流す行為は，虚偽の風説の流布による業務妨害罪である。

オ：満員の食堂に蛇数十匹を放つ行為は，人の意思を制圧するに足りる勢力を用いることであるから，威力業務妨害罪が成立する（大判昭7・10・10）。

　以上より，偽計に当たるものはア，ウであるので，正答は**2**である。

正答　**2**

地方上級

No. 297 全国型，関東型，中部・北陸型

刑法 **事後強盗罪** 平成28年度

次の事案におけるBの罪責について妥当なものはどれか。ただし，住居に対する罪については考慮しないこと。

【事案】

　Bは，財物を盗む目的でA宅に侵入し，タンスに近づいて物色行為を開始した。金品を発見したBはそのまま領得しようとしたが，たまたま帰宅したAに発見され，当該金品を奪い返されそうになった。そこで，Bはこれを取り返されることを防ぐために，ナイフでAを切りつけて逃走した。

1 暴行罪

2 窃盗未遂罪と暴行罪

3 強盗未遂罪

4 事後強盗罪

5 事後強盗罪と加重逃走罪

解説

まず，Bは窃盗の意思でA宅に侵入し，タンスに近づいて物色行為を開始している。この行為は，窃盗罪（刑法235条）の実行の着手に当たる。さらにBは，金員を発見して領得しているので窃盗は既遂罪となる。その後，Bはたまたま帰宅したAに発見され，領得した金品を奪い返されそうになったので，これを取り返されることを防ぐためにナイフでAを切りつけて逃走したというのである。これは，事後強盗罪の構成要件である，「窃盗が，財物を得てこれを取り返されることを防…ぐために，暴行又は脅迫をしたとき」に当たる。したがって，Bには事後強盗罪一罪が成立（同238条）し，先の窃盗罪はこれに吸収される。なお，Bは，「裁判の執行により拘禁された既決又は未決の者」（同97条）や「勾引状の執行を受けた者」（同98条）ではないから，加重逃走罪（同98条）は成立しない。

正答　**4**

労働協約に関する次の記述のうち，妥当なものはどれか。

1 労働協約は，3年を超える有効期間の定めをすることができず，3年を超える有効期間の定めをした労働協約は無効となる。

2 労働協約は，書面を通じての合意のほかに，口頭による合意であっても，その内容が明確である限り有効に成立する。

3 一時的に組織された労働者の集団であっても，代表者を選んで交渉の態勢を整えれば使用者と団体交渉ができ，そこで合意された事項を書面に記載すれば，それには労働協約としての効力が認められる。

4 一の事業場に常時使用される同種の労働者の4分の3以上の数の労働者が一の労働協約の適用を受けるに至ったときは，その事業場に使用される他の同種の労働者についても，その労働協約が適用される。

5 労働協約の平和義務に違反する争議行為をした者について，そのことを理由に使用者が懲戒することは，正当な理由に基づく懲戒権の行使として認められる。

解説

1. 労働協約においては3年を超える有効期間の定めをすることができない（労働組合法15条1項）。しかし，それを超える有効期間を定めた場合も労働協約として無効とはならず，3年の有効期間を定めたものとみなされる（同条2項）。労働協約は，労使が団体交渉を経て合意に達したものであるから，法の許容する期限内はこれを有効とするのが当事者の意思に合致するからである。

2. 判例は，「書面に作成され，かつ，両当事者がこれに署名または記名押印しない限り，仮に，労働組合と使用者との間に労働条件その他に関する合意が成立したとしても，これに労働協約としての規範的効力を付与することはできない」とする（最判平13・3・13〈都南自動車教習所事件〉）。

3. 労働協約の当事者となりうるのは，労働者側では労働組合に限られている。したがって，未組織労働者が一時的に団結したうえで使用者と交渉し，合意事項を書面に記載した場合であっても，それには労働協約としての効力は認められない。

4. 正しい。いわゆる事業場単位の一般的拘束力である（労働組合法17条）。

5. 判例は，平和義務に違反する争議行為は，「たんなる契約上の債務の不履行であって，これをもって，企業秩序の侵犯にあたるとすることはできず，また，個々の組合員がかかる争議行為に参加することも，労働契約上の債務不履行にすぎない」ことを理由に，「使用者は，労働者が平和義務に違反する争議行為をし，またはこれに参加したことのみを理由として，当該労働者を懲戒処分に付しえない」とする（最判昭43・12・24〈弘南バス事件〉）。

正答 **4**

憲法

行政法

民法

刑法

労働法

使用者が服務規律に違反した労働者に対して行う懲戒処分に関する次の記述のうち，妥当なものはどれか。ただし，争いのあるものは判例の見解による。

1 使用者が，就業規則の服務規律に違反した労働者に対して行った懲戒処分については，当該懲戒に係る労働者の行為の性質および態様その他の事情に照らして，客観的に合理的な理由を欠き，社会通念上相当であると認められない場合であっても，その処分が懲戒解雇でない限り，当該懲戒は無効とはならず，不法行為による損害賠償の問題となるにすぎない。

2 就業規則に「不正不義の行為を犯し，会社の体面を著しく汚したこと」が懲戒事由として定められている場合には，労働者の私生活上の非行についても，労働者の職場内・勤務時間内の規律違反行為と同様に，懲戒事由該当性や懲戒処分の相当性が判断されることになる。

3 会社が就業規則により，労働者が会社のパソコンを利用してインターネットやメールを私的に使用することを禁止している場合，これに違反した労働者に対する懲戒処分が権利の濫用と判断されることはない。

4 会社が就業規則により労働者が就業時間外に他社へ就業することを禁止している場合，労働者が会社の許可を得ることなく他社へ就業する行為は，たとえ会社に対する労務の提供に具体的に支障を来さないときであっても，常に懲戒処分の対象となる。

5 労働者が企業の不祥事を内部告発することは，企業の名誉・信用を損なう行為として懲戒処分の対象となることがあるが，企業で発生した犯罪事実について労働者が不正の目的でなく行うなど一定の要件を満たした内部告発行為については懲戒処分をすることができない。

解説

1. 労働契約法15条は，「使用者が労働者を懲戒することができる場合において，当該懲戒が，当該懲戒に係る労働者の行為の性質及び態様その他の事情に照らして，客観的に合理的な理由を欠き，社会通念上相当であると認められない場合は，その権利を濫用したものとして，当該懲戒は，無効とする」と規定しており，懲戒処分を懲戒解雇に限定しないから，懲戒処分が懲戒解雇でない限り無効とはならないとする本肢は誤り。

2. 労働者の私生活上の非行についても，企業の名誉や信用を損なうことがあるため懲戒処分の対象とされることがあるが，職場外・勤務時間外の行為については労働者の私生活尊重の要請も考慮する必要があるため，労働者の職場内・勤務時間内の規律違反行為よりも，懲戒事由該当性や懲戒処分の相当性は，より厳格に判断されることになると解されている（最判昭45・7・28〈横浜ゴム事件〉等参照）。

3. 会社が就業規則によって禁止している会社のパソコンを利用したインターネットやメールの私的使用の禁止について，労働者が違反した場合でも，私的利用の頻度・時間，他の従業員の利用実態，利用規則を整備して注意や警告を行ってきたかという使用者側の予防措置，処分の重さなどを考慮して，労働者に対する懲戒処分が権利の濫用と判断されることもある，と解されている（東京地判平19・9・18〈北沢産業事件〉，札幌地判平17・5・26〈全国建設工事業国民健康保険組合北海道東支部事件〉等を参照）。

4. 労働者の職場外・勤務時間外の行為については，①労働者の私生活や職業選択の自由を尊重する必要があるため，他社へ就業することを全面的に禁止する就業規則は合理性を欠く。②しかしながら，従業員の兼業の許否について，労務提供上の支障や企業秩序への影響等を考慮したうえでの会社の承認にかからしめる旨の規定を就業規則に定めることは合理性を有する。③そして，会社に対する労務の提供に具体的に支障を来す場合には懲戒事由に当たる，と解されている（①②③につき東京地決昭57・11・19〈小川建設事件〉参照）。よって，本肢にあるように，他社への就業が会社に対する労務の提供に具体的に支障を来さないのであれば，懲戒処分の対象とはならない場合もある。

5. 正しい（大阪地判堺支部平15・6・18〈大阪いずみ市民生協事件〉参照）。

正答　**5**

労働契約に関する次の記述のうち，妥当なものはどれか。

1 使用者は，労働者との合意に基づいて労働契約に定めた労働条件を変更することができるが，そこで変更される労働条件が労働基準法の定める基準を下回る場合には，労働者の任意の同意があることを立証できた場合に限り，その労働条件を適用することができる。

2 使用者は労働契約の締結に際して，労働者に賃金や労働時間等の労働条件を明示すべきものとされ，そこで明示された労働条件が事実と異なる場合には，労働者は相当期間を定めて是正を求めなければならず，その期間内に是正が行われない場合には労働契約の解除ができる。

3 使用者は，労働契約に期間を定めた場合には，契約の拘束力により，契約期間が満了するまでの間は労働者を解雇することができないが，やむをえない事由がある場合には，休業補償を支払って就労を免ずることはできる。

4 使用者が就業規則の変更により労働条件を労働者の不利益に変更する場合において，その変更内容が合理的なものであるときは，変更後の就業規則を労働者に周知しなくても，変更後の就業規則に定める労働条件を労働者に適用することができる。

5 就業規則で定める基準に達しない労働条件を定める労働契約は，その部分については無効とされ，この場合，無効となった部分は就業規則で定める基準による。

解説

1. 労働基準法は強行規定であって，それを下回る労働条件は，労働者の任意の同意があっても無効である（労働基準法13条）。

2. 明示された労働条件が事実と相違する場合には，労働者は即時に労働契約を解除できる（同15条2項）。相当期間を定めた是正を求めることは，労使の力関係から一般に困難であるとされ，この期間について労働契約の拘束力を認めることは，労働者に著しく不利になるおそれがあるからである。

3. 労働契約に期間を定めた場合であっても，やむをえない事由があれば，契約期間の途中であっても労働者を解雇することができる（労働契約法17条1項）。

4. どのように変更されたか，またその内容が合理的なものであるかを知るためには周知されなければならない。そのため，労働契約法は周知を変更後の就業規則の適用要件としている（同10条本文）。

5. 正しい（同12条）。

正答　**5**

労働時間に関する次の記述のうち，妥当なものはどれか。

1　労働基準法41条2号の「監督若しくは管理の地位にある者」（管理監督者）とは，一般的には部長，工場長など労働条件の決定その他労務管理について経営者と一体的な立場にある者の意であり，名称にとらわれず実態に即して判断すべきものと定義されており，銀行の支店長代理はこの管理監督者には当たらない。

2　監視または断続的労働に従事する者に労働時間等に関する規制の適用を除外するには，行政官庁の許可を得る必要はない。

3　突発業務が発生しない限り睡眠をとってもよいとされる仮眠時間は，突発業務が発生した際にこれに対応する時間を除いて実作業に従事していない以上，労働基準法上の労働時間には当たらないとするのが判例である。

4　事業場外で業務に従事するトラックの運転手については，タイムカードで労働時間が管理されている場合であっても，事業場外労働のみなし労働時間制を適用することができる。

5　労働基準法41条2号の管理監督者に該当する労働者については，時間外，休日労働の割増賃金だけでなく，深夜労働の割増賃金も請求することができないとするのが判例である。

解　説

1．正しい。「監督若しくは管理の地位にある者」とは，一般的には部長，工場長など労働条件の決定その他労務管理について経営者と一体的な立場にあるものの意であり，名称にとらわれず実態に即して判断すべきものとされている（昭和63・3・14基発第150号）。一方，銀行の支店長代理は，経営者と一体的な立場で銀行経営を左右する仕事に携わるということもないため，管理監督者には該当しないと解されている（静岡地昭53・3・28〈静岡銀行事件〉参照）。

2．労働基準法41条3号は，監視または断続的労働に従事する者で，「使用者が行政官庁の許可を受けたもの」について，労働時間等に関する規制の適用の除外を認めているから，この適用除外のためには行政官庁の許可を得る必要がある。

3．判例は，実作業に従事していない仮眠時間において，労働者が実作業に従事していないというだけでは，使用者の指揮命令下から離脱しているということができず，当該時間に労働者が労働から離れることを保障されていて初めて，労働者が使用者の指揮命令下に置かれていないということができるとして，実作業に従事していない仮眠時間であっても，労働からの解放が保障されていない本肢のような場合には，労働基準法上の労働時間に当たるとする（最判平14・2・28〈大星ビル管理事件〉）。

4．事業場外労働のみなし労働時間制は，労働者が労働時間の全部または一部について事業場外で業務に従事した場合において，「労働時間を算定し難いとき」に所定労働時間労働したものとみなす制度である（労働基準法38条の2第1項本文）から，タイムカードで労働時間が管理されている場合には，みなし労働時間制の適用は認められない。

5．判例は，労働基準法41条2号の管理監督者に該当する労働者に適用が除外される同条柱書の「労働時間，休憩及び休日に関する規定」には，深夜業の規制に関する規定は含まれないとして，管理監督者に該当する労働者は，同37条4項に基づく深夜割増賃金を請求することができるとする（最判平21・12・18〈ことぶき事件〉）。

正答　**1**

労働関係調整法における斡旋，調停，仲裁に関する次の記述のうち，妥当なものはどれか。ただし，公益事業に関する事件については考えないものとする。

1　斡旋員となる者には，特に資格や能力等は要求されない。

2　斡旋員が関係当事者間の双方の主張の要点を確かめたうえで示した解決案には，法的拘束力が生ずる。

3　調停は，関係当事者の双方から，労働委員会に対して調停の申請がなされたときに限って行われる。

4　労働委員会による労働争議の調停は，使用者を代表する調停委員，労働者を代表する調停委員の二者から成る調停委員会を設け，これによって行う。

5　仲裁裁定は，労働協約と同一の効力を有する。

解　説

1．斡旋員候補者は，学識経験を有する者で，労働争議の解決につき援助を与えることができる者でなければならないから（労働関係調整法11条），斡旋員には資格や能力等が要求される。

2．斡旋員は，関係当事者間を斡旋し，双方の主張の要点を確かめ，事件が解決されるように努めなければならないが（同13条），斡旋員は，解決案を出す場合も出さない場合もあり，斡旋員が解決案を示した場合でも，それを受け入れるかどうかは自由であるから，解決案には法的拘束力はない。

3．調停（公益事業に関する事件以外）は，本肢の場合（同18条1号）のほか，関係当事者の双方または一方から，労働協約の定めに基づいて，労働委員会に対して調停の申請がなされたとき（同2号）などにも行われる。

4．労働委員会による労働争議の調停は，使用者を代表する調停委員，労働者を代表する調停委員だけでなく，公益を代表する調停委員の三者から成る調停委員会を設け，これによって行う（同19条）。

5．正しい（同34条）。

正答　**5**

地方上級

No. 303 労働法 不当労働行為

全国型，関東型，中部・北陸型

平成30年度

不当労働行為からの救済に関する次の記述のうち，妥当なものはどれか。ただし，争いがあるものについては判例の見解による。

1 労働組合が使用者から不当労働行為を受けた場合，その救済手続きは労働委員会のみによるものであり，労働組合が裁判所に直接救済を求めることはできない。

2 労働委員会による救済は，労働組合だけが申し立てることが可能であり，労働者は申立人にはなれない。

3 労働委員会は，不当労働行為の要件の存否を判断するに当たり，独自の裁量を有する。

4 労働者が労働組合への加入を理由に昇格差別を受けた場合，労働委員会が昇格命令を指示することは，裁量権を逸脱し認められない。

5 労働組合が，組合員が不当労働行為を受けたとして，労働委員会に救済を申し立てた場合，申立て後に当該組合員が組合資格を喪失しても，労働組合は不当労働行為の是正を要求できる。

解説

1. 労働組合が使用者から不当労働行為を受けた場合，その救済手続きは労働委員会による行政的救済（労働組合法27条〜）だけでなく，労働組合は裁判所に対し，労働組合法7条を根拠に直接司法的救済を求めることもできる。

2. 労働委員会による救済は，労働組合だけでなく，労働者も申立人にとなることができる。不利益取扱い（労働組合法7条1号・4号）の類型を考えれば明らかである。

3. 判例は，労働委員会は，労働組合法27条に基づく救済の申立てがあった場合において，その裁量により，使用者が同7条に違反するかどうかを判断することができるものではないとする（最判昭53・11・24〈寿建築研究所事件〉）。すなわち，労働委員会は，救済命令の内容については効果裁量が認められるが，不当労働行為の成否の判断（労働組合法7条の要件該当性）についての要件裁量は認められないとする。

4. 労働者が労働組合への加入を理由に昇格差別を受けた場合，労働委員会が昇格命令を指示することは，差別がなければされたであろう昇格を実行するように命令するものであり，裁量権を逸脱せず認められると解されている。

5. 妥当である（最判昭61・6・10〈旭ダイヤモンド工業事件〉）。判例は，組合員が，積極的に，組合員個人の雇用関係上の権利利益を放棄する旨の意思表示をなし，または労働組合の救済命令申立てを通じてその権利利益の回復を図る意思のないことを表明したときは，労働組合はそのような内容の救済を求めることはできないが，かかる積極的な意思表示のない限りは，労働組合は当該組合員が組合員資格を喪失したかどうかにかかわらず救済を求めることができるとする。

正答 **5**

賃金に関する次の記述のうち，妥当なものはどれか。

1 労働基準法上の賃金には，従業員である労働者が，客から直接受け取るチップも含まれる。

2 未成年者の親権者または後見人は，未成年者の賃金を，未成年者に代わって受け取ることができる。

3 出来高払制その他の請負制で使用する労働者については，使用者は，労働時間に応じた一定額の賃金の保障をする義務はない。

4 使用者に責任のない事由による休業の場合においては，使用者は，休業期間中当該労働者に，その平均賃金の100分の60以上の手当を支払わなければならない。

5 地域別最低賃金を定める場合に，地域における労働者の生計費を考慮するに当たっては，生活保護に係る施策との整合性に配慮するものとされる。

解　説

1. 労働基準法上の賃金（労働基準法24条参照）は，使用者が労働者に支払うものであるから，従業員である労働者が，客から直接受け取るチップは含まれない。

2. 未成年者は，独立して賃金を請求することができる。親権者または後見人は，未成年者の賃金を代わって受け取ってはならない（労働基準法59条）。

3. 出来高払制その他の請負制で使用する労働者については，使用者は，労働時間に応じ一定額の賃金の保障をしなければならない（労働基準法27条）。

4. 使用者の責に帰すべき事由による休業の場合においては，使用者は，休業期間中当該労働者に，その平均賃金の100分の60以上の手当を支払わなければならない（労働基準法26条）。

5. 妥当である。地域別最低賃金は，地域における労働者の生計費および賃金並びに通常の事業の賃金支払能力を考慮して定められなければならない。労働者の生計費を考慮するに当たっては，労働者が健康で文化的な最低限度の生活を営むことができるよう，生活保護に係る施策との整合性に配慮するものとする（最低賃金法9条2項・3項）。

正答　**5**

労働基準法上の労働時間に関する次の記述のうち，妥当なものはどれか。ただし，争いがある場合は判例による。

1 医師は治療行為を求められたら，これを拒むことができないので，病院に勤務する勤務医には，労働基準法上の労働時間規制は適用されない。

2 警備会社で労働に従事する警備員の仮眠時間は，対応等を迫られるなど，労働から完全に解放されているといえないときは，仮眠時間であっても労働時間として扱われる。

3 労働者を代表する過半数代表として適法に選出されていない者が，36協定を締結したときであっても，当該協定は有効となる。

4 裁量労働制を採用する際には，あらかじめ対象労働者について労働時間として算定される時間を決めておく必要はない。

5 所定労働時間を超えて労働した時間数を問わず，残業代をあらかじめ固定する固定残業代の賃金規程は無効である。

解 説

1. 病院に勤務する勤務医は，労働基準法にいう「職業の種類を問わず，事業又は事務所に使用される者で，賃金を支払われる者」に当たるから，同法上の労働者である（同9条）。したがって，労働基準法上の労働時間規制の適用対象となる。

2. 正しい（最判平14・2・28〈大星ビル管理事件〉）。

3. 労働者を代表する過半数代表として適法に選出されていない者が36協定を締結したとしても，法の要件を満たしていないので，その協定は無効である（最判平13・6・22〈トーコロ事件〉）。

4. 裁量労働制は，労働時間の算定が困難であることから，これをあらかじめ定めておくことで代替しようとするものである。したがって，労働時間として算定される時間は必ず決めておかなければならない（労働基準法38条の3第1項2号，同38条の4第1項3号）。

5. 固定残業代というだけで，直ちに賃金規程が無効になるわけではない。たとえば固定残業代が20時間分とされている場合に，実際の残業時間がそれ以下にとどまれば，その賃金規程は有効である。これに対して，実際の残業時間が20時間を超える場合には，労働者は超過分の残業代を請求できる（大阪地判昭63・10・26〈関西ソニー販売事件〉）。

正答 **2**

労働関係の終了に関する次の記述のうち，妥当なものはどれか。

1 無断欠勤や遅刻を繰り返し，再三の注意・指導を受けたにもかかわらず，これを直そうとしない社員に対して，労働義務の不履行を理由に懲戒解雇することは，合理的な理由があり社会通念上相当なものとして許される場合がある。

2 解雇予告をせず，かつ予告手当も支払われずになされた解雇は無効であるから，解雇の通知後30日の期間が経過したとしても解雇の効力が生じることはない。

3 就業規則に定められている懲戒解雇事由以外の理由でなされた懲戒解雇は無効であり，民法上も当然に不法行為が成立する。

4 使用者は，労働者に懲戒解雇事由があった場合には懲戒解雇をしなければならないので，あえて普通解雇を選択することは許されない。

5 使用者が人員整理を目的とした整理解雇をする際には，人員削減の必要性や手続きの妥当性が満たされていれば足り，解雇回避の努力を講じたことや解雇対象者の選定が客観的，合理的な基準に基づいていることなどは必要ない。

憲法　行政法　民法　刑法　労働法

解　説

1. 正しい。労働者には使用者との契約に基づく労働義務があるので，使用者が，無断欠勤や遅刻を繰り返し再三の注意・指導にもかかわらずこれを直そうとしない社員を，労働義務の不履行を理由に懲戒解雇することは，合理的な理由があり社会通念上相当なものとして許される場合がある（福岡地判昭49・8・1，東京地判昭54・11・22，横浜地判昭56・6・26）。

2. 解雇予告をせずかつ予告手当も支払われずになされた解雇は，使用者が即時解雇に固執する趣旨でない限り，解雇通知後30日を経過するか，通知後に予告手当の支払いをした時のいずれかの時から解雇の効力が生じる（最判昭35・3・11〈細谷服装事件〉）。

3. 就業規則に定められている懲戒解雇事由は「限定列挙」と解されているので，懲戒解雇事由に該当しないにもかかわらずなされた懲戒解雇は無効となる。もっとも，無効な解雇すべてに民法上当然に不法行為が成立するわけではなく，別途不法行為の要件を満たすかどうかを検討しなければならない。

4. 使用者は，労働者に懲戒解雇事由があった場合において，あえて普通解雇を選択することも許される（最判昭52・1・31〈高知放送事件〉）。

5. 整理解雇をするための要件は，①人員削減の必要性があること，②整理解雇の手段を選択せざるをえないこと（解雇回避努力を尽くしたこと），③整理解雇対象者の選定基準に客観性・合理性が備わっていること（勤務成績や貢献度を基準とすることは妥当。正規労働者の整理解雇に先立って，臨時職員の雇止めを行うことも妥当），④手続きの妥当性が満たされていること，である。

正答 **1**

労働者災害補償保険法に関する次の記述のうち，妥当なものはどれか。

1 保険給付を受ける権利は，労働者の退職により，全部または一部が消滅することがある。

2 労働者が重大な過失により，負傷，疾病，障害，死亡の原因となった事故を生じさせたときであっても，労働者は保険給付を受ける権利を失わない。

3 労働者が業務災害により死亡した場合には，労働者災害補償保険法上の規定により，使用者はその遺族に対して給付基礎日額の1,000日分の保険給付の支給をしなければならない。

4 租税その他の公課は，保険給付として支給を受けた金品を標準として課することはできない。

5 障害補償給付を一時金として給付することは認められない。

解 説

1. 保険給付を受ける権利は，労働者の退職によって変更されることはない（労働者災害補償保険法12条の5第1項）から，労働者の退職により，全部または一部が消滅することはない。

2. 労働者が重大な過失により，負傷，疾病，障害もしくは死亡の原因となった事故を生じさせたときは，政府は，保険給付の全部または一部を行わないことができる（同12条の2の2第2項）から，重大な過失のある労働者は保険給付を受ける権利を失うことがある。

3. 本肢のように，労働者が業務災害により死亡した場合に，使用者に，遺族への給付を義務づける制度は労働者災害補償保険法には存在しない。なお，遺族補償は労働基準法79条が規定している。

4. 正しい（労働者災害補償保険法12条の6）。

5. 障害補償給付は，厚生労働省令で定める障害等級に応じ，障害補償年金または障害補償一時金とする（同15条1項）とされているから，障害補償給付を一時金として給付することは認められる。

正答 **4**

争議行為に関する次の記述のうち，判例・通説に照らし，妥当なものはどれか。

1 使用者に対する経済的地位の向上の要請と直接関係のない政治的目的のための争議行為であっても，それが労働者の生活利益に関連する立法や政策の実現を目的として行われたものである場合には，労働者の団体行動権を保障する憲法28条の規定により，正当な争議行為として法的保護を受ける。

2 経営方針，生産方法および経営者・管理者等の人事は，使用者側の専権事項であるから，これらに関する要求を掲げて行う争議行為は，たとえその要求の真意が組合員の労働条件の改善や生活向上にあったとしても，正当な争議行為として法的保護を受けることはない。

3 労働組合が使用者に対して賃上げ要求を掲げて団体交渉を申し入れておきながら，使用者がなんらの回答もしないうちに，抜打ち的になされた争議行為であっても，憲法28条が勤労者に団体行動権を保障した目的を逸脱するものではなく許容される。

4 タクシー等の運行を業とする企業において，労働者側が，ストライキ期間中，非組合員等による営業用自動車の運行を阻止するために，説得活動の範囲を超えて，当該自動車を労働者側の排他的占有下に置いてしまうなどの行為は，当該行為が暴力，破壊等の実力行使を伴うものでない限り，なお正当な争議行為の範囲内に含まれる。

5 憲法は勤労者の団体行動権を保障しているが，労働者の争議権の無制限な行使を認めているのではないから，労働者側が企業者側の私有財産の基幹を揺るがすような争議手段は許されず，企業経営の権能を権利者の意思を排除して非権利者が行ういわゆる生産管理については，違法性は阻却されない。

解説

1. 判例は，使用者に対する経済的地位の向上の要請と直接関係のない政治的目的のために争議行為を行うことは，憲法28条の保障とは無関係であるとする（最大判昭48・4・25〈全農林警職法事件〉，最判平4・9・25〈三菱重工長崎造船所事件〉）。

2. 判例は，所長の追放を主張して労働争議をなす場合においても，それがもっぱら同所長の追放自体を直接の目的とするものではなく，労働者の労働条件の維持改善その他経済的地位の向上を図るための必要的手段としてこれを主張する場合には，かかる行為は必ずしも労働組合運動として正当な範囲を逸脱するものということはできないとする（最判昭24・4・23〈大浜炭鉱事件〉）。

3. 通説は，争議権は団体交渉における具体的な折衝を進展させるために保障された権利であるので，正当な争議行為の開始には，使用者が労働者の具体的要求についての団体交渉を拒否したか，または団体交渉においてそのような要求に拒否回答したことが原則として必要であるとする。よって，本枝のような，使用者がなんらの回答もしないうちに，抜打ち的になされた争議行為は許容されないと解される。また，下級審の裁判例は，本枝のような事案において抜打ち的になされた争議行為は憲法28条が勤労者に団体行動権を保障した目的を逸脱するものとして許されないとする（浦和地判昭35・3・30〈富士文化工業事件〉）。

4. 判例は，本枝のような当該自動車を労働者側の排他的占有下に置いてしまうなどの行為をすることは許されず，正当な争議行為とすることはできないとする（最判平4・10・2〈御国ハイヤー事件〉）。

5. 正しい（最大判昭25・11・15〈山田鋼業事件〉）

正答 **5**

不当労働行為に関する次の記述のうち，妥当なものはどれか。

1　使用者が労働組合を壊滅させるために，会社を解散して組合員を全員解雇し，事業を実際上廃止することは，不当労働行為に当たる。

2　使用者が雇用する労働者の代表者と団体交渉をすることを正当な理由なく拒否することは不当労働行為となり，また，労使双方が当該議題についてそれぞれ自己の主張・提案・説明を尽くし，これ以上交渉を重ねてもいずれかの譲歩により交渉が進展する見込みがない場合であっても，使用者側から団体交渉を打ち切ることは不当労働行為となる。

3　会社が，労働組合に対して会社施設である事業所の食堂の使用を禁止し，無許可で食堂を使用する労働組合に対して退去を求めることは，不当労働行為に当たる。

4　ストライキ参加者に対してストライキ期間についての賃金カットを行う場合であれば，たとえ使用者側に正当なストライキへの報復や組合弱体化の意図が認められる特別の事情が認められるときであっても，不当労働行為とはならない。

5　使用者が，会社が経営危機に直面してその打開策を従業員に訴えるなかで，「ストをやれば会社はつぶれる」などと発言しつつストライキの自粛を訴えた行為は，不当労働行為には当たらない。

解説

1．使用者の事業廃止の自由までを制限することができないため，会社を解散して組合員を全員解雇する場合でも，それが偽装解散ではなく，本肢のように事業を実際上廃止する場合には，不当労働行為には当たらないと解されている。

2．前半の団体交渉の拒否が不当労働行為になるとする部分は正しい（労働組合法 7 条 2 号）。しかし，判例は，交渉が進展する見込みがなくなり，交渉を継続する余地がない場合には，会社による団体交渉の拒否に正当な理由がないとはいえないとして（最判平 4・2・14〈池田電器事件〉），使用者側からの交渉打ち切りであっても不当労働行為とはならない場合を認めるから，後半は誤り。

3．判例は，本肢のような事案において，使用者が，労働組合集会等のために企業施設の利用を労働組合またはその組合員に許諾するかどうかは，原則として，使用者の自由な判断に委ねられており，使用者がその利用を受忍しなければならない義務を負うものではないから，権利の濫用であると認められるような特段の事情のある場合を除いては，使用者が利用を許可しないからといって，直ちに団結権を侵害し，不当労働行為を構成するということはできないとする（最判平 7・9・8〈オリエンタルモーター事件〉）。よって，本肢の場合が不当労働行為に当たるとはいえない。

4．ストライキを理由とする賃金カットが不利益取扱いないし支配介入による不当労働行為となるかは，使用者に報復や弱体化の意図が認められるかどうかによると解されている（最判昭 58・2・24〈西日本重機事件〉参照）。よって，使用者に報復や弱体化の意図が認められるときには，不当労働行為となる。

5．正しい。本肢のような発言は，不穏当な部分はあるが，全体としては会社の率直な意見の表明の域にとどまるとされている（中労委昭 57・6・2〈日本液体運輸事件〉）。なお，判例は，労働組合に対する使用者の言論が，組合員に対し威嚇的効果を与えることによって組合の組織，運営に現実に影響を及ぼすような場合はもちろん，一般的に影響を及ぼす可能性がある場合にも支配介入となり不当労働行為に該当するとする（最判昭 57・9・10〈プリマハム事件〉）が，本肢の場合は使用者の言論が組合員に威嚇的効果を与えたとは解されない。

正答　5

地方上級

No. 310

全国型，関東型，中部・北陸型

労働法　　　　労働契約　　　令和元年度

憲法

行政法

民法

刑法

労働法

労働者Aと使用者Bの間で締結された期間の定めのある労働契約に関する次の記述のうち，妥当なものはどれか。

1 AとBとの間の労働契約の期間は，両当事者の合意があれば，1か月から10年までの期間内で自由に締結することができる。

2 AとBとの間の労働契約は有期労働契約であるが，使用者Bは労働者Aを，必要に応じて，その期間の途中で自由に解雇することができる。

3 AとBとの間の契約は有期労働契約であるが，労働者Aに，年次有給休暇の権利が発生することはない。

4 Aが，有期労働契約の契約期間満了時に当該契約が更新されると期待することに合理的な理由があると認められ，契約期間の満了日までの間に，AがBに対し，当該契約の更新の申込みをした場合において，Bが当該申込みを拒絶することが，客観的に合理的な理由を欠き社会通念上相当と認められないときは，Bは，従前の有期労働契約の内容である労働条件と同一の労働条件で当該申込みを承諾したものとみなされる。

5 Bとの間で締結された2つ以上の有期労働契約の契約期間を通算した期間が5年を超えるAが，Bに対し，現に締結している有期労働契約の契約期間が満了する日までの間に，当該満了する日の翌日から労務が提供される期間の定めのない労働契約の締結の申込みをしたときでも，Bが当該申込みを承諾したとみなされることはない。

解説

1. 労働契約の期間は，原則として最長3年であり，例外でも最長5年である（労働基準法14条1項）。

2. 有期労働契約については，やむをえない事由がある場合でなければ，その契約期間が満了するまでの間は，労働者を解雇することができない（労働契約法17条1項）。

3. 年次有給休暇の権利は，雇入れの日から6か月間継続勤務し，全労働日の8割以上出勤した労働者に発生する（労働基準法39条1項）。最初は10労働日である。

4. 妥当である（労働契約法19条2号）。

5. 同一の使用者との間で締結された2以上の有期労働契約の契約期間を通算した期間が5年を超える労働者が，当該使用者に対し，現に締結している有期労働契約の契約期間が満了する日までの間に，当該満了する日の翌日から労務が提供される期間の定めのない労働契約の締結の申込みをしたときは，使用者は当該申込みを承諾したものとみなす（労働契約法18条1項前段）。

正答 **4**

労働協約に関する次の記述のうち，妥当なものはどれか。

1　労働協約を締結した組合が解散した場合，当該労働協約は組合を構成していた各労働者との間で存続し，その有効期間は個々の組合員に適用される。

2　使用者が労働組合との間で賃金に関する協定を締結した場合には，たとえその協定が口頭の合意によるものであり，書面に記載されていないとしても，労働協約としての効力が認められる。

3　労働協約に定める基準が組合員の労働条件を不利益に変更するものであっても，組合員の個別の同意または組合に対する授権がない限り，変更規定について規範的効力が認められないというわけではない。

4　協約締結組合が存在しない事業場においては，労働者の過半数を代表する者との書面による協定があれば，それに労働協約としての効力が認められる。

5　労働協約には規範的効力という特別の効力が認められることから，そのような効力が生じる協定を他と区別しておく必要から，労働協約として認められるためには，その名称は「労働協約」とされていなければならない。

解　説

1. 労働協約を締結した組合が解散した場合，労働協約は当事者の一方の消滅によって失効する。

2. 判例は，「書面に作成され，かつ，両当事者がこれに署名し又は記名押印しない限り，仮に，労働組合と使用者との間に労働条件その他に関する合意が成立したとしても，これに労働協約としての規範的効力を付与することはできない」とする（最判平13・3・13）。

3. 正しい。判例は，「労働協約に定める基準が組合員の労働条件を不利益に変更するものであることの一事をもってその規範的効力を否定することはできないし，組合員の個別の同意又は組合に対する授権がない限りその規範的効力が認められないとも解されない」とする（最判平9・3・27）。

4. 協約締結能力を有するのは労働組合に限られる（労働組合法14条）。書面による協定であっても，労働者の過半数を代表する者との間に締結されたものには，労働協約としての効力は認められない。

5. 名称のいかんを問わず，書面に作成し，両当事者が署名または記名押印したものについては，労働協約と認められる。

正答　**3**

労働協約に関する次の記述のうち，妥当なものはどれか。

1　労働者の労働条件や待遇，処遇に直接関係のないことを労働協約に明記することはできない。

2　労働協約の有効期間は3年であるが，3年を下回る期間を定めることはできない。

3　労働協約によって，労働者の労働条件を不利な条件に引き下げることは，特定の労働者に不利益を及ぼすことが目的となっている場合には，効力を有しない。

4　労働協約で定められている労働条件に達しない労働契約を，当該労働協約が適用される個別の労働者と結ぶことは可能である。

5　ユニオン・ショップ協定の効力は，協定締結組合から脱退もしくは除名され，他組合に加入した者についても及ぶ。

解　説

1．労働協約は，労働組合と使用者との間の契約であるから，たとえば組合事務所を貸与する旨の約定など，労働者の労働条件や待遇，処遇に直接関係のないことについても約定できる。

2．労働協約に有効期間を定める場合，その最長は3年である（労働組合法15条1項）。したがって，それ以下の期間の定めは有効である。

3．正しい。判例は，退職金に関する事案で「既に発生した具体的権利としての退職金請求権を事後に締結された労働協約の遡及適用により（一方的に）処分，変更することは許されない」とする（最判平元・9・7，香港上海銀行事件）。

4．労働協約には，労働契約の規定事項が労働協約の規定事項に抵触した場合，後者の規定事項が前者のそれを強制的に置き換えてしまうという効力が認められている（労働組合法16条，規範的効力）。したがって，労働協約で定められている労働条件に達しない労働契約を個別の労働者と結ぶことは，この規範的効力に抵触することになるので許されない。

5．判例は，ユニオン・ショップ協定のうち，締結組合以外の他の労働組合に加入している者および締結組合から脱退しまたは除名されたが，他の労働組合に加入しまたは新たな労働組合を結成した者については，協定の効力は及ばないとする（最判平元・12・14，三井倉庫港運事件）。

正答　**3**

労働組合に関する次の記述のうち，妥当なものはどれか。

1 組合員には脱退の自由が保障されているが，組合規約で争議行為中の組合脱退を認めないとすることは合理的な制約であるから，争議行為終了後の脱退が保障されている限り，このような規約も無効ではない。

2 争議行為を禁止されている公務員の労働組合に加入する公務員が，組合の争議指令に違反して争議行為に参加しなかった場合，組合は当該組合員を統制処分に付すことができる。

3 使用者が労働契約の締結に際し，組合に加入しないことを採用の条件として提示したとしても，それだけでは不当労働行為は成立しない。

4 組合が職種や従業員の種類などの違いを基準として加入資格を制限することは，公序良俗に反するものではなく，組合自治の範囲内の行為として認められる。

5 組合の除名処分が無効であったとしても，使用者が組合とのユニオン・ショップ協定に基づいて行った解雇は，使用者が除名処分の適否を調査しえない状況があれば無効とはならない。

解説

1. 組合は，労働者が自発的に信頼を寄せて始めて団結を維持できるので，このような規約によって争議行為中の組合脱退を制限することは許されず，争議行為中であっても脱退は認められる。

2. 判例は，「法律は公共の利益のために争議行為を禁止しているのであるから，組合員が一市民として法律の尊重遵守の立場をとることは，是認されるべきであり，多数決によって違法行為の実行を強制されるべきいわれはない」として，統制処分を無効とする（最判昭50・11・28，国労広島地本事件）。

3. いわゆる黄犬契約（労働組合法7条1号）であるが，たとえ契約の締結に至らなくても，そのような契約を提示すること自体が組合弱体化を図る行為にほかならず，使用者に不当労働行為が成立する。

4. 正しい。組合は構成員の利益を擁護するための結合体であり，職種や従業員の種類などの違いによって構成員間に利害の対立を生じる事態を回避することは合理的な措置であるから，このような加入資格の制限は組合自治の範囲内の行為として認められる。

5. たとえ使用者が除名処分の適否を調査しえない場合であっても，解雇は無効である。除名が無効である以上，ユニオン・ショップ協定を適用して労働者を解雇すべき客観的に合理的な理由が存在しないからである（最判昭50・4・25，日本食塩製造事件）。

正答 **4**

チェックオフに関する次の記述のうち，妥当なものはどれか。ただし，争いのあるものは判例の見解による。

1 チェックオフは，組合と使用者との労使協定がなくても，個々の組合員からの組合費控除の申し出のみでこれを行うことができる。

2 使用者は，チェックオフ協定に基づいて組合に引き渡すべき金銭を組合に納入する義務と，組合に対する損害賠償請求権とを相殺することができる。

3 チェックオフ協定に基づいて組合費の控除が開始された後は，使用者は個々の組合員からのチェックオフの中止の申し出に応ずる義務はない。

4 チェックオフは，不当労働行為としての経費援助に当たる。

5 チェックオフ協定を締結している組合から分離独立した別の組合の組合員がチェックオフの中止を申し入れたが，会社がそのまま元の組合との間のチェックオフを続けることは，分離独立した組合に対する支配介入に当たる。

解 説

1. チェックオフ（賃金からの組合費の控除）は，組合と使用者との労使協定（チェックオフ協定）がなければこれを行うことができない。

2. 判例は，チェックオフによって集められた金銭は現実に引き渡されることを要するものであり，その意味で，チェックオフ協定には相殺を排除する約定（民法505条2項の「反対の意思表示」）が含まれているとして相殺を認めない（東京高判昭52・10・27）。

3. 組合員からチェックオフの中止の申入れがされたときは，使用者は当該組合員に対するチェックオフを中止しなければならない（最判平5・3・25）。

4. 経費援助は，組合の自主性を損なうことから，不当労働行為の一つとされている（労働組合法7条3号）。チェックオフは労働組合に対する使用者の便宜供与であり，組合の自主性を損なうものではないので，経費援助には当たらない。

5. 正しい。判例は，分離独立した組合の運営に対する支配介入に当たるとする（最判平7・2・23）。

正答 **5**

経済原論 / 財政学 / 経済政策 / 経済史 / 経済事情 / 統計学 / 経営学

次の図は, 自由貿易を行うある国の生産可能性フロンティアと無差別曲線を描いたものである。この国が経済成長を遂げたときの次の説明文の空欄に当てはまる語句の組合せとして妥当なものはどれか。

この国が経済成長を遂げる前の生産点は点 E であり, 消費点は点 C であるから, この国は当初（　ア　）の輸出国であった。この国が経済成長を遂げることによって, 工業製品に対する農業産品の価格は（　イ　）しており, この国の効用水準は（　ウ　）している。

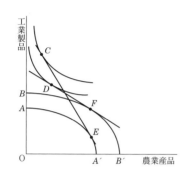

	ア	イ	ウ
1	農業産品	上昇	低下
2	農業産品	低下	低下
3	農業産品	低下	上昇
4	工業製品	低下	上昇
5	工業製品	上昇	低下

解説

ミクロ経済学の分析手法を用いた貿易に関するグラフ問題である。生産可能性フロンティアとは, 最も効率的に生産したときに生産可能な農業産品と工業製品の組合せを示す, 図の曲線 AA' と曲線 BB' である。技術進歩などで経済成長をとげると, より多くの組合せを実現できるようになるので, AA' が経済成長前, BB' が経済成長後である。一方, 点 C と点 D を通る原点に対して凸の曲線はこの国の無差別曲線である。

初めに, 経済成長前の輸出財について考える。当初, この国は生産量の組合せとして点 E を選択しているので, 当初の農業産品の産出量は $E_農$, 当初の工業製品の産出量は $E_エ$ である。また, この国は消費量の組合せとして点 C を選択しているので, 当初の農業産品の消費量は $C_農$, 当初の工業製品の消費量は $C_エ$ である。この図では農業産品において生産量が消費量を上回っている（$E_農 > C_農$）ので, 当初この国は農業産品を輸出していたことになる（アは農業産品なので, **4**, **5** は誤り）。

次に, 経済成長に伴う相対価格の変化について考える。工業製品に対する農業産品の価格とは, 農業産品1単位と引換えに入手できる工業製品の量である。当初の状態で考えると, 農業産品を $E_農 - C_農$ 輸出して, 工業製品を $C_エ - E_エ$ 輸入しているので, 経済成長前の工業製品に対する農業産品の価格は点 C と点 E を結ぶ直線の傾きの絶対値である。同様に考えると, 経済成長後の工業製品に対する農業産品の価格は点 D と点 F を結ぶ直線の傾きの絶対値である。

両者の傾きを比較すると, 経済成長後の傾きのほうが緩やかなので, 経済成長によって工業製品に対する農業産品の価格は低下している（イは低下なので, **1**, **5** は誤り）。

最後に, 経済成長に伴う効用水準の変化について考える。この国の経済成長前の無差別曲線は消費点 C を通る曲線であり, 経済成長後の無差別曲線は点 D を通る曲線である。図では点 D を通る曲線が点 C を通る曲線より左下に描かれているので, 経済成長によってこの国の効用水準は低下している（ウは低下なので, **3**, **4** は誤り）。

よって, 正答は **2** である。

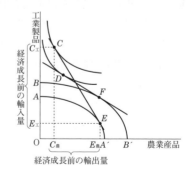

経済成長前の輸出量

正答 2

閉鎖経済をとっている J 国において，A 財の国内供給曲線と国内需要曲線はそれぞれ

国内供給曲線：$p=s$

国内需要曲線：$p=-0.2d+60$

〔p：価格，s：国内供給量，d：国内需要量〕

である。J 国が自由貿易を開始するとき，J 国の総余剰はいくら増えるか。ただし，J 国は小国であり，A 財の国際価格は40とする。

1 100

2 300

3 450

4 600

5 900

解説

余剰分析の問題であり，与えられた条件を図示して，総余剰の変化分を示す部分の面積を求めればよい。

初めに，与えられた条件から図を描く。閉鎖経済時の均衡では，国内供給量 s と国内需要量 d がともに x で等しくなっているので，このときの均衡取引量は，

$x=-0.2x+60$

$1.2x=60$

∴　$x=50$

であり，これを国内供給曲線に代入すると，均衡価格は50である。したがって，与えられた条件は下図のように描ける。この図は，閉鎖経済時の総余剰が △AOE の面積であり，自由貿易時の総余剰が消費者余剰 △ABE′ の面積と生産者余剰 △BOC の合計であることを示している。よって，自由貿易を開始すると，総余剰は（△ABE′＋△BOC）−△AOE＝△ECE′ の面積だけ増加する。

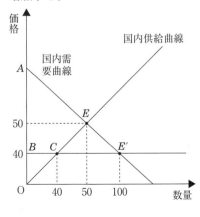

次に，△ECE′ の面積を求める。A 財の価格が40の場合，国内生産者による供給量は国内供給曲線より40，国内需要量は国内需要曲線より

$40=-0.2d+60$

$d=100$

である。したがって，

△ECE′＝(100−40)×(50−40)÷2＝300

よって，正答は**2**である。

正答　**2**

１日の時間を労働と余暇のいずれかに使う家計Ａを考える。家計Ａの効用関数は次の式で表される。

$$U=FM \quad (U：効用，\ F：余暇時間，\ M：所得)$$

家計Ａが自由に使える時間は24時間とし，賃金率 W を所与として，家計Ａは効用の最大化を図るものとする。また，所得は労働所得と財産所得の合計額とする。このとき，家計Ａの労働時間について次の３つのケースを考える。

L1：財産所得がゼロ，賃金率 $W=1$ の場合の労働時間。
L2：財産所得がゼロ，賃金率 $W=2$ の場合の労働時間。
L3：財産所得が 6 ，賃金率 $W=1$ の場合の労働時間。

このとき，L1，L2，L3の大小関係を表すものとして，妥当なものはどれか。

1 L1＝L2＝L3
2 L1＝L2＞L3
3 L1＝L3＞L2
4 L1＞L2＞L3
5 L1＞L3＞L2

解 説

効用を最大にする労働時間を求める計算問題である。本問では３つのケースを比較する必要があるので，条件が変わる財産所得と賃金率を変数のままにして労働時間を計算したうえで，条件を代入計算して比較するとよい。

はじめに，家計Ａの効用を最大にする労働時間を求める。労働時間を L，財産所得を X とするとき，余暇時間 F は $24-L$，所得 M は $X+WL$ である。よって，効用関数は $U=(24-L)(X+WL)=24X+(24W-X)L-WL^2$ と書き直せる。この効用関数を労働時間 L で微分して得られる $(24W-X)-2WL$ がゼロに等しいとき，家計Ａの効用は最大になる。

$$(24W-X)-2WL=0$$

$$\therefore L=\frac{24W-X}{2W}$$

次に，上で求めた労働時間に各条件の値を代入して，比較する。財産所得がゼロで賃金率が $W=1$ である場合の労働時間 L1は $\frac{24\times1-0}{2\times1}=12$，財産所得がゼロで賃金率が $W=2$ である場合の労働時間 L2は $\frac{24\times2-0}{2\times2}=12$，財産所得が 6 で賃金率が $W=1$ である場合の労働時間 L3は $\frac{24\times1-6}{2\times1}=9$ である。

以上より，L1＝L2＞L3であるので，正答は**2**である。

正答　**2**

競争的な市場における需要と供給に関する次の記述のうち，妥当なもののみの組合せはどれか。

ア　市場で超過需要が発生すると価格が上昇し，超過供給が発生すると価格が下落することで市場は均衡する。

イ　自動車が上級財であるとき，株価の上昇は自動車の価格を下落させる。

ウ　コーヒーと紅茶が互いに代替的であるとき，紅茶の原料が不足して紅茶の価格が上昇するとコーヒーの価格は低下する。

エ　ハードウェアとソフトウェアが互いに補完的であるとき，技術進歩によってハードウェアの価格が低下するとソフトウェアの価格は上昇する。

1　ア，イ
2　ア，ウ
3　ア，エ
4　イ，ウ
5　イ，エ

解説

ア：正しい。超過需要とは，供給が需要より少ない「品不足」の状態である。一般に，超過需要が発生すると価格が上昇し，供給量の増加と需要量の減少が生じて，超過需要は解消（市場は均衡）に向かう。また，超過供給とは，供給が需要より多い「品余り」の状態である。一般に，超過供給が発生すると価格が下落し，供給量の減少と需要量の増加が生じて，超過供給は解消（市場は均衡）に向かう。

イ：上級財とは，所得が上昇すると需要が増える財のことである。一般に，株価が上昇すると所得が増加するので，自動車が上級財ならば自動車の需要は増加する。よって，自動車の供給が変化しない状況で，株価が上昇すると，自動車市場で超過需要が生じ，自動車の価格は上昇する。

ウ：コーヒーと紅茶が互いに代替的であるとは，紅茶の価格が高くなると，紅茶の代わりにコーヒーを飲む量（需要量）が増えるという関係にあることを意味する。よって，コーヒーの供給が変化しない状況で，紅茶の価格が上昇すると，コーヒー市場で超過需要が生じ，コーヒーの価格は上昇する。

エ：正しい。ハードウェアとソフトウェアが互いに補完的であるとは，ハードウェアの価格が低下すると，安くなったハードウェアを購入する人がソフトウェアも購入する（ソフトウェアの需要が増える）という関係にあることを意味する。よって，ソフトウェアの供給が変化しない状況で，ハードウェアの価格が低下すると，ソフトウェア市場で超過需要が発生し，ソフトウェアの価格は上昇する。

以上より，正しいものはアとエであるので，正答は**3**である。

正答　**3**

経済原論

財政学

経済政策

経済史

経済事情

統計学

経営学

次の図は，横軸に人民元の数量，縦軸に1人民元当たりのドルを測って描いた，需要曲線と供給曲線である。中国が1人民元当たりAドルで為替相場を固定するとき，次の記述のうち妥当なものはどれか。

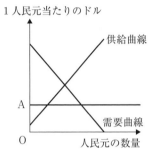

1　アメリカで需要拡大が生じると，需要曲線が右へシフトするので，中国はドル買い人民元売りを行う必要がある。

2　アメリカで需要拡大が生じると，需要曲線が左へシフトするので，中国はドル売り人民元買いを行う必要がある。

3　アメリカで需要拡大が生じると，供給曲線が右へシフトするので，中国はドル買い人民元売りを行う必要がある。

4　アメリカで需要拡大が生じると，供給曲線が左へシフトするので，中国はドル売り人民元買いを行う必要がある。

5　アメリカで需要拡大が生じても，需要曲線と供給曲線は同じだけシフトするので，中国は何もしなくてもよい。

解説

アメリカの需要の変化は同国の輸入の変化などを通じて，人民元の需要を増減させるが，人民元の供給には直接的に影響しない（**3**，**4**，**5**は誤り）。アメリカで需要拡大が生じると同国の輸入増加などを通じて人民元の需要増を招くので，需要曲線は右へシフトする（**2**は誤り）。その結果，人民元高ドル安圧力が生じるため，固定為替レートを維持するためにはドル買い人民元売りを行う必要がある。

　したがって，正答は**1**である。

正答　**1**

ある市場にはAとBの2種類の消費者がおり，それぞれの需要関数が次のように与えられているとする。

$D_A=-P+20$ （$P<20$）

$\quad\ =0$ （$P\geq20$）

$D_B=-3P+15$ （$P<5$）

$\quad\ =0$ （$P\geq5$）

また，Aの消費者は5人，Bの消費者は10人存在するとする。供給関数が$S=20P$であるとき，以下の記述の中で誤っているものはどれか。

1 $P=3$のとき市場は超過需要である。

2 $P=5$のとき市場は超過供給である。

3 $P=10$のとき消費者余剰と生産者余剰の和は最大となる。

4 $P\geq15$のときBの消費者の行動は市場取引きに影響がない。

5 供給曲線が$S=10P$のときBの消費者の行動は市場取引きに影響がない。

解説

Aの消費者の総需要は，Aの需要を5倍すればよいから，

$D_A=5(-P+20)=-5P+100$ （$P<20$）

である。Bの消費者の総需要は，Bの需要を10倍すればよいから，

$D_B=10(-3P+15)=-30P+150$ （$P<5$）

である。Bの消費者の需要が正になるのは価格が5未満のときであるから，価格が5以上のときはAの消費者の総需要が市場の需要関数となる。価格が5未満のときは市場の需要関数はAとBの総需要の和であるので，市場の需要関数Dは，

$D=250-35P$ （$P<5$）

$\ \ =100-5P$ （$P\geq5$）

となる。

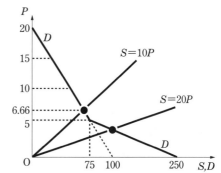

1. $P=3$のとき，

$D=250-35\times3=145$

$S=20\times3=60$

となり，85の超過需要である。正しい。

2. $P=5$のとき，

$D=100-5\times5=75$

$S=20\times5=100$

となり，25の超過供給である。正しい。

3. $P=10$のとき，

$D=100-5\times10=50$

$S=20\times10=200$

となり，150の超過供給である。総余剰が最大になるのは市場が均衡しているときであるから，誤り。

4. $P\geq15$のとき，Bの消費者の需要はゼロであるから，市場取引きに影響しない。正しい。

5. $P\geq5$でありBの需要がゼロであると仮定する。このとき市場の需要関数と供給関数$S=10P$の均衡での価格は，

$100-5P=10P$

$15P=100$

$P=6.66\cdots$

となる。価格が5以上であるから，当初の仮定は成立している。正しい。

正答 **3**

経済原論
財政学
経済政策
経済史
経済事情
統計学
経営学

No. 321 経済原論 経済専門タイプ 市場均衡と与件の変化 平成15年度

縦軸に価格，横軸に需給量を取った図に，需要曲線が右下がり，供給曲線が右上がりに描かれているとする。この財が上級財であるとし，買い手の所得が増加し，かつ，賃金の上昇を上回る労働の限界生産性の上昇が生じたとき，この市場の均衡価格と均衡需給量の変化に関する記述として，妥当なものはどれか。

1 需給量は増加し，価格も上昇する。

2 需給量は増加するが，価格は上昇する場合も下落する場合もある。

3 需給量は増加し，価格は下落する。

4 需給量は増加する場合も減少する場合もあるが，価格は上昇する。

5 需給量は減少し，価格は上昇する。

解説

需要曲線のシフトは買い手（消費者）の与件の変化から生じる。買い手の所得が増加した場合，上級財の需要は同じ価格でも増加するので，右下がりの需要曲線を右にシフトさせる（図1）。

　一方，供給曲線のシフトは売り手（生産者）の与件の変化から生じる。生産者は，利潤を最大にするよう行動する。ここで，生産関数を労働 L の関数 $F(L)$，$F'(L)>0$，$F''(L)<0$ であるとし，生産物価格を p，賃金を w とし，利潤が，

$$\pi = pF(L) - wL$$

で表される場合を考えよう。ここで生産物の市場価格 p を所与とすると，利潤最大化の条件は，利潤関数を労働 L で微分し 0 と置いた，

$$\frac{d\pi}{dL} = pF'(L) - w = 0$$

あるいは，

$$pF'(L) = w$$

となる。労働の限界生産性の上昇（図2の AB）が賃金の上昇（w と w' の差）を上回れば，利潤最大化の点は点 A から点 C に移るので，労働需要は増加し，所与の市場価格の下で生産量（供給量）は増加する（図2）。これより供給曲線は，右にシフトする（図1）。

　均衡とは需要曲線と供給曲線の交点である。この場合，需要曲線，供給曲線ともに右にシフトするから均衡における需給量は必ず増加する。しかし均衡における価格の変化は，需要曲線のシフトと供給曲線のシフトのどちらが相対的に大きいかによって変わるため，一意には決まらない。

　よって，正答は **2** である。

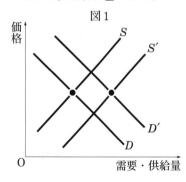

図1

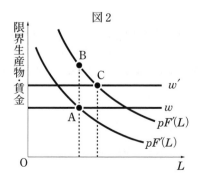

図2

正答 **2**

経済原論
財政学
経済政策
経済史
経済事情
統計学
経営学

需要曲線と供給曲線はともに直線であるとする。次のうち，ワルラス的にも，マーシャル的にも，くもの巣的にも安定的な均衡を持つものはどれか。

1 需要曲線の傾きが4，供給曲線の傾きが3。

2 需要曲線の傾きが−4，供給曲線の傾きが−3。

3 需要曲線の傾きが−3，供給曲線の傾きが−4。

4 需要曲線の傾きが3，供給曲線の傾きが−4。

5 需要曲線の傾きが−3，供給曲線の傾きが4。

解　説

均衡の安定性に関する問題である。初めに，ワルラス的安定について考える。ワルラス的調整過程では，価格が均衡価格より高い状況では超過供給が発生し，価格が均衡価格より低い状況では超過需要が発生しているとき，均衡は安定的であると考える。つまり，この調整過程では，

$$\frac{1}{需要曲線の傾き} < \frac{1}{供給曲線の傾き}$$

が成立するときに安定になるので，**2**と**4**は不安定で誤り。

　次に，マーシャル的安定について考える。マーシャル的調整過程では，数量が均衡需給量より多い状況では消費者価格（需要曲線の高さ）が生産者価格（供給曲線の高さ）より低く，数量が均衡需給量より少ない状況では消費者価格が生産者価格より高くなっているとき，均衡は安定的であると考える。つまり，この調整過程では，

　需要曲線の傾き＜供給曲線の傾き

が成立するときに安定になるので，**1**，**3**および**4**は不安定で誤り。

　最後に，くもの巣的安定を考える。くもの巣過程では，需要曲線が価格を，供給曲線が産出量を決定するものとして均衡の安定性について考える。この過程では，

　需要曲線の傾きの絶対値＜供給曲線の傾きの絶対値

が成立するときに安定になるので，**1**と**2**は不安定で誤り。

　よって，正答は**5**である。

正答　**5**

ある主婦が自分がパートタイムで働いて得た所得と非労働所得（その他の所得）で財 X を購入している。主婦の効用関数が，

$U＝X (24－L)$ 〔U：効用関数，X：X 財の数量，L：労働時間〕

で表され，非労働所得が120であるとすると，この主婦が働かなくなるのは賃金率がいくらになったときか。ただし財 X の価格は1とする。

1　5
2　10
3　15
4　20
5　25

解 説

題意より，この主婦はパートで働いた所得と非労働所得とで X 財を購入しているので，パートの賃金を w とし，X 財の価格が1であることから，

$1 \cdot X＝(L \cdot w＋120)$

$X＝(L \cdot w＋120)$

となる。これを効用関数の数式に代入すると

$U＝(L \cdot w＋120)(24－L)$

$＝24L \cdot w－L^2 \cdot w＋2880－120L$

となる。ここで最も効用水準が高くなる労働時間を求めるには

$\dfrac{\Delta U}{\Delta L}＝24w－2L \cdot w－120＝0$

となる式を満足させるような w と L の組合せが必要とされる。

ここで「主婦が働かなくなる」ということなので，$L＝0$ とすると，

$24w－120＝0$

$w＝5$

となる。

よって，**1** が正しい。

正答　**1**

地方上級

全国型，関東型

No. 324　経済原論　需要曲線, 供給曲線と価格弾力性　平成26年度

ある市場の需要曲線と供給曲線が次の式で表されている。

$D = 48 - p$

$S = 0.6p$

〔D：需要量, p：価格, S：供給量〕

この式が表す内容として，妥当なものは次のうちどれか。

1 需要の価格弾力性は，価格が高くなるほど大きくなる。
2 需要の価格弾力性は，常に1である。
3 供給の価格弾力性は，価格が高くなるほど大きくなる。
4 供給の価格弾力性は，常に0.6である。
5 市場均衡点では，需要の価格弾力性と供給の価格弾力性は等しい。

解説

1. 正しい。問題文で与えられている式より，需要曲線は右下がりの直線であることがわかる。また，需要の価格弾力性は $\varepsilon = -\left(\dfrac{\Delta D}{\Delta p}\right) \cdot \left(\dfrac{p}{D}\right)$ で定義される。その時，「$\dfrac{\Delta D}{\Delta p}$」の部分は需要曲線の逆数より常に「$-1$」となるが，「$\dfrac{p}{D}$」の部分は「$\dfrac{縦軸の値}{横軸の値}$」となる。また，需要曲線は右下がりの直線であるため，価格（縦軸の値）が高くなるほど需要量（横軸の値）は小さくなる。したがって，「$\dfrac{p}{D}$」の部分は価格が高くなるほど大きな値をとり，結果的に需要の価格弾力性も大きくなるといえる。

2. 需要の価格弾力性 $\varepsilon = -\left(\dfrac{\Delta D}{\Delta p}\right) \cdot \left(\dfrac{p}{D}\right)$ は，「$\dfrac{\Delta D}{\Delta p}$」の部分は需要曲線の傾きの逆数より常に「$-1$」となるが，「$\dfrac{p}{D}$」については「$\dfrac{縦軸の値}{横軸の値}$」となる。したがって，価格（縦軸の値）と需要量（横軸の値）の数値が変われば，需要の価格弾力性 ε の値も変わることになる。

3, 4. 問題文で与えられている式より，供給曲線は原点からの右上がりの直線であることがわかる。また，供給の価格弾力性は $\eta = \left(\dfrac{\Delta S}{\Delta p}\right) \cdot \left(\dfrac{p}{S}\right)$ で定義される。その時，「$\dfrac{\Delta S}{\Delta p}$」の部分は供給曲線の傾きの逆数より常に「$0.6$」となり，「$\dfrac{p}{S}$」の部分は原点からの直線であることより常に「$\dfrac{1}{0.6}$」となるため，供給の価格弾力性は $\eta = 1$ となる。したがって，供給の価格弾力性は価格が高くなっても常に1の値をとる。

5. 市場均衡点では，「需要量＝供給量」が成立するため，どちらの値も同じとなる。また，価格も同じ値をとる。そのため，「$\dfrac{p}{D}$」と「$\dfrac{p}{S}$」は同じ値となる。しかし，**1**，**2**の解説より，「$\dfrac{\Delta D}{\Delta p}$」は常に「$-1$」，**3**，**4**の解説により，「$\dfrac{\Delta S}{\Delta p}$」は常に「$0.6$」の値をとる。したがって，市場均衡点では絶対値において需要の価格弾力性 ε が供給の価格弾力性 η よりも常に大きい値をとることになる。

正答　1

所得が一定である個人が，X_1 財，X_2 財の2財を購入する。このとき，x_1, x_2 の予算線について，傾きの大小は $\dfrac{p_1}{p_2}$ で考える。横軸を x_1，縦軸を x_2 とし，予算を m とすると，$p_1 x_1 + p_2 x_2 = m$ が成り立っている。$p_1 < p_2$ のとき，p_1, p_2 が定額で上昇したとき，予算線は（　ア　）にシフトし，傾きは（　イ　）。一定の割合で上昇したときは，（　ウ　）にシフトし，傾きは（　エ　）。

〔x_1：X_1 財の消費量，x_2：X_2 財の消費量，p_1：X_1 財の価格，p_2：X_2 財の価格〕

文中のア〜エに当てはまる語句の組合せとして妥当なものはどれか。

	ア	イ	ウ	エ
1	左	大きくなる	左	一定である
2	左	一定である	左	一定である
3	左	小さくなる	右	一定である
4	右	大きくなる	左	大きくなる
5	右	小さくなる	左	小さくなる

解説

予算線のグラフは，

$$x_2 = \frac{m}{p_2} - \frac{p_1}{p_2} x_1$$

両財の価格が上昇するとき，消費量はともに減少するため，予算線の横軸切片，縦軸切片はいずれも減少し，予算線は左側にシフトする。したがって空欄ア，空欄ウとも「左」が当てはまる。

$p_1 < p_2$ に注意して，両財の価格が同額 $\Delta p\,(>0)$ だけ上昇した後の予算線の傾きと，当初の予算線の傾きとの差をとると，

$$\frac{p_1 + \Delta p}{p_2 + \Delta p} - \frac{p_1}{p_2} = \frac{(p_1 + \Delta p)p_2 - (p_2 + \Delta p)p_1}{(p_2 + \Delta p)p_2}$$

$$= \frac{\Delta p(p_2 - p_1)}{(p_2 + \Delta p)p_2} > 0$$

を得る。つまり本問の設定の下，価格が定額で上昇するとき，予算線の傾き $\dfrac{p_1}{p_2}$ は大きくなる。したがって空欄イは「大きくなる」が当てはまる。一方，両財の価格が同率 $\alpha\,(\alpha > 1)$ だけ上昇する場合，

$$\frac{\alpha p_1}{\alpha p_2} = \frac{p_1}{p_2}$$

により，予算線の傾きは変化しない。したがって空欄エは「一定である」が当てはまる。

以上より，正答は **1** である。

正答　1

地方上級

No. 326

全国型，関東型

経済原論　需要・供給の価格弾力性　平成24年度

ある財の供給が減少した結果，均衡価格が上昇し，生産者全体の収入は減少した。この現象に関する説明として，妥当なものはどれか。

1　需要の価格弾力性の絶対値は1より大きい。

2　需要の価格弾力性の絶対値は1に等しい。

3　需要の価格弾力性の絶対値は1より小さい。

4　供給の価格弾力性の絶対値は1より大きい。

5　供給の価格弾力性の絶対値は1より小さい。

解説

生産者全体の収入は価格と取引量の積であり，取引量は需要量に等しい。よって，

　　生産者全体の収入の変化率＝価格の変化率＋需要量の変化率

が成立する。ここで，「生産者全体の収入が減少する」ことは，

　　価格の変化率＋需要量の変化率＜0

と表現できるので，題意を満たすためには，

　　価格の変化率＜−需要量の変化率

$$1 < -\frac{需要量の変化率}{価格の変化率}$$

が成立していなければならない。

　　この式の右辺は需要の価格弾力性であるから，正答は**1**である。

正答　**1**

経済原論

財政学

経済政策

経済史

経済事情

統計学

経営学

地方上級

No. 327 全国型，関東型，中部・北陸型

経済原論 **不確実性の理論** 平成18年度

資産 X は100%の確率で110を得ることができる。また資産 Y は50%の確率で100，50%の確率で120となる。この資産 X，資産 Y の購入を考えているAとBの効用関数は図のように表すことができる。このときA，Bに関する説明として正しいものはどれか。

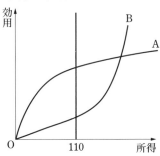

1 Aは危険回避者であるから資産 X を購入し，Bは危険愛好者であるから資産 Y を購入する。

2 Aは危険回避者であるから資産 Y を購入し，Bは危険愛好者であるから資産 X を購入する。

3 Aは危険愛好者であるから資産 X を購入し，Bは危険回避者であるから資産 Y を購入する。

4 Aは危険愛好者であるから資産 Y を購入し，Bは危険回避者であるから資産 X を購入する。

5 A，Bともに危険中立的であり，資産 X を購入するか，資産 Y を購入するかは無差別である。

解説

資産 Y は50%の確率で100，50%の確率で120であるから危険中立者の期待効用は

$E_Y = 0.5 \cdot 100 + 0.5 \cdot 120 = 110$

となる。

ここで危険中立的であれば，U_Y の効用水準を得られるものとしよう。

題意より，資産 X を選ぶのであれば確実に110の所得が得られる。この確実に110を得られるということに対して，A

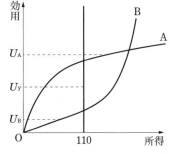

は高い効用水準（U_A）を提示している。よって危険回避者であることがわかる。これに対して，Bは確実に110が得られるということに対して低い効用水準（U_B）しか示さない。むしろ，多少の危険を冒しても120をねらいたいと考えているためである。よって危険愛好家といえる。

以上よりAは危険回避者であるから資産 X を購入し，Bは危険愛好家であるから資産 Y を購入する。

よって，**1** が正しい。

正答 **1**

経済原論

財政学

経済政策

経済史

経済事情

統計学

経営学

消費者の無差別曲線に関する次の記述のうち，妥当なものはどれか。ただし，横軸に財A，縦軸に財Bを取り，消費者は効用を最大化するように行動するものとする。

1 消費者の無差別曲線が右下がりの直線であるとき，この消費者にとって財Aと財Bは完全補完財であり，この消費者は常に一定の比率で財を消費する。

2 消費者の無差別曲線が垂直な直線であるとき，この消費者は，財Bは好きだが財Aは嫌いである。

3 消費者の無差別曲線がL字型の曲線であるとき，この消費者にとって財Aと財Bは完全代替財であり，価格の低い財のみ消費する。

4 消費者の無差別曲線が原点に向かって凸の曲線であるとき，この消費者は財Aと財Bのうち一方だけを消費する。

5 消費者の無差別曲線群に飽和点が存在し，その飽和点が予算制約線上ではなく，予算制約線の内側にあるとき，この消費者は予算を使い切らずに余らせる。

解説

1. 無差別曲線が右下がりの直線であるときではなく，L字型の曲線であるときに関する記述である。

2. 無差別曲線が垂直であるとき，財Bの消費量だけが増えても効用は変化しないので，財Bが好きであるというのは誤り。また，無差別曲線の横軸方向への変化に応じた消費者の効用の変化が記述されていないので，財Aが嫌いか否かについては判別できない。

3. 無差別曲線がL字型の曲線であるときではなく，右下がりの直線であるときに関する記述である。

4. 消費者の無差別曲線が原点に向かって凸の曲線であるとき，一般には，限界代替率（無差別曲線の接線の傾き）と相対価格（予算制約線の傾き）が一致するように，財Aと財Bの両方を消費する。

5. 妥当である。

正答　**5**

経済原論

財政学

経済政策

経済史

経済事情

統計学

経営学

地方上級

全国型，関東型

No. 329 経済原論 **公共財の限界費用と最適供給量** 平成25年度

2人からなる経済を考える。公共財の供給量を G で表すとき，各人の公共財の限界便益 MB_1，MB_2 はそれぞれ，

$$MB_1 = 10 - \frac{1}{10}G \qquad MB_2 = 20 - \frac{1}{10}G$$

である。この経済に関する次の記述のうち，妥当なものはどれか。

1 公共財の限界費用が25のとき公共財の最適供給量は25，公共財の限界費用が40のとき公共財の最適供給量は 0 である。

2 公共財の限界費用が25のとき公共財の最適供給量は25，公共財の限界費用が40のとき公共財の最適供給量は10である。

3 公共財の限界費用が25のとき公共財の最適供給量は25，公共財の限界費用が40のとき公共財の最適供給量は50である。

4 公共財の限界費用が25のとき公共財の最適供給量は50，公共財の限界費用が40のとき公共財の最適供給量は 0 である。

5 公共財の限界費用が25のとき公共財の最適供給量は50，公共財の限界費用が40のとき公共財の最適供給量は10である。

解説

各人の限界便益から社会的限界便益を求め，公共財の限界費用と等しくなる供給量を求める。

初めに，社会的限界便益について考える。公共財の場合，社会的限界便益 MB は，0 以上の限界便益を得る各人の限界便益を垂直に足し合わせた形となる。各人の限界便益を図示するために限界便益 MB_1 を享受する人の限界便益が 0 になる公共財の供給量を求めると，

$$0 = 10 - \frac{1}{10}G \quad \therefore \quad G = 100$$

であり，限界便益 MB_2 を享受する人の限界便益が 0 になる公共財の供給量は，

$$0 = 20 - \frac{1}{10}G \quad \therefore \quad G = 200$$

だから，公共財の供給量が100以下の場合の社会的限界便益は，

$$MB = MB_1 + MB_2 = 30 - \frac{1}{5}G \quad \cdots\cdots①$$

である。公共財の供給量が100以上の場合の社会全体の限界便益は限界便益 MB_2 を享受する人の限界便益そのものである。

次に，公共財の最適供給量について考える。公共財の最適供給量は，社会的限界便益と公共財の限界費用 MC が等しい水準である。MB_2 の式に $G = 100$ を代入すると $MB_2 = 10$ であるから，公共財の限界費用が10以上ならば①式を使って，公共財の限界費用が10以下ならば MB_2 を使って，最適供給量を求めればよい。公共財の限界費用が25のとき，公共財の最適供給量は，

$$25 = 30 - \frac{1}{5}G \quad \therefore \quad G = 25$$

である。一方，公共財の限界費用が40のとき，公共財の最適供給量は，

$$40 = 30 - \frac{1}{5}G \quad \therefore \quad G = -50$$

である。一般に，公共財の最適供給量は 0 以上の値をとるはずだから，公共財の限界費用が40のときの最適供給量は 0 である。

よって，正答は**1**である。

正答 **1**

ある家計がX財12個とY財18個を購入しようとしており，購入した時のX財の限界効用は20，Y財の限界効用は30である。X財とY財の価格はそれぞれ500円と1,000円であり，この家計の所得は24,000円であるとき，次の記述のうち妥当なものはどれか。

1 この家計は予算すべてを使い切っているので，購入量の組合せを変えても，効用を高めることはできない。

2 各財の限界効用と価格の積が等しいという加重限界効用均等の法則によれば，X財の購入量を減らすとともに，Y財の購入量を増やすことで，効用を高めることができる。

3 各財の限界効用と価格の積が等しいという加重限界効用均等の法則によれば，X財の購入量を増やすとともに，Y財の購入量を減らすことで，効用を高めることができる。

4 各財の限界効用を価格で割った値が等しいという加重限界効用均等の法則によれば，X財の購入量を減らすとともに，Y財の購入量を増やすことで，効用を高めることができる。

5 各財の限界効用を価格で割った値が等しいという加重限界効用均等の法則によれば，X財の購入量を増やすとともに，Y財の購入量を減らすことで，効用を高めることができる。

解説

限られた予算内で効用最大化を図る消費者の最適消費点では，

$$\frac{X財の限界効用}{Y財の限界効用}=\frac{X財の価格}{Y財の価格}$$

つまり，

$$\frac{X財の限界効用}{X財の価格}=\frac{Y財の限界効用}{Y財の価格}$$

が成立する。これを加重限界効用均等の法則という（**2**と**3**は誤り）。一般に，財の消費量が増えるとその財の限界効用は低下するので，

$$\frac{X財の限界効用}{X財の価格}>\frac{Y財の限界効用}{Y財の価格}$$

ならばX財の消費量を増やし，Y財の消費量を減らすことで効用を高めることができる。本問の場合，

$$\frac{X財の限界効用}{X財の価格}=\frac{20}{500}=0.04>0.03=\frac{30}{1000}=\frac{Y財の限界効用}{Y財の価格}$$

であるから，消費者はX財の消費量を増やし，Y財の消費量を減らすことで効用を高めることができる。

したがって，正答は**5**である。

正答 **5**

経済原論

財政学

経済政策

経済史

経済事情

統計学

経営学

地方上級

全国型，中部・北陸型

No. 331 経済原論　価格弾力性と所得弾力性　平成21年度

ある消費者AのX財の価格弾力性と所得弾力性はともに0～1の間であるとする。次の文のア～エに当てはまる語句の組合せとして妥当なものはどれか。

消費者Aにとって，X財はア ｛必需品／ぜいたく品｝ であり，X財の価格が上がると消費者Aの支

出額はイ ｛増える／減る｝ 。また，消費者Aの所得が増えると，消費者AのX財に対する支出額

はウ ｛増え／減り｝ ，消費者Aの所得に占めるX財に対する支出の割合はエ ｛上がる／下がる｝ 。

	ア	イ	ウ	エ
1	必需品	増える	増え	上がる
2	必需品	減る	減り	下がる
3	必需品	増える	増え	下がる
4	ぜいたく品	減る	減り	下がる
5	ぜいたく品	減る	増え	上がる

解説

需要の価格弾力性とは，価格が1％上昇したときの需要量の減少率のことである。この値が1より大きな財をぜいたく品（奢侈品），1よりも小さい財を必需品という（ア）。また，価格が1％上昇しても需要量は1％未満しか減少しないので，価格が上昇するとX財に対する支出額は増える（イ）。

需要の所得弾力性とは，所得が1％増加したときの需要の増加率のことである。この値が正の値（0より大きい）の場合，所得が上昇すれば需要が増えるので，消費者Aの所得が増えればX財に対する支出額も増える（ウ）。ただし，本問では所得弾力性が1より小さいので，所得が1％増加してもX財の需要の増加率は1％未満であり，X財に対する支出額の増加率は1％未満，すなわち消費者Aの所得に占めるX財に対する支出の割合は下がる（エ）。

よって，正答は**3**である。

正答　**3**

ある消費者は所得 M すべてを X 財と Y 財の消費に費やしており，この消費者の効用関数は，

$u = 2x^2y$ 〔u：効用水準，x：X 財の消費量，y：Y 財の消費量〕

である。X 財の価格を p_X，Y 財の価格を p_Y とするとき，X 財の需要関数と X 財の需要の所得弾力性の組合せとして妥当なものはどれか。

	需要関数	所得弾力性		需要関数	所得弾力性
1	$\dfrac{2M}{3p_X}$	0.5	**2**	$\dfrac{2M}{3p_X}$	1
3	$\dfrac{M}{2p_X}$	0.5	**4**	$\dfrac{M}{3p_X}$	0.5
5	$\dfrac{M}{3p_X}$	1			

解説

初めに，X 財の需要関数を求める。効用関数を X 財の消費量 x について微分すると，X 財の限界効用 MU_X は，$MU_X = 4xy$ であり，効用関数を Y 財の消費量 y について微分すると，Y 財の限界効用 MU_Y は，$MU_Y = 2x^2$ である。この消費者が効用最大化を図るとき，限界代替率 $\left(\dfrac{MU_X}{MU_Y}\right)$ と相対価格 $\left(\dfrac{p_X}{p_Y}\right)$ が等しくなるので，

$$\frac{MU_X}{MU_Y} = \frac{2y}{x} = \frac{p_X}{p_Y} \quad \rightarrow \quad p_Y y = \frac{p_X x}{2} \quad \cdots\cdots ①$$

である。消費者は所得 M すべてを X 財と Y 財の消費に費やしているから，消費者の予算制約式は，$M = p_X x + p_Y y$ である。この予算制約式に①式を代入すると，X 財の需要関数は，

$$M = p_X x + \frac{p_X x}{2} = \frac{3}{2}p_X x \quad \cdots\cdots ②$$

$$x = \frac{2M}{3p_X}$$

である（**3**，**4**，**5** は誤り）。

次に，X 財の需要の所得弾力性を求める。需要の所得弾力性とは所得が 1 ％増加したときの需要の増加率のことであるから，所得の増加分を ΔM，X 財の需要の増加分を Δx で表すとき，

$$X 財の需要の所得弾力性 = \frac{\Delta x/x}{\Delta M/M} = \frac{M}{x} \cdot \frac{\Delta x}{\Delta M}$$

である。最右辺の $\dfrac{\Delta x}{\Delta M}$ は X 財の需要関数を所得 M で微分したものであるから，

$$\frac{\Delta x}{\Delta M} = \frac{2}{3p_X}$$

$$X 財の需要の所得弾力性 = \frac{M}{x} \times \frac{2}{3p_X} = \frac{2}{3} \cdot \frac{M}{p_X x}$$

である。ここで，②式より，$\dfrac{M}{p_X x} = \dfrac{3}{2}$ であることに留意すると，

$$X 財の需要の所得弾力性 = \frac{2}{3} \times \frac{3}{2} = 1$$

である（**1**，**3**，**4** は誤り）。

正答　**2**

経済原論
財政学
経済政策
経済史
経済事情
統計学
経営学

ある財の需要曲線は，縦軸を価格，横軸を需要量とするグラフにおいて，右下がりの曲線であるとする。最適消費点における需要の価格弾力性に関する次の記述のうち，妥当なものはどれか。

1 需要曲線の最適消費量を表す点で引いた接線の傾きに等しい。

2 需要曲線の最適消費量における価格と供給量の比に等しい。

3 原点と需要曲線の最適消費量の点を結ぶ直線の傾きを，最適消費量における需要曲線の傾きで割った値に等しい。

4 需要曲線の最適消費量を表す点で接線を引き，その接線の傾きを最適消費量で割った値に等しい。

5 需要曲線の最適消費量を表す点で接線を引き，その接線の縦軸切片から最適消費点までの長さで，その接線の横軸切片から最適消費点までの長さを割った値に等しい。

解説

需要の価格弾力性の幾何学的な解釈に関する問題である。次の図は，縦軸に価格，横軸に需要量を測り，右下がりの需要曲線を描いたものであり，点 A が最適な消費量を示す点であるとする。

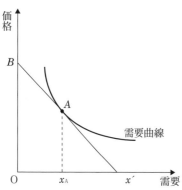

需要の価格弾力性の定義より，点 A における需要の価格弾力性は，

$$需要の価格弾力性 = -\frac{需要量の変化率}{価格の変化率} = -\frac{元の価格}{元の需要量} \times \frac{需要量の変化分}{価格の変化分}$$

$$= -\frac{Ax_A の長さ}{Ox_A の長さ} \times \frac{需要量の変化分}{価格の変化分}$$

である。最右辺の変化分は，点 A における需要曲線の接線の傾きの逆数に等しいので，点 A の需要の価格弾力性は，

$$需要の価格弾力性 = -\frac{Ax_A の長さ}{Ox_A の長さ} \times \left(-\frac{x'x_A の長さ}{Ax_A の長さ} \right) = \frac{x'x_A の長さ}{Ox_A の長さ}$$

である。ここで，$\triangle x'Ax_A$ と $\triangle x'BO$ が相似形であることに留意すると，

$$需要の価格弾力性 = \frac{x'x_A の長さ}{Ox_A の長さ} = \frac{x'A の長さ}{BA の長さ}$$

である。

よって，正答は**5**である。

正答　**5**

地方上級

神奈川県, 静岡県, 奈良県

No. **334** 経済原論 **予算制約線と無差別曲線** 平成**25**年度

経済原論

財政学

経済政策

経済史

経済事情

統計学

経営学

下の図は2つの財X, Yの購入に所得すべてを充てている個人の予算制約線（*AB*, *AC*）と無差別曲線（U_1, U_2）を表したものである。この図の説明文の空欄ア〜エに当てはまる語句の組合せとして妥当なものはどれか。ただし, 図中の直線*AC*と*DF*は平行であるものする。

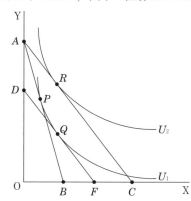

*P*から（ ア ）への移動は（ イ ）効果であり,（ ウ ）から*R*への移動は（ エ ）効果である。

	ア	イ	ウ	エ
1	*R*	所得	*A*	代替
2	*Q*	代替	*Q*	所得
3	*Q*	代替	*A*	所得
4	*Q*	所得	*Q*	代替
5	*R*	代替	*A*	所得

解説

価格変化に伴う需要の変化は「代替効果」と「所得効果」に分解できる。

代替効果とは, 価格変化による効果のうち実質所得を変化させず, 無差別曲線に沿った需要の変化のみを見た効果である。点*P*と同じ無差別曲線U_1上にある点は*Q*であるから, 点*P*から点*Q*への移動が代替効果である（アは「*Q*」, イは「代替」なので, **1**, **4**, **5**は誤り）。

所得効果とは, 価格変化による効果のうち価格変化に伴う購買力の変化による需要の変化のみを見た効果である。点*Q*から予算制約線*AC*と無差別曲線U_2との接点*R*への移動が所得効果である（ウは「*Q*」, エは「所得」なので, **1**, **3**, **4**, **5**は誤り）。

よって, 正答は**2**である。

正答 **2**

経済原論

財政学

経済政策

経済史

経済事情

統計学

経営学

地方上級 No.335 経済原論 財の分類

中部・北陸型，経済専門タイプ　平成12年度

すべての所得を X 財と Y 財の購入に支出し効用最大化を図るある個人の効用関数が，

$U=X(Y+5)$ 〔U：効用水準，X：X 財の消費量，Y：Y 財の消費量〕

で示されている。このとき X 財はどのような財であるか。

1 ぜいたく品である。　　**2** 必需品である。　　**3** 下級財である。

4 個人の所得水準に依存して，ぜいたく品にも必需品にもなりうる。

5 個人の所得水準に依存して，上級財にも下級財にもなりうる。

解説

X 財がどのような財であるかを問うているが，上級財・下級財，ぜいたく品・必需品は X 財の消費量と所得 M との関係に依存する。効用最大時の X 財の消費量 X と所得 M の関係式を求める。まず効用の式から予算制約式を使い，不要な Y 財の消費量 Y を除く。

予算制約式 $P_X X + P_Y Y = M$

$$\rightarrow Y = \frac{M - P_X X}{P_Y}$$

これを効用関数に代入する。

$$U = X(Y+5) = X\left(\frac{M-P_X X}{P_Y}+5\right) = \frac{M}{P_Y}X - \frac{P_X}{P_Y}X^2 + 5X$$

効用を最大にする X 財の消費量は，効用関数 U を X で微分して 0 と置くと求まる。

$$\frac{dU}{dX} = \frac{M}{P_Y} - 2\frac{P_X}{P_Y}X + 5 = 0 \qquad 2\frac{P_X}{P_Y}X = \frac{M}{P_Y}+5$$

$$X = \frac{P_Y}{2P_X} \cdot \left(\frac{M}{P_Y}+5\right)$$

$$\frac{1}{2P_X}M + \frac{5P_Y}{2P_X} \quad \cdots\cdots ①$$

この式から，右辺の所得 M が増加すると左辺の X も増加することがわかるので X 財は上級財である。上級財にはぜいたく品と必需品があるが，それを見分けるために需要の所得弾力性 e を見ていく。

需要の所得弾力性 $e = \frac{\Delta X}{\Delta M} \cdot \frac{M}{X}$ $\quad \cdots\cdots ②$

$\frac{\Delta X}{\Delta M}$ は，①式を M で微分した値である。

$$\frac{\Delta X}{\Delta M} = \frac{P_Y}{2P_X} \cdot \frac{1}{P_Y} = \frac{1}{2P_X}$$

また，所得弾力性と M との関係を見るために②の X に①を代入する。

$$e = \frac{1}{2P_X} \cdot \frac{M}{\dfrac{1}{2P_X}M + \dfrac{5P_Y}{2P_X}} = \frac{M}{M+5P_Y}$$

この式から分母のほうが分子より大きく，X 財の需要の所得弾力性 e は 1 より小さいことがわかる。したがって，X 財は必需品である。

以上から，正答は **2** である。

正答　**2**

地方上級

全国型

No.
336

経済原論　消費者の最適行動理論　平成18年度

経済原論

財政学

経済政策

経済史

経済事情

統計学

経営学

X財，Y財のみが存在する市場において，Aはこの両財を所有しているものとする。Aの両財に対する限界効用はそれぞれ$MU(X)=5$，$MU(Y)=10$であった。また市場におけるX財の価格（P_X）は2，Y財の価格（P_Y）は1である。このときのAのとる最適行動として，正しいものは次のうちどれか

1　X財1単位に対してY財2単位の比率で，X財を販売しY財を購入する。

2　X財2単位に対してY財1単位の比率で，X財を販売しY財を購入する。

3　X財1単位に対してY財1単位の比率で，Y財を販売しX財を購入する。

4　X財1単位に対してY財2単位の比率で，Y財を販売しX財を購入する。

5　X財2単位に対してY財1単位の比率で，Y財を販売しX財を購入する。

解説

X財の限界効用が5であり，Y財の限界効用が10という一方で，X財の価格は2，Y財の価格は1となっており，手に入れると効用が高いY財のほうが安くなっている。よってY財を購入するように行動するのが正しい。そのためにはX財を販売しなくてはならないが，その交換比率は，X財の価格が2でY財が1というところから，X財を1個とY財2個の交換が可能であるから，この消費者の取りうる行動は「X財1単位を売り，それでY財を2単位購入する」ことである。

　よって，**1**が正しい。

正答　**1**

地方上級
全国型
No. 337 経済原論 超過需要関数 平成16年度

ある経済が3つの市場からなっているとする。財1の超過需要 Z_1 と財2の超過需要 Z_2 が以下のように与えられるとき，財3の超過需要 Z_3 として妥当なものはどれか。

$$Z_1 = \frac{-10P_1 + 6P_2 + 4P_3}{P_1}$$

$$\left[\begin{array}{l} P_i：i財の価格 （i＝1，2，3） \\ Z_i：超過需要 \end{array} \right]$$

$$Z_2 = \frac{3P_1 - 8P_2 + 5P_3}{P_2}$$

1 $Z_3 = \dfrac{-3P_1 + 6P_2 + 9P_3}{P_3}$

2 $Z_3 = \dfrac{2P_1 + 9P_2 - 11P_3}{P_3}$

3 $Z_3 = \dfrac{7P_1 + 2P_2 - 9P_3}{P_3}$

4 $Z_3 = \dfrac{-5P_1 + P_2 - 7P_3}{P_3}$

5 $Z_3 = \dfrac{-13P_1 + 14P_2 - P_3}{P_3}$

解説

3財からなる個人の予算制約式は，各財の消費量を x，初期保有を w とすると，

$P_1 x_1 + P_2 x_2 + P_3 x_3 = P_1 w_1 + P_2 w_2 + P_3 w_3$

である。x の個人間での総和を X，w の個人間での総和を W で表し，予算制約式を各個人について辺々足すと，

$P_1 X_1 + P_2 X_2 + P_3 X_3 = P_1 W_1 + P_2 W_2 + P_3 W_3$

となる。これより，超過需要 $Z = X - W$ の式に直すと，

$P_1 Z_1 + P_2 Z_2 + P_3 Z_3 = 0$

となり，各市場の超過需要に価格をかけたものの総和は常にゼロになる（ワルラスの法則）。

各財の超過需要の式より，

$P_1 Z_1 = -10P_1 + 6P_2 + 4P_3$

$P_2 Z_2 = 3P_1 - 8P_2 + 5P_3$

であるから，ワルラス法則より，

$P_3 Z_3 = -P_1 Z_1 - P_2 Z_2$

$= -(-10P_1 + 6P_2 + 4P_3) - (3P_1 - 8P_2 + 5P_3)$

$= 7P_1 + 2P_2 - 9P_3$

したがって，

$$Z_3 = \frac{7P_1 + 2P_2 - 9P_3}{P_3}$$

となり，正答は**3**である。

正答 **3**

ある消費者は X 財と Y 財を消費し，この消費者の効用関数は

$u = xy$ 〔u：効用，x：X 財の消費量，y：Y 財の消費量〕

である。X 財と Y 財の価格はそれぞれ20と10であり，この消費者の所得は100である。X 財と Y 財の価格がそれぞれ18と4に変化するとき，同じ効用を保つために必要な所得はいくら減るか。

1 28

2 30

3 36

4 40

5 48

解説

初めに，効用関数を価格と所得で表す。コブ・ダグラス型効用関数の性質より，X 財の価格を p_x，Y 財の価格を p_Y，所得を I で表すとき，この消費者の X 財の需要関数は，

$$x = \frac{1}{2}\frac{I}{p_x}$$

Y 財の需要関数は

$$y = \frac{1}{2}\frac{I}{p_Y}$$

である。したがって，これらの需要関数を効用関数に代入すると，

$$u = \frac{1}{2}\frac{I}{p_x} \times \frac{1}{2}\frac{I}{p_Y} = \frac{1}{4}\frac{I^2}{p_x p_Y} \quad \cdots\cdots ①$$

となる（ちなみに，これを間接効用関数という）。

次に，当初の効用水準を求める。①式に，$p_x = 20$，$p_Y = 10$ および $I = 100$ を代入すると，

$$u = \frac{1}{4} \times \frac{100^2}{20 \times 10} = 12.5$$

である。

最後に，$p_x = 18$，$p_Y = 4$ の下で12.5の効用を保つのに必要な所得を求め，所得の減少分を計算する。①式に $p_x = 18$，$p_Y = 4$ および $u = 12.5$ を代入すると，

$$12.5 = \frac{1}{4} \times \frac{I^2}{18 \times 4}$$

$$I^2 = 3600$$

$$I = \pm 60$$

であるから，必要な所得は60である。つまり，同じ効用を保つために必要な所得は $100 - 60 = 40$ 減るので，正答は**4**である。

正答　**4**

経済原論

財政学

経済政策

経済史

経済事情

統計学

経営学

完全競争下にある企業が財を生産しており，その財の価格が250円，限界費用が250円，平均費用が300円，平均固定費用が80円であるとする。このとき，企業のとる行動として，妥当なものは次のうちどれか。ただし，限界費用は逓増するものとする。

1 利潤最大化のために生産量を増加させる。

2 利潤最大化のために生産量を減少させる。

3 損失が出ているので生産を中止する。

4 損失が出ているので生産量を増加させる。

5 損失が出ているが，この生産量を維持する。

解　説

生産量を Q，総費用を TC とすると，利潤関数は，

$$\pi = PQ - TC$$

である。完全競争下の企業は，市場価格 P を所与として利潤を最大化するので，利潤最大化の条件は，この利潤関数を生産量 Q で微分して0と置いた，

$$\frac{d\pi}{dQ} = P - \frac{dTC}{dQ} = 0$$

である。総費用の導関数は限界費用 MC であるから，完全競争下の企業の利潤最大化の条件は，

$$P = MC$$

となる。限界費用と市場価格が250円で等しいから，企業はこの価格で利潤を最大化している（利潤が最大化されていてもプラスだとは限らないことに注意しよう）。よって，企業は生産量を変えない。

利潤関数から，利潤がゼロになるのは，

$$\pi = PQ - TC = 0$$

であるから，これを生産量 Q で割って1単位当たり（平均）に直すと，

$$\frac{\pi}{Q} = P - \frac{TC}{Q} = 0$$

$\frac{TC}{Q}$ は平均費用 AC だから，利潤がゼロになる条件は，

$$P = AC$$

となる（損益分岐点）。$P > AC$ ならば利潤は正となり，$P < AC$ ならば利潤は負となる。ここでは平均費用300円よりも価格250円のほうが小さいから，この生産量での利潤は負である。

総費用は，固定費用 FC と可変費用 VC の2つの部分に分けられる。売上関数から可変費用を除いた

$$\Pi = PQ - VC$$

が正ならば，固定費用の一部（もしくは全部）を回収できる。この場合は，利潤が負であっても操業を続けることが望ましい。生産量 Q で割って1単位当たり（平均）に直すと，

$$\frac{\Pi}{Q} = P - \frac{VC}{Q}$$

$\frac{VC}{Q}$ は平均可変費用 AVC だから，$P > AVC$ ならば操業を続けたほうがよい（$P = AVC$ となる点が操業停止点）。$TC = VC + FC$ の両辺を生産量 Q で割ると $AC = AVC + AFC$ である（AFC は平均固定費用）。よって，

$$AVC = AC - AFC = 300 - 80 = 220 [円]$$

となる。価格 P は250円だから AVC より大きく，企業は操業を続けたほうが望ましい。

よって，正答は**5**である。

正答　**5**

次の図は，A国とB国の資本の限界生産性を描いた図であり，両国間で資本移動が不完全であるときのA国の資本量を Q_A，B国の資本量を Q_B とする。資本移動が完全に自由化されるとき，B国の労働者の所得はどれだけ増えるか。

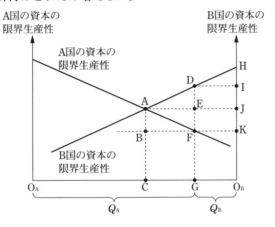

1　三角形 HAJ
2　三角形 HDI
3　三角形 DAE
4　台形 DAJI
5　台形 DACG

初めに，資本移動が不完全な状況でのB国の労働者の所得を求める。B国内で利用可能な資本量が Q_B のとき，B国内の総産出額は台形 HDGO$_B$ の面積である。このとき，資本の限界生産性はDGであるから，資本のレンタル価格も DG であり，資本家の所得は四角形 IDGO$_B$ の面積となる。よって，資本移動が不完全な場合，B国の労働者の所得は，総産出額から資本家の所得を差し引いた，三角形 HDI の面積である。

　次に，資本移動の自由化後について考察する。資本移動が不完全なとき，A国の資本の限界生産性，すなわち資本のレンタル価格 GF はB国のレンタル価格 DG を下回るから，A国の資本の一部がB国に流入する。両国の資本の限界生産性が等しくなるまで，この流入は継続するから，資本移動の自由化後のB国の資本量は CO$_B$ であり，資本のレンタル価格は AC となる。よって，B国の労働者の所得は，B国内の総産出額を表す台形 HACO$_B$ の面積から資本家の所得を表す四角形 JACO$_B$ の面積を差し引いた三角形 HAJ の面積となる。

　したがって，資本移動の自由化によって，B国の労働者の所得は三角形 HDI の面積から三角形 HAJ の面積に変化し，台形 DAJI の面積だけ大きくなる。

　よって，正答は**4**である。

正答　**4**

経済原論

財政学

経済政策

経済史

経済事情

統計学

経営学

地方上級

No. 341 市役所A

経済原論　　　　平均費用　　　　令和 元年度

ある企業の生産量と総費用との関係が次の表で表される。この企業に関する次の文中の空欄ア〜ウに当てはまる数値の組合せとして，妥当なものはどれか。

生産量	0	1	2	3	4	5
総費用	400	500	550	570	680	860

　この企業の平均費用が最小になる生産量は　ア　であり，平均可変費用が最小になる生産量は　イ　であり，限界費用が最小になる生産量は　ウ　である。

	ア	イ	ウ
1	3	4	3
2	3	4	4
3	4	2	3
4	4	3	3
5	4	3	4

解　説

ア：平均費用とは，生産量1単位当たりの費用（＝総費用÷生産量）であるから，次の表を作成できる。

生産量	0	1	2	3	4	5
平均費用	—	500÷1＝500	550÷2＝275	570÷3＝190	680÷4＝170	860÷5＝172

　よって，平均費用が最小になる生産量は「4」である。

イ：平均可変費用とは，生産量1単位当たりの可変費用（＝可変費用÷生産量）であるから，まず可変費用を求める必要がある（次表）。「総費用＝固定費用＋可変費用」であるから，可変費用＝総費用−固定費用である。また，固定費用とは生産量にかかわらずかかる費用，すなわち生産量がゼロであってもかかる費用であるから400である。次に，上記で述べた計算式を用いて平均可変費用を計算して，次表を完成させる。

生産量	0	1	2	3	4	5
可変費用	400−400＝0	500−400＝100	550−400＝150	570−400＝170	680−400＝280	860−400＝460
平均可変費用	—	100÷1＝100	150÷2＝75	170÷3＝56.6…	280÷4＝70	460÷5＝92

　よって，平均可変費用が最小になる生産量は「3」である。

ウ：限界費用とは，生産量を1単位増加させることによって発生する総費用の変化分（＝1単位増産後の総費用−増産前の総費用）であるから，次の表を作成できる。

生産量	0	1	2	3	4	5
限界費用	—	500−400＝100	550−500＝50	570−550＝20	680−570＝110	860−680＝180

　よって，限界費用が最小になる生産量は「3」である。
　以上より，正答は**4**である。

正答　**4**

生産数量の増加に伴う平均総費用の動き（ビヘイビア）に関する次の記述のうち妥当なのはどれか。

1 限界費用が平均総費用を上回っている生産数量の下では，平均総費用は逓増している。

2 限界費用が逓増している生産数量の下では，平均総費用も必ず逓増している。

3 限界費用が平均固定費用を上回る大きさになると，以後，平均総費用は逓増していく。

4 限界費用が一定の大きさである場合，平均総費用は限界費用と同じ大きさとなり，変化しない。

5 限界費用が一定の大きさである場合，平均総費用は限界費用を上回る水準で一定の大きさとなり，変化しない。

解説

1. 正しい（下図参照）。

2. 限界費用が逓増している生産数量の下では，平均総費用は逓減する場合と逓増する場合がある（下図参照）。

3. 限界費用が平均総費用を上回る生産数量になると，平均総費用は逓増する（下図参照）。

4,5. 限界費用が一定の大きさの場合，平均総費用は逓減する。

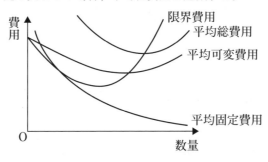

正答　**1**

地方上級

中部・北陸型

No. 343　経済原論　　**生産者余剰**　　平成29年度

X財の供給曲線と需要曲線がそれぞれ次のように示される。

$P=100+S$　　〔P：X財の価格，S：X財の供給量〕

$P=1900-2D$　　〔D：X財の需要量〕

政府がX財の価格を800に規制するときの市場の状況と，生産者の利潤の組合せとして妥当なものはどれか。

	市場の状況	生産者の利潤
1	150の超過需要	完全競争のときより53750増える
2	150の超過需要	完全競争のときより3750減る
3	150の超過供給	完全競争のときより53750増える
4	150の超過供給	完全競争のときと同じである
5	150の超過供給	完全競争のときより3750減る

解 説

初めに，市場の状況について考察する。X財の価格が800に規制されると，生産者は$800=100+S$を満たすように供給量を決めるから，供給量は$800-100=700$である。一方，消費者は$800=1900-2D$を満たすように需要量を決めるから，需要量は$(1900-800)\div2=550$である。供給量700が需要量550を$700-550=150$上回っているので，市場は150の超過供給の状態になる（**1**と**2**は誤り）。次に，生産者の利潤について考察する。利潤＝売上－可変費用－固定費用であり，生産者余剰＝売上－可変費用であるから，生産者余剰＝利潤＋固定費用である。政府が価格規制を実施しても固定費用は変化しないから，規制前後の利潤の変化は生産者余剰の変化に等しい。よって，規制前後の生産者余剰の差を求めればよい。規制前の均衡は需要曲線と供給曲線の交点Fで示される。このとき，生産者はOHFJの面積分の可変費用をかけてOCFJの面積分の売上を得るので，規制前の生産者余剰はOCFJの面積－OHFJの面積＝HCFの面積である。政府が規制を実施すると，企業はOHGIの面積分の可変費用をかけてOABIの面積分の売上げを得るので，規制後の生産者余剰はOABIの面積－OHGIの面積＝HABGの面積である。つまり，規制によって生産者余剰はHABGの面積－HCFの面積＝CABEの面積－GEFの面積分増える。均衡では需要量Dと供給量Sが一致するので$D=S=x$と置いて，規制前の均衡取引量を求める。

$$100+x=1900-2x$$
$$3x=1800$$
$$x=600$$

これを供給曲線に代入すると，規制前の均衡価格は$P=100+600=700$である。よって，規制によって生産者余剰はCABEの面積－GEFの面積＝$(800-700)\times550-(700-650)\times(600-550)\div2=55000-1250=53750$増える（**2**，**4**，**5**は誤り）。

よって，正答は**3**である。

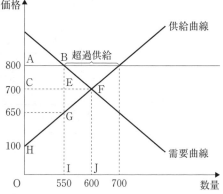

正答　**3**

完全競争市場において，ある財 X を生産する企業の総費用曲線（TC）は生産量を X とすると，

$$TC = X^3 - 4X^2 + 60X + 18$$

であった。このとき，この企業の損益分岐点における価格と生産量，操業停止点における価格
と生産量とがいずれも妥当なのはどれか。

	損益分岐点		操業停止点	
	（価格	生産量）	（価格	生産量）
1	53	2	63	3
2	56	2	63	3
3	60	3	56	2
4	63	3	56	2
5	66	4	50	3

解説

TC を X で微分すると限界費用（MC）を求めることができる。

$$MC = 3X^2 - 8X + 60$$

TC を X で割ると平均費用（AC）を求めることができる。

$$AC = X^2 - 4X + 60 + \frac{18}{X}$$

$\frac{18}{X}$ を除くと平均可変費用（AVC）である。

$$AVC = X^2 - 4X + 60$$

損益分岐点では $MC = AC$ が成立する。

$$3X^2 - 8X + 60 = X^2 - 4X + 60 + \frac{18}{X}$$

$$2X^2 - 4X - \frac{18}{X} = 0$$

$$2X^3 - 4X^2 - 18 = 0$$

$$X^3 - 2X^2 - 9 = 0$$

X に 2，3，4 と順に代入していくと，$X = 3$ のときに左辺が 0 となるので損益分岐点におけ
る生産量は 3 である（$(X-3)(X^2+X+3) = 0$ として $X = 3$ と出すこともできる）。また，完全
競争市場における価格 P は MC と等しいので MC に $X = 3$ を代入すると価格を求めることが
できる。

$$P = MC = 3 \times 9 - 8 \times 3 + 60 = 63$$

操業停止点では $MC = AVC$ が成立する。

$$3X^2 - 8X + 60 = X^2 - 4X + 60$$

したがって，$X = 2$ である。このときの価格は，

$$P = MC = 3 \times 4 - 8 \times 2 + 60 = 56$$

である。

以上より，正答は **4** とわかる。

正答　**4**

企業の費用に関する次の記述のうち，妥当なものはどれか。ただし，総費用曲線，平均費用曲線および限界費用曲線は，縦軸に総費用，平均費用および限界費用，横軸に生産量をとって描くものとする。

1　平均費用は，総費用曲線の接線の傾きで表され，限界費用は，原点と総費用曲線上の点を結んだ線分の傾きで表される。

2　労働投入量が増加するにつれて労働の限界生産物が逓減するとき，限界費用曲線の形状は右下がりになる。

3　平均費用曲線の形状が右下がりになるとき，限界費用曲線は平均費用曲線の下方に位置する。

4　固定費用のみが増加すると，平均費用曲線と限界費用曲線はともに上にシフトする。

5　長期においてはすべての生産要素の投入量を調整できるため，長期総費用曲線は短期総費用曲線の上方に位置する。

解説

1.　平均費用は，原点と総費用曲線上の点を結んだ線分の傾きであり，限界費用は，総費用曲線の接線の傾きである。

2.　労働の投入量が増加するにつれて労働の限界生産物が逓減するとき，生産量が増えるにつれて追加的な1単位の増産に必要な労働投入量は増える。よって，限界費用曲線の形状は右上がりになる。

3.　妥当である。

4.　限界費用は1単位増産するときの費用の増加分であるから，固定費用の大きさとは無関係である。よって，固定費用のみが増加すると，平均費用曲線は上にシフトするが，限界費用曲線は変化しない。

5.　長期においてはすべての生産要素の投入量を調整できるため，長期総費用曲線は短期総費用曲線の下方包絡線となる。

正答　**3**

ある企業の費用関数は，

$$C = \alpha + \beta Q + \gamma Q^2 + \delta Q^3 \quad [C：費用，\ Q：生産量 \quad \alpha，\ \beta，\ \gamma，\ \delta：定数]$$

であり，平均費用曲線 AC，平均可変費用曲線 AVC，平均固定費用曲線 AFC，限界費用曲線 MC が次の図のように表されるものとする。図中の a と b に当てはまる数値の組合せとして，妥当なものはどれか。

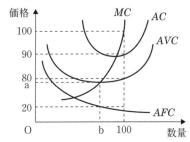

	a	b
1	65	50
2	70	50
3	70	85
4	75	50
5	75	85

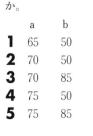
解説

初めに，操業停止点（AVC と MC の交点）での生産量 b を求める。企業の費用は固定費用と可変費用に大別できるので，平均費用と平均可変費用の差額は平均固定費用である。生産量が100のとき，平均費用は90，平均可変費用は80なので，平均固定費用は $90-80=10$ である。よって，この企業の固定費用は，$10 \times 100 = 1000$ である。さらに，操業停止点での平均固定費用が20であることから，操業停止点での生産量 b は，$1000 \div 20 = 50$ である（**3**と**5**は誤り）。

次に操業停止点における限界費用または平均可変費用 a を求める。可変費用とは生産量 Q に応じて変化する費用なので，この企業の可変費用は，$\beta Q + \gamma Q^2 + \delta Q^3$ であり，平均可変費用および限界費用は，

$$AVC = \frac{\beta Q + \gamma Q^2 + \delta Q^3}{Q} = \beta + \gamma Q + \delta Q^2$$

$$MC = \frac{dC}{dQ} = \beta + 2\gamma Q + 3\delta Q^2$$

である。操業停止点では $AVC = MC$ なので，生産量が50であるとき，

$$\beta + 50\gamma + 2500\delta = \beta + 100\gamma + 7500\delta \quad \therefore \quad \gamma = -100\delta$$

が成立する。これを使えば，

$$AVC = \beta - 100\delta Q + \delta Q^2$$

$$MC = \beta - 200\delta Q + 3\delta Q^2$$

と書き直せる。ここで，生産量が100のとき，平均可変費用が80であることに留意すると，

$$\beta - 100 \times 100\delta + 100^2\delta = 80 \quad \therefore \quad \beta = 80$$

である。さらに，$\beta = 80$ および生産量が100のときの限界費用が100であることから，

$$80 - 200 \times 100\delta + 3 \times 100^2\delta = 100 \quad \therefore \quad \delta = 0.002$$

である。これを $\gamma = -100\delta$ に代入することで $\gamma = -0.2$ が得られる。よって，

$$AVC = 80 - 0.2Q + 0.002Q^2$$

であるから，生産量が50であるときの平均可変費用は，

$$80 - 0.2 \times 50 + 0.002 \times 50^2 = 80 - 10 + 5 = 75$$

である（**1**，**2**，**3**は誤り）。したがって，正答は**4**である。

正答　**4**

経済原論

財政学

経済政策

経済史

経済事情

統計学

経営学

地方上級

全国型，関東型

No. 347 経済原論 — 独占企業 — 平成22年度

ある独占企業が利潤を最大化するために，自国市場と外国市場とで価格差別化を行おうとしている。次の需要曲線の組合せのうち，自国市場の価格が外国市場の価格より常に高くなるものはどれか。ただし，Q_A と Q_B はそれぞれ自国市場と外国市場の需要量，P_A と P_B はそれぞれ自国市場の価格と外国市場の価格を表し，限界費用は常に一定とする。

1 自国：$Q_A = 50 - 0.5P_A$ 外国：$Q_B = 100 - 0.25P_B$

2 自国：$Q_A = 50 - 0.25P_A$ 外国：$Q_B = 80 - 0.5P_B$

3 自国：$Q_A = 80 - 0.25P_A$ 外国：$Q_B = 150 - 0.25P_B$

4 自国：$Q_A = 150 - 0.5P_A$ 外国：$Q_B = 150 - 0.25P_B$

5 自国：$Q_A = 100 - 0.5P_A$ 外国：$Q_B = 150 - 0.75P_B$

解説

利潤最大化を図る独占企業は，限界収入 MR と限界費用 MC が一致する生産量を選び，その生産量に対応する需要曲線の高さに価格を設定する。本問の需要曲線はすべて直線であるから，

$$Q = a - bP \quad 〔P：価格，\ Q：数量〕$$

から導かれる需要曲線

$$P = \frac{a}{b} - \frac{1}{b}Q \cdots ①$$

を用いて，最適な価格設定について考える。需要曲線が直線であるとき，限界収入曲線の縦軸（価格軸）との切片は需要曲線と同じで，傾きだけが2倍になる。

$$MR = \frac{a}{b} - \frac{2}{b}Q$$

ここで，独占企業の限界費用が Cq で一定であるとすると，最適供給量は，

$$\frac{a}{b} - \frac{2}{b}Q = Cq \qquad \therefore \quad Q = \frac{b}{2}\left(\frac{a}{b} - Cq\right)$$

である。これを①式に代入すると，独占企業の最適な価格設定は，

$$P = \frac{a}{b} - \frac{1}{b} \cdot \frac{b}{2}\left(\frac{a}{b} - Cq\right) = \frac{1}{2}\left(\frac{a}{b} + Cq\right)$$

である。よって，限界費用が一定の下で，自国市場の価格 P_A が外国市場の価格 P_B より常に高いためには，

$$\frac{1}{2}\left(\frac{a_A}{b_A} + Cq\right) > \frac{1}{2}\left(\frac{a_B}{b_B} + Cq\right)$$

$$\frac{a_A}{b_A} > \frac{a_B}{b_B}$$

でなければならない。

この条件を満たすのは**2**だけであるから，正答は**2**である。

正答 **2**

ある財の需要関数と供給関数がそれぞれ次式で表される。

$$D=500-\frac{P}{2} \quad S=\frac{P}{2}$$

（D：需要量，S：供給量，P：価格）

この財に関する次の文中の空欄ア～エに該当する語句の組合せとして，妥当なものはどれか。ただし，価格支配力は生産者のほうが強いものとする。

政府がこの財の価格に対して，その下限を700に制限する規制を実施すると，この財の市場では（　ア　）が（　イ　）発生する。また，政府がこの財の生産量に対して，その上限を200に制限する数量規制を実施すると，この財の価格は（　ウ　）となり，生産者の財1単位当たりのレント（超過利潤）は（　エ　）となる。

	ア	イ	ウ	エ
1	超過需要	100	600	200
2	超過需要	200	400	100
3	超過供給	100	400	50
4	超過供給	200	500	100
5	超過供給	200	600	200

解説

ア・イ：最低価格を700とする規制が実施されると，需要量は需要関数より $500-\dfrac{700}{2}=150$ となり，供給量は供給関数より $\dfrac{700}{2}=350$ となる。よって，この財の市場では供給量が需要量を $350-150=200$ 超過する状態，いわゆる超過供給が発生する。

ウ・エ：需要関数は $P=1000-2D$ と変形できるので，生産量の上限を200に制限する数量規制が実施されるとき消費者価格は $1000-2\times200=600$ である。また，供給関数は $P=2S$ と変形できるので，生産量の上限を200に制限する数量規制が実施されるとき生産者価格は $2\times200=400$ である。よって，この財の価格は消費者価格600となり，生産者の財1単位当たりのレントは $600-400=200$ となる。

以上より，アは「超過供給」，イは「200」，ウは「600」，エは「200」であるので，正答は**5**である。

正答　5

経済原論

財政学

経済政策

経済史

経済事情

統計学

経営学

地方上級

全国型，法律専門タイプ，茨城県，奈良県，市役所A日程

No. 349 経済原論 **収穫逓増の生産関数** 平成12年度

次の生産関数の中で，労働・資本ともに限界生産力逓減で，規模に関しては収穫逓増のものはどれか。ただし，Y は生産量，A は技術，K は資本，L は労働を表している。

1 $Y = AK^{0.5}L^{0.5}$

2 $Y = AK^{0.6}L^{0.3}$

3 $Y = AK^{0.7}L^{0.3}$

4 $Y = AK^{0.9}L^{0.2}$

5 $Y = AK^{1.1}L^{0.2}$

解説

他の生産要素の投入量を一定として，ある生産要素が増加したときに生産量の増加分（限界生産力）が減少し続ける限界生産力逓減の条件は，生産関数の生産要素の指数が0と1の間の値をとることである。資本 K の指数が0と1の間をとるのは，選択枝**1**～**4**である。労働 L の指数が0と1の間をとるのは**1**～**5**である。

すべての生産要素の投入量を同じ比率で増加させた場合，生産量がその比率より大きい割合で増加する場合を，規模に関して収穫逓増という。規模に関して収穫逓増の条件は生産関数の中の生産要素の指数を加えた値が1より大きいことである。1より小さい場合が規模に関して収穫逓減，1と等しい場合が規模に関して収穫不変である。生産関数の資本 K と労働 L の指数を加えて1より大きいのは**4**と**5**のみである。

以上から，労働と資本の限界生産力が逓減し，規模に関して収穫逓増なのは**4**である。

よって，正答は**4**である。

正答　4

次の図は，汚染物質を排出しながら操業する企業の私的限界費用曲線，社会的限界費用曲線およびこの企業が直面する需要曲線を描いたものである。この図の説明として，妥当なものはどれか。

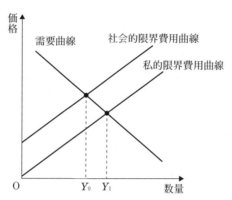

1　生産量がY_0のとき，企業が被害者に賠償金を支払って生産量をY_1にすることで，社会全体の余剰は大きくなる。

2　生産量がY_0のとき，被害者は企業に補助金を給付して生産量をY_1にすることで，社会全体の余剰は大きくなる。

3　生産量がY_1のとき，企業と被害者が交渉しても，生産量をY_0にすることはできない。

4　生産量がY_1のとき，企業に対して課税することによって，生産者余剰は小さくなるが，社会全体の余剰は大きくなる。

5　生産量がY_1のとき，企業に対して課税することによって，汚染物質による被害は大きくなり，社会全体の余剰は小さくなる。

解　説

1．市場均衡における生産量がY_1であり，社会的に望ましい生産量がY_0である。生産量がY_1のとき，企業は被害者に賠償金を支払って，生産量をY_0にすることが望ましい。

2．生産量がY_1のとき，被害者は企業に補助金を給付して，生産量をY_0にすることが望ましい。

3．企業と被害者の交渉で，生産量をY_0にすることもできる。

4．正しい。

5．汚染物質による被害は小さくなり，社会全体の余剰は大きくなる。

正答　**4**

自然独占に対する価格規制に関する次の記述のうち，妥当なものはどれか。

1 自然独占における企業は費用逓減産業とも呼ばれており，限界費用価格形成原理による価格規制の場合には利潤はマイナスとなるが，平均費用価格形成原理による価格規制の場合には利潤はゼロとなる。

2 プライスキャップ規制は，自然独占における企業の設定する料金の上限を定めるものではなく，料金の変化率に上限を定めるものである。

3 ヤードスティック規制とは，複数の事業者間の平均費用を比較して算出された基準となる標準的な費用を元に料金を定める方法であり，事業者間での競争を阻害するというデメリットがある。

4 ピークロード料金とは，需要の時間的・季節的なピークに応じて料金を設定する方法であり，需要量が高い時期には低い料金を，需要量が低い時期には高い料金を設定する。

5 二部料金とは，固定費用を基本料金により徴収し，可変費用を従量料金により徴収する方法であり，自然独占における企業に対して費用を削減しようとするインセンティブを与えるというメリットがある。

解説

1．正しい。費用逓減産業では限界費用が平均費用を常に下回っているため，限界費用で価格を設定すると必ず利潤はマイナスとなってしまう。一方で，平均費用で価格を設定すると利潤はゼロとなる。

2．プライスキャップ規制は，自然独占における企業の設定する料金の水準に対して上限を定める規制方法である。

3．ヤードスティック規制は，地域独占の状態にある電気・ガスなどの産業で行われており，地域間の事業者での競争を促すメリットを持っている。

4．ピークロード料金は，需要量が高い時期には高い料金を，需要量が低い時期には低い料金を設定する方法である。

5．二部料金は，企業の固定費用と可変費用のすべてを徴収可能とする方法のため，それ以上に費用を削減しようとするインセンティブは持たない。

正答 **1**

独占の理論に関する次の記述のうち, 妥当なものはどれか。

1 完全競争市場では利潤最大化生産量における価格が限界費用を上回るが, 独占市場では利潤最大化生産量における価格と限界費用が一致する。

2 縦軸に価格, 横軸に需要量をとり右下がりの直線で需要曲線を描くとき, 独占企業の限界収入曲線は, 需要曲線と縦軸切片が同じで, 傾きが3倍の直線になる。

3 独占企業の市場支配力を示す指標としてラーナーの独占度がある。この指標は需要の価格弾力性の逆数であり, 生活必需品よりもぜいたく品のほうが独占度は高くなる。

4 独占市場に他企業が参入する際の妨げとなる要因を参入障壁と呼ぶ。参入障壁には, 特許のほか, 生産技術上, 規模の経済が働かないことなどがある。

5 独占企業が複数の市場に同一の生産物を供給する場合, 生産物の転売が不可能ならば, 需要の価格弾力性の小さい市場ほど高い価格をつけることで利潤を大きくできる。

解　説

1. 完全競争市場と独占市場の説明が逆である。

2. 独占企業の限界収入曲線の傾きは需要曲線の傾きの3倍ではなく, 2倍である。

3. 通常, 価格変化に伴う生活必需品の需要量の変化は, ぜいたく品の需要量の変化に比べて小さいと考えられるので, 生活必需品の需要の価格弾力性は, ぜいたく品の需要の価格弾力性より小さい。よって, 生活必需品のラーナーの独占度のほうが高くなる。

4. 費用逓減産業がその例であるように, 生産技術上, 規模の経済が働く場合, 参入障壁となる。

5. 正しい。

正答　**5**

地方上級

No. 353 全国型，関東型，経済専門タイプ

経済原論 **独占企業と従量税** 平成16年度

ある財を生産する独占企業が，右下がりの直線で表される需要曲線に直面しているとする。またこの企業の限界費用は生産量によらず一定であるとする。企業が1単位生産するごとに t 円の従量税を課したとするとき，価格はどれだけ上昇するか。

1 $\dfrac{t}{4}$

2 $\dfrac{t}{2}$

3 t

4 $2t$

5 $3t$

解説

右下がりの直線の需要曲線から得られる逆需要曲線を，

$P = a - bQ$ （P：価格，Q：生産量）

とする。限界費用は一定であるから，限界費用 MC は，

$MC = c$ （c は定数）

と表せる。

ここで，1単位生産するごとに t 円の従量税を課すと，限界費用が t 円上昇するので，

$MC = c + t$

となる。

この独占企業の利潤 π は，総費用を TC とすると，

$\pi = (a - bQ)Q - TC$

となる。

利潤最大化の条件は，この利潤を生産量で微分しゼロと置くと，

$\dfrac{d\pi}{dQ} = a - 2bQ - MC$

$= a - 2bQ - (c + t) = 0$

これより，独占企業の最適生産量は，

$Q = \dfrac{a - c - t}{2b}$

となる。これを逆需要曲線に代入すると，

$P = a - b\left(\dfrac{a - c - t}{2b}\right) = \dfrac{a}{2} + \dfrac{c}{2} + \dfrac{t}{2}$

したがって，t 円の従量税によって，価格は $\dfrac{t}{2}$ 円上昇する。よって正答は **2** である。

正答 **2**

経済原論

財政学

経済政策

経済史

経済事情

統計学

経営学

企業は X 財を独占的に国内と海外の市場に供給しており，国内市場と海外市場の X 財の需要関数はそれぞれ次のように示される。

$d_1 = 100 - p_1$ 〔d_1：国内市場の需要量，p_1：国内市場の価格〕

$d_2 = 200 - 2p_2$ 〔d_2：海外市場の需要量，p_2：海外市場の価格〕

この企業の費用関数は次のように示される。

$c = 200 + \dfrac{1}{2}x^2$ 〔c：総費用，x：生産量〕

この企業が利潤を最大化するとき，X 財の輸出量として妥当なものはどれか。ただし，X 財の国内と海外の間の輸送費用はかからず，国内市場と海外市場の価格は同一とする。

1 　10

2 　20

3 　30

4 　40

5 　50

解説

独占企業の利潤最大化行動に関する計算問題である。初めに，限界収入を計算する。国内市場と海外市場で企業は同一の価格を設定し，財の輸送費用はかからないと仮定されている。さらに，X 財は私的財であると想定されていると考えられるので，企業の直面する需要曲線は各市場の需要曲線の水平和である。題意より，国内市場の需要曲線は $p_1 = 100 - d_1$，海外市場の需要曲線は $p_2 = 100 - \dfrac{1}{2}d_2$ である。両需要曲線の縦軸切片はともに100であるから，企業が直面する需要は両市場の需要量の総和である。

$d = d_1 + d_2$

$= 300 - 3p$

〔d：総需要量，p：X 財の価格〕…①

この式は $p = 100 - \dfrac{1}{3}d$ と変形できるので，全体の需要曲線は右下がりの直線である。需要曲線が右下がりの直線であるとき，限界収入曲線の縦軸切片は需要曲線の縦軸切片と同じ，傾きは需要曲線の2倍になる。したがって，この企業の限界収入 MR は $MR = 100 - \dfrac{2}{3}d$ である。

次に，企業の利潤を最大にする価格を計算する。費用関数を生産量について微分すると，限界費用 MC は x である。限界収入と限界費用の一致が独占企業の利潤最大化条件である。

$100 - \dfrac{2}{3}d = x$

さらに，均衡では総需要量と生産量が一致していることに留意すると，独占企業の利潤最大化を実現する生産量が決まる。

$100 - \dfrac{2}{3}x = x$

$\dfrac{5}{3}x = 100$

$x = 60$

これを①式の d に代入すると $60 = 300 - 3p$ となるので，企業が設定すべき価格は80である。

最後に，X 財の輸出量を計算する。上で求めた価格80を海外の需要関数に代入すると，$d_2 = 200 - 2 \times 80 = 40$ である。

よって，正答は**4**である。

正答 **4**

財政学

経済政策

経済史

経済事情

統計学

経営学

地方上級
全国型，関東型，中部・北陸型

No. 355 経済原論 **費用逓減産業と補助金** 平成 **13年度**

費用逓減産業では，社会的にみて最適な生産を行えば，企業が赤字になることがあるため，一般に政府の補助金を必要とする。総費用曲線 C が，

$$C(y)=2y+5 \quad 〔y：産出量〕$$

総需要曲線が，

$$p=10-y \quad 〔p：価格〕$$

のとき，最適な生産量の下で赤字を補てんするためには，補助金額はいくらにすればよいか。

1 0
2 2
3 5
4 8
5 16

解説

資源の最適配分は限界費用 MC と価格 p の均等化として特徴づけられる。総費用曲線 $C(y)$ を微分すると MC が求められる。

$$MC=C'(y)=(2y+5)'=2$$

これより，

$$10-y=2$$

すなわち，最適な生産量は 8 となる。価格が 2 になるため，独占企業の収入は16である。このとき総費用は21であるため，企業の赤字は 5 であり，必要な補助金額は 5 となる。

　よって，正答は **3** である。

正答 **3**

経済原論

財政学

経済政策

経済史

経済事情

統計学

経営学

たばこの需要曲線

$$x = \frac{100}{p}$$　　〔x：需要量，p：価格〕

と供給曲線が次の図で表されるものとする。たばこに対する従量税を上昇させたときの記述として，妥当なものはどれか。

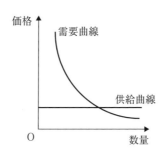

1　税込みの売上げは増え，税収も増える。

2　税込みの売上げは一定で，税収は増える。

3　税込みの売上げは一定で，税収は減る。

4　税込みの売上げは減り，税収は増える。

5　税込みの売上げは減り，税収も減る。

解説

初めに，税込みの売上げについて考える。与えられているたばこの需要曲線は直角双曲線なので，需要の価格弾力性は常に1である。よって，税込み価格が1％上昇すると需要が1％減少するので，税込みの売上げは変化しない（**1**，**4**，**5**は誤り）。

次に，税収について考える。ここで課税される租税は従量税であるから，たばこ1単位当たりの税額をtとすると，税収はtxであり，需要曲線は，

$$x = \frac{100}{p+t}$$

である。よって，従量税課税に伴う税収の変化は，

$$\frac{dtx}{dt} = x + t\frac{dx}{dt} = \frac{100}{p+t} - t\frac{100}{(p+t)^2}$$

$$= \frac{100}{p+t}\left(1 - \frac{t}{p+t}\right)$$

である。この式の最右辺のカッコ内は必ず正の値になるので，増税すると税収は必ず増える（**3**と**5**は誤り）。

したがって，正答は**2**である。

正答　**2**

経済原論
財政学
経済政策
経済史
経済事情
統計学
経営学

地方上級

全国型，関東型

No. 357 経済原論　　**外部不経済**　　平成28年度

ある経済では，X財とY財が生産されており，その生産可能フロンティアは次式で表される。

$x+y=30$　〔x：X財の生産量，y：Y財の生産量，$x \geqq 0$，$y \geqq 0$〕

Y財の生産ではCO_2は発生しないが，X財の生産ではCO_2が発生し，X財の生産量とCO_2の発生量の関係は次式で表される。

$z=2x$　〔z：CO_2の発生量〕

この経済の社会的厚生関数が次式で表されるとき，社会的厚生を最大化するX財の生産量として，妥当なものはどれか。

$W=xy(60-z)$　〔W：社会的厚生の水準〕

1　5
2　10
3　15
4　20
5　25

解説

外部不経済が生じる経済を想定した最適化問題である。

初めに，社会的厚生関数を求めたいX財の生産量だけの式に書き直す。生産可能性フロンティアの式より，Y財の生産量yは次式で表せる。

$y=30-x$

また，CO_2の発生量zは次式で与えられている。

$z=2x$

これら2式の右辺を社会的厚生関数のyとzに代入すると，次式を得る。

$W=x(30-x)(60-2x)=2x^3-120x^2+1800x$

次に，社会的厚生Wを最大化するX財の生産量を求める。上で得た社会的厚生関数をxについて微分する。

$$\frac{dW}{dx}=6x^2-240x+1800=6(x-10)(x-30)$$

この関数の値がゼロとなるxの値が，社会的厚生関数を最大にする解である。

$6(x-10)(x-30)=0$

$\therefore x=10, 30$

X財の生産量が10のときの社会的厚生の水準は，

$W=10\times(30-10)(60-2\times10)=8000$

であり，X財の生産量が30のときの社会的厚生の水準は，

$W=30(30-30)(60-2\times30)=0$

であるから，X財の生産量が10のときの社会的厚生のほうがX財の生産量が30のときの社会的厚生より大きい。

よって，正答は**2**である。

正答　**2**

地方上級
全国型，関東型
No. 358 経済原論　パレート最適　令和元年度

経済原論

財政学

経済政策

経済史

経済事情

統計学

経営学

パレート最適に関する次の記述のうち，妥当なものはどれか。

1　パレート最適とは，ある個人の効用を低下させずに，ほかの誰かの効用を高めることができる状態のことである。

2　社会全体の資源配分の状態がある一点に定まり，パレート最適が達成されていたとしても，その状態が公平な状態であるとは限らない。

3　消費者の限界効用が生産者の限界費用よりも高い場合，その生産量はパレート最適の水準に比べて大きいといえる。

4　個人1の限界代替率（X財の限界効用／Y財の限界効用）が個人2の限界代替率を上回っている場合，個人1と個人2によるX財とY財の交換によってパレート最適が達成される。

5　パレート最適は，完全競争の条件が成立する市場では常に達成されるが，市場が不完全競争の状態であったり，情報の非対称性が存在したりする場合には達成されない。

解説

1. パレート最適とは，ある個人の効用を低下させずに，ほかの誰かの効用を高めることができない状態のことである。

2. 妥当である。

3. 消費者の限界効用が生産者の限界費用より高い場合，当該財を生産することによって社会全体の余剰を大きくすることができるので，その生産量はパレート最適の水準に比べて小さい。

4. 個人1の限界代替率（X財の限界効用／Y財の限界効用）が個人2の限界代替率を上回っていても，各人の初期保有量などの条件によっては交換が成立しなくなることがある。

5. 厚生経済学の第2定理が示すように，市場が不完全競争であったり，情報の非対称性があったりしても，適切な政策等の実施によってパレート最適は達成できる。

正答　**2**

地方上級

全国型，関東型，中部・北陸型，経済専門タイプ

No. 359 経済原論　　　**競争均衡**　　　平成14年度

競争均衡に関するア～エの記述のうち，正しいもののみを選んであるのはどれか。

ア　エッジワース・ボックスにおいては，両者の価格消費曲線の接点において競争均衡が達成される。

イ　エッジワース・ボックスにおいては，競争均衡は財の初期保有量に依存する。

ウ　競争均衡点が変化すると，必ずだれかが損をする。

エ　競争均衡点が変化すると，必ず所得分配が不平等化する。

1　ア，イ

2　ア，ウ

3　イ，ウ

4　ア，イ，エ

5　イ，ウ，エ

解説

エッジワース・ボックスとは，2財2消費者において財の交換を考察するモデルであり，図Ⅰのように表される。横軸の長さがX財の両消費者の初期保有量の合計，縦軸がY財の初期保有量の合計を表す。D-D曲線はパレート最適（無差別曲線が接する）な財の配分の集合であり，契約曲線という。競争均衡とは，パレート最適な配分（契約曲線D-D上）で，かつ初期保有量ωを満たす財の配分と価格の組のことである。

ア：正しい。価格消費曲線とは，価格が変化するときに各消費者の最適消費点における財の消費量（X，Y）の軌跡のことであり，オファー曲線ともいう（図ⅡのC-C）。価格消費曲線上では予算制約線と無差別曲線が接しており，「限界代替率＝価格比」となっている。競争均衡の条件は「消費者Aの限界代替率＝消費者Bの限界代替率＝価格比」であるから，両消費者の価格消費曲線（オファー曲線）の交点である。イ：誤り。競争均衡が一つの場合には正しいが，一つの初期保有量から複数の競争均衡が可能な場合もある。ウ：正しい。競争均衡は必ずパレート最適である（契約曲線上にある）から，競争均衡が変化すると必ず一方の効用水準を低下させる。エ：誤り。一つの初期保有量から複数の競争均衡が可能な場合には，初期保有量すなわち初期に保有している所得額は同じである。

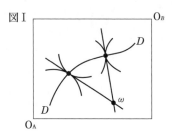

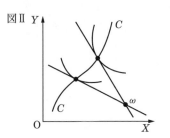

正答　**2**

地方上級
全国型, 関東型, 経済専門タイプ
No. 360　経済原論　2段階交渉ゲーム　平成14年度

経済原論
財政学
経済政策
経済史
経済事情
統計学
経営学

A，Bの2人が10,000円の分配について交渉をする。最初にAがBに対して自分の取り分を提案し，その案にBが同意すれば残りがBの取り分となって交渉は成立する。BがAの提案を拒否した場合には，今度はBが自分の取り分を提案し，その案にAが同意すれば残りがAの取り分となり交渉は成立する。交渉が決裂した場合にはAの取り分は2,000円，Bの取り分は0円となる。この交渉の結果として妥当なものはどれか。ただし同意と拒否で同じ額となる場合には同意を選ぶものとする。

1 交渉は決裂し，Aが2,000円を受け取り，Bの取り分は0円となる。

2 Aが8,000円，Bが2,000円を得る。

3 Aが2,000円，Bが8,000円を得る。

4 Aが1万円すべてを得る。

5 Bが1万円すべてを得る。

 解説

これは2段階交渉ゲームと呼ばれる動学ゲームである。分配案を（Aの取り分，Bの取り分）と表示すると，ゲームの手順は次のとおり。

　第1段階の交渉

　　Aが分配案（X，$10000-X$）を提示する。

　　Bが同意する　→　（X，$10000-X$）が成立

　　Bが拒否する　→　第2段階の交渉へ

　第2段階の交渉

　　Bが分配案（Y，$10000-Y$）を提示する。

　　Aが同意する　→　（Y，$10000-Y$）が成立

　　Aが拒否する　→　（2000，0）

このゲームでは部分ゲーム完全均衡が解となる。部分ゲーム完全均衡は次のように後向きに解くことによって求めることができる。

　まず，2段階目の交渉を考える。Aは交渉が決裂しても2,000円を得ることができるから，Aは $Y≧2000$ のときに交渉に同意する。Bは交渉が決裂すれば取り分は0円であるから取り分が0以上であればどのような分配案も望ましい。ここでAが同意するのは $Y≧2000$ すなわちBの取り分が8,000円以下のときであるから，Bは取り分を最大にするように分配案(2,000円, 8,000円)を提案するのが最適である。したがって2段階目の交渉においては，Bが分配案(2,000円, 8,000円)を提案し，Aが同意する。次に，この2段階目の結果を前提として1段階目の交渉を考える。Bは2段階目の交渉になれば8,000円の取り分を手にできるので，1段階目の交渉の取り分が8,000円以上（$10000-X≧8000$）である場合，すなわちAの取り分が2,000円以下（$2000≧X$）である場合のみ提案に同意する。Aは第2段階へ移っても得られる取り分は2,000円で同じであるから，第1段階で自分の取り分を最大にする $X=2000$ を提案する。

　したがって，Aが第1段階で分配案（2,000円, 8,000円）を提案してBはそれに同意し，Aが2,000円を，Bが8,000円を得る。

正答　3

地方上級
No. 361 全国型，関東型

経済原論 ゲームの理論 平成17年度

次の表は，企業1と企業2の利得表である。この表の説明として妥当なものはどれか。

		企業2	
		少量生産	大量生産
企業1	少量生産	(8，10)	(14，20)
	大量生産	(12，22)	(6，10)

カッコ内の数値は，前者が企業1の利得を，後者が企業2の利得を表す。

1 企業1と企業2ともに少量生産を行う均衡が実現する。

2 企業1と企業2ともに大量生産を行う均衡が実現する。

3 企業1は必ず少量生産を行い，企業2は必ず大量生産を行う。

4 企業1は必ず大量生産を行い，企業2は必ず少量生産を行う。

5 一方が少量生産を行えば，他方が大量生産を行うという2つの均衡がある。

解説

初めに，企業1の行動（戦略）について考察する。企業2が少量生産を行うとき，企業1は大量生産することによって，より高い利得を得られる。また，企業2が大量生産を行うとき，企業1は少量生産することによって，より高い利得を得られる。

次に，企業2の行動（戦略）について考察する。企業1が少量生産を行うとき，企業2は大量生産することによって，より高い利得を得られる。また，企業1が大量生産を行うとき，企業2は少量生産することによって，より高い利得を得られる。

したがって，企業1が少量生産を行い，企業2が大量生産を行うという均衡と，企業1が大量生産を行い，企業2が少量生産を行うという均衡が存在する。

よって，正答は**5**である。

正答　**5**

A社とB社は総額100の投資を行えば，それぞれVの利益を得ることができる。下の表は，両者がこの投資負担をした場合と負担しなかった場合の純利益をまとめたものであり，前者がA社の純利益，後者がB社の純利益を表す。この表に基づいて述べた次の記述のうち，妥当なものはどれか。

		B社	
		負担する	負担しない
A社	負担する	$(V-50,\ V-50)$	$(V-100,\ V)$
	負担しない	$(V,\ V-100)$	$(0,\ 0)$

1　$V=40$のとき，両社ともに投資負担をしないという組合せはパレート最適だが，ナッシュ均衡でない。

2　$V=60$のとき，両社ともに投資負担をするという組合せはパレート最適であり，ナッシュ均衡でもある。

3　$V=60$のとき，両社ともに投資負担をしないという組合せはパレート最適であり，ナッシュ均衡でもある。

4　$V=120$のとき，両社ともに投資負担をするという組合せはパレート最適ではないが，ナッシュ均衡である。

5　$V=120$のとき，両社ともに投資負担をしないという組合せはパレート最適ではなく，ナッシュ均衡でもない。

解説

初めに，パレート最適性について考察する。パレート最適とは，一方の利益を大きくするためには他方の利益を小さくする必要がある状態である。よって，$V=60$のとき「両社ともに負担しない」はパレート最適ではなく，$V=120$のとき「両社ともに投資負担をする」はパレート最適である。（**3**，**4**は誤り）。

次に，ナッシュ均衡について考察する。$V=40$，60のとき，相手の行動にかかわらず，投資負担しないことで自己の利益を大きくできる。よって，これらのときのナッシュ均衡は「両社ともに投資負担しない」である（**1**，**2**は誤り）。そこで，$V=120$の場合を考える。A社は，B社が投資負担をする場合には投資負担をせず，B社が投資負担をしない場合には投資負担をすることで，より大きな純利潤を得られる。他方，B社は，A社が投資負担をする場合には投資負担をせず，A社が投資負担をしない場合には投資負担をすることで，より大きな純利潤を得られる。よって，「両社ともに投資負担をする」と「両社ともに投資負担をしない」という組合せはともにナッシュ均衡でない（**4**は誤り）。

よって，正答は**5**である。

正答　**5**

経済原論
財政学
経済政策
経済史
経済事情
統計学
経営学

3人の個人が各自室のクーラーの設定温度に関して，低温Lと中温Mのいずれかを選択する。各個人は低温を選べば5の効用，中温を選べば10の効用を得られるが，3人が使える電力には限りがあり，2人以上が中温を選ぶと停電し，効用は0になる。次のA～Dの文のうち，ナッシュ均衡をすべて選んだ組合せはどれか。

A　3人全員が中温Mを選ぶ。
B　1人が低温L，2人が中温Mを選ぶ。
C　2人が低温L，1人が中温Mを選ぶ。
D　3人全員が低温Lを選ぶ。

1 A　　**2** B　　**3** C　　**4** A，C　　**5** B，D

解説

3人の個人を甲，乙，丙と名づけて，題意を利得表の形に整理すると次の2つの表で示すことができる。表1は「丙が低温Lを選ぶ」場合の利得表，表2は「丙が中温Mを選ぶ」場合の利得表であり，各マスには左から甲の効用，乙の効用，丙の効用が記述されている。

表1　丙が低温Lを選ぶ場合

		乙	
		低温L	中温M
甲	低温L	(5, 5, 5)	(5, 10, 5)
	中温M	(10, 5, 5)	(0, 0, 0)

表2　丙が中温Mを選ぶ場合

		乙	
		低温L	中温M
甲	低温L	(5, 5, 10)	(0, 0, 0)
	中温M	(0, 0, 0)	(0, 0, 0)

初めに，各個人の選択について考える。甲の選択について考察するとき，「乙と丙がLを選ぶ」と仮定すると表1より甲はMを選び，「乙はM，丙はLを選ぶ」と仮定すると表1より甲はLを選び，「乙はL，丙はMを選ぶ」と仮定すると表2より甲はLを選び，「乙と丙がMを選ぶ」と仮定すると表2より甲にとってLとMは無差別になる。表中の甲の効用において下線が引かれたものが，甲が選択する行動である。

同様にして，乙の選択について考察する。「甲と丙がLを選ぶ」と仮定すると表1より乙はMを選び，「甲はM，丙はLを選ぶ」と仮定すると表1より乙はLを選び，「甲はL，丙はMを選ぶ」と仮定すると表2より乙はLを選び，「甲と丙がMを選ぶ」と仮定すると表2より乙にとってLとMは無差別になる。表中の乙の効用において下線が引かれたものが，乙が選択する行動である。

丙の選択については，表1と表2の対応するマスにある丙の利得を比較することで考察できる。「甲と乙がLを選ぶ」と仮定すると丙はMを選び，「甲はL，乙はMを選ぶ」または「甲はM，乙はLを選ぶ」と仮定すると丙はLを選び，「甲と乙がMを選ぶ」と仮定すると丙にとってLとMは無差別になる。表中の丙の効用において下線が引かれたものが丙が選択する行動である。

次に，ナッシュ均衡を求める。表中において，全員の効用に下線が引かれた組合せは，「甲がL，乙がM，丙がL」，「甲がM，乙がL，丙がL」，「甲がL，乙がL，丙がM」および「甲乙丙全員がM」の4つである。

よって，正答はA，Cの組合せである**4**である。

正答　4

次の表は，ＸとＹの２企業がそれぞれ１，２の戦略を選択したときの利得を表したものである。表の各項の左側の数値が企業Ｘの利得，右側の数値が企業Ｙの利得である。２企業が互いに協調しない場合，両企業が選択する戦略に関する記述として，妥当なものはどれか。

		企業Y	
		戦略1	戦略2
企業X	戦略1	7，16	6，9
	戦略2	9，11	11，13

1　企業Ｘは戦略１，企業Ｙは戦略２を選択する組合せはナッシュ均衡である。

2　企業Ｘは戦略２，企業Ｙは戦略１を選択する組合せはナッシュ均衡である。

3　企業Ｘと企業Ｙともに戦略１を選択する組合せはナッシュ均衡である。

4　企業Ｘと企業Ｙともに戦略２を選択する組合せはナッシュ均衡である。

5　企業Ｘと企業Ｙともに戦略を選択できず，囚人のジレンマと呼ばれる状態が発生する。

解　説

２企業が互いに協調しないことを前提に，企業Ｘの戦略から考える。企業Ｙが戦略１と戦略２のいずれを選択しても，企業Ｘは戦略２を選択することでより大きな利得を得ることができる。一方，企業Ｙは，企業Ｘが戦略１を選択するならば戦略１を，企業Ｘが戦略２を選択するならば戦略２を選択することで，より大きな利得を得ることができる。利得に下線を引くことでこの結果をまとめると，次の表のようになる。

		企業Y	
		戦略1	戦略2
企業X	戦略1	7，<u>16</u>	6，9
	戦略2	<u>9</u>，11	<u>11</u>，<u>13</u>

　両者の利得に下線が引かれた戦略の組合せがナッシュ均衡であるから，企業Ｘと企業Ｙともに戦略２を選択する組合せがナッシュ均衡である。

　よって，正答は**4**である。

正答　**4**

経済原論

財政学

経済政策

経済史

経済事情

統計学

経営学

企業A，Bがそれぞれ3つの戦略を持つゲームの状況は，次の利得表で示される。この表において，ナッシュ均衡をすべて挙げたものはどれか。ただし，かっこ内の左の数値が企業Aの利得を，右の数値が企業Bの利得を表すものとする。

		企業B		
		戦略B1	戦略B2	戦略B3
企業A	戦略A1	(10, 10)	(2, 5)	(6, 8)
	戦略A2	(8, 5)	(7, 7)	(3, 4)
	戦略A3	(6, 8)	(3, 4)	(1, 1)

1 （A1，B2），（A2，B3），（A3，B1）
2 （A1，B1），（A2，B2），（A3，B3）
3 （A1，B1），（A2，B2）
4 （A1，B1），（A2，B1），（A3，B3）
5 （A1，B1），（A2，B1）

解説

ナッシュ均衡とは，各プレーヤーが相手の行動を所与として最適な戦略をとるときに，すべてのプレーヤーの戦略が最適となる組合せのことである。

　初めに，企業Aの行動を考える。企業Bが戦略B1をとることを前提にすると，企業Aは戦略A1をとると10の利得，戦略A2をとると8の利得，戦略A3をとると6の利得を得ることになるので，企業Aにとって最適な戦略は戦略A1である。同様に考えると，企業Bが戦略B2をとることを前提にした場合の企業Aにとって最適な戦略は戦略A2であり，企業Bが戦略B3をとることを前提にした場合の企業Aにとって最適な戦略は戦略A1である。

　次に，企業Bの行動を考える。企業Aが戦略A1をとることを前提にすると，企業Bは戦略B1をとると10の利得，戦略B2をとると5の利得，戦略B3をとると8の利得を得ることになるので，企業Bにとって最適な戦略は戦略B1である。同様に考えると，企業Aが戦略A2をとることを前提にした場合の企業Bにとって最適な戦略は戦略B2であり，企業Aが戦略A3をとることを前提にした場合の企業Bにとって最適な戦略は戦略B1である。

　最後に，ナッシュ均衡を求める。次の表は，上記の考察で得た各企業の最適な戦略の下での利得に下線を引いたものである。両者の下線が一致しているのは，（A1，B1），（A2，B2）の2つである。

		企業B		
		戦略B1	戦略B2	戦略B3
企業A	戦略A1	(<u>10</u>, <u>10</u>)	(2, 5)	(<u>6</u>, 8)
	戦略A2	(8, 5)	(<u>7</u>, <u>7</u>)	(3, 4)
	戦略A3	(6, <u>8</u>)	(3, 4)	(1, 1)

　よって，正答は**3**である。

正答　**3**

地方上級

市役所A日程

No. **366** 経済原論　　　　　効用関数　　　　平成 **30**年度

経済原論
財政学
経済政策
経済史
経済事情
統計学
経営学

ある消費者の効用関数と予算制約式がそれぞれ次のように与えられている。

効用関数：$U = x^{\frac{1}{2}} y^{\frac{1}{2}}$

予算制約式：$x + 2y = 100$

〔U：効用，x：X財の消費量，y：Y財の消費量〕

この消費者の効用を最大にする各財の消費量の組合せとして，妥当なものはどれか。

	X財	Y財
1	60	25
2	60	30
3	50	25
4	50	30
5	40	25

解説

消費者行動の理論（効用最大化問題）の計算問題である。

一般に，効用関数が $U = x^{\alpha} y^{\beta}$ で与えられるとき，次式が成立する。

X財の需要量：$x = \dfrac{\alpha}{\alpha + \beta} \times \dfrac{\text{所得}}{X \text{財の価格}}$

Y財の需要量：$y = \dfrac{\beta}{\alpha + \beta} \times \dfrac{\text{所得}}{Y \text{財の価格}}$

本問の場合，効用関数より $\alpha = \dfrac{1}{2}$，$\beta = \dfrac{1}{2}$，

予算制約式より所得＝100，X財の価格＝1，Y財の価格＝2であるから，これらを上の2式に代入して次の消費量を得る。

$$x = \frac{\frac{1}{2}}{\frac{1}{2} + \frac{1}{2}} \times \frac{100}{1} = 50$$

$$y = \frac{\frac{1}{2}}{\frac{1}{2} + \frac{1}{2}} \times \frac{100}{2} = 25$$

よって，正答は **3** である。

正答　**3**

地方上級
関東型，中部・北陸型

No. 367 経済原論　期待効用仮説　平成28年度

ある個人の効用関数は次式で表される。

$U=\sqrt{x}$　〔U：効用水準，x：資産〕

　現在，この個人は100万円の資産を保有しているが，2分の1の確率で資産が64万円に減る状況にある。資産が減少したときに36万円の補償が得られる保険があるとき，この個人がこの保険に対して支払ってもよいと考える最高額はいくらか。

1　17万円

2　18万円

3　19万円

4　20万円

5　21万円

解説

期待効用仮説の計算問題である。保険非加入時の期待効用と保険加入時の期待効用をそれぞれ求め，両者が等しくなる掛け金を求めればよい。

　初めに，保険非加入時の期待効用を考える。50％の確率で資産は100万円のままであり，50％の確率で資産は64万円になるのだから，保険非加入時の期待効用は次式で求められる。

$0.5\times\sqrt{1000000}+0.5\times\sqrt{640000}$

$=0.5\times1000+0.5\times800=900$

　次に，保険加入時の期待効用を考える。この保険に対する掛け金を M 円とするとき，50％の確率で資産は100万$-M$ 円になり，50％の確率で資産は64万$-M+36$万$=100$万$-M$ 円になる。よって，この保険に加入したときの期待効用は次式で求められる。

$0.5\times\sqrt{1000000-M}+0.5\times\sqrt{1000000-M}$

$=\sqrt{1000000-M}$

　最後に，この個人の最大支払許容額を考える。保険加入時の期待効用が非加入時の期待効用より高いとき，この個人は保険に加入する。この加入条件は次式で表現できる。

$\sqrt{1000000-M}\geqq900$

　この条件式を M について解くと，次のとおりである。

$1000000-M\geqq810000$

$190000\geqq M$

　よって，この個人が保険に加入する掛け金の最高額は19万円なので，正答は**3**である。

正答　**3**

No.368 経済原論 道徳的危険と逆選択 平成11年度

「道徳的危険」と「逆選択」に関する次の記述のうち，妥当なものはどれか。

1 自動車保険で保険料を引き上げると，良質なドライバーが多く加入することになるため，道徳的危険と呼ばれる損失を増加させる。

2 強制加入の医療保険は，健康な人も病気がちな人も加入することとなるので，逆選択の問題を生ずる。

3 金融市場において優良な借り手と不良な借り手を区別するのは困難であることから，貸倒れによって道徳的危険と呼ばれる損失が発生する。

4 預金保険機構があると，銀行経営者は，よりリスクの大きい融資を行いがちになり，道徳的危険と呼ばれる損失を増加させる。

5 労働市場において企業が職歴や学歴等によって労働者を区別することは，労働者の能力を正しく評価することを妨げるから，逆選択の原因となる。

解説

1. 保険料の引上げは良質なドライバーの加入を減少させ，いわゆる逆選択の問題を生じさせる。

2. 強制加入の医療保険は逆選択を生じさせない。

3. 優良な借り手と不良な借り手の区別が困難なことによって生じる問題は逆選択である。

4. 正しい。

5. 労働市場において企業が職歴や学歴等によって労働者を区別することは，限定された情報から労働者の能力を評価する合理的な行動である。

正答 4

経済原論
財政学
経済政策
経済史
経済事情
統計学
経営学

　賃金契約　

ある会社と従業員の賃金契約について考える。従業員の効用関数は次の式で表される。

　　$U = w - d$　（U：効用，w：基本給とボーナスの合計額，d：努力の不効用）

　従業員には基本給20に加えて，与えられた業務を達成した場合にのみ，ボーナスが支払われるものとする。従業員は$d = 20$の「高い努力」と$d = 10$の「低い努力」のいずれかを選択する。従業員が「高い努力」を選択した場合，与えられた業務は$\frac{3}{4}$の確率で成功して，$\frac{1}{4}$の確率で失敗する。従業員が「低い努力」を選択した場合，与えられた業務は$\frac{1}{4}$の確率で成功して，$\frac{3}{4}$の確率で失敗する。従業員が自発的に「高い努力」を選択するために必要なボーナスの最低額として妥当なものはどれか。なお，従業員は自身の効用を最大化する選択を行うものとする。また，従業員が「高い努力」を選んでも「低い努力」を選んでも期待効用が変わらない場合，「高い努力」を選ぶものとする。さらに，従業員が会社を退職した場合は，期待効用はゼロであるものとする。

1　20
2　40
3　60
4　80
5　100

解　説 ━━━━━━━━━━━━━━━━━━━━━━━━━━━━━━━━━━━

期待効用の計算問題である。「高い努力」を選択したときの期待効用が「低い努力」を選択したときの期待効用以上になるようにボーナスの額を設定することによって，従業員は自発的に「高い努力」を選択する。

　はじめに，従業員が$d = 20$の「高い努力」を選択したときの期待効用を求める。ボーナスの額をXとするとき，「高い努力」を選択する従業員の効用は$\frac{3}{4}$の確率で $(20 + X) - 20 = X$，$\frac{1}{4}$の確率で$20 - 20 = 0$になる。よって，この従業員の期待効用は$\frac{3}{4}X + \frac{1}{4} \times 0 = \frac{3}{4}X$である。

　次に，従業員が$d = 10$の「低い努力」を選択したときの期待効用を求める。「低い努力」を選択する従業員の効用は$\frac{1}{4}$の確率で $(20 + X) - 10 = 10 + X$，$\frac{3}{4}$の確率で$20 - 10 = 10$になる。

　よって，この従業員の期待効用は$\frac{1}{4}(10 + X) + \frac{3}{4} \times 10 = 10 + \frac{1}{4}X$である。

　最後に，従業員が自発的に「高い努力」を選択するためのボーナスの最低額を求める。「高い努力」を選択したときの期待効用が「低い努力」を選択したときの期待効用以上のとき，従業員は「高い努力」を選択する。

　　$\frac{3}{4}X \geqq 10 + \frac{1}{4}X$

　　$\frac{1}{2}X \geqq 10$

　　$\therefore X \geqq 20$

　以上より，従業員が自発的に「高い努力」を選択するボーナスの最低額は20であるので，正答は**1**である。

正答　**1**

地方上級
関東型
No.
370 経済原論 購買力平価説 平成21年度

経済原論

財政学

経済政策

経済史

経済事情

統計学

経営学

次の表は，t_0 年における日本とアメリカの物価をそれぞれ100としたときの t_1 年と t_2 年の物価指数である。t_0 年における為替レートが1ドル＝120円であるとき，t_1 年と t_2 年の購買力平価説による為替レートとして妥当なものはどれか。

	t_0 年	t_1 年	t_2 年
日本	100	90	80
アメリカ	100	110	120

	t_1 年	t_2 年
1	96	72
2	96	48
3	100	80
4	144	168
5	144	182

解 説

購買力平価説によれば，為替レートは両国の物価の比率に等しく決まるので，
　　為替レートの変化率＝日本の物価上昇率－アメリカの物価上昇率
が成立する。よって，t_1 年における為替レートの変化率は，

$$\frac{90-100}{100} \times 100 - \frac{110-100}{100} \times 100 = -20 \,〔\%〕$$

であるから，t_1 年の為替レートは1ドル＝$120 \times (1-0.2) = 96$〔円〕である。
　　同様にして，t_2 年における為替レートの変化率は，

$$\frac{80-100}{100} \times 100 - \frac{120-100}{100} \times 100 = -40 〔\%〕$$

であるから，t_2 年の為替レートは1ドル＝$120 \times (1-0.4) = 72$〔円〕である。
　　よって，正答は**1**である。

正答　**1**

地方上級

No. 371 全国型，関東型

経済原論 | **日本のGNPがGDPを上回った理由** | 平成19年度

日本では GNP の値が GDP の値を超えるという現象が見られている。この現象が見られる理由として，妥当なものはどれか。

1 日本では外国への輸出額と外国からの輸入額が等しくなっているためである。

2 日本では外国への輸出額が外国からの輸入額を上回っているためである。

3 日本では外国への輸出額が外国からの輸入額を下回っているためである。

4 日本企業の海外進出が進み，海外での生産量が増加しているためである。

5 外資系企業の日本進出の増加に伴い，GNP が増加したためである。

解説

GNP と GDP の間には，

GNP＝GDP＋海外からの要素所得－海外への要素所得

GNP－GDP＝海外からの要素所得－海外への要素所得

という関係が成立する。つまり，日本の GNP から GDP を差し引いた額は，海外からの要素所得（日本人・日本企業が海外で稼いだ所得）が増加するにつれて大きくなり，海外への要素所得（外国人・外国企業が日本で稼いだ所得）が増加するにつれて小さくなる。

よって，正答は**4**である。

正答 **4**

地方上級

No. 372

全国型，関東型，中部・北陸型

経済原論　産業連関表と国民所得　平成17年度

次の表は，ある国の産業連関表(生産物表示)の一部である。財1の価格が1であるとき，この国の国民総生産はいくらか。

投入 ＼ 産出		企業		最終需要	産出合計
		財1	財2		
企業	財1	15		25	50
	財2	20	10		30
労働雇用		3	2		

(生産物表示)

1 25

2 40

3 55

4 70

5 80

解 説

各財の産出合計は，各財の生産に利用された量と最終需要の合計に等しい。よって，財2の生産に利用された財1は50−15−25＝10単位であり，財2の最終需要は30−20−10＝0単位である。ここで，国民総生産は最終需要額の合計額に等しいことから，財2の価格を p とするとき，$1×25＋p×0＝25$ である。

　よって，正答は**1**である。

〈別解〉

　各財の産出合計額は，各財の生産に利用された財の投入額と労働支払額の合計額に等しい。よって，財2の価格を p，労働賃金を w とするとき，財1の産出合計額は $15＋20p＋3w＝50$ を，財2の産出合計額は $10＋10p＋2w＝30p$ を満たす必要がある。この2式からなる連立方程式の解は $p＝1$ と $w＝5$ である。よって，国民総生産は $1×25＋0×0＝25$ である。

正答　1

以下の数値が与えられているときの固定資本減耗と雇用者所得の値の組合せとして正しいものはどれか。

　　国民総生産　490億円

　　要素費用表示の国内所得　370億円

　　海外からの純要素所得受取　10億円

　　営業余剰　90億円

　　間接税―補助金　50億円

	固定資本減耗	雇用者所得
1	60	280
2	60	270
3	70	280
4	70	290
5	80	290

解説

まず,

　　要素費用表示の国内所得＝雇用者所得＋営業余剰

より,

　　雇用者所得＝370－90＝280

と算出される。

　　市場価格表示の国内所得＝要素価格表示の国内所得＋（間接税―補助金）

より,

　　市場価格表示の国内所得＝370＋50＝420

となり,

　　国内総生産＝市場価格表示の国内所得＋固定資本減耗

また,

　　国民総生産＝国内総生産＋海外からの純要素所得受取

より,

　　国内総生産＝490－10＝480

となり,

　　固定資本減耗＝480－420＝60

となる。

　　よって，正答は**1**である。

正答　**1**

地方上級

No.
374 経済原論

埼玉県，宮城県

均衡国民所得

平成17年度

t 期におけるある国の消費と投資が次のように与えられている。この国の政府支出と純輸出の合計額が常に1,200であるとき，この国の均衡国民所得はいくらか。

$C_t = 0.6Y_{t-1}$

$I_t = 0.2(Y_{t-1} - Y_{t-2})$ 〔C_t：t 期の消費，I_t：t期の投資，Y_t：t 期の国民所得〕

1 1,200

2 1,500

3 1,800

4 3,000

5 6,000

解 説

t 期において，この国の財市場が均衡するためには，国民所得 Y_t と，消費，投資，政府支出および純輸出の合計額が等しくなっていなければならない。

$Y_t = C_t + I_t + 1200$

$\quad = 0.6Y_{t-1} + 0.2(Y_{t-1} - Y_{t-2}) + 1200$

さらに，均衡国民所得とは，各期の国民所得が等しくなるときの国民所得のことであるから，上式において $Y = Y_t = Y_{t-1} = Y_{t-2}$ とすると，

$Y = 0.6Y + 0.2(Y - Y) + 1200$

$(1 - 0.6)Y = 1200$

$Y = 3000$

である。

よって，正答は**4**である。

正答 **4**

経済原論

財政学

経済政策

経済史

経済事情

統計学

経営学

国内総生産（GDP）に関する次の記述のうち，妥当なものはどれか。

1 GDP とは，1国全体の付加価値の合計ではなく，財・サービスの生産額の合計であり，原材料などに使われた中間生産物価値と最終生産物価値の合計である。

2 GDP を分配面から見ると，雇用者報酬と営業余剰・混合所得の合計に補助金を加え，生産および輸入品にかかる租税を引いたものから，さらに固定資本減耗を引いたものである。

3 GDP を支出面から見ると，民間消費，民間投資，政府支出および輸入の合計から輸出を引いたものである。民間投資には，設備投資と住宅投資が含まれるが，在庫投資は含まれない。

4 GDP には，株や土地などの資産の価格上昇に伴う利益や中古品の売上げは含まれるが，政府が提供する行政サービスや持ち家の住宅サービスは含まれない。

5 ある国の海外からの要素所得受取りが海外への要素所得支払いよりも大きくなると，GDP より国民総所得（GNI）のほうが大きくなる。

解説

1. GDP とは，1国内で，一定期間内に生産された付加価値の合計であり，財・サービスの生産額の合計ではない。別の表現を用いれば，1国内で，一定期間内に生産された最終生産物価値から中間生産物価値を差し引いた値である。

2. 分配面から見た GDP は，雇用者報酬＋営業余剰・混合所得＋固定資本減耗＋生産および輸入品にかかる租税－補助金である。

3. 支出面から見た GDP は，民間消費＋民間投資＋政府支出＋輸出－輸入である。また，民間投資は民間住宅投資，民間企業設備投資および民間在庫品投資からなる。

4. 株や土地などの資産の価格上昇に伴う利益や中古品の売上げは GDP に含まれない。また，政府が提供する行政サービスや持ち家の住宅サービスは GDP に含まれる。

5. 正しい。

正答 **5**

経済原論

財政学

経済政策

経済史

経済事情

統計学

経営学

GDPに関する次の記述のうち，妥当なものはどれか。

1 原材料である製鉄などの輸入は，GDPに含まれる。

2 パソコンなどの輸出は，GDPに含まれる。

3 株式の購入代金はGDPに含まれるが，国債の購入代金はGDPに含まれない。

4 海外企業への株式投資で得た配当はGDPに含まれる。

5 車などの中古品の売却代金はGDPに含まれる。

解説

1. 輸入は外国財に対する需要なのでGDPに含まれない。

2. 正しい。

3. 株式や国債は資産であり，その購入代金はいずれもGDPに含まれない。

4. 海外企業から受けた株主配当はGDPには含まれない（なお，海外からの要素所得受取りとして，GNIには含む）。

5. 中古品はその年の生産物ではなく，いわば資産であるから，その売却代金はフロー変数であるGDPに含まれない。

正答 **2**

財政学

経済政策

経済史

経済事情

統計学

経営学

地方上級

全国型，関東型，中部・北陸型

No. 377 経済原論 **国民経済計算** 平成21年度

次の表はある国のマクロ経済を示したものである。この国の GDP（国内総生産），GNP（国民総生産），NI（国民所得）の組合せとして妥当なものはどれか。

雇用者所得	270
営業余剰	100
固定資本減耗	90
間接税	60
補助金	5
海外からの要素所得	80
海外への要素所得	40

	GDP	GNP	NI
1	460	420	515
2	460	500	535
3	515	475	510
4	515	555	410
5	515	555	500

解説

GDP（国内総生産）を分配面から見ると，

GDP＝雇用者所得＋営業余剰＋固定資本減耗＋(間接税－補助金)

＝270＋100＋90＋(60－5)

＝515

である。この GDP には，この国の国民が海外で得た要素所得（海外からの要素所得）が算入されていない代わりに，外国人がこの国で得た要素所得（海外への要素所得）が算入されている。よって，GNP（国民総生産）は，

GNP＝GDP＋(海外からの要素所得－海外への要素所得)

＝515＋(80－40)

＝555

である。NI（国民所得）は，GNP から固定資本減耗を差し引いた国民純生産から，間接税と補助金の差額を差し引いたものであるから

NI＝GNP－固定資本減耗－(間接税－補助金)

＝555－90－(60－5)

＝410

である。

よって，正答は**4**である。

正答 **4**

国民経済計算において総固定資本形成に含まれるものの組合せとして，妥当なものはどれか。

　ア　民間企業による他企業の買収
　イ　民間企業による機械の購入
　ウ　民間企業による土地の購入
　エ　民間企業による研究開発
　オ　家計による住宅の購入

1　ア，イ，ウ
2　ア，イ，エ
3　ア，ウ，オ
4　イ，エ，オ
5　ウ，エ，オ

解　説

　総固定資本形成は，国民経済計算の体系上，生産者による会計期間中の固定資産の取得から処分を控除したものに，非生産資産の価値を増大させるような支出を加えた額をさすものである。総固定資本形成の対象となる固定資産は，形態別には大きく，住宅，その他の建物・構築物，機械・設備，防衛装備品，育成生物資源，知的財産生産物からなる。よって，民間企業による機械の購入，研究開発（知的財産），および家計による住宅の購入が含まれる。

　以上より，正答は**4**である。

正答　**4**

ある財を独占供給する企業の逆需要関数と生産費用がそれぞれ次のように示される。

$P = 12 - X$

$C = 4X$ 〔P：価格, X：生産量, C：独占時の生産費用〕

政府がこの独占企業を2社に分割すると, 生産効率が低下し, 各社の生産費用は,

$C_i = 6x_i$ 〔C_i：分割後の企業iの生産費用（$i = 1$, 2）, x_i：企業iの生産量〕

となるが, 逆需要関数は変化しない。この2社がクールノー競争を展開したときの価格と, 独占供給時と比べた社会余剰（消費者余剰と生産余剰の合計）に関する次の記述のうち, 妥当なものはどれか。

1 価格は4で, 社会余剰は16減る。 　　**2** 価格は6で, 社会余剰は変化しない。

3 価格は6で, 社会余剰は8増える。 　　**4** 価格は8で, 社会余剰は16増える。

5 価格は8で, 社会余剰は8減る。

解説

初めに, クールノー均衡における価格を求める。分割後の企業1と2はともに同じ費用関数 $C_i = 6x_i$ を持ち, 需要曲線が右下がりの直線なので, クールノー均衡における市場全体の生産量は, 費用関数が $6x$ である企業が完全競争企業として行動するときの生産量の企業数／（企業数＋1）倍に等しい。費用関数が $6x$ である企業の限界費用は6であるから, この企業が完全競争企業として行動するときの生産量は, 「価格＝限界費用」の条件より,

$12 - x = 6$ 　　∴ $x = 6$

である。分割後の企業数は2であるから, クールノー均衡における生産量は,

$$6 \times \frac{2}{2+1} = 4$$

である。これを逆需要関数に代入すると, クールノー均衡における価格は $P = 12 - 4 = 8$ である（**1**, **2**, **3**は誤り）。

次に, 企業分割に伴う社会余剰の変化について考える。利潤最大化を図る独占企業は, 限界収入と限界費用が一致する生産量を選ぶ。本問の逆需要関数は需要曲線が直線であることを示しているから, 限界収入 MR は逆需要関数の傾きを2倍にした,

$MR = 12 - 2x$

である。一方, 限界費用は費用関数 $C = 4x$ を微分して4である。したがって, 利潤を最大にする生産量は,

$12 - 2x = 4$ 　　∴ $x = 4$

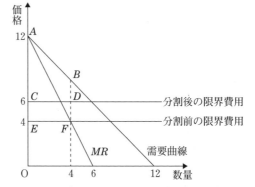

である。この生産量は先に導いたクールノー均衡における総生産量に等しい。この点に留意すれば, 右の図のように表せる。

企業分割前の社会余剰（消費者余剰＋生産者余剰）は□$AEFB$の面積, 企業分割後の社会余剰は□$ACDB$の面積になるので, 企業分割によって社会余剰は,

□$AEFB$の面積－□$ACDB$の面積＝□$CEFD$の面積＝$(6-4) \times 4 = 8$

だけ小さくなる。

よって, 正答は**5**である。

正答 **5**

ある独占企業Aが直面する需要関数は次式で表される。

$D=100-P$ （D：需要量，P：価格）

独占企業Aの限界費用は，生産量にかかわらず一定であり，20であるとする。このとき，独占企業Aの利潤を最大にするときの生産量における需要の価格弾力性（絶対値）として，妥当なものはどれか。

1 0.5
2 1.0
3 1.5
4 2.0
5 2.5

解 説

初めに，独占企業Aの生産量を求める。需要関数は $P=100-D$ と変形できるので，需要曲線は右下がりの直線である。よって，独占企業Aの限界収入 MR は，需要曲線の縦軸切片100を通り，需要曲線の傾きを2倍にした直線，すなわち $MR=100-2D$ である。独占企業Aは，限界収入と限界費用が一致する生産量を選ぶことで利潤を最大にできるので，この独占企業の生産量は次のとおりである。

$100-2D=20$

$\therefore D=40$

次に，独占企業Aが利潤最大化行動をとったときの需要の価格弾力性を計算する。需要曲線が右下がりの直線であるので，独占企業Aが利潤最大化行動をとったときの需要の価格弾力性は，（需要曲線の横軸切片－独占企業の生産量）÷独占企業の生産量である。需要関数より需要曲線の横軸切片は100－0＝100であるので，需要の価格弾力性は(100－40)÷40＝1.5である。

以上より，正答は**3**である。

正答 **3**

全国型・関東型

No. 381 経済原論 GDE に含まれないもの 平成24年度

GDP（国内総生産）を支出面から見たものを GDE（国内総支出）という。次のア～オのうち，GDE に含まれないもの2つを正しく組み合わせているのはどれか。

- ア　会社が負担する通勤費
- イ　住宅を建設するために購入した土地の購入代金
- ウ　年末に売れ残った商品
- エ　生活困窮者が政府から受け取った生活保護費
- オ　住民の相談に応じる市役所のサービス

1 ア，イ
2 イ，ウ
3 イ，エ
4 ウ，オ
5 エ，オ

解説

GDP（国内総生産）は，ある一定期間に国内で新たに生産され，市場で取り引きされた最終生産物の価値を合計したものである。よって，資産である土地の購入代金（イ）や他人からの所得の移転である生活保護費（エ）は含まれない。また，GDE（国内総支出）は，民間消費，投資，政府支出，純輸出の合計である。ウのような在庫品は投資に含まれる。

　よって，正答は**3**である。

正答　**3**

No. 382 経済原論 政府支出増加の効果 平成25年度

ある国のマクロ経済が次のように示されている。

$$C=0.5(Y-T)$$
$$I=40-0.6r$$
$$G=5$$
$$Y=C+I+G$$
$$\frac{M}{P}=150$$
$$L=Y-0.8r$$
$$\frac{M}{P}=L$$

$\Big[$ C：消費，I：投資，G：政府支出，Y：国民所得，T：租税，r：利子率 $\Big]$
$\Big[$ P：物価水準，M：名目貨幣供給量，L：実質貨幣需要量 $\Big]$

この国に関する次の説明文の空欄ア，イに当てはまる数値の組合せとして妥当なものはどれか。

政府支出が2だけ増加すると，利子率は（　ア　）だけ上昇し，IS曲線は右に（　イ　）だけシフトする。

	ア	イ
1	2	4
2	2	2
3	4	2
4	4	4
5	3	2

解説

初めに，IS曲線のシフト幅を求める。政府支出の増大に伴うIS曲線の右シフト幅は，45度線モデルにおける乗数効果の大きさに等しい。消費関数$C=\sim$と投資関数$I=\sim$を財市場の均衡条件式$Y=C+I+G$に代入すると，IS曲線は，

$$Y=0.5(Y-T)+(40-0.6r)+G$$
$$0.5Y=40-0.6r+G-0.5T$$
$$Y=80-1.2r+2G-T$$

である。国民所得Yと政府支出Gのみを変数とみなして両辺の変化分をとると，

$$\Delta Y=2\Delta G$$

である。したがって，政府支出が2だけ増加すると，国民所得は$\Delta Y=2×2=4$増えるので，IS曲線の右シフト幅は4である（イは「4」である）。

次に，利子率の上昇幅を求める。実質貨幣供給量$\frac{M}{P}$と貨幣需要関数$L=\sim$を貨幣市場の均衡条件式$\frac{M}{P}=L$に代入すると，LM曲線は，

$$150=Y-0.8r$$
$$Y=150+0.8r$$

である。これと先に求めたIS曲線からなる連立方程式を利子率rについて解くと，

$$80-1.2r+2G-T=150+0.8r$$
$$2r=-70+2G-T$$
$$r=-35+G-0.5T$$

である。利子率rと政府支出Gのみを変数とみなして両辺の変化分をとると，

$$\Delta r=\Delta G$$

である。したがって，政府支出が2だけ増加すると，利子率は$\Delta r=2$上昇する（アは「2」である）。

よって，正答は**1**である。

正答　**1**

地方上級 No. 383 経済原論 減税・増税の効果

全国型，関東型，中部・北陸型，経済専門タイプ，大阪府，札幌市

平成15年度

ある国のマクロ経済が，

$Z = C + I + G$

$C = C_0 + 0.8(Y - T_1)$

$G = T_1 + T_2$

$Z = Y + T_2$

（Z：総生産，Y：国民所得，T_1：直接税，T_2：間接税，C：消費，C_0：基礎消費，I：投資，G：政府支出）

で表される。この経済で直接税を1兆円減税し間接税を1兆円増税したとき，国民所得の変化として妥当なものはどれか。

1 2兆円の増加

2 1兆円の増加

3 変化しない

4 1兆円の減少

5 2兆円の減少

解説

各式の変数にΔを付け，変化分の式で表すと，C_0は定数であり変化しないので，式からは消去して，

$\Delta Z = \Delta C + \Delta I + \Delta G$

$\Delta C = 0.8(\Delta Y - \Delta T_1)$

$\Delta G = \Delta T_1 + \Delta T_2$

$\Delta Z = \Delta Y + \Delta T_2$

となる。各式を最初の式に代入すると，

$\Delta Y + \Delta T_2$
$= 0.8(\Delta Y - \Delta T_1) + \Delta I + \Delta T_1 + \Delta T_2$

となる。ここで投資は不変だから$\Delta I = 0$。直接税を1兆円減税し間接税を1兆円増税するので，$\Delta T_1 = -1$，$\Delta T_2 = 1$ を代入すると，

$\Delta Y + 1 = 0.8\Delta Y + 0.8$

となる。これを整理すると，

$0.2\Delta Y = -0.2$

∴ $\Delta Y = -1$

したがって，国民所得は1兆円減少するので，正答は**4**である。

正答 **4**

次の文中の空欄ア～ウに当てはまる語句の組合せとして，妥当なものはどれか。

ハイパワードマネーは中央銀行の（　ア　）であり，現金と（　イ　）の合計である。ある国の現金預金比率が0.2，預金準備率が0.3であるとき，ハイパワードマネーが1兆円増えると，マネーサプライは（　ウ　）兆円増える。

	ア	イ	ウ
1	負債	支払準備金	2.6
2	負債	預金	2.6
3	負債	支払準備金	2.4
4	資産	預金	2.4
5	資産	支払準備金	2.6

解説 ━━━━━━━━━━━━━━━━━━━━━━━━━━━━━

発券銀行である中央銀行にとって，現金は負債である（アは負債なので，**4**と**5**は誤り）。また，市中銀行が中央銀行に預け入れている支払準備金も，中央銀行にとっては負債である（イは支払準備金なので，**2**と**4**は誤り）。貨幣乗数を m とするとき，ハイパワードマネー H とマネーサプライ M の間では，

$$m=\frac{M}{H}$$

の関係が成立する。ここで，マネーサプライが現金 C と預金 D の合計であること，ハイパワードマネーが現金と支払準備金 R の合計であることを使えば，

$$m=\frac{C+D}{C+R}=\frac{C/D+1}{C/D+R/D}$$

$$=\frac{現金預金比率+1}{現金預金比率+預金準備率}$$

である。よって，与えられた条件を代入すると，この国の貨幣乗数は，

$$m=\frac{0.2+1}{0.2+0.3}=2.4$$

である。つまり，ハイパワードマネーが1兆円増えると，マネーサプライは2.4×1＝2.4〔兆円〕増える（ウは2.4なので，**1**，**2**，**5**は誤り）。

したがって，正答は**3**である。

正答 **3**

貨幣供給について，

$$貨幣乗数 = \frac{マネーサプライ}{ハイパワード・マネー}, \quad 現金預金比率 = \frac{現金}{預金総額}, \quad 法定準備率 = \frac{法定準備}{預金総額}$$

であるとする。このとき，次の記述のうち，妥当なものはどれか。

1　貨幣乗数は現金預金比率の増加関数であり，法定準備率の増加関数である。
2　貨幣乗数は現金預金比率の増加関数であるが，法定準備率については減少関数である。
3　貨幣乗数は現金預金比率の減少関数であるが，法定準備率については増加関数である。
4　貨幣乗数は現金預金比率の減少関数であり，法定準備率の減少関数である。
5　現金預金比率，法定準備率はともに貨幣乗数に影響を与えない。

解説

マネーサプライ M とは，民間非金融部門の保有する現金 C と預金総額 D の和

$M = C + D$

である。ハイパワード・マネー H とは，民間非金融部門の保有する現金 C と金融機関の保有する法定準備 R の和

$H = C + R$

である。よって，貨幣乗数（信用乗数）は，

$$貨幣乗数 = \frac{M}{H} = \frac{C+D}{C+R}$$

となる。この値は，分母分子を預金総額 D で割っても変化しない。

$$貨幣乗数 = \frac{C/D+1}{C/D+R/D}$$

ここで，$\frac{C}{D}$ を現金預金比率，預金に占める法定準備の比率 $\frac{R}{D}$ を法定準備率と呼ぶ。

現金預金比率は分母，分子両方にあるから，現金預金比率が増加した場合，貨幣乗数の分母分子は同量だけ変化する。このとき貨幣乗数の分母を A，分子を B，現金預金比率の変化分を a とすると，法定準備率は1よりも小さいので，

$$\frac{B}{A} > \frac{B+a}{A+a}$$

が成り立つ。これは，辺々を払うと，

$B(A+a) > A(B+a)$

$AB + Ba > AB + Aa$

$B > A$ 　（分子＞分母）

となることから確認できる。したがって，貨幣乗数は現金預金比率の減少関数である。一方，法定準備率が増加すると，貨幣乗数の分母のみが増加するので貨幣乗数は減少する。したがって貨幣乗数は法定準備率の減少関数である。

よって，正答は**4**である。

正答　**4**

次の文の空欄ア～エに当てはまる語句の組合せとして妥当なものはどれか。

ハイパワードマネーは現金と（　ア　）の合計であり，マネーサプライは現金と（　イ　）の合計である。貨幣乗数が（　ウ　）するように，市中銀行の預金準備率を（　エ　）させる政策は景気刺激策である。

	ア	イ	ウ	エ
1	預金	預金準備	上昇	上昇
2	預金	預金準備	上昇	低下
3	預金準備	預金	上昇	上昇
4	預金準備	預金	上昇	低下
5	預金準備	預金	低下	低下

解説

ハイパワードマネー H とは，中央銀行（日本銀行）が直接に操作できる貨幣量であり，現金 C と預金準備 R の合計である（アの答え）。また，マネーサプライ M とは，市中に出ている貨幣量であり，現金と預金 D の合計である（イの答え）。両貨幣量の間には，

$$M = mH$$

という関係が成立し，m の値を貨幣乗数という。よって，景気刺激策，すなわち貨幣供給量を増加させるためには，ハイパワードマネーを増加させるか，貨幣乗数の値を上昇させればよい（ウの答え）。ここで，上式を変形すると，

$$m = \frac{M}{H} = \frac{C+D}{C+R}$$

である。さらに，分母と分子を預金で除すと，

$$m = \frac{C/D+1}{C/D+R/D}$$

$$= \frac{現金預金比率+1}{現金預金比率+預金準備率}$$

である。この式は，貨幣乗数の値を上昇させるためには預金準備率を低下させればよいことを示している（エの答え）。

よって，正答は**4**である。

正答　**4**

経済原論
財政学
経済政策
経済史
経済事情
統計学
経営学

ある国の需要曲線と供給曲線が次のように与えられている。

$S=p$

$D=100-p$

〔p：価格，S：供給量，D：需要量〕

この財の国際価格は30で，自由貿易が行われていたところに，政府が1単位当たり10の関税を課した。関税をかける前の消費者余剰と，関税をかけた後の消費者余剰と関税収入の合計との差として妥当なものはどれか。

1 400　　　**2** 450　　　**3** 500　　　**4** 550　　　**5** 600

解説

初めに，関税課税前の消費者余剰を求める。この国が国内の供給のみで需要を満たしていた，つまり $(S=)p=100-p(=D)$ が成立していたとすると，価格は $p=50$ である。この価格は課税前の国際価格30より高いので，課税前の均衡価格は30であり，均衡点は次図の点Cである。つまり，消費者余剰は△ABCの面積である。需要曲線より，価格が30のときの需要量は $D=100-30=70$，需要曲線の縦軸切片は100であるから，消費者余剰は，

　　△ABCの面積＝70×(100−30)÷2＝2450

である。

　次に，関税課税後の消費者余剰と関税収入の合計を求める。関税課税後の税込み国際価格は $30+10=40$ であり，先に求めた国内供給のみで需要を満たしていたときの価格50より低い。よって，課税後の均衡点は次図の点Eであり，消費者余剰は△ADEの面積である。需要曲線より，価格が40のときの需要量は $D=100-40=60$ であるから，消費者余剰は，

　　△ADEの面積＝60×(100−40)÷2＝1800

である。一方，税収については次のようにして求まる。価格が税込み国際価格40であるとき，供給曲線より国内供給量は $S=40$ である。国内供給量で満たされない需要量についてのみ輸入されると仮定すると，輸入量は $60-40=20$ である。これは図中の線分FEの長さに等しい。財1単位当たりの関税は10であり，これは図中の線分DBの長さに等しい。よって，税収は，

　　□GFEHの面積＝10×20＝200

である。したがって，関税課税後の消費者余剰と関税収入の合計は，

　　△ADEの面積＋□GFEHの面積＝1800＋200＝2000

である。

　最後に，関税課税前の消費者余剰と，関税課税後の消費者余剰と関税収入の合計を比較する。

　　△ABCの面積−(△ADEの面積＋□GFEHの面積)＝
2450−2000＝450

よって，正答は**2**である。

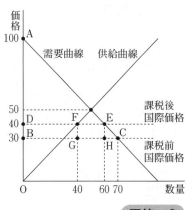

正答　**2**

ある財の需要関数と供給関数が次のように与えられている。

$D＝80－P$

$S＝2P$ 〔D：需要量，S：供給量，P：価格〕

この財を供給するに当たっては，二酸化炭素が排出され，その排出量は次のように与えられている。

$E＝5S$ 〔E：二酸化炭素排出量〕

政府が二酸化炭素排出量1単位当たり1円の課税を行うとき，この財の均衡取引量はいくらか。

1 45

2 50

3 55

4 60

5 65

解説

初めに，課税後の供給関数を求める。二酸化炭素の排出量関数より，この財の供給1単位当たり5単位の二酸化炭素が排出される。よって，課税後の供給曲線は課税前の供給曲線を上に5円分シフトさせたものとなる。

$P＝0.5S＋5$ …①

他方，需要曲線は，二酸化炭素の排出に課税されても変化しないので，

$P＝80－D$ …②

である。したがって，均衡取引量$Q(＝S＝D)$は，①と②からなる連立方程式の解より，

$0.5Q＋5＝80－Q$

$1.5Q＝75$

$Q＝50$

である。

よって，正答は**2**である。

正答 **2**

経済原論
財政学
経済政策
経済史
経済事情
統計学
経営学

地方上級

No. 389　全国型，関東型，中部・北陸型

経済原論　　**需要曲線と財種**　　平成17年度

X財の需要量が次のように与えられているとき，X財とY財に関する記述として妥当なものはどれか。

$$Q_x = 180 - 2P_x - 0.2M + 5P_y$$

$$\left[\begin{array}{l} Q_x：X財の需要量，\ M：所得 \\ P_x：X財の価格，\ P_y：Y財の価格 \end{array} \right]$$

1　X財の価格が10%低下すると，X財の需要量は常に20%増加する。

2　X財の価格が上昇すると，X財の需要の価格弾力性は小さくなる。

3　X財は下級財である。

4　X財とY財は補完財である。

5　X財とY財は独立財である。

解説

1. 需要関数をX財の価格P_xで微分すると$\dfrac{dQ_x}{dP_x} = -2$であるから，X財の需要の価格弾力性εは，

$$\varepsilon = -\frac{P_x}{Q_x} \times \frac{dQ_x}{dP_x} = 2\frac{P_x}{Q_x}$$

である。これは，X財価格が1%上昇すると需要量が$\dfrac{2P_x}{Q_x}$%減少することを意味する。よって，X財価格が10%低下することによって，X財の需要量が20%増加するのは，価格P_xと需要量Q_xが等しいときのみである。

2. **1**で求めたX財の需要の価格弾力性εをX財の価格P_xで微分すると，

$$\frac{d\varepsilon}{dP_x} = 2\left(\frac{1}{Q_x} - \frac{P_x}{Q_x{}^2} \times \frac{dQ_x}{dP_x} \right)$$
$$= \frac{2}{Q_x}\left(1 - \frac{P_x}{Q_x} \times \frac{dQ_x}{dP_x} \right)$$

である。さらに，この式は，**1**で求めた$\dfrac{dQ_x}{dP_x} = -2$を用いることで，

$$\frac{d\varepsilon}{dP_x} = \frac{2}{Q_x}\left(1 + 2\frac{P_x}{Q_x} \right)$$

と書き直せる。よって，P_xとQ_xが正の値をとるとき，X財の価格が上昇すればX財の需要の価格弾力性は大きくなる。

3. 正しい。需要関数を所得Mについて微分すると$\dfrac{dQ_x}{dM} = -0.2$であるから，所得が増加すると需要量は減少する。この種の財を下級財という。

4. 需要関数をY財の価格P_yで微分すると$\dfrac{dQ_x}{dP_y} = 5$であるから，Y財の価格が上昇するとX財の需要量は増加する。よって，X財とY財は代替財である。

5. **4**の解説を参照。

正答　**3**

経済原論

財政学

経済政策

経済史

経済事情

統計学

経営学

IS-LM モデルに関する次の記述のうち，妥当なものはどれか。

1　IS 曲線が垂直のとき，財政政策よりも金融政策のほうが効果的である。

2　IS 曲線が垂直のとき，財政支出を増やしても国民所得は増加しないから，クラウディング・アウトが生じる。

3　LM 曲線が水平のとき，財政支出を増加させても利子率が変わらないから，クラウディング・アウトが生じる。

4　IS 曲線は財市場の均衡を表しているので，財の価格の変動を含んだ名目利子率に依存する。

5　LM 曲線は貨幣市場の均衡を表しているので，貨幣保有の機会費用である名目利子率に依存する。

解　説

1. IS 曲線が垂直のとき，財政政策（図 1）は国民所得を変化させるが，金融政策（図 2）は国民所得を変化させない。

2. クラウディング・アウトとは，財政支出の増加に伴って利子率が上昇することにより投資需要が減少してしまい，財政政策の効果の一部が失われてしまうことである。IS 曲線が垂直のとき，利子率の変化による国民所得の変化はない（図 1）。したがって，クラウディング・アウトは生じない。

3. LM 曲線が水平（図 3）であるとは，利子率が変化しないということだから，クラウディング・アウトは生じない。

4. IS 曲線は財単位で計った利子率に依存するから，名目利子率から将来の財の価格の変動（期待インフレ率）を差し引いた実質利子率に依存する。

5. 正しい。

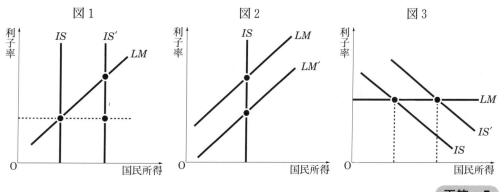

図 1　　　　　　　　　図 2　　　　　　　　　図 3

正答　5

地方上級

全国型，関東型

No. 391　経済原論　財政・金融政策　平成29年度

IS-LM 分析に基づいた財政・金融政策の効果に関する次の文中の空欄ア～エに当てはまる語句の組合せとして妥当なものはどれか。

　金融政策が景気調整手段として有効でない状況としては，流動性のわなの状況や *IS* 曲線が垂直な状況が考えられる。前者は，貨幣需要の利子弾力性が（　ア　）の場合であり，後者は投資の利子弾力性が（　イ　）の場合である。

　財政政策が景気調整手段として有効でない状況としては，貨幣需要の利子弾力性が（　ウ　）の場合や投資の利子弾力性が（　エ　）の場合がある。

	ア	イ	ウ	エ
1	ゼロ	ゼロ	無限大	無限大
2	ゼロ	無限大	ゼロ	無限大
3	無限大	ゼロ	ゼロ	無限大
4	無限大	ゼロ	無限大	ゼロ
5	無限大	無限大	ゼロ	ゼロ

解　説

ア：利子率の変化に伴う貨幣需要の変化が大きくなるにつれて *LM* 曲線は水平に近づく。経済状況が流動性のわなにあるとき *LM* 曲線は水平になるので，貨幣需要の利子弾力性（利子率が 1 ％上昇したときの貨幣需要量の減少率）は無限大である。

イ：「*IS* 曲線が垂直な状況」とは，利子率が変化しても財に対する総需要が変化しない状況である。つまり，利子率が変化しても投資が変化しない状況なので，投資の利子弾力性（利子率が 1 ％上昇したときの投資の減少率）はゼロである。

ウ：財政拡張政策を実施すると *IS* 曲線は右へシフトする。このとき，*LM* 曲線が垂直ならば国民所得は変化しない。利子率の変化に伴う貨幣需要の変化が（絶対値で）小さくなるにつれて *LM* 曲線は垂直に近づくので，貨幣需要の利子弾力性（利子率が 1 ％上昇したときの貨幣需要量の減少率）はゼロである。

エ：財政拡張政策を実施すると *IS* 曲線は右へシフトする。このとき，もとの *IS* 曲線が水平ならば，国民所得は変化しない。利子率の変化に伴う投資の変化が大きくなるにつれて *IS* 曲線は水平に近づくので，投資の利子弾力性は無限大である。

　したがって，アは「無限大」，イは「ゼロ」，ウは「ゼロ」，エは「無限大」であるので，正答は**3**である。

正答　**3**

次の数値は，ある国の経済活動の規模を表したものである。この国の説明として妥当なものはどれか。

民間最終消費支出：200

政府最終消費支出：100

財・サービスの純輸出：50

海外からの所得の純受取り：10

在庫品増加：20

間接税：50

補助金：30

固定資本減耗：20

1　国内総生産は350である。

2　市場価格表示の国内純生産は330である。

3　要素費用表示の国内純生産は370である。

4　市場価格表示の国民所得は320である。

5　要素費用表示の国民所得は340である。

解説

国民所得勘定に関する問題である。国内総生産を支出面から見ると，

国内総生産＝民間最終消費支出＋国内総固定資本形成＋在庫品増加＋政府最終消費支出
　　　　　　＋財・サービスの純輸出

である。この計算式より，国内総生産は $200＋0＋20＋100＋50＝370$ である（**1**は誤り）。国内総生産から固定資本減耗を控除した値 $370－20＝350$ が市場価格表示の国内純生産であり（**2**は誤り），さらに（間接税－補助金）を控除した値 $350－(50－30)＝330$ が要素費用表示の国内純生産である（**3**は誤り）。また，市場価格表示の国内純生産に海外からの所得の純受取りを加えた $350＋10＝360$ のことを市場価格表示の国民所得といい，要素費用表示の国内純生産に海外からの所得の純受取りを加えた $330＋10＝340$ のことを要素費用表示の国民所得という（**4**は誤り）。

　よって，正答は**5**である。

正答　**5**

経済原論

財政学

経済政策

経済史

経済事情

統計学

経営学

地方上級

No. 393

全国型，関東型

経済原論　規制撤廃時の生産費用　平成23年度

ある国の農業の生産関数は，

$$Y=K^{\frac{1}{2}}L^{\frac{1}{2}} \quad [Y：生産量，K：農地，L：労働]$$

で示される。農地1単位当たりの利用価格と労働1単位当たりの賃金はともに1である。政府はK=50とする農地利用に制限をかけており，この規制の下で，農業は100の生産を行っている。政府がこの規制を撤廃したときの農業の生産費用に関する記述として妥当なものはどれか。ただし，農業は規制撤廃後も100の生産を行うものとする。

1 規制を撤廃すると，農業の生産費用は25増える。

2 規制を撤廃すると，農業の生産費用は50増える。

3 規制を撤廃すると，農業の生産費用は25減る。

4 規制を撤廃すると，農業の生産費用は50減る。

5 規制を撤廃しても，農業の生産費用は変化しない。

解説

企業の費用最小化問題に関する問題である。

　初めに，規制時の農業の生産費用について考える。K=50の下でY=100を実現するために必要な労働量は，

$$100=50^{\frac{1}{2}}L^{\frac{1}{2}} \quad \rightarrow \quad 10000=50L \quad \therefore \quad L=200$$

である。農地1単位当たりの利用価格と労働1単位当たりの賃金はともに1であるから，規制時の生産費用は$1\times50+1\times200=250$である。

　次に，規制撤廃時の農業の生産費用について考える。農業が最適な行動をとるとき，技術的限界代替率と生産要素の相対価格は等しい。農地の限界生産物は，

$$\frac{\Delta Y}{\Delta K}=\frac{1}{2}K^{-\frac{1}{2}}L^{\frac{1}{2}}$$

労働の限界生産物は，

$$\frac{\Delta Y}{\Delta L}=\frac{1}{2}K^{\frac{1}{2}}L^{-\frac{1}{2}}$$

農地1単位当たりの利用価格と労働1単位当たりの賃金はともに1なので，この条件は，

$$\frac{\Delta Y/\Delta K}{\Delta Y/\Delta L}=\frac{L}{K}=1 \quad \therefore \quad K=L$$

となる。この条件を生産関数に代入すると$Y=K^{\frac{1}{2}}K^{\frac{1}{2}}=K(=L)$となること，そして規制撤廃後もY=100であるという条件から，規制撤廃後の生産費用は$1\times100+1\times100=200$である。

　最後に，規制撤廃前後の生産費用を比較する。規制が撤廃されると生産費用が250から200に変化するので，農業の生産費用は$250-200=50$減る。

　よって，正答は**4**である。

正答　**4**

地方上級
全国型，関東型，中部・北陸型
No. 394 経済原論　余剰分析　平成23年度

経済原論
財政学
経済政策
経済史
経済事情
統計学
経営学

次の図は，ある国の貿易を禁止している農産物の国内需要曲線と国内供給曲線を示したものである。この農産物の国際価格が R であるとき，次の文の空欄ア〜エに当てはまる語句の組合せとして妥当なものはどれか。

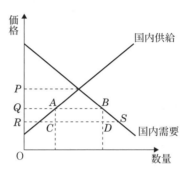

　この国が農産物の貿易を自由化すると，消費者余剰は（　ア　）し，生産者余剰は（　イ　）する。ここで，貿易の自由化の条件として国内生産者に対して農産物1単位当たり QR の補助金を与えるとき，政府の補助金総額は（　ウ　）となり，貿易前に比べて社会的余剰は（　エ　）。

	ア	イ	ウ	エ
1	増大	縮小	$QBDR$	縮小する
2	増大	縮小	$QACR$	増大する
3	増大	増大	$QACR$	増大する
4	縮小	増大	$QBDR$	増大する
5	縮小	増大	$QACR$	縮小する

解説

余剰分析の問題である。貿易を禁止しているとき，国内需要曲線と国内供給曲線の交点が均衡になるので，均衡価格は P である。この国が自由貿易を開始すると，農産物価格は R に低下するので，消費者余剰は増大し（**4**と**5**は誤り），生産者余剰は縮小する（**3**，**4**，**5**は誤り）。ここで，国内生産者に対して農産物1単位当たり QR の補助金を与えると，国内生産者にとっての価格は OQ になるので，QA の生産を行うようになる。したがって，政府の補助金総額は $QR×QA＝QACR$ の面積となる（**1**と**4**は誤り）。また，補助金給付の条件が課されても，価格は貿易禁止時に比べて低いので，社会的余剰は増大する（**1**と**5**は誤り）。

　よって，正答は**2**である。

正答　**2**

IS曲線，LM曲線，AD曲線，AS曲線が図のようであるとき，利子率，物価水準と国民所得に関する次の記述のうち妥当なのはどれか。

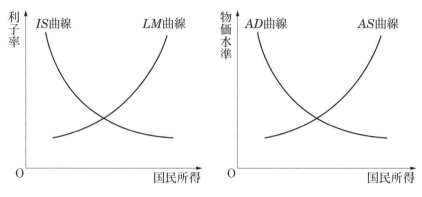

1 政府支出が増加すると，利子率は低下し物価水準は上昇し，国民所得は増加する。

2 所得税の増税を行うと，利子率と物価水準は上昇し，国民所得は減少する。

3 マネーサプライが増加すると，利子率は低下し物価水準は下落し，国民所得は増加する。

4 輸出が増加すると，利子率は上昇し物価水準は変化しないが，国民所得は増加する。

5 労働生産性が上昇すると，利子率は変化しないが，物価水準は下落し国民所得は増加する。

解説

1. 利子率は上昇する。政府支出が増加すると，IS曲線が右へシフトし利子率の上昇と，国民所得の増加を招く。その結果，AD曲線は右へシフトするので，物価水準は上昇する。

2. 利子率と物価水準は下落する。所得税が増税されると，可処分所得が減少し消費が減少するので，IS曲線は左へシフトする。このシフトは利子率の下落と国民所得の減少を招くので，AD曲線も左へシフトし，物価水準も下落する。

3. 物価水準は上昇する。マネーサプライが増大すると，LM曲線が右へシフトし利子率の下落と，国民所得の増加を招く。その結果，AD曲線は右へシフトするので，物価水準は上昇する。

4. 物価水準は上昇する。輸出が増加すると，IS曲線が右へシフトし利子率の上昇と，国民所得の増加を招く。その結果，AD曲線も右へシフトするので，物価水準は上昇する。

5. 正しい。

正答　**5**

地方上級

全国型，関東型

No. 396 経済原論　　比較優位　　令和3年度

経済原論

財政学

経済政策

経済史

経済事情

統計学

経営学

A～Dの4人が，薪集めと魚釣りに行くことになった。薪集めは山に，魚釣りは海に行かねばならず，各人は山か海のいずれか一方にしか行くことができない。次の表は，A～Dの薪集めに行った場合の薪の収穫量，魚釣りに行った場合の魚の収穫量である。また，市場では薪11kgと魚1kgが交換可能であるものとする。A～Dの4人が収穫する薪と魚の総売上げを最大化するとき，山に行く者と海に行く者の組合せとして妥当なものはどれか。

	薪	魚
A	90kg	9 kg
B	84kg	7 kg
C	56kg	5 kg
D	36kg	4 kg

	山	海
1	A	B，C，D
2	A，C	B，D
3	A，D	B，C
4	B	A，C，D
5	B，C	A，D

 解説

比較優位の問題である。市場では魚1kgを薪11kgに交換できるので，魚1kgの収穫をあきらめたときに11kgより多くの薪を収穫できる者は薪を収穫するために山へ行き，11kgより少ない薪しか収穫できない者は魚を収穫するために海へ行くことが合理的である。

Aは魚9kgまたは薪90kgを収穫できるので，魚1kgの収穫をあきらめると90÷9＝10〔kg〕の薪を収穫できる。よって，Aは海へ行くことが合理的である。

Bは魚7kgまたは薪84kgを収穫できるので，魚1kgの収穫をあきらめると84÷7＝12〔kg〕の薪を収穫できる。よって，Bは山へ行くことが合理的である。

Cは魚5kgまたは薪56kgを収穫できるので，魚1kgの収穫をあきらめると56÷5＝11.2〔kg〕の薪を収穫できる。よって，Cは山へ行くことが合理的である。

Dは魚4kgまたは薪36kgを収穫できるので，魚1kgの収穫をあきらめると36÷4＝9〔kg〕の薪を収穫できる。よって，Dは海へ行くことが合理的である。

　以上より，BとCが山へ行き，AとDが海に行くのが合理的なので，正答は**5**である。

正答　**5**

マネタリストによるフィリップス曲線に関する次の記述のうち，妥当なものはどれか。

1 フィリップス曲線は，短期では垂直であり，長期では右上がりである。

2 フィリップス曲線は，短期，長期ともに右上がりである。

3 フィリップス曲線は，短期では右上がりであり，長期では垂直である。

4 フィリップス曲線は，短期では垂直であり，長期では右下がりである。

5 フィリップス曲線は，短期では右下がりであり，長期では垂直である。

解 説

マネタリストによれば，期待物価上昇率と現実の物価上昇率が一致しないとき，短期には貨幣賃金上昇率を実質賃金上昇率と錯覚し，労働供給量を増大させる。これよりフィリップス曲線は，短期においては，

$$\pi = \pi^e + a(U - U_n) \quad (a < 0)$$

という期待物価上昇率を含んだ右下がりの式となる。ここで π は物価上昇率，π^e は期待物価上昇率，U は失業率，U_n は自然失業率である。

　しかし長期には，期待物価上昇率は現実の物価上昇率に一致するので，$\pi = \pi^e$ となる。これを短期のフィリップス曲線に代入すると，$U = U_n$ となる。したがって，長期のフィリップス曲線は自然失業率 U_n の水準で垂直である。

　よって，正答は**5**である。

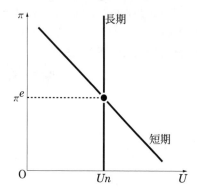

次の４つの式は，資本投入量をK，労働投入量をL，生産量をYで表した生産関数である。文中の空欄ア〜イに当てはまる語句の組合せとして，妥当なものはどれか。

A　$Y=L+3K$

B　$Y=L^{0.3}K^{0.4}$

C　$Y=\min\{2L,\ 3K\}$

D　$Y=K^2+L^2$

　規模に関して収穫逓減である生産関数は（　ア　）であり，規模に関して収穫逓増であるのは（　イ　）である。

	ア	イ
1	A	C
2	A	D
3	B	A
4	B	D
5	C	A

解説

　すべての生産要素投入量をm倍したときに，生産量がm倍より多くなるものを規模に関して収穫逓増，生産量がm倍になるものを規模に関して収穫一定，生産量がm倍には満たないものを規模に関して収穫逓減という。

　A：$m \times L + 3(m \times K) = m \times (L+3K) = mY$であるから，規模に関して収穫一定である。B：$(m \times L)^{0.3}(m \times K)^{0.4} = m^{0.7}L^{0.3}K^{0.4} = m^{0.7}Y$であるから，規模に関して収穫逓減である。なお，コブ・ダグラス型生産関数の場合には指数部分の合計$0.3+0.4=0.7$と１との対比により判定することも可能である。C：$\min\{2L,\ 3K\} = \min\{2(m \times L),\ 3(m \times K)\} = m \times \min\{2L,\ 3K\} = mY$であるから，規模に関して収穫一定である。D：$(m \times K)^2 + (m \times L)^2 = m^2 \times (K^2+L^2) = m^2 Y$であるから，規模に関して収穫逓増である。

　よって，アはB，イはDなので，正答は**4**である。

正答　**4**

経済原論
財政学
経済政策
経済史
経済事情
統計学
経営学

地方上級

No. 399 全国型，関東型

経済原論 **GDP** 平成30年度

GDPに関する次の記述のうち，妥当なものはどれか。

1 GDP統計はストックとして記述されたものであり，国民貸借対照表はフローとして記述されたものである。

2 GDPを生産面，分配面，支出面のいずれから見ても等しい額になることを，三面等価の原則という。

3 専業主婦（もしくは主夫）の家事・育児サービス，国や地方自治体の行政サービスはGDPに計上されない。

4 土地や株，債券などの取引きをしたとき，取引額そのものがGDPに計上される。

5 GDPは市場における取引きやすべての生産物の価値額を足し合わせたものであり，最終生産物の価値額に中間投入物の価値額を加えたものである。

解 説

1. GDP統計はフローとして記述されたものであり，国民貸借対照表はストックとして記述されたものである。

2. 妥当である。

3. 専業主婦（もしくは主夫）の家事・育児サービスについてはGDPに計上されないが，国や地方自治体の行政サービスはGDPに計上される。

4. 土地や株，債券などの取引きをしたとき，その取引きにかかるサービス（手数料等）についてはGDPに計上されるが，取引額そのものについては計上されない。

5. GDPは一定期間に国内で新たに創出された付加価値の総額であり，これは最終生産額の価値額に等しくなる。

正答 **2**

経済原論

財政学

経済政策

経済史

経済事情

統計学

経営学

物価指数に関する次の記述のうち，妥当なものはどれか。

1 ラスパイレス物価指数は基準年の購入量を重みとして算出される物価指数であり，パーシェ物価指数は比較年の購入量を重みとして算出される物価指数である。日本の消費者物価指数は後者である。

2 消費者物価指数の対象は国内で生産される財・サービスに限られるが，GDP デフレータの対象は，経済全体での商品の価格の変動を表す指数である。

3 消費者物価指数が対象とする品目には，家計消費に影響を及ぼす消費税，所得税，社会保険料および土地家屋の購入などが含まれる。

4 消費者物価指数の作成と公表は消費者庁が行い，GDP デフレータの作成と公表は総務省が行い，企業物価指数の作成と公表は日本銀行が行っている。

5 品質向上が著しく，製品サイクルが極めて短いパソコンおよびカメラについては，ヘドニック法によって品質調整済みの価格変動を直接求めている。

解 説 ━━━━━━━━━━━━━━━━━━━━━━━━━━━━━━

1．前半の記述は正しいが，日本の消費者物価指数は，ラスパイレス方式である。

2．消費者物価指数の対象は国内で生産される財・サービスに限られておらず，輸入品も対象である。GDP デフレータの対象は，国内で生産される財・サービスに限られる。

3．消費者物価指数のウエートに採用する家計調査の項目の範囲は消費支出に限定されるため，財・サービスの購入と一体となって徴収される消費税は含められるが，所得税のような直接税や，有価証券購入や土地家屋の購入などの実支出以外の支払いは含まれない。

4．消費者物価指数の作成・公表は総務省，GDP デフレータの作成・公表は内閣府，企業物価指数の作成・公表は日本銀行が行っている。

5．妥当である。

正答 **5**

テイラー・ルールに関する次の文の空欄ア～イに当てはまる語句の組合せとして，妥当なものはどれか。

テイラー・ルールによれば，政策金利は次式で表される。

政策金利＝潜在 GDP が実現する均衡実質金利
＋a(インフレ率－目標インフレ率)＋b(実質 GDP－潜在 GDP)

この式において a が 0 であるとき，インフレの加速を政策に反映できなくなるため a は正の値をとるとされるが，テイラーの原理によれば経済が安定化するための条件は ア とされている。また，政策金利の変更によって実質 GDP と潜在 GDP の乖離を縮小させるためには，一般に b の値が イ となる。

	ア	イ
1	a＝1	負
2	0＜a＜1	負
3	0＜a＜1	正
4	1＜a	負
5	1＜a	正

解説

テイラー・ルールとは，望ましい政策金利水準を，マクロ経済指標（実質 GDP，インフレ率）により定める本問のような簡単な式で近似できるとしたものである。式の解釈は，均衡実質金利を一定とすると，インフレ率が目標インフレ率を上回るとき，または，実質 GDP が潜在 GDP を上回り GDP ギャップが正の値をとるとき，政策金利（名目金利）を引き上げることを意味する。

a，b は，それぞれ，インフレ率ギャップと GDP ギャップに対し，どの程度，政策金利を反応させるかを表すパラメータであり，どちらも正の値であることが仮定されている。また，a の推定値が 1 を超えることは，経済が安定化するための条件であり，「テイラーの原理（Taylor's Principle）」と呼ばれる。なぜならば，a＜1 の場合，インフレ率が上昇したとき，本問の式より，政策金利（名目金利）の上昇幅はそれを下回り，実質金利が低下することから，さらなるインフレ圧力を生むことになるからである。

よって，アは 1＜a である。また，実質 GDP＞潜在 GDP の場合，b が正であれば，式より政策金利が引き上げられることで投資が抑制され総需要も減退し，実質 GDP と潜在 GDP の乖離は縮小する。よって，イは正となる。

以上より，正答は **5** である。

正答 **5**

ある国の実質貨幣需要量は次の式で表される。

$$L_D = a + Y - 10r$$

〔L_D：実質貨幣需要量，a：定数，Y：国民所得，r：利子率（％）〕

　利子率が5％，実質貨幣供給量が500の下で国民所得500を達成しているとき，国民所得を500に保ったまま利子率が6％になると，実質貨幣供給量はいくらになるか。

1 470

2 490

3 500

4 510

5 530

解説

貨幣市場では，実質貨幣供給量と実質貨幣需要量が等しくなるように利子率が決まる。

　初めに，実質貨幣需要量を与える式の未知数 a を求める。利子率が5％で国民所得が500であるとき，この国の実質貨幣需要量は，

$$L_D = a + 500 - 10 \times 5$$
$$= a + 450$$

である。均衡では，この実質貨幣需要量が実質貨幣供給量500と等しくなるから，

$$500 = a + 450$$
$$a = 50$$

である。つまり，この国の実質貨幣需要量は次の式で与えられる。

$$L_D = 50 + Y - 10r$$

　次に，国民所得500と利子率6％を同時に実現する実質貨幣供給量を求める。国民所得が500であり，利子率が6％であるとき，この国の実質貨幣需要量は，

$$L_D = 50 + 500 - 10 \times 6$$
$$= 490$$

である。実質貨幣供給量はこの需要量に等しくなっていなければならないので，実質貨幣供給量は490である。

　よって，正答は**2**である。

正答　**2**

金融政策に関する次の記述のうち，妥当なものはどれか。

1　金融政策の指標の一つとして，マネーストックとマネタリーベースがあるが，マネーストックを中央銀行が調整することにより，市場に流通する貨幣総量，つまりマネタリーベースを動かすことができる。

2　自己資本比率規制とは，銀行の総資産に対して自己資本の割合を法的に定める方法であり，この規制を厳しくすることにより金融市場は活性化することになる。

3　貨幣数量説によると，実物市場と貨幣市場との密接な関係が存在するため，金融政策の実施は投資の動きを通じて経済に大きな影響を与えることになる。

4　法定準備率の引上げは貨幣乗数を高めることにつながるため，金融政策の有効性を高めることができる。

5　金融政策が有効に機能するためには，投資が利子率に対して弾力的であるほうがよい。

解　説

1．中央銀行はマネタリーベースを調整することにより，市場に流通する貨幣総量，つまりマネーストックを動かすことができる。

2．自己資本比率規制が厳しくなると，銀行は不良債権などのリスクの高い資産を避けようとするため，企業への貸し渋りなどが生じ，金融市場は停滞することになる。

3．貨幣数量説は，実物市場と貨幣市場は分断されており，金融政策の実施が投資に影響を与えることはないとしている。

4．法定準備率の引上げは貨幣乗数を低めてしまい，金融政策の有効性を低下させてしまう。

5．正しい。投資が利子率に対して弾力的であるほど，IS 曲線が緩やかとなるため，金融政策の実施による LM 曲線の移動に対してより大きな国民所得の増加につながることになる。

正答　**5**

ケインズ・モデルの貨幣市場に関する次の記述のうち，妥当なものはどれか。

1 貨幣市場が超過供給ならば利子率は上昇し，債券の価格は上昇する。

2 貨幣市場が超過供給ならば利子率は低下し，債券の価格は上昇する。

3 貨幣市場が超過供給ならば利子率は上昇し，債券の価格は低下する。

4 貨幣市場が超過需要ならば利子率は低下し，債券の価格は低下する。

5 貨幣市場が超過需要ならば利子率は上昇し，債券の価格は上昇する。

解 説

貨幣市場が超過供給ならば貨幣市場で需給が均衡するように，利子率が低下する。債券価格と利子率の間には，債券価格 $=\dfrac{\text{債券の収益}}{\text{利子率}}$，の関係があるので，利子率の低下は債券価格の上昇をもたらす。よって，正答は**2**。

なお，貨幣市場が超過需要ならば貨幣市場で需給が均衡するように，利子率が上昇する。債券価格と利子率の間には，債券価格 $=\dfrac{\text{債券の収益}}{\text{利子率}}$，の関係があるので，利子率の上昇は債券価格の低下をもたらす。

正答 2

貨幣需要に関する記述として，妥当なのはどれか。

1 フィッシャーは，交換方程式において，貨幣の需給は貨幣の流通速度が一定になると均衡し，物価水準は商品の取引量に比例して変動するとした。

2 マーシャルは，貨幣需要は主に利子率に依存すると考え，現金残高方程式を用いて物価水準は実物経済市場と無関係に決定されると論じた。

3 ケインズは，貨幣需要の動機を3つあげ，取引動機による貨幣需要は主に利子率に依存し，投機的動機による貨幣需要は主に国民所得に比例するとした。

4 トービンは，資産選択の際に，危険資産に対置して，安全資産を保有するという観点から，貨幣需要が生じることを明らかにした。

5 フリードマンは，貨幣需要が恒常所得のみに依存すると考え，貨幣の流通速度は一定ではないが安定しているとした。

解説

1．フィッシャーの交換方程式は，貨幣供給量を M，貨幣の流通速度を V，物価水準を P，取引量を T とすると次の関係が成り立つことをいう。

$$MV = PT \quad \cdots\cdots①$$

交換方程式では，流通速度 V は一定であるとするので，貨幣需給が均衡するように物価 P が調整される。

2．マーシャルによる貨幣数量説では，実質国民所得 Y と貨幣の流通速度 V の逆数 $\frac{1}{V}$ の間に比例的な関係があるとし，その係数を k（マーシャルの k）とすると，①式より貨幣需要 M は，

$$M = kPY \quad \cdots\cdots②$$

という式によって決まるとした。これより貨幣供給量が一定である場合，物価水準は実質国民所得と反比例して決まる。

3．取引動機による貨幣需要とは，取引の際に利用される貨幣の需要であるから，国民所得に比例する。一方，投機的動機による貨幣需要とは資産選択に基づく貨幣需要である。利子率が高いときには，利子の付く債券保有が有利となり利子の付かない貨幣の保有は不利となる。利子率が低いときには，利子の付く債券保有が不利となり利子の付かない貨幣の保有は有利になる。よって投機的動機による貨幣需要は利子率に依存する。

4．正しい。

5．フリードマンは，貨幣需要が貨幣数量説により決まるとし，貨幣の供給はあらかじめ決められた一定の増加率に基づいて行うべしとする k パーセント・ルールを主張した。

正答　4

経済原論

財政学

経済政策

経済史

経済事情

統計学

経営学

A社が300万円をある市中銀行に預金したとき，市中銀行の預金準備率を10％とした場合におけるA社の預金をもととした市中銀行全体で信用創造される預金総額と，市中銀行の預金準備率を15％とした場合におけるA社の預金をもととした市中銀行全体で信用創造される預金総額との差額はどれか。ただし，市中銀行は過剰準備をもたず，常に預金準備率の限度まで貸し出しを行い，市中銀行が貸し出した資金はすべて預金として市中銀行に還流するものとする。

1　　　150万円
2　　　300万円
3　　　600万円
4　1,000万円
5　1,500万円

 解 説

預金準備率を10％としたとき，A社の最初の300万円の預金を含む預金総額は，

$$300 \times \frac{1}{0.1} = 3000 \text{〔万円〕}$$

したがって，A社の預金をもととして信用創造された預金総額は，

$$3000 - 300 = 2700 \text{〔万円〕}$$

　次に，預金準備率を15％としたとき，A社の最初の預金300万円を含む預金総額は，

$$300 \times \frac{1}{0.15} = 2000 \text{〔万円〕}$$

したがって，A社の預金をもととして信用創造された預金総額は，

$$2000 - 300 = 1700 \text{〔万円〕}$$

信用創造された預金総額の差は，

$$2700 - 1700 = 1000 \text{〔万円〕}$$

　よって，正答は**4**である。

正答 4

経済原論

財政学

経済政策

経済史

経済事情

統計学

経営学

地方上級

No. 407 全国型，関東型，経済専門タイプ

経済原論　　**恒常所得仮説**　　平成16年度

ある国のマクロ経済が次のようなモデルで表されるとする。

$Y_t = C_t + I_t$

$C_t = 0.8Y_t^p$

$Y_t^p = 0.5Y_t + 0.5Y_{t-1}$

$I_t = 100 + 0.2(Y_t - Y_{t-1})$

（Y_t：t 期の総生産，C_t：t 期の消費，I_t：t 期の投資，Y_t^p：t 期の恒常所得）

$Y_0 = 400$ とするとき，このモデルに関する記述として妥当なものはどれか。

1 Y は単調に減少し，200に収束する。

2 Y は単調に減少し，300に収束する。

3 Y は減少と増加を交互に繰り返し，最終的に400に収束する。

4 Y は単調に増加し，500に収束する。

5 Y は単調に増加し，600に収束する。

解説

$Y_t = C_t + I_t$ に各変数を代入すると，

$Y_t = 0.8(0.5Y_t + 0.5Y_{t-1}) + 100 + 0.2(Y_t - Y_{t-1})$

これを変数ごとに整理すると，

$0.4Y_t = 0.2Y_{t-1} + 100$

となり，

$Y_t = 0.5Y_{t-1} + 250$　…①

を得る。

定常点では，$Y_t = Y_{t-1} = Y^*$ であるから，

$Y^* = 0.5Y^* + 250$　…②

より，

$Y^* = 500$

となるので，定常点で Y は500であることがわかる。初期の Y の値は400であるから，Y は増加する。

次に収束性について調べる。$y_t = Y_t - Y^*$ と定義し，①から②を引くと，定常点からの乖離の時間変化を表す式，

$y_t = 0.5y_{t-1}$

が得られる。これより，

$y_t = 0.5y_{t-1} = 0.5(0.5y_{t-2}) = 0.5^2 y_{t-2}$

$= 0.5^2 (0.5y_{t-3}) = 0.5^3 y_{t-3}$

…

$= 0.5^t y_0$

となり，定常点からの乖離は各期ごとに半減しながら，単調に定常点に収束することがわかる。

したがって，正答は**4**である。

正答　**4**

地方上級

全国型，関東型

No.
408 経済原論 リカードの比較優位説 平成23年度

経済原論
財政学
経済政策
経済史
経済事情
統計学
経営学

次の表は，A国とB国が工業製品と農業製品を1単位生産するのに必要な労働人数を示している。A国の労働人口は800人，B国の労働人口は1,800人として，次のⅠ，Ⅱの状況を考える。

Ⅰ：A国とB国ともに労働人口の半分をそれぞれ工業製品と農業製品の生産に充てる。

Ⅱ：A国とB国ともに比較優位を持つ製品の生産に特化する。

A国とB国の生産量の合計に関する次の記述のうち，妥当なものはどれか。

	工業製品	農業製品
A国	2	2
B国	6	3

1 ⅠはⅡに比べて，工業製品では25単位，農業製品では50単位多くなる。

2 ⅠはⅡに比べて，工業製品では50単位，農業製品では100単位多くなる。

3 ⅠはⅡに比べて，工業製品では25単位，農業製品では50単位少なくなる。

4 ⅠはⅡに比べて，工業製品では50単位，農業製品では100単位少なくなる。

5 ⅠとⅡで変化はない。

解説

リカードの比較優位説に関する問題である。

初めに，Ⅰの場合における工業製品と農業製品の生産量それぞれの合計を考える。A国の労働人口は800人であるから，各産業に400人ずつ就労する。A国が工業製品を1単位生産するためには2人必要なので，工業製品の生産量は$400 \div 2 = 200$単位，農業製品を1単位生産するためには2人必要なので，農業製品の生産量は$400 \div 2 = 200$単位である。一方，B国の労働人口は1,800人であるから，各産業に900人ずつ就労する。B国が工業製品を1単位生産するためには6人必要なので，工業製品の生産量は$900 \div 6 = 150$単位，農業製品を1単位生産するためには3人必要なので，農業製品の生産量は$900 \div 3 = 300$単位である。したがって，Ⅰにおける工業製品の生産量の合計は$200 + 150 = 350$単位，農業製品の生産量の合計は$200 + 300 = 500$単位である。

次に，Ⅱの場合における工業製品と農業製品の生産量それぞれの合計を考える。A国が工業製品を1単位作るためには，農業製品$2 \div 2 = 1$単位の生産をあきらめる必要がある。一方，B国が工業製品を1単位作るためには，農業製品を$6 \div 3 = 2$単位の生産をあきらめる必要がある。つまり，A国はB国に比べて，あきらめなければならない農業製品の量が少ないので，A国は工業製品に比較優位を持ち，B国は農業製品に比較優位を持つ。よって，A国が工業製品の生産に特化すれば$800 \div 2 = 400$単位の工業製品ができ，B国が農業製品の生産に特化すれば$1800 \div 3 = 600$単位の農業製品ができる。

最後に，生産量を比較する。工業製品については，Ⅰでは350単位，Ⅱでは400単位生産されるので，ⅠはⅡに比べて50単位少ない。一方，農業製品については，Ⅰでは500単位，Ⅱでは600単位生産されるので，ⅠはⅡに比べて100単位少ない。

よって，正答は**4**である。

正答 **4**

経済原論
財政学
経済政策
経済史
経済事情
統計学
経営学

地方上級
特別区
No. 409 経済原論 投資理論 平成14年度

投資理論に関する記述として，妥当なのはどれか。

1 トービンの q 理論は，企業が現在保有している資本ストックを現在の資本財価格で評価したものに対するその企業の株価総額の比を q と定義し，q が1より大きければその企業の投資は促進されるとした。

2 新古典派の投資理論は，投資の限界効率が市場利子率よりも小さい場合には投資が行われるが，投資の限界効率が市場利子率よりも大きい場合には投資は行われないとした。

3 ケインズの投資理論は，企業家は投資を決定するにあたって，購入する資本財の耐用年数とその資本設備の購入に必要な資金額とを比較して投資の決定を行い，企業の将来に対する期待によって投資は変動しないとした。

4 加速度原理は，工場や機械設備といった資本ストックと生産量との間には一定の関係があることに注目して投資を説明するものであり，投資は資本ストックの減少関数となるとした。

5 資本ストック調整原理は，投資水準が一定に固定されている場合，貯蓄を増やそうとする試みは貯蓄の大きさを増やすことにはならず，むしろ国民所得と国民生産の低下を招くとした。

解 説

1． 正しい。

2． 新古典派の投資理論は，ジョルゲンソンによる。すなわち，生産要素間の代替性を考慮した生産関数により，企業の利潤最大化とストック調整原理を結合した投資関数である。

3． ケインズの投資理論は，期待収益の割引現在価値が資本設備の購入に必要な金額（投資費用）を上回る場合に，投資が決定され，企業の将来への期待により投資は変動する。

4． 加速度原理は，資本ストックと生産量との間に一定の関係があることに注目して投資を説明するという点は正しいが，投資は生産量の増加分に比例する。

5． 記述の内容は，貯蓄のパラドックスである。資本ストック調整原理とは，今期の望ましい資本ストックと前期末の資本ストックに差があるときには，その差だけ今期にすべて投資されるのではなく，その一定割合だけ投資されるというものである。

正答 **1**

ある投資プロジェクトでは，第0期に400の投資を行うと，第1期に220，第2期に210の収益が得られると予想される。このとき，投資を行うことが投資を行わないことよりも有利になる利子率の中で，その最大値となるものは次のうちどれか。ただし，投資以外の経費はかからないものとする。

1 　3％
2 　4％
3 　10％
4 　12％
5 　15％

解説

この投資プロジェクトのキャッシュフローを表にすると次のようになる。

第0期	第1期	第2期
−400	220	210

利子率を割引率とすると，この投資プロジェクトの割引現在価値 PV は，

$$PV = -400 + \frac{220}{1+r} + \frac{210}{(1+r)^2}$$

PV が負であれば投資を行うことが不利となるから，

$$-400 + \frac{220}{1+r} + \frac{210}{(1+r)^2} < 0$$

$$-400(1+r)^2 + 220(1+r) + 210 < 0$$

$$-40r^2 - 58r + 3 < 0$$

$$(1-20r)(2r+3) < 0$$

これより，投資が不利になる利子率の範囲は，

$$r < -1.5, \ 0.05 < r$$

となる。

　よって，正答は**2**である。

正答　**2**

経済原論

財政学

経済政策

経済史

経済事情

統計学

経営学

ある国では，法定準備率が1%，現金・預金比率が5%である。この国の中央銀行がハイパワードマネーを変えると，マネーストックはその何倍変化するか。ただし，市中銀行は法定準備率を超える過剰準備率を持たず，家計は現金と預金だけを保有するものとする。

1　16

2　16.5

3　17

4　17.5

5　18

解説

貨幣乗数に関する問題である。ハイパワードマネー H とマネーストック M の間では，

$M = mH$

の関係が成立するから，貨幣乗数と呼ばれる m の値 $\left(m = \dfrac{M}{H} \right)$ を求めればよい。

　ハイパワードマネー H は $H =$ 現金＋法定準備金である。また，マネーストック M は $M =$ 現金＋預金である。貨幣乗数を求める式にこれらを代入すると，

$$m = \frac{現金＋預金}{現金＋法定準備金}$$

である。ここで右辺の分子と分母それぞれを預金で割ると，

$$m = \frac{\dfrac{現金}{預金}＋1}{\dfrac{現金}{預金}＋\dfrac{法定準備金}{預金}}$$

$$= \frac{現金・預金比率＋1}{現金・預金比率＋法定準備率}$$

である。この式に法定準備率1%と現金・預金比率5%を代入すると，貨幣乗数は，

$$m = \frac{0.05＋1}{0.05＋0.01} = 17.5$$

である。

　よって，正答は**4**である。

正答　**4**

あるマクロ経済の生産関数が次式で表される。

$Y = K^{0.3}L^{0.7}$ （Y：生産量，K：資本量，L：労働量）

この生産関数に関する次の文中の空欄ア～エに該当する語句の組合せとして，妥当なものはどれか。

この生産関数の下では，資本の限界生産性と労働の限界生産性は（ ア ）する。この生産関数は規模に関して収穫（ イ ）であり，資本と労働の投入量を2倍にすると，生産量は（ ウ ）倍になる。また，すべての市場が完全競争市場であるとき，実質賃金率をwとすると，労働分配率$\dfrac{wL}{Y}$は（ エ ）である。

	ア	イ	ウ	エ
1	逓減	逓減	1.5	0.3
2	逓減	一定	2.0	0.3
3	逓減	一定	2.0	0.7
4	逓増	逓増	4.0	0.3
5	逓増	逓増	8.0	0.7

解説

ア：資本の限界生産性は，生産関数を資本Kで偏微分して得られる$0.3K^{-0.7}L^{0.7}$である。この資本の限界生産性を資本Kで偏微分すると$-0.21K^{-1.7}L^{0.7}$である。KとLが正の値であるときこの値は負の値になるので，資本の限界生産性は逓減する。同様にして，労働の限界生産性は生産関数を労働Lで偏微分して得られる$0.7K^{0.3}L^{-0.3}$である。この労働の限界生産性を労働Lで偏微分すると$-0.21K^{0.3}L^{-1.3}$である。KとLが正の値であるときこの値は負の値になるので，労働の限界生産性は逓減する。

イ：生産関数がコブ・ダグラス型であり，資本Kの指数0.3と労働Lの指数0.7を足し合わせると$0.3+0.7=1$であるので，この生産関数は規模に関して収穫一定である。

ウ：規模に関して収穫一定の生産関数の下では，すべての投入量を2倍にすると生産量も2倍になる。

エ：すべての市場が完全市場であるとき，労働の限界生産性$0.7K^{0.3}L^{-0.3}$と実質賃金率が等しくなるように労働投入量は決まる。よって，このときの労働所得は，$wL = 0.7K^{0.3}L^{-0.3} \times L = 0.7K^{0.3}L^{0.7}$となり，労働分配率$\dfrac{wL}{Y} = \dfrac{0.7K^{0.3}L^{0.7}}{K^{0.3}L^{0.7}} = 0.7$となる。

以上より，アは「逓減」，イは「一定」，ウは「2.0」，エは「0.7」であるので，正答は**3**である。

正答 **3**

次の開放マクロ経済モデルを考える。

$Y=100$

$C=80$

$G=10$

$T=5$

$X=10$

$M=15$

（Y：国民所得，C：民間消費，G：政府支出，T：税収，X：輸出，M：輸入）

この開放マクロ経済モデルに関する次の文中の空欄ア〜オに当てはまる語句の組合せとして，妥当なものはどれか。

この経済において，民間投資（I）は（　ア　）であり，民間貯蓄は（　イ　）である。民間部門と政府部門の合計である国内貯蓄は，民間投資を（　ウ　）いる。ここで，経常収支と貿易サービス収支の額が等しいとすると，国内貯蓄と民間投資の差額が，経常収支の赤字の額と等しくなり（$X-M=-5$），純額で見ると同額の（　エ　）が生じるため，対外純資産は（　オ　）する。

	ア	イ	ウ	エ	オ
1	5	5	上回って	海外への資本流出	増加
2	5	5	下回って	海外への資本流出	増加
3	15	10	下回って	海外からの資本流入	減少
4	15	15	上回って	海外からの資本流入	減少
5	15	15	下回って	海外からの資本流入	減少

解説

ア：総需要面から見ると$Y=C+I+G+X-M$が成立する。この式に$Y=100$，$C=80$，$G=10$，$X=10$，$M=15$を代入すると$100=85+I$になるので，民間投資Iは15である。

イ：民間貯蓄をSとするとき，総供給面から見ると$Y=C+S+T$が成立する。この式に$Y=100$，$C=80$，$T=5$を代入すると$100=85+S$になるので，民間貯蓄Sは15である。

ウ：民間部門の貯蓄Sと政府部門の貯蓄$T-G$の合計額が，国内貯蓄$S+(T-G)$である。この式に$T=5$，$G=10$およびイで求めた$S=15$を代入すると，国内貯蓄は$15+(5-10)=10$である。この国内貯蓄10はアで求めた民間投資$I=15$を下回っている。

エ：民間投資$I=15$のうち国内貯蓄10で賄えないぶんは，海外からの資本流入によって賄われる。

オ：海外からの資本流入は対外純資産の減少を意味する。

　以上より，アは「15」，イは「15」，ウは「下回って」，エは「海外からの資本流入」，オは「減少」であるので，正答は**5**である。

正答 **5**

ある国では輸出が輸入より大きくなっており，この国では，

　民間貯蓄＝民間投資－財政収支＋（　A　）－（　B　）

が成立する。この国に関する次の記述のうち，妥当なのはどれか。ただし，民間投資と民間貯蓄はともにプラスであるものとする。

1 Aは輸出，Bは輸入であり，財政収支が黒字ならば，外国へ資本が流出する。

2 Aは輸出，Bは輸入であり，財政収支が均衡しているならば，外国から資本が流入する。

3 Aは輸出，Bは輸入であり，財政収支が赤字ならば，外国へ資本が流出する。

4 Aは輸入，Bは輸出であり，財政収支が黒字ならば，外国へ資本が流出する。

5 Aは輸入，Bは輸出であり，財政収支が赤字ならば，外国から資本が流入する。

解　説

IS バランスに関する問題である。国民所得は民間消費，民間貯蓄および租税（税収）のいずれかに費やされる。

　国民所得＝民間消費＋民間貯蓄＋租税

また，財市場では，

　国民所得＝民間消費＋民間投資＋政府支出＋輸出－輸入

が成立する。したがって，

　民間消費＋民間貯蓄＋租税＝民間消費＋民間投資＋政府支出＋輸出－輸入

　民間貯蓄＋租税＝民間投資＋政府支出＋輸出－輸入

　民間貯蓄＝民間投資＋（政府支出－租税）＋輸出－輸入

　民間貯蓄＝民間投資－財政収支＋輸出－輸入

が成立する（Aは輸出，Bは輸入なので，**4**と**5**は誤り）。この式をさらに変形すると，

　民間貯蓄－民間投資＝－財政収支＋輸出－輸入

である。本問では，輸出が輸入を上回っている状況を想定しているので，輸出－輸入＞0である。財政収支が黒字の場合，民間貯蓄－民間投資は「正の値」，「負の値」または「ゼロ」のいずれにもなりうる。つまり，財政収支黒字の規模と輸出－輸入の規模の大小関係で，資本が海外から流入することもあれば，海外へ流出することも，さらには資本移動がなくなる場合もある（**1**と**5**は誤り）。しかし，財政収支が均衡あるいは赤字である場合には，民間貯蓄－民間投資＞0が必ず成立するので，資本が海外へ流出している（**2**は誤り）。

　よって，正答は**3**である。

正答　**3**

経済原論

財政学

経済政策

経済史

経済事情

統計学

経営学

A国とB国の2国を想定したマクドゥガル・モデルを考える。賃金を w で表すとき，A国の労働需要は $L=100-w$，B国の労働需要は $L=50-w$ である。また，A国の労働供給は80，B国の労働供給は20である。A国とB国間で労働移動が自由になったときの説明として，妥当なものはどれか。

1　A国からB国に労働が5移動する。

2　A国からB国に労働が10移動する。

3　B国からA国に労働が5移動する。

4　B国からA国に労働が10移動する。

5　労働は移動しない。

解説

2国間で労働移動が自由になると，両国の労働需要の合計と労働供給の合計が等しくなるように賃金が定まる。よって，この賃金水準の下での各国の労働需要と当初の各国の労働供給の関係を調べれば，どのような労働移動が生じるかがわかる。

初めに，労働移動が自由になったときの賃金 w^* を求める。賃金が w^* であるとき，A国の労働需要 L_A は $L_A=100-w^*$，B国の労働需要 L_B は $L_B=50-w^*$ であるから，両国の労働総需要は $L_A+L_B=150-2w^*$ である。均衡ではこの労働総需要がA国とB国の労働総供給 $80+20=100$ に等しくなっていなければならないので，賃金は，

$$150-2w^*=100$$

$$2w^*=150-100$$

$$w^*=25$$

である。

次に，$w^*=25$ での，各国における労働の過不足について調べる。A国では，労働需要 $L_A=100-25=75$ に対して80の労働供給がなされるから，$80-75=5$ の超過供給が発生する。一方，B国では，労働需要 $L_B=50-25=25$ に対して20の労働供給がなされるから，$25-20=5$ の超過需要が発生する。したがって，A国からB国に労働が5移動することになる。

よって，正答は**1**である。

正答　**1**

2国経済モデルにおいて，自国と外国が次のように示されている。

$$Y=C+I+G+X-M$$
$$Y^*=C^*+I^*+G^*+X^*-M^*$$
$$C=cY+C_0$$
$$C^*=c^*Y^*+C_0^*$$
$$M=mY$$
$$M^*=m^*Y^*$$

Y：自国の国民所得，C：自国の消費，I：自国の投資，G：自国の政府支出，X：自国の輸出，M：自国の輸入，c：自国の限界消費性向，C_0：自国の基礎消費，m：自国の限界輸入性向，Y^*：外国の国民所得，C^*：外国の消費，I^*：外国の投資，G^*：外国の政府支出，X^*：外国の輸出，M^*：外国の輸入，c^*：外国の限界消費性向，C_0^*：外国の基礎消費，m^*：外国の限界輸入性向

この経済モデルに関する次の文の空欄ア～エに当てはまる語句の組合せとして妥当なものはどれか。ただし，両国の限界消費性向と限界輸入性向は0より大きく，1より小さいものとする。

自国の国民所得を増加させる要因は，自国の限界消費性向の（　ア　），自国の限界輸入性向の（　イ　），外国の限界輸入性向の（　ウ　），外国の国民所得の（　エ　）である。

	ア	イ	ウ	エ
1	上昇	上昇	低下	減少
2	上昇	低下	上昇	増加
3	上昇	低下	低下	減少
4	低下	上昇	低下	減少
5	低下	低下	上昇	増加

解説

2国を想定した貿易を含む45度線モデルの問題である。2国を想定していることから均衡では「自国の輸出＝外国の輸入」と「外国の輸出＝自国の輸入」が成立していること，そして45度線モデルでは，総需要の規模が国民所得を決定することに留意すれば計算をしなくても解ける。

ア：自国の限界消費性向cが大きくなると，自国の消費Cが増加し，自国の（財に対する）総需要$C+I+G+X-M$が増加するので，自国の国民所得は増える。よって，アは「上昇」である。

イ：自国の限界輸入性向mが大きくなると，自国の輸入Mが増加し，自国の（財に対する）総需要$C+I+G+X-M$が減少するので，自国の国民所得は減る。よって，イは「低下」である。

ウ：外国の限界輸入性向m^*が大きくなると，外国の輸入M^*が増加する。この増加は，自国の輸出Xの増加にほかならないので，自国の（財に対する）総需要$C+I+G+X-M$が増加し，自国の国民所得は増える。よって，ウは「上昇」である。

エ：外国の国民所得Y^*が増加すると，外国の輸入M^*が増加する。この増加は，自国の輸出Xの増加にほかならないので，自国の（財に対する）総需要$C+I+G+X-M$は増加し，自国の国民所得は増える。よって，エは「増加」である。

したがって，アは「上昇」，イは「低下」，ウは「上昇」，エは「増加」であるので，正答は**2**である。

正答 **2**

経済原論

財政学

経済政策

経済史

経済事情

統計学

経営学

ある国の生産関数が次式で表される。

$$Y=AK^{0.25}L^{0.75}$$ 〔Y：総生産，A：総要素生産性，K：資本ストック，L：労働力〕

　この国に関する次の文の空欄ア～イに当てはまる語句の組合せとして，妥当なものはどれか。ただし，総要素生産性の上昇はすべて技術進歩によるものとする。

　この国において，技術進歩による総要素生産性，資本ストックおよび労働力それぞれが同率で増えたとき，総生産の増加率に対して最も資するものは　ア　である。また，ある年の総生産の増加率が2％，労働力の増加率が1％，資本ストックの増加率が3％であったとき，総要素生産性の成長率は　イ　％である。

	ア	イ
1	資本ストック	1
2	労働力	0.5
3	労働力	1
4	総要素生産性	0.5
5	総要素生産性	1

解説

ア：生産関数 $Y=AK^{0.25}L^{0.75}$ はコブ゠ダグラス型生産関数と呼ばれるものである。この関数を成長率の形に変形して次式を得る（数学的には，両辺の対数をとり，時間で微分する）。

　Yの増加率＝Aの増加率＋$0.25×K$の増加率＋$0.75×L$の増加率　……(1)

　よって，総要素生産性が1％増加すると総生産の成長率は1％，資本ストックが1％成長すると総生産の成長率は$0.25×1$〔％〕＝0.25〔％〕，労働力が1％成長すると総生産の成長率は$0.75×1$〔％〕＝0.75〔％〕となるので，最も資するのは総要素生産性の成長率である。

イ：総生産の増加率が2％，労働力の増加率が1％，資本ストックの増加率が3％であるという題意を，アの解説で述べた(1)式に代入すると次式が成立する。

　$0.02＝$総要素生産性の成長率$＋0.25×0.03＋0.75×0.01$

　∴総要素生産性の成長率$＝0.02-0.015＝0.005$

　よって，総要素生産性の成長率は$0.005×100＝0.5$〔％〕である。

　以上より，正答は**4**である。

正答　**4**

アメリカとブラジルの典型的な消費者が，表に示されている数量の財を購入し，支出を行うとする。なお。両国の財の品質は同じであるものとし，為替レートは１レアル＝0.5ドルとする。次の文中の空欄ア・イに当てはまる数値の組合せとして妥当なものはどれか。

アメリカとブラジルの消費水準を比較するために，為替レートを用いて価格をドルに換算してブラジルの１人当たり消費額を算出すると，ブラジルの１人当たり消費額はアメリカの１人当たり消費額の（　ア　）％となる。また，アメリカの価格を用いてブラジルの食料品と耐久消費財の消費額をドルに換算すると，ブラジルの１人当たり消費額はアメリカの１人当たり消費額の（　イ　）％となる。

	食料品		耐久消費財	
	価格	数量	価格	数量
アメリカ	3 ドル	2,000	6 ドル	4,000
ブラジル	4 レアル	1,000	8 レアル	1,000

	ア	イ
1	20	40
2	20	30
3	25	30
4	25	40
5	30	20

解説

ア：アメリカの１人当たり消費額は $3×2000＋6×4000＝30000$〔ドル〕である。ブラジルの１人当たり消費額は $4×1000＋8×1000＝12000$〔レアル〕であり，これを１レアル＝0.5ドルで換算すると $12000×0.5＝6000$〔ドル〕である。よって，$6000÷30000×100＝20$〔％〕である。

イ：アメリカの価格でブラジルの１人当たり消費額を評価すると，$3×1000＋6×1000＝9000$〔ドル〕である。よって，$9000÷30000×100＝30$〔％〕である。

　以上より，アは「20」，イは「30」であるので，正答は**2**である。

正答　**2**

経済原論
財政学
経済政策
経済史
経済事情
統計学
経営学

ある経済成長モデルが，

$$Y=\min[0.2K,\ L]$$
$$Y=C+I+G$$
$$C=0.8(Y-T)$$
$$G=T=0.1Y$$
$$\Delta K=I$$
$$\Delta L=0.01L$$

[Y：国民所得，K：資本，L：労働，C：消費，I：投資，G：政府支出
T：税収，ΔK：K の変化分，ΔL：L の変化分]

で示されている。

この経済が最終的に到達する均斉経済成長経路において，資本・労働比率 K/L はいくらになるか。ただし，初期の資本と労働はともに正とする。

1　10
2　12
3　14
4　16
5　18

解説

均斉（均衡あるいは恒常）成長において資本・労働比率が一定であり，投資額は nK になる。

ここで，n は労働力成長率なので，本問においては，$\dfrac{\Delta L}{L}=0.01$ である。すなわち，

$$I=nK=0.01K\quad \cdots\cdots①$$

である。

ここで，第2式に第3式，第4式，①式を代入すると，

$$Y=0.8(Y-0.1Y)+0.01K+0.1Y$$
$$(1-0.72-0.1)Y=0.01K$$
$$0.18Y=0.01K$$

$$Y=\frac{1}{18}K\fallingdotseq0.056K\quad \cdots\cdots②$$

となる。

ここで，第1式の生産関数は，$0.2K$ か L のいずれか小さいほうで生産量が決まるということを表しており，$Y=0.2K$ ないし $Y=L$ が成立しているということであるが，②式が $Y=0.2K$ を下回っているので，成立している生産関数は $Y=L$ とわかる。したがって，②式より，$\dfrac{K}{L}=$ 18 とわかる。

よって，正答は**5**である。

正答　**5**

ある完全競争企業の生産関数が，

$Y = 2\sqrt{LK}$　（Y：生産量，L：労働，K：資本）

で表されるとする。また労働賃金率が1，資本の賃貸率が4，生産物の価格が P であるとする。このとき供給曲線はどのように表されるか。

1 供給曲線は右上がりであり，$Y = 3P$ で表される。

2 供給曲線は右上がりであり，$Y = 2P$ で表される。

3 供給曲線は垂直であり，$Y = 4$ で表される。

4 供給曲線は水平であり，$P = 4$ で表される。

5 供給曲線は水平であり，$P = 2$ で表される。

解 説

総費用は，$TC = L + 4K$ となるので，費用最小化問題は，

min　$L + 4K$

$s.t.$　$Y = 2\sqrt{LK}$

である。この問題のラグランジュ関数£は

$£ = L + 4K + \lambda\{Y - 2\sqrt{LK}\}$

1階の条件は，

$$\frac{d£}{dL} = 1 - \lambda\left(\frac{K}{L}\right)^{\frac{1}{2}} = 0 \quad \cdots ①$$

$$\frac{d£}{dK} = 4 - \lambda\left(\frac{L}{K}\right)^{\frac{1}{2}} = 0 \quad \cdots ②$$

①②式より λ を消去すると，

$L = 4K$　$\cdots ③$

を得る。③を生産関数に代入すると，

$Y = 2\sqrt{4K^2}$　より，$K = \dfrac{Y}{4}$

$Y = 2\sqrt{\dfrac{L^2}{4}}$　より，$L = Y$

これを総費用 $TC = L + 4K$ に代入すると，

$$TC = Y + 4\left(\frac{Y}{4}\right) = 2Y$$

となる。

　企業の利潤関数は，

$\pi = PY - 2Y$

となるので，利潤最大化の条件は，利潤関数を微分してゼロと置くと，

$$\frac{d\pi}{dY} = P - 2 = 0$$

したがって，$P = 2$ となり，価格2の水準で水平となる。よって正答は**5**である。　正答　**5**

経済原論

財政学

経済政策

経済史

経済事情

統計学

経営学

ある国の生産関数は，

$$Y = AK^{\alpha}L^{1-\alpha}$$ 〔Y：生産量，A：全要素生産性，K：資本，L：労働〕

である。この国の経済成長率が 5 ％，資本成長率が 4 ％，労働成長率が 4 ％であり，$\alpha =$ 0.6 であるとき，全要素生産性の成長率はいくらか。

1　1 ％
2　2 ％
3　3 ％
4　4 ％
5　5 ％

解説

成長会計の問題である。生産関数の両辺を対数に変換すると，

$$\ln Y = \ln A + \alpha \ln K + (1-\alpha)\ln L$$

である。ここで，時間 t の変化に伴って生産量 Y，全要素生産性 A，資本 K および労働 L の値が変化することに留意すると，上の式は，

$$\ln Y(t) = \ln A(t) + \alpha \ln K(t) + (1-\alpha)\ln L(t)$$

と書き直せる。そこで，この式を t について微分すると，

$$\frac{d\ln Y(t)}{dY(t)}\frac{dY(t)}{dt}$$

$$= \frac{d\ln A(t)}{dA(t)}\frac{dA(t)}{dt} + \alpha\frac{d\ln K(t)}{dK(t)}\frac{dK(t)}{dt} + (1-\alpha)\frac{d\ln L(t)}{dL(t)}\frac{dL(t)}{dt}\frac{dY(t)/dt}{Y(t)}$$

$$= \frac{dA(t)/dt}{A(t)} + \alpha\frac{dK(t)/dt}{K(t)} + (1-\alpha)\frac{dL(t)/dt}{L(t)}$$

経済成長率＝全要素生産性成長率＋α資本成長率＋$(1-\alpha)$労働成長率

である。そこで，この式に与えられた条件を代入すると，

0.05＝全要素生産性成長率＋0.6×0.04＋(1-0.6)×0.04

全要素生産性成長率＝0.01

となるので，全要素生産性の成長率は 1 ％である。

よって，正答は **1** である。

正答　**1**

コブ=ダグラス型生産関数が，

$$Y = AK^{\frac{1}{4}} L^{\frac{3}{4}}$$

で与えられるとする。ここで Y は生産量，K は資本量，L は労働量，A はパラメータであると
する。このとき，次の記述のうち，妥当なものはどれか。

1 A の値にかかわらず，資本と労働への分配率は変化しない。

2 生産関数の収穫は一定であり，収穫が逓減することはない。

3 資本と労働をともに2倍にすると，生産量は4倍になる。

4 労働量を10%増加させると，生産量は2.5%増加する。

5 資本量を2倍にすると，生産量は2倍になる。

解説

1. 正しい。一般のコブ=ダグラス型生産関数 $Y = AK^a L^b$，$a + b = 1$ を考える。資本，労働でそれぞれ
微分すると，限界生産物は，

$$\frac{dY}{dK} = aAK^{a-1}L^b \quad \cdots\cdots① \qquad \frac{dY}{dL} = bAK^a L^{b-1} \quad \cdots\cdots②$$

となる。利潤を最大化する企業では，①，②はそれぞれ実質資本価格 r と実質賃金 w に等しいので，

$$aAK^{a-1}L^b = r \qquad bAK^a L^{b-1} = w$$

これを変形すると，

$$a = \frac{rK}{AK^a L^b} = \frac{rK}{Y} \qquad b = \frac{wL}{AK^a L^b} = \frac{wL}{Y}$$

となる。したがって A の値にかかわらず資本分配率 $\frac{rK}{Y}$ は a，労働分配率 $\frac{wL}{Y}$ は b で一定である。

2. ①，②をもう一度資本，労働でそれぞれ微分すると，$a - 1 < 0$，$b - 1 < 0$ であるから，

$$\frac{\partial^2 Y}{\partial K^2} = a(a-1)AK^{a-2}L^b < 0 \qquad \frac{\partial^2 Y}{\partial L^2} = b(b-1)AK^a L^{b-2} < 0$$

である。したがって，それぞれの生産要素の増加に対して収穫は逓減する（規模に関する収穫逓減
と区別すること）。

3. 資本と労働をともに c 倍すると，$a + b = 1$ であるから，

$$A(cK)^a(cL)^b = c^{a+b}AK^a L^b$$
$$= cAK^a L^b = cY$$

となる（規模に関する収穫一定）。したがって資本と労働をともに2倍にすると，生産量も2倍になる。

4. 生産関数の対数をとり，

$$\log Y = \log A + a\log K + b\log L$$

これを全微分すると，各変数間の変化率の関係は，

$$\frac{\Delta Y}{Y} = \frac{\Delta A}{A} + a\frac{\Delta K}{K} + b\frac{\Delta L}{L} \quad \cdots\cdots③$$

となる。b は $\frac{3}{4} = 0.75$ であるから，労働投入量を10%増加させると，

$$\frac{\Delta Y}{Y} = 0.75 \times 0.1 = 0.075$$

となり，生産量は7.5%増加する。

5. ③式より資本投入量を2倍に増加させると，a は $\frac{1}{4} = 0.25$ であるから，

$$\frac{\Delta Y}{Y} = 0.25 \times 2 = 0.5$$

となり，生産量は50%増加する。

正答 **1**

経済原論

財政学

経済政策

経済史

経済事情

統計学

経営学

地方上級

全国型，関東型，中部・北陸型，経済専門タイプ

No. 423 経済原論　　乗数分析　　平成16年度

ある国の経済が，

$$Y=C+I+G$$

$$C=20+0.8(Y-T)$$

$$I=40$$

$$T=tY$$

（Y：国民所得，C：消費，I：投資，G：政府支出，T：税収，t：税率）

で表されるとする。均衡財政の下で国民所得を25増加させるには税率をいくらにすればよいか。なお，当初の税率は0.2であるとする。

1 0.1

2 0.15

3 0.2

4 0.25

5 0.3

解説

均衡財政であるので，$G=T=tY$ が常に成立している。財市場の均衡条件 $Y=C+I+G$ に各変数を代入すると，

$$Y=20+0.8(Y-tY)+40+tY$$

$$=60+0.8Y-0.8tY+tY$$

整理すると，

$$0.2(1-t)Y=60$$

となり，

$$Y=\frac{300}{1-t}\quad\cdots\text{①}$$

を得る。

　当初の税率 $t=0.2$ を①に代入すると，

$$Y=\frac{300}{1-0.2}=\frac{300}{0.8}=375$$

となり，当初の国民所得は375である。ここから国民所得が25増加するので，国民所得が400となる税率を求めればよい。これを①に代入すると，

$$400=\frac{300}{1-t}$$

$$1-t=\frac{300}{400}$$

$$t=1-0.75=0.25$$

となる。したがって，正答は**4**である。

正答　**4**

ある地域では，スポーツジムが1店しか営業しておらず，このスポーツジムのサービスに対する需要関数はすべての個人について同一であり，次式で表される。

$D = 100 - P$ （D：利用回数，P：利用料金〈1回当たりの価格〉）

このスポーツジムが会費制を導入し，利用者に対して会費 T と利用料金 P の支払いを求めることになった。利潤最大化を図るこのスポーツジムが利用料金 P を限界費用である20に等しくするとき，会費 T の最大値として妥当なものはどれか。なお，個人の利用回数が x 回であるとき，この個人が支払う料金総額は $T + Px$ であるものとする。

1 3,200

2 3,600

3 4,000

4 4,400

5 4,800

解説

二部料金の計算問題である。消費者は，ゼロ以上の消費者余剰を享受できるとき，消費する。よって，独占者として行動するスポーツジムは，利用料金を限界費用に等しく設定し，会費を消費者余剰に等しい額に設定することによって利潤を最大にできる。

初めに，会費がゼロであるときの消費者余剰を求める。次図は需要関数を $P = 100 - D$ に変形して描いた需要曲線である。利用料金 P が20に設定されるとき，均衡点は E となり，消費者は OAEC の面積に等しい便益を享受するために OBEC の面積に等しい利用料金を支払う。よって，消費者余剰は OAEC の面積－OBEC の面積＝BAE の面積である。需要関数より1回当たり利用料金が20であるときの利用回数は $100 - 20 = 80$ なので，BAE の面積＝$80 \times (100 - 20) \div 2 = 3200$ である。

次に，利潤を最大にする会費を求める。独占者として行動するスポーツジムは，利用料金を限界費用に等しく設定し，会費を消費者余剰に等しい額に設定することによって利潤を最大にできるので，会費を3,200に設定すればよい。

以上より，正答は **1** である。

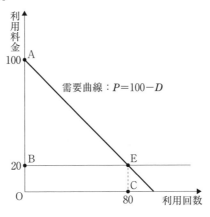

需要曲線：$P = 100 - D$

正答　**1**

右側タブ：経済原論／財政学／経済政策／経済史／経済事情／統計学／経営学

円とドルの実質為替レートが次式で定義される。

$$\text{実質為替レート} = \frac{\text{アメリカの物価水準}}{\text{日本の物価水準}} \times 1\text{ドル当たりの円}$$

この実質為替レートに関する次の文中の空欄ア～ウに該当する語句の組合せとして，妥当なものはどれか。

外国為替市場でドルに対して円が3％増価（1ドル当たりの円が3％低下）した。同時期におけるアメリカの物価水準の上昇率が，日本の物価水準の上昇率よりも5％だけ高い場合，実質為替レートは（　ア　）。このとき，日本の財がアメリカの財より相対的に（　イ　）なるため，日本のアメリカへの輸出数量は（　ウ　）すると考えられる。

	ア	イ	ウ
1	上昇する	安く	拡大
2	上昇する	高く	縮小
3	変化しない	安く	拡大
4	低下する	安く	縮小
5	低下する	高く	拡大

解説

ア：対数微分法より，「実質為替レートの変化率＝アメリカの物価水準の変化率－日本の物価水準の変化率＋1ドル当たりの円の変化率」が成立する。題意よりアメリカの物価水準の変化率－日本の物価水準の変化率＝5〔％〕であるので，実質為替レートの変化率は5＋（－3）＝2〔％〕である。

イ・ウ：実質為替レートが上昇する（実質で見た1ドル当たりの円の価値が低下する）とき，日本の財はアメリカの財より相対的に安くなる。その結果として，日本のアメリカへの輸出数量は拡大する。

以上より，アは「上昇する」，イは「安く」，ウは「拡大」であるので，正答は**1**である。

正答　1

次の図はローレンツ曲線を描いたものであるが，この図に関する記述として，妥当なものはどれか。

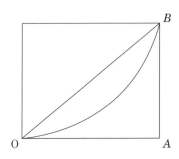

1 縦軸には人口の累積率，横軸には所得の累積率がとられる。

2 ローレンツ曲線が対角線に対して広がるほど，不平等度は小さくなっていく。

3 ジニ係数とは，対角線とローレンツ曲線で囲まれた面積を対角線の下の△OABの面積で割った値のことである。

4 ローレンツ曲線が対角線と一致する完全平等の場合，ジニ係数は1となる。

5 不平等の度合いが高まるほど，ジニ係数は0に近づいていく。

解説

1. ローレンツ曲線は，グラフ上では縦軸に所得の累積率，横軸に人口の累積率をとる。

2. ローレンツ曲線が対角線に対して広がるほど，不平等度は大きくなる。

3. 正しい。

4. ローレンツ曲線が対角線と一致する場合，完全平等と呼ばれ，ジニ係数は0となる。

5. 完全平等の場合にはジニ係数は0の値，完全不平等の場合にはジニ係数は1の値をとる。したがって，不平等の度合いが高まるほど，ジニ係数は1に近づいていく。

正答 **3**

経済原論

財政学

経済政策

経済史

経済事情

統計学

経営学

開放マクロ経済が,

$$Y = C + I + G + B$$
$$C = C_0 + 0.8Y$$
$$I = I_0 - 200r$$
$$B = B_0 - 0.2Y$$
$$1.2Y - 500r = M$$

$$\left\{ \begin{array}{l} Y：産出量, \quad C：消費, \quad I：投資 \\ G：政府購入(一定), \quad B：純輸出 \\ r：利子率, \quad M：貨幣供給量 \\ C_0, \quad I_0, \quad B_0 は定数 \end{array} \right.$$

で示されるとする。

均衡において純輸出が $B=5$ の黒字であるとき, この黒字を解消するためには, 貨幣供給量 M をいくら増加させればよいか。

1　35

2　40

3　45

4　50

5　55

解説

純輸出 $B = B_0 - 0.2Y$ に注意すると, 産出量 Y を25増加させれば純輸出の黒字5を解消できる。生産物市場と貨幣市場の同時均衡は, 次の連立方程式で表される。

$$\left\{ \begin{array}{l} Y = C_0 + 0.8Y + I_0 - 200r + G + B_0 - 0.2Y \\ 1.2Y - 500r = M \end{array} \right.$$

これを整理して,

$$\left\{ \begin{array}{ll} 0.4Y + 200r = C_0 + I_0 + G + B_0 & \cdots\cdots ① \\ 1.2Y - 500r = M & \cdots\cdots ② \end{array} \right.$$

を得る。①, ②をそれぞれ5倍, 2倍し, 辺々足し合わせ整理することにより,

$$Y = \frac{25}{22}\{C_0 + I_0 + G + B_0\} + \frac{5}{11}M$$

したがって, 産出量 Y を25増加させるためには M を55増加させればよい。

よって, 正答は**5**である。

正答　**5**

マクロ生産関数が $Y=AK^{0.4}L^{0.6}$（Y：産出量，K：資本量，L：労働量，A：定数）で与えられている。資本成長率が6％，労働成長率が1％のとき，経済成長率は何％になるか。

1 1％

2 3％

3 5％

4 6％

5 7％

解説

初めに，資本の生産弾力性と労働の生産弾力性を求める。資本の生産弾力性とは，資本が1％増加したときの産出量の増加率のことであるから，

$$\frac{産出量の増加率}{資本の成長率}=\frac{dY/Y}{dK/K}=\frac{K}{Y}\times\frac{dY}{dK}$$

$$=\frac{K}{Y}0.4AK^{-0.6}L^{0.6}$$

$$=0.4\frac{AK^{0.4}L^{0.6}}{Y}=0.4$$

である。他方，労働の生産弾力性とは，労働が1％増加したときの産出量の増加率のことであるから，

$$\frac{産出量の増加率}{労働の成長率}=\frac{dY/Y}{dL/L}=\frac{L}{Y}\times\frac{dY}{dL}$$

$$=\frac{L}{Y}0.6AK^{0.4}L^{-0.4}$$

$$=0.6\frac{AK^{0.4}L^{0.6}}{Y}=0.6$$

である。

　次に，経済成長率を求める。資本の生産弾力性より，資本成長率が6％であるときの産出量の増加率は6×0.4＝2.4〔％〕である。また労働の生産弾力性より，労働成長率が1％であるときの産出量の増加率は1×0.6＝0.6〔％〕である。よって，資本成長率が6％で，労働成長率が1％のときの産出量の増加率，すなわち経済成長率は2.4＋0.6＝3〔％〕である。

　よって，正答は**2**である。

〈別解〉

　一般に，生産関数が $Y=AK^{\alpha}L^{\beta}$ で与えられるとき，両辺の対数をとって時間微分すると，

$$\frac{\dot{Y}}{Y}=\frac{\dot{A}}{A}+\alpha\frac{\dot{K}}{K}+\beta\frac{\dot{L}}{L} \quad \cdots①$$

を得る。この式の左辺は経済成長率を，$\dot{A}/A$ は技術進歩率を，$\dot{K}/K$ は資本成長率を，$\dot{L}/L$ は労働成長率を表す。

　題意より，$\alpha=0.4$，$\beta=0.6$，$\dot{A}/A=0$，$\dot{K}/K=6$，および $\dot{L}/L=1$ を①に代入すると，

$$\frac{\dot{Y}}{Y}=0+0.4\times6+0.6\times1=3$$

となる。

正答 **2**

経済原論
財政学
経済政策
経済史
経済事情
統計学
経営学

ある国のマクロ経済について次のような数値が与えられたとするとき，この国の平均輸入性向 $\left(\dfrac{輸入}{GDP}\right)$ として妥当なものはどれか。

雇用者所得	1200	民間最終消費支出	1000
営業余剰	600	政府最終消費支出	200
固定資本減耗	100	国内総固定資本形成	550
間接税	200	在庫品増加	50
補助金	100	輸出	300

1 25%

2 20%

3 10%

4 5%

5 4%

解説

分配面から見た国民総生産 GNP の定義は，

GNP＝雇用者所得＋営業余剰
　　　　＋海外からの純要素所得
　　　　＋固定資本減耗＋(間接税－補助金)

である。GDP は，GNP から，

GDP＝GNP－海外からの純要素所得

と定義できる。したがって，問題文の左側に挙げられた数値より，

GDP＝1200＋600＋100＋(200－100)
　　　＝2000

となる。

一方，支出面から見た GDP は，

GDP＝民間最終消費支出＋政府最終消費支出＋国内総固定資本形成＋在庫品増加
　　　　＋(輸出－輸入)

であるから，右側の数値と GDP の値より，

2000＝1000＋200＋550＋50＋(300－輸入)

したがって，

輸入＝100

である。

これより，

$$\frac{輸入}{GDP}=\frac{100}{2000}=0.05$$

となり，平均輸入性向は 5％である。

正答　**4**

次の図は，H国の労働生産性を示す曲線 *HH'* とF国の労働生産性を示す曲線 *FF'* を描いたものである。当初，両国間で労働の国際移動はなく，H国の労働量が $O_H M$ で，F国の労働力が $O_F M$ であるとき，労働の国際移動が自由になった場合に起こりうるものとして妥当なものはどれか。

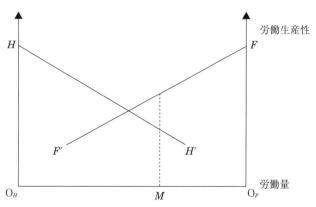

1　H国の賃金下落と，H国からの労働者の流出
2　H国の賃金上昇と，H国への労働者の流入
3　F国の賃金下落と，F国への労働者の流入
4　F国の賃金下落と，F国からの労働者の流出
5　F国の賃金上昇と，F国への労働者の流入

解　説

労働の国際移動が自由になると，労働生産性と等しい賃金を受け取る労働者は，より高い賃金が得られる（労働生産性を実現できる）国へ移動する。本問では，労働者数が増加するにつれて労働生産性が低下することから，労働者が流入する国の賃金は低下し，流出する国の賃金は上昇する。そして，この移動は，労働者が流出した国の賃金を両国の賃金（労働生産性）が等しくなるまで継続する。

　当初の状態においてH国の労働生産性がF国の労働生産性より低いので，労働者はH国からF国へ移動し（**2**，**4**は誤り），H国の賃金は上昇し（**1**は誤り），F国の賃金は下落する（**5**は誤り）。

　よって，正答は**3**である。

〈別解〉

　解説の冒頭部の説明より，本問の条件の下では，一国内で賃金下落と労働者の流出は同時に起こりえず（**1**，**4**は誤り），一国内で賃金上昇と労働者の流入は同時に起こりえない（**2**，**5**は誤り）。

　よって，正答は**3**である。

正答　**3**

経済原論
財政学
経済政策
経済史
経済事情
統計学
経営学

地方上級
全国型，関東型，中部・北陸型
No.431 経済原論 **輸入制限の余剰分析** 平成24年度

次の図は輸入財に関税をかけていた国が関税を撤廃し，自由貿易を開始した時の様子を描いたものである。この図に関する文章の空欄ア～エに当てはまる語句の組合せとして，妥当なものはどれか。ただし，需要のうち国内企業の供給によって満たされないぶんのみが輸入されるものとする。

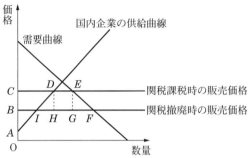

　消費者余剰は，関税課税時に比べて（　ア　）し，社会全体での消費量は（　イ　）した。関税撤廃に伴う税収の減少は（　ウ　）で示され，国内生産者余剰の減少は（　エ　）で示される。

	ア	イ	ウ	エ
1	増加	減少	*BCDI*	*DEGH*
2	増加	増加	*BCDI*	*DEGH*
3	増加	増加	*DEGH*	*BCDI*
4	減少	増加	*DEGH*	*BCDI*
5	減少	減少	*DEFI*	*ABI*

解説

関税下の余剰分析の問題である。関税撤廃前の均衡点は E，輸入量は DE，関税撤廃後の均衡点は F，輸入量は IF で示される。

　初めに，消費者余剰と社会全体の消費量について考える。需要曲線の縦軸切片を J とすると，関税撤廃前の消費者余剰は△CJE の面積，関税撤廃後の消費者余剰は△BJF の面積で示されるので，関税撤廃により，消費者余剰は△BJF の面積－△CJE の面積＝□$BCEF$ の面積だけ増加する（アは増加なので，**4**，**5**は誤り。）また，関税撤廃前の社会全体の消費量は CE，関税撤廃後の社会全体の消費量は BF の長さで示されるので，関税撤廃により，社会全体の消費量は $BF-CE=GF$ だけ増加する（イは増加なので，**1**，**5**は誤り。）

　次に，税収と国内生産者余剰について考える。関税課税時の輸入量は DE で，財1単位当たりの関税額は BC で表されるから，関税撤廃に伴う税収の減少は $BC×DE=$□$DEGH$ の面積で示される（ウは $DEGH$ なので，**1**，**2**，**5**は誤り）。さらに，関税撤廃前の国内生産者余剰は△ACD の面積，国内関税撤廃後の生産者余剰は△ABI であるから，関税撤廃により，国内生産者余剰は△ACD の面積－△ABI の面積＝□$BCDI$ の面積だけ減る（エは $BCDI$ なので，**1**，**2**，**5**は誤り）。

　よって，正答は**3**である。

正答 **3**

完全競争市場において，ある財の価格をpとすると，需要曲線が$D=60-4p$，供給曲線が$S=2p$で表される場合，市場均衡が成立するときの生産量，消費者余剰及び生産者余剰の組合せとして，妥当なのはどれか。

	生産量	消費者余剰	生産者余剰
1	10	50	100
2	10	250	50
3	20	50	50
4	20	50	100
5	20	250	50

解説

市場均衡の価格pを求める。$D=S$より，

$$60-4p=2p$$
$$6p=60$$
$$p=10$$

需要曲線に代入して，市場均衡の生産量は，

$$D=60-4\times10=20$$

図のabcが消費者余剰であり，$bc\mathrm{O}$が生産者余剰である。したがって，

$$消費者余剰=(15-10)\times20\times\frac{1}{2}=50$$

$$生産者余剰=(10-0)\times20\times\frac{1}{2}=100$$

よって，正答は**4**である。

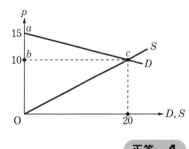

正答 4

ある国のマクロ経済が次のように表される。

$Y=C+I+G$

$C=50+0.8\ (Y-T)$

$I=100$

$G=30$

〔Y：国民所得，C：消費，I：投資，G：政府支出，T：税収〕

このとき，3つの政策

政策A：10増税し，その税収全額を家計に移転する。

政策B：10増税し，その税収全額を使って公共事業を行う。

政策C：10の公共事業を行う。

が国民所得に与える影響の大きさを正しく示しているものは，次のうちどれか。

1 政策A＞政策B＞政策C

2 政策A＞政策C＞政策B

3 政策B＞政策C＞政策A

4 政策C＞政策A＞政策B

5 政策C＞政策B＞政策A

解 説

初めに，政策効果を見るために，各変数の変化が均衡国民所得に与える影響を求める。財市場の均衡条件式 $Y=C+I+G$ に C と I を代入すると，均衡での国民所得は，

$Y=50+0.8(Y-T)+100+G$

$0.2Y=150-0.8T+G$

$Y=750-4T+5G$

である。よって，両辺の変数について変化分をとると，

$\Delta Y=-4\Delta T+5\Delta G\cdots$①

である。

次に，各政策の効果を考える。

政策Aについては，家計の可処分所得（$Y-T$）に影響を与えないので，国民所得は変化しない。

政策Bについては，①式に $\Delta T=10$ と $\Delta G=10$ を代入すると，国民所得は $\Delta Y=-4\times10+5\times10=10$ 増える。

政策Cについては，①式に $\Delta T=0$ と $\Delta G=10$ を代入すると，国民所得は $\Delta Y=-4\times0+5\times10=50$ 増える。

したがって，政策C，政策B，政策Aの順に政策効果が大きいので，正答は**5**である。

正答 **5**

わが国の消費税に関する次の記述のうち，妥当なものはどれか。

1 消費課税には単段階課税と多段階課税があるが，わが国の消費税は，製造から消費にわたるまでの取引段階のうち一度だけ課税される単段階課税である。

2 わが国の消費税には，当該年度における課税売上高が3,000万円以下の事業主については，納税義務が免除される事業者免税点制度がある。

3 EU諸国では，付加価値税税額の算出に際してインボイス方式をとっているが，わが国の消費税では当初，帳簿方式を採用していた。

4 消費課税については一般に生産地課税主義が国際的な原則となっていることから，わが国の消費税も，輸出取引は課税対象だが，輸入取引は課税対象外である。

5 医療保険各法等に基づいて行われる医療の給付等や介護保険法に基づく居宅介護サービス費の支給にかかる居宅サービス等も消費税の課税対象である。

解説

1. 日本の消費税は，製造から消費にわたるまでの間のすべての取引段階で課税する多段階課税である。

2. 日本の事業者免税点制度では，個人事業者は前々年，法人は前々事業年度における課税売上高が3,000万円以下の事業者について納税義務が免除されていたが，平成15年度の税制改正により，納税義務免除となる課税売上高が1,000万円に引き下げられた。なお，平成23年度改正により，前年または前事業年度上半期の課税売上高が1,000万円を超える事業者には納税義務の免除が適用されないこととなった。

3. 正しい。ちなみに，平成9年4月1日から，帳簿だけでなく請求書等双方の保存を要件として税額控除を認める請求書等保存方式を実施している。

4. 消費課税については一般に消費地課税が国際的な原則となっている。日本の消費税も，輸出取引については消費税が免除されるが，輸入取引については消費税が課税される。

5. 医療保険各法等に基づいて行われる医療の給付等や介護保険法に基づく居宅介護サービス費の支給にかかる居宅サービス等は，特別の政策的配慮に基づき非課税取引とされている。

正答　**3**

参考資料：『平成25年度版　図説日本の税制』

No. 435 財政学　わが国の財政

全国型，関東型，市役所A

令和2年度

近年のわが国の財政に関する次の記述のうち，妥当なものはどれか。

1 令和元年度の一般会計当初予算は100兆円を超えた。その内訳を見ると，社会保障関係費が最も大きく，次いで国債費，地方交付税交付金等の順に大きい。

2 基礎的財政収支は，財政収支から利払費を差し引いたものである。近年の国と地方の基礎的財政収支は赤字であるが，国だけで見ると黒字である。

3 近年の国民所得に占める税と社会保障負担費の割合である国民負担率は50％となっており，潜在的国民負担率については60％に達している。

4 近年の国債の発行状況を見ると，新規国債のほうが償還のための借換債の発行額より多く，また新規国債では，特例国債より建設国債のほうが多い。

5 国のバランスシートを見ると，資産より負債のほうが多い。負債の内訳を見ると，公的年金預り金が最も大きな額を占めている。

解説

1. 妥当である。令和元年度一般会計当初予算は101兆4,571億円であり，社会保障関係費34兆593億円，国債費23兆5,082億円，地方交付税交付金等15兆9,850億円の順に大きい。

2. 基礎的財政収支とは，公債金を除く歳入の総額と基礎的財政収支対象経費の差である。近年，国と地方を合わせた基礎的財政収支が赤字である点は正しいが，国だけを見ると赤字（令和元年度は16.5兆円の赤字の見込み）である。ちなみに，地方だけを見ると黒字（令和元年度は1.5兆円の黒字の見込み）である。

3. 国民負担率は平成26年度から40％台になったが，令和元年度においても42.8％となっている。また，潜在的な国民負担率については，平成25年度以降50％を下回っており，令和元年度は48.2％となっている。

4. 令和元年度の借換債発行予定額は103兆1,404億円，同年度の新規国債発行額は32兆6,605億円となっており，借換債の発行額のほうが新規国債発行額より多い。また，令和元年度一般会計当初予算において，特例国債は25兆7,085億円の発行が予定されており，建設国債の6兆9,520億円を上回っている。

5. 平成29年度末の国（一般会計および特別会計）の貸借対照表を見ると，資産合計670兆5,135億2,200万円，負債合計1,238兆8,753億1,100万円であり，負債合計のほうが大きい。負債の内訳を見ると，最も大きいのは公債の966兆8,986億2,800万円である。

（参考資料：『日本の財政　図説　令和元年度版』『債務管理リポート2019』）

正答 **1**

地方上級

No.
436

全国型，関東型，中部・北陸型

財政学　　　日本の予算　　　平成29年度

経済原論
財政学
経済政策
経済史
経済事情
統計学
経営学

日本の予算に関する次の記述のうち，妥当なものはどれか。

1 予算には，一般会計予算，特別会計予算，政府関係機関予算があり，これら3つの予算の間では相互に財源の繰り入れが行われているが，各予算の合計（総額）に対し重複額の占める比率は1割に満たない。

2 歳出はその年度の歳入をもって賄わなければならず，この原則を会計年度独立の原則という。この原則の例外として，完成までに数年度を要する事業や避けがたい事故などにより支出が完了しない場合には繰り越しが認められる。

3 歳出予算や歳入予算は政府の見積もりにすぎないので，歳入や歳出は予算に必ずしも拘束されることはなく，実際の歳入が予算を上回ったり，歳出予算を上回って支出することが認められる。

4 年度開始までに国会の議決が得られず，本予算が成立しない場合に本予算が成立するまでの必要な経費を支出するために組まれる予算を暫定予算という。暫定予算についても国会の議決が必要である。

5 当該年度の予算の執行が終わると決算が作成される。決算は会計検査院の検査を経て国会で審議される。国会の審議において不適切な予算の執行が見られた場合には，当該予算の執行自体が無効となる。

解説

1. 前半の記述は正しい。令和4年度当初予算を見ると，一般会計，特別会計および政府関係機関予算の歳出総額は577兆3,980億円，そのうち重複額は305兆5,210億円であり，重複額が総計に占める割合は5割に及ぶ。

2. 前半の記述は正しい。工事，製造その他の事業で，完成までに数年度を要するものについては，あらかじめ国会の議決を経て，数年度にわたって支出する「継続費」がある。この継続費は単年度主義の例外である。

3. 歳入予算は単に収入の見積もりにすぎないが，歳出は見積もりであると同時に支出の限度や内容を制限する拘束力を持ったものである。

4. 正しい。

5. 前半の記述は正しい。決算は，過去に行われた収入，支出の事実の計数的記録であり，国会の議決によって予算執行の効力が左右されることはない。

正答 **4**

（参考資料：『日本の統計2023』）

財政健全化目標に用いられる指標に関する次の文中の空欄ア～ウに当てはまる語句の組合せとして, 妥当なものはどれか。

財政健全化目標に用いられる指標には, ストックの指標として債務残高対GDP比率, フローの指標としてプライマリー・バランス (PB) がある。

PBとは, その時点で必要とされる政策的経費がその時点の税収等でどの程度賄われているかを示す指標であり, PBが均衡しているとき, 債務残高の実額は (　ア　)。また, PBが均衡している状態では, (　イ　) の場合, 債務残高対GDP比が低下することになる。

近年, 日本の国と地方のPBは赤字であるが, 国と地方それぞれのPBを見ると, (　ウ　) となっている。

	ア	イ	ウ
1	利払費分だけ減少する	金利>経済成長率	国は赤字, 地方は黒字
2	利払費分だけ減少する	金利<経済成長率	国は黒字, 地方は赤字
3	利払費分だけ増加する	金利>経済成長率	国と地方ともに赤字
4	利払費分だけ増加する	金利<経済成長率	国は赤字, 地方は黒字
5	利払費分だけ増加する	金利<経済成長率	国は黒字, 地方は赤字

解説

ア：歳入は税収等と公債金収入に大別でき, 歳出は政策的経費と債務償還費および利払費に大別できる。プライマリー・バランスとは税収等－政策的経費のことであるから, プライマリー・バランスが均衡している状態では, 公債金収入＝債務償還費および利払費が成立する。この式によれば, プライマリー・バランスが均衡している状態で債務残高を減らすために使われた債務償還費は新たな同額の公債発行によって賄われているので, 債務残高は増減していない (たとえば, 債務残高を100万円減らすために新たに100万円の債務を負う〈公債金収入を得る〉のだから, 債務残高は変化しない)。一方, 利払い費のための公債金収入は新たな債務になるので, プライマリー・バランスが均衡している状況では, 債務残高の実額は「利払い費分だけ増加する」ことになる。

イ：債務残高対GDP比は債務残高をGDPで割った値であるから, 次式が成立する。

債務残高対GDP比の変化率＝債務残高の増加率－GDPの増加率 (経済成長率)

アの解説で説明したように, プライマリー・バランスが均衡している状態では, 債務残高が利払費分だけ増える。この利払費は, 債務残高に金利を掛けた値なので, 債務残高の増加率は金利に等しい。よって, 債務残高対GDP比が低下する, すなわち債務残高対GDP比の変化率がマイナスになるためには, 金利<経済成長率が成立していなければならない。

ウ：日本において, 国のプライマリー・バランスは1993年以降一貫して赤字であり, 地方のプライマリー・バランスは2005年以降一貫して黒字となっている。

以上より, アは利払費分だけ増加, イは金利<経済成長率, ウは国は赤字, 地方は黒字, であるので, 正答は**4**である。

正答 **4**

租税に関する次の記述のうち，正しいものはどれか。

1　税金は納税義務者と担税者の一致する直接税と納税義務者と担税者とが一致しない間接税に分けることができる。前者の典型としては「消費税」が，後者の典型としては「所得税」が挙げられる。

2　「法人税」は納税義務者と担税者が同じ「直接税」である。また法人所得はそこから法人税を引いてから個人に分配され個人所得となるが，個人に分配された時点でさらに所得税が課されるために「法人税」には二重課税の問題が発生することになる。わが国では現在この二重課税に対する措置は何も行われていない。

3　わが国では法人税は法人の利益に対しても，個人への企業からの株主配当に対しても課税される。

4　消費税は労働と余暇の選択に対して中立的であるとはいえないが，所得税は中立的に作用する。

5　2020年現在の日本の消費税率は10％であるが，このうち7.8％は国税として，残りの2.2％が地方税として徴収されている。

解　説

1．直接税の典型は「所得税」，間接税の典型が「消費税」である。

2．前半部分は正しいが，後半の二重課税についてはわが国ではさまざまな措置がとられている。

3．株主配当への課税は所得税によってなされる。

4．所得税が高すぎて労働意欲を阻害することもあり，むしろ所得税のほうが余暇と労働の選択に影響を及ぼす。逆に消費税のほうが中立的といえる。

5．正しい。なお，消費税率がそれまでの8％から10％に引き上げられた2019年10月1日から軽減税率制度が実施され，軽減税率8％のうち1.76％が地方税として徴収されている。

正答　**5**

経済原論

財政学

経済政策

経済史

経済事情

統計学

経営学

ある財の需要曲線と供給曲線はそれぞれ次の式で与えられている。

供給曲線：$S = 3P_S$ 　　　　　（S：供給量，P_S：生産者価格）

需要曲線：$D = -2P_D + 500$ 　　（D：需要量，P_D：消費者価格）

次の文中の空欄に当てはまる数値の組合せとして妥当なものはどれか。

　この財に対して，生産者を納税義務者とする1単位当たり25の租税を課すと，消費者が支払う金額は（　ア　），生産者が実質的に受け取る金額は（　イ　），税収は（　ウ　）となる。このときの消費者が負担する租税総額は（　エ　），生産者が負担する租税総額は（　オ　）である。

	ア	イ	ウ	エ	オ
1	24,300	31,050	6,750	4,050	2,700
2	24,300	31,050	5,500	4,500	1,000
3	31,050	24,300	5,500	4,500	1,000
4	31,050	24,300	6,750	2,700	4,050
5	31,050	24,300	6,750	4,050	2,700

経済原論

財政学

経済政策

経済史

経済事情

統計学

経営学

解説

初めに，課税後の均衡について考える。生産者を納税義務者とする財1単位当たり25の租税が課税されると，供給曲線が上へ25シフトする（図）。供給曲線を与える式を $P_S=$ 〜の形に書き直すと，$P_S=\dfrac{S}{3}$ であるから，課税後の供給曲線は $P_S=\dfrac{S}{3}+25$ である。一方，需要曲線は $P_D=-0.5D+250$ と書き直せるので，これらを等しいとおけば，課税後の均衡需給量 $x(=S=D)$ を求めることができる。

$$\frac{x}{3}+25=-0.5x+250$$

$$\frac{5}{6}x=225$$

$$x=270$$

この均衡需給量を需要曲線の式に代入すると，消費者が直面する税込み価格は $-0.5\times270+250=115$ である。よって，消費者の支払総額は $115\times270=31050$ である（**1**，**2**は誤り）。また，この均衡需給量を供給曲線の式に代入すると，生産者価格は $\dfrac{1}{3}\times270=90$ である。よって，生産者の実質的な受取額は $90\times270=24300$ である（**1**，**2**は誤り）。さらに，財1単位当たりの税額が25なので，税収（四角形 $ACFE'$ の面積）は $25\times270=6750$ である（**2**，**3**は誤り）。

次に，消費者と生産者の租税負担額を求める。課税前の供給曲線と需要曲線の式を使えば，課税前の均衡価格 $P(=P_S=P_D)$ を求められる。

$$3P=-2P+500$$
$$5P=500$$
$$P=100$$

よって，課税されることで消費者の直面する価格は100から115へ上昇しているので，消費者は1単位当たり $115-100=15$ の租税を負担していることになる。つまり，消費者の租税負担総額（四角形 $ABGE'$ の面積）は $15\times270=4050$ である（**2**，**3**，**4**は誤り）。一方，生産者の租税負担総額（四角形 $BCFG$）は，税収6,750から消費者の租税負担総額4,050を差し引いた2,700である（**2**，**3**，**4**は誤り）。

よって，正答は**5**である。

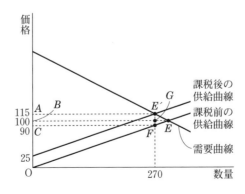

正答 **5**

財 X の取引きに対して，中央政府と地方政府のそれぞれが課税する。中央政府の税率は財1単位当たり t_c であり，地方政府の税率は財1単位当たり t_l である。この財の限界費用は p で一定であるものとして，次の図の説明文の空欄ア〜ウに当てはまる語句の組合せとして妥当なものはどれか。

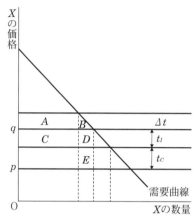

　税込み価格が $q＝p＋t_c＋t_l$ である状況で，地方政府が税率を財1単位当たり Δt 引き上げると，地方政府の税収は（　ア　）増加するが，中央政府の税収は（　イ　）減るという外部不経済が生じる。中央政府が税率を引き上げた場合には，中央政府の税収が増える一方で地方政府の税収が減るという，同様の外部不経済が生じる。このような影響があるにもかかわらず，地方政府と中央政府が税率を決める際に，他の政府の税収に与える影響を考慮せず，他の政府の税率を所与として税収を大きくする行動をとれば，地方政府と中央政府の設定する税率は両政府が協調するときの設定する税率より（　ウ　）になる。

	ア	イ	ウ
1	$A－D$	E	過大
2	$A－D$	E	過小
3	A	$B－E$	過大
4	A	$C－E$	過大
5	$A－D$	$C－B$	過小

解説

租税の垂直的外部効果に関するグラフ問題である。税込み価格が q であるときの財 X の市場の均衡点は点 R で示され，課税ベース（取引き量）は X_R となる。よって，この状況での地方政府の税収は $t_l \times X_R = C+D$ の面積，中央政府の税収は $t_c \times X_R = F+E$ の面積となる。ここで，地方税が Δt 上昇すると，供給曲線が $q+\Delta t$ へ上方シフトするため，均衡点は点 R' に移り，課税ベースは $X_{R'}$ に縮小する。その結果，地方政府の税収は $(t_l+\Delta t) \times X_{R'} = A+C$ の面積となり，増税前に比べて $(A+C)-(C+D)=A-D$ の面積だけ増加する（アは $A-D$ なので，**3**，**4** は誤り）。その一方で，中央政府の税収は $t_c \times X_{R'} = F$ になるので，地方政府の税率引き上げ前に比べて $(F+E)-F=E$ の面積だけ減少する（イは E なので，**3**，**4**，**5** は誤り）。このような影響があるにもかかわらず，地方政府と中央政府が税率を決める際に，他の政府の税収に与える影響を考慮せず，他の政府の税率を所与として行動すれば，政府は課税にかかる社会的費用を過小評価してしまい，両者が協調する場合に比べて税率は過大になる（ウは過大なので，**2**，**5** は誤り）。

よって，正答は **1** である。

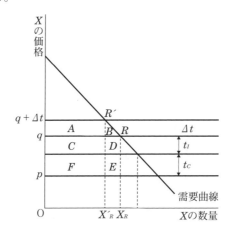

No. 441 **財政学** **所得再分配政策** 平成28年度

関東型，中部・北陸型

所得再分配政策に関する次の記述のうち，妥当なものすべてを組み合わせているのはどれか。

ア　所得が増えても，消費の限界効用は常に一定である。

イ　所得の高さは運によっても左右されるので，所得再分配には保険の役割がある。

ウ　給付には，目的外の不正な利用を減らす現金給付と行政負担が大きくなる現物給付がある。

エ　所得税の累進課税を強めると，高所得者の労働意欲が低下する。

オ　負の所得税には，所得隠しが減るという長所がある。

1 ア，ウ
2 ア，オ
3 イ，エ
4 イ，オ
5 ウ，エ

解説

ア：一般に，所得が増加すると消費は増えるが，消費の限界効用は逓減する（限界効用逓減の法則）と考えられている。よって，所得が増加したときの消費の限界効用が一定であるとは限らない。

イ：正しい。

ウ：現金は流動性が高く，給付目的以外の費用等に充てることも容易である。したがって，現金給付は現物給付よりむしろ不正な利用につながりやすい。

エ：正しい。

オ：負の所得税の下では，自ら稼いだ所得が増えれば給付される負の所得税額を合計した可処分所得も増加する。したがって，稼いだ所得の一部を隠すと，本来より大きな負の所得税額を受け取ることになり，可処分所得が増加することになる。よって，負の所得税に所得隠しを減らすことができるという長所はない。ちなみに，負の所得税は，自ら稼いだ所得の増加に応じて可処分所得が増加するため，勤労意欲を阻害しにくいという長所を持つ。

以上より，正しいものはイとエであるので，正答は**3**である。

正答　**3**

ある財の需要曲線と供給曲線はそれぞれ，

　　需要曲線：$X_D = -2P + 720$

　　供給曲線：$X_S = P$

　　[X_D：需要量，X_S：供給量，P：価格]

である。政府がこの財の生産者に対して1単位当たり30の税を課税するときの記述として妥当なものはどれか。

1　消費者の租税負担は10であり，需要の価格弾力性は供給の価格弾力性より大きい。

2　消費者の租税負担は10であり，需要の価格弾力性は供給の価格弾力性より小さい。

3　消費者の租税負担は15であり，需要の価格弾力性と供給の価格弾力性は等しい。

4　消費者の租税負担は20であり，需要の価格弾力性は供給の価格弾力性より大きい。

5　消費者の租税負担は20であり，需要の価格弾力性は供給の価格弾力性より小さい。

解説

租税負担と価格弾力性の関係に関する問題である。

　初めに，消費者の租税負担について考察する。均衡では需要量X_Dと供給量X_Sが等しいので，課税前の均衡価格は，

　　$-2P + 720 = P$

　　$3P = 720$

　　$P = 240$

である。

　他方，課税後の税込み価格は，課税後の供給曲線が$X_S + 30 = P$，すなわち$X_S = P - 30$となるので，

　　$-2P + 720 = P - 30$

　　$3P = 750$

　　$P = 250$

である。つまり，課税により消費者が直面する価格は$250 - 240 = 10$上昇するので，消費者の租税負担は財1単位当たり10である（**3**，**4**，**5**は誤り）。

　次に，需要の価格弾力性と供給の価格弾力性について考察する。一般に，租税負担と弾力性の間では，

　　需要の価格弾力性 $\lessgtr$ 供給の価格弾力性

　　　⇔供給者の租税負担 $\lessgtr$ 消費者の租税負担

という関係が成立する。本問の場合，財1単位当たり30の租税に対して，消費者が10負担するから，供給者の租税負担のほうが大きい。これは，需要の価格弾力性が供給の価格弾力性より大きいことを意味する（**2**，**3**，**5**は誤り）。

　よって，正答は**1**である。

正答　**1**

租税に関する次の記述のうち，妥当なもののみをすべて挙げているのはどれか。

ア　政府が累進税または比例税によって一定の所得税収を確保するとき，高所得者にとっては累進税のほうが負担が少ない。

イ　税負担の公平といった場合，水平的公平と垂直的公平という2つの概念があるが，いわゆる「クロヨン」は水平的公平の実現において問題になりうる。

ウ　現代の民主主義では，徴税者の視点に立って，納税手続の負担を軽減し，国民に理解しやすいものにするため，租税制度の簡素化が重視されるようになっている，

エ　経済の国際化・成熟化が進展する中，民間部門の潜在力を発揮させるためにも，租税体系および各税の仕組みはできるだけ経済活動等にゆがみを与えないものである必要がある。

1　ア，イ
2　ア，ウ
3　イ，ウ
4　イ，エ
5　ウ，エ

解説

ア：所得税に累進税が導入されると高所得者ほど税率が高くなるので，高所得者の租税負担率は高まる。よって，一概に，高所得者にとって累進税のほうが負担が少ないとはいえない。

イ：妥当である。「クロヨン」とは，本来，所得税課税において，給与所得者の所得の9割，事業取得者の6割，農業所得者の4割が捕捉されるという「所得税捕捉率の不公平」を表す言葉である。所得税捕捉率が異なれば，同一所得額であっても税負担が異なることになり，水平的公平の実現を阻害する要因になりうる。

ウ：徴税者の視点に立ってではなく，納税者の視点に立って租税制度の簡素化が重視されるようになっている。

エ：妥当である。

以上より，妥当なものはイとエであるので，正答は**4**である。

正答　**4**

２人の個人ＡとＢからなる経済を考える。個人Ａと個人Ｂの公共財の限界便益はそれぞれ，

個人Ａ：$MB_A＝40－2G$

個人Ｂ：$MB_B＝20－G$

〔MB_A：個人Ａの限界便益，MB_B：個人Ｂの限界便益，G：公共財の量〕

であり，公共財の供給に伴う限界費用MCは，

$MC＝15$

である。次の記述のうち，妥当なものはどれか。

1　社会的限界便益は$20－G$であり，公共財の最適供給量は15である。

2　社会的限界便益は$20－G$であり，公共財の最適供給量は20である。

3　社会的限界便益は$60－G$であり，公共財の最適供給量は15である。

4　社会的限界便益は$60－3G$であり，公共財の最適供給量は15である。

5　社会的限界便益は$60－3G$であり，公共財の最適供給量は20である。

解説

初めに，社会的限界便益について考える。公共財は等量消費可能（G単位供給されると，全員が同時にG単位消費できる）なので，G単位供給された時の社会的限界便益は，個人の限界便益の合計

$MB_A＋MB_B＝(40－2G)＋(20－G)＝60－3G$

である（**1**，**2**，**3**は誤り）。

次に，公共財の最適供給量を考える。最適な供給量の下では，公共財の社会的限界便益と限界費用が等しいので，

$60－3G＝15$

$3G＝45$

$G＝15$

である（**2**と**5**は誤り）。

したがって，正答は**4**である。

正答　**4**

経済原論
財政学
経済政策
経済史
経済事情
統計学
経営学

2人の個人AとBからなる経済において，ある財に対するAとBの需要曲線とこの財の供給曲線がそれぞれ，

Aの需要曲線：$P=100-2Q_A$

Bの需要曲線：$P=80-\dfrac{1}{2}Q_B$　　　〔Q_A：Aの需要量，Q_B：Bの需要量，Q：供給量，P：価格〕

供給曲線：$P=2Q$

で表されるとする。この財が私的財である場合と公共財である場合について，パレート最適を実現する供給量の組合せとして妥当なものはどれか。

	私的財	公共財		私的財	公共財
1	30	40	**2**	35	35
3	35	40	**4**	40	30
5	40	35			

解説

初めに，私的財の場合を考える。財の価格がPならば，Aの需要曲線よりAの需要量は，

$$Q_A=50-\frac{1}{2}P$$

Bの需要曲線よりBの需要量は，

$$Q_B=160-2P$$

である。つまり，財の価格がPならば，市場全体の需要量は，

$$Q_A+Q_B=210-\frac{5}{2}P$$

である。均衡では，供給量Qと市場全体の需要量Q_A+Q_Bが等しいので，

$$P=2(Q_A+Q_B)=420-5P \quad \therefore \quad P=70$$

である。これを供給曲線の式に代入すると，私的財である場合のパレート最適な供給量は，

$$70=2Q \quad \therefore \quad Q=35$$

である（**1**，**4**および**5**は誤り）。

次に，公共財の場合を考える。公共財の非競合性（誰かが消費しても，ほかの人の消費量には影響しない）より，Q単位の公共財が供給されると，AとBはともにQ単位の公共財を消費できる。このとき，Q単位目の公共財に対して，Aの需要曲線よりAは$100-2Q$の価値があると判断し，Bの需要曲線よりBは$80-\dfrac{1}{2}Q$の価値があると判断する。よって，Q単位目の公共財に対して，社会全体では，

$$(100-2Q)+\left(80-\frac{1}{2}Q\right)=180-\frac{5}{2}Q$$

の価値があると判断される。パレート最適な状態ではこの価値と公共財の生産者価格（$P=2Q$）が等しくなるので，供給量は，

$$180-\frac{5}{2}Q=2Q \quad \therefore \quad Q=40$$

である（**2**，**4**および**5**は誤り）。

したがって，正答は**3**である。

正答　**3**

ある地方公共団体が2種類の公共サービス（X 財，Y 財）を住民に提供しており，当初の予算制約線および社会的無差別曲線が次の図のように示されるとする。このとき，特定補助金と一般補助金が導入された場合の効果に関する次の記述中の空欄A〜Cに当てはまる語句の組合せとして，妥当なものはどれか。ただし，X 財，Y 財ともに普通財であるとする。

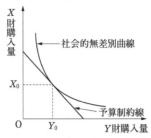

Y 財に対して2分の1の定率補助金がついた場合，Y 財購入量は増加し，X 財購入量は通常は増加する。上記の定率の特定補助金と同一金額の一般補助金が付いた場合，特定補助金の場合と比較して，X 財購入量は（　A　）し，Y 財購入量は（　B　）する。一般補助金と特定補助金の効果を比較すると特定補助金の下での満足度（効用）のほうが（　C　）。

	A	B	C
1	減少	増加	小さい
2	減少	増加	大きい
3	増加	増加	大きい
4	増加	減少	大きい
5	増加	減少	小さい

解説 ━━━━━━━━━━━━━━━━━━━━

Y 財に対する2分の1の定率補助金によって予算制約線は右図のように X 財の軸における切片 A を中心として右上方に回転シフトし，社会の成員が効用最大化行動をとると仮定すると新しい均衡点は，社会的無差別曲線との接点 E' となる。

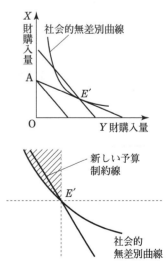

「上記の定率の特定補助金と同一金額の一般補助金」を与えることは，この新しい均衡点 E' まで予算制約線を平行移動することを意味する。つまり，X 財購入量は増加し，Y 財購入量は減少する。この新しい予算制約線と社会的無差別曲線が接するのは，右の図の斜線部分においてである。なぜなら，新しい予算制約線は E' で社会的無差別曲線と交わっていて，E' における接線の傾きよりも急であるから，必ず図の斜線部分を通過し，図の社会的無差別曲線よりも高く新しい社会的無差別曲線と接した点が新しい均衡点となるからである。すなわち，特定補助金の下での効用のほうが小さい。

よって，正答は **5** である。

正答 **5**

ラムゼイのルールに関する記述として，妥当なのはどれか。

1 ラムゼイは，最適消費税体系において，異なる財ごとに個別の税率を適用することにより，社会において最小の効用を得ている人々の効用の増加を目標としなければならないとした。

2 ラムゼイは，最適消費税体系において，家計あるいは企業との関連で政府の活動を正確に分析できる一般均衡の枠組みの中で，政府の支出面も含めた活動が考慮されなければならないとした。

3 ラムゼイは，最適消費税体系において，各財の代替効果の大きさに対応している補償需要が相互に独立である場合，各財に対して個別の税率は，自己価格弾力性の逆数に比例するように決定されなければならないとした。

4 ラムゼイは，最適消費税体系において，余暇と補完的な財に対してより高い税率を課し，余暇の需要を抑制させながら各財の需要を均等に減少させるように考慮されなければならないとした。

5 ラムゼイは，最適消費税体系において，所得水準の低い人が相対的に多く消費する財に低い税率を適用し，所得水準の高い人が相対的に多く消費する財に高い税率を適用しなければならないとした。

解説

ラムゼイ・ルールには，次の2つの命題がある。

① 逆弾力性の命題：各財に対する需要が互いに独立ならば，各財に対する個別税率は価格弾力性に逆比例するように設定すべきである。

② 交差弾力性の命題：非課税である労働と課税される財が存在するとき，「労働との補償交差弾力性が低い」，「労働と代替的」，あるいは「余暇と補完的」な財ほど高い個別税率を適用すべきである。

したがって，正答は**3**である。

正答 **3**

わが国の税の分類に関する次の記述のうち，妥当なものはどれか。

1　税は，課税ベースの違いを基準として，所得課税，消費課税，資産課税などに分類され，所得課税の例として贈与税がある。

2　税は，租税負担が転嫁されるか否かを基準として，普通税と目的税に分類され，普通税の例として揮発油税がある。

3　税は，一般経費に充てるか特定の経費に充てるかを基準として，直接税と間接税に分類され，直接税の例として所得税がある。

4　税は，税率構造の違いを基準として，累進税，比例税などに分類され，所得税は累進税であり，わが国では，単純累進課税方式をとっている。

5　税は，国が課税するか地方公共団体が課税するかを基準として，国税と地方税に分類され，地方税の原則として，負担分任性や応益性などがある。

解　説

1．贈与税は，個人の財産の移転に対して課される税であり，所得課税ではない。

2．租税負担の転嫁の有無を基準とする分類は，直接税・間接税の分類である。また，揮発油税の収入は，国，地方の道路整備財源に充てられるのであり，税収の使途が特定されていない普通税ではない。

3．一般経費に充てるかによる分類は，普通税・目的税である。

4．わが国の累進課税は，所得が多くなるに従って段階的に高くなる超過累進税率となっており，納税者がその支払能力に応じて税を負担する仕組みとなっている。

5．正しい。負担分任の原則とは，地域住民はできるだけ広く，それぞれの分に応じて，地方公共団体の経費を負担すべきであるという考え方である。

正答　**5**

租税に関する次の文中の空欄ア～カに当てはまる語句の組合せとして，妥当なものはどれか。

　租税の根拠には2つの考え方が存在する。人々が地方公共団体などからの公共サービスに対して受け取る便益の大きさに応じて税負担をすべきであるという（　ア　）説と，課税される経済主体の負担能力に応じて税負担をすべきであるという（　イ　）説である。

　課税対象に対して常に同じ税率で課税するのが（　ウ　）税であり，課税標準を区分して段階的に高い税率で課税するのが（　エ　）税である。

　生産者に対して課された税に対して消費者への転嫁が大きくなるのは，需要が（　オ　）か供給が（　カ　）かの場合である。

	ア	イ	ウ	エ	オ	カ
1	利益	能力	比例	累進	非弾力的	弾力的
2	利益	能力	比例	累進	非弾力的	非弾力的
3	利益	能力	比例	累進	弾力的	弾力的
4	能力	利益	比例	累進	非弾力的	非弾力的
5	能力	利益	累進	比例	弾力的	非弾力的

解説

人々が受ける公共サービスに対して受け取る便益の大きさに応じて税負担をすべきであるというのが利益（ア）説であり，経済主体の租税負担能力に応じて税負担をすべきであるというのが能力（イ）説である。

　課税対象に対して常に同じ税率で課税されるのが比例（ウ）税であり，課税標準が区分され段階的に高い税率で課税されるのが累進（エ）税である。

　需要が非弾力的（オ）か供給が弾力的（カ）であるほど，生産者に対して課された税が消費者へ転嫁する割合が高まる。

　以上より，正答は**1**である。

正答　**1**

わが国の税制に関する次の記述のうち，妥当なものはどれか。

1　わが国の国税である所得税の税率は7段階に設定されている。

2　地方消費税は付加税とはいえない。

3　わが国の国税収入については，直接税より間接税の方が大きい。

4　国税総額（一般会計当初）よりも地方税総額（地方財政計画）の方が大きい。

5　わが国の国民負担率は主要先進国の中で高い水準である。

解　説

1．正しい。平成27年から7段階になった。

2．国または地方公共団体が他の租税と関係なく課税するのが独立税で，他の団体が課税した租税を基準として課税するのが付加税である。

3．2023年度当初予算における日本の直接税と間接税の比率（直間比率）は，57.5：42.5である。

4．2023年度における国税総額（当初予算，租税および印紙収入）は，69.4兆円。地方税総額（地方財政計画）は42.9兆円であり，国の税収総額のほうが大きい（通常収支分）。

5．日本の国民負担率は47.9％（2020年度），以下，2020年実績で米国は32.3％，英国は46.0％，ドイツは54.0％，スウェーデンは54.5％，フランスは69.9％であり，米国，英国よりは高いものの，ヨーロッパ諸国に比べて低い。

（参考資料「わが国の税制の概要」「財政関係基礎データ」〈財務省〉）

正答　1

経済原論

財政学

経済政策

経済史

経済事情

統計学

経営学

日本の所得税に関する次の記述のうち，妥当なものはどれか。

1 所得は給与所得，事業所得，利子所得の3つがある。この所得を合計した金額に基づいて税額を算出することを総合課税という。

2 給与所得は源泉徴収制度をとっている。給与支払いのつど計算する税額と，給与総額に対する正規の税額との過不足を年末調整することで，多くの給与所得者の確定申告の手間を省いている。

3 給与所得の税率構造は10%～50%の5段階である。2016年1月現在において，最低税率10%の納税者の割合は，全体の3割である。

4 扶養控除，医療費控除，社会保険料控除などは税額控除ではなく，所得控除である。累進所得課税の下では，低所得者であるほど税負担の軽減額が大きくなる。

5 配偶者控除，配偶者特別控除は，納税者の配偶者の所得が一定水準未満である場合，納税者の税額の負担が少なくなるというものである。政府は2017年にこの控除を廃止し，夫婦控除を創設した。

解説

1. 所得には，利子所得，配当所得，事業所得，不動産所得，給与所得，退職所得，譲渡所得，山林所得，一時所得および雑所得の10種類がある。

2. 正しい。

3. 所得税率は，5%，10%，20%，23%，33%，40%および45%の7段階となっている。2021年1月において，最低税率5%が適用される納税者は全体の約6割を占め，10%以下では8割強を占める。

4. 所得控除の場合，税額＝(所得－控除額)×所得税率である。税負担の軽減額は控除額×所得税率であるから，累進所得課税の下では，所得税率が低い低所得者であるほど，税負担の軽減額は小さくなる。

5. 配偶者控除および配偶者特別控除は，納税者（控除を受けようとする者）および配偶者の所得に応じて，納税者の税額負担が少なくなるというものである。2023年においても，配偶者控除および配偶者特別控除は存続しており，夫婦控除は創設されていない。

正答 **2**

(参考資料：「わが国の税制の概要」〈財務省〉他)

経済原論

財政学

経済政策

経済史

経済事情

統計学

経営学

経済原論
財政学
経済政策
経済史
経済事情
統計学
経営学

わが国における公債発行に関する次の記述のうち，妥当なものはどれか。

1 財政法上，国債発行の目的は経常事務のための経費に充てるために限定されており，景気対策等の必要性から公共事業を増額するために国債を発行する場合には，特別法の制定が必要である。

2 国債償還に当たっては，償還期限の到来した年度にまとめて財源を用意するのではなく，償還のための資金をあらかじめ積み立てておく制度がとられており，また，国債の償還財源調達を目的とした借換債の発行も行われている。

3 中央銀行引受けによって国債を発行することは景気対策上有効性が高いことから，財政法上，発行された国債を日本銀行が引き受けることが原則とされている。

4 国債の市中消化に際しては，国債の利率等は，銀行や証券会社からなる国債引受シンジケートと呼ばれる団体と政府との交渉によって決められており，公募入札方式は採用されていない。

5 地方債の起債については，かつては自治大臣の許可を要するとされていたが，地方分権を進め，地方財政の自律性を高めるために，平成7年度からこの許可制度は廃止され，地方公共団体が独自の判断で起債しうることになった。

解説

1. 財政法第4条によって国債発行が認められているのは公共事業費，出資金，貸付金の財源のための建設国債に限られており，経常事務費を含む経常支出のための国債発行には特別法を制定して特例国債を発行する必要がある。

2. 正しい。

3. 日銀が直接発行された国債を引き受けることはインフレーションを起こしやすいことから財政法5条により原則として禁じられている。

4. 公募入札方式は1978年から採用されている。

5. 地方債の発行は原則として総務大臣または都道府県知事と協議を行うことが必要である。しかし，2012年度より事前届出制が導入され，財政状況について一定の基準を満たす地方公共団体については，原則として協議を行わなくても発行できることとなった。また，2016年度からは届出基準の一部緩和，公的資金債の一部に事前届出制が導入されている。

正答 **2**

地方上級 関東型

No. 453　財政学　公債負担論　平成10年度

公債負担論に関する次の記述のうち，妥当なものはどれか。

1　モディリアーニは，公債のクラウディング・アウト効果が民間の資本蓄積を阻害することによる将来所得の減少を経済負担と定義し，この減少は政府支出の増加を租税で賄った場合のほうがより大きくなるので，経済負担は将来世代に転嫁されないとした。

2　ボーエンは，現在世代は保有する公債を将来世代に売却することにより，「生涯消費機会」を一定に保つことができ，将来世代は政府から償還を受けることで消費機会の減少を埋め合わせることができることから，経済負担は将来世代に転嫁されないとした。

3　リカードは，公債は将来の課税によって償還されるため，現在世代がそれを合理的に正しく予見するならば，租税支払いに備えてより多くの貯蓄をすることになり，消費額と投資額の比率は１：１に近づくとする等価定理を示し，公債と租税の経済効果には差異がないとした。

4　ラーナーは，完全雇用下において，公債発行が内国債である限り，現在世代が発効時の消費機会の減少という形の経済負担を負うのであり，将来世代においては，償還のため増税される納税者と公債保有者の間の所得再分配が生ずるにすぎないので，経済負担を残さないとした。

5　バローは，将来世代の所得の減少といった租税と公債の差別的経済負担は発生せず，公債の負担は将来世代に転嫁されないとする見解であり，均衡財政主義に対し，必要に応じて公債に依存する積極財政主義の立場をとった。

解説

1．モディリアーニは，民間の資本蓄積の阻害は租税よりも公債のほうが大きいと考えた。

2．ボーエンによれば，将来世代は償還と利払いのために課税されるので負担を負う。

3．リカードの等価定理は，租税と公債発行とが民間経済主体に与える影響が等しいことを主張している。

4．正しい。

5．バローによれば，公債の発行は世代間にまたがって課税と公債発行は同等性を持っており，公債発行による財政政策は無効である。

正答　4

租税が課されていないたばこが1本当たり20円で，10億本売れている。たばこ1本につき5円の租税を課すと，たばこ1本の価格（税込）は22円となり，販売量は8億本になるという。供給曲線と需要曲線がともに直線であるとき，超過負担はいくらか。

1 2億円

2 5億円

3 10億円

4 20億円

5 40億円

解説

超過負担の大きさは，課税によって減少した社会的余剰の大きさで測られる。

初めに，課税前の社会的余剰の大きさを求める。供給曲線と需要曲線がともに直線であり，課税前の均衡価格が20円，均衡数量が10億本であることから，課税前の供給曲線は次図のS線，需要曲線はD線のように描ける。したがって，課税前の社会的余剰は，

消費者余剰＋生産者余剰＝△AEF＋△EIF
　　　　　　　　　　　＝△AIF

である。

次に，課税後の社会的余剰の大きさを求める。たばこ1本につき5円の租税が課されると，供給曲線が5だけ上へ平行移動する。さらに，課税後の均衡価格（税込）が22円，均衡数量が8億本であることから，課税後の供給曲線はS′線のように描ける。したがって，課税後の社会的余剰は，

消費者余剰＋生産者余剰＋税収
　＝△ABC＋△GIH＋□BGHC
　＝□AIHC

である。

最後に，超過負担の大きさを求める。課税前の社会的余剰から課税後の社会的余剰を引くと，社会的余剰は，

△AIF－□AIHC＝△CHF

だけ減少している。ここで，CHの長さがたばこ1本当たりの租税額に等しいことに注意すれば，

△CHF＝5〔円〕×（10〔億本〕－8〔億本〕）÷2
　　　＝5〔億円〕

である。

よって，正答は**2**である。

正答 **2**

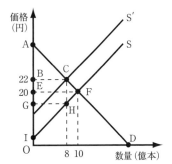

財政政策に関する次の記述のうち，妥当なものはどれか。

1 クラウディング・アウト効果が働くと，政府支出増加の効果は完全になくなる。

2 政府支出の増加によるGDPの増大は，同額の減税によるGDPの増大より大きい。

3 政府支出の増加は民間の限界消費性向が小さいほど，GDPをより大きく増加させる。

4 減税は貨幣需要の利子弾力性が小さいほど，GDPをより大きく増加させる。

5 公債を財源とする財政政策の場合，クラウディング・アウト効果は働かない。

解 説

1. クラウディング・アウト効果が働いて政府支出増加の効果が完全になくなるのは，貨幣需要の利子弾力性が0（*LM*曲線が垂直）の場合のみである。

2. 正しい。減税の場合，減税額に限界消費性向を掛けた分しか呼び水にならない。

3. 限界消費性向が小さくなると，政府支出乗数が小さくなるので，政府支出の増加によるGDPの増大効果は小さくなる。

4. 貨幣需要の利子弾力性が小さくなると，*LM*曲線が垂直に近づくので，減税がもたらすGDPの増大効果は小さくなる。

5. クラウディング・アウト効果が働かなくなるのは，貨幣需要の利子弾力性が無限大（*LM*曲線が水平）の場合であり，公債を財源とする財政政策であっても，一般に，クラウディング・アウト効果は働く。

正答 **2**

t 年におけるある国の名目 GDP は500，名目利子率は 1 ％，実質物価上昇率は 0 ％，GDP 成長率は 0 ％である。この国の t 年の歳出と歳入が次の表のように与えられるとき，t 年の基礎的財政収支赤字の対名目 GDP 比と政府債務の対名目 GDP 比の組合せとして妥当なものはどれか。ただし，$t-1$ 年末における政府債務残高の対名目 GDP 比は100％とする。

歳出		歳入	
公債費	20	債務	30
一般歳出	60	税収	50
	80		80

	基礎的財政収支赤字の 対名目 GDP 比	政府債務残高の 対名目 GDP 比
1	2 ％	103％
2	2 ％	107％
3	4 ％	105％
4	6 ％	103％
5	6 ％	107％

解説

基礎的財政収支とは，税収等（歳入から借入れを除いたもの）から一般歳出等（歳出総額から過去の借入れに対する償還および利払いを除いたもの）を差し引いた収支を意味する。よって，この国の t 年における基礎的財政収支は，税収－一般歳出＝50－60＝－10，すなわち10の赤字である。一方，この国の名目 GDP は500であり，GDP 成長率は 0 ％であるから，基礎的財政収支赤字の対名目 GDP 比は，10÷500×100＝2〔％〕である（**3**，**4**，**5**は誤り）。

当初の政府債務残高の対名目 GDP 比が100％であることから，1 年後の政府債務残高は当初の債務残高×1＋利子率－基礎的財政黒字＝500(1＋0.01)－(－10)＝515 である。一方，この国の GDP 成長率は 0 ％であるから，政府債務残高の対名目 GDP 比は515÷500×100＝103〔％〕である（**2**，**3**，**5**は誤り）。

よって，正答は**1**である。

正答 **1**

経済原論

財政学

経済政策

経済史

経済事情

統計学

経営学

ビルトイン・スタビライザーの効果を示すものとして，マスグレイヴとミラーが示した指標があり，その指標は，

$$\alpha = 1 - \frac{\text{税収が所得に依存したときの投資乗数}}{\text{税収が所得と独立な場合の投資乗数}}$$

と表される。

今，国民所得が消費，投資，政府支出からなる経済において，マクロ経済モデルが次式で示されているとすると，α の値として正しいものはどれか。ただし，投資および政府支出は外生的に決定されるものとする。

$$Y = C + I + G$$
$$C = 20 + \frac{2}{3}(Y - T)$$
$$T = 30 + \frac{1}{4}Y$$

$\begin{cases} Y: 国民所得 \\ C: 消費 \\ I: 投資 \\ G: 政府支出 \\ T: 租税 \end{cases}$

1 $\frac{1}{6}$ **2** $\frac{1}{5}$ **3** $\frac{1}{4}$ **4** $\frac{1}{3}$ **5** $\frac{1}{2}$

解説

税収が所得に依存したときの投資乗数を計算する。そのため，第三式を使う。第一式に第二式と第三式を代入すると，

$$Y = 20 + \frac{2\left(Y - 30 - \frac{Y}{4}\right)}{3} + I + G$$

$$Y = 20 + 2\left(\frac{Y}{4} - 10\right) + I + G$$

$$\frac{Y}{2} = I + G$$

$$Y = 2I + 2G$$

投資乗数を求めると，$\Delta Y = 2\Delta I$

よって，税収を考慮したときの投資乗数は2である。

一方，税収が所得と独立な場合，第三式は成立しないものと考える。すると，

$$Y = 20 + \frac{2(Y - T)}{3} + I + G$$

$$\frac{Y}{3} = 20 - \frac{2T}{3} + I + G$$

$$Y = 60 - 2T + 3I + 3G$$

投資乗数を求めると，$\Delta Y = 3\Delta I$

よって，税収が所得と独立な場合の投資乗数は3である。

これらの値をマスグレイヴ=ミラーの式に代入すると，$\alpha = \frac{1}{3}$ となる。

よって，正答は**4**である。

正答 **4**

経済原論

財政学

経済政策

経済史

経済事情

統計学

経営学

ある国の限界消費性向が c，所得税率が $100t$ ％ （$0<t<1$） であるとき，この国の政府支出乗数として妥当なのはどれか。

1 $\dfrac{1}{1-c(1-t)}$

2 $\dfrac{1}{1-c(1+t)}$

3 $\dfrac{ct}{1-c(1-t)}$

4 $\dfrac{ct}{1-c(1+t)}$

5 $\dfrac{t}{1-c(1-t)}$

解説

45度線モデルの問題である。本問は，限界消費性向（可処分所得が1増えたときの消費の増加分）と所得税率という消費関数に関する条件から，政府支出乗数（政府支出が1増えたときの均衡国民所得の増加分）を求める問題なので，財市場の均衡条件式は，

　$Y=C+G$ 〔Y：国民所得，C：消費，G：政府支出〕

であると想定すればよい。また，消費関数については，条件が与えられていない基礎消費については0（ゼロ）と置き，可処分所得が $(1-t)Y$ であることに留意して，

　$C=c(1-t)Y$

であると想定すればよい。これを財市場の均衡条件式に代入すると，均衡国民所得は，

　$Y=c(1-t)Y+G$

　$\{1-c(1-t)\}Y=G$

　$Y=\dfrac{1}{1-c(1-t)}G$

である。c と t が定数であることに留意して，両辺の変化分をとると，

　$\varDelta Y=\dfrac{1}{1-c(1-t)}\varDelta G$

であるから，政府支出乗数は，

　$\dfrac{\varDelta Y}{\varDelta G}=\dfrac{1}{1-c(1-t)}$

である。

　よって，正答は**1**である。

正答 **1**

ある経済においてマクロ経済モデルが次式で示されているとする。完全雇用を達成する国民所得水準が400である場合，政府支出だけを変化させることにより完全雇用を達成するために必要となる政府支出の増加額として，正しいものはどれか。ただし，国際貿易や租税は存在しないものとし，物価水準は一定であるとする。

$C = 0.75Y + 20$
$I = 100 - 1000r$
$L = 175 + 0.25Y - 1000r$
$M = 200$
$G = 15$

$\left\{\begin{array}{l} Y：国民所得，C：消費，I：投資 \\ G：政府支出，r：利子率，L：貨幣需要 \\ M：貨幣供給 \end{array}\right.$

1 20
2 25
3 30
4 35
5 40

解説

政府支出の増加額を ΔG とすると，

$G = 15 + \Delta G$ ……①

となる。国民所得の均衡式 $Y = C + I + G$ に $C = 0.75Y + 20$，$I = 100 - 1000r$ と(1)を代入して，

$Y = (0.75Y + 20) + (100 - 1000r) + 15 + \Delta G$

整理して，

$0.25Y = 135 - 1000r + \Delta G$ （IS 曲線）……②

を得る。

貨幣市場の均衡式 $M = L$ に，$L = 175 + 0.25Y - 1000r$ と $M = 200$ を代入して整理し，

$0.25Y = 1000r + 25$ （LM 曲線）……③

を得る。②③を辺々足し合わせて r を消去する。

$0.5Y = 160 + \Delta G$ ∴ $Y = 320 + 2\Delta G$

よって，$G = 15(\Delta G = 0)$ のとき $Y = 320$ であり，完全雇用には80不足する。$Y = 400$ となるためには，ΔG(政府支出の増加額)$= 40$ とならなければならない。よって，正答は**5**である。

正答 5

ジニ係数に関する次の文中の空欄ア〜ウに当てはまる語句の組合せとして，妥当なものはどれか。

　人口累積比の値と所得累積比の値がすべて同じであるならば，ローレンツ曲線は ［　ア　］ となる。しかし，両者の値が異なり，かつその差が広がるほどにジニ係数の値は ［　イ　］ に近づく。

　今，ある地域には1,000人が住んでおり，所得水準が100，150，200，250，300である住人がそれぞれ200人いるとする。このとき，所得累積比と人口累積比は次の表のようになるので，この地域のジニ係数の値は ［　ウ　］ である。

所得累積比	0 %	10%	25%	45%	70%	100%
人口累積比	0 %	20%	40%	60%	80%	100%

	ア	イ	ウ		ア	イ	ウ		ア	イ	ウ
1	45度線	0	0.1	**2**	45度線	1	0.2	**3**	45度線	1	0.8
4	弓なり	0	0.8	**5**	弓なり	1	0.2				

解説

ア：ローレンツ曲線とは，所得の低いものから順に並べたうえで人口累積比と所得累積比を求め，横軸に人口累積比，縦軸に所得累積比をとって描いた曲線のことである。よって，人口累積比と所得累積比が同じ値であるとき，ローレンツ曲線は「45度線」となる。

イ：ジニ係数とは，ローレンツ曲線と均等配分線（45度線）によって囲まれた部分の面積を2倍した値である。格差が広がるほどにローレンツ曲線は弓なりになる（45度線から乖離する）ので，この面積は大きくなり，「1」に近づく。

ウ：次図は，与えられた表を使って描いたローレンツ曲線と均等分布線である。初めに，ローレンツ曲線と横軸で囲まれた部分の面積を求める。この面積は a〜e の5つの部分に分けて計算することができる。

面積 $a = 0.1 \times 0.2 \div 2 = 0.01$
面積 $b = (0.1 + 0.25) \times (0.4 - 0.2) \div 2 = 0.035$
面積 $c = (0.25 + 0.45) \times (0.6 - 0.4) \div 2 = 0.07$
面積 $d = (0.45 + 0.7) \times (0.8 - 0.6) \div 2 = 0.115$
面積 $e = (0.7 + 1) \times (1 - 0.8) \div 2 = 0.17$

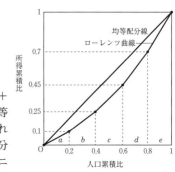

　よって，ローレンツ曲線と横軸で囲まれた部分の面積は $0.01 + 0.035 + 0.07 + 0.115 + 0.17 = 0.4$ である。次に，ローレンツ曲線と均等分布線で囲まれた部分の面積を求める。均等分布線と横軸に囲まれた部分の面積は $1 \times 1 \div 2 = 0.5$ であるから，ローレンツ曲線と均等分布線で囲まれた部分の面積は，$0.5 - 0.4 = 0.1$ である。最後に，ジニ係数の値を求める。ジニ係数はローレンツ曲線と均等分布線で囲まれた部分の面積を2倍した値であるから，$0.1 \times 2 = 0.2$ である。

　以上より，正答は**2**である。

［別解］

　上の「ウ」の解説で述べた「定石どおりの計算」は次のように整理することができる。

ジニ係数＝（均等配分線と横軸で囲まれた部分の面積－ローレンツ曲線と横軸で囲まれた部分の面積）×2
　　　　＝（0.5－ローレンツ曲線と横軸で囲まれた部分の面積）×2
　　　　＝1－ローレンツ曲線と横軸で囲まれた部分の面積×2

　よって，

ジニ係数＝1－（面積 a＋面積 b＋面積 c＋面積 d＋面積 e）×2
　　　　＝1－（0.02＋0.07＋0.14＋0.23＋0.34）
　　　　＝0.2

正答　2

（右側縦帯）経済原論　財政学　経済政策　経済史　経済事情　統計学　経営学

地方公共財に関する次の記述のうち，妥当なものはどれか。

1 　地方公共財は，その財の便益が及ぶ地域がある程度限定された公共財であり，競合性が小さくなるため，純粋公共財と呼ばれる。

2 　地方の分権化定理によると，地方の特性や住民の選好のようなより多くの情報を持つ地方政府より中央政府による地方公共財の供給が望ましい。

3 　人々が，自分にとって好ましい行政サービスを提供する地方政府を選択する「足による投票」を進めると，すべての地域に同じ施設が建設されるなど，非効率な地方公共財の供給が推進される。

4 　地方公共財の便益が行政地区を越えて他の地域に及ぶことをスピルオーバーと呼ぶが，このスピルオーバーが発生する場合，地方公共財の供給は過大になる。

5 　地方政府が「足による投票」を意識して，人々を呼び込むために税率の引下げを行うと，税率の引下げ競争が生じ，結果として地方公共財の供給は過小になる可能性がある。

解 説

1．前半の記述は正しい。純粋公共財とは，非競合性（ある経済主体の消費量が他の経済主体の消費量に影響を与えないという性質）と非排除性（集団的に供給され，ある個人が利用するとき，他の個人の利用を排除することが困難という性質）を満たす財のことである。地方公共財は排除性を有するため，純粋公共財ではない。

2．地方の分権化定理によると，中央政府による地方公共財の供給より地方の特性や住民の選好のようなより多くの情報を持つ地方政府による地方公共財の供給が望ましい。

3．「足による投票」の説明は正しい。「足による投票」が進められると，各地域で必要とされる施設が建設されるなど，効率的な地方公共財の供給が推進される。

4．前半の記述は正しい。地方公共財がスピルオーバー効果を持つ場合，各行政はこの効果を考慮せずに供給量を決定するので，地方公共財の供給は過小になる。

5．妥当である。

正答　**5**

近年のわが国の地方財政に関する次の記述のうち，妥当なものはどれか。

1 令和元年度当初予算では，国と地方の税収は合わせて約100兆円となっており，地方の税収が約60兆円で，国税収入より多い。

2 令和元年度地方財政計画（通常収支分）において地方税の内訳を見ると，道府県税が市町村税より多い。

3 道府県税の主な税収は道府県民税，地方消費税，法人事業税となっている。また市町村税の主な税収は，市町村民税と固定資産税となっている。

4 道府県民税と市町村民税は合わせて住民税と呼ばれており，ここでいう住民には法人は含まれず，個人だけが含まれる。

5 地方交付税と国庫支出金は国から地方に交付されるものであり，令和元年度地方財政計画（通常収支分）では，国庫支出金が地方交付税より多い。

解 説

1．令和元年度当初予算をみると，国と地方の税収は合わせて107兆5,635億円であり，地方の税収41兆1,422億円は国の税収66兆4,213億円より少ない。

2．令和元年度地方財政計画（通常収支分）の地方税の内訳を見ると，道府県税（構成比44.7％）は市町村税（構成比55.3％）より少ない。

3．妥当である。

4．住民税でいう住民には，個人だけでなく法人も含まれる。

5．前半の記述は妥当である。令和元年度地方財政計画（通常収支分）では，地方交付税16.2兆円が国庫支出金14.7兆円より多い。

（参考資料：『日本の財政 図説 令和元年度版』『日本の税制 図説 令和元年度版』）

正答 **3**

経済原論
財政学
経済政策
経済史
経済事情
統計学
経営学

費用便益分析に関する次の文の空欄A〜Cにあてはまる語句の組合せとして，妥当なのはどれか。

　費用便益分析とは，ある公共投資プロジェクトから発生する現在から将来までの社会的便益の　A　を推定し，公共投資プロジェクトの費用と比較することによって，その公共投資プロジェクトを実施すべきかどうかを評価する方法である。

　ある公共投資プロジェクトについて，初期投資が8億円で，投資の翌年から使用され，各年に発生する純便益が3億円，割引率が0.1，耐用年数が3年であると仮定すると，この公共投資プロジェクトの社会的便益の　A　は，　B　億円となるので，この公共投資プロジェクトは　C　とされる。

	A	B	C
1	割引現在価値	7.46	実施すべきである
2	割引現在価値	7.46	実施すべきでない
3	割引現在価値	8.21	実施すべきである
4	割引前将来価値	7.46	実施すべきである
5	割引前将来価値	8.21	実施すべきでない

解説

費用便益分析とは，ある公共投資プロジェクトから発生する現在から将来までの社会的便益の割引現在価値を推定し，公共投資プロジェクトの費用と比較することによって，その公共投資プロジェクトを実施すべきかどうかを評価する方法である。

　投資翌年から3年間にわたって毎年発生する純便益が3億円，割引率が0.1であるから，この公共投資プロジェクトによる社会的便益の割引現在価値は，

$$\frac{3}{1+0.1}+\frac{3}{(1+0.1)^2}+\frac{3}{(1+0.1)^3}$$

$$=\frac{(1+0.1)^2+(1+0.1)^1+1}{(1+0.1)^3}\times 3$$

$$\fallingdotseq 7.46 〔億円〕$$

である。この社会的便益の推計額は初期投資額8億円を下回るので，この公共投資プロジェクトは実施すべきでないと判断される。

　よって，**2**が正しい。

正答　**2**

No. 464 財政学 地方税制度 令和元年度

日本の地方税制度に関する次の記述のうち，妥当なものはどれか。

1 地方自治体は地方税法の定めるところにより地方税を賦課し徴収することができるが，地方自治体はすべての税率について当該地方自治体の条例を設けなければならない。

2 地方税は道府県税と市町村税に分類されるが，前者には固定資産税と都市計画税があり，後者には法人事業税と自動車税がある。

3 法定外普通税を条例によって新設する場合，総務大臣の許可は不要であり，事前協議によって設置することができる。

4 三位一体改革により，国庫補助負担金，地方交付税，税源委譲を含む税源配分のあり方が検討され，地方行財政改革が推進された。

5 市町村合併を促進する措置がとられ，地方自治体の数を大幅に減少させる「平成の大合併」が推進され，地方自治体の数は2010年には約3,000に減った。

解説

1. すべての税率について定めなければならないわけではない。

2. 前半の記述は正しいが，税目の道府県税と市町村税が逆である。

3. 妥当である。

4. 記述内容は地方行財政改革ではなく，地方分権改革に関するものである。

5. 平成の大合併により，地方自治体の数は2010年には約1,800になった（2023年1月1日現在の市町村数1,718）。

正答 **3**

地方交付税に関する次の記述のうち，妥当なものはどれか。

1 　地方交付税は地方財政を円滑に行うため，財政収入の主要部を占めており，2015年度決算では地方交付税は歳入純計の4割を占めた。

2 　地方交付税の算出では，一般に，法人税と所得税に対して地方交付税率をかけて算出するが，近年ではこの地方交付税率が上昇している。

3 　基準財政収入額の算定においては，法定普通税等の税収見込額の一部が算入されており，この基準財政収入額に算入されなかった税収入は留保財源と呼ばれている。

4 　普通交付税の算定に用いる基準財政需要額は妥当な財政運営のためのものであり，過去3年間の行政費用の平均から算出される。

5 　基準財政収入額が基準財政需要額を上回るとき，普通交付税が交付されない不交付団体となる。2015年度決算における不交付団体の数は7都道府県，300市町村である。

解 説

1． 地方交付税は，地方公共団体間の財源の不均等を調整し，どの地域に住む住民にも標準的な行政サービスや基本的な社会資本が提供できるように財源を保障するものであり，2015年度決算では地方交付税17兆3,906億円（2023年度16兆3,992億円）は歳入純計101兆9,175億円（同114兆3,812億円）の17.1％（同14.3％）を占めた。

2． 地方交付税は，地方交付税法の本則に定められた，いわゆる法定率分および地方法人税の全額と法定加算との合算額となることを基本としている。2015年度から2019年度までのこの法定率分は，所得税と法人税は33.1％，酒税は50.0％で，消費税は2019年度に22.3％から20.8％，2020年度には19.5％に引き下げられた。所得税と酒税にかかる法定率は近年上昇しているが，法人税の法定率については2009年度と2015年度に，消費税の法定率は2014年度に引き下げられており，たばこ税の法定率は2015年度になくなった。

3． 妥当である。

4． 基準財政需要額とは，普通交付税の算定基礎となるもので，各地方公共団体が，合理的かつ妥当な水準における行政を行い，または施設を維持するための財政需要を算定するものであり，行政項目ごとに，単位費用（測定単位1当たり費用）×測定単位（人口や面積等）×補正係数(寒冷補正等)の算式により算出される。

5． 2015年度決算において，不交付団体は1都（2023年度1都），59市町村（同76市町村）である。

正答　**3**

（参考資料：「地方財政（財務省）」）

経済原論

財政学

経済政策

経済史

経済事情

統計学

経営学

次の文の空欄ア〜ウに当てはまる語句の組合せとして妥当なものはどれか。

公的年金制度には賦課方式と積立方式がある。賦課方式では，社会の高齢化が進むと現役世代の負担が（　ア　）する可能性がある。他方，積立方式では，（　イ　）に対応することができないため年金が目減りする可能性がある。わが国の公的年金制度は発足時には（　ウ　）での運営が想定されていた。

	ア	イ	ウ
1	増加	インフレーション	賦課方式
2	増加	デフレーション	積立方式
3	増加	インフレーション	積立方式
4	減少	インフレーション	積立方式
5	減少	デフレーション	賦課方式

解説

賦課方式とは，現役世代が保険料として拠出した額を同時期の引退世代の年金給付に充てる制度である。よって，社会の高齢化が進み，現役世代1人当たりの引退世代人数が増加すると，現役世代の負担が増加することがある（アの答え）。他方，積立方式とは，現役期に拠出した保険料を積立て運用し，それを基金として年金給付の財源とする制度である。よって，給付時には給付額が決まっているため，インフレーションが生じると年金は目減りすることになる（イの答え）。わが国の公的年金制度は発足時には積立方式での運営が想定されていたが（ウの答え），実質的には賦課方式に近く，修正積立方式といわれている。

よって，正答は**3**である。

正答　**3**

経済原論

財政学

経済政策

経済史

経済事情

統計学

経営学

租税には累進税，逆進税，定額税などの種類がある。租税を t ，所得を y ，限界税率を

$t' = \dfrac{dt(y)}{dy}$ ，平均税率を $\bar{t} = \dfrac{t(y)}{y}$ とするとき，逆進税の税収の所得弾力性 η として妥当なものはどれか。

1 $\bar{t} > t'$ ， $\eta < 1$

2 $\bar{t} > t'$ ， $\eta > 1$

3 $\bar{t} = t'$ ， $\eta = 1$

4 $\bar{t} < t'$ ， $\eta < 1$

5 $\bar{t} < t'$ ， $\eta > 1$

解 説

税収の所得弾力性とは，所得が 1 ％増加したときの租税 t の増加率のことである。

$$税収の所得弾力性 = \frac{税収の変化率}{所得の変化率} = \frac{dt/t}{dy/y}$$

$$= \frac{dt/dy}{t/y} = \frac{t'}{\bar{t}} = \frac{限界税率}{平均税率}$$

逆進税とは，所得の増加分に比べて納税額（税収）の増加分が少ない税のことであるから，逆進税の税収の所得弾力性は η 1 より小さい。このことは，上式において，限界税率 t' が平均税率 $\bar{t}$ より小さいことを意味する。

よって，正答は **1** である。

正答 **1**

地方上級

No.
468　財政学

全国型，関東型，経済専門タイプ，札幌市

地方財政

平成15年度

地方の歳入に関する次の財源のうち，使途が限定されているものはどれか。

1　地方消費税交付金

2　地方交付税交付金

3　地方債

4　特別とん譲与税

5　地方特例交付金

経済原論

財政学

経済政策

経済史

経済事情

統計学

経営学

解　説

地方公共団体の歳入のうち，使途が特定される歳入を特定財源，使途が特定されない歳入を一般財源という。特定財源には，国庫支出金，都道府県支出金，地方債（例外あり）があり，一般財源には地方税，地方交付税，地方譲与税（都道府県，市町村），各種交付金（市町村）がある。

1．地方消費税交付金は，いったん都道府県に納められた地方消費税が人口割合などに応じて市町村に交付されるもので，一般財源に分類される。

2．地方交付税交付金は，地方団体の行政執行上の自主性を損なうことなくその財源の均衡化を図るために，一定の基準に基づいて算定された市町村の財源不足額に応じて国から交付されるもので，地方交付税法3条3項で使途の制限を禁止している。

3．正しい。地方公共団体が資金調達のために負担する債務で，その返済が一会計年度を越えて行われるものをいう。地方債を起こすことを起債といい，使途を限定して起債許可を受ける。

4．特別とん譲与税は外国貿易船の入港に対する課税で地方譲与税の一部である。地方譲与税とは，一度，国税として徴収され，その後国から各地方公共団体に一定の基準で譲与されるものである。特別とん譲与税法5条により使途の制限を禁止している。

5．地方特例交付金は，平成11年度の恒久的な減税の実施に伴う地方税の減収の一部を補塡するため，地方税の代替的性格を有する財源として，将来の税制の抜本的な見直し等が行われるまでの間，都道府県および市町村に交付されるもので，一般財源に分類される。

正答　**3**

No. 469　財政学　一般補助金と特定補助金　平成14年度

地方公共団体に交付される一般補助金と特定補助金に関する記述として妥当なものはどれか。

1 一般補助金と特定補助金の効果に差はないが，地方財政の自主性を尊重する観点からは一般補助金のほうが望ましい。

2 地方公共団体は補助金をもっぱら利己的に運用する傾向があるので，一般補助金よりも特定補助金のほうがよい。

3 特定補助金は特定の財・サービスの相対価格を低下させるだけで，他の財・サービスの需要には影響を及ぼさない。

4 一般補助金では代替効果が働かないが定率特定補助金では代替効果が働くので，住民の効用を高める観点からは一般補助金のほうが望ましい。

5 一般補助金と特定補助金の効果には差がないので，一般補助金と特定補助金は同等に必要である。

解説

1．同額の一般補助金と特定補助金が与えられるとき，一般補助金は代表的個人の効用をより高める点で望ましいが，補助対象の消費量を増やすことが目的であれば特定補助金のほうが有効である。したがって，効果に差がないとはいえない。

2．中央政府が地方政府の情報すべてを把握しているとは考えにくいことから，一般補助金のほうが優れていることがある。

3．定率特定補助金によって財・サービスの相対価格が変化するとき，補助対象以外の財・サービスの需要も変化する。

4．正しい。

5．**1**でも述べたように，一般補助金と特定補助金の効果は異なる。

正答　4

地方上級
No. 470
全国型・関東型 〈改題〉
財政学　　地方交付税　　平成24年度

経済原論
財政学
経済政策
経済史
経済事情
統計学
経営学

地方交付税に関する次の記述のうち，妥当なものはどれか。

1 　地方交付税は，税源の偏在からくる地方公共団体間の財政力格差を是正する財源保障機能と，財政力の弱い自治体であってもナショナルミニマムとしての行政サービスを行えるようにする財源保障機能を持つ。

2 　地方交付税は，普通交付税と特別交付税として，各地方団体に配分される。このうち，特別交付税は，基準財政需要額が基準財政収入額を超える団体に対して，その差額を交付するものである。

3 　基準財政収入額の算定の対象となる地方税収には，法定普通税を主体として標準的な地方税収入と，法定外税による収入や標準税率を超えた課税（超過課税）による収入の双方が含まれる。

4 　基準財政需要額とは，合理的で妥当な水準において行政を行うため必要とする経費のうち，一般財源をもって賄われるべきものの額であり，人口や面積などについては考慮されない。

5 　地方交付税は，いわゆる法定率分と法定加算との合算額となることを基本としており，法定率分については，所得税および法人税の33.1%，酒税の50%，消費税の19.5%，地方法人税の全額となっている。

解説

1. 税源の偏在からくる地方公共団体間の財政力格差を調整する機能を財源調整機能，財政力の弱い自治体であってもナショナルミニマムとしての行政サービスを行えるよう，必要な財源を保障する機能を財源保障機能という。

2. 前半の記述は正しい。後半の記述は，特別交付税ではなく，普通交付税に関するものである。なお，特別交付税とは，基準財政需要額の算定方法によって捕捉されなかった特別の財政需要がある場合，また，基準財政収入額のうち著しく課題に算定された財政収入がある場合に，それらの事情を考慮して交付されるものである。

3. 基準財政収入額の算定の対象となる地方税収には，法定普通税を主体として標準的な地方税収入は計上されるが，法定外税による収入や標準税率を超えた課税（超過課税）による収入については計上されない。

4. 基準財政需要額は，測定単位1当たりの費用に，人口や面積などの測定単位を乗じ，さらに寒冷積雪の差などを考慮する補正係数を乗じて計算される。

5. 妥当である。

正答　**5**

わが国の地方交付税に関する次の記述のうち，妥当なものはどれか。

1 基準財政需要額から基準財政収入額を差し引いた額が地方交付税交付金として，一般会計を経由せずに，特別会計から地方へ交付される。

2 基準財政収入額が基準財政需要額を上回る地方公共団体は，その超過分を国に納付する義務がある。

3 地方交付税交付金の算定において，基準財政需要額は，過去3年分の基準財政需要額を平均した額を用いて算定される。

4 地方交付税交付金の算定において，基準財政収入額は，実際に課税されている地方税率ではなく，地方税法に規定する標準税率を使って算定される。

5 地方交付税交付金の算定において，一般会計から交付税及び譲与税配布金特別会計を経由して譲与される地方譲与税は，基準財政収入額に含まれない。

解説

1. 前半の記述は地方交付税総額の94％に相当する普通交付税に関するものである。また，地方交付税は，国の一般会計から交付税及び譲与税配布金特別会計を経由して，地方に配分される。

2. 納付する義務はない。

3. 地方交付税交付金の算定において，基準財政需要額は，測定単位1当たりの費用である単位費用，人口や面積などの測定単位および寒冷積雪の差など補正係数の積で算定される。

4. 正しい。

5. 地方譲与税は，一般会計を経由せず直接国税収納金整理資金から交付税及び譲与税配布金特別会計に繰り入れられ，地方に譲与されるもので，基準財政収入額に含まれる。

正答　**4**

次の税のうち，市町村税であって，かつ目的税であるのはどれか。

1　事業税

2　自動車取得税

3　固定資産税

4　軽油引取税

5　都市計画税

解 説

税収の使途に注目して税を分類すると，

　・一般経費を賄う普通税

　・特定の歳出に充てられる目的税

に分けることができる。地方税に関して目的税を挙げると次のようになる。

●道府県税で目的税

　狩猟税，水利地益税，道府県法定外目的税

●市町村税で目的税

　入湯税，事業所税，都市計画税，水利地益税，共同施設税，宅地開発税，国民健康保険税，市町村法定外目的税

1．事業税（個人事業税，法人事業税）は道府県税であって，かつ普通税である。

2，**4**．自動車取得税および軽油引取税は都府県税であって，かつ普通税である。

3．固定資産税は市町村民税と並ぶ市町村税の有力な税源であるが，目的税ではなく普通税である。

5．正しい。都市計画税は，都市計画事業や土地区画整理事業を行う市町村において，その事業の財源に充当するため，都市計画区域のうち，原則として市街化区域内に所在する土地・家屋について課税される。

出典：『地方財政白書』

正答　**5**

わが国の所得税に関する次の記述のうち，妥当なものはどれか。

1 所得税は，年間の所得に消費等の支出額を加算した額から算出される。

2 所得税は，すべての人に対して一律に課税される。

3 クロヨンとは，一般のサラリーマンよりも個人事業所得者のほうが捕捉率の割合が高く不公平だという考え方である。

4 所得税は，垂直的公平の考えに基づいている

5 所得税は，所得が上がれば納める税額も高まるように定められているが，高所得者ほど税率は下がる。

解説

1. 所得税の算出において，消費等の支出額は加算されない。

2. 所得税は，所得の増加に応じて適用する税率を累進的に増加させている超過累進税率が適用されている。

3. クロヨンとは税務署による課税所得の捕捉率に関する業種間格差をさす言葉で，一般のサラリーマンの場合，所得の約9割を把握できているのに対し，個人事業所得者は約6割，農業所得者に至っては約4割しか補捉できていないという指摘である。

4. 正しい。

5. **2**の解説を参照。

正答　**4**

わが国の財政に関する次の記述のうち, 妥当なもののみをすべて挙げているものはどれか。

ア　国の基礎的財政収支は赤字だが, 地方の基礎的財政収支は黒字であり, 2003年度以降の財政収支の改善では, 循環的財政収支の改善も寄与しているが, 構造的基礎的財政収支の改善によるところが大きい。

イ　三位一体の改革の方針は2003年に示され, 2006年度までに約4.7兆円の国庫補助負担金の改革, 約3兆円の税源移譲, 約5.1兆円の地方交付税および臨時財政対策債の改革が実現された。

ウ　2007年度の財源超過団体（都道府県）は東京都だけであり, 地方消費税は自治体間で大きな財政力格差が生じる大きな要因となっている。

エ　現在の地方政府は「自治事務」と「法定受託事務」を行っているが, それ以前は, 「固有事務」と国の下部機関として指揮監督を受ける「機関委任事務」を行っていた。

オ　2007年度から, 地方交付税の法定率のうち, 所得税に関しては34％に引き上げられたが, 2007年度当初予算における地方交付税交付金等の額は大幅に減少した。

1　ア, イ

2　イ, ウ

3　イ, エ, オ

4　ウ, エ

5　エ, オ

解 説

ア：正しい。

イ：正しい。

ウ：2007年度の財源超過団体（都道府県）は東京都と愛知県である（2023年度は東京都のみ）。また, 地方消費税は都道府県間の地方税収の偏在性を大幅に緩和している。

エ：前半の記述は正しい。「自治事務」と「法定受託事務」に置き換えられる以前は, 「固有事務」と「委任事務」を行っており, この委任事務の中には, 「団体委任事務」と「機関委任事務」があった。

オ：2007年度から, 地方交付税の法定率のうち, 法人税については35.8％から34％に引き下げられたが, ほかは据え置かれた（所得税および酒税の32％, 消費税の29.5％, たばこ税の25％。2023年度は法人税・所得税33.1％, 酒税50％, 消費税19.5％）。また, 2007年度当初予算における地方交付税交付金等の額14.9兆円は2006年度当初予算14.6兆円からわずかに増額された（2023年度の地方交付税交付金等は約16.4兆円）。

よって, 正答は**1**である。

データ出所：平成19年版『経済財政白書』, 『日本の財政を考える』（財務省）, 「地方財政（参考資料）」（財務省）

正答　1

経済原論
財政学
経済政策
経済史
経済事情
統計学
経営学

地方上級
全国型，関東型，中部・北陸型

No. 475 財政学 **プライマリー・バランス** 平成26年度

プライマリー・バランスに関する次のア〜エの記述のうち，妥当なものの組合せはどれか。

ア　プライマリー・バランスとは，歳入のうち公債収入を除いて，歳出のうち公債費を除いた財政収支のことである。

イ　プライマリー・バランスは，中長期的な財政赤字の持続可能性を考えるうえで重要な国家運営の指標である。

ウ　プライマリー・バランスがゼロの場合，財政赤字もゼロとなる。

エ　財政収支が均衡している場合，国の債務はゼロになる。

1　アとイ
2　アとウ
3　アとエ
4　イとウ
5　ウとエ

解説 ━━━━━━━━━━━━━━━━━━━━━━━━━━━━━

ア：妥当である。プライマリー・バランスとは基礎的財政収支とも呼ばれており，国が借金に頼らずに活動した場合の収支を考える指標である。

イ：妥当である。財政赤字が累積すると中長期的には財政が破綻してしまう可能性があるため，持続可能な国家運営のために用いられる指標である。

ウ：妥当でない。プライマリー・バランスがゼロの場合に，公債収入が公債費を下回ってしまうと財政赤字が発生する。

エ：妥当でない。財政収支が均衡していても，公債費が発生している限り国の債務はゼロにはならない。

　　以上より，妥当な記述はアとイなので，正答は**1**である。

正答　**1**

経済政策に関する次の記述のうち，妥当なものはどれか。

1 パレート効率性とは，誰かの効用を高めるためにはほかの誰かの効用を下げざるをえない状況であり，市場が不完全な場合には経済政策では実現できない。

2 マンデルの定理とは，N個の独立した政策目標を達成するためには，N個の独立な政策手段が必要であるというものである。

3 ティンバーゲンの定理とは，政策による副作用への懸念はいったん無視して，問題の解決に最も効率的な政策を割り当てるべきであるというものである。

4 リバタリアニズムとは，強い立場にある者が，弱い立場にある者の利益のためだとして，本人の意思は問わずに介入・干渉・支援することを主張する。

5 ソフトな予算制約とは，政府や地方自治体による補填などを通じて事業を継続させる結果として，経営者のやる気などを低下させてしまう問題のことである。

解説

1. パレート効率性の性質については妥当である。市場が不完全な場合であっても，経済政策の実施によってパレート最適を実現することができる場合がある。

2. マンデルの定理ではなく，ティンバーゲンの定理に関する記述である。マンデルの定理については，**3**の選択肢を参照。

3. ティンバーゲンの定理ではなく，マンデルの定理に関する記述である。ティンバーゲンの定理については，**2**の選択肢を参照。

4. パターナリズムに関する記述である。リバタリアニズムは，個人的な自由，経済的な自由の双方を重視する自由主義上の政治思想，政治哲学の立場をとり，他者の身体や正当に所有された物質的・私的財産を侵害しない限り，各人が望むすべての行動は基本的に自由であると主張する。

5. 妥当である。

正答 **5**

経済原論
財政学
経済政策
経済史
経済事情
統計学
経営学

地方上級

No. 477

全国型，関東型，法律専門タイプ，大阪府

経済政策　自由貿易が貿易国の市場に与える影響　平成19年度

次の図は，自由貿易を開始する前における，ある財の自国と外国の需要曲線と供給曲線を描いている。この図に関する説明として，妥当なものはどれか。

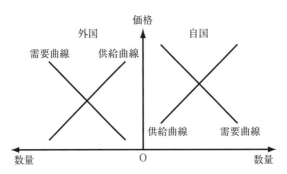

1 自由貿易を開始すると，自国のこの財の生産量は増加する。

2 自由貿易を開始すると，外国のこの財の需要量は増加する。

3 自由貿易を開始すると，外国のこの財の生産量は減少する。

4 自由貿易を開始すると，自国はもっぱらこの財を輸出する。

5 自由貿易を開始すると，自国ではこの財の価格が下がる。

解説

本問では，財の国際間移動にかかる費用についての条件が記載されていないので，この種の費用は一切かからないものとして解けばよい。

貿易禁止時は，各国の供給曲線と需要曲線の交点でそれぞれ価格が決まる。したがって，貿易禁止時には，自国の価格は外国の価格より高い。

自由貿易を開始すると，財は価格の低い国から高い国へ，つまり外国から自国へ輸出される。外国で販売していた企業は自国で販売することによって，より多くの利益が得られるからである。この貿易（輸出）量は，両国の価格が等しくなるまで増加する。

1. 自由貿易を開始すると，自国には安価な外国財が流入するため，自国の生産量は減少する。

2. 自由貿易を開始すると，外国で供給されていた財の一部が自国へ流出するため，外国の価格は上昇する。したがって，外国の需要量は減少する。

3. 自由貿易を開始すると，外国財は外国と自国の双方に供給されるので，外国の生産量は増加する。

4. 自由貿易開始以前の価格を比較すると，自国のほうが高いため，自国はもっぱら輸入するようになる。

5. 正しい。

正答　**5**

次のマクロ経済モデルの下で，均衡国民所得が完全雇用時の国民所得より15兆円少ないという問題を解消したい。このとき，政府から家計への移転支出により解消を図るならば，移転支出Rをどれだけ増やせばよいか。

$$Y = C + I + G$$
$$C = a + cY_d$$
$$Y_d = (1-t)Y + R$$
$$c = 0.75$$
$$t = 0.2$$

Y：国民所得，C：消費支出，I：投資支出，G：政府支出
a：基礎的消費支出，c：限界消費性向，Y_d：可処分所得
t：所得税率，R：政府から家計への移転支出

1 8兆円
2 10兆円
3 15兆円
4 18兆円
5 20兆円

解説

マクロ経済モデルにおいてデフレ・ギャップを解消するためには，投資，政府支出，移転支出の増加や減税などの政策が考えられる。政府の移転支出によるデフレ・ギャップ解消の場合は，これを受け取った国民が消費して初めて，支出に寄与することになる。

各式を，$Y = C + I + G$ に代入して，
$$Y = a + c(1-t)Y + cR + I + G$$

Y について整理して，
$$(1 - c + ct)Y = a + cR + I + G$$

$$Y = \frac{1}{1-c+ct} \cdot (a + cR + I + G)$$

したがって，

$$\Delta Y = \frac{1}{1-c+ct} \cdot \Delta(cR)$$

$$\Delta Y = \frac{c}{1-c+ct} \cdot \Delta R$$

$\Delta Y = 15$ より，

$$\Delta R = \frac{1-c+ct}{c} \cdot \Delta Y$$

$$\Delta R = \frac{1 - 0.75 + 0.75 \times 0.2}{0.75} \times 15 = 8 〔兆円〕$$

よって，正答は**1**である。

正答 1

ある経済において，公衆保有の現金通貨量をC，預金通貨量をD，銀行の支払準備通貨量をR とする。現金・預金比率 $\left(\dfrac{C}{D}\right)=0.08$，準備金・預金比率 $\left(\dfrac{R}{D}\right)=0.02$ であり，いずれも常に一定とした場合，中央銀行がハイパワード・マネーを1兆円増加させたときのマネーサプライの増加量として，正しいのはどれか。

1　1兆円
2　4兆円
3　10.8兆円
4　12.8兆円
5　54兆円

解説

公衆保有の現金通貨量をC，預金通貨量をD，銀行の支払準備通貨量をR とするとき，ハイパワード・マネー H とマネーサプライ M の間では，

$$M=\frac{C+D}{C+R}H=\frac{C/D+1}{C/D+R/D}H$$

が成立する。ここで，現金・預金比率 C/D と準備金・預金比率 R/D が一定であると仮定すれば，追加的なハイパワード・マネー ΔH はマネーサプライを，

$$\Delta M=\frac{C/D+1}{C/D+R/D}\Delta H$$

増加させる。

　本問では C/D＝0.08，R/D＝0.02 の下でハイパワード・マネーを1兆円増加させることから，マネーサプライの増加量は，

$$\Delta M=\frac{0.08+1}{0.08+0.02}\times1=10.8〔兆円〕$$

　したがって，正答は **3** である。

正答　**3**

次の図の曲線 OA は, 企業が二酸化炭素の排出量削減のために自己開発を行ったときの限界費用である。政府がこの企業に対して二酸化炭素排出削減量を Q に義務づけたときの記述として妥当なものはどれか。ただし, この企業は二酸化炭素の排出量を削減する代わりに排出権を購入することも可能であり, 自己開発に固定費用はかからないものとする。

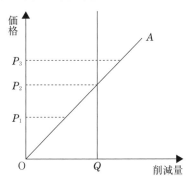

1 二酸化炭素1単位当たりの排出権価格が P_1 のとき, この企業は必ず自己開発を行う。

2 二酸化炭素1単位当たりの排出権価格が P_1 のとき, この企業は必ず排出権を買う。

3 二酸化炭素1単位当たりの排出権価格が P_2 のとき, この企業は自己開発を行っても, 排出権を買っても同額の費用がかかる。

4 二酸化炭素1単位当たりの排出権価格が P_2 のとき, この企業は必ず自己開発を行う。

5 二酸化炭素1単位当たりの排出権価格が P_3 のとき, この企業は必ず排出権を買う。

解説

排出権取引を扱った問題である。この企業が Q 単位の二酸化炭素排出削減を自己開発で行うと, $\triangle EOQ$ の面積に相当する可変費用が発生する(図)。本問では, 固定費用がかからないので, この面積が自己開発時の総費用である。

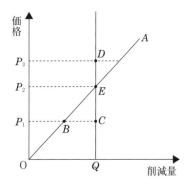

1. 排出権購入時の費用は□ P_1OQC の面積であるから, この企業が必ず自己開発を行うのは, $\triangle P_1OB > \triangle EBC$ の場合である。

2. 排出権購入時の費用は□ P_1OQC の面積であるから, この企業が必ず排出権を買うのは, $\triangle P_1OB < \triangle EBC$ の場合である。

3. 排出権購入時の費用は□ P_2OQE の面積であり, これは自己開発時の費用($\triangle EOQ$ の面積)より大きいので, この企業は必ず自己開発を行う。

4. 正しい。

5. 排出権購入時の費用は□ P_3OQD の面積であり, これは自己開発時の費用($\triangle EOQ$ の面積)より大きいので, この企業は必ず自己開発を行う。

正答 **4**

経済原論
財政学
経済政策
経済史
経済事情
統計学
経営学

No. 481 経済史　戦後のアメリカ経済

第二次世界大戦後のアメリカ経済に関する次の記述のうち，妥当なものはどれか。

1 1950〜60年代の世界経済は，パックス・アメリカーナと呼ばれるアメリカ主導の経済体制にあったが，1970年代に入ってアメリカ経済の優位性が後退するとともに，日本とドイツを中心としたパックス・ブリタニカと呼ばれる経済体制へと移行していった。

2 ニクソン大統領は，1971年に金とドルの交換停止，輸入課徴金の賦課等を内容とするドル防衛策を行った。その結果，スミソニアン体制は崩壊し，その年のうちに円相場は1ドル200円程度にまで上昇した。

3 1960年代には公債発行はわずかであったが，石油ショック後の減速経済の中で財政収支が悪化したため，公債が大量に発行されるようになり，70年代後半には連邦政府債務残高はGDPと同程度にまで増大した。

4 レーガン大統領は，供給面の強化を図るとともにマネーサプライを重視した経済政策を採用し，インフレの沈静化と好景気をもたらしたが，貿易赤字と財政赤字が拡大することとなった。

5 強いアメリカの再生をめざしたレーガン大統領が演出したプラザ合意によって，ドルの安定的な切上げや日本，ドイツの内需拡大策が決定された。その結果，過度のドル安に歯止めがかかり，国際収支は均衡に向かった。

解説

1． 第一次世界大戦前のイギリスを中心とした世界システムをパックス・ブリタニカと呼ぶ。第一次世界大戦後，パックス・アメリカーナと呼ばれる時代に移行するが，それが確立するのは第二次世界大戦後である。1980年代にはアメリカは経常収支赤字に転換し，日本とドイツが経常収支黒字を背景に世界の資本供給国となった。

2． 1971年8月の金ドル交換停止（ニクソン・ショック）後のワシントンでのG10（先進十か国蔵相会議）で固定相場制を前提とする合意がなされた。その結果成立したのがスミソニアン体制である。ニクソン・ショックではブレトン・ウッズ体制が崩壊した。

3． 1960年代のケネディ・ジョンソンのニュー・エコノミックスの時代には，均衡財政主義は放棄されてケインジアンの政策がとられた。政府債務残高のGDPに対する比率は60年代から70年代になるにつれて低下し，80年代後半に再び高まった。

4． 正しい。

5． プラザ合意では，アメリカが純債務国となったことから懸念されたドル暴落を回避するために，G5によりドル高是正のための各国の政策協調が合意された。

正答　**4**

第二次世界大戦後のわが国の経済に関する次の記述のうち，妥当なものはどれか。

1　GHQ（連合国軍最高司令官総司令部）の指導により，財閥解体，農地解放などの特権的諸制度の撤廃などが行われたが，昭和30年度まで労働三法の制定は遅れた。

2　ドッジにより，アメリカドル表示された円は，1ドル＝360円となり，この為替レートは，上下1％以内に維持することを義務づけられた。

3　「傾斜生産方式」では，まず食料に重点が置かれ，農業生産の強化が促進され，農業人口が増加した。

4　第二次世界大戦後の生産が大戦前の水準へと回復した主な要因は，昭和25年の朝鮮戦争特需であり，昭和27年には実質国民総生産が大戦前の水準に回復した。

5　第二次世界大戦後の混乱期からの復興をほぼ果たした昭和40年から高度成長期に入り，昭和41年の『経済白書』では，「もはや戦後ではない」と宣言された。

経済原論

財政学

経済政策

経済史

経済事情

統計学

経営学

解　説

1．労働組合法は昭和20年，労働関係調整法は昭和21年，また労働基準法は昭和22年にそれぞれ制定された。

2．ドッジは，昭和24年以降にインフレを抑えるため，超均衡予算を施行した（ドッジ・ライン）。1ドル＝360円は，IMF体制により決定されたもので，ドッジが決めたものではない。

3．「傾斜生産方式」では，基幹産業である電力，石炭，鉄鋼，海運に重点が置かれた。

4．正しい。

5．昭和30年から高度成長期（～48年）に入り，昭和31年の『経済白書』で，「もはや戦後ではない」と宣言された。

正答　4

No. 483 経済専門タイプ

経済史　　**戦後の日本経済**　　平成15年度

第二次世界大戦後のわが国の経済に関する次の記述のうち，妥当なものはどれか。

1　1947年に公布された財政法で，国の歳出は国債や借入金以外の歳入を財源とするという財政運営の基準が定められたものの，1955年には，朝鮮特需後の景気の落ち込みに伴う歳入不足を補うため，戦後初の建設国債が発行された。

2　1947年に制定された独占禁止法は，持株会社設立を禁止し，事業会社なども株式保有の自由を制限された。持株会社設立が禁止されたことによって不安定化した安定株主機能は，企業集団内での株式相互持合が補完したとみられる。

3　1949年のシャウプ勧告を受けて，税率の簡素化と所得税における最高税率の引き下げが行われ，その結果，50年代末の直間比率は1：2となり，第二次世界大戦前と比較すると，間接税の比率が大幅に高まった。

4　1952年に制定された農地法では，土地所有規模に上限が設けられ，農地取得は農民のみに認められることとされた。その結果，零細農家が固定化してしまう弊害が出てきたため，1955年に同法は改正され，法人の農地取得が認められた。

5　1950～60年代は高度経済成長期に当たり，1964年の東京オリンピック開催年のGDP成長率は，この期間内では最高の8％を記録した。この間を通じて，個人貯蓄率が大幅に上昇し，設備投資も大幅に伸びたものの，最終消費はほぼ横ばいで推移した。

解説

1. 戦後初の国債は，「40年不況」を受けた，1965年度補正予算における歳入補填国債である。その翌年度である1966年度から，建設国債は毎年発行されている。

2. 正しい。

3. 1950年代末の直間比率（国税）は3：2となり，第二次世界大戦前と比較すると，間接税の比率が大幅に低下した。ちなみに，シャウプ勧告の理念は直接税を中心に据えた近代的な税制の構築である。

4. 戦後の農地解放と自作農創設の成果を固定するため，1952年制定の農地法は農地の権利取得の上限（1970年改正で廃止）等を定めていたが，1962年に農業生産法人制度が導入された。ちなみに，2000年には株式会社（株式の譲渡制限があるもの）が農業生産法人に含められ，2005年施行の改正農業経営基盤強化法で全国的に株式会社による農業経営が可能になった。また，2009年6月には，農地の利用権（貸借権）を原則自由にする改正農地法が成立した。

5. 1964年のGDP成長率は，名目が17.6％，実質は11.2％であり，1955～1969年における最高GDP成長率は1960年に記録した名目21.4％，実質13.1％である。また，民間消費も年率5～10％程度の高い伸びを示した。

正答　**2**

地方上級 中部・北陸型

No. 484 経済事情 中国経済 令和4年度

近年の中国経済に関する次の記述のうち，妥当なものはどれか。

1 2021年における中国の実質経済成長率は2％程度であり，中国政府の目標としている10％より低かった。

2 2020年における中国のGDPの構成を見ると，第三次産業が75％と最も大きく，次いで第二次産業，第一次産業の順に大きい。

3 2021年にいわゆる「一人っ子政策」は廃止され，子どもを2人まで持つことができるようになった。

4 雇用環境を都市部調査失業率で見ると，新型コロナウイルス感染症再流行を受けて，2021年を通じて2019年末を上回った。

5 不動産に対する投資を見ると，2020年においては回復が早かったものの，2021年においては投資の伸びがやや低下した。

解説

1. 2021年の中国の実質経済成長率は8.1％であり，中国の政府目標である6％以上を達成した。

2. 2020年の中国のGDPの構成を見ると，順位は正しいが，第三次産業が占める割合は54.5％である。

3. 2002年施行の「人口及び計画出産法」により，一定の条件の下で2人目の子どもを出産することが許容され，2015年には「二人っ子政策」が全面的に解禁された。さらに，2021年には夫婦一組につき3人の子どもを産むことができるようになった（「三人っ子政策」）。

4. 雇用環境を都市部調査失業率で見ると，新型コロナウイルス感染症再流行を受けて，2021年1－3月期はやや上昇したが，4月以降は2019年末を下回った。

5. 妥当である。

正答 **5**

（参考資料：『世界経済の潮流2021 II』）

1990年代後半以降の日本の金融政策に関する次の記述のうち妥当なのはどれか。

1 1999年に日銀がゼロ金利政策を導入し，それ以降2004年度末までゼロ金利政策は，途切れることなく続けられてきている。

2 日銀の市場操作は，量的緩和政策の下で，かつてのCP，TB等の公開市場操作から，インターバンク市場における相対方式での手形売買に中心を移した。

3 量的緩和政策の導入以後，マネーサプライの伸びはマネタリーベースの伸びを大きく上回って，10％前後の伸び率で推移している。

4 日銀は，もともと短期金利であるコールレートを金融政策の誘導目標としてきたが，この目標は，現在では日銀当座預金残高に変更されている。

5 公定歩合がコールレートを上回るようになったため，健全な金融機関による日銀貸出の利用が増加し，また，民間金融機関救済のための日銀特融も増加した。

解 説

1．1999年に導入されたゼロ金利政策は，2000年8月にデフレ懸念が払しょくされたとして解除された。ちなみに，ゼロ金利政策は，2006年3〜6月までの間再び導入された。

2．1990年代半ば以降，日本銀行の市場操作の中心的手段は，インターバンク市場からオープン市場（公開市場）へと移ってきている。

3．量的緩和政策が導入された2001年3月以降，マネタリーベースの伸びはマネーサプライ（M_2＋CD）の伸びを大きく上回った。ちなみに，2004年頃にはマネタリーベースの伸びは落ち着いたが，それでもマネーサプライの伸び率を上回っていた。

4．正しい。

5．バブル崩壊後の日銀特融の大半は破たん金融機関に対する特別融資である。また，日銀貸出自体は減少傾向にあり，日銀特融の日銀貸出に対する寄与はさほど大きくなく，その動きは，2001年2月に導入されたロンバート型貸出制度（補完貸付制度：公定歩合に相当する金利で資金を貸し出す制度）を反映している。

正答　**4**

地方上級

経済専門タイプ

No. 486

統計学

二項分布

平成17年度

県内の4か所でイベントを行う。各イベント会場が満席になる確率がそれぞれ0.3であるとき，4か所のイベント会場のうち2か所のイベント会場が満席になる確率はいくらか。

　ただし，小数第3位を四捨五入せよ。

1 0.22

2 0.24

3 0.26

4 0.28

5 0.32

経済原論

財政学

経済政策

経済史

経済事情

統計学

経営学

解　説

各会場が満席になる確率は互いに独立であるから，

$$_4C_2(0.3)^2(1-0.3)^2 = \frac{_4P_2}{2!} \times 0.09 \times 0.49$$

$$= 6 \times 0.0441 = 0.2646$$

である。この結果の小数第3位を四捨五入すると，0.26となる。

　よって，正答は**3**である。

正答　**3**

平均 μ, 標準偏差 σ の母集団から, 無作為抽出法によって標本の大きさ $n=30$ の標本を1,000回抽出し, おのおのの標本について標本平均値 $\bar{x}$ を求めたとき, この標本平均値はどのような分布に従うか。次の記述のうち, 妥当なものはどれか。

1 標本平均値 $\bar{x}$ の分布は近似的に平均 μ, 標準偏差 $\dfrac{\sigma}{n}$ の正規分布に従う。

2 標本平均値 $\bar{x}$ の分布は近似的に平均 μ, 標準偏差 $\dfrac{\sigma}{\sqrt{n}}$ の正規分布に従う。

3 標本平均値 $\bar{x}$ の分布は近似的に平均 μ, 標準偏差 $\dfrac{\sigma}{n}$, 自由度29の t 分布に従う。

4 標本平均値 $\bar{x}$ の分布は近似的に平均 μ, 標準偏差 $\dfrac{\sigma}{\sqrt{n}}$, 自由度29の t 分布に従う。

5 標本平均値 $\bar{x}$ の分布の型は母集団の分布の型に依存し, 特定の型の分布に従うことはない。

解説

母集団は正規分布になる場合も正規分布にならない場合も存在する。しかし, 標本平均値 x は n が大きいとき, 正規分布に近似する。標本の大きさ $n=30$ を1,000回抽出するので, 標本平均値 $\bar{x}$ は正規分布をすると考えてよい。

次に, 標本平均値 $\bar{x}$ の分布の平均は母集団の平均 μ に等しい。また標本平均値 $\bar{x}$ の標準偏差は母集団の標準偏差 σ の $\dfrac{1}{\sqrt{n}}$, すなわち $\dfrac{\sigma}{\sqrt{n}}$ となる。以上から, 正答は**2**である。

正答 **2**

動機づけ（インセンティブ）に関する次のア～ウの記述が示す理論として，妥当なものを選んだ組合せはどれか。

　ア　D. マグレガーが提唱した学説であり，命令や強制よりも，尊厳欲求などのより高次の欲求が動機づけにつながるとし，その行動モデルに従った管理への移行を唱えた。

　イ　人間の欲求を，①存在欲求，②関係欲求，③成長欲求に分類し，これらが逐次的・段階的に現れるのではなく，各欲求が連続的に現れ，同時に充足することもあると仮定した。

　ウ　経済学の期待効用原理に似た数学的モデルを提示し，個人の動機づけのメカニズムを分析した。この理論では，人間はある行動を起こす前にその結果を予測し，努力がどの程度の効用や満足をもたらすかを判断したうえで行動する合理的な存在と仮定する。

	ア	イ	ウ
1	X理論・Y理論	ERG理論	動機づけ－衛生理論
2	X理論・Y理論	マクレランドの欲求理論	動機づけ－衛生理論
3	X理論・Y理論	ERG理論	期待理論
4	公平理論	ERG理論	動機づけ－衛生理論
5	公平理論	マクレランドの欲求理論	期待理論

解 説

ア：D. マグレガーが提唱したX理論とY理論の説明である。マグレガーは，伝統的管理論で想定されている人間観であるX理論（人間は仕事が嫌いで，強制や命令によってしか仕事に取り組まず，責任を回避したがる存在）と，より高次の欲求に働きかける人間観であるY理論（人間は条件次第で，自主的に仕事に取り組み，結果の責任を負う存在）という2つの人間観を示し，X理論に基づく管理からY理論に基づく管理への移行を唱えた。

イ：C.P. アルダーファーが提唱したERG理論の説明である。アルダーファーは，人間の基本欲求を①存在（生存）欲求（Existence Needs），②関係欲求（Relatedness Needs），③成長欲求（Growth Needs）の3種類の欲求に分類した。そして，①→②→③という欲求充足の段階的な移行だけでなく，各欲求が同時に充足される場合や逆行する場合もあるとした。

ウ：V.H. ブルームらが提唱した期待理論の説明である。ブルームは，期待，誘意性，道具性（手段性）という3要素の積（各要素を掛け合わせた合計値）によって，個人の動機づけのメカニズムが表されるとした。

　よって，アはX理論・Y理論，イはERG理論，ウは期待理論なので，正答は**3**である。

正答　**3**

P. コトラーが示した市場地位（リーダー，チャレンジャー，フォロワー，ニッチャー）別の競争戦略に関する次の記述のうち，妥当でないものはどれか。

1 リーダーとは，当該製品分野で最大の市場占有率を誇るトップ企業である。現在の地位を維持・拡大するために，リーダーは幅広い顧客層のニーズを満たす製品やサービスを供給する「全方位型」の戦略を導入する。

2 チャレンジャーとは，リーダーを追い落とし，市場占有率の首位を獲得しようとする企業であり，リーダーに対して徹底した同質化戦略を実施する。

3 リーダーとチャレンジャーは，市場占有率の獲得競争を行うが，それは市場占有率の拡大が収益性を向上させ，高い利益を生み出すからである。

4 ニッチャーとは，他社には容易に模倣されない技術やサービス，流通チャネルなどを基盤として，特定の市場セグメントに重点を置き，そのセグメントで高い市場占有率を得ている企業である。

5 フォロワーとは，市場占有率の獲得競争には参加せず，リーダーが提供する製品やサービスを模倣し，より低価格で提供することで生き残りを図る企業である。

解説

1. 妥当である。リーダーの目標は，現在の市場占有率の維持・拡大にある。そのため，リーダーはフルライン戦略を採用することが多い。フルライン戦略とは，ある製品分野で多様な製品ラインを供給し，幅広い顧客層のニーズに対応することである。たとえば，乗用車では高級セダンからスポーツカー，家族向け SUV，軽四車まで取りそろえることを意味する。

2. 妥当でない。「リーダーに対して徹底した同質化戦略を実施する」が誤り。チャレンジャーの目標は，リーダーの座をめざして市場占有率を拡大することにある。そのため，チャレンジャーはリーダーに対して徹底した差別化戦略を実施する。なお，同質化戦略とは，他社の戦略を模倣することであり，競争の焦点を差別化からコストに移行させる効果がある。一般には，リーダーが他社の戦略を模倣するケースや，フォロワーがリーダーの戦略を模倣するケースなどがある。

3. 妥当である。市場占有率が上昇するにつれて規模の経済や経験効果が作用することで，コストが低下し，収益性の向上が期待できる。規模の経済とは，生産量の増加に伴って製品一単位当たりの平均生産コストが低下する現象である。経験効果は，ある製品の累積生産量が倍加するごとにトータル・コスト（製品コストだけでなく，管理，販売，物流などのコストも含む）が約10〜30％低下する現象を意味する。

4. 妥当である。ニッチャーが導入する戦略の特徴は「専門化」である。ニッチャーは，特定の市場セグメントをニッチ（生存領域）とみなして，高度な専門性や独自性を発揮することで顧客に訴求し，隙間市場において高い市場占有率を確保する。

5. 妥当である。フォロワーがとる戦略の基本は模倣であり，低価格と高品質を両立させることが生き残りに向けての課題となる。

よって，正答は**2**である。

正答 **2**

製品ライフサイクル理論に関する次の記述のうち，妥当なものはどれか。

1 製品ライフサイクル理論とは生物のライフサイクルにならった仮説であるが，製品がどのライフサイクルの段階にあるかを厳密に区別することはできない。

2 導入期は，製品が市場において十分に認知されておらず，利益を得にくい状況にあるので，ブランドイメージを浸透させ，市場開拓を行うことが重要である。

3 成長期は，製品を導入した少数者と導入していない多数者との間の「キャズム（溝）」を乗り越えることが鍵であり，「イノベーター」が重要であるとされている。

4 成熟期においては，新規参入業者も増えるため，自らの市場シェアを維持することが最大の目的である。

5 衰退期には，自社の市場を維持し，他社が市場から退出するのを待てば利益を見込むことができるので，市場からの撤退について検討する必要はない。

解説

1. 正しい。

2. ブランドイメージの浸透よりも，製品の認知度の上昇やニーズの把握などで市場開拓を行うことが重要である。ブランドイメージの浸透は，需要が喚起された市場におけるシェアの拡大や確立が課題となる「成長期」において重要になる。

3. 消費者はイノベーター，アーリーアダプター，アーリーマジョリティ，レイトマジョリティ，ラガードの5層に分割できる。製品ライフサイクル理論では，アーリーアダプターとアーリーマジョリティの間には大きな溝（キャズム）があり，これを越えることが鍵であるとする。したがって，アーリーマジョリティへの普及を図ることが重要である。

4. 新規参入業者が増えるのは「成長期」であり，「成熟期」では競争相手はある程度安定している。成熟期においては製品間で差がほとんど見られなくなる中での競争となるため，ポジショニングやシェアの防衛が課題となる。

5. 「衰退期」には，保守的な顧客に対するメンテナンスや社会的責任を果たすための最小限のコミュニケーションをとりつつ，撤退のタイミングを検討することが必要である。

正答 **1**

経済原論
財政学
経済政策
経済史
経済事情
統計学
経営学

組織構造の次元に関する次の記述のうち，妥当でないものはどれか。

1 組織構造の複雑性とは，水平的・垂直的・空間的の3要素から構成されるもので，水平的複雑性は専門化と部門化，垂直的複雑性は階層上下のレベル数，空間的複雑性は活動拠点の地理的分散の程度を意味している。

2 組織構造の公式性とは，職務やその進め方がどの程度公式にルール化され，明文化，文書化されているかを示すものである。

3 組織構造の集権性とは，組織における意思決定の権限がどの程度上位に集中しているかを示すものである。

4 組織構造の次元を規定する要因はさまざまであるが，組織構造の複雑性が高まるほどその公式性は強まる傾向にある。

5 組織構造の次元は外部環境の要因によっても規定されるが，外部環境の要因が増えるほど組織構造の集権性は弱まる傾向にある。

解説

1．正しい。組織構造は，複雑性（単純―複雑），公式性（非公式―公式），集権性（集権―分権）という3つの次元によってとらえられる。このうち複雑性は，水平的・垂直的・空間的という3要素から構成され，水平的複雑性はさらに専門化と部門化という2つの下位次元を持つ。

2．誤り。組織構造の次元における公式性とは，職務の進め方がどの程度，ルール・手続き・方針として公式化されているかを示すものである。しかし，ルール等の公式化は黙示的に進められることもあるので，公式性が高くても明文化や文書化が進んでいるとは限らない。

3．正しい。組織構造の集権性とは，組織における意思決定の権限がどの程度上位に集中しているかを示すものである。集中性が高ければ集権的組織と呼ばれ，低ければ分権的組織と呼ばれる。

4．正しい。組織構造の複雑性が高まると，組織内コミュニケーションおよび部門間の調整・統合が困難となる。そこで，公式化を進めることにより，メンバーの行動の予測可能性を高め，相互調整の必要性をあらかじめ低減することが試みられる。

5．正しい。外部環境の要因が増えるほど，組織は不確実性への適応を求められるようになるため，職務の実行ポイントへの権限委譲が進み，組織構造の集権性は弱まる傾向にある。

正答　**2**

企業経営の「多角化」に関する記述のうち，妥当なものはどれか。

1 「多角化」には，垂直統合を含む広義の意味が含まれている。たとえば，製造業が，ある製品の生産を一社内部ですべて行う場合についても「多角化」という。

2 「多角化」を実施すると，相補効果が生じる。これはシナジー効果とも呼ばれる。

3 企業が「多角化」を実施する動機の一つとして，既存事業の停滞がある。新規事業を立ち上げることにより，既存事業の停滞も解消することができる。

4 企業が「多角化」を実施する動機の一つとして，リスクの分散がある。ある特定の事業にのみ経営を依存すると，環境変化により危機に瀕する場合がある。「多角化」は，その危険性を低減させることができる。

5 企業が「多角化」を実施する動機の一つとして，未利用資源の活用がある。他社が保有する未利用資源を活用することで「多角化」を促し，企業を活性化させることができる。

解 説

1. 前半は正しいが，後半が誤り。一般に多角化とは，自社による新規事業の立上げや他社の買収・合併などによって，複数の事業に進出し，経営することである。したがって，単に「製造業が，ある製品の生産を一社内部ですべて行う場合」は多角化には含まれない。なお，垂直統合とは，現在展開している事業の前段階あるいは後段階の事業に進出することである。たとえば，ある製品の生産・加工を営む企業が，原材料の調達や流通・販売などの事業に進出することを意味する。

2. 「相補効果」が誤り。シナジー効果とは，複数の事業間で経営資源を共有することから生じる「2＋2＝5」となるような相乗効果であり，H.I. アンゾフが提唱した。事業間に関連性がある場合は，経営資源を共有する度合いが高まるため，シナジー効果を期待できる。しかし，コングロマリットのような非関連型多角化では，事業間の関連性が薄く，共有できる経営資源が乏しいため，相乗効果をほとんど見込めない。

3. 既存事業が停滞し，利益の低下に歯止めがかからない状況は，多角化を実施する動機の一つである。しかし，新規事業の立ち上げや他社の買収・合併に成功したとしても，それによって既存事業の停滞を解消できるとは限らない。

4. 正しい。多角化によって複数の事業を経営することは，個々の事業を取り巻く環境変化による影響を緩和し，経営上のリスクを分散する効果がある。

5. 「他社が保有する未利用資源」が誤り。E.T. ペンローズによれば，企業内に存在する未利用資源（社内で活用されていない人的資源や物的資源，職務を通じて蓄積される知識や経験など）は，企業を成長させる基本的な内部要因である。多角化は企業成長のための手段であることから，自社が保有する未利用資源の活用は多角化を促す要因となる。

正答 4

経営戦略に関する次の記述のうち，妥当なものはどれか。

1　コスト・リーダーシップ戦略とは，コストを削減し，製品の低価格化を実現することで他社に対する競争優位を獲得する戦略である。この戦略は，成熟期の業種で分権的な組織形態を持つ企業に適している。

2　M.E. ポーターによれば，適切な競争戦略を選択するためには，まず競争市場を規定する5つの要因を分析する必要がある。その状況が企業の収益性を左右するため，経営者は競争市場の分析に基づいて，自社が競争優位を発揮できる戦略案を選択しなければならない。

3　差別化戦略は，他社の競合製品に対して価格，品質，機能，デザイン，アフターサービスなどの属性で異なる特徴を打ち出す戦略である。一般に，差別化戦略は市場が拡大する成長期に導入されることが多い。

4　R.P. ルメルトは多角化のタイプと企業の業績の関係を分析した。その調査結果によれば，企業の収益性は，多角化の程度が低い企業よりも高い企業のほうが優れており，特に非関連型多角化の形態であるコングロマリットの収益性は著しく高いことが示された。

5　D.F. エーベルが示した事業領域（ドメイン）の定義は，①市場規模，②経営目標，③競争優位，という3つの次元によって表される。エーベルによれば，この3次元の軸によって経営戦略の基本的な方向性が決定される。

解　説

1．「成熟期の業種で分権的な組織形態を持つ企業に適している」が誤り。一般にコスト・リーダーシップ戦略の実施には，コスト削減に必要な設備投資を行い，規模の経済性を実現して生産性を向上させることが求められる。そのため，需要が飽和している成熟期よりも，市場が拡大する成長期の業種で，諸部門を集権的に管理・統制できる組織形態を持つ企業に適している。

2．正しい。なお，ポーターが示した競争市場を規定する5つの要因とは，①既存企業間の敵対関係あるいは競争関係，②新規参入業者からの脅威，③代替製品やサービスからの圧力，④供給業者の交渉力，⑤製品の買い手による交渉力である。

3．差別化の対象に「価格」は含まれない。差別化戦略は，他社の競合製品に対して品質，機能，デザイン，アフターサービスなど価格以外の属性で異なる特徴を打ち出す戦略である。また，差別化戦略は製品の需要が飽和する成熟期に導入されることが多い。

4．ルメルトによれば，企業の収益性は，本業を中心とした関連型多角化のように中程度の多角化を展開している企業が優れていることが示された。また，成長性については，多角化の程度が低い企業よりも高い企業のほうが優れており，特に非関連型多角化の形態であるコングロマリットの成長性は著しく高いことが指摘された。

5．エーベルが示した事業領域（ドメイン）の定義は，①顧客層（どのような顧客を対象とするか），②顧客機能（顧客のニーズは何か），③技術（ニーズを満たすために自社が保有する技術をどのように活用するか），という3つの次元によって表される。

正答　**2**

製品のライフサイクル理論に関する次の記述のうち，妥当なものはどれか。

1 導入期は，製品が導入されて間もない時期であり，競合他社は少ないが，市場規模が小さく，開発費や広告費を回収できないため，利益がマイナスである場合が多い。この段階では，製品の認知度を高め，販売促進に注力する必要がある。

2 成長期は，製品の売上が増加し，市場が急速に拡大する時期である。この段階での主要な顧客は，全体の数％に満たないイノベーター（革新的採用者）である。イノベーター以外の顧客を獲得できない場合，その製品は「マニア化」する。

3 成熟期では，市場は寡占化し，業界のトップ・シェアを持つリーダー企業とシェア首位の座をねらうチャレンジャー企業に分類される。その際，リーダー企業は差別化戦略を，チャレンジャー企業は同質化戦略を導入する。

4 衰退期は，市場の再拡大の可能性が低いため，早期撤退が必要となる。そのため，M＆Aによって有望な他企業を買収することが唯一の有効な手段となる。

5 ライフサイクルの各段階では，有効な製品のプロモーション戦略が異なる。導入期においてはプル戦略が有効であり，衰退期ではプッシュ戦略が有効である。

解説

1. 妥当である。

2. 主要な顧客がイノベーターである段階は導入期である。成長期は，市場規模が急速に拡大し，競合他社が多数参入することで価格競争が激化する。そのため，製品の品質改良や販売チャネルの拡大などが重要な課題となる。

3. 「リーダー企業は差別化戦略を，チャレンジャー企業は同質化戦略を導入する」が誤り。リーダー企業は，自社のシェアの維持・拡大のためにあらゆる戦略を導入する。その際，競合他社の製品やマーケティングを模倣する同質化戦略を実施する場合もある。これに対して，シェア首位の座をねらうチャレンジャー企業は，リーダー企業に対して徹底した差別化戦略を実施する。

4. 「M＆Aによって有望な他企業を買収することが唯一の有効な手段となる」が誤り。衰退期に導入する手段は，早期の撤退以外に，状況に応じて他事業への資産の転用や製品の再ポジショニング（製品の新たな用途や新市場を開拓すること），残存者利益の獲得などがある。

5. 後半の記述が誤り。プッシュ戦略は，流通・小売業者と協力して販売員による対面セールスを活用することで，製品を顧客に「押し出そう」とする戦略である。プル戦略は，積極的な広告・宣伝によって顧客の関心を「引き出そう」とする戦略を意味する。一般にプッシュ戦略は，製品の認知度が低い導入期で有効である。これに対して，プル戦略は，市場の成長に伴って製品のシェア拡大を図る成長期，あるいは製品が全国的に流通しており，製品やブランドの差別化が実施される成熟期で有効な手段である。

正答 **1**

国際経営に関する次の記述のうち，妥当なものはどれか。

1 A. ガーシェンクロンによれば，技術的な後発国の工業化の進展の度合いは，先進国の技術を移転しても極度に遅い。そのため，工業化の促進に向けて，政府による大規模な公共投資とインフラストラクチャーの整備が必要であると主張した。

2 R. バーノンは，アメリカ企業が海外に市場を拡大し，多国籍化する要因を製品のライフサイクルに求めた。具体的には，導入，成長，成熟，衰退という段階を経るに従って，ある製品は国内市場向け生産→輸出→生産拠点の海外移転→逆輸入という過程を経ると指摘した。

3 J.H. ダニングは経営の国際化に関する折衷理論を示した。この理論によれば，企業が海外進出を行うためには，①技術的優位，②資本的優位，③価格的優位の3条件が揃う必要がある。

4 C.A. バートレットと S. ゴシャールが示したトランスナショナル型とは「権力分散型連合体」であり，経営資源や組織能力が各国の子会社に分散され，それぞれが進出先の市場ニーズに適応するタイプの多国籍企業である。

5 H.V. パールミュッターは，企業の海外進出に関する経営者の意識や志向を基準として，多国籍企業の類型を，①垂直統合型，②水平統合型，③異業種型，④ネットワーク型の4種類に分類した。

解説

1. ガーシェンクロンは，技術的な後発国は先進国が開発した技術を安価かつ迅速に導入できるため，すでに先進国が達成した技術水準から工業化を開始できる「後発性の利益」があることを示した。そのうえで，後発国は先進国よりも急速な工業化を遂げることが可能であることを指摘した。

2. 正しい。バーノンのモデルは19世紀中頃〜1960年代までのアメリカ企業の海外進出に着目したものである。

3. ダニングの折衷理論によれば，企業が海外進出を行うためには，①所有特殊的優位（企業規模，研究開発能力，経営ノウハウなど当該企業が他社に対して持つ優位性），②立地特殊的優位（安価な労働力や天然資源の調達，輸送コストの削減など生産拠点の移転によって得られる優位性），③内部化優位（中間財や情報，技術などを市場で取り引きするよりも自社内で生産・管理したほうがコストを削減できる優位性）の3条件がそろう必要がある。

4. マルチナショナル型の説明である。バートレットとゴシャールによれば，多国籍企業の組織形態は，①マルチナショナル型，②インターナショナル型，③グローバル型，④トランスナショナル型の4タイプに分けられる。

5. パールミュッターは，企業の海外進出に関する経営者の意識や志向を基準として，多国籍企業の類型を，①本国志向型（Ethnocentric），②現地志向型（Polycentric），③地域志向型（Regiocentric），④世界志向型（Geocentric）の4種類に分類した。

正答 **2**

経済原論 財政学 経済政策 経済史 経済事情 統計学 経営学

M&A（企業の合併・買収）に関する次の記述のうち，妥当なものはどれか。

1 MBOとは，経営権の奪取を目的として行う株式公開買付けのことであり，証券市場を経由せずに買収対象となる企業の株主から直接に株式を調達する手法である。

2 LBOとは，会社の経営陣がその企業を買収することであり，実際には金融機関からの融資を受けて親会社から過半数の株式を取得する手法である。

3 TOBとは，買収する企業の収益や資産を担保にして金融機関から融資を受け，買収を実施することであり，潤沢な資金を持たない企業も利用可能な手法である。

4 買収を実施する際，対象となる企業の株式の取得価格は実際の市場価格よりも高く設定されることが多い。この上乗せ価格のことを買収プレミアムと称する。

5 ポイズンピルとは，敵対的買収に直面する企業が友好的な企業に買収を肩代わりしてもらうことであり，ホワイトナイトとは，敵対的買収を受けた場合に新株予約権を既存株主に対して行使する買収防衛策である。

解説

1. TOB（takeover bid）の説明である。MBO（management buyout）は経営陣による買収であり，現代版の「のれん分け」とも呼ばれる。一般には，ある企業の子会社や事業部門の経営陣が金融機関から融資を受け，親会社から過半数の株式を買い取り，事業の経営権を獲得して独立する手法である。MBOのメリットには，親会社にとっては経営資源の選択と集中が実現でき，効率的な事業編成が可能となること，また，買収する経営陣は既存事業を継承して経営の独立性と機動力を高めることができることが挙げられる。

2. MBOの説明である。LBO（leveraged buyout）は買収対象となる企業の収益や資産を担保にして金融機関から資金を調達し，買収を行う方法である。LBOを用いると自己資金の少ない企業もM&Aによって事業を拡大できる反面，買収に伴うリスクも大きくなりやすい。

3. LBOの説明である。TOBは株式公開買付けと呼ばれ，ある企業が他企業を買収する際に，必要な株式数，一株当たりの購入価格，買付け期間を公告し，証券市場を通さずに相手企業の株主から直接に株式を調達する手法である。TOBを有効に活用すれば，証券市場を経由するよりも効率よく株式を獲得できるが，相手企業が対抗策を講じた場合は公告期間内に必要な株式数を確保できなくなることもある。

4. 正しい。一般に買収プレミアムは市場価格よりも2～3割程度高く設定される場合が多い。

5. ポイズンピルとホワイトナイトの説明が逆である。「毒薬」を意味するポイズンピルは，敵対的買収が仕掛けられた際に行使できるという条件付きの新株予約権を，あらかじめ既存株主に発行しておく買収防衛策である。具体的には，A社がB社の株式を一定割合取得した場合に，B社が事前に発行しておいた新株予約権（既存株主は市場価格よりも安く新株を購入できる）を行使する。その結果，A社の株式保有率は低下し，莫大な買収費用が必要となることから，B社の買収を断念させることができる。また，C社によって敵対的買収をかけられたD社の経営陣がその買収を阻止するために，友好的な関係にあるE社に買収の肩代わりを要請することがある。その際に現れ，より有利な条件でD社の買収を実施するE社のことを「白馬の騎士」になぞらえてホワイトナイトと称する。

正答 **4**

経済原論
財政学
経済政策
経済史
経済事情
統計学
経営学

新規参入に関する次の記述のうち，妥当なものはどれか。

1 既存の企業が大量生産を展開し，規模の経済を実現している業種では，新規参入企業は少ない設備投資で規模の経済を実現できる可能性が高いため，参入障壁は低い。

2 成熟期の業種で，既存企業が多数のブランドを展開して市場を埋め尽くしている場合，新規参入企業は市場の透き間を足掛かりにして自社のシェアを大幅に拡大しやすいため，参入障壁は低い。

3 ある市場に新規に参入する場合に，多額の研究開発費や広告・宣伝費が必要な業種は，大規模な設備投資を必要とする業種に比べて参入障壁は低いといえる。

4 顧客のスイッチング・コストが低い業種では，顧客が他社の製品に乗り換えることが容易であるため，新規参入業者にとって参入障壁は低い。

5 既存企業によって大半の流通チャネルが確保されている業種では，新規参入企業が低コストで新しい流通チャネルを構築することができるため，参入障壁は低い状況にある。

解 説

1. 既存企業が規模の経済（生産量の拡大によって，製品1単位当たりの生産コストが低下すること）を実現している業種では，新規参入企業は既存企業と競争するために大規模な設備投資を行うか，あるいは高いコストを負担しつつ製品差別化を行うか，などの選択を迫られるため，参入障壁は高いといえる。

2. 成熟期の業種で既存企業が多数のブランドを展開して市場を埋め尽くしている場合，後発の新規参入企業は市場の透き間に自社のブランドを投入しても，当該市場でシェアを大幅に拡大することは難しいため，参入障壁は高い。

3. 生産設備などの設備投資に限らず，既存企業と競争する際に研究開発費や広告・宣伝費などで巨額の投資を必要とすることは，大きな参入障壁となる。

4. 正しい。顧客のスイッチング・コストとは，顧客が現在利用している製品やサービスから他の製品・サービスに乗り換えるときに発生する物理的・精神的費用のことである。具体的には，製品やサービスの乗換え時に要する買換え費用，失効する価値（サービス・ポイントやマイレージの残額など），心理的抵抗（ブランドへの愛着など）が含まれる。したがって，スイッチング・コストが小さい場合は新規参入業者の参入障壁が低くなるため，顧客の獲得に向けて企業間の価格競争が激化することが多い。

5. 既存企業によって大半の流通チャネルが確保されている業種では，新規参入企業は自社の製品を扱ってくれる流通チャネルを新たに開拓しなければならない。そのため，流通コストの面で不利になり，参入障壁は高い状況にある。

正答 **4**

経済原論
財政学
経済政策
経済史
経済事情
統計学
経営学

トヨタ生産方式に関する次の記述のうち, 妥当なものはどれか。

1 トヨタ生産方式では, 小ロットで生産することによって, スピードの経済を達成するよりも, できる限り大ロットで生産して規模の経済を実現し, 生産の平準化を図ることで, 生産のフレキシビリティとコストダウンを追求しようとした。

2 トヨタ生産方式では, 異常が生じたときには直ちに機械を停止させるニンベン付きの「自働化」を導入することによって, 生産ラインの停止による損失を削減した。

3 トヨタ生産方式の重要な要素であるカンバン方式とは, 「カンバン」と呼ばれる標識を工場の各所に配置し, 生産ラインの異常や故障があった際に点灯することで, 工場全体への告知を徹底する仕組みである。

4 工場でのモノの流れは, 前工程で加工されたモノを後工程に送るのが一般的であったが, トヨタ生産方式は後工程が前工程に必要なモノを, 必要なときに, 必要なだけ発注する「ジャスト・イン・タイム」の考え方を採用した。

5 リーン生産方式とは, IT技術を活用することによって, トヨタ生産方式をサービス産業にも応用できるように改善した仕組みであり, 主に大規模なチェーンを展開する小売業に導入されている。

解説

1. 説明が逆である。トヨタ生産方式では, 大ロットで生産して規模の経済を実現するのではなく, 小ロットで生産することによって生産の平準化を図った。生産の平準化とは, 部品の輸送や加工をまとめて大量にせず, 小口で行うことであり, これによって在庫の圧縮が可能となる。また, ロットとは基本となる1回当たりの生産数量のことであり, 小ロットの生産は多品種少量生産に向いている。

2. 通常の自動化は, 生産ラインに異常が起きても直ちにラインを止めることができない。これに対して「自働化」は, 異常が発生した際に直ちに生産ラインを停止し, 原因究明と復旧を図る仕組みである。すなわち, 自働化の目的は「生産ラインの停止による損失」ではなく, 生産ラインを停止できないことによって生じる損失を避けることにある。

3. カンバン方式とは, 部品の種類, 数量, 納期, 納入場所を明記した「カンバン」と呼ばれる指示書を後工程（本社の最終的な組立工場）から前工程（部品を生産する下請メーカー群）に順次送付する手法である。これによって余分な中間在庫を持たずに, 需要の変化に迅速に対処することが可能となる。

4. 正しい。

5. リーン生産方式とはトヨタ生産システムの別称である。「リーン (lean)」とは「ぜい肉のない」という意味であり, マサチューセッツ工科大学 (MIT) の研究チームが1990年に刊行した報告書で, トヨタ生産方式の徹底した無駄の排除とコスト削減を高く評価し, この名称を与えた。

正答　**4**

経営管理組織に関する次の記述のうち，妥当なものはどれか。

1 官僚制組織では，セクショナリズム，事なかれ主義，原則主義などが発生しやすく，環境変化に対して柔軟に適応できなくなる危険性がある。

2 マトリックス組織は，ライン組織とスタッフ組織を組み合わせて両組織を結合している点に構造上の特徴がある。

3 SBU（戦略的事業単位）を設置する場合は，その効率的な運営に向けて，常にトップ・マネジメントがSBUの管理・統制を行う必要がある。

4 事業部制組織では，職能別の管理と事業部の効率化を実現するために，各事業部において対等な事業部長を必ず2人任命する。

5 企業活動の多様化や市場環境の動態化に伴って，フラット型組織やチーム制の有効性が見直され，現在ではピラミッド型組織を採用する企業が増えている。

解 説

1．正しい。官僚制組織は規則に基づく権限と責任の明確化，上意下達による命令系統の整備，職能別の専門化による分業体制，文書主義などを特徴とする合理的な組織形態である。その一方で，このような特徴は問題文に示した欠点（官僚制の逆機能）による弊害を生じやすい。

2．マトリックス組織は，プロジェクト・チームと職能別部門組織，あるいは事業部制組織と職能別部門組織などの組合せが一般的である。この組織は二重の命令系統を持つことから，「ワンマン・ツーボス・システム」と呼ばれ，複数のプロジェクトや事業をきめ細かく管理することができる。その長所は部門間での経営資源の重複が少なく，環境変化に対して柔軟に対応でき，効率的な資源配分を行える点にある。しかし，部門間の意見調整に時間を要し，意思決定の迅速さに欠けやすいという短所もある。

3．SBU（Strategic Business Unit）は，従来の事業部制組織では対応できない新たな市場開拓を戦略的に実施するための事業単位である。SBUは本社の直属部門あるいは既存の事業部に重ね合わせる形で設置される。通常，その管理・統制はSBUの管理者に任されるため，「常にトップ・マネジメントがSBUの管理・統制を行う必要」はない。

4．一般に事業部長は各事業部に1人が任命され，「対等な事業部長を必ず2人任命する」ことはない。なお，事業部制組織では各事業部に大幅な権限委譲を行うため，事業部長は一定の利益責任を負い，事業部全体の管理業務を担当する。

5．企業活動の多様化や市場環境の動態化に伴って，従来の集権的でタテの階層構造を持つピラミッド型組織から，分権的で階層が少なく，各部門が水平的な連携を保つフラット型組織やチーム制を採用する企業が現れている。特に技術革新のサイクルが速いIT関連の業種では，フラット型組織やチーム制を導入するベンチャー企業が多く見受けられる。

正答　**1**

人事管理に関する次の記述のうち，妥当なものはどれか。

1　日本の大企業における採用と社員教育の特徴は，従来の「職務別採用」「社員の自主的な自己啓発」から，「中途採用」「企業内育成」へと移行しつつある。

2　目標管理制度とは，上司が部下に対して具体的な数値目標を明示し，その達成度に応じて賃金水準と昇進・昇格を決定する制度である。

3　360度評価とは，ある従業員の業績を，目標の設定→計画の策定と実施→結果の達成という各過程の処理が適切であったか否かという観点から，総合的に評価する仕組みである。

4　Off-JT と OJT の違いは，前者がゼネラリストを育成するための社内教育であるのに対して，後者はスペシャリストを養成するための社内教育である点に求められる。

5　確定拠出年金とは，拠出額（掛け金）の運用結果によって，将来受け取る年金額が変わる年金制度であり，2001年に施行された確定拠出年金法よって導入された。

解説

1．日本の大企業における採用の特徴は，1990年代半ば以降，従来の新卒一括採用からパートタイマーや派遣労働者の積極的な活用，中途採用の増加へと変化している。また，新卒の「職務別採用」は過去も現在も主流ではなく，採用後は数年ごとの異動（ジョブ・ローテーション）が一般的である。社員教育は，日常業務を通じて部下が上司から直接に仕事に必要な知識を習得する OJT による「企業内育成」が従来から一般的であるが，現在は研修期間の短縮化や，業務自体の外注化（アウトソーシング）によってコストを圧縮する大企業が増えつつある。

2．目標管理制度（目標による管理）は，組織目標と個人目標を有機的に統合するための手法であり，P.F.ドラッカーが提唱した。具体的には，企業の方針や目標に基づいて上司と部下が協議し，各自の達成目標を具体的・定量的に設定する。そのうえで，目標の達成から結果の評価まで各従業員に一任することで，職務に対する動機づけと責任感を高める制度である。

3．360度評価とは，ある従業員の業績評価を上司だけが行うのではなく，同僚や部下，あるいは顧客や取引先の意見まで加味して多角的に行う人事考課の手法である。

4．Off-JT は，日常業務を離れて社外の研修所などで集中的に行う集団研修である。OJT は，部下が上司から職務を通じて必要な知識や技術を直接に習い，ノウハウを身につける職場内訓練を意味する。

5．正しい。日本の企業年金は，将来受け取る年金額があらかじめ決められている確定給付年金が主流である。確定拠出年金は，年金資産を加入者が自分で運用し，その結果の損益に応じて年金額が決定される。その内容はアメリカの確定拠出年金制度（401k プラン）を参考にしたため，日本版401k とも呼ばれる。なお，確定拠出年金には，自営業者が個人で掛け金を支払う「個人型年金」と，企業が従業員の掛け金を支払う「企業型年金」の2種類がある。2001年の確定拠出年金法の施行以降，導入する企業は徐々に増えつつあり，「企業型年金」に加入する事業者数は2008年に11,000社に達している（加入者数は約300万人）。

正答　**5**

●本書の内容に関するお問合せについて

　本書の内容に誤りと思われるところがありましたら，まずは小社ブックスサイト（jitsumu.hondana.jp）
中の本書ページ内にある正誤表・訂正表をご確認ください。正誤表・訂正表がない場合や訂正表に該当箇所
が掲載されていない場合は，書名，発行年月日，お客様の名前・連絡先，該当箇所のページ番号と具体的な
誤りの内容・理由等をご記入のうえ，郵便，FAX，メールにてお問合せください。

　　〒163-8671　東京都新宿区新宿 1-1-12　　実務教育出版　受験ジャーナル編集部
　　FAX：03-5369-2237　　　　E-mail：juken-j@jitsumu.co.jp

【ご注意】
※電話でのお問合せは，一切受け付けておりません。
※内容の正誤以外のお問合せ（詳しい解説・受験指導のご要望等）には対応できません。

公務員試験　合格の500シリーズ

地方上級〈専門試験〉過去問500［2025年度版］

2024年1月31日　初版第1刷発行　　　　　　　　　　　　　　　　　〈検印省略〉

編　者　資格試験研究会
発行者　小山隆之

発行所　株式会社 実務教育出版
　　　　〒163-8671　東京都新宿区新宿 1-1-12
　　　　☎編集　03-3355-1813　販売　03-3355-1951
　　　　振替　00160-0-78270

印　刷　精興社
製　本　ブックアート

©JITSUMUKYOIKU-SHUPPAN 2024
ISBN 978-4-7889-3494-8 C0030　Printed in Japan
乱丁，落丁本は本社にておとりかえいたします。

本誌掲載の記事および復元問題等は，当社が独自に編集した
ものであり，一切の無断引用・無断転載を禁じます。

大卒・短大卒程度公務員一次試験情報をお寄せください

　弊社では，次の要領で大卒・短大卒程度公務員試験の一次試験情報を募集しています。受験後ご記憶の範囲でけっこうですので，事務系・技術系問わず，ぜひとも情報提供にご協力ください。

☆**募集内容**　地方上・中級，市役所上・中級，大卒・短大卒警察官，その他各種公務員試験，国立大学法人等職員採用試験の実際問題・科目別出題内訳等

※問題の持ち帰りができる試験については，情報をお寄せいただく必要はありません。ただし，地方公務員試験のうち，東京都，特別区，警視庁，東京消防庁以外の試験問題が持ち帰れた場合には，現物またはコピーをお送りください。

☆**送り先** 〒163-8671　新宿区新宿1-1-12　（株）実務教育出版「試験情報係」

☆**謝礼**　情報内容の程度により，謝礼を進呈いたします。

※ E-mail でも受け付けています。juken-j@jitsumu.co.jp まで。右の二次元コードもご利用ください。
件名は必ず「試験情報」としてください。内容は下記の項目を参考にしてください（書式は自由です）。
図やグラフは，手書きしたものをスキャンするか写真に撮って，問題文と一緒に E-mail でお送りください。

〒＿＿＿＿＿＿＿＿　住所＿＿＿＿＿＿＿＿＿＿＿＿＿＿＿＿＿＿＿＿＿＿＿＿＿＿

氏名＿＿＿＿＿＿＿＿＿＿＿　TEL または E-mail アドレス＿＿＿＿＿＿＿＿＿＿＿

●受験した試験名・試験区分 （県・市および上・中級の別も記入してください。例：○○県上級・行政）

＿＿＿＿＿＿＿＿＿＿＿＿＿＿＿＿＿＿＿

●第一次試験日　＿＿＿＿年＿＿＿＿月＿＿＿＿日

●試験構成・試験時間・出題数

・教養＿＿＿＿＿分＿＿＿＿＿問（うち必須＿＿＿＿＿問，選択＿＿＿＿＿問のうち＿＿＿＿＿問解答）

・専門（択一式）＿＿＿＿＿分＿＿＿＿＿問（うち必須＿＿＿＿＿問，選択＿＿＿＿＿問のうち＿＿＿＿＿問解答

・適性試験（事務適性）＿＿＿＿＿分＿＿＿＿＿形式＿＿＿＿＿題

> 内容（各形式についてご自由にお書きください）

・適性検査（性格検査）（クレペリン・Y-G式・そのほか〔　　　　　　　　　〕）＿＿＿＿＿分＿＿＿＿＿題

・論文＿＿＿＿＿分＿＿＿＿＿題（うち＿＿＿＿＿題解答）＿＿＿＿＿字→＿＿＿＿＿次試験で実施

> 課題

・その他（SPI3，SCOA など）

> 内容（試験の名称と試験内容について，わかる範囲でお書きください。例：○○分，○○問。テストセンター方式等）

●**受験した試験名・試験区分**（県・市および上・中級の別も記入してください。例：○○県上級・行政）

問題文（教養・専門，科目名　　　　　　　　　　）

選択肢 1

2

3

4

5

問題文（教養・専門，科目名　　　　　　　　　　）

選択肢 1

2

3

4

5

●**受験した試験名・試験区分**（県・市および上・中級の別も記入してください。例：○○県上級・行政）

問題文（教養・専門，科目名　　　　　　　　　　）

選択肢1

2

3

4

5

問題文（教養・専門，科目名　　　　　　　　　　）

選択肢1

2

3

4

5

●**受験した試験名・試験区分**（県・市および上・中級の別も記入してください。例：○○県上級・行政）

問題文（教養・専門，科目名　　　　　　　　　　）

選択肢1

2

3

4

5

問題文（教養・専門，科目名　　　　　　　　　　）

選択肢1

2

3

4

5

●受験した試験名・試験区分 （県・市および上・中級の別も記入してください。例：○○県上級・行政）

_____

●教養試験の試験時間・出題数

_____分_____問（うち必須：No._____ 〜 No._____, 選択：No._____ 〜 No._____ のうち_____問解答）

●教養試験科目別出題数　※表中にない科目名は空欄に書き入れてください。

科 目 名	出 題 数	科 目 名	出 題 数	科 目 名	出 題 数	科 目 名	出 題 数
政　　治	問	世 界 史	問	物　　理	問	判断推理	問
法　　律	問	日 本 史	問	化　　学	問	数的推理	問
経　　済	問	文学・芸術	問	生　　物	問	資料解釈	問
社　　会	問	思　　想	問	地　　学	問		問
地　　理	問	数　　学	問	文章理解	問		問

●教養試験出題内訳

No.	科　目	出 題 内 容	No.	科　目	出 題 内 容
1			31		
2			32		
3			33		
4			34		
5			35		
6			36		
7			37		
8			38		
9			39		
10			40		
11			41		
12			42		
13			43		
14			44		
15			45		
16			46		
17			47		
18			48		
19			49		
20			50		
21			51		
22			52		
23			53		
24			54		
25			55		
26			56		
27			57		
28			58		
29			59		
30			60		

●**受験した試験名・試験区分**（県・市および上・中級の別も記入してください。例：○○県上級・行政）

───────────────────────

●**専門（択一式）試験の試験時間・出題数**

　　　　　分　　　　　問（うち必須：No.　　　　　〜 No.　　　　　，選択：No.　　　　　〜 No.　　　　　のうち　　　　　問解答）

●**専門試験科目別出題数**　※表中にない科目名は空欄に書き入れてください。

科目名	出題数	科目名	出題数	科目名	出題数	科目名	出題数	科目名	出題数
政 治 学	問	憲　法	問	労 働 法	問	経済事情	問		問
行 政 学	問	行 政 法	問	経済原論	問	経 営 学	問		問
社 会 政 策	問	民　法	問	財 政 学	問		問		問
国 際 関 係	問	商　法	問	経済政策	問		問		問
社 会 学	問	刑　法	問	経 済 史	問		問		問

●**専門試験出題内訳**

No.	科　目	出 題 内 容	No.	科　目	出 題 内 容
1			31		
2			32		
3			33		
4			34		
5			35		
6			36		
7			37		
8			38		
9			39		
10			40		
11			41		
12			42		
13			43		
14			44		
15			45		
16			46		
17			47		
18			48		
19			49		
20			50		
21			51		
22			52		
23			53		
24			54		
25			55		
26			56		
27			57		
28			58		
29			59		
30			60		

大卒・短大卒程度公務員二次試験情報をお寄せください

弊社では，次の要領で大卒・短大卒程度公務員試験の二次以降の試験情報を募集しています。受験後ご記憶の範囲でけっこうですので，事務系・技術系問わず，ぜひとも情報提供にご協力ください。

☆**募集内容** 国家総合職・一般職・専門職，地方上・中級，市役所上・中級，大卒・短大卒警察官，その他各種公務員試験，国立大学法人等採用試験の論文試験・記述式試験・面接等

（※問題が公開されている試験の場合は，面接試験〈官庁訪問含む〉の情報のみお書きください）

☆**送り先** 〒163-8671　新宿区新宿1-1-12　（株）実務教育出版「試験情報係」

☆**謝礼** 情報内容の程度により，謝礼を進呈いたします。

E-mail でも受け付けています。juken-j@jitsumu.co.jp まで。件名は必ず「試験情報」としてください。

二次元コードをお使いの方はこちら↑からアクセス！

〒＿＿＿＿＿＿＿＿　住所＿＿＿＿＿＿＿＿＿＿＿＿＿＿＿＿＿＿＿＿＿＿＿＿＿＿＿＿

氏名＿＿＿＿＿＿＿＿＿＿＿　TEL または E-mail アドレス＿＿＿＿＿＿＿＿＿＿＿＿

●**受験した試験名・試験区分**（県・市および上・中級の別も記入してください。例：○○県上級・行政）

＿＿＿＿＿＿＿＿＿＿＿＿＿＿＿＿＿＿＿＿　**結果：**合格・不合格・未定

●**第二次試験日**　＿＿＿年＿＿＿月＿＿＿日

●**試験内容**（課された試験には ✓ 印を）

□専門（記述式）＿＿＿分＿＿＿題＿＿＿字　出題科目＿＿＿＿＿＿＿＿＿＿＿＿＿＿＿

□論文＿＿＿分＿＿＿題＿＿＿字　課題＿＿＿＿＿＿＿＿＿＿＿＿＿＿＿＿＿＿＿＿＿

□適性試験（事務適性）＿＿＿分＿＿＿形式＿＿＿題

□適性検査（性格検査）（クレペリン・Y-G式・そのほか〔　　　　　　　〕）＿＿＿分＿＿＿題

□人物試験　□個別面接（試験官＿＿＿人，時間＿＿＿分）

　　　　　　□集団面接（受験者＿＿＿人，試験官＿＿＿人，時間＿＿＿分）

□集団討論（受験者＿＿＿人，試験官＿＿＿人，時間＿＿＿分，面接会場＿＿＿＿＿＿＿＿＿＿＿）

□体力検査　検査項目＿＿＿＿＿＿＿＿＿＿＿＿＿＿＿＿＿＿＿＿＿＿＿＿＿＿＿＿＿

□身体検査＿＿＿＿＿＿＿＿＿＿＿＿＿＿＿＿＿＿＿＿＿＿＿＿＿＿＿＿＿＿＿＿＿＿

□その他＿＿＿＿＿＿＿＿＿＿＿＿＿＿＿＿＿＿＿＿＿＿＿＿＿＿＿＿＿＿＿＿＿＿＿

●**人物試験の内容**（個別面接・集団面接・集団討論・グループワーク・プレゼンテーション）

●**その他の試験**（性格検査・記述式試験など）**の内容または二次試験の感想**

（採用面接・官庁訪問等の内容・感想は裏にお書きください。足りない場合は用紙を足してください）

ご提供いただきました個人情報につきましては，謝礼の進呈にのみ使用いたします。

弊社個人情報の取扱い方針は実務教育出版ホームページをご覧ください（https://www.jitsumu.co.jp）。

●**採用内定官庁**（国家総合職・一般職のみ記入）

_____ 採用内定の出た日_____月_____日

●**採用面接（官庁訪問）回数**

_____回

●**第1回採用面接（官庁訪問）**

面接（訪問）日_____月_____日，面接会場_____，面接形態：個別・集団_____人

面接官_____人（例：大学OB・1人），面接時間_____分

●**第2回採用面接（官庁訪問）**

面接（訪問）日_____月_____日，面接会場_____，面接形態：個別・集団_____人

面接官_____人（例：人事担当・2人），面接時間_____分　※第3回以降がある場合は同様に

●**採用面接（官庁訪問）の内容**（第1回面接〔訪問〕～，第2回面接〔訪問〕～，……）

....

....

....

....

....

....

●**一次合格から採用内定までの過程**（日付・感想なども含めて，できるかぎり詳しく。例をご参照ください）

....

....

....

....

....

....

....

....

〔**一次合格から採用内定までの過程記入例**〕

○月×日　一次合格発表

○月×日　○○省OB訪問（1回目）——○月×日に再度訪問するように言われる

○月×日　○○省訪問（2回目）——採用担当者による面接。内々定の感触を得る

○月×日　○○省より呼び出しの電話が入る

○月×日　○○省訪問——丸1日拘束される

○月×日　内定通知到着

※問題が公開されている試験の場合は，面接試験〈官庁訪問含む〉の情報のみお書きください。

「公務員合格講座」の特徴

67年の伝統と実績

実務教育出版は、67年間におよび公務員試験の問題集・参考書・情報誌の発行や模擬試験の実施、全国の大学・専門学校などと連携した教室運営などの指導を行っています。その積み重ねをもとに作られた、確かな教材と個人学習を支える指導システムが「公務員合格講座」です。公務員として活躍する数多くの先輩たちも活用した伝統ある「公務員合格講座」です。

時間を有効活用

「公務員合格講座」なら、時間と場所に制約がある通学制のスクールとは違い、生活スタイルに合わせて、限られた時間を有効に活用できます。通勤時間や通学時間、授業の空き時間、会社の休憩時間など、今まで利用していなかったスキマ時間を有効に活用できる学習ツールです。

取り組みやすい教材

「公務員合格講座」の教材は、まずテキストで、テーマ別に整理された頻出事項を理解し、次にワークで、テキストと連動した問題を解くことで、解法のテクニックを確実に身につけていきます。初めて学ぶ科目も、基礎知識から詳しく丁寧に解説しているので、スムーズに理解することができます。

実戦力がつく学習システム

「公務員合格講座」では、習得した知識が実戦で役立つ「合格力」になるよう、数多くの演習問題で重要事項を何度も繰り返し学習できるシステムになっています。特に、eラーニング[Jトレプラス]は、実戦力養成のカギになる豊富な演習問題の中から学習進度に合わせ、テーマや難易度をチョイスしながら学習できるので、効率的に「解ける力」が身につきます。

eラーニング

豊富な試験情報

公務員試験を攻略するには、まず公務員試験のことをよく知ることが必要不可欠です。受講生専用の[Jトレプラス]では、各試験の概要一覧や出題内訳など、試験の全体像を把握でき、ベストな学習プランが立てられます。
また、実務教育出版の情報収集力を結集し、最新試験情報や学習対策コンテンツなどを随時アップ！ さらに直前期には、最新の時事を詳しく解説した「直前対策ブック」もお届けします。

※**KCM**のみ

親切丁寧なサポート体制

受験に関する疑問や、学習の進め方や学科内容についての質問には、専門の指導スタッフが一人ひとりに親身になって丁寧にお答えします。模擬試験や添削課題では、客観的な視点からアドバイスをします。そして、受講生専用サイトやメルマガでの受講生限定の情報提供など、あらゆるサポートシステムであなたの学習を強力にバックアップしていきます。

受講生専用サイト

受講生専用サイトでは、公務員試験ガイドや最新の試験情報など公務員合格に必要な情報を利用しやすくまとめていますので、ぜひご活用ください。また、お問い合わせフォームからは、質問や書籍の割引購入などの手続きができるので、各種サービスを安心してご利用いただけます。

受講生専用メルマガも配信中！！

志望職種別　講座対応表

各コースの教材構成をご確認ください。下の表で志望する試験区分に対応したコースを確認しましょう。

	教材構成			
	教養試験対策	専門試験対策	論文対策	面接対策
K 大卒程度 公務員総合コース［教養＋専門行政系］	●	●行政系	●	●
C 大卒程度 公務員総合コース［教養のみ］	●		●	●
L 大卒程度 公務員択一攻略セット［教養＋専門行政系］	●	●行政系		
D 大卒程度 公務員択一攻略セット［教養のみ］	●			
M 経験者採用試験コース	●		●	●
N 経験者採用試験［論文・面接試験対策］コース			●	●
R 市役所教養トレーニングセット［大卒程度］	●		●	●

		試験名［試験区分］	対応コース
国家公務員試験	国家一般職[大卒程度]	行政	教養＊3＋専門対策 → **K** **L**　教養＊3対策 → **C** **D**
		技術系区分	教養＊3対策 → **C** **D**
	国家専門職[大卒程度]	国税専門官／財務専門官	教養＊3＋専門対策 → **K** **L** ＊4　教養＊3対策 → **C** **D**
		皇宮護衛官［大卒］／法務省専門職員（人間科学）／食品衛生監視員／労働基準監督官／航空管制官／海上保安官／外務省専門職員	教養＊3対策 → **C** **D**
	国家特別職[大卒程度]	防衛省 専門職員／裁判所 総合職・一般職［大卒］／国会図書館 総合職・一般職［大卒］／衆議院 総合職［大卒］・一般職［大卒］／参議院 総合職	教養＊3対策 → **C** **D**
	国立大学法人等職員		教養対策 → **C** **D**
地方公務員試験	都道府県特別区（東京23区）政令指定都市＊2市役所[大卒程度]	事務（教養＋専門）	教養＋専門対策 → **K** **L**
		事務（教養のみ）	教養対策 → **C** **D** **R**
		技術系区分、獣医師 薬剤師 保健師など資格免許職	教養対策 → **C** **D** **R**
		経験者	教養＋論文＋面接対策 → **M**　論文＋面接対策 → **N**
	都道府県政令指定都市＊2市役所[短大卒程度]	事務（教養＋専門）	教養＋専門対策 → **K** **L**
		事務（教養のみ）	教養対策 → **C** **D**
	警察官	大卒程度	教養＋論文対策 → ＊5
	消防官（士）	大卒程度	教養＋論文対策 → ＊5

＊1 地方公務員試験の場合、自治体によっては試験の内容が対応表と異なる場合があります。
＊2 政令指定都市…札幌市、仙台市、さいたま市、千葉市、横浜市、川崎市、相模原市、新潟市、静岡市、浜松市、名古屋市、京都市、大阪市、堺市、神戸市、岡山市、広島市、北九州市、福岡市、熊本市。
＊3 国家公務員試験では、教養試験のことを基礎能力試験としている場合があります。
＊4 国税専門官、財務専門官は **K**「大卒程度 公務員総合コース［教養＋専門行政系］」、**L**「大卒程度 公務員択一攻略セット［教養＋専門行政系］」に「新スーパー過去問ゼミ 会計学」（有料）をプラスすると試験対策ができます（ただし、商法は対応しません）。
＊5 警察官・消防官の教養＋論文対策は、「警察官 スーパー過去問セット［大卒程度］」「消防官 スーパー過去問セット［大卒程度］」をご利用ください（巻末広告参照）。

K 大卒程度 公務員総合コース
［教養＋専門行政系］

膨大な出題範囲の合格ポイントを的確にマスター！

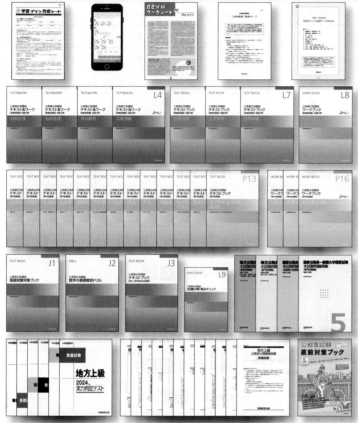

※表紙デザインは変更する場合があります

教材一覧

- ●受講ガイド（PDF）
- ●学習プラン作成シート
- ●テキスト＆ワーク［教養試験編］知能分野（4冊）
  判断推理、数的推理、資料解釈、文章理解
- ●テキストブック［教養試験編］知識分野（3冊）
  社会科学［政治、法律、経済、社会］
  人文科学［日本史、世界史、地理、文学・芸術、思想］
  自然科学［数学、物理、化学、生物、地学］
- ●ワークブック［教養試験編］知識分野
- ●数学の基礎確認ドリル
- ●［知識分野］要点チェック
- ●テキストブック［専門試験編］（13冊）
  政治学、行政学、社会政策、社会学、国際関係、法学・憲法、
  行政法、民法、刑法、労働法、経済原論（経済学）・国際
  経済学、財政学、経済政策・経済学史・経営学
- ●ワークブック［専門試験編］（3冊）
  行政分野、法律分野、経済・商学分野
- ●テキストブック［論文・専門記述式試験編］
- ●面接試験対策ブック
- ●実力判定テスト ★（試験別 各1回）
  地方上級［教養試験、専門試験、論文・専門記述式試験（添削2回）］
  国家一般職大卒［基礎能力試験、専門試験、論文試験（添削2回）］
  市役所上級［教養試験、専門試験、論・作文試験（添削2回）］
  ＊教養、専門は自己採点　＊論文・専門記述式・作文は計6回添削
- ●［添削課題］面接カード（2回）
- ●自己分析ワークシート
- ●［時事・事情対策］学習ポイント＆重要テーマのまとめ（PDF）
- ●公開模擬試験 ★（試験別 各1回）＊マークシート提出
  地方上級［教養試験、専門試験］
  国家一般職大卒［基礎能力試験、専門試験］
  市役所上級［教養試験、専門試験］
- ●本試験問題例集（試験別過去問1年分 全4冊）
  令和5年度 地方上級［教養試験編］★
  令和5年度 地方上級［専門試験編］★
  令和5年度 国家一般職大卒［基礎能力試験編］★
  令和5年度 国家一般職大卒［専門試験編］★
  ※平成20年度〜令和5年度分は、［Jトレプラス］に収録
- ●6年度 直前対策ブック★
- ●eラーニング［Jトレプラス］

★印の教材は、発行時期に合わせて送付（詳細は受講後にお知らせします）。

教養・専門・論文・面接まで対応

行政系の大卒程度公務員試験に出題されるすべての教養科目と専門科目、さらに、論文・面接対策教材までを揃え、最終合格するために必要な知識とノウハウをモレなく身につけることができます。また、汎用性の高い教材構成ですから、複数試験の併願対策もスムーズに行うことができます。

出題傾向に沿った効率学習が可能

出題範囲をすべて学ぼうとすると、どれだけ時間があっても足りません。本コースでは過去数十年にわたる過去問研究の成果から、公務員試験で狙われるポイントだけをピックアップ。要点解説と問題演習をバランスよく構成した学習プログラムにより初学者でも着実に合格力を身につけることができます。

受講対象	大卒程度 一般行政系・事務系の教養試験（基礎能力試験）および専門試験対策 ［都道府県、特別区（東京23区）、政令指定都市、市役所、国家一般職大卒など］	申込受付期間		2023年4月1日〜2024年3月31日
		学習期間のめやす	6か月	学習期間のめやすです。個人のスケジュールに合わせて、長くも短くも調整することが可能です。試験本番までの期間を考慮し、ご自分に合った学習計画を立ててください。
受講料	**91,300円** （本体83,000円＋税　教材費・指導費等を含む総額） ※受講料は2023年4月1日現在のものです。	受講生有効期間		2025年10月31日まで

step 1 基礎固め
基本教材で、頻出事項を理解!

step 2 トレーニング
演習教材を中心に解き方をマスター!

step 3 仕上げ
実戦力を養成!

テキストで知識を身につけワークや[Jトレプラス]で演習　間違えた問題はテキストに戻って知識の再確認

教養対策

テキスト&ワーク 知能分野（4冊）
テキストブック 知識分野（3冊）　L5
＋[Jトレプラス]

数学の基礎 確認ドリル　I2

ワークブック　L8
＋[Jトレプラス]

[知識分野] 要点チェック　L9

【過去問】本試験問題例集
＋[Jトレプラス]

専門対策

テキストブック（13冊）　P1

ワークブック（3冊）　P14 P15 P16
＋[Jトレプラス]

論文・面接対策

テキストブック [論文・専門記述式試験編]　I3
面接試験 対策ブック　J1

自己分析 ワークシート

面接レッスン Video

模擬試験

実力判定テスト（3種類）

公開模擬試験（3種類）

時事対策

時事・事情対策（PDF）[Jトレプラス]
直前対策ブック

実力判定テスト（添削6回）
面接カード（添削2回）

公務員合格!

受講生専用
[受講生専用サイト] 公務員試験ガイドや最新情報へのリンクをご活用ください。質問やお手続きは入力フォームをご利用ください（P2・10）
[Jトレプラス] eラーニングで過去問や各種問題を提供。また、受験生に役立つ各種試験情報などを掲載しています（P11）
[面接レッスンVideo] 映像を通して面接官と受験生とのやりとりをリアルに体感! 面接の注意点や準備方法をレクチャーします（P12）

---

success voice!!

試験情報が充実していて面接対策もできる点から実務教育出版の通信講座を選びました

安藤 佳乃 さん
東京学芸大学卒業

特別区Ⅰ類【一般方式】事務 合格

　私が公務員を目指し始めたのは、大学3年生の10月でした。筆記試験まで7か月しか時間がなかったため、アルバイトや授業の空き時間に効率よく勉強ができる通信講座で対策することに決めました。その中でも、試験情報が充実している点や面接対策もできる点から実務教育出版の通信講座を選びました。

　通信講座を始めるまでは何から勉強すればよいかわからず不安でした。しかし[Jトレプラス]に学習モデルプランが掲載されており、それを参考にスケジュールを立てることができたため、安心して勉強を進めることができました。得意科目は問題演習から始める、苦手科目や未履修科目はテキストをじっくり読むなど、教材の使い方を工夫できるのは、通信講座ならではのよさだと思います。授業の空き時間にテキストを1テーマ分読んだり、通学時間に電車で「Jトレプラス」で穴埋めチェックをしたりと、スキマ時間を活用し勉強しました。また、実力判定テストや公開模試は自分の今の実力を確認できるとてもよい機会でした。

　なかなか実力が伸びなかったり、友人が早い時期に民間企業に合格したりとあせる場面もたくさんありました。しかし、実務教育出版の教材と自分を信じて最後まで努力し続けた結果、合格することができました。皆さんも最後まであきらめずに頑張ってください。応援しています。

C 大卒程度 公務員総合コース
[教養のみ]

「教養」が得意になる、得点源にするための攻略コース！

受講対象	大卒程度 教養試験（基礎能力試験）対策 [一般行政系（事務系）、技術系、資格免許職を問わず、都道府県、特別区（東京23区）、政令指定都市、市役所、国家一般職大卒など]	申込受付期間	2023年4月1日～ 2024年3月31日	
		学習期間のめやす	6か月	学習期間のめやすです。個人のスケジュールに合わせて、長くも短くも調整することが可能です。試験本番までの期間を考慮し、ご自分に合った学習計画を立ててください。
受講料	66,000円 （本体 60,000円＋税　教材費・指導費等を含む総額） ※受講料は、2023年4月1日現在のものです。	受講生有効期間	2025年10月31日まで	

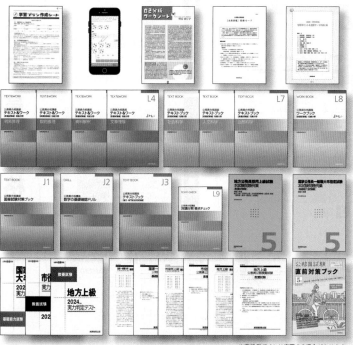

※表紙デザインは変更する場合があります

教材一覧

- ●受講ガイド（PDF）
- ●学習プラン作成シート
- ●テキスト＆ワーク［教養試験編］知能分野（4冊）
  判断推理、数的推理、資料解釈、文章理解
- ●テキストブック［教養試験編］知識分野（3冊）
  社会科学［政治、法律、経済、社会］
  人文科学［日本史、世界史、地理、文学・芸術、思想］
  自然科学［数学、物理、化学、生物、地学］
- ●ワークブック［教養試験編］知識分野
- ●数学の基礎確認ドリル
- ●［知識分野］要点チェック
- ●テキストブック［論文・専門記述式試験編］
- ●面接試験対策ブック
- ●実力判定テスト★（試験別 各1回）
  地方上級［教養試験、論文試験（添削2回）］
  国家一般職大卒［基礎能力試験、論文試験（添削2回）］
  市役所上級［教養試験、論・作文試験（添削2回）］
  ＊教養は自己採点　＊論文・作文は計6回添削
- ●［添削課題］面接カード（2回）
- ●自己分析ワークシート
- ●［時事・事情対策］学習ポイント＆重要テーマのまとめ（PDF）
- ●公開模擬試験★（試験別 各1回）＊マークシート提出
  地方上級［教養試験］
  国家一般職大卒［基礎能力試験］
  市役所上級［教養試験］
- ●本試験問題例集（試験別過去問1年分 全2冊）
  令和5年度 地方上級［教養試験編］
  令和5年度 国家一般職大卒［基礎能力試験編］★
  ※平成20年度～令和5年度分は、「Jトレプラス」に収録
- ●6年度 直前対策ブック★
- ●eラーニング［Jトレプラス］

★印の教材は、発行時期に合わせて送付します（詳細は受講後にお知らせします）

---

success voice!!

「Jトレプラス」では「面接レッスンVideo」と、直前期に「動画で学ぶ時事対策」を利用しました

伊藤 拓生 さん
信州大学卒業

長野県 技術系 合格

私が試験勉強を始めたのは大学院の修士1年の5月からでした。研究で忙しい中でも自分のペースで勉強ができることと、受講料が安価のため通信講座を選びました。

まずは判断推理と数的推理から始め、テキスト＆ワークで解法を確認しました。知識分野は得点になりそうな分野を選んでワークを繰り返し解き、頻出項目を覚えるようにしました。秋頃から市販の過去問を解き始め、実際の問題に慣れるようにしました。また直前期に「動画で学ぶ時事対策」を最も利用しました。食事の時間などに、繰り返し視聴していました。

2次試験対策は、「Jトレプラス」の「面接レッスンVideo」と、大学のキャリアセンターの模擬面接を利用し受け答えを改良していきました。

また、受講生専用サイトから質問ができることも大変助けになりました。私の周りには公務員試験を受けている人がほとんどいなかったため、試験の形式など気になったことを聞くことができてとてもよかったです。

公務員試験は対策に時間がかかるため、継続的に進めることが大切です。何にどれくらいの時間をかけるのか計画を立てながら、必要なことをコツコツと行っていくのが必要だと感じました。そして1次試験だけでなく、2次試験対策も早い段階から少しずつ始めていくのがよいと思います。またずっと勉強をしていると気が滅入ってくるので、定期的に気分転換することがおすすめです。

大卒程度 公務員択一攻略セット

[教養＋専門行政系]

教養＋専門が効率よく攻略できる

受講対象	大卒程度 一般行政系・事務系の教養試験（基礎能力試験）および専門試験対策 [都道府県、政令指定都市、特別区（東京23区）、市役所、国家一般職大卒など]
受講料	**60,500円** （本体 55,000円＋税　教材費・指導費等を含む総額） ※受講料は2023年4月1日現在のものです。
申込受付期間	**2023年4月1日～ 2024年3月31日**
学習期間のめやす	**6か月** 　学習期間のめやすです。個人のスケジュールに合わせて、長くも短くも調整することが可能です。試験本番までの期間を考慮し、ご自分に合った学習計画を立ててください。
受講生有効期間	2025年10月31日まで

※表紙デザインは変更する場合があります

教 材 一 覧

- ●受講ガイド
- ●テキスト＆ワーク［教養試験編］知能分野（4冊）
  判断推理、数的推理、資料解釈、文章理解
- ●テキストブック［教養試験編］知識分野（3冊）
  社会科学［政治、法律、経済、社会］
  人文科学［日本史、世界史、地理、文学・芸術、思想］
  自然科学［数学、物理、化学、生物、地学］
- ●ワークブック［教養試験編］知識分野
- ●数学の基礎確認ドリル
- ●［知識分野］要点チェック
- ●テキストブック［専門試験編］（13冊）
  政治学、行政学、社会政策、社会学、国際関係、法学・憲法、行政法、民法、刑法、労働法、経済原論（経済学）・国際経済学、財政学、経済政策・経済学史・経営学
- ●ワークブック［専門試験編］（3冊）
  行政分野、法律分野、経済・商学分野
- ●［時事・事情対策］学習ポイント&重要テーマのまとめ（PDF）
- ●過去問　※平成20年度～令和5年度　[Jトレプラス]に収録
- ●eラーニング［Jトレプラス］

教材は **K** コースと同じもので、面接・論文対策、模試がついていません。

 # 大卒程度 公務員択一攻略セット

[教養のみ]

教養のみ効率よく攻略できる

受講対象	大卒程度 教養試験（基礎能力試験）対策 [一般行政系（事務系）、技術系、資格免許系を問わず、都道府県、政令指定都市、特別区（東京23区）、市役所、国家一般職大卒など]
受講料	**44,000円** （本体 40,000円＋税　教材費・指導費等を含む総額） ※受講料は2023年4月1日現在のものです。
申込受付期間	**2023年4月1日～ 2024年3月31日**
学習期間のめやす	**6か月** 　学習期間のめやすです。個人のスケジュールに合わせて、長くも短くも調整することが可能です。試験本番までの期間を考慮し、ご自分に合った学習計画を立ててください。
受講生有効期間	2025年10月31日まで

教 材 一 覧

- ●受講ガイド
- ●テキスト＆ワーク［教養試験編］知能分野（4冊）
  判断推理、数的推理、資料解釈、文章理解
- ●テキストブック［教養試験編］知識分野（3冊）
  社会科学［政治、法律、経済、社会］
  人文科学［日本史、世界史、地理、文学・芸術、思想］
  自然科学［数学、物理、化学、生物、地学］
- ●ワークブック［教養試験編］知識分野
- ●数学の基礎確認ドリル
- ●［知識分野］要点チェック
- ●［時事・事情対策］学習ポイント&重要テーマのまとめ（PDF）
- ●過去問　※平成20年度～令和5年度　[Jトレプラス]に収録
- ●eラーニング［Jトレプラス］

※表紙デザインは変更する場合があります

教材は **C** コースと同じもので、面接・論文対策、模試がついていません。

M 経験者採用試験コース

職務経験を活かして公務員転職を狙う教養・論文・面接対策コース！

POINT

広範囲の教養試験を頻出事項に絞って
効率的な対策が可能！

8回の添削で論文力をレベルアップ
面接は、本番を想定した準備が可能！
面接レッスンVideoも活用しよう！

受講対象	民間企業等職務経験者・社会人採用試験対策
受講料	**77,000円** （本体70,000円＋税　教材費・指導費等を含む総額）※受講料は、2023年4月1日現在のものです。
申込受付期間	**2023年4月1日〜2024年3月31日**
学習期間のめやす	**6か月** 学習期間のめやすです。個人のスケジュールに合わせて、長くも短くも調整することが可能です。試験本番までの期間を考慮し、ご自分に合った学習計画を立ててください。
受講生有効期間	2025年10月31日まで

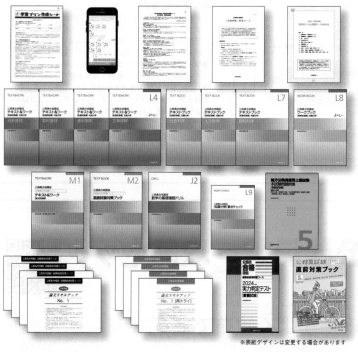

※表紙デザインは変更する場合があります

教材一覧

- ●受講ガイド（PDF）
- ●学習プラン作成シート
- ●論文試験 実際出題例
- ●テキスト＆ワーク［論文試験編］
- ●テキスト＆ワーク［教養試験編］知能分野（4冊）
  　判断推理、数的推理、資料解釈、文章理解
- ●テキストブック［教養試験編］知識分野（3冊）
  　社会科学［政治、法律、経済、社会］
  　人文科学［日本史、世界史、地理、文学・芸術、思想］
  　自然科学［数学、物理、化学、生物、地学］
- ●ワークブック［教養試験編］知識分野
- ●数学の基礎確認ドリル
- ●［知識分野］要点チェック
- ●面接試験対策ブック
- ●提出課題1（全4回）
  　［添削課題］論文スキルアップ No.1（職務経験論文）
  　［添削課題］論文スキルアップ No.2, No.3, No.4（一般課題論文）
- ●提出課題2（以下は初回答案提出後発送 全4回）
  　再トライ用［添削課題］論文スキルアップ No.1（職務経験論文）
  　再トライ用［添削課題］論文スキルアップ No.2, No.3, No.4（一般課題論文）
- ●実力判定テスト［教養試験］★（1回）※自己採点
- ●［添削課題］面接カード（2回）
- ●［時事・事情対策］学習ポイント＆重要テーマのまとめ（PDF）
- ●本試験問題例集（試験別過去問1年分 全1冊）
  　令和5年度 地方上級［教養試験編］★
  　※平成20年度〜令和5年度分は、［Jトレプラス］に収録
- ●6年度 直前対策ブック★
- ●eラーニング［Jトレプラス］

★印の教材は、発行時期に合わせて送付します（詳細は受講後にお知らせします）。

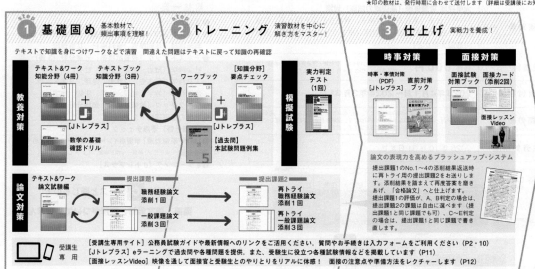

公務員合格！

step1 基礎固め 基本教材で、頻出事項を理解！
step2 トレーニング 演習教材を中心に解き方をマスター！
step3 仕上げ 実戦力を養成！

テキストで知識を身につけワークなどで演習　間違えた問題はテキストに戻って知識の再確認

教養対策
テキスト＆ワーク 知能分野（4冊）　＋　テキストブック 知識分野（3冊）　＋　［Jトレプラス］
数学の基礎確認ドリル

ワークブック　＋　［知識分野］要点チェック　＋　［Jトレプラス］
過去問 本試験問題例集

模擬試験

実力判定テスト（1回）

時事対策
時事・事情対策（PDF）［Jトレプラス］
直前対策ブック

面接対策
面接試験対策ブック　面接カード（添削2回）
面接レッスンVideo

論文対策
テキスト＆ワーク 論文試験編

提出課題1
職務経験論文 添削1回
一般課題論文 添削3回

提出課題2
再トライ 職務経験論文 添削1回
再トライ 一般課題論文 添削3回

論文の表現力を高めるブラッシュアップ・システム
提出課題1のNo.1〜4の添削結果返送時に再トライ用の提出課題をお送りします。添削結果を踏まえて再度答案を磨きあげ、「合格論文」へと仕上げます。
提出課題1の評価が、A、B判定の場合は、提出課題2の課題は自由に選べます（提出課題1と同じ課題でも可）。C〜E判定の場合は、提出課題1と同じ課題で書き直します。

受講生専用
受講生専用サイト：公務員試験ガイドや最新情報へのリンクをご活用ください。質問やお手続きは入力フォームをご利用ください（P2・10）
［Jトレプラス］eラーニングで過去問や各種問題を提供。また、受講生に役立つ各種試験情報などを掲載しています（P11）
［面接レッスンVideo］映像を通して面接官と受験生とのやりとりをリアルに体感！ 面接の注意点や準備方法をレクチャーします（P12）

N 経験者採用試験
［論文・面接試験対策］コース

経験者採用試験の論文・面接対策に絞って攻略！

POINT

8回の添削指導で
論文力をレベルアップ！

面接試験は、回答例を参考に
本番を想定した準備が可能！
面接レッスンVideoも活用しよう！

受講対象	民間企業等職務経験者・社会人採用試験対策
受講料	**38,500円** （本体35,000円＋税　教材費・指導費等を含む総額） ※受講料は、2023年4月1日現在のものです。
申込受付期間	**2023年4月1日～2024年3月31日**
学習期間のめやす	**4か月** 学習期間のめやすです。個人のスケジュールに合わせて、長くも短くも調整することが可能です。試験本番までの期間を考慮し、ご自分に合った学習計画を立ててください。
受講生有効期間	2025年10月31日まで

教材一覧

● 受講のてびき
● 論文試験 実際出題例
● テキスト＆ワーク［論文試験編］
● 面接試験対策ブック
● 提出課題1（全4回）
　　［添削課題］論文スキルアップ No.1（職務経験論文）
　　［添削課題］論文スキルアップ No.2, No.3, No.4（一般課題論文）
● 提出課題2（以下は初回答案提出後発送　全4回）
　　再トライ用［添削課題］論文スキルアップ No.1（職務経験論文）
　　再トライ用［添削課題］論文スキルアップ No.2, No.3, No.4（一般課題論文）
● ［添削課題］面接カード（2回）
● ［時事・事情対策］学習ポイント＆重要テーマのまとめ（PDF）
● eラーニング［Jトレプラス］

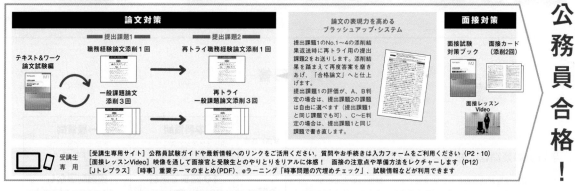

論文対策

テキスト＆ワーク
論文試験編

── 提出課題1 ──
職務経験論文添削 1回
一般課題論文
添削 3回

── 提出課題2 ──
再トライ職務経験論文添削 1回
再トライ
一般課題論文添削 3回

論文の表現力を高める
ブラッシュアップ・システム

提出課題1のNo.1～4の添削結果返送時に再トライ用の提出課題2をお送りします。添削結果を踏まえて再度答案を磨きあげ、「合格論文」へと仕上げます。
提出課題1の評価が、A、B判定の場合は、提出課題2の課題は自由に選べます（提出課題1と同じ課題でも可）。C～E判定の場合は、提出課題1と同じ課題で書き直します。

面接対策

面接試験
対策ブック
面接カード
（添削2回）

面接レッスン
Video

公務員合格！

🖥 受講生専用　[受講生専用サイト] 公務員試験ガイドや最新情報へのリンクをご活用ください。質問やお手続きは入力フォームをご利用ください（P2・10）
　　　　　　　[面接レッスンVideo] 映像を通して面接官と受験生とのやりとりをリアルに体感！ 面接の注点や準備方法をレクチャーします（P12）
　　　　　　　[Jトレプラス] [時事] 重要テーマのまとめ（PDF）、eラーニング「時事問題の穴埋めチェック」、試験情報などが利用できます

※『経験者採用試験コース』と『経験者採用試験［論文・面接試験対策］コース』の論文・面接対策教材は同じものです。
両方のコースを申し込む必要はありません。どちらか一方をご受講ください。

success voice!!

やるべきことの優先順位がつけやすかった教材のおかげで合格することができました

朝岡 紀匠 さん
名古屋工業大学大学院卒業

名古屋市役所職務経験者（行政A）合格

私は警察官としてやりがいを感じていましたが、行政職員として市民の生活を支援したいと思い、2度目の公務員試験に挑戦しました。
私が通信講座を選んだのは、自宅で自分のペースで取り組めるからです。妻は仕事と子育ての中、サポートしてくれましたが、働きながら予備校に通うことは難しいと感じ、警察官試験の時も利用し、使いやすかった実務教育出版の通信講座を選びました。
受験勉強を始めたのは6月頃で、第一志望の一次試験は9月下旬。とにかく時間がありませんでした。私は通勤時間に[知識分野] 要点チェックを活用し、知識を増やすことにしました。時間がなかったため、頻出分野から取り組みました。ある程度暗記ができた後に、Jトレプラスで問題を解きました。知能分野は自宅で学習しましたが、頻出度が高い問題のみ取り組みました。

また、並行して論文対策と面接対策にも取り組みました。論文試験は前職の経験に関する課題が出題される傾向にあったため、まずは自分を振り返るために面接試験対策ブックを使って自分自身のことを整理しました。その後、テキスト＆ワーク［論文試験編］に取り組み、さらに添削課題も提出しました。私が受験した試験は面接試験が2回あり、その点数配分が最も大きく、次に大きいのが論文試験でした。そのため、これらの対策ができたことが合格につながったのだと思います。
継続して取り組むのは自分自身との戦いになります。私は「1日にこれだけの問題数は必ずやる」という無理のない目標を決め習慣づけました。学習で取り組んでいる間は「これでいいのだろうか」という不安な気持ちがあると思います。しかし、頑張って取り組めばそれだけ合格は近づいてきます。自分自身を信じて頑張ってください。

2024年度試験対応
R 市役所教養トレーニングセット
[大卒程度]

大卒程度の市役所試験を徹底攻略！

受講対象	大卒程度 市役所 教養試験対策 一般行政系（事務系）、技術系、資格免許職を問わず、大卒程度 市役所
受講料	**29,700 円** （本体 27,000 円＋税　教材費・指導費等を含む総額） ※受講料は 2023 年 8 月 1 日現在のものです。
申込受付期間	**2023 年 8 月 1 日～ 2024 年 7 月 31 日**
学習期間のめやす	**3 か月** 学習期間のめやすです。個人のスケジュールに合わせて、長くも短くも調整することが可能です。試験本番までの期間を考慮し、ご自分に合った学習計画を立ててください。
受講生有効期間	2025 年 10 月 31 日まで

教材一覧
- ●受講ガイド（PDF）
- ●学習のモデルプラン
- ●テキスト＆ワーク [教養試験編] 知能分野（4 冊）
  判断推理、数的推理、資料解釈、文章理解
- ●テキストブック [教養試験編] 知識分野（3 冊）
  社会科学 [政治、法律、経済、社会]
  人文科学 [日本史、世界史、地理、文学・芸術、思想]
  自然科学 [数学、物理、化学、生物、地学]
- ●ワークブック [教養試験編] 知識分野
- ●数学の基礎確認ドリル
- ●[知識分野] 要点チェック
- ●面接試験対策ブック
- ●実力判定テスト★　＊教養は自己採点
  市役所上級 [教養試験程度・論文・作文試験（添削 2 回）]
- ●過去問（5 年分）
  [J トレプラス] に収録
- ●e ラーニング [J トレプラス]

※表紙デザインは変更する場合があります

質問回答

学習上の疑問は、指導スタッフが解決！

マイペースで学習が進められる自宅学習ですが、疑問の解決に不安を感じる方も多いはず。でも「公務員合格講座」なら、学習途上で生じた疑問に、指導スタッフがわかりやすく丁寧に回答します。
手軽で便利な質問回答システムが、通信学習を強力にバックアップします！

質問の種類	学科質問 通信講座教材内容について わからないこと	一般質問 志望先や学習計画に 関することなど
回数制限	**10 回まで無料** 11 回目以降は有料となります。 詳細は下記参照	**回数制限なし** 何度でも質問できます。
質問方法	受講生専用サイト　郵便　FAX 受講生専用サイト、郵便、FAXで受け付けます。	受講生専用サイト　電話　郵便　FAX 受講生専用サイト、電話、郵便、FAX で受け付けます。

受講生特典

受講後、実務教育出版の書籍を当社に直接ご注文いただくとすべて 10% 割引になります！！

公務員合格講座受講生の方は、当社へ直接ご注文いただく場合に限り、
実務教育出版発行の本すべてを 10% OFF でご購入いただけます。
書籍の注文方法は、受講生専用サイトでお知らせします。

いつでもどこでも学べる学習環境を提供！

e ラーニング

Jトレ＋
［Jトレプラス］

Jトレプラス
の活用法が
ご覧いただけ
ます

時間や場所を選ばず学べます！

スマホで「いつでも・どこでも」学習できるツールを提供しています。本番形式の「五肢択一式」のほか、手軽な短答式で重要ポイントの確認・習得が効率的にできる「穴埋めチェック」や短時間でトライできる「ミニテスト」など、さまざまなシチュエーションで活用できるコンテンツをご用意しています。外出先などでも気軽に問題に触れることができ、習熟度がUPします。

ホーム	五肢択一式	穴埋めチェック	ミニテスト

スキマ時間で、問題を解く！　テキストで確認！

＼ 利用者の声 ／

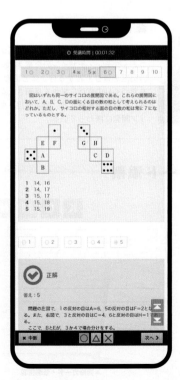

［Jトレプラス］をスマートフォンで利用し、ゲーム感覚で問題を解くことができたので、飽きることなく進められて良かったと思います。

ちょっとした合間に手軽に取り組める［Jトレプラス］でより多くの問題に触れるようにしていました。

通学時間に利用した［Jトレプラス］は時間が取りにくい理系学生にも強い味方となりました。

テキスト自体が初心者でもわかりやすい内容になっていたのでモチベーションを落とさず勉強が続けられました。

テキスト全冊をひととおり読み終えるのに苦労しましたが、一度読んでしまえば、再読するのにも時間はかからず、読み返すほどに理解が深まり、やりがいを感じました。勉強は苦痛ではなかったです。

面接のポイントが動画や添削でわかる！

面接レッスン Video

面接試験をリアルに体感！

KCMNR

実際の面接試験がどのように行われるのか、自分のアピール点や志望動機をどう伝えたらよいのか？
面接レッスン Video では、映像を通して面接試験の緊張感や面接官とのやりとりを実感することができます。面接試験で大きなポイントとなる「第一印象」も、ベテラン指導者が実地で指南。対策が立てにくい集団討論やグループワークなども含め、準備方法や注意点をレクチャーしていきます。
また、動画内の面接官からの質問に対し声に出して回答し、その内容をさらにブラッシュアップする「実践編」では、「質問の意図」「回答の適切な長さ」などを理解し、本番をイメージしながらじっくり練習することができます。
[J トレプラス] サイト内で動画を配信していますので、何度も見て、自分なりの面接対策を進めましょう。

面接レッスン Video の紹介動画公開中！

面接レッスン Video の紹介動画を公開しています。
実務教育出版 web サイト各コースページからもご覧いただけます。

紹介動画をご覧いただけます

（1）個人面接編
（2）集団討論編
（3）実践編

の3つを見ることができます！
※コースによって異なる場合があります。

実務教育出版

指導者 Profile

坪田まり子先生

有限会社コーディアル代表取締役、東京学芸大学特命教授、プロフェッショナル・キャリア・カウンセラー®。
自己分析、面接対策などの著書を多数執筆し、就職シーズンの講演実績多数。

森下一成先生

東京未来大学モチベーション行動科学部コミュニティ・デザイン研究室 教授。
特別区をはじめとする自治体と協働し、まちづくりの実践に学生を参画させながら、公務員や教員など、公共を担うキャリア開発に携わっている。

面接試験対策テキスト / 面接カード添削

テキストと添削で自己アピール力を磨く！

KCMN

面接試験対策テキストでは、面接試験の形式や評価のポイントを解説しています。テキストの「質問例＆回答のポイント」では、代表的な質問に対する回答のポイントをおさえ、事前に自分の言葉で的確な回答をまとめることができます。面接の基本を学習した後は「面接カード」による添削指導で、問題点を確認し、具体的な対策につなげます。2回分の提出用紙を、「1回目の添削結果を踏まえて2回目を提出」もしくは「2回目は1回目と異なる受験先用として提出」などニーズに応じて利用できます。

▲面接試験対策教材

▲面接カード・添削指導

K …大卒程度公務員総合コース[教養＋専門行政系]　C …大卒程度公務員総合コース[教養のみ]　L …大卒程度公務員択一攻略セット[教養＋専門行政系]
D …大卒程度公務員択一攻略セット[教養のみ]　M …経験者採用試験コース　N …経験者採用試験［論文・面接試験対策］コース　R …市役所教養トレーニングセット

お申し込み方法・受講料一覧

インターネット

実務教育出版ウェブサイトの「公務員合格講座 受講申込」ページへ進んでください。

● 受講申込についての説明をよくお読みになり【申込フォーム】に必要事項を入力の上［送信］してください。
● 【申込フォーム】送信後、当社から［確認メール］を自動送信しますので、必ずメールアドレスを入力してください。

■お支払方法

コンビニ・郵便局で支払う
教材と同送の「払込取扱票」でお支払いください。お支払い回数は「1回払い」のみです。

クレジットカードで支払う
インターネット上で決済できます。ご利用いただけるクレジットカードは、VISA、Master、JCB、AMEX です。お支払い回数は「1回払い」のみです。

※クレジット決済の詳細は、各カード会社にお問い合わせください。

■複数コース受講特典

コンビニ・郵便局で支払いの場合
以前、公務員合格講座の受講生だった方（現在受講中含む）、または今回複数コースを同時に申し込まれる場合は、受講料から3,000円を差し引いた金額を印字した「払込取扱票」をお送りします。
以前、受講生だった方は、以前の受講生番号を【申込フォーム】の該当欄に入力してください（ご本人様限定）。

クレジットカードで支払いの場合
以前、公務員合格講座の受講生だった方（現在受講中含む）、または今回複数コースを同時に申し込まれる場合は、後日当社より直接ご本人様宛に QUO カード3,000円分を進呈いたします。
以前、受講生だった方は、以前の受講生番号を【申込フォーム】の該当欄に入力してください（ご本人様限定）。

詳しくは、実務教育出版ウェブサイトをご覧ください。
「公務員合格講座 受講申込」

https://www.jitsumu.co.jp/contact/

教材のお届け

あなたからのお申し込みデータにもとづき受講生登録が完了したら、教材の発送手配をいたします。
＊教材一式、受講生証などを発送します。 ＊通常は当社受付日の翌日に発送します。
＊お申し込み内容に虚偽があった際は、教材の送付を中止させていただく場合があります。

受講料一覧 ［インターネットの場合］

コース記号	コース名	受講料	申込受付期間
K	大卒程度 公務員総合コース［教養＋専門行政系］	91,300 円（本体 83,000 円＋税）	2023年4月1日 〜 2024年3月31日
C	大卒程度 公務員総合コース［教養のみ］	66,000 円（本体 60,000 円＋税）	
L	大卒程度 公務員択一攻略セット［教養＋専門行政系］	60,500 円（本体 55,000 円＋税）	
D	大卒程度 公務員択一攻略セット［教養のみ］	44,000 円（本体 40,000 円＋税）	
M	経験者採用試験コース	77,000 円（本体 70,000 円＋税）	
N	経験者採用試験［論文・面接試験対策］コース	38,500 円（本体 35,000 円＋税）	
R	市役所教養トレーニングセット［大卒程度］	29,700 円（本体 27,000 円＋税）	2023年8月1日 〜2024年7月31日

＊受講料には、教材費・指導費などが含まれております。 ＊お支払い方法は、一括払いのみです。 ＊受講料は、2023年8月1日現在の税込価格です。

【返品・解約について】

◇教材到着後、未使用の場合のみ2週間以内であれば、返品・解約ができます。
◇返品・解約される場合は、必ず事前に当社へ電話でご連絡ください（電話以外は不可）。
TEL：03-3355-1822（土日祝日を除く 9：00 〜 17：00）
◇返品・解約の際、お受け取りになった教材一式は、必ず実務教育出版あてにご返送ください。教材の返送料は、お客様のご負担となります。
◇2週間を過ぎてからの返品・解約はできません。また、2週間以内でも、お客様による折り目や書き込み、破損、汚れ、紛失等がある場合は、返品・解約ができませんのでご了承ください。
◇全国の取扱い店（大学生協・書店）にてお申し込みになった場合の返品・解約のご相談は、直接、生協窓口・書店へお願いいたします。

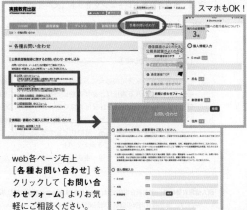